REISEKULTUR

Herausgegeben von Hermann Bausinger,
Klaus Beyrer, Gottfried Korff

REISEKULTUR

Von der Pilgerfahrt
zum modernen Tourismus

Herausgegeben von
Hermann Bausinger, Klaus Beyrer,
Gottfried Korff

Verlag C. H. Beck München

Mit 103 Abbildungen im Text

Textredaktion: Hermann Bausinger, Klaus Beyrer, Wolfgang Griep
Bildredaktion: Gottfried Korff, Anastasios Haralabidis, Barbara Bessel

Die Deutsche Bibliothek – CIP-Einheitsaufnahme

Reisekultur : von der Pilgerfahrt zum modernen Tourismus / hrsg. von Hermann Bausinger ... – 2., Aufl. – München : Beck, 1999
ISBN 3-406-44950-6

NE: Bausinger, Hermann [Hrsg.]

ISBN 3 406 44950 6

Zweite Auflage. 1999
Umschlaggestaltung: Andreas Brylka, Hamburg
Umschlagabbildung: Unter Verwendung des Gemäldes
‹The Captain's Daughter› von James Tissot,
1873. Southampton, City Art Gallery

Gesamtherstellung: Kösel, Kempten
Gedruckt auf alterungsbeständigem (säurefreiem) Papier,
gemäß der ANSI-Norm für Bibliotheken
Printed in Germany

INHALT

Enthusiasmus und Neugier

Reiseländer – Metropolen

Reisen auf dem Kanapee

Neue Perspektiven

Anhang

VORBEMERKUNG DER HERAUSGEBER

Die Geschichte des Reisens kann als eine fortschreitende Befreiung beschrieben werden: immer mehr, immer weiter, immer schneller – und immer weniger Zwang. Die Urlaubs- und Vergnügungsreise gilt als die beherrschende Form des heutigen Reisens. Blickt man von dem frei verfügbaren Angebot von heute zurück auf frühere Formen des Reisens, so erscheinen diese sehr viel weniger bunt, sehr viel weniger freiwillig, sehr viel stärker eingebunden in die Probleme der Existenzsicherung. Dies ist die eine Perspektive. Aber es gibt eine andere: Faßt man die einstigen Formen des Reisens genauer ins Auge, beschreibt man sie in all ihren Schwierigkeiten und ihrer Unberechenbarkeit, dann kehrt sich das Verhältnis beinahe um. Das Reiseangebot von heute will dann in seiner Buntheit fast monoton erscheinen; die Abenteuer jedenfalls, die heute mühsam geplant werden müssen, waren früher ein unvermeidlicher Teil vieler Reisen. Und welche Vielfalt! Pilger und Wallfahrer legten weite, weite Wege zurück. Handwerker, Kaufleute, Hausierer mußten oft die meiste Zeit unterwegs sein. Auswanderer suchten ihr Glück in fernen Ländern. Gelehrte brachen auf zu Entdeckungsreisen. Bestimmte Regionen, Städte, Institutionen wurden zum Ziel interessierter bürgerlicher Reisender. Bäder und Kurorte lockten ihr Publikum an. Und all das war begleitet von der technischen Weiterentwicklung der Verkehrsmittel: Schiff und Postkutsche, Schnellpost und Eisenbahn.

Dieser Band zeichnet die alten Wege und die neu sich entwickelnden Formen des Reisens nach. Er entwirft ein Panorama der Reisekultur seit dem Ende des Dreißigjährigen Kriegs, mit knappen Rückblicken auf die Zeit davor und mit dem Hauptakzent auf der stürmischen Entwicklungsepoche seit dem Ende des 18. Jahrhunderts, als sich mehr und mehr die modernen Reiseformen herausbildeten. So zeichnet sich die stetige Horizonterweiterung ab und die allmähliche Herausbildung des Selbstzwecks Reise.

Der Band ist nicht streng systematisch angelegt; er skizziert in prägnanten Einzelbildern die verschiedenen Typen der Reise – und damit natürlich auch der Reisenden, der Reisemittel und -umstände. Rund ein halbes Hundert von Fachleuten konnte zur Mitarbeit an dem Buch gewonnen werden: Wissenschaftlerinnen und Wissenschaftler der Sozial- und Kulturgeschichte, der Technikgeschichte, der Religionsgeschichte, der Literatur- und Kunstgeschichte. Das Reisen ist ja nicht für eine einzelne Wissenschaft reserviert, sondern reicht in die verschiedensten Fächer hinein – eben dies macht das Thema besonders interessant.

Die Herausgeber danken allen Autorinnen und Autoren; sie danken aber auch dem Verlag für die engagierte Zusammenarbeit. Die Verwirklichung eines solchen Projekts ist nur möglich, wenn ein Verlag die Sache in hohem Maße zu seiner eigenen macht. Dies war in erfreulicher Weise der Fall – wenn Frau Karin Beth schon nicht unter den Herausgebern angeführt ist, so soll sie wenigstens hier dankbar erwähnt werden.

DIE ALTE STRASSE. FRAGMENTE

«Eine weitere Freiheit muß der Historiker beanspruchen, wenn es ihm darum zu tun ist, die Geschichte in Gestalt von Konstellationen zu betrachten. Er nimmt sich das Recht, einzelne Erscheinungen, bestimmte bedeutungsvolle Fragmente genau zu beobachten und andere wieder unbeachtet zu lassen. Dies führt zu Proportionsverschiebungen, wie in der heutigen Malerei, wo eine Hand über das ganze Bild wachsen kann, während der Körper Fragment oder Andeutung bleibt. Diese Proportionsverschiebungen sind für die Darstellung von Bedeutungszusammenhängen in der Geschichte [...] unvermeidlich.»

Sigfried Giedion über «Typologische Betrachtungsweise».[1]

Über die methodische Vergeblichkeit, sich sinnlich der Historie zu nähern

Um die Jahreswende 1987/88 wanderten wir fünf Tage durch die Rhön und kamen nur durch drei Dörfer. Es war, wie der Rundfunkwetterbericht meldete, für die Jahreszeit zu warm. Jedenfalls lag kein Schnee, und die Nächte waren nicht kalt, auch wenn es zuweilen aufklarte und der Mond zwischen den rasenden Wolkenfetzen helles Licht warf. Wegen der kurzen Tage gingen wir schnell, doch war dies nicht der Grund dafür, daß unsere Füße, die in jahrelang eingelaufenen Stiefeln staken, am Ende ganz wund waren. Die Beschwerlichkeit war vielmehr den Wegen anzulasten, die dem Fußwandern fremd geworden sind. Ich meine nicht die zum Teil grundlosen Wege in der unbewohnten Hohen oder Langen Rhön, die weithin der alten, sorgsam versteinten Grenze «KP/KB» (Königreich Preußen, bis 1866 Kurfürstentum Hessen-Kassel/Königreich Bayern) folgen, und die, obwohl auf dem Kamm verlaufend, in den breiten nassen Mulden und Senken eine Ahnung von der Ungänglichkeit der Talwege vermitteln. Vielmehr denke ich an das sich nördlich anschließende Streusiedelgebiet der von der Natur abenteuerlich geformten Kuppen-Rhön, wo die Höfe alle durch asphaltierte Sträßchen vernetzt sind (neben diesen naßglänzenden Bändern gibt es, weil da stacheldrahtparzelliertes Viehweidengebiet ist, kaum ein Durchkommen) – was täten die Bauern heute ohne Auto? Mit dem Auto über das Land: das ist normal, da wird der Fußgänger mit seinem Rucksack zum Anachronismus, und er erfährt es schmerzlich an seinen wundgescheuerten Knöcheln, Fersen, Fußsohlen, Zehen. Hätte er doch, denkt er, die Chance, einen weichen Feldweg zu nehmen; und besser noch wäre ein geschottertes Sträßchen der Art, wie wir uns die alte Chaussee vorstellen. Doch er hat die Wahl nicht mehr. Die Allgegenwart des Asphalts, die Unausweichlichkeit der modernen Straße (und das gerade in dieser vertrackten Minimalform) prägt sich ihm in den Körper ein, im Wortsinne. Es fällt einem der Satz Dolf Sternbergers ein: «Der Verkehr hat dem Reisen das Ende gesetzt.»[2]

Nur der Fußwanderer also, der fehl am Platze scheint oder ist, macht diese schmerzliche Art von Straßenerfahrung, die so völlig anders ist als die Straßen-

Erfahrung des Automobilisten, dem der Asphalt Notwendigkeit und Selbstverständlichkeit geworden ist. Und nur der moderne Fußwanderer scheint die Chance zu haben, in Grenzen sinnlich nachzuvollziehen (und nicht nur: nach-zudenken), was das meint: Straße früher.

Das Paradoxon der Straße: Straße als Widerstand

Also notierte ich als aus der sinnlichen Erfahrung gewonnenen Kern- und Erkenntnissatz ins Tagebuch: Über die Straße redet nur derjenige, den sie Widerstand spüren läßt. Und ich schrieb assoziierend weiter: Das heißt: Derjenige, der sich unangemessen ihrer bedient; der sich nicht auf die Gesetze, die sie erläßt, einläßt; also: Wer auf Straßen geht, die fürs Fahren gemacht sind; wer auf Straßen fährt, die fürs Gehen gedacht sind; wer auf Straßen fährt, als gebe es nur Straßen und kein Wetter; wer auf Straßen fährt, als gebe es nur Fahrer und keinen Verkehr, etc.

Die Assoziationen gerieten ins Stocken, vor allem wollte kein Sprung in die Geschichte gelingen: die Grenze historischer Erkenntnis durch sinnliche Erfahrungen liegt gleich hinter ihrer Chance – methodisches Ungenügen. Wenn man sieht, daß man sich unangepaßt verhält, «daß man untechnisch lebt» – mit Carl Friedrich von Weizsäcker zu sprechen[3] –, dann erkennt man Anachronismen. Das Registrieren von Anachronismen ist aber erst eine der Vorstufen zum Verstehen von Geschichte.

Über die alte Straße redet heute nur derjenige, den sie ihren Widerstand aus der historischen Ferne spüren läßt, will sagen: derjenige, dem sie Fragen stellt. Doch genau hier scheint das Problem zu liegen. Warum fallen uns keine Fragen ein? Warum ist das Fragen so schwer? Warum klingen die Fragen immer so akademisch, warum merkt man ihnen den Auftrag an?

Fragen: Wie sah Straße aus? Wie fühlte sie sich an? Was sah, hörte, roch man auf ihr? Was dachte und empfand man? Wem begegnete man und wie? Wo wollte man hinkommen? Wollte man irgendwo hinkommen, und wo kam man hin? Was erwartete einen, und was erwartete man? Was erzählte man und was nicht, wem und wem nicht? Wer hielt einen auf und kontrollierte? Wo hatte man zu halten, wo brauchte man Geld? Wie orientierte man sich, und was heißt Orientierung?

Fad sind solche Fragen und aus der Dämmerung heraus gestellt. Es ist kein Wunder, daß es so wenig Literatur über die Kulturgeschichte der Straße gibt, auch in größeren Zusammenhängen scheint die Straße kaum der Erwähnung wert. Karl August Wittfogel etwa in seiner ‹Geschichte der bürgerlichen Gesellschaft› nennt sie bei der Darstellung des Merkantilismus, und auch da nur am Rande: «Da die Grundlage aller kapitalistischen Produktionstätigkeit der Besitz entsprechender Betriebsmittel ist, richteten sich die staatlichen Maßnahmen besonders auf deren Bereitstellung und damit vor allem auf die Erhöhung der Kapitalien in Geldform. Diese merkantilistischen Bestrebungen im engeren Sinne fanden dann eine sinnvolle Ergänzung in einem allgemeinen System von Maßnahmen zur Stützung und Entfaltung der jungen kapitalistischen Industrie. Zu den innerpolitischen Maßnahmen des Merkantilismus gehörte demgemäß etwa folgendes: Sorge für gute Verkehrswege [...].»[4] Und man mag es nicht glauben, daß Hans Mottek der Sache gerecht wird, wenn er in seiner ‹Wirtschaftsgeschichte Deutschlands› nur wenige trockene Sätze über die Chausseen weiß,[5] neben langen Passagen über Flußschiffahrt und Eisenbahn. Denn an anderer Stelle zitiert er ganz beiläufig eine Notiz zum Beginn des Deutschen Zollvereins: «Ein Zeitgenosse dieser Vorgänge schilderte, wie in der letzten Nacht des Jahres 1833 ‹lange Wagenzüge auf den Hauptstraßen standen, die bisher durch Zollinien zerschnitten waren. Als die Mitternachtsstunde schlug, öffneten sich die Schlagbäume, und unter lautem Jubel eilten die Wagenzüge über die Grenze... Alle waren von dem Gefühl durchdrungen, daß Großes errungen sei›.»[6]

Man wundert sich über die geschichtsschreiberische Abstinenz. Sie ist richtig wohl insofern, als sie den Quellen folgt, die in aller Regel dürftig fließen. Sie ist falsch insofern, als sie sich sklavisch an Quellen hält, die sich an der Normalität orientieren. Daß solche Normalität identisch sein könnte mit dem, was wir heute als Widerstand empfinden – dieser Gedanke bleibt weithin verborgen.

Widerstand als Normalität

Legion sind zum Beispiel die Geschichten über Unzulänglichkeiten von Straße und Gefährt, kulminierend im Unfallbericht, dem durchaus Schrecken und Angst noch anzuhören sind, der aber – das wäre eine zu prüfende These – zum Schwank umgewertet wird durch Verarbeitungshumor.

Zwei Beispiele hierzu. Karl Immermann berichtet von einer Fahrt im Jahre 1821, die ihn von Magdeburg nach Münster führte: «Bis Hildesheim ging's auf ganz abscheulichen Wegen schneckengleich. Vor Hildesheim in der Nacht verfuhren wir uns gänzlich» – das Problem des Sichverirrens auf einer Hauptstraße werden wir noch ansprechen müssen –, «kamen auf morastige Wiesen, an aufgeworfene Gräben, mußten aussteigen, u. durch Koth waten, u. waren darauf kaum wieder eingestiegen, als die ganze Postkutsche an einem kleinen Hügel umschlug. Heiliger Gott welche Finsterniß, was für ein Chaos von Beinen, Armen, Gesichtern! Ich kam bei dieser Gelegenheit recht eigentlich unter die Menschen, denn über mir lag ein dicker Portd'epeefähnrich, von etlichen Zentnern. Die Berlinerin schrie aus der untersten Hölle: Herr Jesus, ich ersticke! Herr Fähnrich, Sie sperren mir ja in die Beine! – Nachdem jeder seine Gliedmaßen wieder zusammengerafft hatte (ich war übrigens nicht im mindesten verletzt) so krochen wir aus dem Bauch des Unthiers durch das Guckfenster, einer nach dem Anderen, wie Schornsteinfeger aus dem Rauchfange.»[7] Das andere Beispiel aus der Feder von Arnold Ruge 1837, der von Tübingen aus mit der Extrapost Gustav Schwab in dessen Pfarrdorf besucht, zusammen mit Ludwig Uhland und Friedrich Theodor Vischer: «Ohngefähr 100 Schritt davor aber zerbrach der Vorderwagen, und ich fiel zuerst in den Graben mit dem Kopf und die Schulter ins gelbe Lehmwasser. Wie ich noch dalag, purzelte Uhland hinterdrein und auf mich, quetschte mir den linken Fuß bedeutend, und so lagen wir eine gute Weile im Graben, während Vischer auf die Beine zu stehen gekommen war und erschrocken auf uns hinsah. Endlich fiel Uhland von mir herunter mit beiden Füßen ins Wasser, ich erhob mich, marschirte ans Ufer und sah, daß er sich noch besann, wie und wo, dann aber heiter hervorkam. Wir erhoben jetzt ein lautes Gelächter über die Fahrt und daß wir aussahen wie die Säue, auch ich noch den ganz zerfetzten und kothigen Mantel wie ein guter Lazarone einherschleppte. Vischer freute sich, daß wir beide lachten und marschiren konnten. So kamen wir auf die Pfarre und zwar in einen Damenkaffee, wo wir uns mit den Worten des Rößliwirthes im Dorf, bei dem wir uns vorher hatten vergeblich zu reinigen gesucht, entschuldigten: ‹nämlich es sähe ja immer einer aus wie der andre und wäre ja keine Bosheit nit.›»[8]

Was uns interessiert, ist die Gleichheits- und Gleichmutsweisheit des Wirtes angesichts der Beinahe-Alltäglichkeit des Straßenereignisses und die Art und Weise, wie von den Reisenden das unerwartet eintreffende Vorhergesehene zur Normalität umgearbeitet wird. Hier mußte es noch erzählerisch verarbeitet werden, nach akribischer Beobachtung der Reaktionen der Beteiligten – anderswo war es längst den Alltagsvollzügen einverleibt. Was schließt man aus der Tatsache, daß einer, der fast sein ganzes Leben auf der Straße verbringt, kaum einmal von dieser Straße spricht? Der Samenhändler Johann Martin Merz aus Gönningen im Württembergischen, der seit seinem achtzehnten Lebensjahr, 1842, unterwegs war und dabei Polen, Holland, Ungarn, Finnland und Rußland bereiste – er kommt nur an einer Stelle seines Lebenslaufes auf die Straße zu sprechen – und auch da mehr auf die Widrigkeiten des Lebens daselbst als auf die Widrigkeiten des Raumes und Verkehrsmittels Straße: «Wieviel mußten wir auf unseren Reisen ausstehen, einige mal kam es vor, wir mußten den Wagen abladen und abbrechen und ein Stück um das andere weitertragen, weil es sonst keine Möglichkeit gegeben hätte weiter zu kommen. Wieviel mal haben wir unseren Pferden die Stricke losgeschnitten wieviel mal kamen wir ganz durchnäßt und hungrig in einem elenden Wirtshaus oder woanders an, wo weder Kaltes noch Warmes zu bekommen war, kein Stück Brot und nicht einmal ein trockenes Plätzchen zu sitzen oder zu liegen. Wieviel mal mußten wir unter freiem Himmel nächtigen, daß oft morgens ½ Fuß Schnee auf uns lag?»[9]

Im Hinblick auf den modernen Straßenbau formuliert Wolfgang Sachs (sich anschließend an Wolfgang Schivelbuschs ‹Geschichte der Eisenbahnreise›[10]): «Dem Vorbild der Eisenbahnschiene folgend, war der Widerstand der Landschaft zu beseitigen.»[11] Das ist modern gedacht und deshalb bei historischer Analyse möglicherweise irreführend. Es gibt nicht wenige Indizien dafür, daß gerade das Brechen des Widerstandes als Vergewaltigung des Herkömmlich-Natürlich-Normalen, als das Neu-Fremde, Ungute, ja geradezu als eschatologisches Zeichen gedeutet wurde. Ulrich Bentzien hat in seiner Analyse mecklenburgischer Erzählungen erstaunlich viele Hinweise auf den Chausseebau finden können: die moderne, gerade, Berg und Tal einebnende Chaussee als Vorzeichen des letzten großen Krieges oder gar des allgemeinen Weltenendes – «de Tied, dat alles äben makt ward», «wenn de Barg mit de Grünn' äben würden», «wenn de Wäg' grad' makt wiren»;[12] Bentzien findet in seinem Material Spuren des «gewaltigen Eindrucks», «den die nie gesehenen ‹Wagen ohne Pferde›, die gepflasterte, Täler und Hügel nivellierende Chaussee oder die anderen technischen Gebilde auf die mecklenburgische Landbevölkerung gemacht haben müssen».[13]

Über die Schwierigkeit, die Verwandlung eines Naturwegs in eine Kunststraße zu datieren

Solche Quellen über die Reaktionen betroffener Menschen sind aufregend, aber selten. Die Erfahrungen sind im Grunde auch von ganz anderer Art als diejenigen, die Klaus Beyrer aus den Berichten bürgerlicher Reisender herausfiltert:

«Die neue Beförderungsgeschwindigkeit der Schnellposten und Eilwagen» – vor allem seit den zwanziger Jahren des vorigen Jahrhunderts – «wird von den Reisenden als eine Vernichtung des Raumes erlebt».[14] Da zeigt sich, daß ein Satz wie «Elimination des räumlichen Widerstands durch die Chaussee» historisch und sozial recht ungenau, ja vernebelnd ist. Denn unsere reisenden Gelehrten und Literaten brauchten den festen Untergrund und die Umgehung steiler und kurviger Stücke. Für die mecklenburgischen Bauern aber war das nicht nur ein unerhörter Eingriff in die Natur – viel vordergründiger fürchteten sie, daß ihre an Sandwege gewöhnten Pferde auf den harten Straßen Schaden litten und «alle erlahmen müßten»: «De Damm is de Pier ehr Dood.»[15]

Meist halten wir uns an die scheinbar historisch so unsensible Amtssprache: «In Kunststraßen sind die alten Naturwege verwandelt worden seit der Mitte des vorigen Jahrhunderts», heißt es 1854 aus dem württembergischen Oberamt Aalen.[16] Ein weiteres halbes Jahrhundert später scheint sich noch nichts grundsätzlich verändert zu haben, außer vielleicht in den Quantitäten. «Der Bezirk», liest man 1915 über das hier ebenfalls willkürlich herausgegriffene oberschwäbische Oberamt Tettnang, «ist von 8 Staatsstraßen, 26 Nachbarschaftsstraßen und 81 Gemeindewegen durchzogen. Diese Straßen und Wege, deren Gesamtlänge 411 km beträgt, verbinden sämtliche Orte miteinander. Der Unterhaltungszustand der Straßen ist dem durchgehenden und örtlichen Verkehr angepaßt. Die verkehrsreichsten Strecken von 5 Staatsstraßen und 2 Nachbarschaftsstraßen werden regelmäßig bewalzt, während die anderen Straßen und Wege nach dem Flicksystem unterhalten werden. Als Unterhaltungsmaterial wird ausschließlich alpiner Kies verwendet, der teils in benachbarten Kiesgruben, teils im Bodensee gebaggert wird».[17]

Wer aber weiß genau, wann später die gewalzten oder gepflasterten Straßen, dann auch noch viele der alten «Erdwege»[18] asphaltiert wurden – in den dreißiger, den fünfziger, den sechziger Jahren? Kaum etwas ist mühsamer als an Kalenderfixpunkte sich zu erinnern in der Geschichte unserer Alltagswelt. Auch die amtlichen Karten sind in dieser Hinsicht längst nicht mehr zuverlässig. Noch in den 1:100000-Karten der fünfziger Jahre (in den sechziger Jahren wurde dann die Bearbeitung der Blätter dieser «Karte des Deutschen Reiches» eingestellt) konnten aus den Signaturen sehr konkrete Angaben über den Beschaffungszustand der Straßen gewonnen werden: es gab die «IA-Straße» («5,5 m Mindestnutzbreite mit gutem Unterbau, für Lastkraftwagen zu jeder Jahreszeit unbedingt brauchbar»), die «IB-Straße» («weniger fest, 4 m Mindestnutzbreite»), den «Unterhaltenen Fahrweg» («IIA», «für Personenkraftwagen jederzeit brauchbar»), dann – ohne nähere Kennzeichnungen – den «Unterhaltenen Fahrweg IIB», den «Feld- und Waldweg» (III) und den «Fußweg» (IV). Heute, da nicht mehr die Automobileignung der Straßen betont werden muß, weil sie als selbstverständlich gilt, sondern – umgekehrt – die Nichteignung von verkehrsreichen Straßen fürs Fahrradfahren, erkennt man augenblicklich den seltsam antiquierten, historischen Charakter jener Kartenzeichen.

Es wäre noch viel anzumerken zur Bedeutung von Karten als straßengeschichtlicher Quelle (bis hin zu den 1:50000-Karten der siebziger Jahre, die erschreckend ungenau sind, weil die Bearbeiter den chaotischen Wucherungen weniger des Hochbaus als vielmehr des Straßenbaues nicht mehr zu folgen in der Lage waren) – hier sollte an simplen Beispielen nur gezeigt werden, mit welch langen historischen Überlappungsphasen wir zu rechnen haben und mit welchen Schwierigkeiten, die Verwandlung eines «Naturwegs» in eine «Kunststraße» – und welcher Art von Kunststraße! – zu datieren. Das historische Geschiebe bringt dreierlei mit sich: erstens die Gefahr, daß naheliegend, aber doch irreführend von «der» alten Straße gesprochen (und zu selten der Wandel gesehen) wird, siehe oben; zweitens die Notwendigkeit ausführlicher methodischer Reflexionen, siehe oben; drittens die unbehaglich kärgliche Lieferung lediglich von Fragmenten[19] zu einer Straßengeschichte.

Stückwerk

Auch die Straße selbst läßt sich bis weit ins 19. Jahrhundert hinein als Fragment beschreiben – und das in ganz verschiedener Hinsicht.

Zum einen ist das Gesamtstraßennetz Deutschlands vor der Gründung des Zollvereins Stückwerk. Für die Zeit um 1815 hat Siegfried Wollheim aus der vom Geographischen Institut in Weimar herausgegebenen ‹Carte topographique et militaire de l'Allemagne› – durchaus mit quellenkritischen Vorbehalten – geschlossen: «Neben dem Straßenbüschel um Kassel und der Straße von Frankfurt am Main nach Leipzig besaß in Deutschland nur das gesamte Rheinland bis hinauf nach Konstanz ein breites und teilweise verhältnismäßig engmaschiges Netz von Kunststraßen. Außerdem bestanden in Süddeutschland noch zwei Strahlenbüschel von Chausseen in Württemberg und um Kempten im Allgäu. Durch Berlin führte, abgesehen von einigen anderen kurzen Straßenanfängen nur eine Ost-Weststraße von Frankfurt an der Oder nach Brandenburg an der Havel und noch etwas darüber hinaus. Bei Magdeburg und Halberstadt waren Straßenstücke vorhanden. Mit dem Kasseler Straßennetz stand die Straße von Göttingen nach Mühlhausen in Verbindung. Wenn auch anzunehmen ist, daß noch außerdem Chausseen (z. B. von Hamburg nach Bremen) existiert haben und manche Poststraße einigermaßen gut unterhalten worden sein wird, so konnten doch die wenigen Kunststraßen unmöglich dem gesteigerten Verkehr in dem beginnenden Zeitalter der Technik genügen.»[20]

Daß dem entwickelten Stand der Produktivkräfte die Warenaustauschmöglichkeiten nicht entsprachen, ist bekannt. Die Schaffung großer Wirtschaftsräume war Voraussetzung: der Anschluß des Kurfürstentums Hessen-Kassel an das preußische Zollsystem zum Beispiel gelang erst 1831 unter dem Druck preußischer Nord-Süd-Konkurrenzstraßen.[21] Die komplizierte Regelung der Bau- und Unterhaltskosten und Einnahmefragen mußte geregelt sein; und allemal waren es wie eh und je die unzähligen Grenzübergänge, an denen sich die Straßenbeschaffenheit abrupt ändern konnte. Klassisch die Beobachtung Goethes vom 16. September 1797 im Tagebuch seiner dritten Schweizer Reise, nach dem Grenzübertritt ins katholische, hechingische Hohenzollern kurz hinter Tübingen: «Sobald man aus dem Württembergischen kommt, schlechter Weg [...]. Auf der Brücke seit langer Zeit der erste heilige Nepomuk; war aber auch wegen der schlechten Wege nötig.»[22]

Doch auch innerhalb der einzelnen Territorien war – vor dem allgemeinen Sieg der Chaussee – die Stückelung üblich, das heißt die unterschiedliche technische Auslegung der Straße. Wer zum Beispiel um 1815 von Frankfurt über Gießen und Marburg auf der alten «Bremer Straße» weiter nach Norden wollte, hatte zumindest südlich von Marburg eine Chaussee, dann durch die Stadt hindurch Pflaster (der «Steinweg» gar war eine in drei Parallelterrassen angelegte Straße!), weiter nach Norden, Richtung Frankenberg, aber wieder nichtchaussierte Straße.[23] Ganz generell war in Ortsdurchfahrten und in Hohlwegen statt Chaussierung Pflaster üblich;[24] das hatte vor allem mit der Qualitätserhaltung zu tun: wichtig war, daß das Wasser nach den Seiten abfloß, daß sich keine Regenrinnen in Geleisen bildeten, daß – wenn durch Sonneneinstrahlung und Luftzug keine rasche Trocknung möglich war – der Schlamm abgeschöpft werden konnte.

Im Herrschaftsinteresse schließlich wurden Sonderstraßen als Teilstraßen angelegt. An Stuttgart vorbei baute man 1811 eine eigene Militärstraße für ungehinderten Truppentransport.[25] Im Herzogtum Mecklenburg-Güstrow wurde schon 1693 eine Spezial-Poststraße angelegt (zum raschen Transport von Gütern und Nachrichten), welche die Metropole Güstrow mit der wichtigen Hafenstadt Rostock verband. Diese Straße nahm den kürzesten Weg, führte deshalb zum Teil an den Ortschaften vorbei, hatte genau in der Mitte eine Relaisstation und besaß vor allem – zwei Fahrbahnen![26]

Stück-Werk mochte eine «Straße», eine Reise noch in anderer Hinsicht sein. Der erwähnte Gönninger Samenhändler Johann Martin Merz, der im Jahr zwei Geschäftsreisen zu machen pflegte, zog meist mit dem Fuhrwerk los, verkaufte dieses und die Zugtiere, wenn er seine Ware losgeschlagen hatte, benützte je nach Bedarf, Gutdünken und Möglichkeit Dampfschiff oder Ruderboot, das Eis der zugefrorenen Ostsee oder den Omnibus oder die Eisenbahn[27] – kurz: ihm war «Straße» im eigentlichen Sinne nur ein Teilstück in einer mehr oder weniger kunstvoll improvisiert geschaffenen «Gesamt-Straße». Die später viel gepriesene Freiheit des Automobils – sie hätte ihm nicht viel genützt, muß dem Leser der Memoiren des Berufsreisenden im Gegenteil als lästiger Hemmklotz erscheinen gegenüber dem souveränen Verfügen über die Straße als Stück-Werk.

Eine Chaussee-Wegmeister-Instruktion

Der fragmentarische Charakter wäre also ein wichtiges Kennzeichen der alten Straße – das Fehlen des geschlossenen «Netzes» in guter und gleicher Qualität. Das geschlossene Netz der Kunststraßen ist im wesentlichen ein Werk der ersten Hälfte des 19. Jahrhunderts, und manchem mußte es nach seiner Herstellung auch schon wieder als antiquiert erscheinen – der Eisenbahn wegen. Noch in seiner 1931 publizierten Studie über die Geschichte des Straßenwesens in Kurhessen glaubte Siegfried Wollheim den von ihm gewählten zeitlichen Betrachtungsraum so begründen zu können: «Die Entwicklung des Straßennetzes ist [...] ungefähr bis zum Jahre 1840 verfolgt worden, weil um diese Zeit die Straßen ihre selbständige Bedeutung einbüßten und nur noch als Zufahrtsstraßen für die Eisenbahnen dienten. Nur ein Vierteljahrhundert hat also diese Blüteperiode der Kunststraßen gedauert. Das ist wohl der Grund dafür, daß gerade dieses Zeitalter der Verkehrsgeschichte so wenig behandelt worden ist.»[28]

Das sehen wir heute natürlich ganz anders. Der vermeintlich objektive Blick auf die Geschichte ist selbst ein historisches Datum geworden – im Rückblick ist die Straßenblütezeit vor der Eisenbahnrevolution eine Präfiguration unserer heutigen Verkehrszustände und keineswegs eine gewissermaßen unnötige Fehlentwicklung.

Es ist schon erwähnt worden: Straßengeschichte ist viel komplizierter als gemeinhin vermutet wird (vom Problem des Datierens ist die Rede gewesen). Technik allein macht Straße nicht aus, doch bietet sie uns einige Fixpunkte der Entwicklung.

Das 18. Jahrhundert ist die Zeit des großen Experimentierens, die Ingenieure haben das Sagen, man wirft sich auf die Methoden, die bekanntesten Namen sind Tresaquet (1716–1796), Telford (1757–1834), vor allem aber McAdam (1756–1836). Die wichtigsten Prinzipien, die in allen Entwürfen auftauchen, sind Wölbung, Tragschicht, Mehrschichtigkeit, Ebenheit der Oberfläche, Randbefestigung, nicht zuletzt: Rinnen und Gräben. Man findet dies und jenes mehr oder weniger geeignet, hat seine Gründe dafür, verwirft, entwickelt weiter, variiert, benennt – das alles ist nicht nebensächlich: der scheinbar so wichtigtuerische und scheinbar so kleinliche Streit um – wie es uns heute scheint – Nuancen der Straßenbautechnik ist selbst ein wichtiges historisches Indiz. Freilich gibt es im Groben um 1800 auch einen Konsens, welcher, der erwähnten Güter-, Personen- und Nachrichtenaustausch-Dringlichkeit wegen, sich unübersehbar in den Gesetzbüchern einnistet. Zitiert seien zur Illustration einige Sätze aus der 68 Artikel umfassenden «Instruktion für die Wegmeister auf den Königl. [württembergischen] Chausseen, vom 23. April 1808»[29] – das sind keine Bau-Instruktionen, das Wesentliche der Kunststraße erschließt sich besser aus den Instandhaltungsregeln.

In «Rücksicht der kunstmäßigen Behandlung der Straßen» gilt als oberster Grundsatz: Eine «Chaussee, welche auf einmal einer starken Reparation bedarf, ist schon schlecht geworden; eine Chaussee aber soll nie schlecht werden.» Deshalb soll der Wegmeister sorgfältig und sachte mit ihr umgehen und sie «mehr wie einen Garten, als wie einen Sturz-Acker» behandeln. Einer der wichtigsten Punkte dabei ist die Beherrschung des Wassers:

«1. Eine Straße kann nie gut werden, wenn nicht vorzüglich für den Ablauf des Wassers Sorge getragen wird; daher muß jede Straße, die Steigen ausgenommen, in der Mitte um den 20sten Theil ihrer ganzen Breite höher seyn, und die Oberfläche also ein reines Gewölb ohne Vertiefungen oder Erhabenheiten bilden.

2. Da bei Steigen das Wasser von selbst abfließt, so ist diese Wölbung nicht nöthig. Sie würde im Winter für das Fuhrwesen sogar gefährlich werden. Damit aber das Wasser nicht längs der ganzen Steige hinunterlaufe, so hat der Wegmeister darauf zu achten, daß die Quermulden, welche bereits angelegt sind, oder künftig angelegt werden, beständig offen bleiben, und nicht durch Sand und Schleim gefüllt werden, damit das Wasser nach den Gräben abfließen kann.

Auch hat er darauf zu sehen, daß die Ansteigung zu beiden Seiten der Mulde nie größer werde, als höchstens 24 Zoll per Ruthe.

Da, wo die Steige auf der Seite von einem Abgrund begleitet wird, soll die Oberfläche derselben gegen die Berg-Seite abhängig seyn, und zwar so, daß die Seiten-Neigung mehr nicht, als höchstens ½ Zoll per Schuh betrage. Hierauf hat der Wegmeister sein Augenmerk besonders zu richten. [...]

13. Damit der Wegmeister beurtheilen kann, wo und wie das Beschlagen der Chausseen nothwendig ist, muß er sich ein gutes Augenmaß in Beurtheilung der ovalen Form der Chaussee angewöhnen, und diese nie aus den Augen lassen.

Kommt er aber zur Zeit der nassen Witterung auf die Chaussee, so zeigt ihm das Wasser die Fehler der Chaussee an; denn da, wo Wasser stehen bleibt, ist entweder die Chaussee zu wenig gewölbt, oder sie hat Lücken, Geleise oder Erhöhungen bekommen, welche das Wasser hemmen, folglich muß an solchen Stellen sogleich nachgeholfen werden. Denn auf einer Chaussee darf nie eine Pfize oder Lache stattfinden, sondern das Wasser muß immer zu beiden Seiten ungehindert in die Gräben ablaufen können.

14. Weil der Koth, oder die aufgeworfene Erde das Wasser anzieht, und dessen Ablauf hemmt, so muß nicht der geringste Koth auf der Straße geduldet, sondern der Wegknecht zu dessen Abschöpfung angehalten werden.

Die Oberfläche der Straße muß vielmehr nur durch hartes Gestein, über welches das Wasser abfließt, gebildet seyn.

15. Wenn sich bei heißer Witterung auf der Chaussee viel Staub erzeugt, so sind die Wegknechte weit entfernt, solchen abzuschöpfen, und halten es für bequemer, einen Regen abzuwarten. Dieses ist aber nicht nur sehr verderblich für die Chaussee, und erschwert nicht nur die Passage, sondern, weil die Arbeit für den Wegknecht nachher beschwerlicher wird, so unterbleibt sie für gewöhnlich ganz, oder gröstentheils, und häuft sich der Morast dergestalt auf der Oberfläche, daß nie eine harte und feste Masse entstehen kann, und daß vielmehr bei jeder nassen und feuchten Witterung Geleise eingeschnitten werden.

Die Wegmeister sollen daher die Wegknechte mit Strenge anhalten, den Staub mit sogenannten Krüggen von der Straße zu schaffen.»

Zitiert sind hier nur fünf von 63 Artikeln – welche Fülle nicht bloß von Informationen über den technischen Soll-Zustand einer Kunststraße, sondern auch über die Widrigkeiten alltäglicher Nutzung! Darüber hinaus enthält diese als Exempel herausgegriffene württembergische Weg-Ordnung eine Reihe von Vorschriften, welche die Straße als einen Sonder-Raum ausweisen.

Der Straßen-Raum wird errichtet

Dieser Sonder-Raum entsteht sekundär; er leitet sich ab aus den technischen und organisatorischen Erfordernissen der modernen Chaussee.

Von größter technischer Bedeutung für die Kunststraße sind die Seitengräben, die der Entwässerung dienen – die Notwendigkeit ihrer Pflege wird in jeder Wegordnung betont wie auch die Pflicht zur Erhaltung der parallel verlaufenden Neben- oder Sommerwege. Diese meist fünffache Parallele aus Steinbahn, zwei Gräben und zwei Banketten oder Nebenwegen war nicht nur ein optischer Sog – speziell die Gräben mußten ausdrücklich geschützt werden: «Wer von der Chaussee auf anderen, als den bestimmten Abfahrten ausbricht oder quer über die Straße, Bänke und Gräben von und auf die Chaussee übersetzt, zahlt [...]» – so eine Bestimmung für die kurhessische Provinz Hanau von 1817.[30] Zwar wurde das «Ausbrechen» mit dem Pferd nicht so hart bestraft wie dasjenige mit dem Fuhrwerk (das des Fußgängers natürlich gar nicht); aber es gab doch schon eine Bannung auf den Straßen-Raum.

Auch das Gebot der Distanzierung privater Baumaßnahmen von der Chaussee, technisch wohlbegründet, förderte die Separation des öffentlichen Verkehrsraumes vom privaten: «Ueberhaupt muß der Wegmeister gegen die bisher eingeschlichenen Mißbräuche aller Einengungen der Chaussee, welche die Feld-Eigenthümer durch Vorrüken der Bekleidungs-Mauern gegen die Chausseegräben oder durch Einzäunungen ihrer Felder, oder gar durch nahe am Weg erbaute Mauern und Gebäude (es sei in oder ausserhalb Etter) unternommen haben, und solches unter keinem Vorwand gestatten, indem [...] Niemand befugt ist, dergleichen Bauwesen vorzunehmen, wodurch der Landstraße die Zugluft und Sonne entzogen, Feuchtigkeit und Nässe hervorgebracht, und folglich die Chaussee-Conservation erschwert und vertheuert wird.»[31]

Andere praktische Einrichtungen wie die Post- und Stunden-Steine, vor allem aber die seitlich gepflanzten Chaussee-Bäume, die sowohl der Orientierung wie der Sicherheit als auch der Obstzucht dienen sollten,[32] samt dem Institut der Wegweiser[33] markierten den neuen öffentlichen Raum, machten ihn auch zu einem Raum der Sicherheit: die Chaussee als «untrüglicher Wegweiser durch diese menschenleere Gegenden», wie ein kühner Fußwanderer im süddeutschen Mittelgebirge 1790 notierte, nachdem er auf Wald- und Nebenwegen und davon kaum unterscheidbaren Landstraßen große Verirrungsängste ausgestanden hatte.[34]

Man darf annehmen, daß die neue Klassen-Hierarchie der Straßen – die Straßen nun nach «Rängen» oder «Classen» unterschieden – eine bedeutsame Rolle spielte; das «Netz» hatte ausgedient. Die ungewohnte Erfahrung des Einebnens und Begradigens ist sicher nicht nur im kollektiven Gedächtnis der mecklenburgischen Landbevölkerung aufbewahrt worden – jene Erfahrung, welche freventlichen Umgang mit naturgegebenen Horizonten witterte und den Landschaftsraum gefährlich ins Endlose geöffnet sah.[35] Doch die technische und symbolische Zurichtung der Kunststraße war ja durchaus sinnlich erfahrbar, und zwar nicht nur durch die kanalisierenden seitlichen Barrieren, sondern selbst bei Nacht mit Hilfe des Tastsinns der Füße und des konzentrierten Blicks. «Unlängst wanderte ich Abends meiner Heimat zu, und die Nacht überfiel mich, da ich noch draußen auf der Straße war» – so lasen Volksschüler seit 1854 in einem Lesestück. «Die Landschaft umher war dunkel. Um so mehr stach dagegen die weiße Straße ab, die sich als ein breiter, heller Streifen auf eine ziemliche Entfernung vor mir ausdehnte.»[36]

Letztlich wurde der neue Straßen-Raum auch noch durch einen neuen Rechts-Raum konstituiert. Es könnte fast schon der Hinweis auf die zitierten Wege-Gesetze genügen – in sehr viel späterer Zeit dann auf die Notwendigkeit komplizierter Verkehrsregulierung, nachdem das Automobil aufgetaucht ist.[37] Wir bleiben bei der in Frage stehenden Zeit und beachten die Herausbildung von Verkehrsregeln in einer sich entfaltenden, aber noch stotternden Regelungssprache. In einer lippischen ‹Verordnung, das unvorsichtige Fahren und das Ausweichen der sich begegnenden Fuhrwerke betreffend›, von 1824, ist noch nicht einfach vom Rechtsverkehr die Rede. Es wird bestimmt, daß «die sich begegnenden Fuhrwerke, wenn der Weg und die Ladung es gestatten, einander so ausweichen sollen, daß jedes den halben Weg behält und an der linken Seite des andern vorbei passirt».[38] Auch im Kurfürstentum Hessen-Cassel wird die Fahrzeugbegegnung 1826 in einer derart ungelenken Sprache geregelt: «Den Eilwagen und dem übrigen schnell fahrenden Postfuhrwerke soll auf ein gegebenes Zeichen jedes andere entgegen kommende oder vorhergehende Fahrzeug alsbald, wo möglich zur ganzen Breite seiner Spur ausweichen, oder wo wegen mangels an Raum nicht gehörig ausgewichen werden kann, nach der dazu schicklichsten Seite soviel als thunlich ausbeugen und in diesem Falle, bis jenes Fuhrwerk vorüber ist, stillhalten. Das gedachte ganze sowie das sonst vorgeschriebene halbe Ausweichen muß überall nach der rechten Seite hin geschehen, sofern eine Ausnahme nicht durch besondere Hindernisse gerechtfertigt wird.»[39]

Die neue Straße – immer noch embryonal

Auch in dieser Beziehung hat die moderne Straße des 19. Jahrhunderts noch unfertigen Charakter – trotz allen Fortschritten in einer komplizierten Abfolge von Revolutionen, die Werner Sombart in «drei Epochen im Wegebau» gliedert: «Die erste reicht bis in die erste Hälfte des 17. Jahrhunderts. In ihr beginnen die Bestrebungen zur Verbesserung namentlich der Hauptstraßen in den größeren Fürstenstaaten. Es bleibt aber bei vereinzelten, im großen ganzen recht unzulänglichen Reformen. Die zweite Epoche fällt in die zweite Hälfte des 17. und in die erste Hälfte des 18. Jahrhunderts: in den meisten Ländern wird die Wegereform energisch und systematisch in Angriff genommen: jedoch mit noch unzureichenden Mitteln. Weder die technischen Kenntnisse noch die zur Verfügung stehenden Kräfte reichen hin, um ein gutes, verzweigtes Wegenetz zu schaffen, insonderheit auch zu erhalten. Um die Mitte des 18. Jahrhunderts tritt der Landstraßenbau in seine dritte (klassische) Epoche ein, die bis tief in das Zeitalter des Hochkapitalismus hinein sich erstreckt. Früher oder später, je nach dem Stand ihres Reichtums, bringen die europäischen Staaten ein System von Chausseen und chaussierten Wegen in ihren Landen zur Entfaltung.»[40] Doch diese «dritte (klassische) Epoche» ist ja wiederum – um historisch exakt zu sein – nur der Nährgrund für neue «Entfaltung» («Entfesselung» sagen andere); Wilhelm Heinrich Riehl, der große konservative Kulturwissenschaftler, scheint Ahnung, ja fast eine Vision davon gehabt zu haben – er, der um die Mitte des vorigen Jahrhunderts die Landstraße zu den vornehmsten Orten eines modernen Anschauungsunterrichts zählte, der die «reißende» Zunahme der Staatsausgaben für den öffentlichen Verkehr einen «überraschend lehrreichen Beitrag zur Culturstatistik» nannte.[41] Von fast apokalyptischer Qualität die Schlußsätze in seinem Kapitel mit der gemütlichen Überschrift «Wege und Stege»: «Viele Leute glauben heutzutage an keinen Heiligen mehr, mit Ausnahme eines einzigen Heiligen, der aber nicht im Kalender steht, an den ‹heiligen Verkehr›: er stellt für sie die Urkraft aller bewegenden Mächte der modernen Gesellschaft dar. Er treibt und hebt unsere Cultur in früher nie geahnter Weise – wer wollte das bezweifeln? – er macht die Völker größer und die Länder kleiner, er förderte die durchgreifende Umwälzung unseres socialen Lebens, er wird noch viel erschütterndere Katastrophen in Staat und Gesellschaft hervorrufen.»[42]

Und so wirft uns der Versuch, Straße historisch differenzierend zu verstehen, angesichts der gräßlichen Lehren jüngster Straßengeschichte wieder auf die methodischen Quälereien unseres Anfangs zurück. Denn, so Walter Benjamin: «‹Straße› um verstanden zu werden, muß gegen den älteren ‹Weg› profiliert werden. Beide sind ihrer mythologischen Natur nach durchaus verschieden. Der Weg führt die Schrecken des Irrgangs mit sich. Auf die Führer wandernder Volksstämme muß von ihnen ein Abglanz gefallen sein. In den unberechenbaren Wendungen und Entscheidungen der Wege ist noch heute jedem einsamen Wanderer die Macht alter Weisungen über wandernde Horden spürbar. Wer aber eine Straße geht, braucht scheinbar keine weisende, keine leitende Hand.

Nicht im Irrgang verfällt ihr der Mensch sondern er unterliegt dem monotonen, faszinierend sich abrollenden Asphaltband.» Und es ist dem Leser freigestellt, sich beim folgenden Satz nicht (was Benjamin vor Augen hatte) die Großstadt vorzustellen, sondern das moderne Autobahnsystem: «Die Synthese dieser beiden Schrecken aber, den monotonen Irrgang, stellt das Labyrinth dar.»
Nun, da wir versucht haben, in Fragmenten mühsam die alte Straße zu rekonstruieren und ihre scheinbar so unauffällige Häutung zur modernen Straße ins Bewußtsein zu rücken, ist es vielleicht doch an der Zeit, zum Zwecke historischen Erkenntnisgewinns sich erneut sinnlicher Erfahrung auszuliefern mit Walter Benjamin: «Wer wissen will, wie sehr wir in Eingeweiden zuhause sind, der muß vom Taumel sich durch Straßen jagen lassen, deren Dunkel soviel Ähnlichkeit mit dem Schoß einer Hure hat.»[43] Die alte Straße verlangt uns den kompliziertesten methodischen Zirkel ab. Das liegt an ihrer banalen Größe und der Dummheit, die uns meinen macht, wir kämen diesmal ohne historischen Scharfsinn aus.

Martin Scharfe

ALTE WEGE

Unterwegs zu heiligen Stätten
Pilgerfahrten

Im Mittelalter waren weitere Reisen in der Regel nur einem sehr eingegrenzten Personenkreis möglich: den jeweiligen Herrschern und ihrem Gefolge, hohen geistlichen Würdenträgern, Missionaren, Boten oder Kaufleuten. Allerdings gab es eine Form des Unterwegsseins, die auch die Angehörigen anderer sozialer Herkunft – zumindest seit dem 12. Jahrhundert – praktizierten: die Pilgerfahrt.

Unter dem Wort *peregrinus* ist grundsätzlich der ‹Fremde› zu verstehen, es meint denjenigen, der in der Fremde sein Heil sucht. In der biblischen Tradition gilt Abraham als der erste Pilger, der sich auf den Weg machte, um das verheißene Land zu finden. Auch der Auszug des Volkes Israel aus Ägypten wurde so gedeutet. Schließlich galt das Leben der Juden oder der Christen als ‹Pilgerfahrt›: der Einzelne war fremd auf Erden und suchte die Erlösung *(homo viator)*. In der frühen Kirche brachen Mönche und andere Gläubige freiwillig auf, um als *peregrini* ihr Heil zu suchen. Später konnte sich auch das Ziel konkretisieren; es entwickelte sich das Bedürfnis, auf den Spuren des Herrn zu wandeln und alle Orte zu besuchen, an denen der Erlöser leibhaftig gewirkt hatte. So löste die Pilgerfahrt zu ‹heiligen Orten› *(ad loca sancta)* die *peregrinationes pro Christo* langsam ab.

Zwei weitere Momente wurden im Mittelalter für die Entwicklung der Pilgerfahrt bedeutsam: zum einen konnte man durch einen Weg der Buße für sein Seelenheil ‹vorsorgen› – hiermit hängt auch die Entwicklung des Ablaßwesens seit dem 11. Jahrhundert zusammen. Zum anderen maß man seit dem 4. Jahrhundert den Überresten (Reliquien) der heiligen Leichname zunehmend übernatürliche Kräfte bei, so daß ein Besuch ihrer Gräber Heil und Erlösung versprach. Deshalb lockten, neben dem Wunsch nach Selbstheiligung, vor allem die Mirakelberichte über erfolgreiche Wunderheilungen zahlreiche Gläubige auf den Weg.

Seit dem hohen Mittelalter gehörten Jerusalem, Rom und Santiago de Compostela zu den vornehmsten Zielen einer Pilgerfahrt. Der besondere Ruf dieser Orte blieb auch noch bis in die Neuzeit bestimmend und zog nach wie vor Pilger aus ganz Europa an. Allerdings hatte sich das Bild seit dem späten Mittelalter gewandelt: die Reformation hatte die schon immer latent vorhandene Kritik am Pilgern aufgegriffen und weiter verstärkt, außerdem erschwerten die Spaltung der Territorien in Herrschaftsbereiche mit verschiedenen Konfessionen, die Verwüstungen des Dreißigjährigen Krieges und viele andere Faktoren eine Pilgerreise für diejenigen, die weiterhin zu fernen Zielen drängten. Deshalb pflegten viele Christen seit dem 16. Jahrhundert eher Wallfahrten zu Gnadenstätten der näheren Umgebung.

Trotzdem gab es die großen Pilgerreisen weiterhin; immerhin sind für die Jahre 1648 bis 1848 über tausend Berichte und Bücher nachzuweisen, die von Reisen ins Heilige Land erzählen, wenn auch nicht alle dieser Fahrten als Pilger-

Eine Abbildung in Sebastian Brants ‹Narrenschiff› (1494) zeigt zwei Pilger mit typischen Pilgerzeichen: der Pilgerhut (anstelle der abgezogenen Schellenkappe), die Jakobsmuschel (die auf den Pilgerort Santiago de Compostela weisen kann), die Pilgerflasche und der Pilgerstab. Holzschnitt, 1494. Tübingen, Universitätsbibliothek.

fahrten im engen Sinne des Wortes angesehen werden können. Reisen von Kaufleuten, später von Abenteurern, Gelehrten und Entdeckern waren jedoch oft von Pilgergesinnung mitbestimmt.

Die Reiseberichte erzählen vor allem von See-, nur gelegentlich von Landreisen. Seit dem Hochmittelalter schifften sich Jerusalempilger meistens in Venedig ein; allerdings machte sich seit dem 16. Jahrhundert die Konkurrenz von Marseille auch für den Pilgerverkehr bemerkbar, denn der Levantehandel Venedigs ging zurück.

Bis zur Einschiffung legten die Pilger einen oft beschwerlichen Weg über Land zurück, der sie manchmal zunächst an andere Gnadenorte führte. Kurz vor der Ankunft in Venedig verkauften sie ihre Pferde oder gaben sie bis zu ihrer Rückkehr in Futter, um dann in der Hafenstadt – zumeist in einer Herberge ihrer Nation – darauf zu warten, bis eine Gruppe zusammengekommen war, mit der sie die Reise gemeinsam antreten konnten.

In der Regel schlossen die Pilger mit dem Schiffseigner einen Beförderungsvertrag, der meistens auch Bestimmungen zu Verpflegung und weiteren Dienstleistungen enthielt. Ein Teil der Zahlungen war erst nach sicherer Heimkunft fällig. Die Reise von Venedig aus nahm etwa sechs Wochen in Anspruch; oft fuhren mehrere Schiffe in einem Konvoi. Bis ins 17. Jahrhundert stachen vor allem dreimastige Galeeren in See, die manchmal in den erhaltenen Pilgerberichten abgebildet sind.

Ein jüdischer Reisender, Elias von Pesaro, schilderte seine Fahrt im Jahre 1563. Seine Beschreibung dürfte auch noch die Realität im 17. Jahrhundert treffen. Die Galeere beförderte etwa 400 Reisende, die sich in drei Klassen aufteilten: eine christliche, die mit dem Kapitän zusammen speiste, eine weitere, die alleine aß und schließlich eine dritte, die mit dem Koch das Essen einnahm. Um die Verpflegung mit frischen, unverdorbenen Lebensmitteln sicherzustellen, waren in der Regel Vieh und Geflügel sowie ein Viehhirte und Metzger an Bord. Elias aus Pesaro zählte auf seinem Schiff 40 Hammel, einige Paar Ochsen, sechs Kälber und verschiedenes Geflügel. Friseure, Schneider, Ärzte und Geistliche begleiteten die Reisenden und einige Bewaffnete hielten Wache, um mögliche Piratenschiffe frühzeitig zu erspähen.[1]

Nach der Ankunft in Jaffa erbat der Patron Geleit bis nach Jerusalem, und nach einigen Tagen konnte sich der Pilgerzug auf Pferden oder Mauleseln in Richtung Jerusalem auf den Weg machen.

Wählte man von Mitteleuropa den Landweg, so reisten deutsche Pilger oft über Polen und die Walachei, um dann per Schiff in die Türkei überzusetzen. Sie benötigten etwa vier Wochen, um unter Leitung von Landeskundigen bis nach Damaskus zu gelangen.

Wie sehr falsche Erzählungen und Gerüchte die Reisewilligen schon im voraus belasten konnten, zeigt der Bericht von Carsten Niebuhr über seine Reise 1766:

«Ramle liegt 2¾ deutsche Meilen nach Südost zum Süden von Jafa [...]. Bei meiner Ankunft zu Ramle ritt ich gerade nach dem Hospitio der Franciscaner, einem der geräumigsten in ganz Palästina, welches auch noch in gutem Stande erhalten wird. [...] Auch hier beschrieben mir die guten Väter die jetzigen Statthalter dieses Landes als geizig und ungerecht, und die Araber und Bauern als abscheuliche Räuber und Barbaren, die die Pilgrime plünderten und prügelten, wo sie solche nur anträfen. Man erzählte unter andern, daß die Araber einen Franziscaner, der von Ramle nach Jerusalem reisen wollte, in einen Backofen gesteckt hätten. Ich hatte die Araber in andern Gegenden nicht grausam gefunden und es war mir unbegreiflich, warum die in dieser Gegend so unmenschlich mit den Reisenden verfahren sollten; allein ich hielt es nicht für rathsam viel zu widersprechen. Auf nähere Erkundigung hörte ich auch, daß die erwähnte Geschichte mit dem Franziscaner sich vor etwa 90 Jahren zugetragen habe. [...]

Nach den vielen Erzählungen [...] glaubte ich anfänglich selbst, daß in Palästina jetzt die allerschlechteste Menschen-Race wohne. Bey einer nähern Untersuchung aber wird man wohl finden, daß die Einwohner dieses Landes nicht bösartiger sind, als die in andern Gegenden.»[2]

Im Heiligen Lande zog man eventuell noch weiter umher. Wie es bei einem solchen Zug in einer Karawane zugehen konnte, berichtet Rabbi Joseph Schwarz, der 1845 eine Reise von Damaskus nach Bagdad beschrieb, «damit der kontemplative Leser eine Vergleichung der europäischen Eisenbahnfahrten gegen diese langwirigen und verhängnisvollen Exerzitien anzustellen vermag»:

«Mehrmals im Jahre geht die große Gesellschaft (Karawane), hauptsächlich aus Kaufleuten und Pilgern bestehend, von Damaskus durch die syrische Wüste, über die Stadt Hitt am Euphrat nach Bagdad. Wer sich an dieselbe anschließen will, muß sich dem Scheich, das ist der Kapitän für das Wüstenschiff, anmelden und eine gewisse Summe vorauszahlen. Dafür mietet der Scheich die Sicherheits-Mannschaft, gegen hundert wohlbewaffnete Beduinen, welche die Karawane während ihres Zuges begleiten, um sie vor Räubern zu schützen; auch besorgt er ihm die übergebene Ware, ebenso auch den Wasserbedarf, zu welchem Zwecke allein 80–100 Pferde und Maulesel mit ledernen, 5 Schuh langen und 3 Schuh breiten Schläuchen beladen werden, aus denen man zu bestimmten Raststunden jedem Reisenden die nötige Quantität zum Trinken oder Kochen verabreicht. Der Scheich geht jedem Zuge, der häufig aus vielen tausend Menschen besteht, voran. [...] Der Kompaß wird nicht benützt, die Sonne allein ist der untrügliche Leitstern in dem unübersehbaren Sandmeere. Jeder Pilger sitzt auf seinem Maulesel oder auf seinem Kamele, das nebenbei noch das Gepäck seines Herrn, mit dem besonderen kleinen Wasserschlauch, Proviant und andern Kleinigkeiten in einer zu diesem Zwecke eingerichteten Tasche, die dem treuen Tiere zu beiden Seiten herabhängt, mitträgt. Viele und starke Gewehrsalven verkünden die Abfahrt und die Ankunft, 7–8 Stunden werden täglich zurückgelegt und in circa 20–30 Tagen erreicht man Bagdad. Ein Nachtrapp der Karawane bringt alles Verlorene zurück, so daß es, wenn ein beladenes Kamel auf dem Wege stürzt, die Gesellschaft nicht im mindesten stört, und sie weiterziehend dem Nachtrapp es überläßt, das Kamel mit der Ware zurückzubringen. Bei Nacht wird ohne Angst sich der Ruhe überlassen, weil bewaffnete Beduinen abwechselnd Wache halten. Jetzt erst wird das Abend- oder Mittagsbrot genommen, denn unterwegs mag der Hungrige aus seiner Reisetasche etwas genießen, aber Aufenthalt wird darum nicht gemacht. [...] Am fürchterlichsten ist aber das Schicksal der Pilger, wenn das Wasser in den Schläuchen zu Ende geht, wodurch eine jammervolle Not entsteht. Auf verschiedenen Seiten werden dann reitende Beduinen ausgeschickt, um eine Quelle oder auch nur einen Sumpf auszuspähen. [...] Im Winter hindert oft tiefer Schnee oder starke Regengüsse, und die Reise verzögert sich eine geraume Zeit. Vornehme Damen, die sich in der Karawane befinden, haben besonders bequeme Sitze auf dem Kamele, die ein kleines Zelt bilden, so daß die darin Sitzende nicht gesehen werden kann. Stirbt jemand auf dem Wege, so wird er an Ort und Stelle sogleich begraben.»[3]

Wenn auch Jerusalem als das vornehmste Pilgerziel der Christenheit schlechthin gelten muß, so war doch Rom das Zentrum der westlichen Christenheit, ausgezeichnet mit den Apostelreliquien von Petrus und Paulus.

Seitdem man wohl erstmals 1300 in Rom unter Papst Bonifaz VIII. die sogenannten Heiligen Jahre eingeführt hatte, die zunächst in 100jährigen Abständen, später dann im Rhythmus von 25 Jahren begangen wurden, nahm die Attraktivität der Romfahrten wieder zu. Die Möglichkeit, einen oder mehrere Ablässe zu erwerben, unterstützte diese Tendenz.

Infolge der Reformation und der Glaubenskämpfe stagnierten die Romfahrten seit dem 16. Jahrhundert zunächst auch bei Katholiken. Nach dem Dreißigjährigen Krieg stieg dann jedoch die Zahl der Pilger wieder an. Allein im Jahre 1675 verpflegte das Pilgerhospiz der «Anima» etwa 10000 deutsche Pilger.

Wie gelangte man aber nach Rom, wenn auch «alle Wege nach Rom» führten? Im ausgehenden Mittelalter wurden zahlreiche Rompilgerführer verfaßt, von denen die meisten allerdings die Wege der Pilger in der Heiligen Stadt selbst erläuterten. Am bekanntesten und bedeutendsten waren die schon im 12. Jahrhundert geschriebenen, ab dem 15. Jahrhundert gedruckten ‹Mirabilia urbis Romae›. Vom Ende des 16. Jahrhunderts an wurden die Pilgerführer als ein eigenes literarisches Genre gepflegt. So gab es für das Jubeljahr 1600 einen

Pilgerziel Rom. Öffnung der Porta Aurea in St. Peter. Aus: Bernard Picart, Céremonies et coutumes religieuses de tous les peuples du monde, Bd. 2. Amsterdam 1739, S. 168.

Romführer, den der Drucker Custodi unter dem Titel ‹Deliciae Urbis Romae› sogar mit Bildern herausgebracht hatte, und etwa gleichzeitig erschien von Philipp Engel ein Reisehandbuch, das neben Rom auch Italien beschrieb und mit nützlichen Tips – wie z.B. einer Liste der wichtigsten Münzsorten – aufwarten konnte.[4]

Rompilger dürften in der Regel mit dem Pferd oder mit dem Fuhrwerk, zuweilen zu Fuß oder mit der Post gereist sein – abhängig natürlich von ihrem Stand, ihrer sozialen Herkunft. Die Wegstrecke der deutschen Pilger variierte, doch scheinen hauptsächlich zwei Routen eingeschlagen worden zu sein: entweder zogen sie über den Brenner und Bologna nach Florenz und von dort nach Rom, oder sie blieben von Bologna ab im Kirchenstaat und reisten über Ancona und den Gnadenort Loreto nach Süden, um dann über Foligno in südwestlicher Richtung bis nach Rom zu gelangen. Der bekannte Jakob Rabus, der 1575 eine Münchner Pilgergruppe begleitete, reiste auf dem Heimweg über Florenz, zurück über Loreto und Ancona.[5]

Für die leiblichen Bedürfnisse der Pilger auf dem Weg war weitgehend gesorgt: Seit dem Mittelalter waren spezielle Einrichtungen zur Pilgerversorgung entstanden. Insbesondere unterhielten Bruderschaften solche Einrichtungen, in denen die Pilger Unterkunft und Verpflegung finden konnten.

Für ihre Mühen erhofften die Gläubigen himmlischen Lohn und Absolution von Sünden, Schuld und Strafe, die sie seit dem Spätmittelalter an den Kirchen Roms in Form von Ablässen erwerben konnten. Um den Jubiläumsablaß in einem Heiligen Jahr zu erlangen, war ursprünglich nur der Besuch von St. Peter, später auch von St. Paul vor den Mauern, St. Johannes im Lateran und von Groß St. Marien erforderlich. 1575 traten drei weitere Kirchen hinzu: St. Sebastian, St. Laurentius und die Kirche vom Heiligen Kreuz zu Jerusalem. Das spirituelle Programm eines Rompilgers war reichhaltig; neben diesen sieben Kirchen gewährten außerdem viele andere römische Kirchen unter bestimmten Bedingungen einen Ablaß. Auch die Heilige Treppe galt es, auf Knien heraufzurutschen. Kupferstiche aus dem Jahre 1722 (1739) von Bernard Picart zeigen Szenen aus dem Leben der Pilger in Rom in einem Heiligen Jahr (Abb. S. 27): Nach Verkündigung des Heiligen Jahres und Öffnung der Heiligen Pforten wird die Beichte der Pilger dargestellt. Auf weiteren Stichen sieht man, wie diese von St. Peter zu den sechs weiteren Hauptkirchen ziehen oder auf der Heiligen Treppe knien. Schließlich illustrieren die Bilder auch, wie sich Papst und Kardinäle der Pilger annehmen: Fußwaschung, Speisung und Aushändigung von Devotionalien. Ein letztes Bild zeigt den Papst beim Verschließen der Heiligen Pforte am Ende des Heiligen Jahres.

Deutsche und flämische Pilger konnten in der Herberge der Kirche Santa Maria dell'Anima an der Piazza Navona unterkommen. Diese Einrichtung ging auf die Stiftung Johann Peters aus Dordrecht und seiner Frau Katharina zurück, die Ende des 14. Jahrhunderts drei Häuser stifteten, zwei als Pilgerherbergen, eins als Oratorium. Mit dieser Stiftung war auch eine Bruderschaft für die armen Seelen verbunden, was den Namen erklärt. In unmittelbarer Nähe zur Peterskirche lag das Campo Santo Teutonico. Auch hier gab es eine Pilgerherberge und ein Hospiz. Das wichtigste Pilgerhospiz, das bis zur Auflösung des Kirchenstaates 1870 intakt blieb, ist der Initiative von Philipp Neri (1515–1595) zu verdanken, der 1548 die Bruderschaft der S. Trinità bei der Sixtusbrücke gründete, zu dem später auch ein Hospiz S. Trinità dei Pellegrini gehörte. Noch heute besteht die Kirche an der Piazza de' Peregrini. Das Hospiz soll bis zu einer halben Million Pilger in den Heiligen Jahren beherbergt haben. Manchmal waren die Plätze so rar, daß Bettkarten ausgegeben werden mußten. Auf den Pilger wartete nicht nur ein Bett in einem Schlafsaal, sondern er wurde auch verköstigt. Morgens erhielt er eine Milchsuppe, sodann eine Zehrung für seinen Weg zu den einzelnen römischen Kirchen, schließlich abends wiederum eine Suppe, 250 Gramm Fleisch, Salat, Wein und Brot.[6]

Seit dem Ende des 17. Jahrhunderts ging die mittelalterliche Tradition der Rompilgerfahrten immer stärker zurück. Rom blieb zwar weiterhin beliebtes Reiseziel, jedoch traten weltliche Gründe mehr und mehr in den Vordergrund.

Das dritte große Zentrum der mittelalterlichen Pilgertradition war Santiago de Compostela. Hier verehrte man das Grab des hl. Jakobus des Älteren. Er soll in Spanien gepredigt haben und nach seiner Enthauptung im Heiligen Land 44 nach Chr. auf wunderbare Weise in einem Schiff an die Westküste Spaniens gelangt sein, wo er beigesetzt wurde. Im 9. Jahrhundert «entdeckte» man sein Grab wieder, und ab dem 12. Jahrhundert zählte die Pilgerfahrt nach Compostela mit denen nach Rom und Jerusalem zu den *peregrinationes maiores.* Der Erfolg des Zentrums im späteren Mittelalter ist wohl vor allem dadurch zu erklären, daß der Kult Bedürfnissen der «Volksfrömmigkeit» sehr entgegen kam, konnte man hier doch die Reliquien eines Apostels verehren, ohne wie in Rom stets die kirchliche Hierarchie vor Augen zu haben. Die Wege nach Santiago wurden seit dem Hochmittelalter für die Pilger laufend verbessert; Straßen- und Brückenbau sowie die Gründung von Hospizen und Herbergen erleichterten die beschwerliche Reise. Der Erfolg läßt sich daran ablesen, daß der hl. Jakobus zum Pilgerheiligen schlechthin wurde. Auch das Emblem, die Pilgermuschel, zeichnete später nicht mehr nur Jakobspilger, sondern den Pilger ganz allgemein aus.

Von den genannten drei großen Devotionszentren hatte Compostela in der Neuzeit jedoch wohl die größten Einbußen hinzunehmen. Die Pilgerfahrten zum Grab des hl. Jakobus waren schon im 15. Jahrhundert in eine Krise geraten, die durch die Reformation noch verstärkt wurde. Wenn auch diese Krise nicht «tödlich» war (Mieck), so trugen doch verschiedene Faktoren noch zu einer weiteren Verschärfung seit dem 17. Jahrhundert bei, so die spanische Inquisition, deren Bespitzelungen viele von einem Besuch abhielt, oder die politischen Konstellationen, wie der Konflikt zwischen Frankreich und dem Haus Habsburg. Auch konfessionelle Schranken erschwerten eine Pilgerfahrt: Die wichtigsten Übergänge über die Pyrenäen führten durch hugenottisches Gebiet. Maßgeblich war wohl jedoch der von Ferdinand Braudel beschriebene *«pauperisme et banditisme»,* der die Pilgerfahrten allgemein in eine große Krise geraten ließ. Die Pauperisierung großer Bevölkerungsteile führte dazu, daß die sozialen und caritativen Einrichtungen an den Wegen nach Compostela zunehmend für Bettler und Vagabunden attraktiv wurden. Der Ausdruck «Jacobs-» oder «Muschelbruder» wurde zum Synonym für Bettler und Vagabunden, denen «brave Bürger» kritisch und ablehnend gegenüberstanden.

Trotz dieser Schwierigkeiten blieben die Pilgerfahrten nach Santiago de Compostela lebendig. Vor allem von Flandern, Frankreich und den katholischen Gebieten Deutschlands und der Schweiz zogen weiterhin Pilger in den Nordwesten Spaniens. 1717 kamen beispielsweise so viele Pilger nach Compostela, daß die Zahl der Beichtväter nicht ausreichte. Im Jahrhundert vor der Französischen Revolution erreichten die Pilgerfahrten fast einen neuen Höhepunkt, wie die Notizen in den Akten des Kathedralkapitels zeigen.[7] Nach der Französischen Revolution gehörte allerdings die supranationale Bedeutung dieses Zentrums endgültig der Vergangenheit an. Es wurde zu einem Ort spanischer Pilger, war aber kein Sammelpunkt der europäischen Christenheit mehr, wenn sich auch noch vereinzelt Pilger aus Frankreich auf den Weg machten.

Die Reise nach Compostela mußte auch nicht ausschließlich Pilgerreise sein. In der Neuzeit bildete sich eine Kombination von Pilger- und Bildungsreise heraus, wie sich etwa an der Beschreibung des Johann Limberg aus Waldeck von 1690 ablesen läßt. Dieser Adlige hatte um 1680 auch Spanien bereist und war 1689 zum Protestantismus übergetreten. In seiner Schrift berichtet er auch über den Besuch in Compostela, das er eine «klein/schlechte» Stadt nennt. Nachdem er die Jakobuslegende und die Kathedrale genauer beschrieben hatte, vermerkt er über das Hospital (womit er nur das noch heute als Hotel bestehende «Hospital der Katholischen Könige» meinen kann): «Das Hospital ist hier so praechtig gebauet, daß weder Kayser noch Koenig sich schaemen doerffte darinnen zu wohnen. Die Pilgramme aber werden gar schlecht darinn accommodirt, dann sie haben nur bloß die Laegerstadt und die ist noch schlecht gnung».

Am Ende des 17. Jahrhunderts nahmen die Pilgerfahrten zu entfernteren Zentren wieder in beschränktem Maße zu, ohne jedoch das Ausmaß des späten Mittelalters zu erreichen. Kriegerische Auseinandersetzungen verminderten ebenso die Zahl der Pilger in der folgenden Zeit, so der österreichische Erbfolgekrieg (1740–1748) oder der Siebenjährige Krieg (1756–1763). Die Tatsache, daß weiterhin «falsche Pilger» sich der sozialen und caritativen Einrichtungen auf den Straßen zu mittelalterlichen Gnadenstätten bedienten, erschwerte «echten Pilgern» die Reise. Der absolutistische Staat versuchte zudem aus finanzpolitischen Gründen, die Pilgerreisen ins Ausland einzudämmen. Dazu gehörten Reglementierungen wie Paßzwang oder gar Reiseverbote. Unter Ludwig XIV. war seit 1686 eine spezielle königliche Erlaubnis erforderlich, um ins Ausland pilgern zu dürfen.

Das eigentliche Ende der Pilgerfahrten kam erst nach der Französischen Revolution, allerdings mit räumlichen und zeitlichen Unterschieden. Die Revolutions- und Koalitionskriege erschwerten Pilgerreisen, ja machten sie zu fast gefährlichen Unternehmungen. Auch nach 1815 setzte kein neuer Aufschwung ein, denn die notwendige Infrastruktur war zerstört. Die Bruderschaften, Klöster, Herbergen und Hospize existierten größtenteils nicht mehr, so daß Pilgerfahrten zu fernen Zielen höchstens noch für Individualisten möglich waren, die auch über die notwendigen Geldmittel verfügten. Ebenso blieb die innerkirchliche Entwicklung nach dem Tridentiner Konzil nicht ohne Folgen. Im Gegensatz zu den Wallfahrten fiel die Pilgerfahrt in den Bereich der privaten Frömmigkeit, die an spektakulären Gemeinschaftsriten arm war. Der offiziellen Kirche war diese Form der Frömmigkeit weniger angenehm als kirchlich organisierte Wallfahrten. Wie sehr sie sich von der Form der Pilgerfahrten zurückzog, verdeutlicht unter anderem die Tatsache, daß Papst Paul V. (1605–1621) im ‹Rituale Romanum› die Segnung von Tasche und Stab durch eine einfache Segnung des Pilgers ersetzte. Das Pilgergewand, die «Pelerine», wurde zwar noch getragen, aber sie war nicht mehr die gute «Visitenkarte», um unterwegs Unterstützung zu erhalten, denn sie war auch zur Kleidung von Landstreichern und Gaunern geworden.

So verwundert es nicht, daß bald Stellvertreterwallfahrten die großen Pilgerfahrten ersetzten. Die sieben römischen Stationskirchen finden sich schon seit dem 14. Jahrhundert vielfach *en miniature* reproduziert; eine Wallfahrt zu diesen Stätten versprach einen ähnlichen Ablaß wie eine Pilgerfahrt nach Rom. In Wolfach im Schwarzwald förderte eine Bruderschaft die Wallfahrt zu ihrer Jakobuskirche und erwirkte für den Besuch am 25. Juli, dem Festtag des Heiligen, einen Ablaßbrief. Darauf wurde die Pilgerfahrt nach Santiago de Compostela für viele Leute aus der Umgebung überflüssig.

Die großen Pilgerfahrten nach Rom, Santiago und Jerusalem gerieten im 19. Jahrhundert endgültig ins Abseits, wenn auch Rom und Jerusalem dank ihrer kulturgeschichtlichen Bedeutung ihre Anziehungskraft für andere Reisende behielten, ja sogar noch steigern konnten.

Klaus Herbers

Wallfahrten

Zu den großen Pilgerorten Jerusalem, Rom und Santiago de Compostela gesellten sich im Verlauf des Spätmittelalters regionale Kultorte unterschiedlicher Bedeutung und Herkunft. Die durch die Streckenführung der Pilgerwege dieser *peregrinationes maiores* bekannt gewordenen «Sekundär-Heiligtümer» (wie z. B. Aachen, Maria-Einsiedeln, St. Leónard de Noblat und Vézelay) erweiterten ihr Gnadenangebot und zogen selbst Pilger an. Neue Zentren kamen dazu, die rasch aufblühten, aber schon kurz darauf auch wieder bedeutungslos sein konnten: z. B. Wilsnack, Regensburg – «Zur schönen Maria».

Einzelpilger, ungeordnet eintreffende Teilnehmer an Bittgängen, Flurprozessionen, Heiligtumsfahrten, Ablaßkonkursen und Bruderschaftszügen belebten in dieser Zeit Straßen und Flurwege. Ab dem 16. Jahrhundert war die Freizügigkeit und Internationalität des Reiseverkehrs gebrochen und die Anziehungskraft der großen Pilgerfahrten der Kirche entglitten, diese selbst zu einer Domäne der armen, sozial schwachen und teilweise kriminellen Elemente geworden; ein Zustand, der erst nach Säkularisierung der Stiftungen und Auflösung des Bruderschaftswesens im frühen 19. Jahrhundert ein Ende fand. Aus den *concursus*-Terminen und den Prozessionen entwickelte sich ab dem Ende des 15. Jahrhunderts eine neue Kultpraxis, die in Zusammenhang mit der Gnadenbildverehrung und den sich in den Vordergrund drängenden Gemeinschaftsanliegen wie Pest, Krieg und Teuerung zu der Kollektivform der Wallfahrt führte. So entstand vor allem aufgrund der kirchlichen und frömmigkeitsrelevanten Strömungen der Gegenreformation eine Fülle neuer Gnadenorte, die überwiegend unter dem marianischen Banner standen. Die meisten von ihnen sind aus Gnadenbildkulten hervorgegangen, allen ist zu eigen, daß sie einen neuen Typus des Reisens kennen: die *processio peregrinationis*.

«Wallfahrten», so definiert Hans Dünninger, «sind außerliturgische, gemeinschaftliche und daher in der Regel prozessionsweise, in regelmäßigen Zeitabständen (meist alljährlich zu einem bestimmten Termin) unternommene Bitt- oder Bußgänge zu bestimmten Gnadenstätten; sie unterscheiden sich äußerlich von den gewöhnlichen liturgischen *supplicationes* durch die Termine und die meist freiere Form, von den außergewöhnlichen liturgischen Bittgängen ebenfalls durch die meist freiere Form und ihre periodische Wiederholung, von beiden durch ihre nicht von der Liturgie ausgehende Initiative und die von der Tradition festgelegten kirchlichen Zielpunkte, Wallfahrtsstätten genannt. [...] Die Wallfahrt ist nicht identisch mit der *peregrinatio,* die der Privatfrömmigkeit angehört, dies schließt aber nicht aus, daß der einzelne Wallfahrer in Pilgergesinnung an der Wallfahrt teilnimmt. Sie ist auch nicht identisch mit dem Gang Einzelner zu bestimmten Votiv- und Gnadenstätten; dies schließt aber nicht aus, daß der einzelne Wallfahrer aufgrund eines privaten Gelübdes an ihr teilnimmt. Die Wallfahrt ist ein volksfrommes Brauchtum, an dessen Entstehung und Fortbestand Privatfrömmigkeit, Volksglaube und kirchliche Autorität gleichermaßen beteiligt sind.»

Diese *«demonstratio catholica»* ist die bis heute gültige, kirchlich organisierte Form des frommen Reisens.

Die verordneten Bruderschafts- und Sodalitätswallfahrten sowie die der Pfarrgemeinden wurden im Barock zum Bekenntnis konfessioneller Kultur, deren Zelebrierung in einer neuen, feierlichen Gemeinschaftsform vorgenommen wurde, obwohl die Votivanliegen der einzelnen Teilnehmer davon nicht ausgeschlossen blieben. Franz Oberthür beschreibt im Jahr 1798, wie es zuging, wenn die Prozession der Würzburger Bürgersodalität sich auf Wallfahrt nach Walldürn (Hl. Blut) machte: «Die Einladung wird von vielen angenommen. Zahlreiche Haufen von Pilgern aus den umliegenden Orten schließen sich an die Prozession der Würzburger Bürger an. – Vom Bischoffe erbittet man sich die Ehre einer feyerlichen Begleitung vom gesammten regulären Klerus bis an das Zellerthor hin, und eines eben so feyerlichen Empfangs an diesem Thore bey der Zurückkunft. Eine gleiche Bitte ergeht an alle Pfarrer, deren Sprengel die Prozession durchzieht [...]. Ein Wagen begleitet die Prozession, welcher die Kranken, Lahmen und sonst schwache Personen aufnimmt, wozu auch die Kosten von dem gesammelten Gelde bestritten werden. Ein Bauer aus Höchberg gab eine Zeitlang Wagen und Pferde zu diesem Liebeswerke umsonst her und ward, solange er lebte, vom Magistrat der Bürgersodalität darum angesprochen. – Frühe um 4 Uhr zieht die Prozession von der Domkirche aus, feyerlich begleitet. [...] Ein Führer im rothen Talar und einem Wanderstabe in der Hand eröffnet den Zug der Pilgrime. Unmittelbar darauf folgt das Bild des wunderthätigen Korporals, getragen zwischen zwey Windlichten von dem angesehensten Manne aus der ganzen heiligen Karavane. Einige Männer sind zum Vorsingen und Vorbeten – beydes geschieht den ganzen langen Zug durch wechselweise – bestellt; und die Stadtspielleute begleiten den Gesang mit blasenden Instrumenten, mit Zinken und Posaunen.»

Auch wenn nicht jede Wallfahrt derartig prunkvoll verabschiedet wird, haben sich doch im Lauf der Zeit gewisse Stereotype und Verhaltensweisen eingespielt. Die Wallfahrt beginnt nach einem Glockenzeichen zum Sammeln oft mit einem Gebet oder einer kurzen Andacht. Der wichtigste Begleiter ist der Pilgerführer oder Brudermeister, der als Amtsinsignie einen Pilgerstab mit sich führt. In seinen Händen liegt die Ordnung der Prozession: Singen und Beten, Rasten und Einkehren, bei Wallfahrten, die sich über mehrere Tage hinstrecken, auch die Sorge um die Nachtquartiere. Fahnen, Standarten, Schilder und Kerzen gehören ebenso zu dem volksbarock geprägten Erscheinungstyp der Wallfahrt wie der feierliche Empfang im Wallfahrtsort und das Niederlegen von Votivgaben. Im Zentrum der Kerzen- und Schildergaben der Wallfahrt zur «Consolatrix Afflictorum» in Kevelaer steht heute noch die Kerze der Reeser Prozession, die als erste 1642 von dem Pfarrer Stalenus zum neuen Kultzentrum an der Grenze der spanisch besetzten Niederlande geführt wurde. Ein einmal zu einem Kultort festgelegter Weg wurde über Generationen hin beibehalten und oft zum Wallfahrtsweg ausgestaltet. Man schmückte Bäume mit Bildern, stellte Wegkreuze auf, errichtete Bildstöcke und Wegkapellen. So säumen den «Heiligen Weg» von Prag nach Altbunzlau 44 Kapellen, die von Adeligen und hohen Klerikern

Wallfahrtsprozession nach Walldürn. Im Zentrum der Abbildung eine von vier Putten getragene Wiedergabe des Gnadenbildes. Titelholzschnitt zu Andreas Eisenhuts Beschreibung der Wallfahrt, Würzburg 1674.

zwischen 1680 und 1690 gestiftet wurden, und den Weg von Wien nach Mariazell, jener «Achse von patriotisch-sakraler Funktion» (Schneeweis), markierten viele sakrale Kleindenkmäler.

Die Wallfahrten wurden von einem «Marodewagen» begleitet, der Gepäck, Fahnen oder auch die «Kranken, Lahmen und sonst schwache Personen» transportierte. Bei Kölner Prozessionen nach Walldürn hieß er «Bruderkarre» und stellte das notwendige Proviantfuhrwerk für die lange Wallfahrt dar.

Bertuchs Journal von 1806 beschreibt die Kleidung der Walldürn-Wallfahrer folgendermaßen: «Den Wanderstab, ein Sack mit Lebensmitteln, einen großen Strohhut für die Frauen und einen unbedeckten Kopf für die Männer, so sieht man sie scharenweise.»

Die Verpflegung bei mehrtägigen Wallfahrten wurde teils selbst mitgenommen oder im Marodewagen transportiert, ferner waren feste Stationen zur Einkehr vorgesehen, die oft jahrzehntelang zur gleichen Zeit von bestimmten Prozessionen angelaufen wurden. Das «ordentliche Wallfahrtsbuch» (Marianischer Himmelsschlüssel) der Aachener Maria-Kevelaer-Bruderschaft von 1822 gibt einen ausgezeichneten Überblick über den Ablauf der Wallfahrt von St. Peter in Aachen bis zum Gnadenbild der «Consolatrix Afflictorum» in Kevelaer. Sämtliche Lieder und Gebete der Wallfahrt sind aufgeführt, die Organisationsstruktur wird in kleinen Zwischentexten offengelegt. Als Beispiel mag die Darstellung des ersten Tages genügen:

Pilgerherberge des Klosters Andechs in der Nähe des Ammersees. Ausschnitt aus dem Kupferstich ‹Der Heilige Berg Andechs› von Michael Wening, um 1700.

«Marianischer Himmelsschlüssel. Erste Station. In der Pfarre zu St. Peter in Aachen. Wo das Amt der h. Messe Morgens um 4 Uhr anfängt, und bei Aussetzung des hochwürdigsten Gutes gesungen wird: [...] Anjetzo nimmt die Prozession ihren Anfang, [...]. Zweite Station. Allhier in Alsdorf geht die Prozession in die Kirche, wo nach gegebenen Segen eine h. Messe gelesen wird, wonach sich diejenigen, welche noch keiner beigewohnt haben, richten mögen. Nach gehaltener Messe und genommenem Frühstücke wird ein Glockenzeichen geben, auf welches sich alle Pilger zur Kirche verfügen, den sakramentalischen Segen zu empfangen. Demnach geht die Prozession in guter Ordnung auf Linnich zu. Beim Ausgang wird gesungen: ‹Komm Schöpfer› [...]. Folgt der Rosenkranz.

Nach welchem ein wenig eingehalten wird, damit die Pilger sich in etwa erholen, und demnächst desto besser anstimmen [...]. Beym Eingang in Linnich wird gesungen vorstehendes oder folgendes [...].

Allhier zu Linnich geht die Prozession in die Kirche, wo nach gegebenem sakramentalischen Segen die Pilger züchtig und ehrbar nach die Herberg gehen, das Mittagmahl zu halten. Nach welchem ein Glockenzeichen gegeben wird, wonach sich alle Pilger zu richten haben, um sich zur Kirche zu verfügen, den sakramentalischen Segen zu empfangen, nach welchem alle Pilger in der nämlichen guten Ordnung, wie sie Morgens gegangen, den Weg auf Erkelenz nehmen. Im Ausgange wird gesungen: ‹Komm Schöpfer› [...].

Die Prozession bleibt über Nacht hier in Erkelenz. Die Pilger werden sich daher in aller Ehrbarkeit nach die Herberge begeben und sich allda so verhalten, daß auch nicht das mindeste Zeichen zur Aergerniß an ihnen hervorblicke. Zu dem Ende werden die Brudermeister Abends in die Herbergen gehen, und acht geben, daß keine Unordnung vorfalle.»

Die Wallfahrt von Aachen nach Kevelaer dauerte sieben Tage, der Rückweg wurde nach dem gleichen Muster vollzogen wie der Hinweg. Insgesamt verzeichnet der Marianische Himmelsschlüssel 96 Lieder, die zum Teil wiederholt gesungen wurden sowie zahlreiche Gebete und ein Verzeichnis der Ablässe, die der Bruderschaft von den Päpsten Benedikt XIV. und Pius VII. verliehen worden waren.

Ab dem 17. Jahrhundert sind auch Schiffswallfahrten bekannt, wobei meistens ein Streckenteil (entweder der Hin- oder der Rückweg) zu Fuß zurückgelegt wurde. Einen guten Eindruck einer solchen frommen Reise vermittelt der Bericht des Franziskanerpaters Damasus Fuchs, den dieser nach dem alten Protokollbuch der Koblenzer Bürgersodalität (1609–1756) für die Wallfahrt nach Bornhofen am Rhein zusammengestellt hat:

«Die älteste, mit Namen bekannte Wallfahrt nach Bornhofen ist die der marianischen Bürgersodalität von Koblenz. Dieser religiöse Männerverein, anfangs nur aus Handwerksmeistern und -gesellen bestehend, wurde 1609 von den dortigen Jesuiten gegründet und geleitet. Am 4. Juli des folgenden Jahres machte die Sodalität ihre erste Wallfahrt nach Bornhofen. Sie erscheint noch jedes Jahr und zwar von jeher am Sonntag nach Mariä Heimsuchung. Es beteiligt sich auch das Frauengeschlecht daran und ausserdem nahmen im 17. Jahrhundert die lateinische und Engel-Sodalität teil, wie die obern und untern Klassen des Jesuitengymnasiums genannt wurden.

Die Wallfahrt galt als Bussprozession, weshalb viele Teilnehmer barfuss und in Bussgewänder gehüllt mitzogen; auch bei starkem Regenwetter oder grosser Hitze fiel sie nicht aus. Schon der Hinweg von über 20 km zu Fuss, dazu von vielen nüchtern, war allein eine nicht geringe Busse. Heimwärts allerdings fuhr man mit dem Schiff.

Im genannten Jahrhundert nahm die Wallfahrt im allgemeinen folgenden Verlauf. Nachdem in den drei Kirchen von Liebfrauen, St. Castor und Jesuiten am Sonntag vorher zur eifrigen Beteiligung eingeladen worden war, wurde am nächsten Samstag nachts ½ 2 Uhr ein Zeichen mit der grossen Glocke der Jesuitenkirche zum Sammeln daselbst gegeben. Nach einem zweiten Zeichen zog die Prozession unter Absingen des Liedes: ‹Komm Heiliger Geist, der alles schafft› aus, ging durch die Lyr (Löhrstrasse) zum Görgentor, das von der

Stadtwache geöffnet und nachher wieder geschlossen wurde. Dann bewegte sich der betende und singende Zug der Studenten, Gesellen, Bürger und Frauen, eine jede Gruppe hinter ihrer Fahne, am Kreuz ober der Stadt vorbei durch das Dörfchen Kapellen und das befestigte Rhens. Um die weite Kurve des Rheinwegs bei Brey, Nieder- und Oberspay abzuschneiden, zog man oberhalb Rhens über die Höhe, durch das Tal am Jakobsberg hinunter nach Peternach wieder auf die Rheinstrasse bis zum Königshaus vor Boppard. Dort wurde haltgemacht und die einzelnen Gruppen schön geordnet, um so unter Musik und Gesang durch das alte Rheinstädtchen zu ziehen. Camp gegenüber, an der Rheinfähre, wartete schon der Ferge (Fährmann), die Pilger auf das rechte Ufer überzusetzen. Neugeordnet ziehen sie von Camp gen Bornhofen durch die frischbelaubten Weingärten, zur Rechten den majestätischen Strom, zur Linken das bewaldete Berggelände. Schon grüsst sie von weitem der mit einer Fahne geschmückte Turm der Wallfahrtskirche. Bei dessen Anblick ist alle Müdigkeit vergessen, die Herzen der frommen Waller schlagen höher und voller Freude stimmen sie von neuem eines der süssen Marienlieder an.

Unter dem melodischen Glockengeläute ziehen sie gegen 8 Uhr zunächst um die Kirche herum und dann in dieselbe hinein. Nun folgt der Akt, dem alle mit inniger Begeisterung folgen, die Darbringung der Weihegaben an Unsere Liebe Frau. Es sind vier grosse Kerzen aus reinem Bienenwachs, 3–4 Pfd. schwer, die mit frischen Blumen schön verziert sind und an denen Täfelchen hängen mit buntgemalter Widmung einer jeden der vier Sodalitäten. In geschmückten Laden hat jede von ihnen das liebe Weihegeschenk mitgetragen. Die Kerzen werden

Wallfahrer und Bittgänger vor dem Gnadenbild der hl. Gertrudis von Wettern an der Schelde. Kupferstich auf einem Wallfahrtsfähnchen, 2. Hälfte 18. Jh.

angezündet. Vier Studenten treten damit vor das mirakulöse Bild in einer Wandnische des rechten Seitenschiffes. Nach einem zarten Vorspiel der Streichinstrumente bietet einer nach dem andern seine Gabe mit einem schönen lateinischen oder deutschen Gedichtchen («mit latein. od. deutschen rythmis vel carminibus») der Gottesmutter dar. Hiernach tragen sie ihre Opferkerzen zum Hochaltar, wo das feierliche Levitenamt beginnt, das von einem eigens dazu eingeladenen Geistlichen zelebriert wird. Der Männerchor der Sodalität singt zum Introitus den herrlichen Choral: ‹Gaudeamus omnes in Domino, diem festum celebrantes sub honore beatae Mariae Virginis› sowie die andern lateinischen Texte, von Orgelspiel oder Streichmusik («Fiolen und Bassgeige») begleitet. Nach dem Credo besteigt der P. Präses der Kongregation die Kanzel, um eine ‹kurze, halbstündige› Predigt zu halten. Nach der Kommunion des Priesters schreitet eine grössere Anzahl der Wallfahrer, schon über zweihundert, zum Kommuniontisch, das hl. Abendmal zu empfangen. Am Schluss des ‹Hohen Amtes› knieen alle dem Gnadenbilde zugewandt, und singen voll froher Begeisterung das ‹schöne Liedlein: Wir fallen nieder auf unsere Knie – Mariam anzurueffen hie – Alleluja!›»

Schon ab Mitte des 18. Jahrhunderts versuchten die kirchlichen und weltlichen Behörden gegen die Prozessionen vorzugehen. Das Fuldaer ‹Circulare die Unterlassung der Wallthürner Wallfahrt und andere dafür anzustellender Andachten betreffend› vom Jahre 1772, das 1778 auch alle über Nacht ausbleibende Prozessionen miteinbezog und ab 1791 für alle Prozessionen außer Landes galt, betraf alle Fuldaer Untertanen. Aufklärung und Merkantilismus führten zu einer kritischen Beaufsichtigung der Wallfahrten. Noch mehr Schaden richtete die napo-

Pilgerfloß vor der Mariahilf-Wallfahrtskirche auf dem Schulerberg bei Passau. Holzstich, 19. Jh.

leonische Zeit und die der Säkularisation an. Wallfahrten wurden von den Franzosen als *arlequinades sacerdotales et ressemblances fanatique* (als von Priestern veranstaltete Narrenzüge und Ansammlungen fanatischen Volkes) bezeichnet.

Durch Dekret vom 2. April 1798 wurden z. B. in den französisch besetzten Gebieten am Niederrhein alle öffentlichen religiösen Gebräuche und Zeremonien, darunter auch Wallfahrten, außerhalb der kirchlichen Gebäude untersagt. Und 1802 erfolgte durch Konsularsbeschluß die Aufhebung aller geistlichen Institute, Klöster und Abteien. Ein großer Teil der Infrastruktur der Wallfahrtsorte, der Betreuung am Kultzentrum selbst, ging damit verloren. Trotzdem erfolgte in der ersten Hälfte des 19. Jahrhunderts eine Wiederbelebung der traditionellen Wallfahrt. Nach einer Zeit des Niedergangs zählte z. B. Kevelaer im Jahr 1810 wieder 100000 Wallfahrer, 1815 wurden bereits 204 Prozessionen verzeichnet. Ab der zweiten Hälfte des 19. Jahrhunderts prägten dann die Internationalen Marienwallfahrten wie Lourdes, Banneux und Fatima das sakrale Geschehen auf den Verkehrswegen Europas, wobei neue Transportmittel wie Dampfschiff und Eisenbahn mit erhöhten Aufnahmekapazitäten immer stärker in den Vordergrund rückten.[1]

Robert Plötz

Der Reisende ist dem Philosophen, was der Arzt dem Apotheker Über Apodemiken und Reisehandbücher

Mit dem zunehmenden Reiseverkehr in der frühen Neuzeit wuchs auch ein ganzer Bücherwald von Itinerarien, Routensammlungen und Reisehandbüchern. Bereits im 16. Jahrhundert tauchen die ersten Apodemiken[1] auf. Mit ihnen entstand eine Literaturgattung, die ursprünglich weniger Angaben über Sehenswürdigkeiten und Wissenswertes für eine geplante Reise enthielt, sondern die sich ausführlich mit der Kunst des Reisens beschäftigte. Ziel und Absicht der Apodemiken war – zumindest in der theoretischen Konzeption –, «das Reisen zu einer Art von Wissenschaft, zu einer Schule zu erheben, worin so viele, vornemlich aus höhern Ständen sich Kenntnisse [aneignen] könnten, die sie, aus Büchern mühsam zu schöpfen, schwerlich jemahls geneigt seyn dürften».[2]

Die Apodemiken verdanken ihr Entstehen der Methodisierung des Reisens im Zusammenhang mit der humanistischen Erziehungsreform. Man sollte das, was man wissen wollte, selbst beobachten, genau überprüfen und sich nicht auf das bloße Hörensagen verlassen, um Kenntnisse über Menschen und soziale Zustände zu erlangen. Der Hauptinhalt der Apodemiken besteht im wesentlichen, neben moralischen und philosophischen Erörterungen über die Nützlichkeit bzw. Schädlichkeit des Reisens, aus Ratschlägen und Regeln für den Reisenden mit einer deutlichen Betonung auf Lernen und Bildung, wobei häufig auf die Reisenden mit verschiedener *profession* (Gelehrte, Kaufleute, Künstler, Studenten u. a.) im speziellen eingegangen wird.

Von der Intention her stehen die ‹Hausväterliteratur› und die Apodemiken in einem Spannungsverhältnis. Die Hausväterliteratur gibt Ratschläge, wie man sein Haus zu verwalten habe und wie man sich zu Hause verhalten sollte. Die Apodemiken dagegen wenden sich an jene, die ihr Haus verlassen und sich in der Fremde aufhalten wollen. Das Spektrum der jeweils gegebenen Regeln ist groß. Es reicht von einfachen hygienischen Vorschriften und Heilmitteln über Ratschläge zur Erziehung bis zu Empfehlungen für richtiges christliches und moralisches Verhalten, einschließlich gelegentlicher philosophischer Erörterungen über Sinn und Zweck des Lebens.

Apodemische Handbücher sind nicht wie oft behauptet die ‹Bädeker› früherer Zeiten, sondern sie sind ursprünglich der gelehrten Literatur zuzuordnen und waren lange Zeit ausschließlich in lateinischer Sprache abgefaßt. Im 18. Jahrhundert verbinden sich die Apodemiken teilweise mit Reisehandbüchern, Reiseführern, topographischen und landeskundlichen Werken und werden schließlich durch Reisehandbücher im modernen Sinn ersetzt. Leider wurde in der Forschung die apodemische Literatur bis jetzt wenig beachtet. Erst seit neuerer Zeit liegen zwei Versuche vor, diese Literatur im Überblick zu erfassen, wobei man auf etwa 300 Titel kommt,[3] mit zeitlichen Schwerpunkten von 1600 bis 1620, von 1680 bis 1720 und von 1790 bis 1810.

Um die Mitte des 18. Jahrhunderts spiegelt sich in ihnen die Verbürgerlichung der *grand tour* der jungen Adeligen. Daneben entstanden Reiseanleitungen zum Erheben wissenschaftlicher Daten, die ausführliche Fragenkomplexe zu Land und Leute, zu Technik und Wirtschaft, zu sozialen und kulturellen Einrichtungen enthielten, und die man als Vorläufer der sozialen Erhebung und der anthropologischen Feldforschung bezeichnen könnte.

Viele Apodemiken müssen von großem Einfluß gewesen sein, da sie in verschiedenen Auflagen und Nachdrucken erschienen sind. Leider läßt sich ihre Resonanz nur schwer überprüfen, da die meisten Reisenden verschweigen, welche Handbücher oder Apodemiken sie kannten oder benutzten; vielleicht nicht zuletzt deshalb, weil sie oft ganze Passagen daraus abschrieben und ohne Quellenangabe in ihre Berichte einfügten. Seit der Mitte des 18. Jahrhunderts verlagerte sich die Diskussion über Sinn und Zweck, über Schädlichkeit und Nützlichkeit des Reisens immer mehr in die zahlreichen für die Aufklärung typischen Journale und Zeitschriften. Aus der reinen Apodemik entwickelte sich das Reisehandbuch, in dem nur noch in der Einleitung oder in der Vorrede auf das Reisen im allgemeinen eingegangen wird. In der Hauptsache werden Hinweise auf Sehenswürdigkeiten und ‹Kuriositäten›, zu Geldkursen, Routen, Poststationen usw. gegeben. Das Reisen wurde zur Mode und scheint den Zeitgenossen als eine Art Sucht vorgekommen zu sein: «Man sagt die Reisesucht der Deutschen habe mit einer epidemischen Krankheit viel ähnliches; und es giebt tiefsinnige Moralisten, welche in dieser Krankheit einige zurückgebliebene dunkle Spuren von der ehemals berüchtigten Wanderung der deutschen Nation zu finden glauben.»[4]

Trotz solcher Klagen wurde aber das Reisen nach wie vor grundsätzlich positiv bewertet.

Mit dem Ende der Aufklärung wurde die Bedeutung des Reisens als Teil der politischen und moralischen Bildung geringer. In den Mittelpunkt rückte das Erleben der Natur in ihrer Vielfalt und ihrer eindrucksvollen Schönheit. Anstatt zu reisen wurde gewandert. Nicht mehr das Erreichen eines bestimmten Zielortes war das Wichtigste, sondern der Weg zum Ziel war das Wesentliche. «Für den Wanderer ist hier nicht die Ankunft wichtig, sondern das Wandern, das Unterwegssein, die Straße [...]. Das Wandern ist, vom vernünftigen Menschen her gesehen, unvernünftig.»[5]

Mit dem zunehmenden technischen Fortschritt wurde das Reisen bequemer und verlor den Reiz des Abenteuerlichen. Aus den Apodemiken und Reisehandbüchern entstanden Reiseführer, wie sie bis heute beliebt und bekannt sind und immer noch mit dem Namen ‹Baedeker›[6] verbunden werden.

Eine der ersten Apodemiken, die von einem Deutschen verfaßt wurde, ist das 1577 in Basel lateinisch erschienene Werk von T. Zwinger (1533–1588): ‹Methodus apodemica in eorum gratiam qui cum fructu in quocunq; tandem uitae genere peregrinari cupiunt, a Theod. Zvingero Basiliense typis delineata, & cum alijs, tum quatuor praesertim Athenarum uiuis exemplis illustrata Cum Indice. Basel 1577›.

Zwinger wollte mit seiner Apodemik das Reisen methodisieren, um so der Planlosigkeit des Lebens der fahrenden Schüler, das er selbst in seiner Jugend durchgemacht hatte, entgegenzuwirken. Er teilt das Reisen in verschiedene Gesichtspunkte (Zweck, Mittel etc.) auf, die er ausführlich erörtert. Angefügt sind exemplarische Städtebeschreibungen der vier ‹Athens› (wie er sie nennt): des klassischen Athens, des ‹helvetischen› (Basel), des ‹gallischen› (Paris) und des ‹italienischen› (Padua).

Anton Wilhelm Schowart wäre es, wie er in der Vorrede seines Werkes ‹Thesaurus peregrinantium, oder Kurtze doch Deutliche Anweisung / Wie Ein Reisender frembde Länder eigentlich betrachten; Und wie derselbe / bevor Er sich auf die Reise begiebt / beschaffen seyn soll [...] Franckfurt an der Oder 1708› ausführt, nicht in den Sinn gekommen, sein «vor zwantzig Jahren einigen guten Freunden zugefallen gehaltenes / und nachhero etliche mahl repetirtes Collegium de prudentia Peregrinandi in Druck zu geben», wenn nicht «der Johann Keilhacker / sonst Ferdinand Neoburg genannt / welcher sich vor den Autorem außgegeben / mein Collegium von Wort zu Wort / aber so miserabel, daß es eine Schande ist / verteutschet» hätte.

Dieser Vorfall, daß der Philologe Johann Keilhacker (1668–1708) sein Kolleg 1703 als ‹Reise Hof-Meister› herausgab, veranlaßte Schowart, das Werk auf eigene Kosten zu veröffentlichen, um so die Leser auf das Plagiat aufmerksam zu machen. Aber auch Keilhackers Bearbeitung wurde 1731 nochmals von M. Th. Berger unter dem Titel ‹Der Curieuse Hofmeister› herausgegeben. Diese Hintergründe vermitteln einen Einblick in einige Aspekte der frühen Buchproduktion und verdeutlichen, daß gerade auf dem Gebiet der Reiseliteratur Plagiate weit verbreitet waren. Das Werk an sich ist eine der üblichen Apodemiken mit systematischen Anweisungen.

Zu den wichtigsten Theoretikern des Reisens um die Wende des 17. und 18. Jahrhunderts zählt der aus Nürnberg stammende Paul Jacob Marperger (1656–1730). Nach Aufenthalten in Genf, Hamburg, Lübeck, Moskau, Petersburg, Stockholm und Wien wurde er 1708 Mitglied der königlich-preußischen Societät der Wissenschaften in Berlin. Er publizierte 94 Schriften über die unterschiedlichsten Gegenstände und hinterließ 71 ungedruckte Manuskripte. In einigen von ihnen setzte er sich ausführlich mit dem Reisen auseinander und galt als eine Kapazität für Reiseanweisungen im allgemeinen und solchen für Kaufleute im besonderen. Zwei seiner bekanntesten Werke in bezug auf das Reisen tragen die Titel ‹Der kluge und vorsichtige Passagier, oder Unterricht welchergestalt

Allegorische Darstellung der antiken Sehenswürdigkeiten in Italien. Titelkupfer zu: Martin Zeiller, Itinerarium Italiae, Frankfurt 1640.

Reisende ihre Reisen zu Wasser u. zu Lande klug anstellen mögen. Chemnitz 1707› und ‹Der seinem Stande und Profession nach wohlunterrichtete Passagier und zwar in allem, was ihm auf seinen Reisen zu sehen, zu thun, und zu erkennen nöthig ist [...] Dresden 1723.

Bemerkenswert ist das Thema des 3. Kapitels seiner nicht sehr umfangreichen Schrift ‹Anmerckungen Über das Reisen In Frembde Länder, Dessen rechten Gebrauch und Mißbrauch un den dem Publico daraus entstehenden Nutzen oder Schaden [...] Beschrieben von P. J. M. Dreßden und Leipzig [o. J.].› Dort gibt er einen «Wohlgemeinten Vorschlag, wie solchem Unwesen (nemlich, der Teutschen ihren unmäßigen Reisen) könte füglich gesteuret werden, und doch eines jeden seiner Reiß-Begierde weit nützlicher, als biß hieher mit so grossen Depensen geschehen, ein Genügen geleistet werden.»

Er versäumt dabei nicht, auf den volkswirtschaftlichen Schaden des Reisens hinzuweisen und «einen kurtzen Überschlag zu machen, was jährlich das Reisen unserer Landes-Kinder aus Teutschland vor baares Geld nach fremden Ländern ziehe, auch was Reisekosten, unnützen Einkauff fremder Waaren und Galanterien, an Wechsel-Verlust, und anderen Ausgaben etwan consumiret werde.»

Dies sind Vorschläge ganz im Sinne des Merkantilismus, des wirtschaftspolitischen Systems im Absolutismus, dem die Geldvermehrung im eigenen Land das Hauptanliegen war. Auch von Seiten der Regierungen suchte man darum durch Reiseverbote das Geldausgeben im Ausland möglichst zu verhindern.

Julius Bernhard von Rohr führt im 13. Kapitel seiner ‹Einleitung Zu der Klugheit zu leben, Oder Anweisung, Wie ein Mensch zu Beförderung seiner zeitlichen Glückseligkeit seine Actiones vernünfftig anstellen soll. Andere und vermehrte Auflage. Leipzig, 1719› unter der Überschrift ‹Von den Reisen› 91 Reiseregeln an, die seiner Ansicht nach zum sinnvollen Reisen notwendig sind:

Regel Nr. 1: «Geh, eh du reisest, alle Umstände von deiner Reise und von deiner Person durch. Formire dir hieraus Regeln der Klugheit entweder selbst, oder applicire diejenigen, die du von anderen gehöret, oder vor dich selbst gefunden, auf deinen Zustand.»

Regel Nr. 2: «Vornehmlich untersuche deine Absicht, weswegen du dich auf die Reise begiebest, ob um dich zu qualificiren, wenn du ein galant homme seyn willst, oder um deine Gelehrsamkeit zu vermehren, dafern du von Studiis Profesion machst, oder Geld durch Handlung zu erwerben, und zu negociren, so du ein Kauffmann bist, und was mehr vor verschiedene Absichten seyn können. Hernach mache mit deinem Beutel einen Überschlag und siehe, wie lange du ungefehr bleiben kanst, was du besehen, und wie du dich auf deiner Reise aufführen willst. Betrachte deine Leibes-Constitution, ob du delicat seyst, oder Fatiguen ausstehen könnest, alle Nächte schlafen must, oder ob dirs gleich gilt, wenn du etzliche Nächte wachen solst, alle Speisen essen dürftest, oder dich in der Kost in acht nehmen must. Examinire dich, ob du in deiner Religion fest und wohl gegründet, zum Spielen, Sauffen und andern Debauchen geneigt seyst. In Summa aus deiner Selbst-Erkäntniß mach dir Regeln der Klugheit, was du auff deiner Reise thun, oder unterlassen solst.»

In der 12. Regel empfiehlt Rohr, wie viele Reisetheoretiker vor und nach ihm, man solle zuerst sein Vaterland bereisen. Auch dieser Rat hat neben der Überlegung, daß dem jungen Reisenden die eigenen Verhältnisse am vertrautesten sein müßten, vor allem ökonomische Gründe.

Noch ganz in der Tradition der *grand tour* junger Adeliger steht Wolf Bernhard von Tschirnhauß auf Hackenau's ‹Getreuer Hofmeister auf Academien und Reisen, welcher Hn.Ehrenfr. Walthers von Tschirnhauß auf Kißlingswaldau, für Studierende und Reisende, sonderlich Standes-Personen und Deroselben Hofmeister zu einer sicheren Anleitung zur anständigen Conduite auf Universitäten und Reisen, in Manuscripto hinterlassene XXX Nutzliche Anmerkungen mit XLVI Erläuterungen und XII Beylagen vermehrter, wohlmeynene ans Licht stellet. Hannover 1727›.

Dieses Werk ist eine Erziehungsanleitung und wandte sich nicht nur an den jungen Adeligen, sondern – wie der Verfasser dem «wohlgesinnten Leser» mitteilt – an alle Eltern, die ihren Sohn auf eine Reise im Rahmen der Ausbildung schicken, wozu auch der Besuch der Universität gehörte. Das Buch besteht aus 30 Anmerkungen, die im einzelnen keine Überschriften tragen. Die fünfte Anmerkung hat das Reisen im engeren Sinne zum Thema: «Um also von Reisen zu profitiren, muß ein Cavalier seine Zeit nicht in Aubergen und Caffé-Häusern, unter seinen Lands-Leuten, mit Schmausereyen und Ausübung allerhand sündlichere Lüste zubringen, weil er dißfalls nicht erst auf Reisen gehen dürffen, sondern sein Conto besser zu Haus finden können; wohl aber mit vornehmen, gelehrten, und rechtschaffenen Leuten, und den Tag vor verlohren schätzen, an welchem er nicht von ihnen etwa in Literis oder Moribus gelernet hat. Denn durch die Annehmung fremder Nationen guter Sitten, (worunter die Petits maitres airs und affectiones nicht gehören,) anständige Lebens-Art, und andere Qualitäten, corrigiret man die groben Mores patrios, die Caprices, den Pruitum dominandi, den Spiritum contradictionis, das Vergnügen von Religions- und Staats-Sachen ...»

Die achte Anmerkung enthält die üblichen Warnungen vor den durch die Reise bedingten Versuchungen, wobei besonders auf die Gefahr der drei «hauptschädlichen W...: Wein, Weiber und Würffel» hingewiesen wird.

Eine Apodemik für die niederen Stände dagegen war das 1734 in Altdorf bei Nürnberg erschienene Buch, das zeigen will «wie ein dergleichen junger Mensch seine Wanderschaft nützlich antreten und verrichten soll, dabey sich gegen Gott, gegen alle Menschen, auch gegen sich selbst, sowohl in als ausser seiner Offizin oder Werkstatt und auf der Reise bis zu dessen Wiederkunft und Verheyrathung aufführen und verhalten soll, daß er hie zeitlich und dort ewig glückselig seyn möge», wie unter anderem auf dem Titelblatt von ‹Ernst Friedrich Zobels neu eingerichtetes Hand und Reisebuch. Für alle und jede in die Fremde ziehende junge Personen. 2 Teile. Altdorf 1734› zu lesen ist, von dem bereits im Erscheinungsjahr eine Auflage von «10000 Exemplarien» gedruckt worden sein soll. In den folgenden Jahren erschienen weitere Auflagen, so 1756 im Todesjahr Zobels, 1774 und 1794 eine von J.F. Roth umgearbeitete und erweiterte. Ein unveränderter Nachdruck der Ausgabe von 1794 verbirgt sich hinter dem Titel ‹Gemeinnütziges Hand- und Reisebuch für Gesellen, die in die Fremde ziehen. Bern 1795›.

Neben einer Anstandslehre und allgemeinen Verhaltensregeln für junge Leute enthält dieses Buch ein umfangreiches Kapitel mit der «Unterweisung, was ein junger Pursch, Künstler und Handwerker-Gesell beachten soll, wenn er sich wirklich auf der Reise befindet».

Einen guten Einblick in die zeitgenössischen Verhältnisse, in die Mühen und

Alltäglichkeiten, mit denen sich die Reisenden auseinanderzusetzen hatten, vermitteln die ‹Historischen Berichte und Practischen Anmerkungen auf Reisen in Deutschland, in die Niederlande, in Frankreich, England, Dänemark, Böhmen und Ungarn› von Johann Peter Willebrandt, die zuerst 1758 in Hamburg erschienen.

Dieses Buch ist eine Kombination von Reisebeschreibung und Handbuch, das sich aber großer Beliebtheit erfreute, da es in elf Jahren acht Auflagen und Nachdrucke erlebte. Es besteht aus 24 Briefen und etwa 1000 Anmerkungen. Willebrandt gibt u. a.:

Allgemeine Erinnerungen für junge Reisende vor und auf der Reise
Allgemeine Erinnerungen für unerfahrene Reisende, welche sich am Hofe eine Zeitlang aufhalten wollen
Einige Anmerkungen von der Aufführung eines unerfahrenen Reisenden in den Städten
Erinnerungen für unerfahrene Reisende auf den Post-Wagens
Erinnerungen für Unerfahrne, wie man sich bey den Haus- oder Bauers-Leuten aufzuführen habe.

Die Anmerkungen bezeugen die Abenteuerlichkeit einer Reise in der damaligen Zeit, enthalten Verhaltensregeln oder geben konkrete Empfehlungen:

«Lasset euren Bediensteten Messer, Gabel, Löffel, Feuerzeug, Schrauben zum Wagen und die Thüren zu verriegeln, ungarisch Wasser, englische Kütt oder Pflaster, Zwirn, Nähnadeln und etwas Leinewand beständig bey sich führen [...].

Trete nicht in den Wagen, ohne vorhero überzeuget zu seyn, daß die Räder bevestigt sind, und die Axe mit Wagenschmier wohl versehen ist.»

Der am weitesten verbreitete Reiseführer des 18. Jahrhunderts[7] wurde 1700 zum ersten Mal von Peter Ambrosius Lehmann herausgegeben. 1703 erhielt er den Titel, den er dann im Großen und Ganzen ein ganzes Jahrhundert lang behielt: ‹Die Vornehmst. Europäischen Reisen / wie solche durch Teutschland / Frankreich / Italien / Dännemarck u. Schweden / vermittelst der dazu verfertigten Reise-Carten, nach den bequemsten Post-Wegen anzustellen / u. was auf solchen curieuses zu bemercken. Wobey die Neben-Wege / Unkosten / Müntzen u. Logis zugleich mit angewiesen werden. Welchen auch beygefügt / LI Accurate Post- u. Bothen-Carten, von den vornehmsten Städten in Europa.›

Nach dem Tode Lehmanns redigierten wechselnde Herausgeber dieses immer wieder aktualisierte und erweiterte Werk, das von 1700 bis 1801 insgesamt 17 autorisierte Gesamtauflagen erreichte und zu den einflußreichsten Reisehandbüchern des 18. Jahrhunderts zu zählen ist.

Die ersten Ausgaben enthalten noch Erörterungen über Sinn, Zweck und Nutzen des Reisens. In der Vorrede zur achten Auflage (1736) etwa wird noch ausführlich «Von der Nothwendigkeit und Nutzbarkeit der Reise» gehandelt: «Wer seinem Vaterlande ersprießliche Dienste leisten will, muß desselben, und seiner eigenen Mitbürger Eigenschaft wissen, denn ein glückseliges Regiment muß nach der Natur der Unterthanen eingerichtet seyn.

Diese Wissenschaft aber kan man durch nichts anders erlernen, als durch die Gegenhaltung anderer Völcker Sitten mit den unsrigen. Welches denn durch das Reisen geschehen muß.» Die späteren Ausgaben begnügen sich mit praktischen Informationen für bestimmte Reiserouten wie z. B. Entfernungen, Kosten, Sehenswürdigkeiten etc.

Lob auf die Sicherheit und Bequemlichkeit des ‹modernen› Reisens um 1700. Kupferstich, um 1700. Frankfurt/M., Deutsches Postmuseum.

Gegen Ende des Jahrhunderts wird dieser Führer von den Handbüchern des Gothaer Bibliothekars Heinrich August Ottokar Reichard abgelöst, seinem ‹Handbuch für Reisende aus allen Ständen›. (Leipzig 1784) und dem ‹Passagier auf der Reise in Deutschland und einigen angrenzenden Ländern› (Weimar 1801), der noch bis 1861 in immer neuen Auflagen erschien.

Fast ein Handbuch für soziologische und volkskundliche Feldforschung ist die ‹Anweisung für Reisende, nebst einer systematischen Sammlung zweckmäßiger und nützlicher Fragen. Aus dem Englischen des Grafen Leopold Berchtold mit Zusätzen von Paul Jakob Bruns, Professor und Bibliothekar zu Helmstädt. Braunschweig 1791›.

Neu ist die «systematische Sammlung zweckmäßiger und nützlicher Fragen», die den zweiten Teil des ersten Bandes (S. 37–357) ausmachen. Begonnen wird mit Fragen, die das Land und die Bevölkerung betreffen. Viel Bedeutung wird dabei den Bauern, der Landwirtschaft, dem Handel und der Industrie beigelegt. Ferner soll die politische und soziale Situation eines Landes erfaßt werden. Allerdings dürfte der durchschnittliche Reisende mit diesem Fragenkatalog überfordert gewesen sein. Als Kostprobe seien der 28. und 29. Abschnitt angeführt:

«Ursprung, Sitten und Gebräuche der Nation: Ursprung der Nation – Veränderung, die mit dem Volke vorgegangen sind – Gestalt und charakteristische Gesichtsbildung – Einfluß des Klima – Genie – Charakter der Nation – Aberglaube und Vorurtheile – Betragen gegen Fremde – Kleidung – Einrichtung der Wohnungen – Vergnügen – Oeffentliche Feste – Gebräuche bey Hochzeiten, bey freudigen und traurigen Begebenheiten etc.»

Unter der Überschrift «Weiber» finden sich Fragen nach «Erziehung des weiblichen Geschlechts im allgemeinen – Kostschulen – Ausdehnung der Freyheit, die man erwachsenen jungen Frauenzimmern einräumt – Verheyrathungen – Einfluß der Frauenzimmer in Staatsangelegenheiten – Berühmte Weiber – Gesetze, welche das weibliche Geschlecht betreffen.»

Am Ende des 18. Jahrhunderts, als die aufklärerische Reise durch das Reisen in wissenschaftlichen Spezialdisziplinen, durch das Wandern zum Zwecke romantischen Naturerlebens oder durch Vergnügungsreisen abgelöst wurde, erschien noch ein Werk, das sich mit dem Reisen grundsätzlich und ausführlich beschäftigte. Anonym publizierte Franz Posselt seine ‹Apodemik oder die Kunst zu reisen. Ein systematischer Versuch zum Gebrauch junger Reisender aus den gebildeten Ständen überhaupt und angehender Gelehrter und Künstler insbesondere. Leipzig 1795›.

Auf rund 250 (von insgesamt über 1300) Seiten erläutert er die Vorteile des Reisens, wobei er auch «Einwürfe gegen das Reisen und Prüfung derselben» diskutiert. Als Zweck des Reisens wird die «Bildung des Herzens, des Verstandes» und «des Geschmackes» in den Vordergrund gestellt. Den verschiedenen Ständen werden spezielle Empfehlungen gegeben, etwa den angehenden Staatsgelehrten, künftigen Regenten und Gesandten, Militärpersonen, Theologen, Rechtsgelehrten, Ärzten, Naturforschern, Mathematikern, Ökonomen, Historikern, Philosophen, Malern und Bildhauern, Sprachforschern, Baumeistern, Tonkünstlern und Gartenkünstlern. Auf die theoretischen und philosophischen Gedanken folgt ein systematischer Teil im zweiten Band. Posselt formulierte in seinen einleitenden Ausführungen, was als Leitsatz für die vorangegangenen

Jahrzehnte seine Gültigkeit hatte und die Tendenz der gesamten apodemischen Literatur charakterisiert: «*Das Reisen ist also die Schule der Menschen-Kenntnis* [...]. In der Geschichte lernen wir nur die Todten kennen, auf Reisen hingegen die Lebenden».

Uli Kutter

Ungleiche Lehrfahrten
Kavaliere und Gelehrte

Mit den Kavalieren und Gelehrten sind zwei soziale Gruppen der frühneuzeitlichen Gesellschaft benannt, deren Reiseverhalten mit der Entstehung und der Herrschaftspraxis des territorialstaatlichen Absolutismus seit dem Ende des 16. Jahrhunderts in eigentümlicher Weise verknüpft ist. Zwar hat sowohl die Adels- wie auch die Gelehrtenreise je eine eigene, bis weit in das Jahrhundert des Humanismus und der Reformation zurückreichende Tradition, doch erhalten beide im Einflußfeld des absolutistischen Verfassungs- und Gesellschaftsgefüges mit dessen zwei zentralen Institutionen, dem Hof und den fürstlichen Verwaltungsbehörden, eine neue Aufgabe. Für den Adel gewinnt der Fürstendienst in der zeremoniellen Sphäre des Hofes, im diplomatisch-juristischen Zweig der staatlichen Verwaltung und bald auch im Heerwesen zunehmend an Bedeutung. Um den Qualifikationsansprüchen dieser von humanistischen Gelehrten vorgeprägten Ämter gerecht zu werden, mußte er sein ständerechtlich verbürgtes, herrschaftliches Ansehen jenen Leistungsanforderungen anpassen, das heißt eine akademische Grundausbildung erwerben und durch Kontakte zur internationalen Adelsgesellschaft höfisch-weltläufige Verhaltensweisen erlernen. Diese Aufgaben wurden mit der adligen Kavalierstour erfüllt, wobei dem kulturellen Leitbild des französischen Hofes ein besonderer Rang zuwuchs.

Von Beginn an waren die Ämter in den fürstlichen oder kommunalen Verwaltungen ein urwüchsiges Berufsfeld der bürgerlichen Gelehrten gewesen. Sie hatten aufgrund ihrer akademischen Bildung wesentliche Positionen im Zentralbereich der frühneuzeitlichen Herrschaftsausübung einnehmen und ihre Tätigkeit auf die ständeübergreifenden Normen von fachlicher Kompetenz, persönlicher Leistung und beruflicher Erfahrung verpflichten können. Diese wissenschaftlichen, stände- und berufspolitischen Fragestellungen haben die Gelehrten im internationalen Rahmen der *respublica literaria,* der ‹Gelehrtenrepublik›, erörtert. Es war eine Hauptaufgabe des gelehrten Reisens, für die stete Verflechtung und Verdichtung dieser europäischen Verbindungen auf Grundlage der lateinischen Sprache zu sorgen – auch wenn ein Großteil der Reisen im fürstlichen Auftrag, in behördlicher Mission oder im Gefolge einer adligen Kavalierstour durchgeführt wurde.

In der zeitgenössischen reisebegleitenden Literatur ist die gegenseitige Abgrenzung und innere Geschlossenheit beider Reiseformen immer wieder hervorgehoben worden. So schreibt z. B. Joachim Christoph Nemeitz in seinem Paris-Reiseführer ‹Séjour de Paris› von 1718: «*Gelehrte* machen sich in der Frembde mit Gelehrten bekandt / besuchen fleißig die Klöster und Bibliothequen / frequentiren die Zusammenkünffte der Acadmien und gelehrten Sociaeteten / und was mehr dergleichen zu ihrem propos dienet. *Politici* lassen sich oft bei Hofe sehen /

bemühen sich um die Bekanntschafft mit Staats-Leuten und Ministern / versäumen keine publique Solemnitaeten / betrachten die Verfassung dieses oder jenen Staats / observiren die daselbst gebräuchliche maximen / und andere dergleichen Sachen.» Unter Verwendung der dem Zeitalter selbst entstammenden Leitbegriffe ‹Façonierung› und ‹Erudition› soll nunmehr versucht werden, die Eigenarten des adligen und gelehrten Reisens von der Mitte des 17. bis zur Mitte des 18. Jahrhunderts zu beschreiben.[1]

Die adlige Kavalierstour ‹Façonierung› und ‹ständische Selbstdarstellung› in der höfischen Gesellschaft

Adliges Reisen im Zeitalter des Absolutismus ist im wesentlichen das Reisen der jugendlichen Stammhalter alteingesessener und grundbesitzender Adelsgeschlechter gewesen. Die Kavalierstour galt gemeinhin als Abschluß der adligen Erziehung und als Einführung in die Welt der europäischen Aristokratie. Die Reisezwecke waren deshalb ganz auf die Bewältigung dieser beiden Aufgaben ausgerichtet, die hier mit den Begriffen ‹Façonierung› und ‹ständische Selbstdarstellung› bezeichnet werden. Unstreitig drängten solche Zielvorgaben die in einer umfangreichen Erziehungsliteratur beschworene Bildungsfunktion der Kavalierstour in den Hintergrund.

‹Façonierung› bedeutet im Sprachgebrauch der Zeit die Eingewöhnung, Einpassung, Einverleibung oder Einschleifung standesgemäßer Lebensart und Umgangsformen, wobei sowohl die äußere körperliche Aufführung (‹galante Conduite›, ‹Exercitien›) als auch die geistig-kommunikativen Fertigkeiten (‹Studia›, ‹Conversation›, ‹Raisonnement›) gemeint sind. Die Begriffe sind den zeitgenössischen deutschen Erziehungsschriften für Adlige entnommen, und die Verwendung von Fachbegriffen französischer Herkunft zeigt, daß die kulturellen Gesittungsformen des westlichen Nachbarlandes den Maßstab ritterlichen Lebens im Europa des 17. und frühen 18. Jahrhunderts abgaben.

‹Ständische Selbstdarstellung› bezeichnet den Ausdruck, die Feier, das Ausleben, das Vorzeigen der Herrschaftsgewalt, der sozialen Wertschätzung und des Ansehens, das der Adel in der höfischen Gesellschaft genießt. Zur Sicherung seiner herrschaftlichen Stellung bedurfte er nicht nur der Bestätigung und Erweiterung seiner bestehenden politischen Vorrechte, sondern in gleichem Maße der wirkungsvollen Repräsentation. Hierzu eignete sich die kostspielige, altes Herkommen, gegenwärtigen Machtreichtum und künftigen Herrschaftsanspruch zugleich demonstrierende Auslandsreise in besonderer Weise.[2]

Die Kavalierstour sollte durch die Anschauung und im Vergleich der verschiedenen Staats- und Regierungsformen das rechtliche Denken der für eine Beamtenkarriere vorgesehenen Junker schulen, Kontakte zu ausländischen Adelshäusern und Fürstenhöfen schaffen, damit zugleich durch einen Besuch an Universität oder Adelsakademie das Erlernen der nun dominierenden Sprachen Französisch, Italienisch und Spanisch fördern. Dabei war weniger die gründliche Beherrschung einer Einzeldisziplin wichtig als vielmehr die breitgestreute Kenntnis verschiedener Wissenschaften. Zu diesen sogenannten «Kavaliersfächern» gehörten neben den angeführten Sprachen hauptsächlich Reichsgeschichte und Genealogie, Staats- und Rechtswissenschaften, Mathematik und Architektur sowie Geometrie und Festungswesen. Zu den überkommenen ritterlichen Fertigkeiten, den ‹Exercitien›, gehörten Tanzen, Fechten, Reiten, Ballspiele, Jagen und schließlich die ‹Conduite›, die Lehre vom wohlgesetzten Benehmen und galanten Verhalten.

Die Zeitgenossen, ob adlig oder bürgerlich, klagten jedoch immer wieder darüber, daß die vornehmen Reisenden, die ihre Tour überwiegend im Alter von ungefähr 16 bis 25 Jahren machten, die Leibesübungen und die höfischen Feste dem Studium an der Universität vorzogen, die vorgebliche Bildungsfahrt also mehr als Vergnügungsreise verstanden. Wiederholt wurde vor den «drey hauptschädlichen W», nämlich «Wein, Weiber und Würffel», eindringlich gewarnt. Angesichts solcher Gefährdungen während der oft mehrjährigen Tour stellten die Eltern dem jungen Kavalier einen erfahrenen Begleiter zur Seite. Diesem Hofmeister, der in den meisten Fällen bereits die Privaterziehung am Adelssitz durchgeführt hatte, oblag die Organisation, finanzielle Aufsicht und Gesamtleitung der Reise. Der Hofmeister mußte universell gebildet, mehrerer Sprachen kundig und mit allen Umgangsformen vertraut sein, denn er war genötigt, sich in allen gesellschaftlichen Schichten zu bewegen, für den Schankwirt und Kutscher einen ebenso gemäßen Ton zu finden wie für die Einführung seiner Zöglinge bei einem Adelsgeschlecht oder bei der Bitte um eine fürstliche Audienz.[3]

Der größte Teil der Reisen, die von Adligen im erwähnten Zeitraum unternommen wurden, waren solche Kavalierstouren. Daneben gab es Fürsten-, Prin-

Das Fechten gehörte zur Ausbildung von Studenten und reisenden Kavalieren. Kupferstich, 1. Hälfte 18. Jh. Nürnberg, Germanisches Nationalmuseum.

zen- oder Hofreisen, die mit erheblichem Gefolge durchgeführt wurden und meist auch politisch-diplomatische Absichten verfolgten. Ein dritter Typus ist die am Ideal der Kavalierstour ausgerichtete Rundfahrt des aus bürgerlichen Verhältnissen kommenden, teilweise neu nobilitierten Adels und des städtischen Patriziats. Das Reiseverhalten beider Gruppen blieb, obwohl sie sich an die hochadligen Umgangsformen anzugleichen suchten, stark mit bürgerlichen Denkweisen und Ausbildungszielen durchsetzt.

Verläßliche Zahlen über die Häufigkeit der Reisen gibt es nicht. Nach vorliegenden Auswertungen von Universitätsmatrikeln und vorsichtigen Schätzungen läßt sich jedoch etwa folgender Entwicklungsverlauf skizzieren: Die Reisetätigkeit des einfachen Adels und des Bürgertums sank nach einem Höhepunkt um 1600 beständig ab und hörte in der althergebrachten Form um 1740 praktisch auf. Dagegen blieb die Reisehäufigkeit des höheren Adels seit ca. 1580 für hundert Jahre fast konstant, verdreifachte sich von 1690 bis 1720, um dann ebenfalls bis etwa 1740 beinahe völlig zu versiegen. Die traditionelle Kavalierstour im bisher geschilderten Sinne hat es nach diesem Zeitpunkt kaum noch gegeben. Die Gründe für den raschen Rückgang sind bisher nicht hinreichend erforscht. Eine wesentliche Ursache wird in der Wandlung des klassischen zum aufgeklärten Absolutismus liegen, dessen Staatsverständnis und Regierungspraxis zu viele politisch-soziale Veränderungen brachte, als daß die adlige Kavalierstour im alten Stil diesen neuen Herausforderungen hätte gerecht werden können. Die Fürsten sprachen im übrigen aus finanzpolitischen Gründen vermehrt allgemeine Reiseverbote aus und erschwerten die notwendige Paßzuteilung. Zudem entfalteten die eigens zum Zwecke standesgemäßer Erziehung seit 1700 in Deutschland vermehrt errichteten Ritterakademien ihre Wirkung. Und schließlich zogen die beiden äußerst erfolgreichen Universitätsneugründungen der frühen Aufklärung (Halle 1694, Göttingen 1734) durch das Angebot der erwähnten ‹modernen› Kavaliersfächer eine Großzahl adliger Studenten an.

Da die Ausgangspunkte der Kavalierstour sehr verschieden waren, lassen sich über die Reiserouten nur allgemeine Angaben machen. Während der norddeutsche und westfälische Adel vorwiegend über die Niederlande, eventuell England, nach Frankreich, der Schweiz und Italien reiste, um bei der Rückkehr Wien und die oberdeutschen Residenzen zu besuchen, wählte der süddeutsche Adel die umgekehrte Route. Ein Besuch Skandinaviens oder Spaniens blieb lange Zeit die Ausnahme; die Schweiz und Norddeutschland dienten lediglich als Durchgangsländer. Auch konfessionelle Orientierung und Kriegslagen beeinflußten die Wahl der Zielorte und den Reiseverlauf.

Jedes Land besaß nach Ansicht der Reisepädagogen des 17. und 18. Jahrhunderts besondere, nur ihm eigene Erfahrungsbereiche. Frankreich galt als das Musterland der galanten Sitten, der modischen Eleganz und des geselligen Umgangs. In Italien dagegen wurde das Augenmerk in erster Linie auf die kulturellen Wertideen der Antike und ihre baulichen Zeugnisse, auf die höfische Kunst der Oper und die vergleichende Staatenkunde gerichtet. Für den katholischen Adel blieb Rom der Höhepunkt der Reise. Die Niederlande und auch England besuchte man wegen des unbestreitbar höherrangigen wirtschaftlich-technischen Entwicklungsstandes und der Vielfalt an wissenschaftlichen und religiösen Lehrmeinungen.

Aufschlußreich ist die Betrachtung eines vielbesuchten und typischen städtischen Reiseziels. Während Dauer und Häufigkeit der Besuche in den beschriebenen westeuropäischen Ländern schwankte und sich je nach politischer Lage verschob, blieb Wien für den betrachteten Zeitraum und darüber hinaus ein unentbehrlicher Zielort der adligen Kavalierstour. Die Kaiserstadt war für einen jungen Adligen zugleich Bewährungsprobe des bisher Erlernten und Sprungbrett für die zukünftige Verwendung in herrscherlichen Diensten. Hofleben und Weltstadterlebnis, zwei Hauptzüge adliger Reiseerfahrung, trafen hier eng verquickt aufeinander. Eine zeitgenössische Stimme von 1717 bringt das zum Ausdruck: «Der Wiener Hof hat in der That etwas groses und vorzügliches, welches der Majestät eines römischen Kaysers würdig ist, und solche deutlich ins Auge setzet. Der Hof an und für sich selbst hat zwar so viel glänzendes nicht; allein die viele Fürsten und grose Herren, die sich an demselben aufhalten, und die vornehmste Staats- und Kriegsämter besitzen, erhöhen dessen Pracht ungemein.» – «Das Gewühl in Wien ist noch stärcker, als in Paris. [...] Man siehet hier Leute aus allen Orten und Enden der Welt: Ungarn, Husaren, Heyducken, Polacken, Moscoviten, Persianer, Türcken, Mohren, Spanier, Italiäner, Tyroler, Schweitzer kurz, von allen europäischen Völkerschaften. Man solte nur sagen, wo die Schneider alle wohneten, welche so vielerley Leuten die Kleider verfertigten; denn dieses ist gewiß, daß man an keinem Ort in der Welt mehr verschiedene Trachten und Kleidungsarten beobachtet, wann man auch gleich zugiebet, daß in London und in Amsterdam noch mehrerley fremde Völker wegen der Schifffahrt zusammen treffen mögten.»[4]

Die schriftlichen Zeugnisse adligen Reisens sind äußerst vielgestaltig. Neben einer beachtlichen Mannigfaltigkeit von reisebegleitender Literatur, wie Apodemiken, Routenhandbüchern, Herbergsverzeichnissen, Postverkehrstabellen, Reiseführern, topographischen Kompendien oder Kartenwerken gab es eine umfangreiche Standes- und Hofmeisterliteratur mit eigenständigen Abhandlungen zur Reisedurchführung: Verhaltenslehrbücher, Fürstenspiegel, «Reise-Instructionen», Zeremoniellschriften, «Complimentir-Bücher» und Ritterlexika.

Ein schier unübersehbarer Quellenreichtum zur Reisetätigkeit des Adels tritt uns in den einschlägigen Fürsten- und Familienarchiven entgegen. Hier finden sich die Rechenschaftsbriefe des Zöglings oder seines Hofmeisters neben Tagebüchern, Kalendarien, Notizheften, Rechnungs- und Ausgabenlisten, Empfehlungsschreiben, Quartier- und Logierscheinen, Paßdokumenten oder Inschriftensammlungen. Dieser Masse ungedruckter Materialien steht eine äußerst geringe Zahl gedruckter Beschreibungen von Kavalierstouren gegenüber, wobei es sich meistens um Fürstenreisen handelt. Wie ist diese auffällige Erscheinung zu deuten? Eine Erklärung ergibt sich aus den beiden Hauptreisezwecken ‹Façonierung› und ‹ständische Selbstdarstellung›; denn die Lernfortschritte wurden im aktuellen Vollzug auf der Reise und im heimischen Adelskreis gezeigt, wo der an körperlichen und kommunikativen Fertigkeiten haftende gesittete Selbstausdruck als Ausweis der abgeschlossenen Reise genügte. Gedruckte Dokumente waren nur dann nötig, wenn die Herrschafts-Fähigkeiten einem überregionalen Publikum vor Augen gestellt werden sollten. Das traf hauptsächlich auf Fürstenreisen zu. Solche viel gelesenen und wiederholt nachgedruckten Beschreibungen waren etwa Johann Wilhelm Neumayrs ‹Des durchlauchtigen Hochgebornen Fürsten Johann Ernsten des Jüngern, Hertzogen zu Sachsen [...] Reise in Franckreich, Engelland und Niederland› (1620), Sigmund von Birkens im Auftrag des Markgrafen Christian Ernst von Brandenburg verfaßter ‹Brandenburgischer Ulysses› (1668) und Carl Ludwig von Pöllnitz' zuerst in Französisch erschienenen Reiseabenteuer ‹Mémoires, contenant les observations qu'il a faites dans ses voyages› (1734).[5]

Die Gelehrtenreise
‹Erudition› und ‹Informationsschöpfung› in der Gelehrtenrepublik

Gelehrtes Reisen im Zeitalter des Absolutismus ist hauptsächlich das Reisen bereits ausgebildeter, überwiegend berufstätiger Gelehrter gewesen. Der Gelehrtenstand umfaßte Theologen und Juristen ebenso wie Schulmänner und Professoren, Hofmeister und Hauslehrer, Ärzte und universitär gebildete Privatleute. Als Gelehrtenreise wird manchmal auch die *peregrinatio academica,* die Studienwanderung nicht-adliger Studenten während ihrer universitären Ausbildungszeit bezeichnet, doch ist dieses noch unstete, schweifende Reiseverhalten in einer schwer faßbaren Randzone der Gelehrtenschaft schon vom Alter der «Peregrinanten» her eher mit der Kavalierstour der jungen Adligen zu vergleichen. «Ganz anders ist es beschaffen, wenn ein Mann von gesetzten Jahren mit hinreichenden Kenntnissen und einem soliden Forschungsgeiste seine Reisen anstellet», schreibt 1783 ein später Vertreter eben jenes Typus, der Privatgelehrte Philipp Wilhelm Gercken. Die Zielsetzungen des gelehrten Reisenden in diesem Sinne können mit den Begriffen «Erudition» und «Informationsschöpfung» erfaßt werden. ‹Erudition› bedeutet im Sprachgebrauch der Zeit die umfassende Aneignung der sprachlichen und literaturkundlichen Grundlagen aller Wissenschaften *(literatura, studia),* die fachkundige Handhabung aller Hilfsmittel universitärer Bildung sowie die eigenständige Anverwandlung des erworbenen Wissens *(doctrina),* schließlich die Fähigkeit zu Unterweisung und Unterricht im Lehrberuf (*eruditio* im engeren Sinn). ‹Erudition›, verstanden als universaler Wissensbestand und allseitige Wißbegierde, fußte auf der lateinischen Sprache als Voraussetzung der schriftlichen und mündlichen Kommunikation. Die Erweiterung der eigenen ‹Erudition› schloß für die Gelehrten des 17. und 18. Jahrhunderts die Beförderung des Erkenntnisfortschritts innerhalb der gesamten Gelehrtengemeinschaft ein, da deren Berufsethos die Weitergabe und Bekanntmachung des erlangten Wissens zur Verpflichtung machte. Diese Tatsache bezeichnet der Begriff ‹Informationsschöpfung›: die gezielte Auffindung und Bereitstellung von Nachrichten aus der akademischen Welt für die größere Öffentlichkeit der Gelehrtenrepublik. Zur Sammlung, Verbreitung und Kundgabe gelehrter Neuigkeiten eignete sich das Reisen wegen der großen Zahl von Kontaktmöglichkeiten und der leichten Zugänglichkeit zu Personen und Institutionen des wissenschaftlichen Lebens deshalb vorzüglich.[6]

Eine allgemeine Charakterisierung der Gelehrtenreise ist erheblich schwieriger als bei der Kavalierstour; denn der Anlaß, die Durchführung und die Dauer sind in jenem Fall ungleich vielfältiger und unterschiedlicher. Drei Elemente haben jedoch alle derartigen ‹eruditiven› Rundfahrten gemeinsam, wenn sie auch nicht in jeder Reise gleichrangig ausgeprägt sind: Forschung, Fortbildung und Kontaktaufnahme.

Die forschungsorientierte Gelehrtenreise wurde in vielen Fällen zur Vorbereitung einer Buchveröffentlichung unternommen. Sie diente der Sichtung wertvoller Manuskripte, dem Kauf oder der Abschrift seltener Bücher, der Arbeit in naturhistorischen Sammlungen, der Beobachtung von Experimenten oder außergewöhnlichen Naturerscheinungen. Besuche der örtlichen gelehrten und geselligen Vereinigungen boten dabei die Gelegenheit zu Vortrag, Diskussion und Kritik bisher gesammelter Erkenntnisse. Beispiele dieses Reisetyps sind die in klösterliche Archive und Bibliotheken führenden Reisen von katholischen Ordensgeistlichen, die auf diese Weise bisher unveröffentlichte Quellen für ihre kirchengeschichtlichen Sammelwerke zusammentrugen. Weiterhin sind die großen Forschungsexpeditionen der wissenschaftlichen Akademien etwa nach Lappland, Sibirien oder in den Orient zu nennen. Die Besonderheit der Akademiereisen lag in der durchgehend praktizierten Teamarbeit bei Vorbereitung und Durchführung der Expedition.

Fortbildungsreisen fanden zumeist im Auftrag fürstlicher oder behördlicher Geldgeber statt. Hierbei ist zunächst an Studien- und Informationsreisen von entsprechenden gelehrten Amtsträgern zu denken, die ihre praktischen Fähigkeiten durch den Besuch von speziellen Bildungsstätten, höheren Verwaltungseinrichtungen oder oberen Reichsbehörden erweitern sollten. Eine besonders zahlreiche Gruppe dieser Reisenden bildeten die Architekten. Sie wurden zur Vorbereitung größerer Bauvorhaben und Kenntnisnahme der neuesten Architekturentwicklungen in die führenden Zentren der Baukunst nach Rom, Paris oder Wien entsandt.

Zwar ist die Kontaktaufnahme mit Gelehrten jedweder Fachrichtung ein gemeinsamer, grundlegender Zug allen gelehrten Reisens, doch gab es auch spezielle, nahezu ausschließlich zu diesem Zweck angetretene Fahrten. Es ging dabei hauptsächlich um den Besuch von berühmten Gelehrten, Staatsmännern oder Glaubensvertretern. Ihre Lehrmeinungen, akademischen Erfahrungen, Staatsanschauungen und konfessionellen Gesinnungen waren hierbei für den Korrespondenten von besonderem Interesse.

Eine Mischform der bisher aufgezeigten Reisearten stellte die Privatgelehrtenreise dar, deren soziale Trägerschicht im städtischen Patriziat, mitunter auch im gebildeten Landadel selbst zu finden war. Der Privatgelehrte bemühte sich sowohl um selbstgewählte Forschungsvorhaben oder den Handschriften- und Bucherwerb für die eigene Bibliothek, verfolgte aber gleichfalls die von der Adelsreise her bekannten Zwecke ständischer Selbstdarstellung und Erlernung höfischer Umgangsformen. Die interessanteste und zahlenmäßig häufigste Möglichkeit eruditiven Reisens war für mittellose Gelehrte die Ausübung des Hofmeisteramtes während der adligen Kavalierstour. Zwar mußten die so Reisenden sich weitgehend den Anforderungen der Kavaliersfahrt fügen, doch haben sie immer auch Mittel und Wege gefunden, die womöglich einmalige Chance einer europäischen Rundreise für ihre eigenen wissenschaftlichen Interessen zu nutzen.

Über die zeitliche Verteilung, die Häufigkeit und die Dauer der Gelehrtenreisen läßt sich schwerlich etwas Genaues sagen. Immerhin darf als gesichert gelten, daß die Gelehrtenreise bis zum Aufkommen von regelmäßig erscheinenden wissenschaftlichen Publikationsformen (Zeitschriften, Zeitungen, Akademieschriften) seit dem Ende des 17. Jahrhunderts eines der wichtigsten Mittel des internationalen gelehrten Informationsaustausches gewesen ist. Mit den Veränderungen innerhalb des Wissenschaftssystems durch die Entstehung neuer Disziplinen und damit der Aufteilung des Wissensstoffes verlor jedoch auch die auf polyhistori-

pag. 1.

Reiße-Beschreibung
von Tübingen nach Schaffhausen, Tirol, Salzburg, München, Augspurg, Ulm, etc.
Vom 1. Jun. biß 26. Jun. 1729.

d. 4. Jun.

Nachdem das fürstl. Wirtenbergl. Hoff Gericht, welchem wir als Auditores beygewohnet hatten, sich d. 3. Jun. geendiget, so traten wir d. 4. Jun. um 3. Uhr Morgends nach erhaltener Erlaubniß von unseren Eltern, unsere Reise mit guter Gesundheit an, und kahmen in einer guten Stunde, auf das erste Post-Hauß Dusslingen an. der Weg biß dahin, durch das Steinlacher Thal, ist recht schön und angenehm, und muß man biß da sehr offt, den kleinen fluß die Steinlach passiren. 2½. St. hinter Dusslingen, liegt die fürstl. zollerische Residenz Statt Hechingen, nebst der nicht weit davon gelegenen Bergvestung Hohenzollern. Man kan die Vestung sehr weit liegen sehen, und liegt jetzo Kayserl. Guarnison darinnen, weil der fürst dem Kayser das jus apertura, vor 6000. fl. jährl. verkaufft hat. die Gegend umher ist sehr bewohnet, auf dem felde aber sind hin und wieder kleine Büsch, zu remisen vor das kleine Wild, gepflantzet. 3. St. darauff kahmen wir nach Bahlingen, welches eine Würtenbergl. Statt und Ambtes, und vor etl. jahren abgebrandt, jetzo aber artig wieder gebauet wird.

Erste Seite aus dem Tagebuch des gelehrten Reisenden Johann Hartwig Ernst von Bernstorff, 1729. Kopenhagen, Reichsarchiv.

Reiseziel wissenschaftlicher Neugier: der botanische Garten in Göttingen, der im Unterschied zu den höfischen Gärten und Parks der Barockzeit als Lehr- und Nutzgarten der Universität angelegt war. Kupferstich, 2. Hälfte 18. Jh. Nürnberg, Germanisches Nationalmuseum.

sche ‹Erudition› angelegte Gelehrtenreise ihr unverkennbares Gepräge. Sie hat dann seit dem zweiten Drittel des 18. Jahrhunderts nur noch in der veränderten Gestalt der literarischen oder ‹enzyklopädischen› Reise fortgelebt.

Die bevorzugten Reiseländer der Gelehrten deckten sich im wesentlichen mit denjenigen der Kavalierstour. Freilich besuchten sie dort, wegen ihrer spezifischen Reisezwecke, oft gänzlich andere Schauplätze. Paris galt als internationales Gelehrtenzentrum. Hier überkreuzten sich, ähnlich wie für die katholische Geisteswelt in Rom, die Verbindungswege und Nachrichtenkanäle der kontinentalen Gelehrtenschaft. Italien schätzte man vor allem als Land mit einer ungeheuer reichen gelehrten Tradition, wegen seiner großen Bibliotheken mit unermeßlichen Manuskriptbeständen und der Kunst- und Baudenkmäler aus Antike und Renaissance. Im Gegensatz zur Kavalierstour nahmen Holland und England einen ungleich höheren Stellenwert in der Rangfolge der wichtigsten Reiseländer ein. Bewundert wurde neben der republikanischen Verfassung beider Nationen die großzügige Wissenschaftspolitik und der hohe Stand der naturwissenschaftlichen Forschung.

Während für die Adelsreise die Kaiserstadt Wien als eine unentbehrliche Reisestation angesehen wurde, mußte die Wahl eines entsprechenden Ziels für die Gelehrtenreise auf die niederländische Universitätsstadt Leiden fallen. Die 1575 begründete calvinistische Universität stieg im 17. Jahrhundert rasch zur führenden Hochschule Europas empor. Bis ungefähr 1750, als ihr Ruhm zu verblassen begann, zog Leiden mehr Deutsche an als irgendeine andere Universität des Auslands. Nahezu alle bekannteren deutschen Gelehrten und Professoren des 17. und beginnenden 18. Jahrhunderts haben diesen bedeutenden Mittelpunkt der Gelehrtenrepublik besucht, denn hier lehrten die hervorragendsten Vertreter der klassischen Philologie und Orientalistik, der Rechtswissenschaft, Medizin und der physikalischen Disziplinen. Internationales akademisches Leben und geistvolle Buchgelehrsamkeit trafen in dem kleinen südholländischen Hochschulort dicht gedrängt aufeinander. «Die berühmte Hochschule ist izt in völliger Blüht, wenigstens was meine Wißenschaft [die Medizin] betrifft.» – «Weil ich eben von Büchern schreibe, so fält mir ein, daß an keinem Orte der Welt so viel Leute von Büchern leben als in Leyden. Ganze Straßen sind voll Buchhändler und alle Winkel voll Druckereyen. [...] Auch ist kein Ort denen Buchhändlern so günstig, wo alles *Bibliothequen* haben will, und oft, wann [der bekannte Naturkundler] Boerhaave deß Morgens ein Buch gerühmet, Nachmittags selbiges überall um doppelten Preiß gekauft worden.» So lautet das Urteil des Begründers der naturwissenschaftlichen Fakultät der Universität Göttingen, Albrecht von Haller, in den zwanziger Jahren des 18. Jahrhunderts.[7]

Die schriftlichen Quellen zur gelehrten Reisetätigkeit sind ebenso reichhaltig wie für die adlige Kavalierstour. Natürlich haben die Gelehrten die umfangreichen Gattungen der bereits erwähnten reisebegleitenden Literatur benutzt, ergänzt um das gesamte, die akademische Ausbildung betreffende, lateinische Abhandlungsschrifttum. Handschriftliche Zeugnisse lassen sich in großer Zahl in den regionalen Archiven, insbesondere jedoch den Nachlaßsammlungen der Universitäten, Akademien und Sozietäten aufspüren. Die Reisetagebücher, Berichtsbriefe, Beobachtungstabellen, Empfehlungs- und Widmungsschreiben, Stammbücher wie auch die Kaufeinträge in den fremdsprachigen Büchern der Gelehrtenbibliotheken geben ein lebhaftes Zeugnis des Zusammenspiels von Kontaktaufnahme und Information in der Gelehrtenrepublik. Wie bei der Kavalierstour steht der Menge ungedruckter Quellen eine ungleich geringere, immerhin jedoch noch recht ansehnliche Zahl veröffentlichter Berichte gegenüber. Doch wie ist dieses eigenartige Mißverhältnis zu erklären, wenn gelehrtes Reisen der Idee einer umfassenden Informationsstreuung verpflichtet sein soll? Der scheinbare Gegensatz erklärt sich gerade aus den gegenüber der Adelswelt entwickelteren Publikationsformen der gelehrten Öffentlichkeit. Die verschiedenen Medien dieses Wissensaustausches (Brief, Zeitschrift, Akademieschrift, Vortrag, Manuskriptzirkulation) haben den Informationsfluß der Reisenachrichten in erheblichem Maße gesteuert. Den gelehrten Reisenden standen somit vielerlei Möglichkeiten offen, die Ergebnisse und Erkenntnisse ihrer Reisen schriftlich oder auch mündlich in den Sitzungen der wissenschaftlichen Vereinigungen mitzuteilen. Die mitunter umfangreichen, zum Druck vorbereiteten Beschreibungsmanuskripte haben überdies vielfach schon kurz vor oder nach ihrer Fertigstellung in Abschrift oder Auszügen ihre Runde in der gelehrten Leserschaft gemacht.

Beispiele für gedruckte Beschreibungen von gelehrten Forschungsreisen sind etwa die lateinischen Reisebriefe von Jacob Toll, die ‹Epistolae itinerariae› (1700) oder das Tagebuch Johann Gottlieb Deichsels ‹Reise durch Deutschland nach Holland und England› (1717–1719). Eines der bekanntesten Zeugnisse einer Privatgelehrtenreise sind Zacharias Conrad von Uffenbachs ‹Merkwürdige Reisen durch Niedersachsen, Holland und Engelland› (1753–1754); und den gelehrten Bericht einer adligen Kavalierstour liest man in Johann Georg Keysslers ‹Neuesten Reisen durch Teutschland, Böhmen, Ungarn, die Schweitz, Italien, und Lothringen› (1740–1741).[8]

Winfried Siebers

Auf der Walz
Handwerkerreisen

In der ständisch gegliederten Gesellschaft des Mittelalters und der Frühen Neuzeit zeichnete sich das Handwerk durch eine ausgeprägte regionale Mobilität aus. Mit der freiwilligen Absicht, in der Regel aber mit der Notwendigkeit, den Ort der eigenen Herkunft zumindest zeitweilig für einen längeren Zeitraum zu verlassen, übertrifft es den Adel und die Geistlichkeit, es ist weitaus beweglicher als der Bauernstand. Hinsichtlich des Mobilitätsgrades lassen sich am ehesten Vergleiche mit den Kaufleuten und den Studenten ziehen, als Massenphänomen treten zumindest letztere hinter die Handwerker zurück.[1] Konkurrierte während des Mittelalters noch der Handwerker mit dem Pilger in der öffentlichen Wahrnehmung, so erreichte im 18. und 19. Jahrhundert vornehmlich die Migration der Gesellen quantitative Dimensionen,[2] die allenfalls noch Vergleiche mit den Scharen der Bettler zulassen, von denen sich die «wandernden» Handwerker ebenso scharf abzugrenzen suchten wie von den Wanderarbeitern des 19. Jahrhunderts, auch wenn die soziale Rekrutierung beider Gruppen nicht zuletzt aus dem Personenkreis des migranten Handwerks erfolgte.

Handwerkliche Mobilität im allgemeinen und Migration im besonderen lassen sich unterscheiden. Der Begriff der handwerklichen Mobilität reicht weiter: Jegliche Art von Ortsveränderung zum Zwecke der handwerklichen Erwerbstätigkeit gehört in diesen Zusammenhang; Migration verbindet sich hingegen stärker mit der Vorstellung einer zeitlichen Befristung sowie einer kollektiven inneren und äußeren Organisation der Mobilität durch rechtliche Festlegungen, ritualisierten Umgang und soziale Absicherungen: die Gesellenmigration entspricht dem Idealtyp dieser Form handwerklicher Mobilität.

Die Mobilität des Handwerks

Handwerkliche Mobilität läßt sich hinsichtlich der räumlichen Ausdehnung, der sozialen Zusammensetzung mobiler Personengruppen und der historischen Dimensionen des Phänomens wie folgt beschreiben:

Aus mitteleuropäischer Sicht umfaßte die geographische Ausdehnung handwerklicher Mobilität die deutschsprachigen Länder, die gesamte Schweiz, die flämischen und wallonischen Niederlande, Frankreich (vor allem den Westen und Paris), Italien (meist nur bis Rom), Böhmen und Mähren, Polen, das Königreich Ungarn unter Einschluß von Kroatien und Siebenbürgen, das Baltikum bis nach St. Petersburg, Dänemark und das südliche Schweden. Offensichtlich deckten sich häufig die Kommunikationsräume des Handwerks mit den Verkehrsräumen des Handels, wobei Großbritannien und die Iberische Halbinsel für die

Handwerker doch eher abseits lagen. Außerdem überschritten deutsche Handwerker nur selten die Grenze zum Osmanischen Reich, obwohl die Verbindungen ungarischer Handwerker – magyarischer oder deutscher Abstammung – im freien Ungarn zu den besetzten Gebieten in vielen Fällen durchaus weiterbestanden. Es ist offenkundig, daß deutsche Siedlungsgebiete, Auswanderer- und Handwerkerkolonien sowie deutsche Zünfte und Handwerkerorganisationen außerhalb des deutschen Sprachgebiets (z. B. in Ungarn, Siebenbürgen, im Baltikum, in Frankreich, Italien und selbst in Palästina) Arbeitskräfte anzogen und zuweilen zum Bleiben bewogen.

Der Binnendifferenzierung des Handwerks entsprechend ist festzustellen: Lehrlinge wie Gesellen sammelten Erfahrungen mit regionaler Mobilität, aber auch Meister bestimmter Berufe (z. B. des Bauhandwerks) waren nicht an eine feste Werkstätte gebunden. Insofern umfaßte die regionale Mobilität des Handwerks eine weite Lebensspanne im Berufsleben, sie konnte nach unten die Grenze zur Kindheit überschreiten und nach oben bis zum Ende der beruflichen Tätigkeit, zuweilen bis zum Tode reichen. Zünfte und Gesellenvereinigungen waren Berufsorganisationen der Männer; dessenungeachtet gab es Frauen, die im Handwerk arbeiteten: nicht nur als selbständige Meisterwitwe, sondern auch als Hilfskraft und sogar als ausgebildete Handwerkerin (in Mittelalter und Früher Neuzeit etwa als Weberinnen, Seiden- und Goldspinnerinnen, im 19. und 20. Jahrhundert vor allem als Schneiderinnen, Putz- und Hutmacherinnen). Neuere Forschungen[3] haben ergeben, daß solche erwerbstätigen Frauen – Hilfskräfte wie ausgebildete Handwerkerinnen – oftmals so lange mobil waren, bis sie eine dauerhafte Erwerbs- oder Versorgungsmöglichkeit fanden, zuweilen blieben

Der Schweizer Gießereifachmann Johann Konrad Fischer auf einer Erkundungsreise durch Deutschland, hier 1793 in Dresden. Zeichnung, 1793. Schaffhausen, Werksarchiv der Georg Fischer AG.

Reisende an einer Poststation, auf der rechten Seite wandernde Handwerksburschen. Zeichnung, um 1830. Frankfurt/M., Deutsches Postmuseum.

sie Arbeitskräfte in einem mobilen Arbeitsmarkt (z. B. die Hausschneiderinnen und Näherinnen).

Die Frage nach dem Beginn handwerklicher Mobilität wird häufig auf die Entstehung des Gesellenwanderns bezogen. Gerade in diesem Zusammenhang erweist sich Migration als in die weiteren Bezüge handwerklicher Mobilität eingebettet. Die Gesellenmigration ist seit der ersten Hälfte des 14. Jahrhunderts hinreichend in Schriftquellen dokumentiert.[4] Schon 1343 beanstandete der Speyerer Rat, daß zu viele fremde Gesellen in der Stadt seien und die Bürger dadurch Schaden litten.[5] Die Ausdehnung der Verkehrswege und der Kommunikationsmöglichkeiten förderte ohne Zweifel die handwerkliche Mobilität.[6] Daß aber bereits über dreihundert Jahre zuvor Handwerker sogar außerhalb ihres Kulturkreises arbeiteten, zeigt die Bartholomäuskapelle in Paderborn: sie entstand 1017 *per operarios graecos* – durch byzantinische Bauleute. Über die schriftliche Überlieferung hinausweisend erschließen archäologische und kunsthistorische Analysen, insonderheit solche zum Kunsthandwerk und zur Baugeschichte, das gesamte Mittelalter mit Kontinuität zur Antike als eine Zeit weitreichender stilgeschichtlicher Verbindungen, die ohne handwerkliche Mobilität kaum denkbar sind. Während also für die Handwerkermobilität kaum historische Begrenzungen angeführt werden können, wird das Ende der traditionellen Gesellenwanderungen in Deutschland meist in der zweiten Hälfte des 19. Jahrhunderts angesiedelt. Die Aufhebung der Zünfte (in Preußen seit 1810/11), die grundlegenden Veränderungen durch die Gewerbegesetzgebung, ausmündend in die Gewerbeordnung von 1869 (in Österreich 1859), die Neuregelungen des beruflichen Ausbildungssystems und die Einführung staatlicher Gewerbekonzessionen im selben Zeitraum führten dazu, daß die Wanderschaft der Gesellen nicht mehr Vorschrift blieb. Dies ändert jedoch nichts daran, daß gerade wandernde Gesellen die Entwicklung der Arbeiterbewegung zwischen 1830 und 1860 deutlich förderten.[7] Sowohl Meldeunterlagen als auch autobiographische Zeugnisse dokumentieren, daß die Gesellenwanderung auch nicht durch die Industrielle Revolution beendet wurde.[8] Sie läßt sich in einem sehr verminderten Umfang noch nach dem Ersten Weltkrieg nachweisen; freilich ist in der Forschung das Problem noch unzureichend untersucht, in welchem Verhältnis diese «späten» Wandergesellen zu der umfassenden Arbeitskräftemobilität in der Hochindustrialisierungsperiode standen.[9] In jüngster Zeit wird der Brauch der Gesellenwanderungen von Gesellenbruderschaften belebt, die sich auf europäischer Ebene zusammengeschlossen haben.[10]

Die Gesellenwanderung

Angesichts des lebhaft wachsenden Forschungsinteresses an der Geschichte der Gesellenwanderungen[11] lassen sich vor allem Forschungsentwicklungen kennzeichnen, eine Gesamtdarstellung steht noch aus.[12] Will man die Gesellenwanderungen als Prototyp handwerklicher Migration beschreiben, so bereitet vor allem das Geflecht der Bedingungs- und Steuerungsfaktoren Schwierigkeiten bei einer differenzierenden Darstellung. Am ehesten lassen sich die Ausprägungen, Abhängigkeiten und Motive der Gesellenwanderungen in dreierlei Hinsicht bestimmen: Zum einen lassen sich typologische Merkmale der Gesellenmigration herausarbeiten. Zum zweiten sind Migrationsfaktoren erkennbar, die mit der handwerklichen Produktion zusammenhängen, und zum dritten lassen sich durchaus individuelle und kollektive Dimensionen der Gesellenwanderungen ermessen.

Es ist offenkundig, daß das Erscheinungsbild der Gesellenwanderungen durch die räumliche Ausdehnung der Mobilität, durch einen bestimmten zeitlichen Frequenzverlauf und durch branchentypische Eigentümlichkeiten geprägt wurde. Immer wieder ist die Rekonstruktion fester Routen versucht worden. Man hat Kundschaften,[13] Wanderpässe, Reiseführer und die Memoirenliteratur zu Rate gezogen, um gleichsam Haupt- und Nebenstraßen handwerklicher Reisen durchs alte Europa erschließen zu können. Was die französischen Gesellenvereinigungen anbelangt, so verband sich mit der großen Wanderschaft durch Frankreich *(Grand Tour, Tour de France)* eine sehr stark normierte Vorstellung der zu besuchenden Orte, auch hinter dem englischen *tramping system* stand eine straffere Organisation als sie den deutschen Gesellenvereinigungen möglich war.[14] In den deutschen Territorien spielten offensichtlich weniger bestimmte Routen als Kommunikationsräume eine Rolle, die nicht nur durch das Ansehen bestimmter Berufe, sondern auch durch die Zentralität von Orten und Landschaften, durch traditionelle verkehrsmäßige Erschließung, durch Ladenverbindungen der einzelnen Zünfte und durch berufs- und branchentypische Eigentümlichkeiten gebildet wurden.

Überblickt man die Berufsgruppen der Migranten, so fällt grundsätzlich auf, daß die spezialisierteren, zum Teil schon am Kunsthandwerk orientierten Handwerker weiter wanderten als die Berufe des alltäglichen Bedarfs: Überall fielen die Metallhandwerker, mit Einschränkungen auch die Bauberufe als weitgereiste Gesellen auf, und doch übertrafen die Gold- und Silberschmiede – schon bei der Mobilität der Lehrlinge – die Schlosser. Ähnliches läßt sich bei den Bekleidungsgewerben und bei den Möbelherstellern beobachten: beide Berufsgruppen waren durchaus wanderfreudig, und doch zeigten die Kürschner und Ebenisten besondere Neigungen zu internationalen Kontakten. Während die Nahrungsmittelberufe – zumal die Bäcker und Metzger – zuweilen sogar ganz auf die Wanderschaft verzichten konnten, kamen Lebküchner, Konditoren und Zuckerbäcker oft weit herum. Unabhängig von der Weite der Wanderschaft waren die stark überbesetzten Massenberufe der Schuhmacher und Schneider in den Herbergen am meisten vertreten.

Der Norden und der Süden Deutschlands waren keine getrennten Welten für die Handwerksgesellen, allerdings kamen die Gesellen aus dem Norden eher in den Süden als umgekehrt; Sachsen war eine zentrale Region für die Gesellenmigration, von hier aus zogen die Kontingente in annähernd gleichem Maße in alle Himmelsrichtungen, auch in fremdsprachige Gebiete über das Erzgebirge nach Böhmen und Ungarn, über Schlesien weiter nach Polen und ins Baltikum.

Demographische Entwicklungen, die Konjunkturen des Arbeitsmarktes und konfessionelle Faktoren beeinflußten ebenfalls die Gesellenmigration. Selbstverständlich hing die Frequenz der Gesellenmigration auch mit der allgemeinen Bevölkerungsentwicklung zusammen; das bedeutet aber nicht, daß die schwankenden Zahlen in den unterschiedlichen Gesellenlisten von demographischen Einflüssen direkt gesteuert worden wären. Die Gesellen richteten sich, wenn auch nicht ausschließlich, aber doch sehr stark nach dem Angebot auf dem Arbeitsmarkt: ob die Wanderungsströme aber wiederum als Gradmesser für die Beschäftigungsmöglichkeiten in einzelnen Berufen und in einzelnen Regionen herangezogen werden können, muß beim bisherigen Forschungsstand allerdings eher skeptisch eingeschätzt werden.

Reformation und Dreißigjähriger Krieg errichteten in Mitteleuropa neue Grenzen; konfessionelle Einflüsse auf die Gesellenmigration sind unübersehbar, doch wirkten sie sich in den kleineren Städten wesentlich deutlicher aus als in den großen. Nicht anders sind die Gesellengruppen aus anderskonfessionellen Regionen in Nürnberg oder Leipzig zu erklären; die Niederlassung erst bedeutete die entscheidende Hürde. Die starke Überbesetzung des Handwerks seit der zweiten Hälfte des 18. Jahrhunderts veranlaßte den absolutistischen Staat wie die Meister in den Zünften auf unterschiedliche Weise reglementierend in das System der Gesellenwanderungen einzugreifen: die «Ökonomie des Mangels» führte zu einem «Wanderzwang», der die Gesellen einem mobilen Arbeitsmarkt mit geringem Beschäftigungsangebot, einer scharfen fremdenpolizeilichen Kontrolle und einer sehr willkürlichen (meist zünftischen) Auslesepraxis bei der Meisterwerdung unterwarf.[15]

Dem Bildungswert der Gesellenwanderungen ist viel Aufmerksamkeit geschenkt worden. Die Möglichkeiten zum Wissenserwerb und zur Übernahme von Techniken sind jedoch in der bisherigen Forschung sicherlich eher überschätzt worden: Fremde Moden entsprachen – mit Ausnahme von kunsthandwerklichen Spitzenprodukten – selten dem lokalen Geschmack, Fertigkeiten für den konventionellen örtlichen Markt waren in der Regel gefordert. Der Technologietransfer fand häufig eher durch Nachbau importierter Produkte oder durch gezielte und eigens dafür vorbereitete Werkspionage als durch Gesellenmigration statt.

Auf der anderen Seite sollte nicht unterschätzt werden, daß die Gesellenmigration einen festen Stellenwert im handwerklichen Sozialisationsprozeß einnahm, daß die soziale Kommunikation der Gesellen durch Sprache und Umgang sehr existenziell mit den Erfahrungen der Wanderschaft verbunden war. Die Wanderschaft als Geselle war für die meisten Handwerker von Kindheit an eine Lebensperspektive, die nicht nur von der Ökonomie des Mangels geprägt oder gar bedingt war, sondern der Bestandteil eines generationenübergreifenden Habitus war.

Rainer S. Elkar

Mit Gütern unterwegs
Hausierhändler im 18. und 19. Jahrhundert

In den Lebenserinnerungen des Johann Martin Merz[1] aus Gönningen bei Reutlingen heißt es: «Doch forderte mein Beruf mich auf, meine Reisen zu unternehmen und machte im Frühjahr darauf [1858] eine Reise nach Ungarn», nachdem er das Jahr zuvor seine Blumen und Gemüsesamen bis nach Warschau und Moskau verkauft hatte. Neben den Schwarzwälder Uhrenträgern, die ihre Uhren bis nach Amerika trugen, gehörten die Gönninger Samenhändler zu den am weitest gereisten Hausierern. So, wie die Händler aus den deutschen Herrschaftsgebieten ihre Waren im In- und Ausland absetzten, bereicherten ausländische Händler die Haushaltsinventare vor allem der ländlichen Bevölkerung und sorgten für internationalen Kulturaustausch. Bereits 1835 wurde die kulturvermittelnde Bedeutung der vorwiegend aus Lucca stammenden italienischen Hausierer hervorgehoben. «Wir würden die meisten Copieen und Abgüsse älterer und neuerer plastischer Kunstwerke entbehren müssen, wenn wir nicht oft recht gelungene Gypsfiguren durch Italiener [...] erhielten.»[2] Ganze Heerscharen in- und ausländischer Hausierer waren im 18. und 19. Jahrhundert unterwegs und brachten so ziemlich alles zu den Abnehmern, was man in Rucksäcken und Tragekisten transportieren konnte. Da läßt sich kaum abschätzen, in welchem Umfang Haushaltswaren und Arbeitsgeräte, Schmuck, Textilien, Bücher, Bilder und Geschirr in bäuerliche Haushalte gelangten. In den letzten Jahrzehnten des 19. Jahrhunderts kam im Königreich Württemberg rein rechnerisch auf 100 Einwohner ein ambulanter Gewerbetreibender – so der amtlich korrekte Begriff –, und 1882 beschäftigte der Hausierhandel hier fast genausoviele Personen wie die gesamte metallverarbeitende Industrie. Hausierhandel, das war kein marginaler Aspekt ländlichen Lebens und Wirtschaftens, er gehörte zu den selbstverständlichen Alltäglichkeiten der dörflichen Realität bis ins 20. Jahrhundert. Dies gilt in ökonomischer Hinsicht, da über den Hausierhandel regelmäßig Erzeugnisse vertrieben wurden, die die ländlichen Käuferschichten zur agrarischen oder handwerklichen Produktion benötigten, seien es Sicheln, Wetzsteine oder Seilerwaren. Dies gilt aber auch in kultureller Hinsicht, da der Hausierhandel neue, bisher unbekannte Erzeugnisse aufs Land brachte und so zur kulturellen Annäherung von Stadt und Land beigetragen hat.

Für einen Teil der Händler war der ambulante Warenhandel kollektive Lebensgrundlage. Sie stammten aus sogenannten Händlergemeinden, die sich vor allem in den ärmeren Regionen der deutschen Mittelgebirge befanden, etwa im Westerwald, im Sauerland, im Bayerischen Wald oder auf der Schwäbischen Alb. Der Hausierhandel entstand dort als Substitutionswirtschaft zu einem Zeitpunkt, als das System dörflicher Selbstversorgungswirtschaft nicht mehr funktionierte.[3] Wenn die Faktoren: ungünstige Boden- und Klimaverhältnisse, starke Realteilung, kleine Gemeindemarkung und eine schwach entwickelte Gewerbestruktur zusammentrafen und ein Dorf in seiner agrarischen Existenz bedrohten, fingen die Einwohner mit dem Hausierhandel an, der dann oft die einzige Möglichkeit zur Einkommenssicherung bot. Die Pauperisierung im ausgehenden 18. und frühen 19. Jahrhundert ließ neben der Auswanderung, der Tagelöhnerei und der Wanderarbeit eben auch den Hausierhandel massenhaft entstehen. Mobilität wurde dabei zu einer kollektiven Lebenserfahrung, die bei den Händlern und Wanderarbeitern spezifische Mentalitätsmuster ausprägte, wie die zahlreichen Charakterisierungen zeigen: In den Hausiergemeinden wären die mobilen Gruppen «an eine nicht liebenswürdige Libertinage» gewöhnt, hätten ein mehr «abgeschliffenes Benehmen», würden die städtische Kleidung tragen, seien aufgeweckter und gewandter im Umgang als die an die Heimat gebundenen Handwerker und Bauern.

Der Handel war mehr oder weniger organisiert, und die Handelsrouten wurden in regelmäßigen Abständen von denselben Hausierern immer wieder bereist, so daß vielfach ein Vertrauensverhältnis zwischen Lieferant und Kunde entstand. Besonders in den ländlichen Regionen wurden die einzelnen Hausierer von der bäuerlichen Bevölkerung regelrecht erwartet, da sie oft die einzige Bezugsquelle für bestimmte Warengattungen darstellten. «Es giebt einzelne Gegenden, wo der Landkramhandel für die Bewohner den einzigen Handelsweg bildet, auf dem sie unzählige kleinere Bedürfnisse beziehen. [...] Es sind vorzugsweise die von den großen Verkehrswegen und den Emporien des Handels entfernte Punkte.»[4] So kam es, daß einzelne Produkte mit den Händlergemeinden und nicht mit den Produzenten in Verbindung gebracht wurden, und daß die Bezeichnungen Gönninger Samen, Eninger Spitzen, Tiroler Handschuhe, Ramberger Bürsten, Matzenbacher Geschirr, Sauerländer Sensen zu Qualitätsetiketten für gute Waren wurden.

Doch das Hausieren war längst nicht auf die relativ wenigen bekannten Händlergemeinden beschränkt; es war eine weit verbreitete Erscheinung, die zum Alltag der Landbewohner gehörte: der gewöhnliche Hausierhandel, wie er fast in jedem Dorf anzutreffen war. Hier waren es Einzelpersonen, die sich mit ihren Handelswaren auf den Weg machten. Der gewöhnliche Hausierhandel umfaßte den Vertrieb von Lebensmittelüberschüssen genauso wie den Verkauf von Handwerksprodukten. Manche Bauhandwerker beispielsweise, die während der Schönwetterperiode auf Arbeitswanderschaft waren, produzierten und vertrieben im Winter Haushaltsgegenstände, einfaches Arbeitsgerät oder Spielzeug. Während in den traditionellen Hausiergemeinden der Handel langsam zurückging, nahm der gewöhnliche Hausierhandel im Laufe des 19. Jahrhunderts deutlich zu. Nach 1900 stammten nur noch weniger als ein Fünftel aller Wanderhändler aus einer Händlergemeinde. Zum gewöhnlichen Hausierhandel gehörte auch der Handel mit industriell gefertigten Erzeugnissen, der an Bedeutung gewann.

Händlergemeinden und gewöhnlicher Hausierhandel markieren also zwei Entwicklungen in der Geschichte des ambulanten Warenvertriebs. Die ältere Form der Hausiergemeinden muß vor dem Hintergrund allgemeiner Nahrungsmittelknappheit verbunden mit einer relativen Überbevölkerung gesehen werden. Wenn der Produktionsfaktor Boden nicht mehr allen Einwohnern ein Auskommen garantieren konnte, gehörte der Hausierhandel wie auch die anderen Formen der mobilen Lebensführung (Wander- und Saisonarbeit, Tagelöhnerei) zu den gängigen Proletarisierungstendenzen, die die Folge eines aus dem «Gleichgewicht geratene[n] System[s] dorfgesellschaftlicher Reproduktion»[5] darstellten. Der gewöhnliche Hausierhandel resultierte zwar oftmals auch aus einer individuellen Notlage, er bot aber später, während des 19. Jahrhunderts, eine zunehmend existenzsichernde Perspektive.

Register Nro.

Gültig

Königreich Württemberg.

-Kreis. Oberamt

Alle in- und ausländische Civil- und Militär-Behörden werden ersucht, Vorzeiger dieses

gebürtig

wohnhaft

welcher von ab, durch

nach

in der Absicht,

reist, und bei das Königreich verläßt, frei und ungehindert hin- und herpassiren zu lassen.

Gegeben den zu

Königl. Württemb. Oberamtmann.

Beschreibung der Person.

Alter:

Größe:

Statur:

Gesichts- Form:

Farbe:

Haare:

Augbraunen:

Augen:

Nase:

Mund:

Wangen:

Zähne:

Beine:

Verheirathet:

Ledig:

Conscriptions-Verhältniß:

Besondere Kennzeichen:

Benennung d. Begleiter:

Unterschrift des Reisenden:

Stuttgart, zu haben bei den Gebrüdern Mäntler.

(Der Paß nebst dem Stempel: 48 Kreuzer.)

Wanderhändler benötigten ein Patent, welches ihnen erlaubte, «mit kleinen Waren zu handeln». Paßformular des Königreichs Württemberg aus dem Jahr 1834. Eningen, Stadtarchiv.

Verändert sich mit dem Personenkreis auch die Organisation des Handels und die Art der Handelsprodukte? Im 18. Jahrhundert nimmt das Hausieren in den Händlerdörfern seinen Ausgang, doch mit der Industrialisierung verschwindet es hier allmählich. Ein Blick auf die Statistiken des 19. Jahrhunderts zeigt eine Umstrukturierung des Wanderhandels an, der nun mehr und mehr von den städtischen Unterschichten betrieben wird. Infolge der Liberalisierung der Gewerbegesetzgebung, die vorher eine Fülle von Handelsbeschränkungen enthielt, stiegen die Hausiererzahlen signifikant an. Im Deutschen Reich nahm die Zahl der Hausierer in zwölf Jahren um 66 Prozent zu: von 136766 im Jahr 1870 auf 227617 im Jahr 1882.[6] Diese Entwicklung war mit einem Warensortiment verbunden, das nicht mehr hausindustriell selbst hergestellt, sondern seriell gefertigt und von Fabrikbetrieben bezogen wurde. Zumindest für eine Übergangszeit hatte der Hausierhandel Verteilerfunktionen für die Produkte bestimmter Industriezweige. Gustav Schmoller stellt im Vergleich der preußischen Zahlenangaben von 1837 und 1861 fest, daß sich der Hausierhandel zu einem reellen Kleingewerbe entwickelt hat. «Wo am meisten Verkehr und Industrie, wo der Kleinbesitz vertreten, wo die wirtschaftliche Kultur am höchsten ist, da finden wir die größte Zahl derselben. [...] Das deutet darauf, daß es nicht sowohl die vagabundierenden, nomadenhaften, auf Diebstahl und Nichtsthun spekulierenden Hausierer, sondern die kleinen, reellen, wahren wirtschaftlichen Bedürfnissen dienenden Auf- und Verkäufer sind, die zunahmen.»[7]

Hausierhandel und kapitalistische Warenproduktion – das war für eine Übergangszeit eine Symbiose im Industrialisierungsprozeß. Der Hausierhandel mit seinem weitverzweigten Vertriebsnetz war bestens dazu geeignet, neuartigen Warengruppen ein Absatzgebiet zu erschließen. Uhren, Wachstucherzeugnisse,

Spielzeug wurden zu einem beträchtlichen Teil über den Hausierhandel abgesetzt. In Württemberg allein ziehen in den letzten Jahrzehnten des 19. Jahrhunderts 5000 Hausierer durch das Land, die mit Textilien, Kurz- und Galanteriewaren handeln. Selbst wenn man annimmt, daß ein einzelner Hausierer nicht so viel umsetzt wie ein Kaufmann mit einem stehenden Geschäft, so war der Hausierhandel doch ein bedeutendes Vertriebsnetz, auf das z. B. die Textilindustrie nicht verzichten konnte. Der ambulante Handel war in einer Phase expandierender Güterproduktion die adäquate Vertriebsform. Dies galt insbesondere für neue Produkte, für die der Wanderhandel erst Bedürfnis, Interesse und Kaufbereitschaft schaffen mußte, wie etwa die Taschenuhr oder das Spielzeug. In dieser Phase stellt sich der Händler, der ja ungefragt zum Kunden kommt und mit ihm in Kommunikation tritt, als werbewirksames Vertriebsmedium heraus.

Die Verbindung von kapitalistischer Warenproduktion und Hausierhandel dauerte nur kurze Zeit. Genauso schnell wie die Zahlen ansteigen, nehmen sie zum Ende des Jahrhunderts wieder ab. Mit dem Ausbau des Verkehrswesens, insbesondere der Eisenbahn als Transportmittel für Menschen und Güter, und

Idyllisierende Darstellung eines Schwarzwälder Wanderhändlers von Wilhelm Hasemann (1850–1913), der zahlreiche Illustrationen für das 1892 erschienene Buch ‹Schwarzwald› von Wilhelm Jensen anfertigte.

dem Aufbau eines Vertriebsnetzes von Kramläden und Kaufhäusern hatte der Verkauf von Haus zu Haus im 20. Jahrhundert seine wirtschaftliche Bedeutung weitgehend verloren. Werner Sombart resümiert denn auch, daß «die uns bekannten Ziffern keinen Zweifel darüber [lassen], daß der Hausierhandel auch als Organ der kapitalistischen Wirtschaft seine Rolle ausgespielt hat».[8]

Eine Kulturanalyse des Hausierhandels muß nun einerseits nach Kultur und Lebensweise der Händler selbst und nach speziellen, durch die Arbeit geprägten Mentalitätsmustern fragen; andererseits hat sie die Bedeutung des Wanderhandels für die materielle wie immaterielle Kultur der Käuferschichten zu untersuchen. Kultur und Lebensweise von Hausierern sind durch die Tätigkeit des Handelns und ganz wesentlich durch die Mobilitätserfahrung geprägt, was sie von anderen plebejischen Schichten unterscheidet. Hier sind etwa die Stichworte Sprache, Gewandheit im Umgang mit den Kunden, Kommunikation, Kleidung, Werbung, Täuschen, Marktverhalten zu nennen. Denn die Händler «erlangen für ihren Stand einen weit höheren Grad von geistiger Ausbildung, sie sammeln nützliche Kenntnisse ein und lernen, zugleich mit mancher fremden Sprache, auch ihnen bisher fremde menschliche Verhältnisse und Weisen, die Dinge anzusehen und zu beurtheilen, kennen».[9] In Bezug auf die Abnehmer der Handelswaren muß danach gefragt werden, inwieweit die Handelserzeugnisse das ländliche Haushaltsinventar bereicherten und welches Gedankengut durch den Vertrieb von Bildern, Büchern und durch die Kommunikationsfunktion der Händler in die Käuferschichten Eingang gefunden hat.

In seinen Überlegungen zur Alltagskultur hat Wolfgang Jacobeit die Rolle der plebejischen Schichten in der Übergangsperiode vom Feudalismus zum Kapitalismus herausgestellt.[10] Während die Bauern seit dem 16. Jahrhundert bis weit ins 19. Jahrhundert unter im wesentlichen ähnlichen Bedingungen eines Feudalsystems leben, sind im Bereich der gewerblichen Produktion und Distribution bereits im 18. Jahrhundert erhebliche Änderungen festzustellen. Gerade auch im Zusammenhang mit dem Vertrieb von Produkten, die heute allzugern als Ausdruck einer ursprünglichen bäuerlichen Kultur angesehen werden, betont Jacobeit die kulturschöpferische Bedeutung der plebejischen Schichten. Mit dem Blick auf die Hausierhändler ist es vielleicht angebracht, eher von der Funktion der Händler als Kulturvermittler zu sprechen. Denn obwohl gerade im 18. Jahrhundert viele Hausierer auch die Produzenten ihrer Vertriebserzeugnisse waren, so wurden schon immer auch fremdgefertigte, also in Handwerks- und Industriebetrieben seriell hergestellte Produkte abgesetzt. Eine kulturvermittelnde Funktion zwischen Stadt und Land hatten die Hausierer nicht nur in der Übergangsperiode vom Feudalismus zum Kapitalismus, sondern darüber hinaus – die Entwicklung der Hausiererzahlen belegen dies – bis zum beginnenden 20. Jahrhundert. Wichtig scheint mir weiterhin der Hinweis auf die Hausierer als Vertreiber aufklärerischen Gedankenguts. Die kursierenden Artikel revolutionärer Bauern, die Flugblätter gegen Kaiser und Fürsten, gegen Kirche und Papst wurden auf den Märkten von Hausierern und anderen ambulanten Gewerbetreibenden verbreitet. Die Listen der zensierten Bücher, die von den Eninger Kolporteuren nicht vertrieben werden durften, waren lang. Ebenso lang waren allerdings die Listen der konfiszierten Bücher, was verdeutlicht, daß trotz aller Verbote viele der zensierten Bücher über die Hausierhändler zum Leser fanden. Allerdings sollten diese Belege nicht dazu verleiten, den Hausierhandel mit einem Mythos des Widerspenstigen und Widersetzlichen zu umgeben. Aufs ganze gesehen waren die Kolporteure wohl eher die «bedeutendsten Zeitvertreiber»[11] als bedeutende Verbreiter revolutionärer Ideen. Festzuhalten ist, daß die Hausierer nicht nur im Bereich der Sachkultur, sondern auch im Bereich der geistigen Kultur eine kulturvermittelnde Funktion hatten und manche Neuigkeit aufs platte Land brachten.

Für den einfachen Landmann hatte der regelmäßig die neuesten Waren anbietende Hausierer Vorbildfunktion. Oft waren es die Händler, die die Bauern mit der Welt hinter der Gemeindegrenze oder über die Oberamtsstadt hinaus konfrontierten. Mit ihren Geschäftspraktiken führten sie vor, wie der Handel in einer nicht mehr geschlossenen Waren- und Geldzirkulationssphäre vor sich ging. Andererseits bestand seit jeher auch ein Mißtrauen gegenüber den Hausierern und den von ihnen angebotenen Handelswaren. Immer wieder wird dem Hausierhandel in zeitgenössischen Beschreibungen der Vorwurf des betrügerischen Handels gemacht, weil die Ware schlecht und minderwertig sei, oder der einfache Bauer die Dinge gar nicht benötige, die ihm da angeboten oder besser: aufgeschwätzt würden. Sicher, Haushaltsgegenstände und Arbeitsgeräte, die im ländlichen Lebenszusammenhang bekannt waren, konnten vom Kunden auf ihre Beschaffenheit ohne weiteres überprüft werden. Der Gebrauchswert von innovativen, unbekannten Produkten war dem Käufer jedoch nicht ohne weiteres einsichtig; die Handelserzeugnisse hatten ihre Bewährungsprobe in der Praxis erst zu bestehen. Der Vorwurf der Täuschung und des betrügerischen Handels war bei den innovativen Erzeugnissen relativ unabhängig von der Warenqualität. Justus Möser hat in seiner ‹Klage wider die Packenträger› dieses Geschäftsverhalten angeprangert. Sie beginnt mit dem vernichtenden Urteil: «Die Packenträger sind der Verderb des ganzen Landes. Wer aber hat diese guten Sitten verderbt? Gewiß niemand mehr als der Packenträger, der mit seinen Galanteriewaren nicht auf den Heerstraßen, sondern auf allen Bauernwegen wandelt, die kleinsten Hütten besucht, mit seinem Geschwätz Mutter und Tochter horchend macht, ihnen vorlügt, was diese und jene Nachbarin bereits gekauft, ihnen den Staat, welchen diese am nächsten Christfeste damit machen werde, mit verführerischen Farben malt, der entzückten Tochter ein Stück Spitz auf die Schulter hängt, ihr eine sanfte Röte über ihren zukünftigen Staat ablockt und der gefälligen Mutter selbst eine neue Spitze aufschwätzt, damit sie sich vor ihrer Tochter im spitzenen Kamisole beim nächsten Kirchgang nicht schämen dürfe. [...] Er hat von allem, was sich vor jeden Stand paßt, und weiß einer jeden gerade das anzupreisen, was sich am besten schickt. Das Vermögen aller Familien ist ihm bekannt; er weiß, wie die Frau mit dem Manne steht, und nimmt die Zeit wahr, jene heimlich zu bereden, wenn der grämliche Wirt nicht zu Hause ist. Kurz, der Packenträger ist der Modekrämer der Landwirtinnen und verführt sie zu Dingen, woran sie ohne ihn niemals gedacht haben würden.»[12] Möser bringt hier eine Klage vor, die sich im 19. Jahrhundert in den amtlichen Beschreibungen fortsetzt: der Hausierer verderbe die guten alten Sitten des Landmannes. Er wisse, wo und wie er die Bauern anpacken müsse, um ihnen überflüssige Dinge aufzudrängen. So würden z. B. die Bauern, «getäuscht» von den Hausierern, die alte Tracht ablegen und sich dem Kleiderluxus hingeben. Das Bild, das der Staat und die Moralisten hier von den Bauern haben, ist das des unverfälscht naturwüchsigen aber dummen Menschen, der auch so zu bleiben hat und möglichst nicht mit den Lastern des

Personen- und Güterverkehr in Südtirol; auf der rechten Seite ein Tiroler Wanderhändler. Holzstich von A. Palm, um 1900. Frankfurt/M., Deutsches Postmuseum.

städtischen Lebens in Berührung kommen darf. Und der Hausierer bringt alles durcheinander!

Die Händler zeigten aber den Käufern auch, daß jede Ware ihren Tauschwert hat, und daß der Gebrauchswert durch allerhand Werbepraktiken gesteigert werden kann. Die Hausierer schärften den Blick für die Tatsache, daß jedes Erzeugnis auch potentielles Handelserzeugnis ist, das jederzeit ge- und verkauft werden kann. Mit der industriellen Produktion war z. B. das Spielzeug plötzlich eine gegen Geld eintauschbare Handelsware, die man beim Hausierer und später beim Kaufmann in der Stadt kaufen konnte. Sofern man das Spielzeug als solches früher überhaupt kannte und gebrauchte, wurde es jetzt nicht mehr selbst hergestellt, sondern vom Händler bezogen. Die Spielzeug-Ideale richteten sich dabei nach den vorgegebenen Formen und Mustern der seriell gefertigten Massenware, die der Hausierer aus der Rückenträge oder – später – der Musterreisende aus dem Katalog anbieten konnte.

Der Vorwurf des betrügerischen Handels und des Täuschens war nicht nur auf den Charakter der Ware beschränkt, er bezog sich auch auf die Person des Hausierers selbst. Hinter seiner Überredungskunst und Zungenfertigkeit, welche die Ware nicht nur Ware sein ließen, sondern sie mit einem Schein – der Verpackung – umgaben, sah man die Täuschungsabsichten. Darauf zielt auch Mösers Kritik an der Person des Händlers, der ja vor den Verkauf ein ausführliches «Marketing-Research» setzt. Der Hausierer erkundigt sich erst nach Kaufkraft, Bedürfnisstruktur, nach Alter und Beruf seiner Kunden und entwickelt daraufhin eine Verkaufsstrategie, mit der er seine Ware anpreist. Kulturvermittlung auch hier: die Hausierer zeigen der Landbevölkerung durch ihre «städtische Tracht» (wie es in den offiziellen Beschreibungen oft heißt), was gerade à la mode ist. Sie wecken das Bedürfnis nach moderner Konfektionskleidung, indem sie die Kleidung selbst zu Markte tragen. Wie sie das machen, gibt über notwendiges Marktverhalten in der kapitalistischen Wirtschaft Auskunft. Das immer wieder beschriebene auffallende Äußere, die «eigenthümliche Grandezza», die gefälligen Umgangsformen schaffen Neugier und Interesse beim Kunden und sind unter die verkaufsfördernden Verhaltensweisen der Händler einzuordnen.

Kultur und Lebensweise der Hausierer sind also durch die Tatsache des Verkaufen-Müssens geprägt, verbunden mit der Erfahrung des ständigen Unterwegsseins. Eine gute Beobachtungsgabe, Orts- und Menschenkenntnis, Redegewandtheit und auffällig modische Kleidung sind notwendiges Betriebskapital der Händler. Um mit dem hausierweisen Warenverkauf Erfolg zu haben, sind solche habitualisierten Qualifikationen unerläßlich. Die Verhaltensweisen werden also nicht nur gezielt und verkaufsstrategisch eingesetzt, sie werden zu einem prägenden Moment für die Kultur und Lebensweise von Hausierern – und für ihre Kunden! Utz Jeggle und Gottfried Korff haben in einer Studie über den Zillertaler Regionalcharakter gezeigt,[13] wie sich die Hausierhändler verkaufsförderndes Verhalten aneignen und auf andere Lebensbereiche übertragen. So wurde im Laufe der Zeit aus einer originellen Werbekampagne zur Förderung des hausierweisen Handschuhverkaufs ein konstituierender Bestandteil der Kultur des Zillertalers: Das Jodeln.

Das Unterwegssein führte die Hausierer in fremde Länder und gleichzeitig zu neuen Horizonten. So wurden sie zu Vermittlern von neuen Verhaltensweisen und Mentalitätsmustern.

Christian Glass

Bettler, Gaukler, Fahrende
Vagantenreisen

Bei ‹Vaganten› an Lieder zu denken, in denen das Wandern, das Trinken und die Liebe besungen wird, wäre ganz verkehrt. Abgesehen davon, daß die Vagantenlieder etwa der ‹Carmina Burana› sehr wahrscheinlich von Vertretern der höheren Geistlichkeit stammen, stimmte das besungene Milieu schon im Mittelalter nicht mit der Wirklichkeit der Fahrenden zusammen. Und im absolutistischen Staat der Zeit nach dem Dreißigjährigen Krieg ist am Vagantenleben gewiß gar nichts mehr lustig.

Der Krieg hatte nicht nur das Land verwüstet und die Bevölkerung dezimiert, er hatte auch in hohem Maß in die sozialen Zusammenhänge der Menschen eingegriffen. Zu den Bettlern, Gauklern, fahrenden Schülern und vagierenden Berufen kamen nun die durch den Krieg Verarmten und Vertriebenen. Im Bettlerregister von Effelder, einem Dorf am Südostrand des Thüringer Waldes, finden sich noch zwanzig Jahre nach dem Krieg die Folgen der dreißigjährigen Katastrophe:

«Adel, Studenten, Schüler, Singmädchen, entlassene Lehrer und Scribenten, verabschiedete Soldaten, um der Religion willen Verjagte, Gebrechliche aller Art, arme Witwen und Waisen, Collecteurs für Kulturstätten und für Abgebrannte zogen als Bettler von Ort zu Ort wie Trümmer einer gewaltigen Sturmzeit vorüber.»[1]

Im 18. Jahrhundert nahm durch Mißernten, Bevölkerungswachstum, durch das aufkommende Manufakturwesen und die fortbestehenden Ausgrenzungsmechanismen der feudalen Institutionen (Zünfte, Bruderschaften, kommunale und landesherrliche Vorschriften) die Armutsbevölkerung in Stadt und Land zu.

Die landarmen und landlosen Unterschichten wuchsen, die wenigsten Bauern waren noch in der Lage, sich selbst und ihre Familie ausreichend zu ernähren. In den Städten ging das Handwerk infolge der Konkurrenz durch die Manufakturbetriebe zurück; vom Land wanderten die brotlos gewordenen Tagelöhner und landlosen Bauern zu. Die Bevölkerung wuchs, die Ressourcen nahmen ab. Der Anteil der vagierenden Armen an der Gesamtbevölkerung stieg auf etwa vier Prozent.[2]

Zur Armut kam die Repression. Bis auf die wenigen ‹anerkannten› Hilfsbedürftigen, die sogenannten ‹wahren Armen›, wurde das Gros der Armen geächtet und verfolgt. Die Ströme der Vaganten, der nichtseßhaften, als Bettler, Gauner, Landstreicher oder Spielleute, Straßenhändler und Gelegenheitsarbeiter herumziehenden Armen waren grausamen Widersprüchen ausgesetzt. Durch die Restriktionen der Obrigkeit, durch Arbeitsverbote, Kriege und Krisen wurden sie immer wieder auf die Straße getrieben. Betteln und Vagieren aber wurde bestraft, und wer erst einmal zu den Vaganten abgerutscht war, der konnte als Recht- und Ehrloser kaum mehr seßhaft werden. Nun, im Milieu der Fahrenden, im Umkreis der Juden, Türken, Zigeuner, Wenden, der Huren, Diebe und Trickbetrüger, Kesselflicker, Athleten, Ärzte und Akrobaten erwies sich ja, daß der Arme eben durch Faulheit, Müßiggang und Unehrlichkeit nur dort angelangt war, wo er seinem Wesen nach hingehörte. Von da sollte er aber verschwinden, weil er als Vagant im Niemandsland, außerhalb der ständischen und staatlichen Ordnung, kein Existenzrecht besaß. Also versuchten die Verfolgungsbehörden, ihn einzusperren, auszuweisen, ins Arbeits- und Zuchthaus zu stecken, auf die venezianischen Galeeren zu schicken. Wenn das dann alles nicht half – es half nicht – blieb die Todesstrafe, von der bei den Vaganten reichlich Gebrauch gemacht wurde.[3]

Bei allen Differenzen zwischen Regionen und Territorien, Status und Tätigkeit, Herkunft und Zielen der Vagierenden sind sie als Objekte der Ausgrenzung und Verfolgung einander alle verwandt. Betteln und ‹dienstloses Umherziehen› stand unter Strafe; ‹Bettler›, ‹Gauner› und ‹Vagant› wurden oft genug in der gleichen Bedeutung verwendet: alle – und es waren nicht wenige – wanderten, weil sie als Seßhafte kein Auskommen fanden oder als ‹unehrliche Leute› und rechtlose Bedienstete nicht leben wollten. Weil sie wanderten, wurden sie bestraft. So war das Wandern immer zugleich Flucht und Lebensweise.

1742 zählt ein Patent der schwäbischen Kreisregierung die Fraktionen der Fahrenden auf: «Alle ausländischen Bettler und Vaganten, es seien Christen oder Juden, Deserteurs und abgedankte Soldaten, Hausierer oder solche Leute, welche zum Verkauf allerhand geringe Lumpensachen, als Zahn-Stierer, Zahn-Pulver, Haarpuder, Blumensträuß, Schuhschwärze, gedruckte Lieder und dergleichen herum tragen und unter diesem Schein eigentlich betteln, hauptsächlich auch die schändlichen Lieder absingen, fahrende Schüler, Leirer, Sack- und andere Pfeiffer, Hackbrettler, Riemenstecher, Glückshafener, Scholderer usw.»[4] Sie alle konnten gejagt, geschlagen, gebrandmarkt, gefoltert, eingesperrt oder getötet werden. Geduldet waren sie nur ausnahmsweise bei Marktfesten, Hochzeiten oder im Karneval, beliebt meist erst aus historischer Distanz als Projektionsfiguren einer romantischen Verklärungsliteratur.

Dies waren also die Voraussetzungen der Vagantenreisen. Wenn unter einer Reise allerdings die Bewegung von einem Ausgangspunkt zu einem Ziel verstanden wird, womöglich als freiwillige und gelegentlich sogar als vergnügliche Lebensweise auf Zeit, dann sind die Vaganten nicht gereist. Es reicht jedoch nicht, die Fahrenden der vorindustriellen Zeit als Opfer zu beschreiben. Ihre Überlebensstrategien liefen in einer Subkultur zusammen, die, wo sie dem gaunerischen Milieu nahestand, über eine geheime Sondersprache, das Rotwelsch,[5] verfügte. Das Arsenal an Trick- und Täuschkünsten, häufig auch die Bandenbildung, ein Netz aus Hehlern und Helfern bot nach außen Schutz, nach innen Zusammenhalt. Außerdem ist zu bedenken, daß die Obrigkeiten bei aller Anstrengung angesichts der Masse der Fahrenden und einem nie versiegenden Nachschub aus den verarmten Unterschichten immer nur relative Erfolge im Kampf gegen das Vagantentum aufweisen konnten.

Die ‹Reise-Kunst› der Vaganten bestand darin, jenseits der Haupt- und Handelsstraßen oder parallel zu ihnen, unbemerkt von Vögten und Schultheissen, die zum Überleben notwendigen Mittel aufzutreiben. In ihrem ‹Strich›, der sowohl bestimmte Routen als auch feste Distrikte bedeuten konnte, mußten sie in geheimen Herbergen unterschlüpfen, gefälschte oder gestohlene Papiere vorweisen oder in ‹Reisemasken›,[6] den Verkleidungen als legitimierte Reisende, die Obrigkeit zu täuschen versuchen. So schufen sie eine Art ‹zweiter Reise-Kultur›, eine Subkultur der Fortbewegung. Wie kriminalistische Untersuchungen vom Ende des 18. und Beginn des 19. Jahrhunderts ergeben haben, war vor der Industrialisierung halb Europa mit ‹Diebsstraßen› überzogen. Die ‹Fernwanderer›, vor allem auch die jüdischen Vaganten,[7] legten – in den allermeisten Fällen zu Fuß – quer durch Europa erstaunliche Entfernungen zurück. Dabei wußten sie die regionalen Abweichungen in den Reglementierungen des Bettlerwesens auszunutzen. Gern hielt man sich in kirchlichen Territorien auf, in Schwaben und Franken beispielsweise war das Überleben einfacher als im restriktiven Bayern.[8] Andere, vor allem die vielen kranken und älteren Vaganten, die Kriegsinvaliden und jene, die als Hausierer, Spielleute, Gaukler, Komödianten, Taschenspieler, Korbflechter, Löffelschnitzer, Pfannenflicker, Scherenschleifer u. a. ihr Leben fristen konnten, wanderten in überschaubaren Distrikten.

Gefürchtet war der sogenannte Bettlerschub. Im Prinzip galt auch im 18. Jahrhundert noch, daß jede Gemeinde für ‹ihre Armen› selbst zu sorgen hatte. Fremde Bettler wurden, wenn sie nicht im Arbeitshaus zu gebrauchen waren, immer möglichst bald in Richtung auf ihren ‹Heimatort› abgeschoben. Wer nicht selbst davonlaufen konnte, der wurde ‹verschubt›: «Wenn nemlich in einem Dorfe sich ein Krüppel oder kranker Bettler findet, der nicht fort kann, so wird er von dem Anspänner, an dem Reihe ist, aufgeladen, ins nächste Dorf gefahren, dort von neuem aufgeladen und so lange herumgefahren, bis er tot ist oder wieder gehen lernt, welches letztere selten geschieht.»[9]

Über das Leben der Vaganten erfährt man in erster Linie aus den Akten der Verfolgungsbehörden. In Straf- und Verhörprotokollen[10] finden sich, meist ver-

Mit der Darstellung des Zigeunerlagers wird die Faszination des Exotischen beschworen – die ‹Zigeunerromantik› entsteht. Kupferstich, 2. Hälfte 17. Jh. Nürnberg, Germanisches Nationalmuseum.

zerrt durch die grausamen Fragemethoden und die Wahrnehmungsraster der Justiz, Fragmente typischer Biographien:

1774 wird der Vagant und Deserteur Adam Gerstenberger in der Hofmark Au verhört. Aus den Antworten des Delinquenten spricht eine vielseitige Gaunerkarriere, aber auch Selbstbewußtsein. Auf die Frage nach seinem Wohnort antwortet er: «Seyn Heimat und Aufenthalt seye aller Orthen, zu Freysing aber derfe er sich nicht sehen lassen, weillen er [dort] ein Grenadier gewesen und desertiert wäre.» Nach seinen Vermögensverhältnissen befragt meint er: «Habe nichts in Vermögen und eben sovill zu hoffen.»[11]

Aus den erhaltenen behördlichen Unterlagen und den zu den Akten genommenen Papieren der Aufgegriffenen lassen sich Vaganten-Karieren und die Wege der Fahrenden mitunter genau rekonstruieren. Anhand von Pässen und ‹Handlungspatenten› (Lizenzen für ambulante Händler), ‹Abschieden› (Arbeitsbestätigungen der letzten Arbeitsstelle), Militärpapieren, ‹Copulationsscheinen› (Heiratsurkunden) und Erlaubnisscheinen für das Sammeln von Almosen läßt sich verfolgen, wie zwischen dem 17. und dem 19. Jahrhundert wandernde Handwerksburschen, ländliche Dienstboten, Tagwerker, Hirten und Abdecker oder die Angehörigen mobiler Berufe immer wieder in die vagierende Bettler- und Gaunerexistenz hineingerieten.

So schildert ein 1781 wegen ‹Fechtens› bestrafter Schneidergeselle, daß er und seinesgleichen mit ordentlicher Arbeit nicht durchs Leben kämen und zum Betteln gezwungen wären. Zwischen dem 7. Mai und dem 21. Juni 1781 – das geht aus den beschlagnahmten Attestaten der lokalen Obrigkeit hervor – war er von Blaubeuren (7. 5.) über Augsburg (15. 5.), Memmingen (9. 6.), Aalen (18. 6.), Bopfingen (20. 6.) nach Oettingen (21. 6.) gewandert. Nirgends hatte er Arbeit gefunden, immer mußte er sich durch Betteln über Wasser halten.[12]

Vaganten haben außer in Geständnissen kaum autobiographische Zeugnisse hinterlassen. Allerdings gibt es etliche Autobiographien von Dienstboten, Handwerkern, Schauspielern oder Soldaten, die zeitweilig unter die Vaganten geraten waren. Erst seit der zweiten Hälfte des 19. Jahrhunderts häufen sich die Lebenserinnerungen von Vagabunden und Landstreichern.[13]

Der 1761 geborene Johann Christoph Sachse, der als Bedienter mit häufig wechselnder Herrschaft durch die Lande zog, beschreibt in seinen Lebenserinnerungen[14] Phasen des Vagierens, die kaum vom Herumziehen der Vaganten zu unterscheiden sind. Mit zehneinhalb Jahren läuft er zusammen mit seinem achtjährigen Bruder von Thüringen nach Karlshafen, um den Vater zu suchen, der dort angeblich eine Stelle gefunden haben soll. Unterwegs verlegen sie sich notgedrungen aufs Betteln. Später zieht der Vater als ‹Tierarzt› mit den Kindern herum und findet wirklich diesen oder jenen Bauern, der ihn mit seinen Kräutern und Tinkturen an die kranken Tiere heranläßt. Als Bedienter, der bald gelobt, bald geschlagen wird, verläßt Johann Christoph meist schnell seine Herren, um eine bessere Stelle zu finden. Einmal entkommt er mit Müh und Not hessischen Werbern, die ihn zum Kriegsdienst pressen wollen. Immer wieder beschreibt er, wie unheimlich und gefährlich die Straßen für stellungslose, kleine

‹Weissagende Zigeunerin›. Das Handlesen war eine der bevorzugten Tätigkeiten vagierender Frauen. Kupferstich, 17. Jh. Uppsala, Bildarchiv.

Leute sind, die ohne ihre Herrschaften und ohne Legitimationspapiere unterwegs sind. Ein Johann Christof Sachse, der es schließlich zum Marketender und mit Goethes Hilfe in Weimar zum Bibliotheksdiener brachte, wäre von seiner Lebensweise her prädestiniert gewesen für eine Vagantenkarriere.

Sein Leben hätte als Kind der spätere Komödiant und Schauspieldirektor Johann Christian Brandes beinahe als vagierender Bettelbub verloren. Der 1735 in Stettin geborene Sohn eines Bedienten und einer Haushälterin befindet sich eines Tages auf dem Weg nach Danzig. Barfüßig, mit geschwollenen Beinen gibt er sich als reisender Kammachergeselle aus und bettelt bei den Landleuten um Brot. Dabei lernt er einen alten Vagantentrick kennen. Manche Bettler sammeln soviel Brot, daß sie es an anderen Orten den Bauern als Viehfutter verkaufen können. Für die auf diese Weise erworbenen Pfennige kleiden sie sich so, daß man ihnen die angelegten Reisemasken glauben kann. Brandes wird unterwegs geschlagen, findet aber auch eine mitfühlende Bäuerin, die ihm für das überschüssige Brot einen Beutel näht. In der Stadt bettelt er vergeblich und zieht weiter: «Äußerst erbittert auf Menschen, welche zuweilen in größtem Prunk in ihren Equipagen an mir vorbeifuhren und mit Ekel und Verachtung auf mich herabblickten, kam ich einige Male auf den Gedanken, ihnen das, was sie mir so lieblos verweigerten, zu stehlen oder bei Abendzeit zu rauben.»[15] Das unterließ er, und so durchstrich er «mit dem Bettelstab in der Hand den größten Teil von Preußen, bis [ihn] endlich der Weg nach Polen führte.»[16]

Dort trifft er auf einen «elenden, umherziehenden Dorfarzt», dem er die Kiste mit den Wunderheilmitteln tragen muß. Einmal begegnen sie einem befreundeten Puppenspieler und feiern das Wiedersehen mit reichlich viel Branntwein. Völlig betrunken versucht der Puppenspieler den jungen Brandes abzuwerben, weil er seinen Karren nicht selbst ziehen möchte. Der Quacksalber, der alles mit anhört, stürzt sich auf den Puppenspieler, und nun verraten die Kontrahenten, daß jeweils der andere ein auf dem Rücken gebrandmarkter Dieb sei. Brandes, der schließlich auf vagierende Komödianten stößt und Schauspieler wird, entkommt später nur knapp dem Leben als Vagant.

In den bekannteren Lebenserinnerungen von Ulrich Bräker, Johann Gottfried Seume, Friedrich Christian Laukhard, Daniel Elster etwa, und den unbekannteren wie der anonymen Autobiographie ‹Leben und Schicksale eines Unglücklichen› von 1793 oder der ebenfalls anonymen ‹Lebensgeschichte eines Leichtsinnigen› von 1836 und in manchen, meist von Pfarrern herausgegebenen Sammlungen mit ‹Lebensbeichten von Verbrechern› finden sich Hinweise auf das Leben und die Leiden der Vaganten in der vorindustriellen Zeit. Als die letzten dieser Vaganten in Zucht- und Arbeitshäusern verschwunden, zur Arbeit in den Manufakturen gezwungen oder unterwegs gestorben waren, wurden sie von den wandernden *outcasts* der Industriellen Revolution abgelöst.

Heiner Boehncke

Kaufleute zwischen Markt und Messe

Während des Früh- und Hochmittelalters waren Kaufmannstätigkeit und Reisen untrennbar miteinander verbunden. Die Notwendigkeit des Eigenhandels trieb jeden Kaufmann zur Reise. Seine Waren begleitend zog er in die Fremde, zu Märkten und Messen.[1] Eine wesentliche Neuerung im Hinblick auf die herkömmliche Verbindung zwischen Handel und Transport setzte im 14. und 15. Jahrhundert ein. Zwar hatten bereits im 13. Jahrhundert einzelne Kaufleute begonnen, die Führung und Begleitung ihrer Warentransporte beauftragten Handelsdienern oder Frachtführern (Fuhrleuten) zu überlassen, jetzt aber wurde dies zur Norm. Nur wenn wichtige Gründe für die persönliche Anwesenheit des Kaufmanns sprachen, reiste dieser noch selbst, jedoch nicht mehr unbedingt mit seinem Warenzug.

Das Auseinandergehen von Transport und Handel führte zur Ausbildung eines selbständigen Transportgewerbes. Der Großkaufmann blieb zu Hause und dirigierte seine Handelsgeschäfte von seinem Kontor aus. Der Zusammenschluß von Kaufleuten in Gesellschaften, Vereinbarungen von Städten untereinander, Privilegienverteilungen, die Verbreitung der Schriftlichkeit im Geschäftsverkehr, das Aufkommen der Buchführung und deren Fortentwicklung sowie der beginnende Wechselverkehr waren hierfür wesentliche Voraussetzungen. Die Leitung und die Mitarbeit in einem solchen Kontor, das seinen Sitz in einer der größeren oder kleineren Handelsstädte hatte, erforderte immer mehr Sachverstand. Umfangreiche, bis ins Detail gehende Warenkenntnisse waren ebenso erforderlich wie das Wissen um die politische und geographische Beschaffenheit, die Sprache sowie die Münz-, Maß- und Gewichtsverhältnisse fremder Länder und Gegenden.[2] Wer dies lernen wollte, mußte Handelsdiener oder Handelsgehilfe werden und sich aus der tagtäglichen Erfahrung und aus eigenen Reisen das Nötige aneignen; die ersten, handschriftlichen Handlungsbücher waren nur zum privaten Gebrauch ihrer Besitzer bestimmt.[3]

Der oben skizzierte Strukturwandel, wie er sich während des 14. und 15. Jahrhunderts im kaufmännischen Betrieb (vor allem im Großhandel) durchgesetzt hatte, machte abhängig beschäftigte Handelsdiener und Handelsgehilfen notwendig, um die Vielfalt der anfallenden Arbeiten zu erledigen. Solche Handelsdiener waren sehr oft im Außendienst, das heißt mit dem Einkassieren von Außenständen, dem Ankauf von Waren sowie der Begleitung von Warenzügen beschäftigt. Dies erforderte in der Regel eine ausgedehnte Reisetätigkeit.[4]

In der Neuzeit veränderten sich die Routen, verdichteten sich die Märkte, vermehrten sich die Produkte. Auch änderten sich manche kaufmännische Praktiken im absolutistischen, merkantilistischen Staat. Aufgrund der Arbeitsteiligkeit der Regionen und Gewerbe bestand für die Kaufleute nach wie vor die Notwendigkeit, durch Reisen bestehende Handelsbeziehungen zu pflegen und zu erweitern. Entweder fuhren sie selbst zu Geschäftsbesuchen oder zur Messe, oder sie ließen sich durch ihre Faktoren und Handelsdiener vertreten und die erforderlichen Geschäftsabschlüsse tätigen.[5]

Dem reisewilligen bzw. zur Reise genötigten Kaufmann der Neuzeit stand ein immer umfangreicheres Schrifttum zur Verfügung. Eine wichtige Hilfe stellten vor allem die Routenbücher dar. Zunächst waren diese von oberdeutschen Patriziersöhnen oder niederdeutschen Jungkaufleuten zum persönlichen Gebrauch in Tagebüchern oder Geschäftskladden zusammengestellt worden. Ab dem späten 16. Jahrhundert erschienen sie auch in gedruckter Form.[6] In Handelsstädten wie Augsburg und Nürnberg entstanden Meilenscheiben, auf denen man die Entfernungen zu anderen Städten relativ schnell ablesen bzw. berechnen konnte.[7] Später traten dann Meilenzeiger an die Stelle der Meilenscheiben. Diese boten den Vorteil, daß sich mit ihrer Hilfe Entfernungen verschiedener Städte zueinander berechnen ließen. Spezielle Kaufmannshandbücher, Apodemiken und Reisehandbücher, die sich zum Teil explizit an Kaufleute wandten, dienten zur Orientierung bei der Vorbereitung und Durchführung von Kaufmannsreisen. Besondere Bedeutung kommt in diesem Zusammenhang den Schriften Paul Jacob Marpergers zu. Der 1656 in Nürnberg geborene Staatswissenschaftler bereiste als junger Mann ganz Europa und erwarb sich dadurch die Grundlagen für seine spätere literarische Arbeit.[8] Das Schwergewicht von Marpergers Publikationstätigkeit lag beim kaufmännischen Schrifttum, das etwa ein Drittel des Gesamtwerkes ausmacht. In seiner 1715 erschienenen Abhandlung ‹Der Getreue und Geschickte Handels-Diener› vermittelt er auf 40 Seiten recht detaillierte Ratschläge für das korrekte Verhalten auf Reisen.[9]

Insgesamt bieten solche Reiseklugheitsregeln, wie sie in den Apodemiken und Reisehandbüchern der Zeit immer wieder auftauchten, ein recht genaues Bild, wie man sich im 18. Jahrhundert mit den Regeln einer ständischen Gesellschaft in der Fremde orientieren konnte.[10] Die Reiseratschläge Marpergers waren jedoch auf die spezifischen Probleme und Bedürfnisse reisender Kaufleute bzw. Kaufmannsgehilfen ausgerichtet. Um überhaupt mit Nutzen von seinem Patron auf Reisen geschickt werden zu können, mußte der Kaufmannsgehilfe des frühen 18. Jahrhunderts nämlich eine Reihe von Voraussetzungen erfüllen:

«Man verspricht sich schon von ihm / daß er den Ein- und Verkauff der Waaren wohl verstehen / mit Wechseln und Scripturen umzugehen / Schulden einzumahnen / und allenfalls / wie gegen böser Schuldner gerichtlich zu procediren sey / wohl wissen werde. Da auch ein erwachsener Mensch bey seinen vollen Leibeskräfften die jungens- und Jugend-Jahre nunmehro abgeleget / so kan es nicht fehlen / der Verstand und das Judicium müssen sich bey ihme auch äussern / und sein Leib die Reiß-Fatiquen zu ertragen / auch vollkommen tüchtig und geschickt seyn.»[11]

Die Lehren, mit denen Marperger die reisewilligen Kaufmannsgehilfen versah, bezogen sich auf vielerlei Bereiche. Besonderen Wert legte er auf das als wünschenswert erachtete Sozialverhalten auf Reisen. Glücksspiel und Hurerei standen einem Handelsdiener ebenso wenig an wie «allzu splendide auf Reisen zu leben».[12] Vorsicht gegenüber Reisebekanntschaften verstand sich von selbst, vor allem hatte der reisende Kaufmannsgehilfe generell darauf zu achten, wie er sich aufzuführen und welchen Umgang er zu pflegen hatte:

«Er [der Handelsdiener auf Reisen] dencke aber nur nicht / daß er hierinn an einem frembden Ort reussiren werde / wann er sich nicht darnach aufführet / etwann in ein schlecht und verdächtig Wirths-Hauß einleget / mehr Kaufmanns-Bursch und Jungens / als Kauffleut selbst frequentiret / und sich von ihnen in ihren Gelachen / wie Handwerks-Bursch mit ihres gleichen zu thun pflegen / tractiren läßt; dann das wird man gleich gewahr / und haben kluge Kauffleute des Orts schon ihre Kundschafft und Aufmerckers / mit wem ein solcher angekommener frembder Kauff-Gesell / Compagnie halte / wie er seines Herrn Geschäfften abwarte / und was er sonst in der Frembd / vor ein Leben und Wandel führe.»[13]

Die Tatsache, daß der Handelsdiener auf Reisen davor gewarnt wurde, die Verhaltensweisen von Handwerksgesellen zu adaptieren, ist bezeichnend für Marpergers pädagogisches Konzept kaufmännischer Erwachsenenbildung. Er verfolgte hiermit das Ziel, jüngere Handelsdiener auf die gemeinsamen Werte und Verhaltensweisen des Bürgertums zu verpflichten.[14] Andererseits sollte ein Handelsdiener, falls er mit seinem Patron unterwegs war, notfalls auch «einen Kammer-Diener abgeben», das heißt das Pferd des Kaufherrn ebenso versorgen wie dem Herrn beim Ankleiden helfen und für dessen Gepäck Sorge tragen.[15]

Natürlich waren Reiseverlauf, mitzuführende Gegenstände und spezielle Verhaltensweisen des reisenden Kaufmanns oder Kaufmannsgehilfen abhängig von den Anlässen, deretwegen eine solche Reise unternommen wurde:

Paul Jacob Marpergers,
Mitglieds der Königlich-Preußischen Societät der Wissenschafften,
Beschreibung
Der
Messen
und
Jahr-Märckte,
In welcher vornemlich enthalten,
Ob, und wie weit dieselbe einer Stadt und einem Land profitable oder schädlich seyn, wer dieselbe anlegen, privilegiren und confirmiren, auch wieder verlegen, oder gar aufheben und wegnehmen könne; was zu einer solennen Meß oder Jahr-Marckt, (welcher in Aufnehmen kommen soll) vor Requisita erfordert werden, sonderlich aber was ein accurater und rechtschaffener Kauffmann, der solche Messen und Jahr-Märckte besuchet, vor, in und nach der Meß, seiner Waaren, Wechsel und Scripturen halber sorgfältig zu beobachten habe.
Wobey ferner
Ein in doppelten Posten, oder nach Italiänischer Buchhaltungs-Manier eingerichteter Entwurff
Einer Leipziger Oster-Meß Verrichtung gegeben,
In denen folgenden Capituln aber die Reduction unterschiedlicher Meß-Wechsel-Gelder, samt einem völligen Unterricht von dem Meß-Wechsel-Negocio, und Scontro angewiesen wird.
Leipzig, im Jahr 1711.
bey Joh. Friedr. Gleditsch und Sohn.

Die Bedeutung von Handelsmessen und Märkten, aber auch die Einführung der ‹italienischen Buchhaltung›, wird im Zeichen des Merkantilismus und der vom Staat geförderten Wirtschaft immer wichtiger. Titelseite eines Verzeichnisses von Messen und Jahrmärkten Paul Jakob Marpergers, Leipzig 1711. Tübingen, Universitätsbibliothek.

*Darstellung von Handel und Gewerbe (*Creditores *und* Debitores*) in Form einer Reiseallegorie. Den hier gezeigten* Debitores *widerfährt ein Unglück nach dem anderen. Holzschnitt von Jost Amman, 2. Hälfte 16. Jh. Aus: Georg Steinhausen, Der Kaufmann in der deutschen Vergangenheit, Leipzig 1899.*

«Entweder in Beziehung der Jahr-Märckte / zum Ein- und Verkauff gewisser Waaren / oder auch um Schulden einzucassiren / mit einer Cagason über See zu gehen / Höfe zu besuchen / Gelder einzuheben und auszuzahlen / Contracten und Lieferungen zu schliessen / und was etwann dergleichen Handels-Geschäffte mehr seyn möchten.»[16]

Sollten Außenstände eingemahnt werden, was offenbar sehr oft vorkam, galt es vor allem mit den nötigen Schreiben und Vollmachten ausgestattet zu sein. Marperger schätzte dieses Geschäft jedoch nicht sehr hoch ein und bemerkte in diesem Zusammenhang, daß hierzu meist nur solche Handelsdiener gebraucht wurden, die «zu höheren Handels-Verrichtungen nicht allzu geschickt seyn».[17]

Bei einer eventuellen Seereise mußten zunächst ganz einfache Voraussetzungen wie entsprechende Kleidung und ausreichender Proviant beachtet werden. Vor allem aber hatte der Kaufmannsgehilfe die ihm anvertrauten Waren «wohl in Acht zu nehmen»:[18]

«[...] bald muß er sehen / ob das Schiff Wasser schöpffe / von welchem die untenliegende Waaren schadhaft werden könte; Ob Gefässe / in welchen flüßige Waaren enthalten / zu lecken anfangen / oder gar zu besorgen sey / daß Böden und Reiffe aus und abspringen möchten: Vielmals ist eine Waar zu sehr der Sonnen-Hitze / oder auch dem Regen exponiret; Vor See- und Strauch-Räubern nicht sicher / dem Stürmen und Ungewitter unterworffen; ungetreue Schiffer und Fuhrleute wollen auch ihren Zehenden davon haben / und practiciren mehrmals soviel ab / als kaum an der Waar zu verdienen ist.»[19]

Marpergers Reiseratschläge für Kaufmannsgehilfen betrafen auch die mitzuführenden Utensilien: Feder, Tinte und Papier, Schreibtafel, ein Feuerzeug, daneben Fernglas oder Perspektiv, Kompaß und Zirkel, vor allem aber eine akurate Land- oder Seekarte. An Literatur sollte er neben dem obligatorischen Gebetbuch auch eine Beschreibung des zu bereisenden Landes mitnehmen, «damit er nicht unbereitet / und so zu sagen gantz Wild-frembd dahin kommen / sondern schon einen Vorgeschmack desjenigen / was er daselbst zu fürchten oder zu hoffen / haben möge».[20]

Jeweils eigenständige Kapitel des ‹Getreuen und Geschickten Handelsdieners› handelten von ausländischen Münzen und deren Berechnung, Empfehlungen hinsichtlich des Erhalts der Gesundheit auf Reisen und Ratschlägen für Kaufmannsgehilfen, die zu Pferd reisten. Letzteres ist sicherlich ein Indiz dafür, daß dies zu Beginn des 18. Jahrhunderts zumindest für Kaufmannsgehilfen noch die gebräuchlichste Reisevariante gewesen ist.

Andere Kaufmanns- und Reisehandbücher des 18. Jahrhunderts gingen daneben noch auf Maße und Gewichte ein, die in den einzelnen Ländern variierenden Spurweiten von Wagen und Karren oder empfehlenswerte Unterkünfte,[21] alles Bereiche, die für Kaufleute unterwegs von größter Wichtigkeit waren.

Von den vielfältigen Anlässen, die einen Kaufmann der Frühen Neuzeit zu einer Reise nötigen konnten, hatte von je her der Besuch von Messen und Jahrmärkten einen besonderen Stellenwert.[22] Dem Publizisten Marperger waren Märkte und Messen als derart wichtig erschienen, daß er hierzu eine eigenständige Schrift verfaßte, worin er alles Wissenswerte zusammenstellte. Frankfurt am Main und Leipzig waren im 18. Jahrhundert die bedeutendsten deutschen Messestädte in ihrer Funktion als «Hauptstapelplätze des internationalen Waarenaustausches zwischen West- und Osteuropa».[23] Der Wagen hatte sich bei den Messereisen zu Beginn des 18. Jahrhunderts bereits durchgesetzt, lediglich Franzosen und Schweizer reisten noch zu Pferd.[24] Über die bestehenden Verkehrsverbindungen wußte Marperger zu berichten:

«Die Land-Kutschen-Reisen seynd mehr in Ober- als Unterteutschland in Gebrauch; durchgehends aber mangelt es nicht an wohlangelegten Posten / sowohl ordinairen als extraordinairen / da sonderlich von Hamburg auf Leipzig die sogenannte Hauder-Routen oder frische Relais- oder Vorspann-Pferde so wol eingerichtet / daß ein auf die Meß reisender Kauffmann ohngehindert jede Stund / wann er ankommt / wieder fortkommen kan.»[25] Zu klagen hatte er jedoch über die Wirtshäuser sowie über «boden-lose Wege / welche sonderlich bey Herbst- und Winter-Zeiten das Reisen nach den Messen sehr beschwerlich machen».[26]

Gerade für die Zeit des 18. Jahrhunderts darf die Reisetätigkeit der Kaufleute nicht isoliert von den allgemeinen Entwicklungen der Zeit betrachtet werden. Im Jahrhundert der Aufklärung war Reisen ein wichtiges Mittel zur Erweiterung des traditionell vorgegebenen Erfahrungsraumes und Erwartungshorizontes. Das Reisen von Kaufleuten war somit nicht nur Teil ihrer geschäftlichen Tätigkeit, sondern auch Mittel zur individuellen und vor allem beruflichen Bildung. Es ist daher nur konsequent, wenn Paul Jacob Marperger besonderen Wert darauf legte, daß der Kaufmann aus seinen Reisen auch einen persönlichen Gewinn im Hinblick auf seine berufliche Weiterbildung zog. So sollte der Kaufmannsgehilfe unterwegs alles beobachten und sich einprägen, was für Handel und Kaufmannswesen in einer bestimmen Region von Wichtigkeit war. Die natürlichen Voraussetzungen eines Landes wie Bodenschätze und Fruchtbarkeit gehörten hierzu ebenso wie die regionalspezifischen Handelspraktiken oder Bedingungen des Wartentransportes:

«Er [der reisende Handelsdiener] hätte auch zu consideriren ihre [die einer bestimmten Region] See-Häven und Land-Frachten / die Arten des Transports der Waaren / wie hoch die Frachten von einem Ort zum andern seyn / ob solche des gantzen Jahrs durch gleich / oder zu einer Zeit höher / als zur andern / was man Praemie von denen Assecuranzen bezahle; Ob die Stadt oder das Land ein eigenes Handels-Gericht habe / oder vor was vor einen Richter die ordentliche Kauffmanns-Streitigkeiten angebracht und entschieden werden; Ob gedruckte Statuta, oder nur wohl hergebrachte Gewohnheiten / denen Kauffmännischen Actionibus ihre Maaß und Grentzen setzen.»[27]

Aus dem Bemühen um detaillierte Beobachtung wirtschaftlicher Phänomene erwuchs im 18. Jahrhundert der Typus der wirtschafts- und landeskundlichen Studienreise. Solche Reisen kamen den Wünschen und Bedürfnissen absolutistischer Staatsverwaltungen sehr entgegen, so daß sie vielfach von Beamten in landesherrlichem Auftrag und nicht mehr unbedingt von Kaufleuten ausgeführt wurden.[28] Die Ergebnisse solcher Ökonomie-Reisen wurden zum Teil als Reisebeschreibungen direkt publiziert[29] oder fanden Eingang in die immer exakter werdenden veröffentlichten Landesbeschreibungen des 18. Jahrhunderts. Die Kaufmannschaft wiederum profitierte durch deren Lektüre.

Die Arbeitsteilung im Kaufmannsberuf war zu Beginn des Jahrhunderts bereits so weit fortgeschritten, daß sich in größeren Kaufmannskontoren verschiedene Gruppen von Gehilfen herausgebildet hatten, unter anderem die sogenannten «Reisediener». «Reise-Diener seynd zwar alle Handels-Diener / die in ihrer Herren Geschäfften ausgesandt werden. Es giebt aber auch deren einige / die

Marktplatz der Messestadt Leipzig. Die Leipziger Messe wird zu einem vielbesuchten Reiseziel der Kaufleute und Warenhersteller. Kupferstich, um 1800. Aus: Georg Steinhausen, Der Kaufmann in der deutschen Vergangenheit, Leipzig 1899.

continuirlich von ihren Herren zu solcher Function, entweder ihrer starcken Leibes-Complexion oder Känntniß fremder Sprachen / oder auch anderer Ursachen halber / gebraucht werden / und dahero offt in Jahr und Tagen nicht zu Hauß kommen.»[30]

Die Betonung der «starken Leibes-Complexion», also der guten körperlichen Verfassung solcher Reisediener, weist auf die Strapazen hin, die das Reisen aufgrund der immer noch schlechten Verkehrsverhältnisse in jener Zeit beschwerlich machte.

Im Verlauf des 18. Jahrhunderts wurde die Reisetätigkeit für das Kaufmannsgewerbe immer wichtiger. Aus den Reisedienern wurden im 19. Jahrhundert die modernen Handelsreisenden, sicherlich auch eine Folge der immer besser werdenden Verkehrsbedingungen. Reisen war jedoch zu allen Zeiten teuer, so daß es sich insbesondere der kleinere Kaufmann, der überdies durch seinen Betrieb ortsgebunden war, nicht leisten konnte. Solche kleineren Kaufleute wurden von den Reisenden der Firmen und Grossisten aufgesucht. Ausgestattet mit Musterbüchern oder Musterkoffern[31] wickelten die Handelsreisenden Geschäfte mit den ortsansässigen Kaufleuten ab. Sie besorgten auch, wie früher, das Einkassieren geschuldeter Geldbeträge.

Selbstverständlich partizipierten auch die Handelsreisenden an den umwälzenden Veränderungen des Verkehrswesens im 19. Jahrhundert. Schnellposten, Dampfschiffe und später Eisenbahnen erhöhten ihre Mobilität und damit ihren Aktionsradius. Die Bedeutung der Handelsreisenden in der beginnenden Industriegesellschaft umreißt recht prägnant ein humorvoller Artikel über den «Commis-voyageur», der 1840 in der ‹Allgemeinen-Gasthofszeitung› in Mannheim erschien. Dort hieß es:

«Der Handlungsreisende ist mehr und mehr ein durch und durch elastisches, durch und durch kosmopolitisches Wesen geworden, das erst nach und nach Form, Geltung und Anerkennung gewonnen hat. Der Handlungsreisende ist der Hohepriester der Industrie, der sich dem Dienste des Maaßes und Gewichts, des Zuckerkandis und Ingwers, der gedruckten Leinwand und des Kalikots u.s.w. gewidmet hat. Der Handlungsreisende ist der vollständige Begriff des merkantilischen Fortschritts, das non plus ultra der Ehre und Würde der Industrie; er ist das Lebenselement des Fabrikanten und Großhändlers, das perpetuum mobile des Bedarfs, des Mangels und des Ueberflusses; [...] Wer also wollte nicht gern eingestehen, daß ein Handlungsreisender ein durchaus beachtungswerthes, ungeheuer nützliches und über alle Maßen bedeutendes Wesen sei? Er lebe hoch!»[32]

Cornelius Neutsch, Harald Witthöft

Von Wirtshäusern, Reisenden und Literaten
Eine kleine Chronique scandaleuse des Wirtshauslebens

Im Jahr 1894 schreibt Theodor Fontane in wehmütigem Rückblick auf die verlorene Welt des Postkutschen-Zeitalters und seiner Wirtshauskultur, die noch in seiner Kindheit und Jugend bestanden habe: «Damals war jede Mittagsrast ein

Auf den Komfort eines Bettes in einfachen Wirtshäusern mußten Reisende bis weit ins 19. Jahrhundert verzichten; Strohlager in Gaststuben waren die Regel. Die Nacht in Massow, Zeichnung von Daniel Chodowiecki, 1773. Berlin, Kupferstichkabinett.

Service für den Hotelgast. Liste der abgehenden Posten in Nürnberg, zusammengestellt von Johann Friedrich Crantz, Gastwirt zum ‹Rothen Ross› in Nürnberg. Kupferstich, 18. Jh.

Vergnügen, jedes Nachtlager ein wohltuendes, von einer gewissen Poesie getragenes Ereignis. Ich denke noch mit Freuden an diese Ideal- und Idyllzeit des Reisens zurück.»[1] Ideal und Idyll standen zweifellos Pate bei Fontanes Reminiszenz. Der Blick in eine verklärte Vergangenheit scheint ihm ein probates Mittel, um ein vermeintliches Übel der Gründerzeit kritisch aufs Korn zu nehmen: das «Massereisen» der Eisenbahn-Ära, das an die Stelle individuellen Reisegenusses und anheimelnder Wirtshaus-Gastlichkeit seelenlose Massenabfertigung gesetzt, eine ehemals blühende Reise- und Gasthauskultur zum Untergang verurteilt habe.

Ein ganz anderes Bild vom Wirtshaus zeichnet ein Reisender zu Beginn der Postkutschenzeit im frühen 17. Jahrhundert. Er klagt über die von übelriechenden Nachtgeschirren und anderem Unflat «verpestete Luft in den Schlafkammern», in denen «die Wand neben den Bettstatten mit großpatzetem Rotzschlegel und Speychel gezeichnet» sei und wo man sich nahezu zwangsläufig «Räuden, Geschwör, Schlier, [...] Frantzosen und dergleichen Feg-Täuflein» holen müsse.[2] Bemängelt werden gleichermaßen das schlechte, überteuerte Essen wie unmäßige Trinkgelage und ausufernde Unzucht in den Wirtshäusern. Handelt es sich bei diesem Lamento auch um ein Extrembeispiel von Wirtshausschelte, das sich durch Vergleich mit anderen Reisebeschreibungen der Zeit (etwa Montaignes Reisetagebuch von 1580/81 und seinem ‹Ob der deutschen Wirtshäuser›) leicht relativieren läßt, so hebt hier doch ein Klage- und Beschwerdemotiv an, das in der Reiseliteratur des 17. und 18. Jahrhunderts fast zum Stereotyp wird.

Der Dreißigjährige Krieg hatte das Gasthaus- und Beherbergungswesen weit zurückgeworfen. Einquartierungen, Zechprellereien, Kontributionen, Diebstähle und nicht selten Einäscherung von Haus und Hof durch marodierende Landsknechte ruinierten zahlreiche Wirte. In einer Eingabe an den Rat der Stadt Chemnitz z. B. führen Gastwirte beredte Klage über die Stagnation im Wirtshausgeschäft: «Die Gastung liegt darnieder, Handel und Wandel stocken, niemand reist oder fährt oder kehrt ein. Alle Welt läßt uns im Stiche. Mancher Wirt hat 8 oder 14 Tage nicht einen Gast und kommt einmal ein Reiter, so muß er mehr aufwenden, als er verdient und müssen Wirt und Gesinde jämmerlich dörren.»[3] Auch nach dem Friedensschluß von 1648 dauert es lange, bis sich die Gastronomie von den Schäden erholt. 1669 ordnet Friedrich Wilhelm von Brandenburg, der «Große Kurfürst», im Rahmen seines Wiederaufbau-Programms ausdrücklich an, neben der Reparatur von Straßen, Brücken und Dämmen auch ein flächendeckendes Netz von Wirtshäusern anzulegen. An den Hauptstraßen sollen alle zwei bis drei Meilen gutgeführte Wirtshäuser den Reisenden mit Speise und Trank, Mensch und Zugtier mit Unterkunft versorgen, um Handel und Verkehr zu beleben.

Mit der allmählichen Verbesserung des Straßenbaus, der Zunahme des Handelsumschlags und dem wachsenden Bedürfnis der reisenden Bürger nach einer bequemen Einkehr nahm auch der Gasthof einen bis dahin nicht gekannten Aufschwung. Das Mittelalter hatte einen solchen Gastort für jedermann noch nicht gekannt. Die zahlreichen Pilger hatten Unterkunft in eigens für sie bestimmten Herbergen gefunden, die zünftigen Stadtbürger und ihre Gäste in eigenen Gilde- und Zunftstuben, reisende Adlige und Kleriker bei ihresgleichen in Burgen und Schlössern, Klöstern und Pfarrhäusern. Veränderte Reisegewohnheiten, Reisebedürfnisse und Reisezwecke veränderten in der Neuzeit auch Funktion und Eigenart der Wirtshäuser in den Städten und auf dem flachen Land. Die Personenbeförderung wurde durch die europaweite Verbreitung der «Ordinari-Fahrpost» seit dem 17. Jahrhundert ‹revolutioniert›. Reisekompendien, wie die seit 1703 regelmäßig aufgelegten «Vornehmsten Europäischen Reisen» lieferten detailgenaue Angaben über Wegenetz, Poststationen und Unterkünfte. Sie entfalteten nicht nur ein Panorama der «considerabelsten Städte», sondern dienten darüber hinaus als «Weg-Zeiger über Berg und Thal bis ins Wirtshaus».[4] An die jeweilige Stadtbeschreibung schließt sich daher eine Liste empfehlenswerter Gaststätten und Posthäuser mit Übernachtungsmöglichkeit an.

Die Zunahme der deutschen Wirtshäuser auf ungefähr 80000 um 1800 verbürgte jedoch keineswegs auch eine Qualitätssteigerung. Der Göttinger Historiker August Ludwig Schlözer qualifizierte 1795 die Mehrzahl der deutschen Gasthöfe und Schenken zwar als «cultiviert» oder doch zumindest «halbcultiviert». Doch ist diese Aussage nur als relatives Lob anzusehen, da Schlözer sein günstiges Urteil über Deutschland lediglich aus dem Vergleich mit dem angeblich «barbarischen» Zustand der Gasthöfe des Orients und der Romania ableitete. Nur eine sehr kleine Zahl der deutschen Gasthöfe (etwa in Frankfurt, Hannover oder Hamburg) habe Anspruch auf das Prädikat einer «hochcultivierten» Lokalität, in der man «dem Unbekannten wie dem Bekannten gegenüber ohne Standesunterschied» mit der vorzüglichsten Bedienung aufwarte.[5]

Im Verlauf des 18. Jahrhunderts mehren sich kontinuierlich die Klagen über das mannigfaltige Ungemach, das den Reisenden in den Gasthäusern erwartet. Der ‹Deutsche Kundschafter› des Engländers Thomas Lediard (1738 erstmals erschienen) läßt jedenfalls nichts an drastischer Detailschilderung missen, angesichts der Verhältnisse in einem westfälischen Landgasthaus, in dem die Reisenden im Stall zusammengepfercht auf Strohbündeln nächtigen mußten. «So musten wir uns niederlegen, auf der einen Seite wiederkaueten die Kühe und auf der anderen grunzeten die Schweine. Eine Bucht vol schreyender Kinder, mit drey oder vier Weibsleuten, lag zur rechten, und ihre Männer in Kornbrantewein glücklich betrunken, einer schnarchend, der andere lärmend, der dritte kotzend zur linken. Ein Gestank, der von den Ausdünstungen so vielerley Thiere und aus anderen Nebenursachen entstand, machte, daß wir nicht wusten, ob wir einen Blumenstrauch oder einen Nachtstuhl rochen.»[6]

Grund zur Beschwerde über Gasthäuser hatten die unterschiedlichsten Reisenden, egal welchen Standes oder Berufes sie waren und zu welchem Zweck sie reisten. Die hochherrschaftliche Standesperson Herzog Carl Eugen von Württemberg berichtet 1786 von einem Wirtshaus in Rastatt, wo man vor der Nachtruhe erst «noch Ratten aus denen Zimmern fangen» mußte.[7] Der Fußreisende Johann Gottfried Seume wiederum mußte in einem böhmischen Gasthaus eine lärmende Gesellschaft ertragen, die «trank, sang und zankte [...], ohne sich um meine Ästhetik einen Pfifferling zu bekümmern». Dafür hat er auch noch das Glück, die Nacht mit dieser Sippschaft zubringen zu müssen, «eng auf das Stroh» aufgeschichtet wie «auf dem britischen Transport nach Columbia».[8]

Die Mißstände in den deutschen Gasthöfen des 17. und 18. Jahrhunderts provozierten immer wieder Reglementierungen und Ermahnungen der Obrigkeit. Ein Reichsdekret von 1671 verfügte, daß die Wirte fest taxierte Preise «auf eine Tafel aufschreiben und dieses an den Wirtshäusern öffentlich anschlagen lassen», um der grassierenden Wirtshaus-Prellerei Einhalt zu gebieten.[9] 1692 dekretierte Fürst Georg August zu Nassau, daß ein Wirt «alle[n] Reisenden [...] mit aller Freundlichkeit und guten Aufführung begegnen» und «sie mit einem billigen Preis der Zeit und Gelegenheit nach traktieren» solle. Vornehmste Pflicht des Wirtes sei es, «unter währendem Gottesdienst einig Gesöff [...] noch andere üppige und leichtfertige Insolentien» der Gäste zu unterbinden.[10] Das preußische Landrecht des 18. Jahrhunderts unterwarf die Gastwirte «der genauesten Aufsicht der Polizey». Es gebot den Wirten, «sich alle zur Erhaltung der öffentlichen Ordnung und Sicherheit nöthig gefundenen Veranstaltungen ohne Widerrede gefallen [zu] lassen».[11]

Da behördlichen Maßnahmen gewöhnlich nur begrenzter Erfolg beschieden war, fühlten sich die Autoren von Reisekompendien und Reiseanleitungen bemüßigt, dem Reisenden mit allerlei Hinweisen und Ratschlägen hilfreich zur Seite zu treten. Als Prüfstein der Qualität eines Gasthauses galt allgemein dessen «Reinlichkeit», besonders in Hinsicht der Nachtquartiere. In Reichards ‹Passagier auf der Reise› (1801) wird dem Reisenden nahegelegt, sich stets selbst um größtmögliche Sauberkeit zu bemühen. Dies gelte für die «Reinlichkeit des Bettes und frisches Ueberziehen desselben» wie für die Beschaffenheit des Abtritts, bei dessen Verunreinigung «man zur Befriedigung des Naturbedürfnisses lieber das Feld [...] wählt».[12] Dem Reisenden von einigem Vermögen empfiehlt Posselts ‹Apodemik oder die Kunst zu reisen› (1795) die Mitführung eines zerlegbaren «Reisebettes», um der allgemeinen Unsauberkeit der Wirtshäuser, den «beissenden und stechenden Insekten» in ihren Betten zu entgehen. Goethe pflegte auf seinen Reisen ein solches Reisebett zu benutzen. Auf jeden Fall aber sollte man sich seiner eigenen Bettwäsche bedienen und sich im Zweifelsfall lieber mit dem eigenen Reisemantel zudecken, «als mit einem schweren Federbette, unter welchem vielleicht mancher ungesunde Schwelger und Wollüstling geschwitzt hat».[13] Die sichere Verwahrung des mitgeführten Eigentums wird dem Reisenden gleichfalls dringlich empfohlen. Die ‹Vornehmsten Europäischen Reisen› verordnen dem Reisenden die «General-Regel», «sich niemals in den Wirtshäusern mercken zu lassen, wie sie Geld oder Juwelen bey sich führen», um Diebstahl oder gar Totschlag vorzubeugen.[14] Bei zweifelhaften Häusern wird geraten, gelegentlich sein gutes Gewehr zu zeigen und auch zu demonstrieren, wie wohl man sich auf seinen Gebrauch verstehe. Eigens angebrachte Vorhängeschlösser und Riegel hatten in der Nacht den Reisenden vor unliebsamen Überraschungen zu sichern.

Ganze Landstriche und Regionen werden von Reiseschriftstellern je nach dem Zustand ihrer Wirtshäuser mit Gütesiegeln oder Mängeletiketten versehen. Angewidert schildert der Journalist Johann Kaspar Riesbeck 1783 die Unkultur bayerischer Bauernschenken, in denen man stets «in ein Gewölke von Tobakrauch eingehüllt ist und bey deren Eintritt ich von dem Gelärme der Säufer fast betäubt werde». In üblen Schimpftiraden und handfesten Wirtshausschlägereien offenbare sich der niedere bajuwarische Volkscharakter, der eine eigentümliche Mischung aus «Bigoterie» und «Liederlichkeit» sei. Für Riesbeck sind solche Zustände nur Ausdruck gesellschaftlicher Zurückgebliebenheit und katholischer Doppelmoral. Zustände, die vor allem ein Phänomen besonders sinnfällig mache: «Überall steht neben der Kirche eine Schenke und ein B[ordell].» Entsprechend sei eben auch die Aufführung der bayerischen Wirtshaussäufer, die sich bei ihren Trinkgelagen nicht einmal der Mühe unterzögen, vom Tisch aufzustehen. «Der Wirth mußte ihnen also einen Trog unter den langen Tisch anbringen lassen, worinn jeder sein Wasser ließ, ohne sich von der Stelle zu regen.»[15] Welchen Kontrast bildet hierzu das Konterfei eines Gasthofes in Leipzig um 1750. Der Gast nimmt am «weißgescheuerten Tisch» auf «sauber gescheuerter Lehnebank» Platz. Er empfängt das «Bewillkommungskompliment» des Wirts, und die Bedienung – «sauber gewaschen und gekämmet» – kredenzt ihm einen «mit dem edelen Trank des Merseburger Bieres appetitlich angefüllten Krug, welcher so fein polieret ist, daß sich mancher und zumalen das liebe Frauenzimmer darin seinen Kopf zurecht machen [...] kann».[16]

Daß es auch mit den Wirtshäusern in den großen Städten, in Metropolen wie Wien und Berlin nicht zum Besten stand, davon zeugen viele kritische Stimmen zeitgenössischer Reisender. Der Wiener Staatsbeamte Johann Pezzl läßt in seiner ‹Skizze von Wien› (1786–1790) kein gutes Haar an den Wirtshäusern der Donaumetropole. Deren Hauptmerkmale seien «schmutzige, finstere Treppen, viel Geschrei, Lärmen und Verwirrung, dunkle Zimmer, mit altväterischen oder gar keinen Möbeln eingerichtet». Das einfache Volk verkehre in Wiens Weinkellern in einer dumpfen Atmosphäre, die «ganz mit Weindünsten schwanger» sei, «so daß man außer dem Glase auch noch durch Mund und Nase Wein in sich zieht, welches macht, daß die Gäste in diesen Kellern viel eher berauscht werden als an anderen Orten».[17] Verhältnisse, die für den Aufklärer Pezzl in denkbar negativem Kontrast zu den lichtvollen Aufklärungs- und Reformbemühungen Kaiser Josephs II. stehen mußten. Friedrich Nicolai, kritischer Chronist der gesellschaftlichen Verhältnisse Wiens im ausgehenden 18. Jahrhundert, betrachtet die Lebensführung der wohlhabenden Wiener Schichten als unentwegtes Hin- und Herpendeln zwischen «Wohlleben», «Weichlichkeit» und endlosen «Schmausereyen». Der gutsituierte Wiener sei nach ausgiebigem Frühstück «im Sommer im Kirschweinkeller [...], im Winter im Methkeller anzutreffen». Nach üppigem Mittagessen und tüchtigem «Jausen oder Vesperbrot» am Nachmittag gehe er «im Sommer in einen öffentlichen Garten zum Kegelspiel [...]. Im Herbst oder Winter [...] ins Lothringer Bierhaus, oder in das bey der Schlange auf der Kärntnerstraße», wo er abermals Unmengen der verschiedensten Gerichte verzehre.[18] Gegen soviel schwelgerische Unmäßigkeit setzt der preußisch-puritanische Aufklärer das Gegenbeispiel seiner Heimatstadt Berlin, dem vermeintlichen Hort nachahmenswerter Mäßigkeit und Moralität. Nicolai dürfte damit jedoch seine Rechnung ohne die Berliner Wirte gemacht haben. Die jedenfalls stellt der bereits zitierte Riesbeck im denkbar schlechtesten Licht dar. Wie selbstverständlich werden dem Reisenden während seines Berlin-Aufenthalts eindeutige Angebote gemacht. «Kriechend höflich, zudringlich bis zum Eckel» bedeuten die Wirte dem Fremden, daß sie «ihm nach Belieben mit einem lebendigen Bedürfniß zu Bette» dienen können. «Sie haben ihre Listen, worauf die Jugend der ganzen Nachbarschaft nach den verschiedensten Preisen sortiert ist, und der Hausknecht ist immer bereit, die Waare herbeyzuschaffen, die sich der Fremde auszusuchen beliebt.»[19]

Die besondere Gefährdung der akademischen Jugend durch die Wirtshaus-Prostitution suchte ein eifriger Warner am Beispiel Halles nachzuweisen. Dort besäßen die Bordelle «so ziemlich alle Prädicate der gemeinsten Kneipen», in denen herumreisende «Nymphen» ihre unheilvollen Gastspiele absolvierten – mit dem Ergebnis, «daß den Winter hindurch gewöhnlich 2 Drittheile der Studenten an der Lustseuche laboriren».[20] Aber natürlich huldigten die Studiosi neben der Venus ebenso gern dem Bacchus. Ein profunder Kenner des studentischen Treibens war aus eigener Erfahrung der vagabundierende Magister und Söldner Friedrich Christian Laukhard. In seiner Autobiographie findet sich manch plastische Miniatur studentischer Trinkgelage und Exhibitionismen. Das allabendliche Besäufnis in einer Bierschenke rechnete demnach der «honorige Bursch» zu seinen vornehmsten Pflichten. Der bierselige Übermut der Musensöhne konnte sie auch schon einmal zu «groben Unanständigkeiten» verleiten. Als solche galt etwa die sogenannte «Generalstallung», die nach der Darstellung des kundigen Magisters dergestalt ablief, «daß zwanzig, dreißig Studenten, nachdem sie sich in einem Bierhaus ihren Bauch weidlich voll Bier geschlagen hatten, sich vor ein vornehmes Haus, worin Frauenzimmer waren, hinstellten, und nach ordentlichem Kommando und unter einem Gepfeife, wies bei Pferden gebräuchlich ist, – sich auch viehmäßig [...] erleichterten».[21]

Aber nicht nur für sittengeschichtliche Milieustudien bietet das Wirtshaus des 18. Jahrhunderts eine nie versiegende Quelle. Für viele Autoren der Zeit dient das Treiben in den Wirtshäusern zugleich als Gradmesser der gesellschaftlichen und politischen Kultur eines Landes oder einer Stadt. Im Zeitalter absolutistischer Fürstenmacht und allmächtiger Polizeizensur war wohl kein Ort geeigneter für den Austausch von Meinungen und Informationen wie das (öffentliche) Gast- bzw. das Kaffeehaus, das sich seit dem späten 17. Jahrhundert in ganz Europa verbreitete. Hier kreuzten sich die Wege von Einheimischen und Fremden jeglichen Standes, verkündeten die ausgelegten Zeitungen und Journale Nachrichten aus aller Welt und allen gesellschaftlichen Sphären. Das Raisonnieren über Gott und die Welt und der gesellschaftliche Klatsch, der literarische Disput und das politische «Kannegießern» gehörten zum Alltag der Wirts- und Kaffeehäuser. Anfang des 18. Jahrhunderts fiel Albrecht von Haller die außergewöhnliche politische Debattierlust der Engländer auf, die das regelmäßige Lesen von «tausenderley Zeitungen» in den Kaffeehäusern verursache. «Über die darin enthaltenen Zufälle zanken sich die tiefsinnigen und spitzfündigen Engelländer und reden so frey von denen Hofsachen, als wären sie zu Bern.»[22] Auch in Frankreich spielten Kaffeehäuser bei der politischen Meinungsbildung einer breiteren Öffentlichkeit eine wichtige Rolle. Legendär war im 18. Jahrhundert das Pariser «Café Procope», Treffpunkt der Literaten und Bonvivants, der Pamphletisten und Raisonneure. Hier verkehrten Voltaire und Rousseau, hier hatten Marat und Danton in der Revolutionszeit ihr Hauptquartier. Für Ernst Moritz Arndt waren die Pariser Kaffeehäuser «die ersten Wiegen der Republik, die ersten Bühnen, wo die Demagogen sich bildeten».[23]

Von solch weltgeschichtlichen Dimensionen wußte Johann Christoph Gottsched für Deutschland nicht zu berichten. Gottsched sah die deutschen Kaffeehäuser von müßiggängerischen Parvenues bevölkert, die bereits am Morgen «die französischen Zeitungen» läsen und von nichts anderem als «von lauter Staatssachen» redeten. In irr- und aberwitzigem Parlando demonstriere sodann der selbstgefällige «Stutzer» seine «staatsmännischen» Qualitäten: «Er besetzt den Kaiserthron in Moskau, er führt die protestantischen Armeen bis Krakau und treibet die katholischen zu Paaren. Die Friedensverhandlungen von Combray sollen auf seinen Wink zu Stande kommen, und England muß den Spaniern wieder Willen Gibraltar wiedergeben.»[24]

Eine besorgte Obrigkeit glaubte dem vermeintlich staatsbedrohenden Politisieren in Wirts- und Kaffeehäusern mit behördlichen Anordnungen und Verboten beikommen zu müssen. Ein besonders anschauliches Beispiel deutscher Untertanenmentalität und amtlicher Humorlosigkeit lieferte anno 1712 der Rat der Stadt Rostock, der schlichtweg dekretierte, daß «vermessene und unverständige Leute [...] in Wein-Häusern / Krügen und Zechen» sich gefälligst aller «unziemlichen Discourse und Reden von hohen Potentaten, Kayser / Königen / Fürsten / und anderen hohen Standes-Persohnen / und dero Actionen gäntzlich» zu enthalten und sich «in allen Reden und Schreiben unverweißlich und vorsichtig» zu verhalten hätten, «so lieb einem jeden ist / die angedräuete Strafe zu vermeiden».[25] Und noch am Ende des Säkulums hatte die konservative Stadtregierung im schweizerischen Bern ein ganz ähnliches Problem. Sie bezichtigte «Couriers, Postillons und Fuhrleute», die in den Wirtshäusern verkehrten, durch «Ausbreitung aller unzuverläßigen Nachrichten, wodurch das Publikum entweder in Schrecken gesetzt oder sonst irregeführt wird», als Emissäre der Französischen Revolution in der Schweiz tätig zu sein. Anfang 1798 verfügte die Berner Regierung daher, daß «in allen Wirtshäusern und Pintenschenken die genaueste Aufsicht auf die Ausbreitung gefährlicher Schriften» ebenso zu üben sei, wie auf «diejenigen [...], welche durch Schriften oder Reden das Volk in Unruhe und Gärung zu bringen trachten».[26]

Verbotsfreudige Administrationen konnten jedoch den Siegeszug des Wirtshauses als Ort politischer Diskussion und Agitation im 19. Jahrhundert nicht verhindern. Bürger und Proletarier, Konservative, Liberale, Revolutionäre und aufmüpfige Intellektuelle – sie alle fanden in Bürgerstuben, Arbeiterkneipen, Bohémelokalen ein Forum für politische Aufklärung und Propaganda, für Hinterzimmer-Strategien und «Stammtischpolitik». Der Vormärz-Poet Ferdinand Freiligrath, der 1844 seinen antimonarchistischen Gedichtzyklus ‹Ein Glaubensbekenntnis› in der «Krone» zu Aßmannshausen redigierte, beschrieb in Versen, welch innige Liaison Wirtshaus und Politik im Werk eines Dichters eingehen konnten:

«Zu Aßmannshausen in der Kron',
Wo mancher Durst'ge schon gezecht,
Da macht' ich *gegen* eine Kron'
Dies Büchlein für den Druck zurecht!
Ich schrieb es ab bei Rebenschein,
Weinlaub ums Haus und saft'ge Reiser;
Drum, wollt ihr rechte Täufer sein,
Tauft's: Vierundvierz'ger Aßmannshäuser!»

In Heinrich Heines ‹Harzreise› (1826) wird «die wunderlich zusammengesetzte Gesellschaft», die der Dichter im Brocken-Wirtshaus vorfindet, zum satirischen Spiegelbild der politischen Verhältnisse der Zeit. Säbelrasselnde Philister, polternde Burschenschaftler, sentimentale Matronen und weinselige Grobiane haben sich zum alptraumhaften Stelldichein zusammengefunden, das im beklemmenden Rauschzustand endet – auch dies Metapher des politischen «Deliriums» der Restaurationszeit: «es wurde getrunken [...] und gesungen. [...] Die Flaschen wurden leerer und die Köpfe voller. Der Eine brüllte, der Andere fistulierte, ein Dritter deklamierte [...], ein Vierter sprach Latein, ein Fünfter predigte von der Mäßigkeit.» Ein gastronomisches Pandämonium, das den Dichter bis in den Traum verfolgt, ihm zum «beängstigenden Phantasiegebilde», zum «Klavierauszug aus Dantes Hölle» wird. Auch die Lektüre des Gästebuchs des Brocken-Wirtshauses, in die sich Heine am folgenden Tag vertieft, vermag ihn nicht heiterer zu stimmen – sosehr stößt ihn der abgeschmackt-spießbürgerliche Zeitgeist ab, der sich darin kundtut. «In diesem Buche sieht man, welche Greuel entstehen, wenn der große Philistertroß [...] sich vorgenommen hat, poetisch zu werden. Die Herren Akziseeinnehmer mit ihren verschimmelten Hochgefühlen, die Comptoirjünglinge mit ihren pathetischen Seelenergüssen, die altdeutschen Revolutionsdilettanten mit ihren Turngemeinplätzen, die Berliner Schullehrer mit ihren verunglückten Entzückungsphrasen. Hier wird des Sonnenaufgangs majestätische Pracht beschrieben, dort wird geklagt über schlechtes Wetter, über den Nebel, der alle Aussicht versperrt. ‹Benebelt heraufgekommen und benebelt hinuntergegangen!› ist ein stehender Witz, der hier von Hunderten nachgerissen wird.»

Für die Dichter der Romantik wurde das Wirtshaus zum Schauplatz geheimnisvoller, legendenumwobener Geschehnisse. Man erzählte Geschichten, in denen Wirtshäuser von drolligen Kobolden und anmutigen Feen, grimmigen Räubern und gräßlichen Spukgestalten bevölkert sind. Diese literarische Phantastik konnte auf einen reichhaltigen Fundus volkstümlicher Erzählungen, Märchen und Sagen zurückgreifen, die vom «Spuk-Wirtshaus», vom «Räuberkrug» oder vom «Mord-Gasthof» zu berichten wußten. In Wilhelm Hauffs ‹Wirtshaus im Spessart› (1828) rankt sich um den Wirtshausaufenthalt einer Reisegesellschaft ein Kranz phantastischer und schauerlicher Geschichten, in denen mit Fiktion und Wirklichkeit ein munteres literarisches Verwirrspiel getrieben wird.

Fast zur selben Zeit ließ der englische Ingenieur George Stephenson erstmals Personen mit einer Dampflokomotive befördern. Die Geburtsstunde der Eisenbahnreise hatte geschlagen. Schon wenige Jahrzehnte später veränderte die Fortbewegung auf Schienen das Reiseverhalten von Grund auf. Alle Poesie, aber auch viele Beschwerlichkeiten der Postkutschenreise begannen der Vergangenheit anzugehören. Eine jahrhundertealte Gasthauskultur (von den Zeitgenossen oft gescholten, von Dichtern besungen) mußte sich den Gegebenheiten einer neuen Zeit beugen, die den technischen Fortschritt auf ihr Panier schrieb. Von solchem Zeitenwandel überkam Heinrich Heine 1826 eine Ahnung. Und so griff er zur Feder und schrieb: «Die Zeit befindet sich auf Reisen, sie hat große Wanderungen vor und holt aus, als wollte sie noch unermeßliche Berge überschreiten, ehe sie wieder Hütten bauen wird in der Ruhe eines friedlichen Tales. Noch gar nicht absehen lassen sich die Schritte ihrer befriedigungslosen Bewegungen [...], und wir alle setzen unser Leben ein in ihrer Bewegung, die von Zukunft trunken scheint und keiner Gegenwart voll.»[27]

Walter Weber

NEUE WELTEN

Wilde Völkerkunde
Deutsche Entdeckungsreisende der frühen Neuzeit

«Nieuwe Welten»

‹Ein Deutscher war der Erste› lautet der Titel eines Buches von Erich Mindt aus dem Jahre 1942, das auch heute noch nützliche Hinweise auf die deutschen Reiseberichte gibt, von denen im folgenden die Rede sein soll. Nicht etwa, um wie Erich Mindt oder Max Pannwitz ‹Deutsche Pfadfinder des 16. Jahrhunderts› in Afrika, Asien und Südamerika ausfindig zu machen, oder wie Hans Plischke den ‹Anteil der Deutschen an der Entdeckung des Stillen Ozeans› zu heroisieren,[1] sondern um am Beispiel der deutschen Reiseberichte zu verfolgen, wie man in einem Land, das auf politisch-militärischer Ebene nur sehr marginal an der Eroberung der Neuen Welt beteiligt war, diese Entdeckungen verarbeitet hat. Eben weil die Deutschen nicht die Ersten waren, eben weil sie nur in vergleichsweise geringem Umfang an den kolonialen Abenteuern der Spanier, Portugiesen, Holländer, Engländer und Franzosen beteiligt waren, sind ihre wenigen Texte ganz besonders für ein mentalitätsgeschichtliches Studium der Prozesse der Aneignung und Assimilation neuer Welten geeignet.

Die ersten Entdeckungen waren in der Regel mit Reisen ins Heilige Land verknüpft. Schon die weit verbreitete mittelalterliche Handschrift des Johannes de Mandeville (1356) führte über die Heilige Stadt Jerusalem zu den sagenumsponnenen Ländern des Ostens mit ihren zahlreichen, meist spätantiken Quellen entstammenden Wunderwesen.

Zu Anfang des 16. Jahrhunderts haben sich Reisen nach Ägypten oder andere Teile Afrikas und Asiens auch ganz natürlich mit einer Pilgerreise ins Heilige Land verbinden lassen, die nun allerdings zu wesentlich realistischeren Beschreibungen Anlaß gaben. Und umgekehrt haben viele der Botschafter, die ausführlich über ihre Entdeckungen in Konstantinopel und im Osmanenreich berichteten, sich die Gelegenheit nicht nehmen lassen, auch die in der Bibel genannten Örtlichkeiten mit eigenen Augen wahrzunehmen.

Adam Wennern gibt am Schluß seines Berichts über eine Botschaftsreise nach Konstantinopel, die von 1616 bis 1618 stattgefunden hat, eine Zusammenfassung für die von einer Unzahl von Reisenden bemerkte Überlegenheit der Osmanen, eine «Summarische Anzeygung worauff das mächtigste Reich der Türcken oder wie sie sich nennen Musulmanlar, und selbiger Macht fürnemblich bestehet». Unter anderem führt er an, daß erbliche Herrschaft, einerlei Religion ohne Spaltung in Sekten, Gewissensfreiheit Andersgläubiger, der unglaubliche Gehorsam der Untertanen, standesunabhängige Strafen, scharfe Autorität auch gegenüber Fremden, Nüchternheit, maßvoller Weinverbrauch, gute Soldaten und gute Kundschaft über die Verhältnisse auch außerhalb der Grenzen des eigenen

Reiches hier eine entscheidende, für die europäischen Christen ebenso gefährliche wie nachahmenswerte Rolle spielen. In den barbarischen Köpfen, resümiert Wennern, stecke «nicht ein Barbarische Witz und Fürsichtigkeit, sondern der höchste Fleiß und Munterheit / welchen sie [...] mit Macchiavelli übereinstimmend überall anwenden um ihr Reich zu erweitern».[2] Die fremdartigen Verhältnisse wurden als Vorbild und Feindbild zugleich dargestellt, als Gottes demonstrative Mahnung an die Christenheit.

In gewissem Sinne waren die neuen Welten der frühen Neuzeit also schon damals «dritte Welten»: damals wie heute bildete ein antagonistisches Ost-West-Verhältnis den Grundwiderspruch, demgegenüber das «Nord-Süd-Gefälle» sich eher harmlos ausnimmt, als eine Frage der Zeit und der (Unter-)Entwicklung. Die neue Welt stellte die Reisenden vor allem vor die Frage, ob sie es mit ebenbürtigen Gegnern oder mit unterentwickelten Opfern zu tun hätten, ob mit rivalisierenden Ungläubigen oder nur mit bedauernswerten, wenn auch abgöttischen Heiden.

Die großen Entdeckungsreisen im eigentlichen Sinne, die Reisen von Vasco da Gama und Columbus zum Beispiel, waren in vieler Hinsicht eine mehr oder wenige direkte Fortsetzung der *Reconqista* mit anderen Mitteln. Die Bewohner der neuen Welt standen zunächst einmal zumindest unter dem Verdacht, potentiell ebenbürtige Gegner zu sein. Erst später hat sich dann erwiesen, daß man es in der Neuen Welt mit schwachen und in jeder Hinsicht unterlegenen, bedauerns- oder verachtenswerten, jedenfalls aber armseligen Gegenspielern zu tun habe. Columbus zum Beispiel war sehr enttäuscht, daß er statt der erwarteten Soldaten des großen Khan, von dessen unglaublichen Reichtum er bei Marco Polo gelesen hatte, nur wilde und nackte Indianer vorfand. Und man hat sogar behauptet, daß seine Enttäuschung darin ihren Ausdruck gefunden hat, daß er – mit einer für den kolonialen Diskurs symptomatischen orthographischen Fehlleistung – die auch von ihm selbst ursprünglich als «ka*r*ibisch» angesprochenen Indianer in Ka*nn*ibalen umbenannt hat, ein Name der sich erst später unlöslich mit der Menschenfresserei verbunden hat.[3]

Nicolaus Federmanns Bericht über seine Teilnahme an einer von den Welsern organisierten Expedition ins Innere Venezuelas 1529 bis 1532 bewegt sich ganz in der spanischen Tradition. Die ursprünglich spanische Handschrift wurde erst 25 Jahre nach seiner Heimkehr ins Deutsche übersetzt und als Buch veröffentlicht, um später auch in verschiedene Reisesammlungen aufgenommen zu werden. Federmann war Soldat höheren Ranges und verantwortlich für den Verlauf der Expedition, deren Mannschaft aus einer Truppe von 110 Spaniern zu Fuß, 16 zu Pferde, und 100 «Indios naturales» als Träger bestand. Obwohl Federmann verspricht, «sitten, weiß und gebräuch» der verschiedenen «Nationen» zu beschreiben, zu denen er Kontakt aufnimmt, ist sein Bericht grundlegend von strategischen Rücksichten geprägt. In erster Linie geht es ihm darum, sich mit möglichst vielen der untereinander verfeindeten Nationen zu verbünden, denn ohne lokale Unterstützung wäre das gesamte Unternehmen unmöglich gewesen.

Seine Vorgehensweise, die er selbst erstaunlich offen dargestellt hat, bestand darin, die Indianer «unter seiner Kayserlichen Majestät Gehorsam und Succession» zu bringen, indem er, meist aus dem Hinterhalt, von jeder neuentdeckten Nation eine Anzahl Männer, Frauen und Kinder notfalls mit Gewalt entführte, die eine Hälfte als Geisel zurückhielt, während er die anderen, reich mit Billig-

Geschenken beladen, zu ihrem *Cacique* mit dem Auftrag zurückschickte, er solle kommen, um noch mehr Geschenke und die übrigen Gefangenen zu holen.

Der Erfolg rechtfertigte diese Strategie. Federmann mußte nur Sorge tragen, daß die untereinander befeindeten Indianerstämme seine Truppen nicht jeweils nur als Verbündete ihrer Feinde ansahen und dementsprechend behandelten. Er mußte mit anderen Worten versuchen, sich auf die lokalen Verhältnisse einzulassen, ohne von ihnen vereinnahmt zu werden.[4]

Mit der allergrößten Selbstverständlichkeit konnte der Soldat davon ausgehen, daß auch seine Leser sich nicht daran stoßen würden, daß er Geschenke und

Die Entdeckungsreise führte zu neuen Mythen, wie es die exotischen Darstellungen der Menschen im neuen Erdteil Südamerika erkennen lassen. Holzschnitt, 2. Hälfte 17. Jh. Aus: Konrad Gessner, Allgemeines Thierbuch, Frankfurt/M. 1669. Wolfenbüttel, Herzog August Bibliothek.

«Freundschaft» allein zur Unterwerfung und Unterjochung einsetzte. Es bedurfte noch keiner Beschreibung von exotischen Gestalten oder schlimmen Gebräuchen der indianischen Nationen, um seine Vorgehensweise zu rechtfertigen. Dementsprechend gibt es auch kaum ausführlichere ethnographische Schilderungen; nur manchmal ist kurz von Kannibalismus und einmal von ganz besonders häßlichen und widerspenstigen Zwergen die Rede.

Ganz anders bei Hans Staden, der zwischen 1548 und 1555 insgesamt mehr als vier Jahre als Soldat in Brasilien und davon mehr als neun Monate als Kriegsgefangener der Tupinamba zugebracht hat. Sein Reisebericht, ebenfalls im Jahre 1557 erstmals veröffentlicht und allein im 16. und 17. Jahrhundert über 37mal nachgedruckt und übersetzt, ist mehr als ein dramatischer Bericht seiner Reise, Gefangennahme und Befreiung. In einem zweiten Teil wird in nicht weniger als 39 Kapiteln ausführlich die Lebensweise der Indianer beschrieben. Unter Überschriften wie: «an was sie glauben», «wie sie ihre Wohnungen bauen», «wie sie Feuer machen», «was für eine Regierung und Obrigkeit sie haben», liefert Hans Staden eine enzyklopädisch anmutende Darstellung aller Aspekte des Alltagslebens der Tupinamba.

Ein Grund für diese Ausführlichkeit, mit der sich kaum einer der frühen deutschen Reiseberichte im entferntesten messen kann, ist wohl in der Tatsache zu suchen, daß Johann Dryander, Professor der Medizin in Marburg, Verfasser zahlreicher medizinischer und anatomischer Schriften, nicht unwesentlich am Entstehen des Buches beteiligt war. Schon die Kapitelüberschriften deuten an, daß vermutlich er es war, der Staden systematisch die vielen Fragen gestellt hat, die der Soldat und spätere Pulvergießer nach besten Kräften zu beantworten suchte.

Entscheidend für den erstaunlichen Erfolg des Buches war allerdings die Tatsache, daß die Tupinamba angeblich Menschenfresser waren, wie der Autor schon auf dem Titel vermerkt: ‹Wahrhaftig Historia und beschreibung eyner Landtschafft der Wilden / Nacketen / Grimmigen Menschfresser Leutehn in der Newenwelt America gelegen [...]› Und das bei weitem ausführlichste und gründlichst illustrierte Kapitel des zweiten Teils trägt die Überschrift: «Die feierlichen Gebräuche der Wilden beim Töten und Essen ihrer Feinde. Womit sie die Feinde totschlagen und wie sie mit ihnen umgehen.»[5]

Es ist hier nicht der Ort, ausführlicher auf Stadens Beschreibung oder die komplizierten Fragen des Kannibalismus in der Neuen Welt einzugehen. Uns interessiert nur der Zusammenhang, der zwischen Kannibalismus einerseits und

Die Eingeborene, eine Frau der Tupinamba, begrüßt den Forschungsreisenden. Der Grußritus verlangt eine Unterbrechung des Blickkontakts, die Hände werden vor das Gesicht gehalten. Holzschnitt, 2. Hälfte 16. Jh. Aus: Jean de Léry, Histoire d'un voyage, 1586. Berlin, Staatsbibliothek Preußischer Kulturbesitz.

ethnographischer Ausführlichkeit andererseits zu bestehen scheint. Staden, der Gefangene der Tupinamba, mußte sich ganz anders als etwa Federmann auf die Indianer einlassen: Federmann hat sich der Versuchung, fremde Lebensformen zu erfahren, gar nicht erst stellen müssen. Staden konnte nur vermeiden, ihnen zu erliegen, indem er sich mit allen Kräften in dem einen, alles überschattenden Punkt von ihnen distanziert: Indem er den Kannibalismus zur Hauptsache erklärt.

Weder Federmann noch Staden können als typische Beispiele früher deutscher Entdeckungsreisen angesehen werden. Federmanns distanzierte Zurückhaltung und Stadens ethnographische Überschwenglichkeit waren eher die Ausnahme. Beträchtlich näher zu dieser Regel kommen wir, wenn wir uns einem dritten deutschen Soldaten des 16. Jahrhunderts zuwenden.

Ulrich Schmidel hielt sich von 1534 bis 1553, also fast zwanzig Jahre lang, in Brasilien auf. Er hat an zahlreichen Kriegs- und Beutezügen ins Innere des Landes teilgenommen, und sein 1567 erstmals gedruckter Reisebericht schildert ausführlich die zahlreichen kriegerischen Auseinandersetzungen, an denen er als gemeiner Soldat beteiligt war. Ganz wie Federmann hat Schmidel die Indianer hauptsächlich auf dem Schlachtfeld kennengelernt. Anders als dieser läßt er sich aber auch auf ethnographische Fragen ein. Im Vordergrund der in der Regel kurzen Einschübe zwischen den Schlacht- und Kriegsberichten steht das Essen, vor allem das, was die Indianer mit den ungebetenen Gastfreunden zu teilen bereit sind. Wichtig sind daneben – in recht stereotypen Wendungen – die physischen Kennzeichen der verschiedenen Nationen: ob sie nun «kurtz und dick» oder «lang und stark» seien, ist in vielen Fällen sein einziger Kommentar. Nicht der Körper selbst, nicht also etwa «Rassenunterschiede», sondern die Frage, wie die verschiedenen Nationen ihre Körper behandeln und bearbeiten, ist der Angelpunkt von Schmidels wilder Völkerkunde: die *Scherues* «seind am Leib blawe gemahlt von oben bis auff die Knie unnd siehet aus als wenn man Hosen mahlete. Die Weiber aber seind auff eine andere Manier gemahlet, auch blawe, von den Brüsten an biss auff die Scham, gar künstlich, sie gehen mutternacket unnd sein schön auff ihr Manier».[6]

Allzu fremd sind dem Soldaten letztlich die fremden Lebensformen nicht. Die *Cendies* zum Beispiel «haben keine eigene Wohnung sondern ziehen im Landt herumb gleich wie bei uns die Zigeuner»; die Untertanen der *Maipais* «müssen ihnen arbeyten und fischen und was ihnen sonsten zu thun geschafft wird gleich wie heraussen die Bauwern einem Edelman unterworffen seyn»; die *Zehmie* sind «gleich wie hie zu Land die Bauwern hinder iren Herrschafften seßhafft».[7] Schmidel beschließt den ethnographischen Teil seines Berichts mit einem Eingeständnis: «Sonsten haben diese Leuth ihre sondere Wollust unnd Freudt allein mit embsigen Kriegen. Sie essen und trincken, seind Tag und Nacht voll und Tantzen auch gerne. In summa: sie führen dermassen ein Wildes, rohes Epicurisch Leben dass es nicht genugsam außzusprechen oder zu beschreiben ist».[8]

Es waren weder Nicolaus Federmann noch Hans Staden, sondern es war Ulrich Schmidel, der das Modell für die zukünftigen deutschen Entdeckungsreisenden lieferte: erst die zahlreichen Teilnehmer an den Expeditionen der holländischen Ost- und Westindischen Kompanie haben im Laufe des 17. Jahrhunderts vermocht, die wilden Träume und Erfahrungen der frühneuzeitlichen Völkerkunde «genugsam auszusprechen oder zu beschreiben».

Topographie der aztekischen Metropole Tenochtitlán, später Mexiko-Stadt. Das Stadtbild ist durch die spitzen Kirchtürme schon «christianisiert», obwohl der indianische Tempelort noch den Mittelpunkt bildet. Holzschnitt, 2. Hälfte 16. Jh. Aus: Giovani Battista Ramusio, Delle navigationi et viaggi, Venedig 1606. Berlin, Staatsbibliothek Preußischer Kulturbesitz.

Die Indianer des neu entdeckten Erdteils wurden bewußt wild und roh dargestellt. Während die eine Gruppe indianischer Frauen den Entdeckungsreisenden friedlich begrüßt, wird er von hinten angefallen und getötet. Holzschnitt, 1509. Aus: Amerigo Vespucci, Diß büchlin saget, Straßburg 1509. Wolfenbüttel, Herzog August Bibliothek.

Sightseeing

Während deutsche Teilnehmer an den Entdeckungsreisen des 16. Jahrhunderts eher die Ausnahme waren, haben sich im Laufe des 17. Jahrhunderts und ganz besonders nach dem Dreißigjährigen Krieg unzählige Soldaten, Ärzte, Matrosen und Pfarrer an den überseeischen Aktivitäten der holländischen Handelskompanien beteiligt. Viele von ihnen haben es sich nicht entgehen lassen, ihre Erlebnisse auch in Buchform zu vermarkten, so daß wir ganz wie bei den Pilgerreisen nach Palästina im ausgehenden 15. Jahrhundert von einer regelrechten Serienproduktion von Reisebeschreibungen sprechen können, die in erstaunlicher Übereinstimmung miteinander (und mit den wenigen anderen deutschen Entdeckungsreisen aus dieser Zeit) immer wieder dieselben Anekdoten und Geschichten erzählen. Durchblättert man die mehr als dreißig überlieferten Texte,[9] von denen übrigens keiner besonders berühmt geworden ist, fühlt man sich wie in eine Traumwelt versetzt: die Phantasien und Visionen, Ängste und Faszinationen, die die Verfasser vermutlich mit ihren Lesern haben teilen können, lassen sich allerdings nur schwer auf eine Formel bringen.

Eins ist jedoch bemerkenswert: obwohl die Reisen unterschiedlichen Routen zu unterschiedlichen Zielen folgten und verschieden lange dauerten, gleichen sich die Berichte passagenweise wie ein Ei dem anderen. An den entsprechenden Orten erzählen die Verfasser in der Regel dieselben Geschichten: die Chinesen in Batavia etwa werden durchgängig als tüchtige Kaufleute dargestellt, die allerdings so sehr von der Spielsucht befallen sind, daß sie Haus und Hof, Frau und Kinder und oft auch ihr Kopfhaar verwetten, das sie doch mit ganz besonderer Andacht hegten und pflegten. In Indien und Umgebung wird stets von den Fakiren mit ihren eher komisch anmutenden asketischen Übungen und immer auch von der Witwenverbrennung gesprochen, die Mandelso zum Beispiel dadurch erklärt, daß man auf diese Weise die Frauen daran hindere, ihre Männer zu vergiften.

Monströs anmutende Stämme und Völker werden überall angetroffen, meist in den unzugänglichen Bergen, die die Reisenden nur vom Hörensagen kennen. Aber die Hottentotten am Kap, die in aller Regel die erste (oder aber – auf der Rückreise – die letzte) fremdartige Völkerschaft waren, die zu ausführlicheren völkerkundlichen Exkursen Anlaß gab, werden durchgängig als die unmenschlichsten Wesen überhaupt dargestellt. Menschenfresserei wird ihnen nicht immer vorgeworfen, aber schon seit den ersten Reisen mit den Portugiesen Anfang des 16. Jahrhunderts hatten sie sich den Ruhm erworben, ohne artikulierte Sprache auszukommen. Noch zu Anfang des 18. Jahrhunderts konnte Peter Kolb, der viele Jahre mit ihnen gelebt hatte, mit großer Umständlichkeit die Frage diskutieren, ob die Sprache der Hottentotten überhaupt (von anderen als den Hottentotten selbst) gelernt werden könne, ob sie zwar gelernt, nicht aber geschrieben werden könne oder ob man durch langjährige Übung und Forschung soweit kommen könne, die Hervorbringungen der Hottentotten als eine Sprache wie alle anderen anzusehen.

Aber nicht nur die angebliche Sprachlosigkeit lag dem frühneuzeitlichen Ruhm der Hottentotten zugrunde: rohes Fleisch, behaupteten die europäischen Reisenden in schöner Einmütigkeit, verschlängen sie mit tierischer Gier, und die Gedärme auch, kaum daß sie den Inhalt in aller Eile herausgequetscht hätten. Gedärme seien darüber hinaus auch als Schmuck im Gebrauch: sie würden wie Ringe um Hals und Beine getragen und nicht abgelegt, bevor sie nicht abgefault seien – mit dem entsprechenden Gestank. Auch der Fettsteiß, der die physischen Anthropologen späterer Zeiten noch intensiv beschäftigen sollte, wird ebenso wie die abnormen Schamlippen des öfteren von den Reisenden erwähnt. Weil die Hottentotten zumeist vor allen anderen wilden, heidnischen und abgöttischen Völkerschaften beschrieben werden, bilden sie eine Art Einführung in die in aller Regel vergleichsweise sehr viel menschlicher anmutenden Neuen Welten des Ostens, denen die Reise eigentlich gilt.

Aber nicht nur die Hottentotten mußten als Schreckbild herhalten: es werden auch, bei Daniel Parthey zum Beispiel, «geile Affen» erwähnt, «in Größe eines Mannes vor welchen sich wegen dero Geilheit kein Weibsbild sehen lassen darf, weil sie gleich solches ergreifen und notzüchtigen».[10] Und Johann Wilhelm Vogel hat sich erzählen lassen, daß in den Bergen in der Nähe von Batavia übergroße Menschen mit Schwänzen leben sollten: neulich hat man, behauptet Vogel, zweien sogar ihre Zier zur Strafe abgeschnitten. Josua Ultzheimer weiß von weißen Mohren in Afrika, die bei Tage nichts sehen können, sondern nur nachts. Und in Südamerika, am Rio de la Plata, hat er von schneeweißen Indianern gehört, die über drei Schuhe größer seien als ihre Nachbarn und einen üblen Gestank verbreiteten.[11]

Menschenfresserei und Kannibalismus war, wenn man diesen Reisenden Glauben schenken wollte, überall verbreitet: oft werden, wie bei Staden, die Menschenfresser wörtlich zitiert, wenn sie sich untereinander über die rechte Zerlegung ihrer zukünftigen Opfer unterhalten. Ultzheimer behauptet, die Menschenfresser im westlichen Afrika «feilen ihre Zähne spitz wie die Hunde»,[12] während man anderswo die Zähne angeblich zu sägeartigen Instrumenten verarbeitete.

Es fehlen weder dramatische Beschreibungen despotischer Grausamkeit, in afrikanischen Königtümern wie im mahometischen Indien, noch Berichte über die überall herrschende Vielweiberei, angereichert mit den Phantasien über die

«Geilheit», «Wollust», «Aufdringlichkeit», «Unzucht» und «Hurenhaftigkeit» der Frauen in Asien, Afrika und Südamerika. Der diesbezüglichen Ausführlichkeit der Reisenden wird oft nur durch Bemerkungen über die Unaussprechlichkeit und Unbeschreiblichkeit der angedeuteten Sachverhalte eine Grenze gesetzt.

Es fehlt schließlich auch nicht an farbigsten Beschreibungen über die verschiedenen Formen der Teufelsanbetung und Abgötterei. Abgesehen von den «mahometischen» Nationen gab es damals scheinbar kaum Völker, die nicht den Mond, die Sonne, ein Stück Blech oder gar einen Haufen Kot und eine Anzahl anderer namentlich genannter «Fetische» mit den absonderlichsten Zeremonien zum Gegenstand ihrer Abscheu erweckenden Abgötterei machten.

Diejenigen, die diese Texte nicht nur als Kuriositäten gelesen und herausgegeben haben, haben in der Regel versucht, vom Standpunkt des heutigen ethnographischen Wissens her die Spreu vom Weizen, die zeitbedingten Vorurteile von den wenn auch oft unbeholfen formulierten Einsichten zu trennen. Aber nur sehr weniges vermag heute noch den quellenkritischen Kriterien der ethnohistorischen Forschung standzuhalten. Und in der Tat stellt sich bei der Lektüre eher Befremden ein, wenn man, wie es meist bisher getan worden ist, die vergleichbaren gleichzeitigen und späteren Reiseberichte mustert, um der Wahrheit unter dem Schleier der Vorurteile, Stereotypen und Mißverständnisse auf die Spur zu kommen. Geht man hingegen nicht vom Bestimmungsort der Reisen, sondern vom Herkunftsland der Verfasser oder der Sprache aus, in der ihre Berichte geschrieben wurden, ergeben sich andere Perspektiven, die uns weniger auf eine wie auch immer mißverstandene ethnographische Wirklichkeit hinführen als vielmehr einen Einblick in die mentalen Werkzeuge, eben die Vorurteile, Stereotypen und Erkenntnisinteressen der Reisenden selbst und ihrer Leser erlauben.

Schmidel wie auch seine unzähligen Nachfolger haben ihre Aufmerksamkeit nicht aus purem Zufall eher auf die einen als auf die vielen anderen möglichen und wirklichen Merkwürdigkeiten und Sehenswürdigkeiten gerichtet. Es waren eben die Menschenfresserei, die Teufelsanbetung, die Bemalungen und Verzierungen von Kopf und Körper, die Nacktheit, Geilheit, Verfressenheit, Grausamkeit und Sprachlosigkeit, Gestank, Krach und Getöse, die als beobachtens-, beschreibens- und lesenswert erschienen, und nicht etwa die fremden Formen verständlicher Rede und Schrift, nachahmenswerte Organisationsformen oder gar Fähigkeiten auf den Gebieten Erziehung, Handwerk, Kunst und Wissenschaft, von denen der Reisende und seine Leser etwas zu lernen hätten.

Die scheinbar so verwirrende Vielfalt der Unmenschlichkeiten, die diese Reisenden hauptsächlich beschäftigt hat, läßt sich jedoch nur schwer auf eine Formel bringen. Zunächst ist man versucht, die Knotenpunkte ihrer Phantasie geographisch zu verorten: zwar nehmen die Hottentotten am Kap in dieser Perspektive eine ganz besondere Bedeutung an, aber im Inneren aller der drei damals bekannten außereuropäischen Kontinente, auf den Bergen oder tief in den Wäldern, wurden überall mehr oder weniger monströse Völkerschaften angesiedelt: die Texte fast aller Überseereisenden des 16. und 17. Jahrhunderts sind förmlich durchsetzt von patagonischen Riesen, weißen Mohren oder Indianern, Bergvölkern mit Schwänzen, Menschenfressern oder Amazonen.

Man könnte auch versuchen, die vielfältigen Phantasmen mehr konkret auf die Nöte und Entbehrungen der Reisenden selbst zu beziehen: Geschlechtstrieb und der nackte Hunger haben sicher eine ganz entscheidende Rolle für eben die

Anekdoten und Geschichten gespielt, die man sich auf dem Schiff oder in den Hafenstädten über die Bewohner des Landesinneren erzählte.

Die immer wieder gleichen Geschichten über die verschiedensten Völker deuten darauf hin, daß wir es in einem nicht unbeträchtlichen Umfang mit der Verschriftlichung von ursprünglich mündlichen Seemannssagen zu tun haben, daß also die Reiseberichte als Teil einer frühneuzeitlichen Volkskultur aufgefaßt werden könnten, an der studierte Pfarrer und Ärzte ebenso teil hatten wie die nur notdürftig des Schreibens kundigen Soldaten und Matrosen.

Aber die absonderlichen Geschichten stehen nicht nur in den Reisebeschreibungen, sondern auch in der gelehrten kosmographischen Literatur, wurden von der Intelligenz in gleicher Weise erzählt wie von den Ungebildeten. Nur ein arg gedehnter Begriff von Volkskultur könnte uns also erlauben, die wilde Völkerkunde des 16. und 17. Jahrhunderts unter diesen Begriff zu subsumieren.

Ein dritter Erklärungsversuch könnte davon ausgehen, daß wir im Grunde eine Reihe Dokumente des europäischen ‹Prozesses der Zivilisation› in den Händen halten. Die Reisenden projizierten, so könnte man sagen, eben jene Möglichkeiten, Antriebe und Verhaltensweisen, die im Begriffe waren, den neuen Peinlichkeitsschwellen, Disziplinierungen, Distanzierungen und Verhaltensanforderungen im eigenen Sozialsystem zum Opfer zu fallen, in die Welt fremder Länder. Die «weite Welt» wurde so zum Reservoir oder Laboratorium derjenigen Energien und Phantasien, die sich in Europa nicht länger zuhause fühlen konnten.

Aber selbst wenn man die Einsichten von Psychoanalyse, Zivilisationstheorie und moderner Volkskunde miteinander vereinigt, um auf diese Weise die Mentalität der frühneuzeitlichen Weltreisenden und ihrer Leser zu untersuchen, bleibt die grundlegende anthropologische Frage wohl unbeantwortet: wie können wir heutigen Leser das ethnozentrische Weltbild dieser Reisenden verstehen, ohne sie mit unserer uns selbst eigenen ethnozentrischen Befangenheit als vorwissenschaftliche, volkstümliche Vorstufen einer eigentlich wissenschaftlichen, unserer eigenen Völkerkunde einzuschätzen, ohne also uns gegenüber den damaligen Reisenden wie diese zu den von ihnen so ausführlich beschriebenen Wilden zu verhalten? Wie kann man, mit anderen Worten, eine «wilde Völkerkunde» beschreiben, ohne dabei aktiv zu deren Domestizierung und Disziplinierung beizutragen?

Michael Harbsmeier

Die Angst des Reisenden, die Gefahren der Reise

Wer sich im Zeitalter der Renaissance auf Reisen begab, der pflegte, sofern er kein ganz junger Mensch mehr war, vorher sein Testament zu machen.[1] Was sich darin ausdrückte, war nicht nur die nüchterne Einsicht, daß Reisen gefährlich war und leicht zur *tour of no return* werden konnte – die Grabsteine auf den historischen «Protestanten-Friedhöfen» im Süden erzählen viele Geschichten davon – sondern, tiefergehend, auch eine Ahnung dessen, was das italienische Sprichwort *Partire è un po' morire* andeutet: Wer seine vertraute Welt verläßt und

Das Reisefieber, welches im frühen 19. Jahrhundert einsetzt und sich rasch entwickelt, führt zu alptraumhaften Vorstellungen, die mit der überlieferten Metapher des Verschlingens arbeiten. Holzstich aus: Leipziger Illustrirte Zeitung, 1843.

in die wirkliche Fremde aufbricht, erlebt ein Stück Tod. (Umgekehrt dachte man sich ja in den traditionalen Kulturen auch den Tod als Reise!) «Bei der Abreise» – notiert Goethe beim Kofferpacken – «fällt einem doch immer jedes frühere Scheiden und auch das künftige letzte unwillkürlich in den Sinn».[2]

Die traditionalen Kulturen kannten gegenüber dem Fremden nicht nur das heilige Gesetz der Gastfreundschaft, sondern zugleich das tief verwurzelte Mißtrauen, das sich gegen alles richtete, was von außen kam, was «anders» war oder schien. Die Angst vor dem Fremden ist eine der großen Urängste der Menschheit.[3] Ein Schicksal wie das des unglücklichen Palinurus, des Steuermanns des Aeneas, der nach einem Sturz über Bord am Ufer eines unbekannten Landes von den Einheimischen kurzerhand erschlagen wird (Aeneis VI, 347 ff.), konnte einem nicht nur in mythischer Frühzeit blühen. Haß auf die Fremden prägt bis weit in die Neuzeit hinein die kollektiven Phantasien. Der Reisende hatte Gründe, auf der Hut zu sein. Auf der anderen Seite mußte eben diese Angst vor dem Fremden auch den Reisenden selber beeinflussen. Schwer zu entscheiden, wo sein Mißtrauen im anderen Land (= mittelhochdeutsch *ellende,* daher das Wort *Elend!*) rational begründete Furcht oder tiefer sitzende Angst war.

Die mythischen Gefahren der Fremde sind so das große Thema der Reiseerzählungen seit der Antike. Dem Schiff drohen «Skylla und Charybdis», der «Magnetberg» oder der «Maelstrom». Dabei gab es für die frühen Seefahrer schon genug der realen Gefahren: Unwetter oder Flaute, die Dunkelheit, den Mangel an Wasser und Proviant. Auch Märchen und Volksliteratur erzählen immer wieder von den Gefahren der Reise in die Anderswelt; in Abenteuer-Roman und Kolportage leben die Motive weiter. In einem für den zeitgenössischen Hörer oder Leser vermutlich kaum auflösbaren Ineinander von *fiction* und *non-fiction* erzählen dann auch die Reiseberichte im Zeitalter der Entdeckung der Erde von den Schrecken der fremden Länder. Fabulierlust vermischt sich hier mit imperialem Kalkül – die Angstgeschichten werden natürlich auch eingesetzt, um die Konkurrenz abzuschrecken.

Die Angst bleibt, in offener oder versteckter Form, auch im Zeitalter der Aufklärung eines der großen Themen des Reisens. Sie bleibt es, solange Reisen hieß: sich dem Anderen, dem Fremden auszusetzen. Es ist heute, im Zeitalter der internationalen Angleichung der Lebensgewohnheiten in der «westlichen Welt», schwer vorstellbar, daß ein Reisender früher schon durch seine Kleidung und seine Schuhe als Landesfremder auffiel. Es konnte ein Gebot der Klugheit sein, sich im Ausland nach jeweiliger Landessitte zu kleiden, um nicht als Fremder erkannt zu werden – Diderot gibt den, auch im übertragenen Sinne gemeinten, weisen Rat: «Man ziehe den Rock des Landes an, das man besucht und bewahre den Rock des Landes auf, aus dem man stammt.»[4] Auch wer die fremde Sprache nicht versteht, neigt zu Unsicherheit und Mißtrauen (Französisch war zwar die internationale Verkehrssprache, aber auf einen kleinen Kreis von Menschen beschränkt). In heute unvorstellbarer Weise kompliziert waren die ganz unterschiedlichen Systeme der Maße, Gewichte, Wegstrecken und Münzen in Europa; in den Staaten der Appeninhalbinsel kam noch ein abweichendes System der Stundenzählung hinzu.

Was über Jahrhunderte hinweg in besonderer Weise Mißtrauen und Angst auf Reisen schürte, war die Begegnung mit der fremden Religion. Die Prediger der Reformation und der Gegenreformation hatten ja alles getan, um Andersgläubige als Bösewichter zu diffamieren; die so eingepflanzten Vorurteile konnten dann durchaus böse Folgen haben. Auf der anderen Seite ist leicht erkennbar, daß die beständigen Sottisen protestantischer Reisender über die Äußerungsformen katholischer Religiosität und Volksfrömmigkeit auch in Berührungsängsten gegenüber dem Andersartigen ihre Ursache hatten. Die Reisebeschreibung ist eine der literarischen Formen, über die kollektive Vorurteile und kulturelles Hegemoniedenken besonders hartnäckig transportiert werden.

Zu den von religiöser Intoleranz geschürten Ängsten auf Reisen konnte sogar noch die vor der Verweigerung eines würdigen Begräbnisses gehören. Als der Reisebegleiter der kurländischen Gräfin Elisabeth von der Recke 1806 in Neapel schwer erkrankt, fürchtet er, «daß, wenn er sterben sollte, sein Körper als der eines Nichtkatholiken auf eine höchst schimpfliche Art weggeworfen werde».[5] Eine solche Angst war nicht unbegründet, wurde doch Andersgläubigen ein Friedhofsbegräbnis in der Regel versagt. Die heute als Protestanten-Friedhof bekannte Anlage an der Cestius-Pyramide in Rom beispielsweise war ursprünglich nichts anderes als eine Viehweide außerhalb der Stadtmauer. Die in Rom gestorbenen «Ungläubigen» mußten dort bei Nacht begraben werden, das Aufstellen von Grabkreuzen war untersagt.

Besondere Gefahren auf Reisen drohten in politisch unruhigen Zeiten; Reisende konnten sich dann als Angehörige einer fremden Nation verdächtig machen. Als Goethe im September 1786 die Turmruine in Malcesine zeichnet (der Ort gehörte zum Gebiet der Republik Venedig), wird er für einen österreichischen Spion gehalten und zur Rechenschaft gezogen.[6] Wenige Jahre später, im Zeitalter der Französischen Revolution und der Napoleonischen Feldzüge, schlug durch Europa reisenden Franzosen oft Mißtrauen und Feindschaft entgegen. Papst Pius VI. ließ in den Jahren nach 1790 der Freimaurerei und des Jakobinismus verdächtige Ausländer in Rom durch die Inquisition überwachen. Nach einem Lynchmord an einem Franzosen, der die Kokarde der Revolution auf der Straße getragen hatte, verließ 1793 der größte Teil der französischen Kolonie die Stadt. Wie weit das politische Mißtrauen gehen konnte, berichtet Johann Gottfried Seume in seinem ‹Spaziergang nach Syrakus im Jahre 1802›: In einem Gasthof im Inneren Siziliens dringt nachts eine aufgebrachte Menge in sein Zimmer ein; weil er französisch gesprochen hatte, wird er für einen Franzosen gehalten[7] (Frankreich befand sich damals in einem Quasi-Kriegszustand mit dem Königreich Beider Sizilien).

Besonders angstbesetzt aber war das Reisen dort, wo es über die Grenzen der eigenen Kultur hinausführte – auch innerhalb Europas. Für die adligen und großbürgerlichen Reisenden der *Grand Tour* hatte es – von London bis Neapel, von Paris bis Prag – durchaus eine Art homogenes kulturelles Bezugssystem gegeben: An den fremden Höfen konnte man die von zu Hause vertrauten, im wesentlichen französisch geprägten Lebensformen mehr oder minder wiederfinden. Die Situation ändert sich jedoch, als sich in der zweiten Hälfte des 18. Jahrhunderts neue Arten des Reisens entwickeln, neue Reiseziele gesucht werden. Künstler entdecken jetzt den Reiz abgelegener Landschaften. Durch wenig bekannte Randgebiete Europas (Schottland, Griechenland, Unteritalien) werden von geographisch, ökonomisch und historisch Interessierten regelrechte Forschungsreisen unternommen. Und das Interesse für das Volk – eines der bestimmenden neuen «Reisemuster»[8] – führt dazu, daß eine wachsende Zahl von

Das Reisemißgeschick als Humoreske. ‹Unfälle zu Pferde und zu Wagen› heißt eine Mappe mit Zeichnungen von Johann Heinrich Ramberg, 1806. Hannover, Niedersächsische Landesgalerie.

Reisenden Begegnungen über die «Kulturgrenze» hinweg sucht. Das «Volk» – die Angehörigen der Unterschichten – aber war für die zumeist aus bürgerlichem Milieu stammenden Reisenden nicht nur faszinierend und oft kurios, sondern auch unheimlich – zumal wenn der Reisende diesem «Volk» in einer Situation gegenüber trat, wo er selber in der schwächeren Position war. Als sich der Engländer Craufurd T. Ramage 1828 südlich von Neapel verläuft und die Nacht einbricht, trifft er am Strand auf eine Gruppe von Fischern. Sie laden ihn freundlich ein, mit ihnen zu essen; er jedoch erinnert sich eines vor Jahren in der Gegend geschehenen Mordfalles an zwei englischen Reisenden und findet, daß «alles wohlüberlegt, es mir doch klüger schien, sie nicht in Versuchung zu führen; so bedankte ich mich bei ihnen für die mir erwiesene Freundlichkeit und ging meiner Wege».[9]

Die hier geäußerte Befürchtung, Räubern in die Hände zu fallen, ist eines der wiederkehrenden Motive der süditalienischen Reiseliteratur. Seume bemerkt belustigt, daß der Mauleseltreiber vor Antritt der Reise durch das Innere Siziliens das Reisegeld im voraus verlangt habe, mit der Begründung, sein «Kunde» könnte auf dem Weg erschlagen werden. Seume wird dann tatsächlich von Wegelagerern aufgegriffen und stellt anschließend fest: «Hier hat mich wahrscheinlich nur meine armselige Figur gerettet.»[10] Bei anderen Räubergeschichten hat man als Leser heute eher den Eindruck, sie seien aus der weitverbreiteten zeitgenössischen Räuberliteratur in die Reiseberichte gewandert – so etwa, wenn Wilhelm von Lüdemann 1827 im Gasthof von Eboli auf Betty, die entführte Tochter eines englischen Reisenden trifft – «das Mädchen, blaß aber von großer Schönheit, lag ohnmächtig am Boden» –, die soeben von Fedor, einem beherzten russischen Jüngling, aus der Gewalt der Räuber befreit worden war.[11] Auch konnte es dem Nervenkitzel der Reisenden nur zuträglich sein, wenn der italienische Vetturin mit dem Ruf «Ladri! Ladri!» (Räuber! Räuber!) die Pferde zu schnellerer Gangart zu bewegen wußte,[12] und das Reisehandbuch noch um die Mitte des 19. Jahrhunderts den Räubern einen eigenen Abschnitt widmete.[13]

Überhaupt scheint es, als lebten in den «Angsterlebnissen» der Reiseberichte, die sich doch alle so ganz und gar authentisch geben, oft Szenen weiter, die aus der Belletristik seit alters gut bekannt sind. Eines der wiederkehrenden Motive der europäischen Novellistik und Volkserzählung ist beispielsweise das der nächtlichen Aggression: ein am Tag harmlos erscheinendes Quartier entpuppt sich in der Nacht als Räuberhöhle. Das häufige Auftreten dieses Abenteuers in Reiseberichten läßt wohl mindestens ebenso sehr auf Gestalt gewordene Ängste als auf reale Gefährdungen schließen. In der Fremde ist die Nacht doppelt dunkel.

Dabei ist das Zeitalter der Aufklärung auch die Epoche eines neuen Umgangs mit der Angst. Es geht um die Rationalisierung der Angst und deren Einbindung in einen Zusammenhang von Schuld und Strafe. Der Rechtschaffene muß sich nicht fürchten – so lautet das neue Credo. Die Aufklärung entwickelt dazu ein ausgefeiltes System von Angstabwehr durch Prophylaxe. Auch die Kunst des Reisens wird jetzt mehr und mehr vom Gedanken des *Safety first!* bestimmt. «Richtig reisen» wird zum Programm. Die Reisehandbücher warteten mit immer ausgeklügelteren Vorschlägen zur Vermeidung der Gefahr auf Reisen auf. Daß man ein Paar Terzerolen, handliche Pistolen für die Rocktasche, mit sich führte, war selbstverständlich – auch der Bildungsreisende Goethe trug sie bei sich. Auch eine Stichwaffe versprach Sicherheit, wenn sie nur richtig getragen wurde: «Die sicherste Waffe auf der Reise ist ein Dolch, den man im linken Rockärmel trägt, sodaß er durchaus nicht bemerkt werden kann.»[14] Aus England kam im 18. Jahrhundert die Erfindung einer am Boden der Postkutsche oder des Herbergszimmers festschraubbare Schatulle zur diebessicheren Aufbewahrung der Wertsachen[15] sowie einer *iron machine,* mit deren Hilfe man Türen von innen sichern konnte.[16] Auch die ebenfalls aus England stammenden *travelling writing boxes,* kleine Reiseschreibkästen, enthielten oft kompliziert gesicherte Geheimfächer.

In einem zunehmend gesundheitsbewußten, das heißt körperängstlichen Zeitalter kam der Sorge um schädliche Einflüsse auf den Leib eine besonders große

‹Ein Postwagenabenteuer (1756)›. Die Familien-Illustrierten des 19. Jahrhunderts imaginieren Reisezwischenfälle der Postkutschenzeit als dramatische Abenteuer. Holzstich, nach 1860. Frankfurt/M., Deutsches Postmuseum.

Bedeutung zu. «Unzählbar sind die Schicksale, welche der Gesundheit der Reisenden drohen [...]. Mancher hoffnungsvolle Jüngling verließ mit kernhafter Gesundheit das väterliche Haus, wanderte in fremde Länder und kam mit einem siechen Körper, zur Last seiner Familie zurück.»[17] Reichards ‹Handbuch für Reisende› empfiehlt daher unter anderem die Mitnahme von zwei Hirschfellen, die, in die Betten gelegt, vor Infektionen schützen. «In heißen Ländern empfehle ich Reisenden [...], ein ganzes vollständiges Bette bei sich zu haben.»[18] Ausführlich behandelt wird auch das Thema einer gesunden Lebensführung auf Reisen. Geraten wird, nur mäßig zu essen und zu trinken, überhaupt gegenüber fremden Speisen Vorsicht walten zu lassen. Um mit «Silberglätte» (= Bleioxyd) geklärten, giftigen Wein zu erkennen, solle der Reisende einen *liquor probatorius* mit sich führen, eine mit ungelöschtem Kalk versetzte Probe-Flüssigkeit.[19]

An diesen und zahlreichen anderen Gesundheitsratschlägen der Reisehandbücher fällt die große Ängstlichkeit auf, mit der praktisch alles Fremde erst einmal als Gefahrenquelle verdächtigt wird. Gerade der aufklärerische Blick auf die Gefahr als ein *vermeidbares* Risiko macht die Gefahr omnipotent, kann doch das Risiko überall lauern. Dürfte man aus den Ratschlägen der Handbuchliteratur auf die Wirklichkeit schließen, hätten wir uns den Reisenden als einen permanent mit Probe- und Scheidekünsten beschäftigten Hygieniker vorzustellen. «Ob das Wasser ungesund ist, kann man am besten erproben, wenn man Seife hineinwirft, löst sich diese nicht auf, so ist das Wasser der Gesundheit schädlich.»[20] Beständig wird der Reisende auf die Gefahr hingewiesen, sich vergiften, verunreinigen, anstecken, erkälten oder erhitzen zu können, sich falsch zu bewegen oder seinen Körper sonstwie zu schädigen. Natürlich sind die Ratschläge immer auf dem modernsten Stand der Hygiene und der Medizin.

Eine in der italienischen Reiseliteratur des 18. und 19. Jahrhunderts weit verbreitete und in ihren unterschiedlichen Aspekten besonders signifikante Angst war die vor der schlechten Luft. «Schlechte Luft» galt in der Volksaufklärung des 18. Jahrhunderts als direkte Ursache einer Reihe von Krankheiten, besonders «der bösartigsten Fieber».[21] Daß man sich auf Reisen stets nach der «Beschaffenheit der Luft» erkundigen solle, rät auch die Reiseliteratur.[22] Immer wieder finden sich dort Hinweise auf die «schlechte» bzw. «gute» Luft bestimmter Landstriche oder Städte – bis heute ist von «Luftkurorten» die Rede. Verwissenschaftlichung war auch hier ein Gebot des Zeitalters: Mit einem eigens erfundenen «Aerometer» oder «Endiometer» konnte man die Qualität der Luft messen – Karl Friedrich Benkowitz stellt 1802 mit diesem Gerät fest, daß die Luft in seinem Aufenthaltsort Sorrent besonders rein sei.[23] Mißtrauisch war man auch gegenüber der Luft in Postkutschen, in fremden Herbergen, gegenüber den «Ausdünstungen» der Betten sowie der Nachtluft: «Die Nachtluft ist überhaupt, nach dem Urteil der größten Naturlehrer, mit schädlichen Ausdünstungen der Pflanzen, Bäume und Moräste angefüllt, daher ist dieselbe meistens sehr ungesund.»[24] Besonders gefürchtet aber war die «Fieberluft» bestimmter sumpfiger Gegenden. Die *mal-aria* z. B. wurde, wie der Name sagt, als direkt von der Luft verursacht angesehen. Aus «Furcht, während dem unbefangenen Schlummer den Tod einzuhauchen», hält sich der Schweizer Carl Ulysses von Salis-Marschlins 1793 auf der Fahrt zu den Tempeln von Paestum mit Anstrengung wach:[25] die Reiseführer warnen davor, in der Kutsche einzuschlafen, während man sumpfige Gegenden passiert.[26] Daß, wo erst einmal Ängste wach werden, die Folgen nicht ausbleiben, liegt auf der Hand:

«Auf der Päpstlichen Gränze wurden unsere Koffer plombirt. Kaum hatten wir auf dem neuen Gebiet tausend Schritte zurückgelegt, als alle meine Nervenübel so sehr in Empörung geriethen, wie ich es noch nie empfunden hatte. Mein Gesicht schwoll nach einer halben Stunde schmerzlich an; und die mehrsten meiner Reisegefährten klagten über betäubende Kopfschmerzen. Wir ahneten nicht, daß die berüchtigte *aria cattiva* schon ihre schädliche Wirkung so fühlbar äußere [...]. Der Vetturin [...] versicherte, daß Vögel, die sich im Sommer in diese Gegend verirrten, todt aus der Luft niederfielen.» (1804)[27]

Die von der reisenden Gräfin Elisabeth von der Recke hier an sich registrierten «Nervenübel» sind eine medizinische Lieblingsdiagnose in der Zeit um 1800. Die Vögel, die von der bösen Luft vergiftet, tot vom Himmel fallen, stammen hingegen aus dem Mythos vom Avernersee, dem Eingang der Unterwelt, in Vergils Aeneis (VI, 239ff.). In dem, was den Menschen auf Reisen Angst machte und macht, geht das Neue mit dem Alten, gehen Vernunft und Mythos unlösbare Verbindungen ein.

Dieter Richter

«Ein besseres Los zu suchen und zu finden»[1] Deutsche Auswanderer

Die Auswanderungsbewegungen des 18. und 19. Jahrhunderts standen in unmittelbarem Zusammenhang mit dem seit etwa Mitte des 18. Jahrhunderts feststellbaren starken Bevölkerungswachstum. Von rund 140 Millionen Menschen im Jahre 1750 vermehrte sich die europäische Bevölkerung auf ungefähr 255 Millionen im Jahre 1850. Landwirtschaft und Handwerk boten bald nicht mehr genügend Erwerb. Die eben erst aufkeimende Industrie konnte das überschüssige Potential an Arbeitskräften nicht absorbieren. In dichtbesiedelten Gebieten, wie etwa in Südwestdeutschland, kam es zur Verarmung breiter Bevölkerungsschichten; die durch die Erbsitte der Realteilung herbeigeführte Güterzersplitterung wirkte sich negativ aus. Bereits gegen Ende des 18. Jahrhunderts nahm die Zahl der am Rande des Existenzminimums lebenden Personen stark zu. Gab es eine Mißernte oder anderweitig verursachte wirtschaftliche Krise, so herrschte Massenarmut. Eine mögliche Antwort darauf war die Auswanderung.

Die grüppchenhaften Auswandererzüge des 18. Jahrhunderts richteten sich nahezu ausschließlich nach Rußland und Ungarn. Auslösendes Moment waren die Impopulationsbestrebungen der dortigen Regierungen zur wirtschaftlichen Erschließung und Stärkung entvölkerter Landstriche. So erließ die Zarin Katharina schon 1763 ein Kolonisations-Manifest. Werber reisten durch Deutschland und suchten Kolonisten. Interessierten Bauern und Handwerkern wurden wertvolle Vergünstigungen zugesichert: örtliche Selbstverwaltung, Abgabenerlaß für mehrere Jahre, Religionsfreiheit und Befreiung vom Militärdienst[2].

Die Zahl der im 18. Jahrhundert ins Wolgagebiet, ans Schwarze Meer und nach Ungarn Ausgewanderten war allerdings im Vergleich zu den Auswanderungswellen des 19. Jahrhunderts nicht sehr groß. Die Auswanderung war mancherlei Beschränkungen und Verboten unterworfen. Obwohl es an Arbeitsmöglichkeiten vielfach fehlte, sahen die tief im merkantilistischen Denken verhafteten Staatsverwaltungen in der Auswanderung von Personen einen Verlust an Arbeitskraft, Gewerbefähigkeit und Steuer. Die Kolonistenwerbung nach Rußland oder Ungarn wurde daher, wenn überhaupt geduldet, keinesfalls unterstützt, und noch Anfang des 19. Jahrhunderts bekamen die Auswanderer zehn Prozent ihres Vermögens als sogenannte Nachsteuer abgeknapst.

Bei den Auswanderern des 18. und des frühen 19. Jahrhunderts handelte es sich stets um Familien, um Eltern mit ihren Kindern. Einzelpersonen waren die Ausnahme. Erst Mitte des 19. Jahrhunderts machten sich auch junge Leute ohne Anhang auf die Reise – inzwischen war Nordamerika zum nahezu alleinigen Zielland der europäischen Auswanderung avanciert. Vorher war der Anteil der Amerika-Auswanderer relativ klein. In Württemberg waren es 1804 noch fünf Prozent, im Jahr 1817 bereits ein Drittel.[3]

Die beiden Daten sind nicht zufällig gewählt: In den Jahren 1803/04 und 1816/17 trafen die auswanderungsfördernden Momente – die sich immer weiter verschlechternde Ertragslage, Mißernten, Teuerung sowie Kriegs- und Steuerlasten – so massiert aufeinander, daß die Bereitschaft zur Aufgabe der Heimat aufkeimte, wenn sich eine wirkliche Alternative bot. Nach einigen dürftigen Jahren hatte es 1803 eine besonders schlechte Ernte gegeben. Wieder zogen Kolonistenwerber durchs Land. Podolien, der menschenleerste Teil des von Preußen und Rußland in Besitz genommenen Polens, sollte mit deutschen Bauern und Handwerkern bevölkert werden. Die Bedingungen waren vielversprechend, für die geplagte, arme Landbevölkerung geradezu märchenhaft. Tatsächlich kam es zu so vielen Auswanderungen, daß der württembergische König mit einem von 1806 bis 1815 gültigen Auswanderungsverbot reagierte: er brauchte junge Männer, um sie für Napoleon in den Krieg zu schicken.

Danach aber kam es zu einer erneuten Auswanderungswelle. Sie stand im engen Zusammenhang mit den Hungerjahren 1816/17. Aber die Motive der Auswanderer lassen sich nicht auf wirtschaftliche Not begrenzen. Für ein Zehntel der 1817 aus Württemberg auswandernden Familien und Einzelpersonen wurde als Grund für die Auswanderung «religiöse Schwärmerei» vermerkt.[4] Es ist sicher nicht auszuschließen, daß auch für sie «Mangel an Nahrung, Vermögenszerfall» und eine durchaus materiell verstandene «Hoffnung auf besser Glück»[5] bei der Entscheidung eine Rolle spielten; aber die religiösen Motive dürfen nicht unterschätzt werden.

Nach den bereits im Jahre 1740 angestellten Berechnungen des pietistischen Theologen Albrecht Bengel (1687–1752) sollte 1836 das «tausendjährige Reich» anbrechen. Vorher sei der «Antichrist» mächtig, dessen Herrschaft eine Weltkatastrophe folge. Viele Pietisten sahen in Napoleon den Antichristen und in der Misere der Kriegs- und Teuerungsjahre die ersten Anzeichen der nahenden Katastrophe.

Ursprünglich wollten die Chiliasten, die dem Glauben an die Endzeit anhingen, nach Palästina auswandern, weil dort das tausendjährige Reich errichtet werden sollte. Mehrere Auswanderungsversuche dorthin scheiterten aber. Schließlich gelangte man zu der Ansicht, daß es auch genüge, sich lediglich nach Osten an einen sogenannten Bergungsort zu begeben. Dort, in Sicherheit, sollte dann der Gang der Dinge abgewartet und zum richtigen Zeitpunkt nach Palästina gezogen werden. Nachdem die russische Regierung, vor allem im Interesse der Impopulation der südlichen Landesteile ihres Reiches, dem Einwanderungsgesuch der Pietisten stattgegeben hatte und die württembergische Regierung froh war, die unbequemen «Schwärmer» loszuwerden, machten sie sich auf den Weg.

Leicht fiel ihnen der Entschluß trotz ihren religiösen Hoffnungen sicher nicht. Die Nachrichten über das Zielland waren dürftig, und schon der Gedanke an die Reise bereitete den Auswandernden großes Unbehagen. Ob ihr Weg auf der Donau nach Südrußland oder den Rhein hinunter und über den Atlantik führte – er war lang, strapaziös und gefährlich. Dies belegt vor allem die Zahl der unterwegs Gestorbenen. Nur wenig mehr als die Hälfte der 1817 Richtung Schwarzes Meer Gezogenen überlebte.[6] Von den über Antwerpen nach Nordamerika Ausgewanderten starb etwa jeder Fünfte.[7] Die Haupttodesursache waren Seuchen. Sie entstanden durch mangelnde Hygiene und schlechte Ernährung. Ein Augenzeuge berichtet 1817 über die Verhältnisse auf einem Donauschiff: «Den Zustand dieser

Menschen auf den engen unbequemen Donauschiffen schildert keine Feder. Alle Räume voller Männer, Weiber und Kinder, Gesunde und Kranke, Wöchnerinnen, Neugeborene und Sterbende; auch bereits Tote lagen hier durcheinander; eine verpestete Luft war überall; selbst schon in der Nähe der Schiffe, und Fluchen und Beten, Weinen und Lachen zerfleischte das Ohr.»[8]

Von manchen Familien erreichte niemand das Ziel der Reise. Andere hatten mehr Glück und vor allem genügend Geld, um die Reise gesund und wohlbehalten zu überstehen. Dies galt beispielsweise für den Balinger Salpetersieder Johann Martin Herre, der sich im Frühjahr 1821 einer Auswanderergruppe angeschlossen hatte. Im Jahr darauf schrieb er vom Carlsthal bei Odessa einen langen Brief an die Balinger Verwandtschaft.[9] Es handelt sich um eines der wenigen

Kritik der Auswanderer an der ‹Obrigkeit›, deren Einschätzung der politischen und wirtschaftlichen Realität verspottet wird. Lithographie von W. Steck, um 1849.

Dokumente, in denen wir aus der Feder der Betroffenen etwas über das Schicksal der religiösen «Schwärmer» unterwegs und in Rußland erfahren: «Was die Reise betrifft, so haben wir diese gerade in 2 Monath und 3 Tagen glücklich geendigt, denn am 6ten Juli kamen wir alle vom Kleinsten bis zum Grösten im besten Wohlsein hier in Odessa an. Zudem machten wir noch einige Rasttäge, und nur einige Reisegefährten weniger, so wäre die Reise wirklich eine Lustreise gewesen. Und wann ich gewußt hätte, was ich jezt nun weiß und erfahren habe, so hätte ich mich in Ansehung der Reisegefährten gegen allen Zuspruch besser vorgesehen. Die Reise kostete mich mit Futter und Weggeld mitgerechnet 328 f.» Mit seinen geldlichen Mitteln lag Salpetersieder Herre weit über dem damals bei Auswanderern üblichen Standard von durchschnittlich etwa 270 Gulden Gesamtvermögen pro Familie.[10]

Er schildert dann ausführlich die Ereignisse des ersten Jahres in der Fremde und resümiert schließlich: «Weit entfernt aber, daß ich irgend meine Freunde

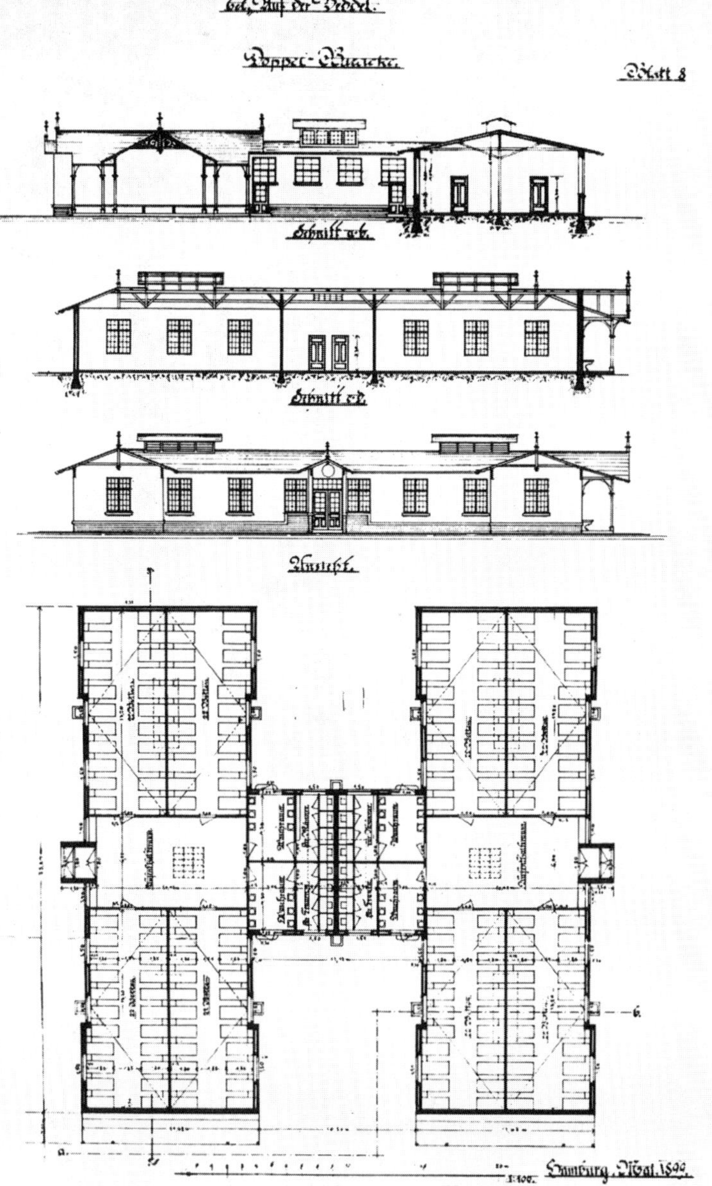

In der großen Auswanderungswelle nach 1880 sah sich die ‹Hamburg-America-Linie› veranlaßt, ein Lager für die Auswandernden in der Nähe Hamburgs einzurichten. Die langen Wartezeiten machten solch eine Einrichtung erforderlich. Entwurfszeichnung, 1899. Hamburg, Staatsarchiv.

und Bekannte zur Auswanderung aufmuntern oder anreizen wollte. Nein! Vielmehr sage ich jedem meiner Freunde, jedem rathe ich, was du auch immer vor eine Ansicht und Überzeugung von dem prophetischen Wort und den großen Weltbegebenheiten hast, so bleibe, wo du bist. [...] Und ich muß es redlich gestehen, daß wenn hier die Gegend ist, wo sich der Leuchter des Evangeliums niederlassen soll, so muß es nach meiner Ansicht noch zweimal 1836 Jahr anstehen, biß solches geschicht, kurz, die Sache müßte sich sehr schnell ändern. [...]

Daß ich hier Heimweh habe, kan ich nicht sagen, doch aber ist der Pfad meines Lebens mit Dunkel umhüllt. Und mein ganzer Auswanderungsplan ist mir wirklich zu einem Räthsel geworden und ich denke oft, daß wenn ich die Bücher eines Bengels, eines Hahns und Stillings niemals gelesen hätte, so würde ich nicht hier sein.»

Viele Auswanderer mußten erfahren, daß die neugewonnenen Ländereien vor allem im Krieg den gleichen Belastungen unterlagen wie die verlassene Heimat. Martin Gering, ausgewandert aus Ostdorf im Oberamtsbezirk Balingen, schrieb 1816 aus der Kolonie Louisenhof in Preußisch-Polen an Verwandte: «Oft war unser inniglicher Wunsch einmal an Euch zu schreiben, aber da wir so eine geraume Zeit aus der dortigen Familie uns in dieses weite entferndte Land begeben, und gedachten ein besseres Looß zu treffen, so war theils uns als Euch lieben Freunden ganz unbekannt und unwissend geworden einander etwas zu benachrichtigen.

Und was im grunde das übelste betraf, die Hindernisse der großen und starken Dur[ch]märsche und immerwährenden Einquartierungen verschiedener Truppen fremder Völker, ist das Lastvollste und Beschwerlichste für unser ganzes Land strafbar gewesen, wo wir grausam erlitten haben, wo wir nebenbey starke Fouragen haben liefern müssen, das hat uns, und viele hier im Lande in Armuth versezt, wo es den Edelmann so gut wie die Armen betroffen hat, und man darf noch dabey nichts sagen, und dieses Verhängnis welches eine Heymsuchung von dem Allerhöchsten über uns Menschen beschlossen, werdet eben solches in eurem Lande erlitten haben. Gott gebe uns nur wiederum einen langen Frieden damit wir sorgfältig unser Land wieder bebauen möchten, damit wir unsern Verlust beybringen könten.»[11]

Angesichts der Schwierigkeiten am neuen Ort war es nicht verwunderlich, daß manche nicht durchhielten und die Rückkehr wählten. Dies war freilich ein verzweifelter Schritt, der zwangsläufig in neue Schwierigkeiten hineinführte. Die Rückkehrer sahen sich mit dem Spott und der Kritik der Daheimgebliebenen konfrontiert. Haus, Güter, Vieh und Ackergeräte waren verkauft und der Almandteil aufgegeben worden. Sie standen vor dem absoluten Nichts und waren auf die Unterstützung angewiesen, zu der die Heimatgemeinde gesetzlich verpflichtet war.

Als erstes mußten sie sich um die Wiederaufnahme ins Gemeindebürgerrecht bemühen. Um festzustellen, ob sie nicht inzwischen eventuell bereits an anderem Ort ins Bürgerrecht aufgenommen worden waren – womit die Heimatgemeinde ihrer Unterstützungspflicht entbunden gewesen wäre – wurden die Rückkehrer von den Amtsleuten verhört.

So kamen mitten im Winter 1817 zwei im Frühjahr ausgewanderte Familien in die Albgemeinde Feldstetten zurück. Michael Hetterich, Schneider, einer der beiden Familienväter, erschien ein paar Tage später in Münsingen vor dem

Oberamtmann zur Vernehmung[12] und erzählte, daß er ursprünglich nach Rußland auswandern wollte. In Ulm habe er sich aber einer von dem aus Möhringen stammenden Kolonnenführer Brummer geleiteten Auswanderergruppe angeschlossen. Brummer hatte ihm und den anderen versprochen, daß sie sich in Niederungarn niederlassen könnten. Hetterich händigte ihm dafür, als Gebühr für sich und seine Familie, 150 Gulden aus und war froh darüber, nicht bis nach Rußland reisen zu müssen. Im Banat angekommen mußten sie allerdings feststellen, daß der Kolonnenführer sie betrogen hatte. Niemand wußte von ihrer Ankunft, und Brummer war mit dem Geld über alle Berge. Er sei darauf zu vielen ungarischen Großgrundbesitzern gegangen und habe um Aufnahme gebeten. Da er aber kein Vermögen mehr hatte, wurde er abgewiesen. Unter diesen Umständen habe er nichts anderes tun können, als mit seiner Frau und den Kindern wieder die Rückreise anzutreten. In Wien sei seine Frau gestorben. In

Haus- und Taschenbibliothek
für Amerika-Auswanderer.
Zweiter Band.
Nützliches
Reisebuch
für Amerika.
Unentbehrliches Taschenbuch für Auswanderer nach Amerika, das über alle amerikanischen Verhältnisse, Reiserouten, Ansiedlung, Rechtsverhältnisse, Erwerb, Geld, Länderei-Käufe, Anbau, Handel und Gewerbe u. s. w. die genaueste Auskunft und Belehrung gibt.

Nach eigenen Erfahrungen und den besten Quellen bearbeitet von
Hans Rau in New-York.
Vierte verbesserte Auflage.
Mit 1 Karte von Amerika und Abbildungen der amerik. Gold- u. Silbermünzen.
Druck und Verlag der J. Ebner'schen Buchhandlung in Ulm.

Seit der Mitte des 19. Jahrhunderts waren in Deutschland zahlreiche Publikationen auf dem Markt, die ‹nützliche› Hinweise und Ratschläge für Auswanderungswillige gaben. Titelblatt zu: Nützliches Reisebuch für Amerika, Ulm um 1870.

Linz habe ihn die Polizeibehörde übernommen und von Station zu Station bis nach Ulm transportiert. Nun erscheine er reuevoll und bitte um die Wiederaufnahme in das vorher genossene Bürgerrecht zu Feldstetten.

Begeistert waren die Gemeinden über solche Rückkehrer nicht. Um die Mitte des Jahrhunderts bildete sich sogar die Übung heraus, daß Gemeinden die Auswanderung verarmter Ortsangehöriger finanzierten, um diese ein für allemal loszuwerden. Zu den ersten dieser Fälle gehörte die Dienstmagd Magdalena Baumgärtner von Faurndau bei Göppingen, die allerdings die Auswanderung selber ins Auge gefaßt hatte. Im März 1836 machte sie sich auf den Weg nach Weilheim bei Kirchheim und suchte dort den Kaufmann Charles Schwarz auf. Über die Zeitung hatte sie erfahren, daß er billigste Auswanderungsmöglichkeiten vermittle. Wenige Tage später erhielt das Schultheißenamt Ennabeuren – die Heimatgemeinde der Baumgärtner – vom Kaufmann Schwarz folgendes bemerkenswerte Schreiben:

«Die ihrer Gemeinde zugetheilte Magdalena Baumgärtner hat sich heute bei mir, wegen der Auswanderung nach Algerien angemeldet. Da solche kein Vermögen besitzt, und zudem noch ein Kind hat, vielleicht späterhin noch mehr Kinder bekommt, welche alle der Commun Ennabeuren zur Last fallen, so rathe ich der Commun, nach dem Beispiel sovieler anderer Gemeinden, welche solche überlästige Personen losbringen, für solche und ihr nunmehr einziges Kind ein Opfer zu bringen, um späterhin von jeder Last befreit zu seyn. Obgenannte Baumgartner mit ihrem Kind bedarf 200 fl um nach Algerien auswandern zu können. Wenn nun die Commun solche Summe accordiert, so bin ich bereit, die Magdalena Baumgartner sammt ihrem Kind nach Algerien zu nehmen und dort anzusiedeln, dergestalt, daß sie nicht mehr zurückkommt, und nie mehr der Commun zur Last fällt.»[13]

Der geschäftstüchtige Auswanderungsagent arbeitete im Auftrag einer französischen Kolonisationsgesellschaft, von der er für jeden angeworbenen Auswanderer eine ansehnliche Prämie erhielt. In Württemberg war das Anwerben von Auswanderern für auswärtige Kolonien zu dieser Zeit jedoch verboten. Bereits 1835 waren Charles Schwarz solcherlei Aktivitäten untersagt worden. Der Schwäbische Merkur brachte sogar eine öffentliche Warnung «vor weiterem diesbezüglichem Verkehr mit demselben».[14] Von privater Seite war die Regierung über schlimme Zustände in den algerischen Kolonien unterrichtet worden.

Der Ennabeurener Gemeinderat beschloß, die Magdalena Baumgärtner auf Kosten der Gemeinde auswandern zu lassen und informierte von diesem Vorhaben auch das Oberamt. Obwohl dieses über die Verhältnisse und Machenschaften des Weilheimer Auswanderungsagenten und die Fragwürdigkeit dieses Unternehmens bereits informiert war, schritt es nicht ein, sondern ließ den Dingen ihren Lauf. Anfang April konnte der Schultheiß dem Oberamt melden: «Magdalena Baumgärtner wandert nach Algerien aus, [...] der Agent Schwarz ist selbst in Ennabeuren gewesen und hat es mit dem Gemeindevorsteher ausgemacht, so daß er sie übernehme mitsamt den Reisekosten.»[15]

Und tatsächlich reisten die ledige Dienstmagd und ihr Kind großem Elend entgegen.

Hans Schimpf-Reinhardt

Das Land der Verheißung
Amerika im Horizont deutscher Auswanderer

In einem der entlegensten Täler des hinteren Odenwaldes kann der Wanderer die Unterneudorfer Mühle entdecken und sich in eine Idylle zurückversetzt fühlen, von der sonst nur noch Volkslieder und Heimatliteratur erzählen. Doch soll man bekanntlich idyllischen Eindrücken nicht zu sehr vertrauen, und wer dies in jenem Odenwaldtal vergißt, der wird neu daran erinnert, wenn er an einem der Eckquader des Mühlengebäudes die Inschrift «North America» entziffert. Wir wissen nicht, wer vor hundert oder mehr Jahren diese Inschrift in den Stein geritzt hat. Wohl aber dürfen wir sie – da sie nach der Aufschrift auf einem Auswandererbrief kopiert zu sein scheint – mit der Auswanderungsbewegung des vorigen Jahrhunderts in Verbindung bringen und uns die Spekulation gestatten, daß sich da einer schon vor langer Zeit aus der Idylle herausgesehnt hat, ein armer Müllersknecht vielleicht, der in einer müßigen Stunde sein Fernweh in den Stein grub. Als Historiker weiß man natürlich, daß der große Aufbruch in die Neue Welt gerade aus dem geographischen und geschichtlichen Abseits heraus erfolgt ist. Doch ist es etwas anderes, vor Ort daran erinnert zu werden. Denn hier zählen nicht allein Statistiken und berechenbare Auswanderungsgründe, wie sie die Auswanderungsforschung als *Push-* und *Pull*-Faktoren aufzulisten pflegt.[1] Hier ist auch die gewaltige Spannung zwischen Nähe und Ferne nachzuempfinden, die der Auswanderungswillige subjektiv zu bewältigen hatte: als einer, der im Überschaubaren und Vertrauten großgeworden war und auf eine Zukunft doch nur jenseits des gewohnten Horizontes hoffen durfte, auch jenseits dessen, was als «Deutschland» noch irgendwie bekannt war. Auf eine Zukunft eben dort, wo Glück den Namen «Amerika» trug und – nicht ohne Zutun der Auswanderer – einen Vorschein bereits bis ins letzte Odenwaldtal fallen ließ.

Zwischen dem fernen Reise- und Lebensziel der Amerikaauswanderer und der Provinzialität ihrer Herkunft sahen schon zeitgenössische Beobachter einen eigentümlichen Gegensatz. Als Korrespondenten bürgerlicher Zeitungen registrierten sie, daß in den Seehäfen biederes Volk zu den Schiffen drängte, dem Weltläufigkeit nicht gerade in die Wiege gelegt war. So berichtete die ‹Augsburger Allgemeine Zeitung› 1846 aus Bremen: «Der Kurhesse mit seinen gedrückten Zügen, neben sich das schwarzgekleidete Weib und die hagere Kinderschaar, wandelt dem heiteren Franken zur Seite; der stämmige und markige Braunschweiger Bauer, der in Kleid und Haltung an den derben Schwarzwälder erinnert, neben dem Mann aus dem Vogelsberg oder dem schlanken Thüringer, der, wie in seinem Waldgebirge so auch hier am Meeresstrand, munter sein Liedlein pfeift. Der strenge in sich gekehrte Altlutheraner ist in lebendigem aber friedlichem Gespräche mit dem gläubigen Katholiken, und sie alle reden und träumen von der neuen Welt! Denn auf die Frage: ‹Wohin, liebe Landsleute?› entgegnen sie stets: ‹Nach Amerika!›».[2] Wohlmeinende Ratgeber empfahlen den Davonziehenden, sich so schnell wie möglich ihrer provinziellen Trachten zu entledigen, um in Amerika kein Aufsehen und Gespött zu erregen,[3] und waren auch sonst vermittelnd zur Stelle. Aber sie hatten auch immer wieder hinzunehmen, daß die Auswanderer guten Rat nicht nötig zu haben glaubten und ausgerechnet als Hinterwäldler am besten zu wissen wähnten, was sie in Amerika erwartete. Nicht zu Unrecht spürte man in dieser Haltung auch Aufsässigkeit und reagierte dort, wo sich traditionelle Autorität besonders herausgefordert sah, also in den Amtsstuben von Staat und Kirche, mit harscher Kritik, Spott und Polemik. Als im Hungerjahr 1816/17 der Zug in die Ferne erstmals zur Massenbewegung anschwoll und im Schwarzwald die billigen ländlichen Arbeitskräfte verlorengingen, schrieb ein Beamter zu Hornberg in ein Protokoll: «Man muß diese Menschen wie Geisteskranke betrachten. Sie geben keiner wohlgemeinten Vorstellung [...] Gehör, verspotten und verlachen [die Beamten] und sind geneigt, jedes alberne Geschwätz über den Zustand des neuen fernen Landes und des sie dort erwartenden Glückes aufzunehmen».[4] Andere Kommentatoren hatten auch schon den Namen für die beobachtete und zum Teil für ernsthaft genommene «Geisteskrankheit» bereit: «Auswanderungssucht» oder «Amerikafieber». Mit Blick auf die Unruhe in den Rheinprovinzen und in der Schweiz und mit Verweis auf die Polen- und Amerikazüge von 1768 und 1784 schrieb ein Mitarbeiter der ‹Trierischen Zeitung› 1816, es sei schwer zu erklären, aber eben dem Deutschen eigentümlich, daß er «von Zeit zu Zeit von der Auswanderungs-Sucht ergriffen wird [...] gleich einer ansteckenden Krankheit» und sich dann dieser mit einer Sorglosigkeit hingebe «wie der Türke der Pest».[5] Dem deutschen Untertan die Mündigkeit zuzugestehen, fiel schwer. Und von der Verantwortung für die Zustände, die den Auswanderer nichts mehr von seiner alten Heimat und alles von der «Neuen Welt» erwarten ließen, entlastete am besten, wenn «Amerika» zum Wahnbild von Kranken oder Primitiven erklärt wurde.

Es fragt sich freilich um so mehr, wie Amerika – und das hieß für die Zeitgenossen immer: Nordamerika bzw. seit 1783 die Freistaaten der Union – tatsächlich in den Gesichtskreis von Personen treten konnte, über die in einer kurhessischen Denkschrift zur Auswanderungsfrage 1852 wie folgt geurteilt wurde: «Die Auswanderer gehören meist der ungebildeten Volksklasse an; sie haben in der Regel ebenso wenig Bildung, als Erfahrung und durch sie bedingte Menschenkenntniß; die meisten sind Landbewohner, von denen man annehmen kann, daß sie nicht weiter als in die nächste Stadt zu Markte, zur Arbeit oder zu Gericht gegangen sind».[6] Zwar scheint hier und in ähnlichen Situationsschilderungen aus der ersten Hälfte des 19. Jahrhunderts übergangen, daß die dörflich-kleinstädtischen Horizonte auch ohne die Auswanderung bereits aufgebrochen waren: durch eine zum Teil weitreichende Mobilität von Angehörigen der Unterschichten, wozu an landwirtschaftliche Saison- und Jahresarbeiter (Ernte- und Dreschhelfer, Gesinde) zu erinnern ist, an Händler und Hausierer mit heimgewerblichen Produkten, wandernde Handwerksgesellen, vagierende Bauhandwerker usw., ja an ganze Landgängerdörfer wie Espa in der hessischen Wetterau, dessen Einwohner bis nach England mit Fliegenwedeln handelten und nach Übersee Musik- und Tanzmädchen *(«Hurdy-gurdy-girls»)* vermieteten.[7] Jedoch ist auch nachgewiesen, daß die Auswanderungsbewegung erst seit der Wirtschaftskrise der 1840er Jahre aus diesem Sozialmilieu stärkeren Zuzug erhielt und dann überwiegend zu einem Unternehmen der Armen und Besitzlosen wurde,[8] während sich in den Jahrzehnten zuvor die dem Amerikafahrer abverlangte Bereitschaft zu Mobilität und Risiko eher noch mit den Resten bäuerlich-handwerklicher Wohlhabenheit verbunden hatte.[9] Als Friedrich List 1817 seine berühmte Auswandererbefragung in Heilbronn, Weinsberg und Neckarsulm durchführte und – im Auftrag des württembergischen Königs – die Fortzugswilligen auch zum Bleiben überreden sollte, ließen sich nur einige Familien der «ärmeren Classe» vom Auswandern abbringen, während interessanterweise gerade «die vermöglicheren [...] durch keine Vorstellung von ihrem gefasten Entschluß zurückzubringen» waren.[10] Der «vermöglichere» Auswanderer aber war derjenige, der sich noch überwiegend im eigenen Dorf ernährt hatte und aus ungleich engeren Lebens- und Verkehrskreisen heraustrat als der notbedingt mobile Arme, der verzögert nach Amerika folgte bzw. dann auch – zur Entlastung der Armenkassen – von Staat und Gemeinden dorthin abgeschoben wurde.

Doch konnte nur wieder eine recht elitäre Sicht der Dinge die ursprüngliche Bodenständigkeit der Amerikafahrer mit Beschränktheit und Hilflosigkeit gegenüber den Anforderungen der Auswanderung gleichsetzen. Die Auswanderer des 18. und frühen 19. Jahrhunderts waren nach allem, was wir von ihnen wissen, Unzufriedene, die nicht ebenfalls in den Sog ringsum sich ausbreitender Armut geraten wollten und die allgemeine, der Obrigkeit angelastete «Verzweiflung, daß es hier noch besser werde» (List) produktiv werden ließen, indem sie Existenzmöglichkeiten jenseits von Not und Niedergang anvisierten. Diese vorab geistige Überschreitung gesetzter Grenzen konnte utopische Züge gewinnen, doch verlor sie sich vor der Wirklichkeit so wenig ins Nichts, wie sie gegen diese die Revolution hervortrieb.[11] Denn den Wünschen und Utopien kam die Realität von Amerika entgegen: werbend und verlockend, da ebendort Siedler und Arbeitskräfte erwünscht waren; unwillentlich auch Illusionen erzeugend, aber gegenüber dem engen und rückständigen Europa vielfach im Vorteil und auswanderungsfeindlicher Verketzerung allein schon durch die Briefe überlegen, die eine ständig wachsende Zahl von erfolgreichen Einwanderern an die Zurückgebliebenen schrieb.[12] Als List 1817 auch nach den Inspirationsquellen seiner Verhörpartner forschte, stieß er wiederholt auf die ominöse «Nachricht von Verwandten in Amerika, welche es dort gut haben»[13] und auf Aussagen wie diese: «Ich hätte es freilich auch ausgehalten wie die andern, so lange es möglich gewesen wäre, wenn die Nachrichten von Amerika nicht gekommen wären.»[14] Und von Leuten, die man für weltfremd gehalten hatte und noch hielt, nahm er mit Ironie zu Protokoll: «Sie wißen es ganz gewiß, daß man in Amerika den Morgen Akers um 6 Gulden kauft, Vieh die Menge vorräthig ist, daß man AnfangsCredit genug hat, daß die Früchten gut abgesetzt werden, daß selbst der Taglöhner 1 Gulden täglich zurücklegen kann usw. Alles dieses wißen sie aus Briefen.»[15]

In der Kolonialzeit waren immerhin schon 65 bis 75000 Deutsche nach Nordamerika gegangen, die auf rund 250000 Deutschamerikaner – eine für die Zeit der amerikanischen Revolution geschätzte Zahl – anwuchsen. Für sie traf noch am ehesten zu, daß sie durch gezielte Werbung, durch das Zureden von Initiativpersonen und durch Propagandaschriften für die Auswanderung gewonnen worden waren. Nach der Deutschlandreise William Penns von 1677 hatte sich zu Frankfurt a. M. ein erster Auswanderungsverein, die «Teutsche Compagnie», gebildet, für Gruppenauswanderungen geworben und in dem Juristen Franz Daniel Pastorius einen Agenten gefunden, der dann schon eigene Erfahrungen mit der Neuen Welt in seine ‹Beschreibung der zu allerletzt erfundenen Provintz Pensylvaniae in denen End-Gräntzen AMERICAE in der West-Welt gelegen› (Frankfurt und Leipzig 1700, Neuauflage 1704) einfließen ließ. Eine ähnliche Werbeschrift kam als ‹Ausführlich- und umständlicher Bericht von der berühmten Landschaft Carolina› (Frankfurt und Leipzig 1706) durch den pfälzischen Pfarrer Josua Kocherthal (eigentlich Harrsch) in Umlauf, hinter dem der englische Gesandte in Frankfurt stand, der im Auftrag der Königin Anna von England und britischer Adelskreise für deren Großgrundbesitz in Amerika Kolonisten gewinnen sollte. Und weitere Werbeliteratur schloß sich an: so das 1737 in der Schweiz herausgegebene Heftchen, das Süd- und Nord-Carolina, Pennsylvanien, Maryland und Virginia zum «Neu-gefundenen Eden» erklärte.

Doch hatte auch diese frühe Propaganda für die Auswanderung nur Erfolg haben können, weil eine Aufbruchsstimmung bereits erwacht war. Um es ge-

Voll tränenseliger Emphase stellt eines der im 19. Jahrhundert massenhaft verbreiteten Bildmedien, die ‹Bilderbogen aus Neuruppin›, den Abschied eines Auswanderers von seinen Eltern dar. Kolorierter Holzschnitt, um 1840.

nauer zu sagen: ein religiöses Verlangen nach der Ferne, das sich mit Amerika unter Glaubensaspekten zu beschäftigen begann. Anschaulich bezeugt uns dies Ulrich Bräker, der «arme Mann im Tockenburg» (Schweiz), in seiner Autobiographie aus dem 18. Jahrhundert, in der zwei Bauersleute angeführt werden, die sich mal für Amerika begeisterten, mal «überhaupt von einer Flucht, vom Auszug aus Babel» redeten und offenbar im gleichen «gedruckten Blatt» – wohl dem Heftchen «Neu-gefundenes Eden» – ein Ziel für ihre Reisesehnsucht gefunden hatten, das auch Bräker das «Herz hüpfen» ließ und das er «wohl hundertmal» las.[16] In separatistischen Glaubensgemeinschaften, die den Dissens mit der Obrigkeit zur Glaubensfrage aufwarfen, sprach man damals viel vom drohenden Weltende, deutete Mißernten und strenge Winter als Vorzeichen des Weltgerichts[17] und beschwor so die gerechte Strafe für in eins gesetzte Übel: für feudale Mißwirtschaft und Unterdrückung, Sünde und moralische Verworfenheit. Zu eigener Rettung spekulierte man aber zugleich auf Auswege und überblendete Amerika mit den biblischen Bildern vom «gelobten Land» und vom den Guten verheißenen «Kanaan». Ja man glaubte sogar, daß Amerika im Begriff stünde, sich in ein neues Paradies zu verwandeln, wo Gott mit den Menschen einen zweiten Anfang versuchen wolle.[18] Dieses eschatologische Amerikaverständnis, das pietistische Auswanderer aus Württemberg noch 1817 gegenüber List artikulierten,[19] gab der frühen Auswanderungsbewegung Dynamik, hatte bis Ende des 18. Jahrhunderts eine Reihe geschlossen auswandernder Sektengruppen übers Meer geführt und über diese Gemeinschaften hinaus für Amerika sensibilisiert, so daß auch solche Auswanderer mit fortgezogen waren, denen sich hauptsächlich die materiellen Verheißungen der Neuen Welt vermittelt hatten.

Man könnte in diesem Zusammenhang fragen, ob die Horizonterweiterung derer, die Amerika in ihr Lebenskalkül zogen, nicht schon durch den eingeübten Blick auf ein besseres Jenseits präformiert und leicht gemacht war. Das würde vielleicht miterklären, daß man der extremen Ferne der «neuen Provinzen», den ungewissen Wegen dorthin und den Gefahren des Scheiterns im Unbekannten so wenig Schrecken abgewann, ja daß man diese Umstände und alles, was dem Übersiedeln entgegenstand, wohl sogar als Glücksgarantien empfand. Da im 18. und frühen 19. Jahrhundert auch noch nach Ungarn bzw. Polen auszuwandern war, also in nähere, ohne Ozeanreise zu erreichende und vom Hörensagen bekanntere Länder,[20] mag ferner zu erwägen sein, ob Amerika nicht bisweilen gerade deshalb das bevorzugte Reiseziel abgab, weil es in der Aura des Fernen und Entrückten strahlte.

Doch darf auch nicht übersehen werden, daß die Jenseitigkeit von Amerika eine ganze Reihe diesseitig-vertrauter Züge angenommen hatte und der Lebenswelt der Auswanderer doch auch sehr nahe zu liegen schien. Zutreffende Informationen und Wunschprojektionen spiegelten ein Land ohne befremdliche Anpassungszwänge vor: größer und weiter zwar als die alte Welt und mit reicheren Möglichkeiten gesegnet, aber doch nicht völlig anders. Schon vom Klima ging die Kunde, daß es gemäßigt wie in Deutschland sei und jedenfalls im Osten und mittleren Westen nicht die fiebererzeugende Schwüle aufwiese, die als Schreckbild Südamerikas kursierte. Mit Tälern und bewaldeten Bergen stellte man sich auch das Landschaftsbild ähnlich vor – noch waren ja die Prärien kein Thema, da dort die Landnahme erst nach 1850 erfolgte. Und je mehr Landsleute man in Amerika wohnen wußte, desto mehr gewann die Ferne noch an Anmutungsqualität und lockte mit Siedlungen, die ein vertrautes kulturelles Milieu versprachen.

Was aber die fremden Herrschaftsverhältnisse betraf, so schien durch die Auswanderung lediglich ein Loyalitätswechsel angesagt: die Hinwendung zu einer besseren, das Glück ihr Untertanen verständnisvoll fördernden Obrigkeit. Zwar ist Amerika auch schon zur Kolonialzeit als «Land der Freiheit» anvisiert worden, von dem ein «recht vergnügt» in Pennsylvanien lebender junger Auswanderer 1753 mitteilte: «Es hat ein jeder Freiheit zu handtieren, zu jagen und zu fischen und glauben was er will.»[21] Doch wurde diese Freiheit immer noch als «gnädig» gewährte – und damit im Prinzip altvertraute – empfunden und nicht als Gegenteil von Herrschaft, sondern als Ausweis guten Regierens begriffen. So war auch nicht widersprüchlich, auf übermächtige Schutz- und Rettergestalten zu reflektieren: nebst Gott etwa auf Königin Anna von England, für die sich zu Beginn des 18. Jahrhunderts die deutschen Auswanderer begeisterten, weil es hieß, sie verschenke in Amerika das Land und zahle sogar die Reisekosten.[22] Später wurde Präsident Washington von den Auswanderern als eine Art Übervater verehrt, und noch lange im 19. Jahrhundert setzte Vertrauen in fremde Fürsorglichkeit immer wieder das Gerücht in Umlauf, die amerikanische Regierung würde die Kosten der Überfahrt vorschießen oder ersetzen und auch Mittel zum Anbau des Landes vorstrecken.[23]

Längerfristig korrigierten sich solche Einstellungen eines noch feudal geprägten Bewußtseins zugunsten größeren Selbstvertrauens der Auswanderer, so wie sich auch die Begriffe von Amerika änderten und das «Land der Verheißung» weniger als geschenktes und mehr als gemachtes Paradies erschien: seit der amerikanischen Revolution eben auch als vorbildlich eingerichtetes Gemeinwesen, in dem Wohlstand tatsächlich auf der Basis garantierter Bürgerrechte gedieh und ein historisch gereiftes Freiheitsideal seine Verkörperung gefunden hatte. Nach den napoleonischen Kriegen und dem Wiener Kongreß dämmerte dieses neue Amerika noch vage, aber doch schon mit dem Kennmerkmal «Freiheit» am deutschen Horizont herauf, um einerseits die Kritik an den heimischen Verhältnissen, andererseits die Bereitschaft zur Auswanderung zu stärken. Wie sich naive Vorstellungen mit ins Bild mischten, ist bei Carl Schurz nachzulesen. Im Rückblick auf seine Jugendjahre in Liblar in der Rheinprovinz beschreibt er, wie bei abendlichen Gesprächen «die Männer unseres Familienkreises in jener Blockhausromantik [schwärmten], die für die Phantasie des mit dem amerikanischen Leben unbekannten Europäers, besonders des Deutschen, so großen Zauber gehabt hat».[24] Das klingt mehr nach Anarchie denn Freiheit, vertrug sich aber sehr wohl mit dem Schau- und Wunschbild einer amerikanischen Bauernrepublik, das auch hinter der Verehrung für George Washington aufscheint.[25] Präziser erfaßte das deutsche Bildungsbürgertum die amerikanische Wirklichkeit nach 1783, um sie dann – in eigener Freiheitsbegeisterung – als politische Botschaft ins potentielle Auswanderermilieu hineinzutragen. Daß Amerika ein mustergültiger Freistaat sei, konnten 1847 die Bauern noch im letzten badischen Odenwalddorf von einem Flugblatt ablesen, das sie aufforderte, dem amerikanischen Beispiel zu folgen und die Fürsten zu verjagen.[26] Unbeabsichtigte Wirkung solcher Propaganda war, daß sie für den – nur zu häufigen – Fall des Scheiterns demokratischer Kämpfe zugleich das klassische Land der Zuflucht in Erinnerung hielt bzw. neu ins Gespräch brachte; jenes bessere Amerika, das tatsächlich 1830/33 wie 1848/49 die politischen Flüchtlinge Deutschlands aufnahm und mit seiner Anziehungskraft für Enttäuschte aller Art die Auswanderung auch zum Revolutionsersatz werden ließ.[27] Gewiß nicht von ungefähr grassierte das sogenannte «Amerikafieber» am stärksten dort, wo auch das «Revolutionsfieber» virulent war: in Südwestdeutschland, in der Pfalz, in Hessen, am Rhein.

Man hat oft behauptet, daß die Massenauswanderung, die in den 1840er Jahren in Gang kam und im Spitzenjahr 1854 rund 230400 Auswanderer übers Meer führte, von rein ökonomischen Zwängen diktiert gewesen sei und nur beiläufig auch mit den politischen Zeitereignissen zu tun gehabt habe. Dabei wird verkannt, daß auch der Arme einer Vision von einer besseren Welt bedurfte, um für den Aufbruch Entschlußkraft zu gewinnen, und daß ihm das Freiheitsstreben des Vormärz und der 48er Revolution diese Vision wenn nicht gegeben, so doch

Die in New York angekommenen Einwanderer wurden, je nach Reiseziele, mit Dampfschiffen der ‹Einwanderer-Beförderung› zu den Bahnstationen in New York oder New Jersey gebracht. Holzstich, 1874.

ausgemalt hat. Wo die alten Horizonte geschlossener blieben, wo auch nicht – wie im deutschen Südwesten und Westen – von der Schweiz und von Frankreich her ein neues Glücks- und Freiheitswollen stimuliert wurde, fehlte bezeichnenderweise auch der Auswanderungsbewegung ihre eigentliche Dynamik. Dafür steht das Beispiel Bayern, wo selbst aus dem armen Bayerischen Wald vor 1850 ungleich weniger Auswanderer kamen als aus den Krisengebieten des Odenwaldes, des Hunsrücks und des Vogelbergs. Man kann dafür zwar auch organisatorische und rechtliche Gründe geltend machen, kommt einer Erklärung aber wohl näher, wenn man Gegenaufklärung, Antiliberalismus und jene Macht mit in Betracht zieht, die diese Tendenzen verkörperte: die Kirche. Während staatlicherseits die Auswanderung als Entlastung empfunden und je länger, desto nachhaltiger gefördert wurde, hatten katholische wie lutherische Kirche das «Ketzerische» der Amerikabegeisterung erspürt, das in der Suche nach innerweltlicher Daseinserfüllung lag und zur gottesfeindlichen «Kreuzesflucht» erklärt wurde.

Die Glücksidee der Auswanderer hatte indessen längst das Sektiererische abgestreift und an aufklärerischer Substanz gewonnen. Nicht mehr nur Auserwählte durften sie hegen, sondern jedermann. Und jedem zur Auswanderung Geneigten teilte sich die Gewißheit mit, in Amerika seines Glücks Schmied sein zu können. Wenn konservative Distanz zur Auswanderungsbewegung auch davon sprach, daß in Amerika das «Schlaraffenland» gesucht würde,[28] so wurden damit märchengläubige Einfalt und arbeitsscheue Faulheit attackiert, die es so wenig gab wie einen leeren Amerikawahn. Denn der Auswanderer – das weisen genügend Selbstzeugnisse aus – besaß die Bereitschaft, sich durch Arbeit und Fleiß seinen Teil vom amerikanischen Paradies zu sichern. Nicht Leichtsinn führte ihn in die Ferne, sondern die Überzeugung, in der «Freiheit» der Neuen Welt die

Früchte eines Fleißes ernten zu können, der ihm auch in der alten Welt gepredigt worden war,[29] hier aber zu fremdem Nutzen. Wenn gleichwohl im Auswandererlied gesungen wurde, daß in Amerika «das Korn drei Ellen hoch» wachse und der «Wein zum Fenster rein» fließe, so ist dies einem Fernoptimismus gutzuschreiben, der kultureller Stützen bedurfte, um gegen Kritik und auch gelegentliche Selbstzweifel bestehen zu können. Auch utopische Übersteigerung der Erwartungen mag an solchen Formulierungen mitgewirkt haben, die nur scheinbar naiv-schlaraffenlandgläubig waren und noch im Lied selbst zurechtgerückt wurden, wo es hieß: «Ihr Brüder, es muß [in Amerika] gearbeitet sein!»[30]

Was man über die Neue Welt wußte, war weiterhin hauptsächlich aus Briefen bezogen. Sie beschrieben aufblühende Städte, weite Farmlandschaften und auch ein «wildes» Amerika: aber keines, in dem sich der Auswanderer nicht hätte zutrauen dürfen, die Probleme der Ansiedlung zu meistern.[31] Wo von wilden Tieren die Rede war, kamen auch immer Jagd und allgemeines Jagdrecht zur Sprache. An der Urlandschaft nahm das Auge des Rodungsfarmers Maß, und die Indianer gerieten – trotz gelegentlicher Schreckensnachrichten – hauptsächlich als schon domestizierte arme Teufel in den Blick und wirkten wie die «Zigeuner bei uns».[32] Ein Mehr an Wissen schrieben sich die gebildeten Deutschen zu: Reisende, die die in Übersee gebotenen Handelsmöglichkeiten erkundet, die geographischen und politischen Verhältnisse der USA studiert und auch – wie der Remscheider Jurist Gottfried Duden 1824/27 am Missouri[33] – die Chancen für Auswanderer geprüft hatten, letzterer durch probeweises Farmen. Aus diesen Kreisen kam bald eine Flut von Veröffentlichungen über die Auswanderer, ein «Wust von Büchern über Amerika», wie 1834 eine in Maryland gebildete philanthropische Gesellschaft reicher Deutscher in einem «Wohlgemeinten Rath» monierte, der in Deutschland als Druckschrift verbreitet wurde. Die Gesellschaft meinte, vor einer «zu enthusiastischen» Eingenommenheit für Amerika und zu freundlichen Reiseberichten warnen zu müssen. Doch waren sich die gedruckten «Ratgeber»[34] mit teils ermunternden, teils abschreckenden Mitteilungen – je nach der Liberalität der Verfasser – selber im Weg und hatten – abgesehen von Dudens «Bericht», der zu genau die Stimmungslage des Vormärz traf – auch deshalb wenig Wirkung, weil dem Rat derer, die die Auswanderung nicht nötig hatten, grundsätzlich mißtraut wurde. «Wir wissen», schrieb 1843 in der ‹Augsburger Allgemeinen Zeitung› ein Amerika-Korrespondent, «daß jene Circulare und Berichte in Deutschland eine ausgedehnte Veröffentlichung empfangen haben; wir haben das Zeugniß des Einwanderers selbst, daß sie – ehe sie die Heimat verließen – wußten wie es, zufolge oben erwähnter Bekanntmachungen, hier aussehe; wir haben aber auch das Bekenntniß, daß sie die Darstellungen seitens der Consuln und der deutschen Gesellschaft, wenn nicht für durchaus ungegründet, jedenfalls für sehr übertrieben hielten, daß sie den Warnungen kein Gehör gaben, dem guten Rath nicht folgten und leichtsinnig in die ihnen gelegten Schlingen fielen».[35] Das zielte gegen eine Leichtgläubigkeit, die nicht wahrnahm, daß sich «auf dem amerikanischen Continent [...] Weltreiche» bildeten und «der Faden der Geschichte mit verjüngten Kräften weiter gesponnen» wurde,[36] ohne Rücksicht auf Verlierer und Betrogene, die es tatsächlich gab. Doch ist die Ursache hierzu mehr in den Verhältnissen zu suchen, aus denen die Auswanderer kamen, als in derem persönlichen Versagen.

Peter Assion

Von Nützlichkeit und Pünktlichkeit der Ordinari-Post

Das Reisen «auf der Post» ist im 18. Jahrhundert konstitutives Element der Entwicklungsgeschichte des bürgerlichen Deutschlands. Das moderne System der Post befördert mit Briefen, Gütern und Menschen nicht nur bürgerliche Aufklärung und industriellen Aufbruch. Es fördert und fordert neue Vorstellungen von Raum und Zeit im Sinne einer mechanischen Weltauffassung jenseits natürlicher Bindungen und Zufälligkeiten. Die Post erweist sich als Wegbereiterin eines maschinellen und industriellen Verkehrs, probt Emanzipation und Entfremdung des Menschen von der Natur.

«Es ist doch eine zumahl nöthige und nützliche Erfindung und Ordnung mit den Posten [...]/ wie es denn auch die Reisenden zu Danck annehmen / daß sie oft in kurtzer Zeit einen weiten Weg / durch dieses Mittel zurücklegen können.»[1] Derart würdigt der Rostocker Theologe Christian Scriver schon Ende der 1660er Jahre eine revolutionäre und für das Reisen – zumal mit Wagen – noch junge Verkehrserrungenschaft. Dabei kennzeichnet er mit dem Plural ‹Posten› in zeitüblicher Weise deren Systemcharakter, welcher in der neusprachlichen Verkürzung ‹Post› nicht mehr ohne weiteres erkennbar ist. Das «technische Herz» (Klaus Beyrer) des Postverkehrssystems, jene Posten nämlich, werden im Französischen mit *«relais»* in ihrer Funktion treffend gekennzeichnet. Mit den Relais sind in Abständen von zunächst fünf, später auch wenigeren Postmeilen (1 Postmeile in Deutschland ca. 7,5 km) eingerichtete Stationen gemeint, an denen Pferde und Reiter, später auch Wagen, Kutscher und Conducteure gewechselt werden, um Briefe, Menschen und Pakete bei Tag und Nacht «mit gleicher Geschwindigkeit» zu befördern, so Zedlers Universallexikon 1741.[2] Zur frühzeitigen «Einschaltung» der Relais, den Schaltstellen, diente das Posthornsignal, auf das hin bei sich nähernder Post Personal und Pferde zum Wechsel bereitzustellen waren.

Diese Organisationstechnik setzt die oberitalienische Familie Taxis erstmals 1490 bei der Nachrichtenübermittlung zwischen den Höfen des späteren Kaisers Maximilian I. zwischen Innsbruck und den Niederlanden ein. Die Beförderungszeit verringert sich daraufhin auf ein Sechstel.

Zunächst nur der Expedierung von Regierungsnachrichten dienend, steht die taxische Post auf allmählich erweiterten Linien später auch der Privatkorrespondenz und schließlich Reisenden zu Pferde zur Verfügung. Die Benutzung von Wagen bleibt bis weit ins 17. Jahrhundert verpönt, Frauen, Kindern und Kranken vorbehalten, und dies wohl nicht nur wegen eines überkommenen, ritterlichen Männerideals, sondern vor allem, weil auf den erbärmlichen Wegen und Straßen das Pferd – bei kleinen Lasten – das angemessene Beförderungsmittel war.

Über die Anfänge eines Postwagenverkehrs lassen sich nur Vermutungen anstellen. Gesichert ist, daß schon vor dem Dreißigjährigen Krieg auf vielbenutzten Güterverkehrswegen vor allem zu Messezeiten an bestimmten Tagen einzelne «Stellwagen» laufen. Während des Dreißigjährigen Krieges werden mit der Verwüstung und Entvölkerung weiter Landstriche auch die Postverbindungen weitgehend zerstört. Doch schon für 1649 ist z. B. wieder eine vierzehntägig verkehrende «PostCalesch» des Kasseler Bürgers Bernhard Parwein zwischen Kassel und Frankfurt nachweisbar. Laut erhaltenem Aushang geht sie in Kassel «mittwochs», in Frankfurt «montags morgens» ab. Die Ankunftszeit in Frankfurt ist mit «freitags abends oder sonnabends früh» angegeben. Der Parweinsche Aushang von 1657 verweist dann schon auf Anschlüsse in Kassel nach Braunschweig und Hildesheim sowie von dort weiter nach Hannover, Hamburg und Bremen.[3] 1682 erbittet der Stuttgarter Bürger und «Calwer Bott» Johann Geiger die Genehmigung, eine Post-Kalesche nach Heilbronn oder Heidelberg einzurichten, und begründet dies damit, daß – würde die schon bestehende reitende Post in eine fahrende umgewandelt – die aus Hamburg und Frankfurt ankommenden Reisenden auch Anschluß an die «Ordinari Post» nach Ulm hätten und wüßten, wann sie in Stuttgart, Ulm oder am Bodensee ankommen würden.[4] Die Vorzüge des modernen Postverkehrssystem werden deutlich. Es läuft unabhängig von der Tagesnachfrage, ist also ein aktives System. Dieses wird «Ordinari-Post» genannt, weil die Wagen «zu gesetzten Zeiten abgehen» (Zedlers Universallexikon) – mögen diese in den ersten Nachkriegsjahrzehnten auch noch weit auseinanderliegen. Die Linien überfahren Ländergrenzen und werden rasch an ihren Kreuzungspunkten zum Netz verknotet, die Anschlußzeiten aufeinander abgestimmt. Das Ergebnis ist die Erschließung eines gesicherten Reiseraums: Reisen wird planbar, Reisezeiten werden kalkulierbar. Das Berliner Postverzeichnis macht schon 1708 nicht nur bei den abgehenden, sondern auch bei den ankommenden Posten stundengenaue Angaben. Mitte des 18. Jahrhunderts steht dem «Publico zum Besten» ein hochentwickeltes Verkehrssystem zur Verfügung und es ist fraglos: «Wer geschwinde reisen will, nimmt die Post» (Zedlers Universallexikon).

Das Fahren auf den Ordinari-Posten ist mit Fahrpreisen von z. B. einem Gulden für die Postmeile im Jahre 1784 ausschließlich wohlhabenden Kreisen vorbehalten. Wem die fahrplanmäßige Ordinari-Post-Beförderung zu reglementiert, zu langsam oder zu schnell und der Komfort der Wagen zu gering ist, bedient sich der noch um einiges teureren «Extra-Post». Dem eigenen oder geliehenen Wagen lassen sich Adel und begütertes Bürgertum an den Stationen zu festgesetzten Taxen Postpferde samt Postillion «unterlegen». Auf den Postrouten vorausgeschickte Laufzettel sichern den erforderlichen Bestand an Pferden und rascheste Auswechslung, wobei gelegentlich enorme Anforderungen an die Posthalter gestellt werden, wie z. B. vom Kemptener Fürstabt Anselm von Reichlin-Melchegg, der auf seiner Reise zur Kaiserkrönung Karl Albrechts VII. 1742 in Memmingen 24 Postpferde für sich und sein Gefolge bestellt![5]

Daß Postreisende also zu den Privilegierten der Gesellschaft gehören, auf deren Luxusbedürfnisse sich Postverwaltung und Landesfürsten einzustellen verstehen, zeigt auch ein von Herzog Carl von Braunschweig und Lüneburg 1764 herausgegebenes Edikt zur Einschränkung des Luxuskonsums: Die zur «Verminderung des Geldflusses ins Ausland» dienende «Verordnung den Gebrauch des Weins, Coffee, Thee und Zuckers auf dem platten Lande betreffend» nimmt vom

Gegen Ende des 18. Jahrhunderts entstehen in den meisten deutschen Ländern landesherrlich geförderte Kartierungen der Verkehrsverbindungen. 1764 erschien die ‹Carte Geographique des Postes d'Allemagne et de Provinces limitrophes›, die ausführliche Erklärungen zu den Postlinien enthielt. Stuttgart, Württembergische Landesbibliothek.

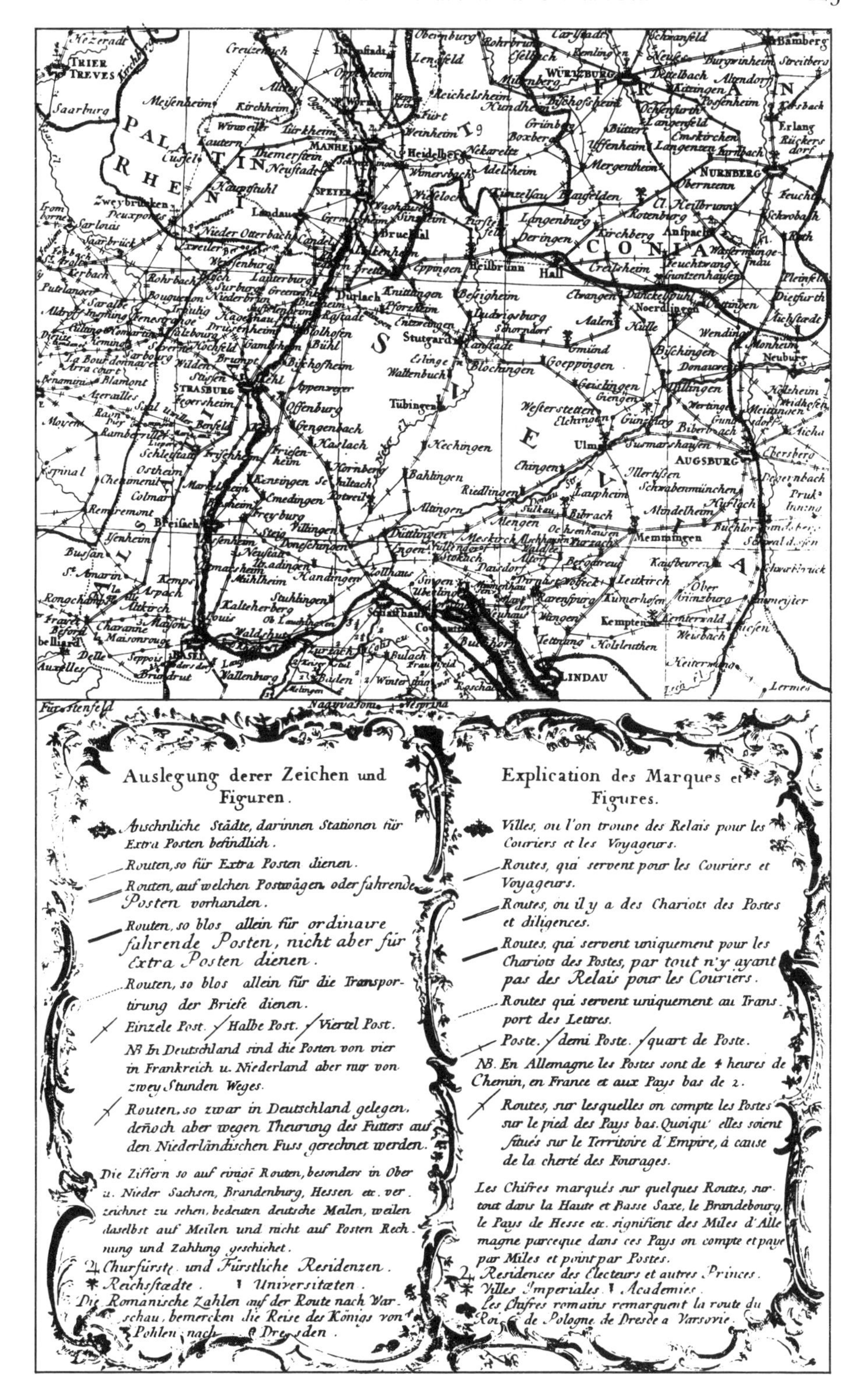
TRIER
TREVES
Saarburg
Bamberg
WÜRTZBURG
NURNBERG
Heidelberg
SPEYER
Landau
Durlach
Stutgard
Tübingen
STRASBURG
Offenburg
Ulm
AUGSBURG
Memmingen
Kempten
LINDAU
PALATIN RHENI
SUEVIA
FRANCONIA
Auslegung derer Zeichen und Figuren.
Anschnliche Städte, darinnen Stationen für Extra Posten befindlich.
Routen, so für Extra Posten dienen.
Routen, auf welchen Postwägen oder fahrende Posten vorhanden.
Routen, so blos allein für ordinaire fahrende Posten, nicht aber für Extra Posten dienen.
Routen, so blos allein für die Transportirung der Briefe dienen.
Einzele Post. Halbe Post. Viertel Post.
NB. In Deutschland sind die Posten von vier in Frankreich u. Niederland aber nur von zwey Stunden Weges.
Routen, so zwar in Deutschland gelegen, dennoch aber wegen Theurung des Futters auf den Niederländischen Fuss gerechnet werden.
Die Ziffern so auf einige Routen, besonders in Ober u. Nieder Sachsen, Brandenburg, Hessen etc. verzeichnet zu sehen, bedeuten deutsche Meilen, weilen daselbst auf Meilen und nicht auf Posten Rechnung und Zahlung geschiehet.
Churfürstl. und Fürstliche Residenzen.
Reichsstædte.
Universitæten.
Die Romanische Zahlen auf der Route nach Warschau, bemercken die Reise des Königs von Pohlen nach Dresden.
Explication des Marques et Figures.
Villes, ou l'on trouve des Relais pour les Couriers et les Voyageurs.
Routes, qui servent pour les Couriers et Voyageurs.
Routes, ou il y a des Chariots des Postes et diligences.
Routes, qui servent uniquement pour les Chariots des Postes, par tout n'y ayant pas des Relais pour les Couriers.
Routes qui servent uniquement au Transport des Lettres.
Poste. demi Poste. quart de Poste.
NB. En Allemagne les Postes sont de 4 heures de Chemin, en France et aux Pays bas de 2.
Routes, sur lesquelles on compte les Postes sur le pied des Pays bas. Quoiqu' elles soient situés sur le Territoire d'Empire, à cause de la cherté des Fourages.
Les Chifres marqués sur quelques Routes, surtout dans la Haute et Basse Saxe, le Brandebourg, le Pays de Hesse etc. signifient des Miles d'Allemagne parceque dans ces Pays on compte et paye par Miles et point par Postes.
Residences des Electeurs et autres Princes.
Villes Imperiales.
Academies.
Les Chifres romains remarquent la route du Roi de Pologne de Dresde a Varsovie.

Ausschankverbot lediglich die Wirte jener Dörfer aus, «durch welche die Poststraße gehet, oder wo eine Poststation ist», und sofern die Konsumenten tatsächlich Reisende sind.[6]

Ob Extrapost oder Ordinari-Post: für adlige und bürgerliche Kutschenprivatiers oder am bürgerlichen Gebot der Sparsamkeit orientierte Geschäftsreisende ist das Postverkehrssystem unumstritten eine nützliche Erfindung, erschließt es doch erst den europäischen Reiseraum durch Sicherung geordneter Beförderung. Für Posselts ‹Wissenschaftliches Magazin für Aufklärung› gehört 1785 das Postwesen «unstreitig zu der kleinen Zahl von Erfindungen, auf denen die ganze Kultur unserer heutigen, so sehr verfeinerten Staaten wie auf einer Grundsäule ruht. Ohne Postwesen wäre unsere Weltkunde voll Gebrechen, alle kaufmännische und literarische Kommerz beinahe unmöglich, und die Kreise der Freundschaft, dieses beste Stück der Menschheit, auf den engen Bezirk unserer körperlichen Gegenwart eingeschränkt.»[7] Es sind also nicht nur Bildungsinteresse und weltläufige Neugier der an der Herstellung einer aufgeklärten Öffentlichkeit arbeitenden bürgerlichen Geister, die neben der Beförderung von Brief und Pressekultur einen schnellen Postreiseservice fordern. Zunehmenden Bedarf meldet im proto-industriellen Deutschland die Geschäftswelt an, benötigt sie im Prozeß der Entregionalisierung doch eine Vervielfältigung von Wirtschaftsinformationen und Geschäftskorrespondenz, verlangt auch danach, Neuerungen in Produktionstechnik und Warensortiment persönlich in Augenschein zu nehmen. Für moderne Geschäftsleute ist es – so das ‹Fabriken- und Manufakturenlexikon von Teutschland› 1798 – zudem unerläßlich, «sich gegenseitig bekannt zu machen».[8]

Maßnahmen zur Beschleunigung des Postenlaufs setzen seit der Mitte des 18. Jahrhunderts auf allen Ebenen des Verkehrssystems an: Verbesserungen im Straßenbau und in dessen Gefolge in der praktischen Anwendung moderner Fahrzeugbautechnik sowie organisatorische Vorkehrungen und innerbetriebliche Vorschriften dienen der Verringerung mechanischer und menschlicher Reibungen und Störungen.

Der Amerikaner John Quincy Adams berichtet über seine Reise durch Schlesien im Jahre 1800, daß er seinen eigenen – offensichtlich nach dem neuesten Stand der Technik gefertigten und mit Extrapostpferden unterlegten – Reisewagen abseits der chaussierten Hauptstraßen verlassen muß, um auf die «Postchaise» zu wechseln, kann man doch auf den Nebenstrecken «kein ander Fuhrwerk brauchen, als einen gemeinen offnen Bauernkarren ohne Springfedern und gepolsterte Sitze».[9] Hier wird die Abhängigkeit von Straßenzuständen und den Möglichkeiten praktischer Anwendung moderner Fahrzeugbautechnik deutlich. Ungezählt sind die Klagen der Reisenden im 18. Jahrhundert über sandige oder ausgefahrene Geleise, holprige oder morastige Wege, Leib und Glieder durchschüttelnde «Knittelbrücken». Die Verbesserung der Straßen, zunächst auf den Hauptkursen der Post nach dem Vorbild französischer Chausseen, beginnt in Deutschland 1739 mit dem Ausbau der Straße zwischen den Württembergischen Residenzen Ludwigsburg und Stuttgart. Für die ‹Oekonomische-technologische Enzyklopädie› von Johann Georg Krünitz steht 1794 fest, nichts künde «lebhafter die Kultur eines Landes und den weisen Geist seiner Regierung an, als wohl angelegte Land-Straßen». Das Nord-Südgefälle ist drastisch: so gelten im ausgehenden 18. Jahrhundert die Straßen im Württembergischen als ausgesprochen gut, zählen die Chausseen zu den besten in Deutschland, während ein anonymer Reisebeschreiber nach einer «Frühlingsreise» durch Preußen im Jahre 1786 feststellen muß, es stehe um den «Wegebau im preußischen über alle Beschreibung schlecht oder vielmehr, es zeigen sich nirgendwo auch nur Spuren, daß derselbe statt fände».[10]

Dies verwundert nicht, denn Preußen läßt im 18. Jahrhundert, anders als die süddeutschen Staaten, die Einnahmen aus dem Postbetrieb nicht in die Infrastruktur-, sondern in die Militärpolitik fließen. Wenn es aber um 1800 in Württemberg auch schon 300 Kilometer «Kunststraßen» gibt, so ist ein Oberamt wie z. B. Gaildorf noch 1811 «nahezu unzugänglich», das ganze Amt ohne eine einzige «Kunststraße».[11]

Den bis auf die wenigen chaussierten Abschnitte miserablen Poststraßen im Deutschland des 18. Jahrhunderts sind nur überaus stabile Fahrzeuge gewachsen. Neben wenigen, meist zweisitzigen, bedeckten und gefederten oder aufgehängten Postkaleschen beherrschen die schweren, nach dem Prinzip des Leiterwagens gebauten Postfuhrwerke das Bild. In ihnen finden auf ungepolsterten Brettersitzen vier bis fünf Passagiere und hinter ihnen das Gepäck Platz. Wenn der Engländer Thomas Nugent 1781 über die Hamburger Postwagen feststellt, sie seien «wenig Procent besser [...] als unsere Mistkarren», so hat dies – wie Adams uns lehrt – seinen Grund nicht in erster Linie in dem weiter entwickelten Stand des Wagenbaues in England, sondern vor allem in dem in Norddeutschland vergleichsweise unterentwickelten Straßenbau. Erst 1818 – als ein gutes und leidlich dichtes Netz chaussierter Straßen vorhanden ist – macht es Sinn, nach dem importierten Vorbild einer englischen *Stage Coach* moderne Postwagen zu bauen. Zu den organisatorischen Maßnahmen für die Beschleunigung des Postverkehrs[12] gehört seit der Einführung der Wagenpost auch die Sicherung der per Posthorn signalisierten Vorfahrt gegenüber allen anderen Fuhrwerken, ausgenommen den landesherrschaftlichen Equipagen. Der Beschleunigung dient außerdem die Befreiung der Postwagen von den nicht selten in Abständen von wenigen Meilen zu entrichtenden Vorspann-, Brücken-, Tor- und Chausseegeldern. Zu zahlen bleiben dem Passagier – neben dem alle Nebengelder enthaltenen Fahrpreis – festgesetzte Trinkgelder für den Conducteur über die ganze Linienstrecke und den Postillion bei jedem Wechsel. Die Conducteure überwachen als Postwagenbegleiter auf Stundenzetteln buchführend und seit den 1820er Jahren mit versiegelten Taschenuhren kontrollierend die Einhaltung der gesetzten Fahrzeiten. Für nicht nachweisbare und nicht durch äußere Umstände hervorgerufene Verspätungen werden Posthalter, Postillione und Kondukteure mit Geldstrafen belegt, im Wiederholungsfall droht ihnen sogar die Entlassung aus dem Dienst. Schließlich wird die Zeit für das Umspannen auf den Stationen auf längstens eine halbe Stunde, auf den größeren Expeditionen die Wiederabfertigung auf längstens eine viertel Stunde festgesetzt. Mit einiger Regelmäßigkeit wird das «Verbot des Mitführens oder Aufnehmens uneingeschriebener Personen oder Sachen» wiederholt sowie das des «Anhaltens unterwegs vor den Wirtshäusern und Schenken». Der Sicherung des Fortkommens aller Passagiere dient – hier ebenfalls am württembergischen Beispiel datiert – seit 1814 die Verfügung, schon für einen einzelnen Reisenden eine «Bei-Chaise» zu stellen, wenn der Postwagen besetzt ist. Zuvor hatten sich drei überzählige Passagiere einfinden müssen, um einen Beförderungsanspruch geltend machen zu können.

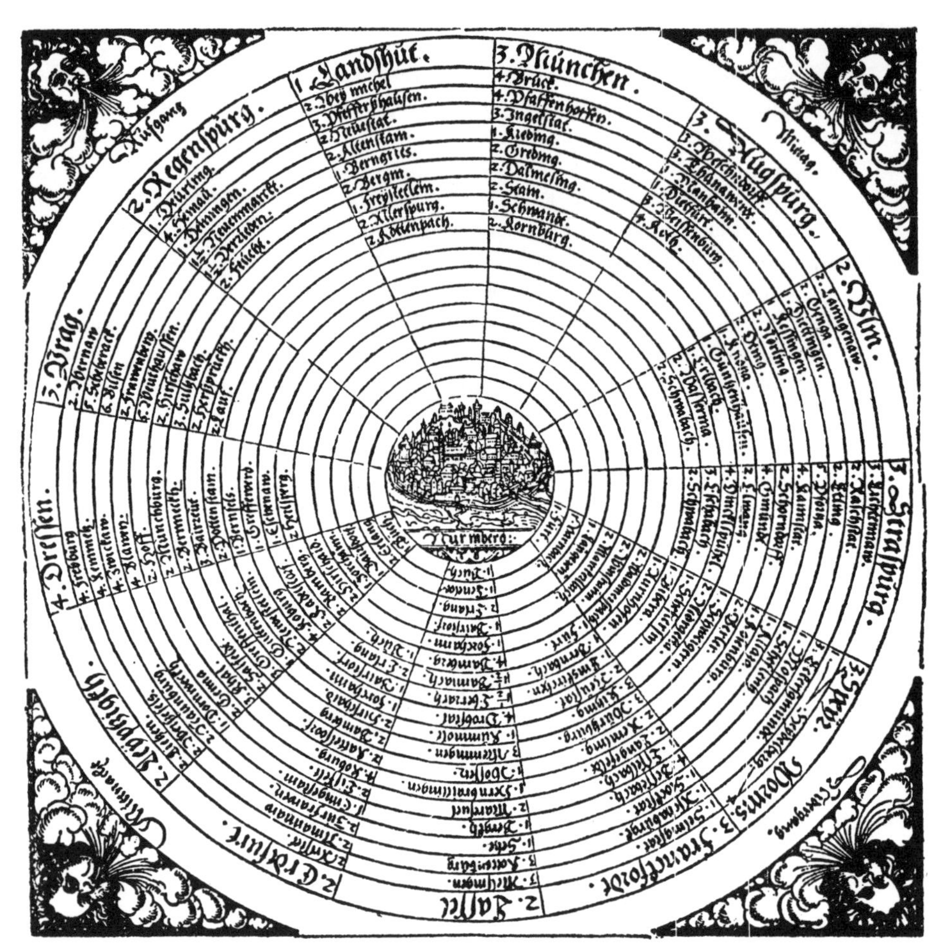

Entfernungsanzeiger für die Reisewege von und nach Nürnberg; im Zentrum der Karte eine Ansicht der Stadt Nürnberg und in den Ecken allegorische Darstellungen der vier Windrichtungen, denen die wichtigsten deutschen Städte geographisch zugeordnet sind. Holzschnitt des 16. Jahrhunderts.

Den zunehmenden Beanspruchungen und Disziplinierungen des Postpersonals stehen die der Passagiere gegenüber. Der in der Reisepraxis anscheinend nur unwilligen Befolgung des bürgerlichen Gleichheitsgrundsatzes muß offensichtlich per Verordnung nachgeholfen werden, stellt doch 1808 die königlich-württembergische Reichs-General-Oberpostdirektion fest, daß «seit einiger zeit» unter den «Passagiers über die Plätze Streit» entstanden sei. Sie muß die Verordnung von 1807 wiederholen, nach welcher zwar den «von weit her» ankommenden Transit-Passagieren «die ersten Plätze der Reihe und Nummern zuzuteilen», daß im übrigen aber «ohne alle Rücksicht des Standes oder sonstiger Verhältnisse» die Nummernbilletts der Reihe nach auszuhändigen seien. In den württembergischen Postverordnungen von 1814 sind auch andere, im Laufe des 18. Jahrhunderts auf Erziehung zu Disziplin und Pünktlichkeit des bürgerlichen Reisenden zielende Regelungen zusammengefaßt. Zu diesen gehört unter anderem, daß der Passagier sich «bei Zeiten bei der Postwagen-Expedition zu melden, und sich daselbst unter Angabe des Gepäcks und der Declaration des Inhalte und Werths desselben, einschreiben zu lassen» hat, daß er das zulässige Gepäck zwecks rechtzeitiger Beladung auf die Wagen, die morgens um 8 Uhr oder früher abfahren «den Tag zuvor, längstens 6 Uhr Abends, bei später abgehenden Wägen aber immer spätestens 1 Stunde vor der bestimmten Abfahrt zu übergeben» hat. Schließlich «hat der Passagier es sich selbst zuzuschreiben, wenn er wegen Verspätung ohne Anspruch auf Rückvergütung [...] nicht mehr abfahren kann». Wohl weniger dem Lustbedürfnis der Passagiere als der Leistungsfähigkeit der Wirtshausküchen ist es zu verdanken, daß den Reisenden zum Mittagessen immerhin noch «eine Stunde Aufenthalt bewilligt [!]» wird.

Die Entwicklung des Postverkehrs folgt den Forderungen bürgerlicher Reise-Interessenten und befördert ihrerseits mit den systembedingten Anforderungen an Personal und Passagiere energisch die am Prinzip der Rationalität und Effektivität orientierten bürgerlichen Tugenden der Zuverlässigkeit, Ordnung, Pünktlichkeit und Disziplin. Die Post hat dabei wesentlichen Anteil an der Entwicklung und Durchsetzung einer linearen Zeitauffassung, die sich allerdings noch von zyklischen Einflüssen stören lassen muß. Allein schon das Prinzip der Postbeförderung, nämlich «mit gleicher Geschwindigkeit [...] tag und nacht» fortzugehen, formuliert als Postulat die Gleichgültigkeit einer mechanischen Weltauffassung newtonscher Prägung gegenüber einer naturgebundenen und also zyklischen Auffassung der Zeit, die Leben und Arbeit bis weit ins 19. Jahrhundert im Sinne eines vorindustriellen Alltags bestimmt. Das Posthorn – für uns Instrument für Melodien einer geruhsamen Zeit – ist in dieser Zeit der Signalgeber moderner Rastlosigkeit.

Doch die äußeren, technischen Voraussetzungen erlauben der Post trotz aller organisatorischen Anstrengungen noch keine Emanzipation von der Natur. Die Antriebskraft Pferd ist nicht beliebig steigerbar und deren Grenzen werden auch durch die Vermehrung der Tiere im Vorspann und durch Begrenzung der Wagenbelastung nur ansatzweise überspielt. An den Steigen werden – wie z. B. in Krummenschiltach nach der Eröffnung der Route Wien-Paris durch den Schwarzwald – bis zu vierzig Pferde für den Vorspann zur Überwindung der Pässe bei starkem Verkehr bereitgehalten. Aber noch 1820 muß die württembergische ‹Dienst-Instruction für sämmtliche Postwagen-Conducteurs› an eine unangenehme Pflichtübung erinnern, wenn sie diesen auf den Dienstweg gibt: «Obwohl an den Bergen den Reisenden das Aussteigen nicht immer zugemuthet werden kann, so werden sich doch Einzelne auf höfliche Einladung des Conducteurs, zur Beschleunigung der Reise dazu bequemen.»

Die Verlangsamung der Geschwindigkeit an den Steigen ist noch kalkulierbar, der Einfluß von Wetter und Jahreszeiten aber nicht. Ein Blick in die Fahrpläne zeigt, daß an den natürlichen Jahreslauf-Zyklen die Post ihre Grenzen der Sicherheit, Gleichmäßigkeit und also Pünktlichkeit findet. Daß im ausgehenden 17. Jahrhundert die Postmeilen mit 1¼ Stunden und winters mit 1½ Stunden veranschlagt werden, überrascht nicht. Wie für die Postlinie Otterndorf-Harburg im Jahr 1682 überliefert ist, beträgt auch der Fahrpreis entsprechend im Sommer drei, im Winter vier Mark. Solche Fahrpreisschwankungen werden zwar bald abgeschafft, doch auch 1753 gibt der ‹Genealogische Schreib- und Post-Kalender› an, daß die ankommenden Posten «nicht allemahl, insonderheit zu Winters-

Zeit und bei schlimmen Wetter, in den angesetzten Stunden eintreffen, sondern lauffen 2, 4, 6 und mehr Stunden später ein».[13] Selbst die Abfahrtszeiten sind jahreszeitgebunden: Von Stuttgart gehen 1755 die Postwagen nach Ulm, Augsburg usw. «sommers 5 Uhr, winters Zeit aber zuweilen 6 und 7 Uhr»[14] ab. Es ändert sich bis zum frühen 19. Jahrhundert nichts: «Bei gar üblem Weg und großem Wasser kommen oft sämtliche Posten eine auch mehrere Stunden später an, und gehen demnach um so viel später ab» – so 1807 das «Verzeichnis, wie die tägliche Journaliere und ordinäre Posten bey dem Königlichen Ober-Post-Amt in Stuttgart ankommen und wieder abgehen».[15]

Im ausgehenden 18. Jahrhundert mehrt sich die bürgerliche Kritik an einem zu langsamen und umständlichen Fahrbetrieb der Ordinari-Post. Wer es eilig hat, bevorzugt die Extrapost. Die Erschließung eines weiten Reiseraums, die Verdichtung des Netzes und der Wagenkurse bis hin zur täglichen Bedienung etlicher Strecken wird mittlerweile für selbstverständlich gehalten. Nun geht es nur noch darum, den Zeit-Raum zwischen zwei Punkten im Sinne einer sparsamen Verwendung des Zeitbudgets möglichst zu verringern. Typisch ist die Kritik von Heinrich August Ottokar Reichard in seinem Handbuch ‹Der Passagier auf der Reise in Deutschland› von 1801, die schon in seinem ‹Handbuch für Reisende aus allen Ständen› von 1784 anklingt: Er klagt über mangelnde Bequemlichkeit und schlechte Gesellschaft in den Postwagen, dazu kommt aber vor allem «der Verlust der Zeit. In allen Städten, Landflecken, Stationen wird abgeladen, aufgeladen, registriert; das nimmt viele Stunden weg [...] man muß über das Warten Geld verzehren; man hat zu viel und zu wenig Zeit, denn man kann weder weggehen noch schlafen [...]».[16] Auch der Sprachduktus von Reichard folgt dem eiligen Zeitgeist. Die organisatorische Antwort der Post auf solche Kritik ist 1821 die Einführung der «Schnellpost» in Preußen – in Württemberg «Eil[!]wagen» genannt. Ludwig Börnes ‹Monographie der deutschen Postschnecke› gibt für dieses Jahr für die Ordinari-Postfahrt von Frankfurt/Main nach Stuttgart eine Gesamtreisezeit von vierzig Stunden an. Der 1822 auf dieser Strecke eingeführte Eilwagen reduziert diese um nahezu vierzig Prozent.

Thomas Brune

HORIZONTERWEITERUNG

Lügen haben lange Beine

Am Michaelistag des Jahres 1322 brach der englische Ritter John Mandeville zu einer langen Reise auf, die ihn – nach eigenen Angaben – in das Heilige Land und weiter durch die Wüsten Arabiens, durch Nordafrika und Indien, durch die Inselwelt Indonesiens und das Land der Tataren bis an den Hof des chinesischen Großkhans führte. Kein Reisender des 14. Jahrhunderts hat seine Erlebnisse in «seltsamen Ländern» und unter «wunderlichen Völkern» farbiger und vor allem erfolgreicher beschrieben als der englische Ritter. Die französische Urschrift seines Berichtes erschien 1356 in Lüttich, wurde immer neu abgeschrieben und rasch auch ins Englische, Italienische, Deutsche, Dänische, Irische, Spanische, Tschechische und Lateinische übersetzt. Bis heute haben sich mehr als 250 handschriftliche Fassungen erhalten. Dazu kamen allein in der Frühzeit des Buchdrucks, zwischen 1470 und 1500, 36 Ausgaben in sechs verschiedenen Sprachen. Bis weit ins 18. Jahrhundert hinein wurde Mandevilles Bericht immer wieder neu aufgelegt: er gehört ohne Zweifel zu den langlebigsten und beliebtesten Reisebüchern.[1] Und alles, was er beschreibe, sei wahr, behauptete der Ritter: «An Dinge, die vor langer Zeit geschehen sind, erinnere ich mich nicht immer so genau. Doch darf mich jedermann dort, wo ich geirrt habe, zurechtweisen.»[2]

Natürlich hat es, wenn wir den Schriftzeugnissen glauben dürfen, auch Skeptiker gegeben[3] – vor allem aber Generationen begeisterter Leser. Sie alle verschlangen voll Vertrauen auf den Schreiber seine Berichte von den erstaunlichen Welten jenseits des Horizontes. Wahrheit war und ist jedoch ein relativer Begriff. So will Mandeville in Äthiopien, dem «Land der Mohren», beispielsweise einfüßige Menschen gesehen haben, «deren Füße sieben Fuß Breite besitzen. Wenn sie sich hinlegen, bedecken sie sich mit ihren Füßen, die ihnen Schatten spenden. Wie sie laufen, ist ein Wunder».[4]

Die Einfüßler oder Skiapoden, das wissen wir heute, liefen überhaupt nicht. Sie lebten nämlich nur in Büchern und begnügten sich hier stets mit derselben Stellung: auf dem Rücken liegend und den übergroßen Fuß grotesk in die Höhe gestreckt. Mandeville berichtete nur ein weiteres Mal, was schon viele Reisende vor ihm gesehen haben wollten. Zuerst hören wir von den Einfüßlern in den antiken Schriften von Plinius, Pomponius Mela und Solinus. Durch Augustinus erhalten sie später auch die kirchliche Beglaubigung und gelangen so im frühen 7. Jahrhundert in die ‹Etymologia› des Isidor von Sevilla, die in verschiedenen Fassungen fast das gesamte Mittelalter hindurch als enzyklopädisches Nachschlagewerk dient. 1495 erscheinen sie neben anderen «Menschen aus fremden Ländern» zur Illustration der Weltkarte in Hartmann Schedels ‹Weltchronik›. Den erläuternden Texten zufolge sind solche Menschen vor allem in Indien und Äthiopien zu finden.[5] 1555 begegnen uns die Einfüßler in der ‹Historia de Gentibus Septentrionalis› von Olaus Magnus, äußerlich zwar unverändert, aber diesmal als Eskimos. Und hundert Jahre später halten sie ihr Bein noch immer in die Höhe, nun in der ‹Monstrorum Historia› des gelehrten Ulisses Aldrovandi, die 1642 in Bologna erschien.[6]

Immer wieder tauchen in den Bildern und Beschreibungen dieser Zeit die *homines monstruosi* auf: die Zyklopen, Hundsköpfigen, Segelohrigen, Schweineschnäuzigen, Zweiköpfigen, Gehörnten und Geschnäbelten. Die ‹Kopflosen› oder ‹Acephalen› des Plinius etwa will Mandeville auf einer der ostindischen Inseln gesehen haben. Sie seien «schlimme und schmutzige Menschen, die bösartig sind. Sie besitzen keinen Kopf, sondern ihre Augen stehen in der Achselhöhle. Ihr Mund befindet sich mitten vor dem Herzen, krumm wie ein Hufeisen».[7]

Auch die Kopflosen fehlen in Schedels ‹Weltchronik› ebensowenig wie dem ‹Buch der Natur› des Conrad von Megenberg (1475) oder in der ‹Kosmographie› Sebastian Münsters (1544). 1596 erscheinen sie unvermutet und mit einer sehr präzisen geographischen Ortsbestimmung in dem Reisebuch des berühmten englischen Seefahrers Sir Walter Raleigh, der im Jahre zuvor eine Expedition nach Venezuela unternommen hatte, um das Goldland El Dorado zu entdecken und auszubeuten. Beim Stamm der Ewaipahomas am Sipapofluß, einem der Nebenflüsse des Orinoko, will er Menschen gesehen haben, bei denen «der Kopf und die Augen auf der Höhe der Schultern und der Mund in der Mitte der Brust war und ein langer Haarschopf hinten zwischen den Schultern wuchs». In diesem Zusammenhang erwähnt er ausdrücklich Mandeville, dessen Berichte, wie er schreibt, «man viele Jahre für Fabeln hielt. Seit man jedoch Westindien entdeckte, bestätigen sich seine Nachrichten über verschiedene Dinge, die bis dahin als unwahrscheinlich angesehen wurden».[8]

Diese Beglaubigung gab den Acephalen neue Lebenskraft. Und ebenso, wie sich durch Sir Walter Raleigh der «große See von El Dorado» – den er nie erreicht, aber genau kartographiert hat – für die nächsten zweihundert Jahre in allen Karten des südamerikanischen Kontinents hielt – erst Alexander von Humboldt verwies ihn ins Land der Legenden[9] –, so hielten sich auch die Kopflosen auf Abbildungen, in Historien und der geographischen Literatur. Noch 1724 beschreibt sie der Jesuitenpater Joseph François Lafiteau in seiner ‹Sittengeschichte der amerikanischen Wilden›, und 1752 übernimmt sie von dort Johann Friedrich Schröter in seine ‹Allgemeine Geschichte der Länder und Völker von America›.

Zwischen Mandeville und Walter Raleigh besteht allerdings ein gravierender Unterschied: Raleigh ist immerhin den imaginären Menschen und Orten, die er beschrieb, sehr nahe gewesen. Bei Mandeville – dessen Person mindestens ebenso rätselhaft ist wie die Entstehungsgeschichte seines Buches[10] – streiten sich die Wissenschaftler noch heute, ob er überhaupt bis ans Mittelmeer gekommen ist. Aber ob gereist oder nicht: er war zweifellos ein sehr guter Kenner der geographischen Literatur seiner Zeit, der tradierten antiken wie der neuen Berichte. Die Aussagen seiner Gewährsleute verarbeitete er so, wie es noch bis weit ins 17. Jahrhundert hinein üblich war: additiv. Die antiken Schriften besaßen eine unanfechtbare kanonische Autorität, und das neue Wissen über die fernen asiatischen Länder, das vor allem die reisenden Mönche des 13. und 14. Jahrhunderts mitbrachten, diente der Auslegung, der Ergänzung und Veranschaulichung der klassischen Werke, nicht aber der Korrektur. Die Acephalen, Einfüßler, Hundsköpfigen, Riesen und Amazonen gehörten darum ebenso zur wirklichen Welt wie die Mohren und Mongolen. Daher konnte Mandevilles Bericht auch lange Zeit als authentische Reise gelesen werden: dem Autor gelang die Vorspiegelung des Selbsterfahrenen deshalb so vollkommen, weil sie den Denkweisen und Erwartungshaltungen seines Publikums nahezu ideal entsprach. Wer Abweichendes sagte, galt als Lügner: so beispielsweise Marco Polo, der sechzig Jahre vor Mandeville seinen unglaublichen Bericht von einer, der abendländischen überlegenen, mongolischen Kultur und Wirtschaftsmacht niedergeschrieben hatte.

Mandeville dagegen sagte das Alte neu. Das christliche Weltbild mit Jerusalem im Zentrum verband er etwa mit der durch Plinius und Plutarch tradierten Kugelgestalt der Erde auf geschickte Weise: nicht die Erde drehte sich nämlich,

Einfüßler. Holzschnittillustration aus Hartmann Schedels ‹Weltchronik›, Nürnberg 1495.

sondern das Firmament, so daß Jerusalem stets auf dem höchsten Punkt blieb. Seine Begründung war unmittelbar eingängig: «Wenn man mittags in Jerusalem eine Lanze in die Erde steckt, wirft sie keinen Schatten auf den Boden.» Und auch die Kugelgestalt der Erde hat er als Erfahrungstatsache beschrieben: «Ein kluger Mann [...] vermöchte ohne weiteres um die ganze Erde zu fahren. Der Kapitän muß nur den nördlichen und südlichen Polarstern kennen. Wer ein Schiff und eine Mannschaft besitzt, könnte sicherlich rings um die Welt reisen, wie gesagt; einen Teil jener Fahrt habe ich bereits unternommen.»[11]

Er berichtet dann von einem Mann, der auf ständigem Ostkurs die Erde umrundet und dies «für ein großes Wunder gehalten» habe. Es ist sicher, daß Christoph Columbus Mandevilles Buch und vor allem diese Textstelle kannte. Er erwähnt sie mehrfach in seinen Briefen und argumentierte mit Mandevilles Erfahrung auch vor dem wissenschaftlichen Rat der Universität von Salamanca, als er dort 1489 – erfolglos – sein Projekt einer «Westfahrt nach Indien» verteidigte.[12]

Eine fiktive Reise, die als authentisch rezipiert wurde und dadurch neue Welterfahrungen provozierte: Mandevilles Buch ist ein gutes Beispiel dafür, wie sehr die Grenzen zwischen Dichtung und Wahrheit zu verschwimmen vermögen. Die imaginären Orte mit ihren phantastischen Bewohnern liegen immer dicht hinter der Grenze des Bekannten und Erforschten. Bis ins 14. Jahrhundert waren die sagenhaften Länder des Überflusses und der sozialen Harmonie in den asiatischen und afrikanischen Weiten zu finden. Nach den großen Entdeckungsfahrten des 15. und 16. Jahrhunderts lagen sie zwar noch immer jenseits des Meeres, aber nun im Westen, in den Urwäldern und Hochländern der «neuen Welt». Und als auch dieser Kontinent im Verlauf des 18. und 19. Jahrhunderts immer genauere Konturen bekam, entschwanden die Wunschländer erneut in die mythischen Fernen hinter dem Meer, in ein unentdecktes Südland nahe dem Pol.

Kein Reisender hat immer und überall die Wahrheit gesagt; keine Reise hat so stattgefunden, wie sie sich liest. Selbst wenn wir berücksichtigen, daß «glaubwürdige Abbildung der Wirklichkeit» in jedem Jahrhundert etwas anderes meint; wenn wir auch die vielen Irrtümer und Flüchtigkeiten in den Berichten außer acht lassen, sind die Berichte dennoch immer Literatur, das heißt: auch Dichtung.

Um das Spektrum von Reiselügen und Lügenreisen in seiner Breite und Vielfalt zu verdeutlichen, hat Percy G. Adams – einer der wenigen, die sich bisher mit diesem Genre umfassend beschäftigt haben – in seinem Buch ‹Travelers and Travel Liars 1660–1800› ein Tableau geschaffen, in dem er alle in dieser Zeit erschienenen Reiseberichte (in Wirklichkeit eine unbekannt hohe Zahl) in einem großen Halbkreis vor uns ausbreitet. Den Zenit hat er für die «Hunderte von wahren Reisebeschreibungen» reserviert, die «Tagebücher der Weltumsegler Bougainville und Cook oder die Berichte von der europäischen Reise des Landwirts Arthur Young».[13] Wir lassen diesen Scheitelpunkt erst einmal außer acht und betrachten den linken Viertelkreis, in dem die «Reise-Lügner» liegen, jene Autoren also, die ihren Lesern eine wirkliche Reise ganz oder teilweise vorzutäuschen suchten.

Ganz außen haben die reinen Pseudoreisen ihren Platz, die ihrem Publikum für längere oder kürzere Zeit Authentizität vorgaukeln konnten. Daniel Defoes Bericht von einer «neuen Reise um die Welt», von einigen Kaufleuten «auf einem nie zuvor gesegelten Kurs» unternommen – ‹A New Voyage Round the World, London 1724› –, wurde zum Beispiel ebenso als wirkliche Reise gelesen wie François Missons realistische Beschreibung der Abenteuer eines französischen Refugiés, der 1697 auf der Mauritius-Insel Rodrigues angeblich eine Kolonie gegründet hatte: ‹Voyage et avantures de François Leguat, Paris 1708›. 1799 erschien in Leipzig die dreibändige ‹Beschreibung einiger See- und Landreisen nach Asien, Afrika und Amerika›. Ihr Verfasser, der Buchhändlergehilfe Zacharias Taurinius, hatte nach eigenen Angaben ein abenteuerliches Leben hinter sich: 1758 in Kairo geboren und nach langen Irrfahrten mit seinen Eltern schließlich nach Nürnberg verschlagen, erwachte «nach geendigten Lehrjahren, nämlich 1776, in ihm die Lust, sein Vaterland zu besuchen, welches er so frühzeitig hatte verlassen müssen».[14] Das Schicksal führt ihn bis nach Batavia, Japan und China, nach Amerika und quer durch den afrikanischen Kontinent. Der angesehene Wittenberger Geograph Johann Jacob Ebert war von dem Manuskript so angetan, daß er dem Buch durch eine lobende Vorrede ein zusätzliches Echtheitszeugnis ausstellte.

Das Werk wurde mehrfach aufgelegt, ins Französische und Englische übersetzt, und erst zwei Jahre später meldeten englische Geographen massive Kritik an der Authentizität des Berichtes an: Taurinius habe fast alle Sachinformationen teils wörtlich aus anderen Beschreibungen entlehnt.[15] Der findige Buchhändlergehilfe, der in Leipzig nicht nur im Zentrum des Buchhandels, sondern auch des Bücherwissens arbeitete, hatte die Konjunktur der Reiseliteratur geschickt genutzt, ohne die Strapazen und Gefahren des Erlebens auf sich zu nehmen.

Der Fall löste erheblichen Wirbel aus: in mehreren gelehrten Zeitschriften der Zeit erschienen Angriffe und Widerlegungen. Der Autor wies empört zurück, der Verleger sah sich im letzten Band der «Beschreibung» zu einer entschuldigenden Nachschrift genötigt, und auch der düpierte Professor meldete sich mit einer bemühten Erklärung zu Wort.[16]

Zur Mitte unseres Tableaus hin nimmt der Anteil der Reiselügen innerhalb der echten Reisen immer mehr ab. Noch relativ weit außen finden wir etwa Louis-Armand de Lahontans ‹Reise nach dem mitternächtlichen Amerika› (1703), die zunächst realitätsgetreu das Gebiet der kanadischen großen Seen beschreibt, um den Leser dann zu einem «Langen Fluß» zu führen, an dem unvermutet ein indianischer Idealstaat zu entdecken ist.[17] Etwas näher am Zenit liegen beispielsweise die ‹Reisen nach Amerika› von François René Vicomte de Chateaubriand (1827), der die Südstaaten der USA, die er so kritisch beschreibt, selbst nie besucht hat, oder Jonathan Carvers ‹Reisen durch die inneren Gegenden von Nordamerika› (1778), der uns neben zutreffenden Nachrichten auch Wörterverzeichnisse von nicht existenten Indianerstämmen und Beschreibungen von nie gesehenen Tieren hinterlassen hat. Noch weiter in der Mitte finden wir Moritz August Benjowskis Memoiren von 1789, der tatsächlich auf abenteuerlichen Wegen durch Rußland, China und Indonesien gereist ist, wenn er auch nicht alle beschriebenen Abenteuer selbst erlebte.

Nahe dem Zenit schließlich liegen die Reisen, die zwar stattgefunden haben, aber nicht in der beschriebenen Form. Kompositorische und darstellerische Gründe haben die Autoren häufiger, als wir glauben mögen, veranlaßt, den tatsächlichen Reiseverlauf nachträglich mehr oder minder zu ändern. So lagen etwa der seinerzeit vielgelesenen ‹Reise durch den Baierschen Kreis› (1784) in Wirklichkeit mehrere Erkundungen zugrunde, die der Autor Johann Pezzl im Verlauf von zwanzig Jahren unternommen und hier in einen idealen Reiseweg komprimiert hatte. Johann Kaspar Riesbecks ‹Briefe eines Reisenden Franzosen über Deutschland› (1783) und Karl Julius Webers ‹Deutschland oder Briefe eines in Deutschland reisenden Deutschen› (1826–1828) sind ähnlich zusammengefügt. Die Beispiele ließen sich beliebig vermehren; aber zumindest sind solche Beschreibungen der Realität noch die geringsten Reiselügen.

Den rechten Viertelkreis nehmen die Lügenreisen ein, die witzigen Spielereien mit dem Unmöglichen und Unwirklichen, die phantastischen Gegenbilder zur realen Welt, die keinem Leser wirkliche Erfahrung weismachen wollen. Einige von ihnen haben bis heute eine Unzahl von Bearbeitungen, Nachahmungen, Fortsetzungen und Umdichtungen hervorgebracht, wie zum Beispiel der phantastischen Erzählungen des Barons von Münchhausen, die zum größten Verdruß des wirklichen Freiherrn Karl Friedrich Hieronymus (1720–1797) als ‹M-h-s-nsche Geschichten› 1781 und 1783 zum erstenmal veröffentlicht wurden, 1785 von dem abenteuernden Schriftsteller Rudolph Erich Raspe ins Englische übertragen und im Jahr darauf von Gottfried August Bürger als ‹Wunderbare Reisen [...] des Freiherrn von Münchhausen› zurückübersetzt, bearbeitet und erweitert wurden, angeblich, «wie er dieselben bey der Flasche im Cirkel seiner Freunde selbst zu erzählen pflegt».[18] In dieser Form sind die «Münchhausiaden» rasch zum Volksbuch geworden. Ihr Stoff reicht allerdings über die mittelalterlichen Schwanksammlungen und die germanischen Göttersagen bis weit in die Antike zurück: einige der schönsten Spielereien mit dem Unmöglichen schrieb bereits Lucianos aus Samosata (um 120–185) in seinem phantastischen Abenteuer- und Reiseroman ‹Wahre Geschichten›. Er parodierte damit die pseudoauthentischen Reiseberichte etwa von Herodot, Homer und Ktesias, die den Lesern ihre Begegnungen mit Fabelwesen und Wunderwelten als Erfahrungstatsachen schilderten. Der Spott über die aufschneiderischen modernen Reisenden war auch ein Anliegen von Gottfried August Bürger: das Mißtrauen gegenüber den Geschichten der Heimgekehrten war in zweitausend Jahren anscheinend kaum geringer geworden.

Ernster, wenngleich nicht weniger phantastisch, sind Lemuel Gullivers ‹Reisen in verschiedene ferne Länder der Erde› (1726), die ganz außen neben den Münchhausiaden ihren Platz haben, weil beide die Spielarten der Lügenreise wohl in ihrer jeweils vollkommensten Form repräsentieren. Gullivers Erfahrungen im Zwergenland Lilliput, auf der Riesen-Insel Brobdingnag, in Laputa, Balnibari, Luggnagg und in der Pferderepublik Hoynhnhnms sind trotz aller Phantastik und Fabulierlust Swifts bittere Satiren auf die sozialen, politischen und kulturellen Verhältnisse der Zeit.

Auch Jonathan Swifts ‹Gulliver› steht in einer weit zurückreichenden Tradition von utopischen und satirischen Reiseromanen[19] und wurde selbst traditionsbildend. Die Zahl der Mond- und Mars-, der unterirdischen und Unterwasserreisen, der Schiffbrüche und Strandungen an unbekannten Küsten, die alle in diesen Viertelkreis unseres Tableaus gehören, ist kaum mehr zu übersehen. Auch eine weitere der berühmtesten imaginären Reisen hat hier ihren Platz: Daniel Defoes ‹Robinson Crusoe›, Vorbild für eine Flut von Robinsonaden. Diese «erdachte Geschichte», in der es nach Aussage des Autors «keine Begebenheit gibt, die nicht ihre rechte Beziehung zu einer wahren Geschichte hätte»,[20] liegt schon recht nahe am Zenit; näher noch liegen die Romane, in denen fremde Besucher durch sehr realistisch gezeichnete europäische Länder reisen und ihren Landsleuten Schlimmes über Sitte, Politik und Moral mitzuteilen wissen. Montesquieus ‹Persische Briefe› (1721) wurden zum bekanntesten Werk dieser Zivilisationskritik in exotischer Verkleidung, die ihre Blütezeit im 18. Jahrhundert hatte.[21]

Wie aber steht es mit den «Hunderten von wahren Reisebeschreibungen», für die Percy G. Adams das Zentrum des Halbkreises reserviert hat? Betrachten wir seine Beispiele – Louis Antoine de Bougainville, James Cook und Arthur Young –, so sind berechtigte Zweifel angebracht. Die Reisetagebücher von James Cook kannten die Zeitgenossen nur in den von der britischen Admiralität genehmigten Bearbeitungen durch John Hawkesworth, Cook selbst und James King – Cooks Original-Tagebücher sind übrigens bis heute nicht vollständig veröffentlicht worden. Auch Bougainvilles drei Jahre nach der Reise publizierter Bericht ist die amtlich autorisierte Bearbeitung seiner Logbücher, in der die politischen Zielsetzungen der französischen Unternehmung weitgehend verschwiegen werden. Und Arthur Young schließlich galt mißtrauischen Zeitgenossen als geschickter Profiteur, der seine landwirtschaftlichen Reisen durch England, Frankreich und Italien nicht zuletzt deshalb veröffentlichte, um seine gründlichen Kenntnisse in diesem Metier publik zu machen. Er betätigte sich nämlich zugleich als Makler von Landgütern.

«Wahre Reisebeschreibungen» gibt es ebensowenig wie die «objektiven Quellen», die sich Historiker häufiger wünschen. Der Zenit von Adams' Tableau ist in Wirklichkeit das Zentrum von kleineren und größeren, bewußten oder unbewußten Verstellungen, von Topoi und Stereotypen, die den Beschreibungen erst den Anschein von Wahrheit geben. Realitätsgesättigt sind sie nicht mehr und nicht weniger als die fabulösen Berichte und phantastischen Gegenwelten: Mandevilles Entdeckungen sagen über die Wirklichkeitssicht seiner Zeitgenossen auf ihre Weise ebensoviel aus wie die ökonomischen Statistiken Arthur Youngs; Zacharias Taurinius' Schreibtischreise ist sicher ebenso signifikant wie das Tagebuch von James Cook.

Vielleicht ist aber auch die Frage nach Wahrheit oder Lüge gar nicht so wichtig. Folgen wir dem Beispiel von Columbus. Glauben wir dem Phantastischen. Es könnte produktiv sein.

Wolfgang Griep

Im Coupé
Vom Zeitvertreib der Kutschenfahrt

Marie Chantal de Sévigné bereitet das Reisen sichtlich Vergnügen. In einem Brief vom 11. Mai 1680 berichtet sie ihrer Tochter, der Gräfin Grignan, von unterwegs: «Jetzt bin ich schon zwölf Stunden ununterbrochen in dieser Karosse, so herrlich und bequem – die Zeit vergeht mit Essen, Trinken, Lesen, viel mit Gucken und Staunen, noch mehr aber mit Träumen [...]».[1]

Inmitten einer Fremde, die sonst wegen der unbestimmbaren Risiken als permanente Bedrohung begriffen wird, ist das Kutschendasein der Marquise de Sévigné eine Angelegenheit für Stunden heiterer Muße. In der Tat ist hier jemand unterwegs, der sogar das Unterwegssein selber in den Dienst erhabener Stimmungen stellt. Auf dem Weg von Paris nach Nantes vertreibt die gebildete Mittfünfzigerin sich die Zeit mit für damalige Verhältnisse ungewöhnlichen Ablenkungen.

Landschaft, Lektüre, Laissez-faire: der Zustandsbericht aus dem Coupé der Frau von Sévigné will nicht so recht ins Bild passen, das wir uns vom ‹Reisen anno dazumal› zu machen gewöhnt haben. Mit wenigen Abstrichen, freilich unter anderen Vorzeichen, könnte er sich ebensogut in einem Reisefeuilleton unserer Tage wiederfinden. War es wirklich so, wenn überhaupt wir uns eine Vorstellung von den damaligen Verhältnissen bilden können? Anders gefragt: Klingen hier Bedürfnisse an, die – zumindest in Hinsicht auf die Lustbarkeiten einer Reise – noch heute bestimmend sind? Wirken also diese Bedürfnisse und die daraus abgeleiteten Stimmungen ungeachtet des verkehrsgeschichtlichen Wandels ungebrochen fort?

Wer für den Anfang dem Beispiel der Frau von Sévigné mißtraut, liegt keineswegs falsch. Denn die Marquise hat ihre Reiseidylle planvoll arrangiert. Die Karosse, in der sie sitzt, wurde auf ein Schiff verbracht, das die Loire flußabwärts befährt, der Wagen der Einfachheit halber von den Rädern gehoben. Die Mahlzeiten werden durch das Kutschenfenster gereicht. Nicht von ungefähr erwähnt die Marquise in der eingangs zitierten Briefstelle das Essen in einem Atemzug mit dem Schauen und dem Lesen.

Dennoch schrumpft, sofern nicht von Belastungsproben und Nöten, sondern von allerlei Kurzweil die Rede ist, die historische Distanz zu den Passagieren der Kutschenära. «Angenehme Gesellschaft und gutes Wetter», heißt es in einem Bericht aus dem Jahre 1810, «sind die vorzüglichsten Bedingungen einer vergnüglichen Reise».[2] Das können wir nachvollziehen. Wie eh und je steigt und fällt das Stimmungsbarometer je nach Wetterlage, beginnt der Reisetag mit einem prüfenden Blick zum Himmel. Kurzum, man richtet sich nach dem Wetter oder nimmt es in Kauf. Andererseits hat technischer Wandel in Fragen des Komforts für völlig neue Maßstäbe gesorgt. Dem Kutschencoupé, in dem man im Winter jämmerlich fror, steht heute das vollklimatisierte Abteil der Eisenbahn gegenüber.

Um so erstaunter blättern wir in den Notizen einer von Justus Gruner 1802 erinnerten Reise, die von Oldenburg nach Ostfriesland führte. Trotz Kälte und Nässe bereitete sie dem Verfasser durchaus «Vergnügen».[3] Gruners positive Bilanz resultiert aus «mannichfachen» Eindrücken, die der aufmerksame Beobachter der Postwagenfahrt abgewinnt. Dabei gilt sein besonderes Interesse den Mitreisenden: ein junger Franzose, ein holländischer Makler, ein Schiffer, ein Bote sowie einige Handelsleute, wobei letztere, der Kälte wegen, kräftig dem Branntwein zusprechen. Doch samt und sonders lassen ihn die Weggefährten auf der vorletzten Station mit dem Kondukteur alleine auf dem Postwagen zurück: «Und in diesem Augenblick, als ich den Genuss des bisherigen bunten Schauspiels verlor, war es auch, als ob sich alle Mächte verschworen hätten, mir nun das Langweilige und Unbequeme einer Postreise recht fühlbar zu machen.» Es ist nicht das Wetter, das hier von den Gefühlen und Stimmungen Besitz ergreift, sondern vielmehr das Ambiente des Postwagens. Im Vergleich zum Wetter, wie immer es gerät, erweisen sich die Weggefährten allemal als der bessere Stimmungsmacher. Ja, mit ihnen steht und fällt die ganze Unternehmung. «Nichts ist langweiliger und verdrießlicher», meint Adolph Freiherr Knigge, «als mit einem Manne zu reisen und in einem Kasten eingesperrt zu sitzen, der [!] stumm und mürrischer Laune ist».[4] Daß die Marquise de Sévigné zum Buch greift oder den Blick nach den «verlockenden Aussichten» wendet, welche die am Kutschenfenster vorbeiziehende Landschaft darbietet, rührt nicht zuletzt von einem wenig unterhaltsamen Abbé her, mit dem sie das Coupé teilt. Natürlich kommt sie in seiner Gesellschaft kaum auf ihre Kosten: «Der liebe Abbé und ich sprechen zwar auch miteinander, aber nicht in einer Weise, die uns Zerstreuung bietet.»

Anders die aristokratische Reise in den Memoiren der Markgräfin Wilhelmine von Bayreuth, der Schwester Friedrichs des Großen. Bei ihr findet keine Reise ohne standesgemäße Begleitung statt. In einem Fall etwa, auf dem Weg von Bayreuth nach Berlin, läßt sie sich von einem Herrn von Seckendorff bei Laune halten: «Er war geistreich, vielgereist und recht angenehm im Verkehr.»[5] Vier Tage dauert die Fahrt nach Berlin. Aber was sind schon vier Tage angesichts des reichen Erfahrungsschatzes, aus dem Wilhelmines Begleiter, offensichtlich ein erfolgreicher Absolvent der adligen Kavalierstour, seine Reiseerinnerungen bezieht. Was er von seinen Unternehmungen zu berichten weiß, dient regelrecht als Ersatz für die eigene Fahrt, von der Wilhelmine kaum Notiz nimmt.

Reisegesellschaften der noch älteren Zeit waren zuvörderst Zweckverbände. Man schloß sich den mit der Fremde vergleichsweise vertrauten landesherrlichen oder reichsstädtischen Botenfuhren an, die bereits im 16. Jahrhundert für Mitfahrgelegenheiten sorgten, oder bildete selber eine Reisegemeinschaft. Nicht nur, um sich in den vielfältigen organisatorischen Aufgaben der Wegeplanung gegenseitig zu entlasten, sondern um vor allem den unterwegs drohenden Gefahren für Besitz, Leib und Leben wirksamer begegnen zu können. Mit größter Sorgfalt werden in Samuel Kiechels Reisebeschreibung aus dem späten 16. Jahrhundert die Bewegungen plündernder Wegelagerer registriert, berät die Gruppe in den Herbergen, wo die Informationen zusammenlaufen, über jeden einzelnen Schritt ihres Reiseplanes, und selbst eine zum Geleit aufgebotene Schutztruppe vermag der Unternehmung keineswegs allen Zweifel zu nehmen: «Wir sagten untereinander, wir müßten uns mehr befürchten vor denen, die uns begleiten sollten, als vor dem Gegenteil. Weil dieses Gesinde sehr durstig nach Geld sind, machen sie geringe Unterschiede und achten eben Fremde wie Feinde.»[6] Daß Fürstlichkeiten zu auswärtigen Anlässen einen Gutteil ihres Hofstaates in Bewegung setzten, galt insofern nicht nur der Demonstration von Macht und dem Bedürfnis nach Bequemlichkeit, sondern war eben auch eine Frage der Sicherheit.

Zu den wenigen Strecken, von denen sich mit Fug und Recht behaupten ließ, sie seien relativ sicher, zählte seit dem späten 16. Jahrhundert der «Stellwagen»-Kurs von Basel via Straßburg nach Frankfurt. Wie aus einigen Quellen zu schließen ist, hatten sich Fuhr- und Wirtsleute der Region zusammengetan, um die Personenbeförderung, anfangs lediglich zu Messezeiten, quasi als Zusatzgeschäft zu betreiben. Erwähnt sind die Messefuhren schon im Jahre 1555 in Jörg Wickrams «Rollwagenbüchlein», einer Sammlung von lustigen Geschichten, die zur Unterhaltung der Reisenden während der langen Fahrten dienen sollten. Wickrams Textanthologie, die in ihrer Widmung für den «ehrsamen, fürnehmen und achtbaren Martin Neu, Bürger und Wirt ‹Zu der Blumen› zu Kolmar» dessen Talente als Reiseorganisator preist, darf indes nicht als Ersatz für das Gespräch auf dem Stellwagen mißverstanden werden. Sie ergänzt es bloß. Ohnedies ist man in den Anfängen der Personenbeförderung noch unter sich. Als im März 1684 ein gewisser Pater Joseph Dietrich mit einer zwölfköpfigen Gruppe von Basel nach Frankfurt aufbricht, das die Händler und Kaufleute einer Frühjahrsmesse wegen aufsuchen, sind es vertraute Gesichter, auf die der kirchliche Würdenträger trifft: «Die Herren Gefährten begrüßten mich gar freundlich. Die meisten waren mir bereits bekannt, was mir recht lieb war.»[7] Ihr Reiseziel erreicht die Landkutsche ohne nennenswerte Zwischenfälle.

Seit Verkehrsanstalten das Reisen organisieren, hat der Mensch unterwegs Zeit für sich. War das Reisen vormals ein mühsames, kaum kalkulierbares Unternehmen, weil sich die Frage des Fortkommens von Ort zu Ort stets aufs neue stellte, so fällt die Sicherung der Verbindungen nun in den Aufgaben- und Verantwortungsbereich der anfangs noch privaten, seit der Mitte des 17. Jahrhunderts aber zunehmend staatlichen und privatmonopolistischen Postanstalten, die für die Regelung des Verkehrs sorgen und ihn garantieren. Die Fahrpost institutionali-

Eine Postwagenfahrt, anonyme Karikatur. Aus: Wilhelm Görges, Deutscher Postalmanach für das Jahr 1842. Braunschweig 1842, nach S. 96.

siert den Reiseverkehr, wodurch sich das Bild der Reise in dieser Zeit von Grund auf ändert.

Verkehrsmäßig bilden sich Klassen-Unterschiede in vormals nie gekannter Deutlichkeit heraus. Zu Fuß, zu Pferd, im Wagen – dies alles ist jetzt mehr als nur eine Frage der Anpassung an die vorgefundenen Wegeverhältnisse. Die Postkutschenära kannte in der Hauptsache zwei Reiseklassen: ‹Ordinari-Post› und ‹Extrapost›. In beiden Fällen wurde mit dem Pferdewechsel an den Relaisstationen auf das Reisesystem der Post zurückgegriffen. Mit dem Unterschied, daß sich Adel und gehobenes Bürgertum per Extrapost eines Mietwagens oder der eigenen Equipage bedienten und an den Stationen unabhängig von der fahrplanmäßig verkehrenden Ordinari-Post abgefertigt wurden.

Gleichzeitig ermöglichte die Ordinari-Post – zumal als Folge obrigkeitlicher Maßnahmen zur Förderung des absolutistischen Wohlfahrtsstaates – eine Liberalisierung des Reisens. Auf der fahrenden Post, so eine Abhandlung aus dem Jahre 1748, «wird unter denen Passagiers keinem ein Vorzug [...] verstattet [...], sondern sind die Passagiers hier alle gleich».[8] In dieser Sphäre sozialer Gleichheit, durch die der Ordinari-Postwagenalltag sich auszeichnet, wird aber die Reisebekanntschaft und werden so die ‹Kutschenerlebnisse› flüchtig.

Mit dem Postwagen wird schließlich auch das Abenteuer verstaatlicht, in eng umrissene Schranken gewiesen. Die Gefahren der Reise schrumpfen auf ein kalkulierbares Maß. Schenkt man einer 1789 erschienenen Untersuchung des Grafen Woldemar von Schmettau Glauben,[9] ist die Zahl der Überfälle auf Postkutschen im Deutschland des späten 18. Jahrhunderts für nahezu alle Länder des Reiches gleichermaßen unbedeutend. Fälle von Gewaltanwendung vermag

Schmettau überhaupt keine zu nennen, was darauf zurückzuführen ist, daß die Verkehrsanstalten im Falle eines Verlustes institutionell hafteten. Dagegen bringt die Zivilisation der Landstraße den Dieb mit ‹weißem Kragen› als neuen Typus hervor. An die Stelle von Axt und Keule treten List und Verstand. Nicht von ungefähr sympathisierte das späte 18. Jahrhundert mit der zum Mythos stilisierten Figur des Posträubers Carl Grandisson, der sich als vermeintlich harmloser Passagier unter die Postwagengesellschaft mischte, um seine Mitreisenden in unbeobachteten Augenblicken um Geldbörse und Gepäck zu erleichtern. Die auf dem Postwagen zusammengewürfelte Reisegesellschaft bedeutet das Restrisiko aus einer Zeit, als das Reisen noch Abenteuer war.

Es versteht sich nicht ganz von selbst, daß die Reiseliteratur in dem Maße, wie sie sich im Laufe des 18. Jahrhunderts verbreitet, der verkehrsgeschichtlichen Entwicklung Aufmerksamkeit zollt. So ist das Verkehrsmittel bis weit ins 18. Jahrhundert bloße Transportgelegenheit bei der Realisierung bestimmter Vorhaben – nicht wert, extra erwähnt zu werden. Noch die Vertreter der altständischen Wissenschaften klammerten in den Aufzeichnungen von ihren Besuchen fremder Universitäten und Bibliotheken das Thema der Reisemodalitäten völlig aus, weil es als «lästige Ablenkung vom Wesentlichen» erschien.[10] Erst im Verlauf der Aufklärung hält der Reisealltag Einzug in eine nicht zuletzt politisch begründete Beschreibungspraxis. Erstmals erfahren wir – auf breiter Basis –, wie es in der Kutsche und wie auf dem Postwagen zuging.

Für den kritischen Aufklärer kann schon die Art zu reisen ein integrativer Teil seines Programms sein, wenn er sich, wie Johann Kaspar Riesbecks «reisender Franzose»,[11] gegen die standeskonventionelle Sozialabkapselung aller Kutschenprivatiers wendet. «Gemeiniglich sind dies Leuthe», urteilt Riesbeck verächtlich, die von den besuchten Ländern nur wenig kennenlernen: «Da fahren sie die Heerstraßen her, fahren in ihren wohlverschlossenen Wagen [...], brüten in dem Gewölke ihrer Ausdünstungen Grillen aus, die sie uns dann für ächte Produkte des Landes geben, welches sie mit Extrapost durchreist haben [...].» Riesbeck attackiert vor allen anderen den Typus des bürgerlichen Bildungsreisenden, der als ein Aufklärer wie Friedrich Nicolai an seine Unternehmung wie selbstverständlich den Anspruch stellt, die «Menschen und ihre Sitten» kennenzulernen,[12] allerdings ohne auf Komfort und Bequemlichkeit der eigenen Equipage verzichten zu wollen. «Auf einer großen Reise», versichert sich Nicolai seines Standpunktes, «ist ein bequemer Reisewagen, was im menschlichen Leben eine bequeme Wohnung ist». Indem er auf seinen Sozialstatus pocht, hat Nicolai sein Verhältnis zur Reisewirklichkeit jedoch bereits einseitig vorgezeichnet. Denn wer die Fremde nur von seiner rollenden Heimstätte aus studiert, wird ihr auch nur bis zu einem gewissen Grad näher kommen. Dagegen beginnt für den kritischen Aufklärer à la Riesbeck die Erkundung der Menschen und ihrer Sitten wo nicht zu Fuß, doch zumindest «auf den öffentlichen, ordinären Fuhren, die mir der Gesellschaft wegen (und sollte sie auch nur aus Juden, Kapuzinern und alten Weibern bestehen) ausserordentlich lieb sind».

Der ordinäre Postwagen sollte Riesbeck eines Besseren belehren. Mit welchen Mühen das aufklärerische Programm einer soziale Schranken überwindenden, vorurteilsfreien Reise in die Tat umzusetzen war, davon zeugt bei ihm eine Fahrt von Straßburg nach Stuttgart. Den Postwagen teilt Riesbeck mit einem Weinhändler und einer französischen Gouvernante: «Beyde waren mir platterdings ungenießbar.»

Während Aufklärer noch vom Schlage eines Johann Kaspar Riesbeck sich offenkundig abmühten, ihr Konzept einer klassen- und schichtenübergreifenden Raumerfahrung praktisch hinreichend zu verwerten, hatte sich die belletristische Literatur des Stoffes längst bemächtigt, den der Erfahrungsraum der Reisekutsche bietet. Die Vorstellung, einander über weite Strecken, über Tage, wenn nicht gar Wochen, auf Gedeih und Verderb ausgeliefert zu sein, hat die Phantasie manches Schriftstellers derart beflügelt, daß er dem Weg größere Bedeutung beimaß als den fremden Zielen.

Der große Wurf gelang damals einem Außenseiter: Johann Timotheus Hermes. Sein zwischen 1769 und 1773 entstandener Briefroman ‹Sophiens Reise von Memel nach Sachsen› sollte sogleich in die Niederungen einer empfindelnden, freilich hochmoralisch gemeinten Unterhaltungsliteratur führen. Das Rezept, dessen sich der Roman bediente, war denkbar schlicht (und folglich erfolgversprechend): Ein schutzloses Frauenzimmer im Verein dubioser Passagiere (Künstler, Kaufleute, Offiziere), dazu eines Postillions, der sich mit Branntwein korrumpieren läßt:

«Ich zittre, wenn ich bedenke, daß ich noch einige zwanzig Meilen in Gesellschaft ganz fremder Menschen zubringen soll. Der Major ist ein schwacher Schutz – er könnte doch wenigstens die schmutzigen Reden des Postillions verhindern, und das tut er nicht, er lacht darüber, und ich glaube, einem Dieb die Laterne halten, das ist nicht sträflicher. Ein Maler, der auf der Post ist, wollte gestern mit der Vorstellung ‹es schicke sich nicht in Gegenwart eines Frauenzimmers so was zu sagen›, den Postillion zum Schweigen bringen; aber der Major rief: ‹Monsieur Pinsel, was geht's ihn an?› und sogleich machte der Kerl es ärger als vorher, bis der Mann mit der englischen Perücke ihm das Maul stopfte.»[13]

Eine kontrastreiche Postwagengesellschaft, zeigt Hermes, bietet prächtige Gelegenheiten, den Figuren in der Rolle, die ihnen zugeschrieben ist, Profil zu geben.

So lassen die Verwicklungen nicht lange auf sich warten. An einer Station fährt der Postwagen ab, ohne Rücksicht auf die Heldin, die, wie der Roman es will, die Wartezeiten mit Briefeschreiben überbrückt und sich darüber vergißt (aus der Misere rettet Sophie der Mann mit der englischen Perücke ...), an einem anderen Ort bleibt er liegen, weil weit und breit keine Pferde aufzutreiben sind (das Romangeschehen spielt sich vor dem Hintergrund der Ereignisse des Siebenjährigen Krieges ab). Die Passagiere müssen die Nacht im Wirtshaus verbringen. Durch ein Mißverständnis gerät ein Mitreisender in Sophiens Zimmer. Und so geht es fort. Ihr ganzes Dilemma bringt Sophie gelegentlich auf den Punkt: «Wie können Obrigkeiten nur zulassen, daß kaiserliche Postwagen für ein hülfloses Mädchen unsicher sind, da es doch unmöglich ist, daß Väter und Brüder uns immer begleiten können?»

Zählte Hermes unter den Schriftstellern der Aufklärung zweifellos zur zweiten Garnitur, so ist dennoch ‹Sophiens Reise› aus der Kutschenliteratur der Zeit kaum wegzudenken. Nicht allein seiner Leserschaft, auch der schreibenden Zunft selber führte Hermes vor Augen, was eine rechte Postwagengesellschaft ist. Wohl nicht zufällig wurde in der Folge manche ereignislose Bildungsfahrt mit

Hilfe zumindest eines herbeigedachten ausschmückenden Kutschenambientes stillschweigend aufgewertet. Erwähnt sei Ludwig Börnes ‹Monographie der deutschen Postschnecke›, ein Pamphlet aus dem Jahre 1821, das (kurz vor Einführung der Schnellpost) die Betulichkeit der Verkehrsabwicklung an den Poststationen aufs Korn nimmt. Börnes Satire weicht von den wahren Begebenheiten, auf denen sie beruht, in einem Punkt grob ab: der Zusammensetzung der Reisegesellschaft. An die Stelle des farblosen Aufeinandertreffens biederer Mitreisender, die ihn auf seiner real stattgefundenen Fahrt von Frankfurt nach Stuttgart nur anöden, tritt in der ‹Monographie› eine bunte Mischung widersprüchlicher Charaktere: eine französische Gouvernante, ein Schreinergeselle auf dem Rückweg von Paris, eine junge Ehefrau aus Königsberg mit ihrem Bräutigam und schließlich «eine fürchterliche Gestalt in langem Barte und Schwert».[14] Die nämlich steigt mitten in der Nacht unterwegs zu, versetzt die Reisegesellschaft in helle Aufregung und läßt so einen Hauch des Abenteuerlichen aufkommen. Ein Brief Börnes vom 11. November 1820 an die Freundin Jeanette Wohl stellt der Fiktion die Realität gegenüber: «Meine Reisegesellschaft war ganz erbärmlich. Eine ehrbare Bürgerstochter aus Salzburg, die aussätzig war; sonst war nichts an ihr auszusetzen als ihre Dummheit. Ein Handwerkspursche, ein Unteroffizier und ein Wagnermeister. Ich habe mich fast zu Tod gelangweilt.»[15]

Auch Freiherr von Knigge nimmt sich des Stoffes an, sein Interesse jedoch ist spezifischer: «Als ich im Begriff war, von Heidelberg abzureisen und nur noch auf die Ankunft des Fuhrwerks wartete (denn ich habe keinen eignen Wagen mit auf die Reise genommen) wandelte ich in dem Vorhause des Gasthofs auf und nieder. Ein sauber gekleidetes, hübsches junges Frauenzimmer trat herein, machte mir im Vorbeygehn eine anständige Verneigung und fragte dann ein Paar Leuthe, die im Hofe standen, ob man ihr nicht eine Retour-Kutsche, oder irgend eine andre Gelegenheit, um wohlfeilen Preis nach Frankfurt zu kommen, anweisen könnte? [...] Sie hatte indeß auch den Kopf nach mir hingewendet und schien ihre Bescheidenheit um Rath zu fragen, ob sie mir die Bitte vortragen dürfte, oder nicht. Ihre hellen, freundlichen blauen Augen hatten schon zur Hälfte den Antrag gethan, als, mit Vorsatz oder durch Ungefehr, ein kleines, zierliches, in Atlas gekleidetes Füßchen schelmisch unter dem Rocke hervorblickte und mich vollends bestimmte, diesem Antrage auf halben Wege entgegen zu kommen. ‹Mademoiselle›, sagte ich, indem ich mich ihr näherte. ‹Ich habe einen zweysitzigen Wagen gemiethet. Mein Bedienter hat Platz auf dem Bocke. Wenn ich es also wagen dürfte –›.»[16]

«Bestrebe Dich, ein angenehmer Gesellschafter zu seyn, wenn Du den Damen gefallen willst! Schmeicheley gefällt ihnen vorzüglich wohl», rät Knigge in seinem bürgerlich-emanzipatorischen Leitfaden ‹Ueber den Umgang mit Menschen›. Ungleich verfänglicher jedoch als an den gewöhnlichen Stätten gesellschaftlichen Amüsements ist die vorgeführte Situation der Coupé-Zweisamkeit. Das in der Tat aufregende Thema gibt Anlaß zur Selbstbespiegelung und Einblicke in die Gefühlswelt des Kavaliers, der sich zu erotischen Phantasien hinreißen läßt. Stimulierend wirkt dabei die durchreiste Landschaft. Die «reizende Bergstraße», über die das Paar fährt, breitet sich in «malerischer Abwechslung» und überwältigender Folge der «schönsten Gegenstände» vor dem Gespann aus.

«Bedarf es mehr», geht die Frage an den Leser, «um das Herz zu sanften Empfindungen zu stimmen? Aber nun machen Sie vollends diese Paradies-Farth an der Seite eines hübschen freundlichen Mädchens, in einem engen, zweysitzigen, geschlossenen Wagen, wo Sie bey jedem kleinen Stoße, den die Räder auf einem Steine machen, den der schadenfrohe Satanas nicht umsonst in den Weg gelegt hat, bey der kleinsten Bewegung ihrer Aerme der liebenswürdigen Nachbarinn näher kommen, wo Sie den Anblick der romantischen Gegend durch das ofne Seiten-Fenster nicht geniessen können, ohne die hellen Strahlen aus einem Paar sanften, lieblichen Augen aufzufangen. [...]

In solchen Bedrängnissen pflegt ein Mann von Ehre, von feinerm sittlichen Gefühle und der, wie ich, Achtung für das weibliche Geschlecht hat, verlegen um den Stoff zu einer Unterhaltung zu seyn, die weder trocken und langweilig wird, noch einen gefährlichen sentimentalen Schwung nimmt. Einige bescheidne Fragen über den Zweck der Reise meiner Gefährtinn halfen mich vorerst aus der Noth.»

Ein Exempel wird statuiert. Die Geschichte, die Knigge erzählt, nimmt im Zuge der kontrollierten Entsinnlichung belehrenden Charakter an. Zu lernen, wie sich ein tugendhafter Mensch in Extremsituationen bewährt, soll hier dem Leser vermittelt werden. Die Regulierung der Affekte erfolgt in einem sukzessiven Prozeß. Noch trinkt man während der Mittagsrast gemeinsam eine Flasche Wein, doch darf mit sinnlichen Wirkungen nicht mehr gerechnet werden: es ist jene empfehlenswerte Sorte, die zu «milder Fröhlichkeit» stimmt. Schließlich wird jeder Rest an Zweifeln ausgeräumt, als das Fräulein dem Kavalier entdeckt, daß es als Braut unterwegs sei.

«Dies löschte nicht nur jeden Gedanken eines Abentheuers in mir aus und überzeugte mich, daß ich in keine verächtliche Gesellschaft gerathen war, sondern es hob auch alle Verlegenheit, allen unrechten Zwang, von meiner Seite auf, indem sie nun *sans conséquence* für mich wurde.»

Aus der Gefühlsdistanz heraus kann sich der Erzähler wieder seinen Aufgaben als Reisebeschreiber zuwenden. Er stellt vergleichende Betrachtungen an, nüchtern und sachlich. Nahtlos folgt die diskurshafte Reflexion:

«Die Frauenzimmer in dem südlichen Theile von Teutschland sind in ihrem äussern Betragen viel gefälliger, obgleich darum nicht mehr und nicht weniger verderbt, wie die in den nördlichen Gegenden. Sie sind lebhafter, ohne deswegen leichtfertiger zu seyn, erlauben auch wohl im geselligen Umgange den Mannspersonen kleine, unschuldige Freiheiten, denen sie aber zu rechter Zeit Grenzen zu setzen wissen [...].»

Im Urteil des späten 18. Jahrhunderts gerät die ordinäre Fahrpost in Verruf. Ein zentrales Thema: Beförderungsqualitäten. «Reisen im Postwagen», vermerkt Johann Georg Heinzmanns ‹Rathgeber für junge Reisende› in seiner Auflage von 1793, «ermatten eben so sehr den Geist, als sie für den Körper schädlich sind. Wer nur ein paar Tage und eine Nacht im Postwagen gefahren ist, wird zu allen muntern Gesprächen nicht mehr fähig seyn, und alles was um und neben ihm vorgehet, fängt ihm an gleichgültig zu werden. Das unbequeme enge Sitzen, oft bey schwüler Luft, das langsame Fortrutschen mit phlegmatischen und schlafenden Postknechten, der oft pestilenzialische Gestanck unsauberer Reisegesellschaften, das Tobackdampfen und die zottigen schmutzigen Reden der ehrsamen bunten Reisekompagnie, lassen uns bald des Vergnügens satt werden.» Heinzmanns Handbuchartikel spiegelt indirekt die Enttäuschung manches Reisebeschreibers wider, der unterwegs vergeblich auf das Zustandekommen einer ‹nützlichen› Bekanntschaft hofft und sich dazu (oder gerade deshalb) von dem Treiben auf dem Postwagen angewidert fühlt. Insofern ist der Blick gefärbt, das Urteil vergröbert. Denn im politisch und postorganisatorisch zerrissenen Reiche deutscher Prägung darf mit Qualitätsunterschieden bei der Beförderung durchaus gerechnet werden. Von der Postkutschenverbindung zwischen Frankfurt und Mainz etwa schwärmt Johann Heinrich Grimm in seinen Reisebriefen aus dem Jahre 1775: «Dieses Fuhrwerk ist gar nicht zu verachten: denn außerdem, daß man oft mit einer recht artigen Gesellschaft versehen wird, so ist es auch ganz bequem zum Fahren eingerichtet [...].»[17]

In herbem Kontrast zu den im südlichen Teile Deutschlands angetroffenen Reisemodalitäten stand der Norden des Reiches. Er verdankte seinen Postanstalten den ‹offenen Stuhlwagen›, einen plumpen, karg ausgestatteten Leiterwagen ohne Sitzlehnen und ohne Verdeck. Der Goethe-Freund Karl Friedrich Zelter karikiert ihn als «eisernen Altar», auf dem der Passagier «seine weichen Teile zum Opfer bringt».[18] Und mit ihnen, wie man unterstellen darf, den letzten Funken von Moral und Anstand. Spätestens seit der trefflichen Milieustudie des Briefromanautors Hermes galt der offene Stuhlwagen als Inbegriff rauher Sitten, die unter den norddeutschen Postwagenreisenden herrschten. Von welchen Überlegungen sich Hermes bei der Wahl seines Schauplatzes beeinflussen ließ, sei dahingestellt. Fest steht aber, daß ‹Sophiens Reise› ins Bild etwa eines schwäbischen Postwagens, auf dem Ludwig Börne die Hoffnung auf ein kleines Abenteuer fruchtlos aussitzt (und dem er alles andere abspricht denn Komfort), nicht so recht passen wollte.

Wie sehr dies nachteilige Image den norddeutschen Verkehrsanstalten zu schaffen machte, davon zeugen begleitende Maßnahmen anläßlich der Einrichtung eines Postkutschenkurses zwischen Harburg und Münden im Jahre 1771: «schmutzige, übel gekleidete und sonst einer honetten Gesellschaft unangenehme und ekelhafte Personen» wurden, einer Verfügung zufolge, von der Beförderung schlicht ausgeschlossen.[19]

Wer das Risiko scheute, auf dem ordinären Postwagen in schlechte Gesellschaft zu geraten, dem blieb als wichtige Alternative die Extrapost. Auch wenn das Gros der Reiseliteraten sich eine eigene Equipage kaum zu leisten vermochte, so war es ihm doch zumindest etappenweise erschwinglich, auf die an den Poststationen bereitgehaltenen Mietfuhrwerke umzusteigen. Überblickt man die Reiseliteratur des späten 18. Jahrhunderts, fällt es auf, daß in Norddeutschland häufiger als anderswo auf Extrapost zurückgegriffen wurde. Die dort auf den ordinären Fuhrwerken bilanzierten bitteren Erfahrungen zeitigten rasch ihre Wirkung.

Doch hat alles seinen Preis. Wer alleine unterwegs ist, den versetzt nun die Extrapost in einen Zustand völliger Abgeschiedenheit. Monotonie und Langeweile sind die unvermeidlichen Folgen dieser Isolation im Coupé. Johann Christian Ficks ‹Taschenbuch für Reisende› aus dem Jahre 1795 empfiehlt deshalb die Mitnahme einer «bequemen Schreibfeder», womit «du unter dem Fahren an deinem Tagebuch arbeiten, oder dich sonst mit etwas beschäftigen kannst, das dir die Langeweile auf dem Wege verscheucht, und dir die Zeit das schon Gesehene an dem Orte aufzuzeichnen, wo du wieder Merkwürdigkeiten findest, ersparet». Der Griff zur Feder bedeutet indes nur eine Strategie unter mehreren, um dem unerträglichen Zustand abzuhelfen. Andere greifen zum Buch. Stendhal soll auf seinen Reisen eine umfangreiche Bibliothek mitgeführt haben. «Der Mann, der diese Zeilen schreibt», brüstet er sich, «hat ganz Europa von Neapel bis Moskau durchzogen und dabei in seiner Kutsche hundert verschiedene Autoren mit ihren Originalwerken gelesen». Napoleons Reisebibliothek umfaßte eintausend Bücher. Was ihm mißfiel, so geht die Anekdote, warf er einfach aus dem Kutschenfenster hinaus.[20]

Später, auf der Eisenbahn, ist es die Zeitung. Aber sonst ändert sich nicht viel. Isolation im Eisenbahnabteil der Ersten Klasse, dagegen «fröhliches Gespräch und Lachen» unter den «Reisenden der dritten und vierten Klasse».[21] Hitze, Staub, Gestank, schwitzende Passagiere, der Geruch von Aufschnitt und verschüttetem Wein: was auf den offenen Wagen der Eisenbahn neu hinzukam, war lediglich der «peinliche Ruß der Lokomotive»,[22] vor dem man sich zu schützen hatte.

Freilich, die Reisenden alten Stils sind an der Schwelle zum neuen Verkehrszeitalter in die Jahre gekommen. Ludwig Börne, in der Kutsche unterwegs nach Paris, in einem Brief vom 15. September 1830:[23] «Meine Gefährten im Coupé [...] unterhielten sich, ohne die kleinsten Pausen, auf das lebhafteste miteinander; aber ich achtete nicht darauf und hörte das alles wie im Schlafe. In früheren Jahren war mir jede Reise ein Maskenballfest der Seele; alle meine Fähigkeiten walzten und jubelten auf das ausgelassenste, und es herrschte in meinem Kopfe ein Gedränge von Scherz und Ernst, von dummen und klugen Dingen, daß die Welt um mir her schwindelte. Was hörte, bemerkte, beobachtete, sprach ich da nicht alles! [...] Wie hat sich das aber geändert! [...] Ich sitze ohne Teilnahme im Wagen, stumm wie ein Staatsgefangener in Östreich und taub wie das Gewissen eines Königs. In der Jugend bemerkt man mehr die Verschiedenheiten der Menschen und Länder, und das eine Licht gibt tausend Farben, im Alter mehr die Ähnlichkeiten, alles ist grau, und man schläft leicht dabei ein. Ich kann jetzt einen ganzen Tag reisen, ohne an etwas zu denken.»

Klaus Beyrer

Die Kunst, seine Reisen wohl einzurichten
Gelehrte und Enzyklopädisten

Als in dem unbedeutenden Landstädtchen Göttingen 1737 eine Universität gegründet wurde, verbannten die Planer bewußt die traditionellen Übungen in Poetik und Rhetorik aus dem Lehrplan und richteten das Studienprogramm nach den neuen Staats- und Erfahrungswissenschaften aus: Die adeligen und bürgerlichen Studenten sollten nach dem Willen des Landesherrn vor allem auf ihre künftigen Positionen in Verwaltung, Wirtschaft und Kirche vorbereitet werden. Experimentelle Naturwissenschaften, praktische Philosophie und Prozeßrecht, Staatswissenschaft, Statistik und Geschichte zogen denn auch die Studenten in großer Zahl an. In der zweiten Hälfte des 18. Jahrhunderts wurde die Georgia Augusta zu einer der führenden modernen Universitäten in Deutschland.[1]

Es ist darum kaum verwunderlich, daß in der Göttinger Alma Mater auch eine ganz spezielle Erfahrungswissenschaft zuerst gelehrt wurde: die «Kunst, seine Reisen wohl einzurichten». Der Historiker Johann David Köhler hatte 1749 mit diesen Vorlesungen begonnen, und sein Sohn Tobias sowie nach ihm der Historiker August Ludwig Schlözer und der vielseitig interessierte Mediziner Heinrich August Wrisberg setzten die Tradition der «Reisekollegien» bis ins 19. Jahrhundert hinein fort.[2]

Schlözer sah sich in seinen «Vorlesungen über Land- und Seereisen», die er seit 1772 immer wieder in sein Lehrangebot aufnahm, trotz der Vorgänger durchaus als Neuerer. Köhler habe, der engen Zielsetzung des gelehrten Reisens entsprechend, «blos auf Bibliotheken, Münzcabinete und Antiquitäten Rücksicht» genommen, schrieb Schlözer, selbst sei er «nie gereist».[3]

Das mag vielleicht so scheinen, wenn man Schlözers reisepraktische Ausführungen gegen die recht theoretisch-trockenen Anweisungen Köhlers hält; es ist aber vor allem ein Zeichen für die rasante Entwicklung in der Reisepraxis der Gelehrten. Denn natürlich war auch der angehende Diplomat Köhler – wie viele andere seines Standes – nach dem Studium auf die übliche Bildungsreise gegangen. Im Range eines Legationssekretärs hatte er von Wien aus den schwedischen Gesandten durch Schlesien und Deutschland begleitet. Und wie viele andere

Gelehrte Kaufleute und Staatsdiener entwickelten im 18. Jahrhundert eine rege Reisetätigkeit. Die Reisemittel haben sich verbessert; es gibt zuverlässige Karten, stabile Koffer und – im Ausblick angedeutet – Reisewege und -wagen allüberall. Radierung, Ende 18. Jh. Frankfurt/M., Deutsches Postmuseum.

unvermögende, bürgerliche Gelehrte hatte auch er die Reise zu einer möglichst umfassenden Kenntnisvermehrung genutzt.[4]

«Wer eine gründliche Gelehrsamkeit erlangen will, muß sich vornehmlich einer anschauenden Erkenntnis befleißigen, denn diese ist die beste und gewisseste. Er muß also nicht allein Bücher lesen, sondern sich auch bemühen, viele Dinge selbst zu sehen und mit seinen Sinnen zu empfinden. [...] Eigene Erfahrungen zu sammeln, und dadurch seine Erkenntniß zu bereichern, ist eigentlich der Endzweck der Reisen der Gelehrten...» schrieb Köhler im ersten Kapitel seiner «Anweisungen».[5] Auf seiner eigenen Reise hatte er neben dem empirischen Erkenntnisgewinn auch dem zweiten Hauptziel der Gelehrtenreise möglichst nahezukommen gesucht: der persönlichen Kontaktaufnahme mit den berühmten Wissenschaftlern und Künstlern der Zeit. Daß Köhler sich bei dieser Gelegenheit «eine sehr weitläufige Bekanntschaft mit Gelehrten» verschafft und seitdem «mit vielen in und außer Deutschland einen nützlichen Briefwechsel» unterhalten habe, vermerkte noch 1788 anerkennend sein Biograph Johann Friedrich August Kinderling.[6]

Köhler kam es in seinem Reisekolleg nicht auf reisepraktische Ratschläge an. Ihm ging es ausschließlich um Gelehrsamkeit – als umfassende wissenschaftliche Welterkenntnis verstanden – und deren nützliche und richtige Aneignung unterwegs. Sein Kolleg sollte dem jungen Reisenden nicht nur als Wegweiser zu den «gelehrten Sachen, Curiositäten und anderen Merkwürdigkeiten der Natur und Kunst» dienen, sondern auch als Anleitung dazu, die Spreu vom Weizen, das Phantastische vom Geprüften, das Lächerliche vom Nützlichen fundiert zu unterscheiden. In diesem Sinne ist Köhlers Bemerkung zu verstehen, daß sein «Collegium nicht allein auf den Nutzen auf Schulen, sondern auch auf den Nutzen im ganzen Leben gehen sollte».[7] Nützliches Leben ist für ihn das wissenschaftliche Leben des Universalgelehrten.

Schlözers Vorlesungen waren dagegen, wie er in einer Vorankündigung bemerkte, «nicht gelehrt, aber dafür praktisch»: sie handelten von der Art und den Möglichkeiten des Reisens, dem Verhalten unterwegs, von Reisekosten und Reisegeschäften. Die enzyklopädische Nachrichtensammlung war am Ende des Jahrhunderts ein kaum mehr einlösbares Ideal: «Ein vollendetes Journal ist schwer zu führen. Oft ist das Observieren ermüdend. Man überladet sich mit Ideen. Vergißt. [...] Je unwissender der Reisende, desto größer ist oft das Journal.»[8]

Nicht nur Schlözer hatte zu dieser Zeit bereits die Konsequenz aus einem Dilemma gezogen, das in der zweiten Hälfte des 18. Jahrhunderts immer sichtbarer geworden war. Informationen, Beobachtungen und Materialien über die unterschiedlichsten Lebens- und Gegenstandsbereiche des eigenen wie der fremden Länder lagen in einer solchen Fülle vor, daß sie kumulativ kaum mehr zu überschauen waren.

Das ist besonders gut an einem der ehrgeizigsten Projekte dieser Zeit zu sehen, der ‹Neuen Erdbeschreibung› des Geographen Friedrich Anton Büsching (1724–1793). Mit unermüdlichem Sammelfleiß hatte er aus allen erreichbaren Reisebeschreibungen und Topographien die geographischen und statistischen Nachrichten zusammengetragen, Fehlendes durch einen ausgedehnten Briefwechsel ergänzt; gesammelt, geordnet und verglichen. Als 1754 die ersten beiden Bände des Handbuches mit jeweils über tausend Seiten Umfang erschienen – sie behandelten systematisch die europäischen Länder mit Ausnahme des Deutschen

Reiches, der Niederlande und der Schweiz –, arbeitete Büsching schon an einer verbesserten Neuauflage. Und als 1768 der erste Teil des fünften Bandes (Asien) herauskam, redigierte er gerade die sechste Auflage des ersten Bandes mit nunmehr knapp zweitausend Seiten Umfang. Vierzig Jahre, bis zu seinem Tod, hat Büsching an der Komplettierung und Aktualisierung dieses immensen Datenkompendiums gearbeitet, aber mehr als die europäischen und einen Teil der asiatischen Länder dennoch nicht bearbeiten können. Das Handbuch blieb zwangsläufig unvollendet: Mit der immer schnelleren Informationsvermehrung konnte die Arbeitsleistung selbst des eifrigsten Sammlers nicht mehr Schritt halten.

Eine Antwort auf dieses Dilemma war die Neuordnung und Neudefinition der historischen Wissenschaften. Jahrhundertelang war Geschichte selbstverständlich in einem sehr umfassenden Sinne «der Bericht über das Wissen von der bekannten Welt»[9] gewesen: Ethnographische und geographische, soziale, politische und historische Nachrichten hatten hier ihren gemeinsamen Ort. Die Frage nach der Prüfung, Ordnung und Bewältigung der vielfältigen Informationen führte zwangsläufig zu einer Diskussion um Fragestellungen und Zielsetzungen der historischen Forschungsbereiche. Langsam formten sich die methodischen Umrisse von Geographie und Geschichte, Statistik, Staatswissenschaft und Ethnographie als eigenständige Disziplinen. In diesem Zusammenhang gewannen auch Spezialisierung und Professionalisierung des Beobachtens ein besonderes Gewicht:

«Ein jeder Reisende sollte, ehe er die Reise antritt, den Zweck derselben wohl überlegen und festsetzen, denn wer alles sehen und tun will, sieht und tut nichts. Wenn derjenige, welcher reisen will, um Ackerbau und Manufakturen kennen zu lernen, Gemäldesammlungen sieht, wovon er vorher keine Kenntnis hatte; wenn der Maler und Kunstliebhaber Naturalienkabinette besucht, ohne die Naturhistorie zu verstehen; und wenn der Kenner der Naturhistorie zu Soldatenmanövern reitet, ohne zu wissen, was Taktik ist: So können alle diese Reisende wohl mit Dingen solcher Art ihre Zeit ganz angenehm hinbringen, werden aber keinen Nutzen von ihrem Angaffen haben, und vielmehr dadurch abgehalten werden, Dinge zu betrachten, die ihnen wirklich nützlich gewesen sein würden.»[10]

Folgerichtig schrieb Franz Posselt 1795 in seinem Handbuch über die ‹Kunst zu reisen› nach Kapiteln getrennte Anweisungen für die angehenden Regenten und Gesandten, für die Theologen, Juristen, Ärzte, Naturforscher und Mathematiker, für Ökonomen, Geschichtsforscher, Philosophen und Philologen, für Maler, Kupferstecher und Bildhauer, für Baumeister, Garten- und Tonkünstler – und vergaß dabei selbst die reisenden Frauen nicht.[11]

Dennoch versuchte er gleichzeitig, die divergierenden Interessen der verschiedenen Berufsgruppen in ein dickes Buch zu pressen, und vereinte unter dem Oberbegriff einer umfassenden Gelehrsamkeit wieder, was er eigentlich getrennt wissen wollte: Die alte und die neue Form der Wissensaneignung und -systematisierung bestanden, nicht ohne Spannungen und Brüche, lange Zeit nebeneinander fort.

Die 1789 in englischer Sprache publizierte, 1791 auch ins Deutsche übersetzte ‹Anweisung für Reisende› des Grafen Leopold von Berchtold beispielsweise reproduzierte nicht nur den alten umfassenden Fragenkatalog, der seit dem Humanismus die Reisebeobachtungen systematisch lenken sollte, sondern modernisierte und erweiterte ihn auch noch zu einem bis ins Detail ausgefeilten historisch-geographisch-statistischen Fragebogen von immerhin 277 Seiten.[12] Ein derart umfangreicher Katalog war auf einer einzigen Reise unmöglich umfassend zu beantworten. Und vor eine ebenso unlösbare Aufgabe war derjenige gestellt, der den in Johann Bernoullis Sammlung kurzer Reisebeschreibungen veröffentlichten «Plan einer Tabelle für ein allgemeines Landes-Inventarium» korrekt auszufüllen versuchte.[13] Solche Ausarbeitungen spiegeln vor allem die traditionelle Wissenschaftsauffassung ihrer Verfasser wider.

Dennoch gab es Reisende, die diesen Anforderungen nach wie vor gerecht zu werden versuchten. Philipp Wilhelm Gercken etwa reiste in den Jahren 1779 bis 1782 mehrfach durch Schwaben, Bayern, Franken, das Rheinland und die nördliche Schweiz. Seine Beschreibung, die er in vier dicken Bänden «auf Kosten des Verfassers» 1783 bis 1788 publizierte, galt schon den Zeitgenossen etwas abwer-

Gelehrte entdecken die Empirie. Johann Georg Keyssler, der einen großen Teil seines Lebens auf Reisen verbrachte, veröffentlichte in den Jahren 1740 bis 1742 die ‹Neueste Reise durch Teutschland›. Titelkupfer der Ausgabe von 1751. Bremen, Staats- und Universitätsbibliothek.

tend als «Muster einer gelehrten Reise».[14] Gercken unterscheidet in einem «Vorbericht» zwar verschiedene Reisezwecke und billigt den Staatsmännern und Ökonomen, Fabrikanten und Künstlern berufsbedingte Reiseinteressen zu; aber der universelle Reisende bleibt dennoch der Gelehrte: Auf Literatur, Politik und Statistik, Landwirtschaft und Viehzucht hat er ebenso sein Augenmerk zu richten wie auf «Sitten, Gebräuche, Sprache, Kleidertrachten etc.».[15] Spezialisierung und enzyklopädische Sammlung stehen bei Gercken in einem noch unbegriffenen Spannungsverhältnis.

Zum «enzyklopädischen Reisenden» par exellence wurde allerdings etwa um die gleiche Zeit der Berliner Schriftsteller und Verlagsbuchhändler Friedrich Nicolai. Er hatte seine Reise, die er am 1. Mai 1781 zusammen mit seinem ältesten Sohn antrat, gründlich vorbereitet: Alle erreichbaren Reise- und Ortsbeschreibungen waren gelesen und exzerpiert, die zu besichtigenden Sehenswürdigkeiten vermerkt, ein genauer Plan der Route und der erforderlichen Zeit war aufgestellt, ein Verzeichnis der zu besuchenden «Gelehrten und anderer merkwürdiger Personen» angelegt worden.[16] Äußerste Rationalität und größtmöglicher

Nutzen strukturierten Vorbereitung und Reiseverlauf in kaum glaublichem Maße. So war auch die Kutsche, in der man fuhr, bis ins kleinste Detail nach den Wünschen Nicolais gebaut und ausgestattet worden, ein eigens konstruierter Wegmesser zeichnete zum künftigen Gebrauch der Wissenschaft die tägliche Fahrleistung auf, um so von den «Entfernungen der Oerter und folglich von der Größe der Länder richtigere Begriffe» zu erhalten.[17]

Ein exaktes Reisetagebuch hielt die Unternehmungen, Treffen und Gesprächsthemen fest, denn «wenn man sich bloß auf sein Gedächtnis verläßt; so wird man, bey dem besten Willen die Wahrheit zu sagen, von seiner Einbildungskraft betrogen, und schreibt die Sache auf, nicht wie man sie wirklich gesehen, sondern wie man sie sich nach einiger Zeit vorgestellt hat.»[18] Sobald die Reisenden in einer Stadt ankamen, begaben sie sich in die einschlägigen Buchhandlungen und fragten dort «nach den vorhandenen Beschreibungen, Grundrissen, Prospekten, Zeitungen, Intelligenzblättern, Todtenlisten, und allerhand die Stadt betreffenden Blättern, Anzeigen, Taxen usw.»[19] Lange nicht alles von diesen Materialbergen ist in der Reisebeschreibung wiederzufinden.

Knapp drei Monate hat die Reise gedauert, die Nicolai und seinen Sohn nach Leipzig, Nürnberg, Regensburg und Wien, von dort über Augsburg, Ulm, Stuttgart und St. Gallen bis Zürich, zurück über Straßburg, Heidelberg, Frankfurt, Kassel, Göttingen, Hannover, Osnabrück, Helmstedt und Magdeburg wieder nach Berlin führte. Aus drei Monaten Reise wurden mehr als dreizehn Jahre Schreibarbeit: Zwischen 1783 und 1796 erschien die ‹Beschreibung einer Reise durch Deutschland und die Schweiz, im Jahre 1781. Nebst Bemerkungen über Gelehrsamkeit, Industrie, Religion und Sitten› in zwölf Bänden. Trotz des immensen Umfangs von circa 5000 Seiten blieb das Werk Fragment; der letzte Band schließt mit der Einreise in die Schweiz. Die Rückreise ist nur aus den erhaltenen Stammbüchern des Sohnes detaillierter zu erschließen.[20]

Auch in diesem Falle hätte die Vollendung des Werkes die Arbeitskraft eines einzelnen mit Sicherheit überstiegen. Nicolai handelte die unterschiedlichsten Themenkomplexe ab. Eßgewohnheiten und Wohnverhältnisse wurden ebenso dargestellt wie Landwirtschaft, Gewerbe, Zunftwesen, wirtschaftliche und soziale Probleme der Unterschichten. Statistiken über Krankheit, Geburten und Sterblichkeit fehlten ebensowenig wie Nachrichten über Schulen, gelehrte Gesellschaften, Architektur, religiöse Bräuche, Staatsverwaltung, Finanzen und Jurisprudenz.

Um über dies alles möglichst genau und geprüft berichten zu können, unterhielt Nicolai noch lange nach seiner Reise einen ausgedehnten Briefwechsel. Als Ergänzungen, Korrekturen oder Beilagen fanden auch spätere Informationen noch in der Beschreibung ihren Platz.

Dem heutigen Leser erscheint das Werk als ein unendlich monotones Chaos von geographischen, technischen, demographischen und politisch-sozialen Nachrichten. Allerdings wollte Nicolai nicht nur ein Faktenkompendium liefern:

«Meine Absicht war vom Anfange an, von jeder Stadt im allgemeinen ein richtiges Bild zu entwerfen, […] besonders aber, nicht bloß Nachrichten ohne Zweck zu sammeln, sondern dabey Wahrheiten zu sagen, die ich für gemeinnützig hielt.»[21]

Unter «gemeinnützigen Wahrheiten» verstand Nicolai in diesem Zusammenhang eine kritische Bestandsaufnahme bestehender Verhältnisse unter der Prämisse eines von der protestantischen Aufklärung und bürgerlichen Vorstellungen geprägten Werte- und Normensystems, dem er sich als praktisch orientierter, engagierter Gelehrter verpflichtet fühlte. Die ersten Bände seiner Beschreibung wurden von den Zeitgenossen auch so gelesen. Doch Nicolais traditionelle Auffassung von einer umfassenden Darstellung aller Lebensbereiche widersprach trotz seiner sozialkritischen Absichten immer mehr den neuen wissenschaftlichen Theorien und auch einer darauf aufbauenden neuen Beschreibungspraxis. Nicolai habe zwar eine Reise, aber keinerlei Erfahrungen gemacht, kritisierte etwa der Hamburger Jonas Ludwig von Heß: Im Grunde habe der Reisende das heimatliche Berlin und seine Studierstube gar nicht verlassen.[22] Wichtig sei nicht die Menge des Materials, sondern die bewußte ordnende Auswahl; und die Resultate seien nur dann wirklich zu gebrauchen, wenn auch die Umstände genannt würden, «unter denen man diese und jene Bemerkung machte».[23] Für solche Art Erfahrungsarbeit taugten die alten apodemischen Regeln nicht mehr.

Cornelius Neutsch

Reisen und Aufschreiben

Am 20. Januar 1786 wird die Nachricht bekannt gemacht, daß ein in Paris lebender Deutscher namens Beyer durch eine bemerkenswerte Erfindung in Erscheinung getreten ist: «ein Portefeuille, wodurch man schreiben kann, ohne es zu sehen, sogar in der Tasche und im Fahren. Man kann allemal drey Zeilen mit gehörigen Zwischenräumen schreiben, und alsdann das Papier im Finstern fortrücken, bis es auf hundert Zeilen angefüllt ist».[1] Dieses Portefeuille ersetzt oder erleichtert zumindest eine seltsame Art von Fingerakrobatik, die bereits zu Beginn des 18. Jahrhunderts der reisende Bibliomane Zacharias Konrad von Uffenbach (1683–1734) eingesetzt zu haben scheint; seine Reisenotizen nämlich zeichnete er auf der Stelle und unbemerkt auf, indem er in der Tasche mitschrieb. Die unbeobachteten Protokolle zielen darauf ab, Unzulänglichkeiten des Erinnerungsvermögens zu kompensieren; im Verborgenen angefertigt, sind sie außerdem darauf angelegt, den Informationsfluß ‹vor Ort› – zumal bei Unterredungen – nicht zu stören. Ganz im Sinne der Anleitungen zur Kunst des Reisens machen sie mit der Empfehlung ernst, sich nicht anmerken zu lassen, daß man ein Journal führt: Denn – so heißt es – «sonst erfährt [der Reisende] nichts».[2]

An das direkte Mitschreiben «in der Tasche und im Fahren» knüpft sich die Illusion einer unmittelbaren, unverfälschten und möglichst vollständigen Fixierung äußerer Wirklichkeit. Die Prämissen, welche die Aufmerksamkeit des Reisenden leiten, bleiben dabei ausgeblendet; ebenso die Bedingungen und die Auswahlkriterien, nach denen er seine Beobachtungen zu Papier bringt. Beide aber, die Maßgaben des Wahrnehmens und die des Aufschreibens, stehen im Hintergrund der Botschaften, die sich in Reiseberichten mitteilen. An diesem Umschlag von Erfahrung in Text, an dieser ‹Nahtstelle› setzen meine Überlegungen an.

Hinter der Erfindung des Portefeuilles steht die im 18. Jahrhundert des öfteren geäußerte Forderung, Beobachtungen und Gespräche möglichst ohne Zeitverzug schriftlich festzuhalten; andernfalls sei die Glaubwürdigkeit der mitgeteilten Nachrichten nicht gewährleistet. Denn das Gedächtnis, dem sie dann ausgeliefert wären, gilt als unverläßlich. Es sei weniger dazu geeignet, Realitäten aufzubewahren als Schimären hervorzubringen. Das Bestreben, Ereignisse und ihre Aufzeichnung zu synchronisieren, geht erklärtermaßen mit einer Ausgrenzung des Gedächtnisses einher. In den Augen der Zeitgenossen schiebt dieses Konzept den Imaginationen einen Riegel vor; es verspricht Originaltreue und soll neben den vertrauten vor allem den fremden Bildern den Makel jenes Sprichwortes nehmen, wonach gut lügen hat, wer aus der Ferne kommt. Von dieser Idee der Simultanprotokolle soll zunächst die Rede sein.

In den Vorbemerkungen zu seiner ‹Beschreibung einer Reise durch Deutschland und in die Schweiz› (1783) spricht Friedrich Nicolai von der Insuffizienz des Erinnerungsvermögens und betont die daraus erwachsende Notwendigkeit sofortiger Mitschriften: «Es ist also nöthig, alles so geschwind aufzuschreiben, als nur immer möglich ist. [...] Denn wenn man sich bloß auf sein Gedächtniß verläßt; so wird man, bey dem besten Willen die Wahrheit zu sagen, von seiner Einbildungskraft betrogen, und schreibt die Sache auf, nicht wie man sie wirklich gesehen, sondern wie man sie sich nach einiger Zeit vorgestellt hat».[3]

Nicolais Erwägung weist uns in die Geschichte der Debatten um das heute so bezeichnete Problem der Objektivität, und mehr noch: Sie unterstreicht, daß mit diesen Debatten die Probleme des Aufschreibens sowie die des Gedächtnisses in Zusammenhang stehen. Die propagierten Direktmitschriften beanspruchen im Bereich der Datensicherung einen Grad an Wirklichkeitsnähe, hinter dem die Erinnerungsfähigkeit weit zurückzubleiben scheint – selbst unter Zuhilfenahme ausgefeilter mnemotechnischer Verfahren. Dieses Authentizitätsgefälle zwischen Aufzeichnen und Erinnern hat sich mit den späteren Techniken der Fotographie, der Tonaufnahme und des Films noch verstärkt.

Nach Freud stellt eine beschriebene Fläche «gleichsam ein materialisiertes Stück des Erinnerungsapparates» dar. Für Originaltreue und Vollständigkeit beim ‹Abruf› des Niedergeschriebenen bürgen die Unveränderlichkeit sowie die Dauerhaftigkeit der einmal zu Papier gebrachten Lettern. Auf diese Weise entgeht der aufbewahrte Text den Entstellungen, die er vielleicht in der Erinnerung erfahren hätte. Auch nach Ansicht Friedrich Nicolais sind die im Gedächtnis gespeicherten Eindrücke von groben Verfälschungen und raschem Verlöschen bedroht. Dieses Verlöschen, dieses Verblassen der ins Gedächtnis eingeschriebenen Erinnerungsspur hat für ihn auf der Ebene der Schreibmaterialien sein – eher imaginäres denn reales – Pendant. Es manifestiert sich in der vermeintlichen Kurzlebigkeit der Bleistiftaufzeichnungen, die der reisende Verleger während seiner Kutschenfahrten anfertigte und die er im nachhinein mit Tinte überzog, um die schwindende Schrift zu sichern.[4]

So scheint das Protokoll ‹vor Ort› durch die angebliche Flüchtigkeit seiner ‹Graphites›-Lettern gefährdet. Und die im abendlichen Wirtshaus mit ins Tintenfaß getauchter Feder verfaßte Niederschrift; sie scheint weniger die Originaleindrücke eines Reisetages zu fixieren als ihre durch Imagination und Vergessen verursachten Zerrbilder. Doch Nicolai weiß mit einer brandneuen Erfindung aufzuwarten, die einen Ausweg aus diesem Dilemma verheißt. Enthusiastisch begrüßt er eine Art von Schreibfeder, die er in Leipzig kennenlernte. Sie konnte in der Tasche getragen werden und enthielt beständig Tinte: «Einem jeden, der beym Spazierengehen, auf dem Lande, oder sonst, Gedanken geschwind auf-

Der Berliner Buchhändler und Verleger Friedrich Nicolai reiste 1781 durch Deutschland und veröffentlichte seine zwölfbändige Reisebeschreibung in den Jahren 1783 bis 1796. Um einen Überblick über die zurückgelegten Strecken zu erhalten, hatte er an seinem Reisewagen einen Entfernungsmesser installieren lassen. Kupferstich. Tübingen, Universitätsbibliothek.

zeichnen will, ist sie sehr bequem, aber besonders ist sie einem Reisenden von großem Nutzen. [...] Vermittelst einer solchen Feder [...] kann man jeden Augenblick benutzen. Man kann sogar Bibliotheken, Gemäldesammlungen, Naturalienkabinetter, mit der Feder in der Hand besehen, und von allen Gegenständen den Eindruck, den sie gemacht haben, getreuer verzeichnen».[5]

Nach einigen Geschicklichkeitsübungen gelingt es dem Reisenden, diesen Prototyp des modernen Federhalters ebenfalls im rollenden Gefährt zu benutzen. Nun kann die Aufzeichnung auch unter erschwerten Umständen simultan vorgenommen werden, wobei die Haltbarkeit der Schrift gewährleistet ist; vorausgesetzt, man gebraucht eine unvergängliche Tinte, z. B. – auf Anraten eines zeitgenössischen Tintenbreviers – die Mischung aus ungelöschtem Kalk und jungem Knabenharn.

In dem Füller verkörpert sich zwar weniger spektakulär, dafür aber erfolgreicher als in Beyers Portefeuille die Vision einer direkten Koppelung von Originaleindrücken an den Text, der sie festschreibt. Die Instanz des Gedächtnisses scheint hierbei ihrer Funktion als bis dato unentbehrliches Zwischenglied beraubt. Nicht länger – so Nicolais Gedankenfigur – brauchen die Wahrnehmungen einem Körperteil eingeprägt zu werden, das als organische Apparatur der Wirklichkeit den Gehorsam verweigert. Die Erfahrungen auf Reisen können sich jetzt unmittelbar in das Papier einschreiben, das somit quasi als ‹Life-Dokument› auf den Plan tritt. Im Unterschied zur retrospektiven Notiz ist die Simultanmitschrift von der Aura einer Originalquelle umgeben.

Interessanterweise erfährt die Überlegenheit des Aufgeschriebenen gegenüber dem Erinnerten auch eine physiologische Begründung, nämlich dadurch, daß in der theoretischen Debatte über das Gedächtnis die Konzeption der Einschreibung, des «Petschaftabdrucks», der «Gedächtnispüppchen», kurz, die Konzeption materieller – und besonders der sinnlich aufgenommenen Außenwelt

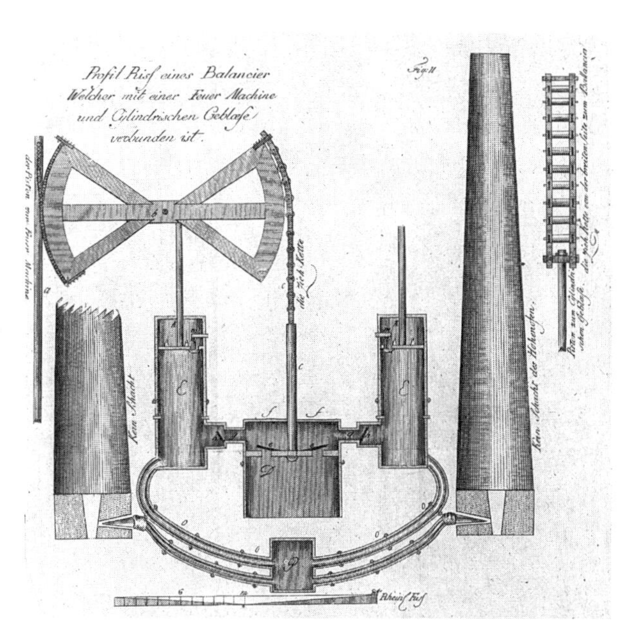

Der technisch interessierte Reisende trägt zur Verbreitung frühindustriellen Knowhows bei. Hier eine Vorrichtung zur Metallgewinnung, wie sie im Frankreich des 18. Jahrhunderts gebräuchlich war. Aus: Johann Jakob Ferber, Mineralogische und metallurgische Bemerkungen, Berlin 1789. Tübingen, Universitätsbibliothek.

analoger – Erinnerungsspuren ins Wanken gerät. So spricht etwa Johann Albert Heinrich Reimarus in seiner schon im Titel programmatischen ‹Darstellung der Unmöglichkeit bleibender körperlicher, örtlicher Gedächtniß-Eindrücke› (Hamburg 1812) dem Erinnerungsvermögen die körperliche Basis ab; und damit zugleich jede physiologische Garantie einer Identität von Originaleindrücken und ihrem mnemonischen Nachvollzug. Ohne die Versicherung eines physischen Korrelats seien die Gedächtnisbilder den Imaginationen des Halbschlafs, der Dämmerung und des Fiebers vergleichbar, die ständig «ihre Gestalt, Farbe und [ihren] Ort verändern. Sie schwimmen gleichsam umher, und schwinden gemählich in Finsterniß»[6]. So erhalten die Einbildungen ungehinderten Zugriff auf die Erinnerungen; ganz in dem Sinne, aus dem heraus Friedrich Nicolai ihnen als Medium der Reisebeschreibung mißtraut.

Als eine weitere Schwäche des Gedächtnisses gesellt sich zur Verzerrung der Gegenstände außerdem noch das Vergessen; dagegen zieht eine Fülle mnemotechnischer Anleitungsschriften zu Felde, die auf dem Lehrbuchmarkt des 18. Jahrhunderts erhältlich sind. Aus der ehemaligen *Ars memorativa* hervorgegangen, haben sie allerdings deren Bedeutung als zentrale Technik der Datenspeicherung eingebüßt. Für Nicolais Ansprüche an die Wirklichkeitstreue jedenfalls sind die sogenannten *loci communes,* die Merkplätze, völlig unmaßgeblich. Vorbei sind die ‹großen› Zeiten der Gedächtniskunst, als man im Geiste die imaginäre Topographie ganzer Gedächtnislandschaften abschritt, um an festgelegter Stelle die dort verankerten Erinnerungsgegenstände aufzusuchen.

Bei den reisenden Reisebeschreibern stand das Gedächtnis nicht von vornherein in Mißkredit; zumindest galt es als befähigt, fehlende Aufzeichnungen zu ersetzen. Der florentinische Kaufmann Francesco Carletti (1573–1636) z. B., der im Jahre 1594 zu einer Reise um die Welt aufbricht, beginnt seinen minuziösen und enorm faktenreichen Bericht mit der Bemerkung, er habe seine gesamten Reisenotizen verloren. Deshalb sei er genötigt, aus dem Gedächtnis zu memorieren. Auch Hans Staden aus Homberg, der anno 1549 zu seiner zweiten Brasilienreise absegelt, war bei der Abfassung seiner ‹Wahrhaftigen Historia der wilden, nackten, grimmigen Menschenfresser-Leute› wohl weitgehend auf sein Erinnerungsvermögen angewiesen. Von seinem brasilianischen Domizil aus begibt er sich eines Tages in den nahegelegenen Urwald, um Wildbret für ein Festessen zu besorgen. Es ist kaum anzunehmen, daß er auf diesem Waldspaziergang Schreibzeug bei sich hatte: Und wenn doch , so ging es ihm spätestens in dem Augenblick verloren, als eine Gruppe von Tupi-Indianern ihn aufgreift, nackt auszieht und gefesselt in eines ihrer Dörfer schleppt. Während seiner monatelangen Gefangenschaft muß der hessische Landsmann beinahe täglich mit seiner Hinrichtung und seiner anschließenden Verspeisung rechnen. Er wird dabei kaum Gelegenheit und Laune gehabt haben, sich als fleißig protokollierender Ethnograph zu betätigen. Sein aus der Erinnerung gespeistes, detailreiches, exakt beobachtendes Werk muß dennoch auch heute als eine zuverlässige und herausragende Monographie über die inzwischen längst vernichtete Tupinambà-Kultur angesprochen werden.

Zurück zur Idee der Simultanmitschriften; und mit ihr an jenen bezeichnenden Ort, an dem Beobachtung in Text umschlägt: Vorstellbar ist ein solcher etwa in Gestalt der fahrenden Kutsche, in welcher der Passagier Friedrich Nicolai mit Hilfe seines Federhalters notiert, was ihm zu Gesicht und zu Gehör gelangt. Den Subversionen des Gedächtnisses zuvorkommend, verspricht er sich von seinen verwackelten Aufzeichnungen ein Höchstmaß an Originaltreue.

Nicht zuletzt auch eine Erhöhung der Schreibgeschwindigkeit versprach die Wahrnehmungen und ihre Niederschrift zu synchronisieren. Neben der Papierersparnis war es vor allem der Zeitgewinn, weshalb den Reisenden geraten wurde, mit «Abbreviaturen» zu schreiben. Der erinnerungsscheue Uffenbach soll sich fleißig darin geübt haben, bevor er auf Reisen ging. Und die Fertigkeit, die er durch anhaltende Übung in dieser Kunst erwarb, kam ihm nach eigenem Bekunden sehr zu statten. Das Nonplusultra allerdings wäre in dieser Hinsicht eine sogenannte Tachygraphie oder Geschwindschreibekunst gewesen, die bereits anno 1679 in einem Bändchen mit dem Titel ‹Tacheographia, oder Geschwinde Schreib-Kunst/vermittelst Ein jedweder die Teutsche Spraache so geschwinde schreiben kan/als selbe mag geredet werden› angepriesen wurde.

Die Forderung nach Simultanität und nach Ausgrenzung des Gedächtnisses wird im 18. Jahrhundert zum Maßstab für die Verläßlichkeit der Reiseaufzeichnungen. Zur Umsetzung dieses Grundsatzes sollen Instrumente wie der Füller und Techniken wie die Stenographie beitragen. Der schriftliche Umgang mit der fremden Kultur gelangt hierbei gegenüber dem mit der eigenen nicht gesondert in den Blick. Die Logik der Aufschreibsysteme macht da keinen Unterschied.

Und trotzdem hat sie in erheblichem Maße an der Sichtung des Fremden teil. So geraten etwa die Nachrichten älterer Berichte bereits deshalb leicht in den Verdacht der Unglaubwürdigkeit, weil nicht gewährleistet ist, daß sie unter den verlangten Bedingungen zu Papier gebracht wurden. Höchstens eine Komparatistik ethnographischer Texte vermag sie wieder zu rehabilitieren: Was sich indes an früheren Beschreibungen fremder Kultur nicht in das völkerkundliche Universum des 18. Jahrhunderts einarbeiten läßt, präsentiert sich als Phantasiegebilde des Reisenden und seiner leichtgläubigen Zeit. Weiterhin läßt sich das Aufschreibreglement als Bestandteil eines detailliert ausgearbeiteten Programms verstehen, in dem die Erfahrung des Fremden keinen Platz findet: Der Reisende, auch der volkskundliche, wird nach diesem Programm quasi als Buchhalter auf den Weg geschickt, um aufzusuchen und zu notieren, was ihm schon im vorhinein bekannt ist.

Ein solches Arrangement trifft Franz Posselts ‹Apodemik oder die Kunst zu reisen›, eine anonym verfaßte Methodenlehre «zum Gebrauch junger Reisenden aus den gebildeten Ständen». Umfänglich befaßt sich der Autor mit der Problematik des Aufschreibens: Er handelt über den Federhalter und über das Verlöschen der Bleistiftschrift, auch von Beyers Portefeuille ist die Rede und von der Unverläßlichkeit des Gedächtnisses sowie von der Tachygraphie. Posselt, ein Propagandist der Simultanaufzeichnung, macht unbeabsichtigt, aber unmißverständlich klar, daß die ‹Vor-Ort-Mitschriften› mitnichten eine unmittelbare und ungefilterte Abbildung äußerer Wirklichkeit darstellen. Sie teilen weniger über den kulturellen Zusammenhang mit, in den der Reisende sich hineinbegibt, als über die Prämissen, denen seine Unternehmung verpflichtet ist.

Denn in Posselts Lehrgebäude ist die Reiseerfahrung in erster Linie ein Produkt von Texten und nicht umgekehrt. Hiernach ist die gesamte Fahrt durch ein sogenanntes Reisehandbuch vorzustrukturieren, das aus Exzerpten sämtlicher verfügbarer Literatur zusammengestellt werden soll, und in dem ausschließlich jene Gegenstände zu verzeichnen sind, die sich auf den Reisezweck beziehen. Dadurch – so der Autor – liegt an jedem Orte, wo der Reisende ankommt, gleichsam auf einem Blatte vor ihm, was er da zu verrichten und zu untersuchen hat; «seine Aufmerksamkeit und sein Beobachtungsgeist [werden] nicht mehr herumschweifen, weil beyde schon auf gewisse und bestimmte Gegenstände gerichtet sind».[7] Die Reise selbst dient dazu, dieses Handbuch zu überprüfen, Unrichtiges zu verbessern und Fehlendes nachzutragen. Gleich einem klugen Rechnungsführer, der Einnahmen und Ausgaben in die Rechnungsbücher einträgt, möge auch der kluge Reisende verfahren.[8]

Ein letztes Mal hat Posselt in seinem Werk die überlieferte Kunst, klug zu reisen, in ein detailliertes System gebracht. Seine Apodemik dokumentiert eine Leidenschaft am Klassifizieren, die den Ansturm der Eindrücke zu bändigen und jeden Anflug einer Konfusion zu unterbinden trachtet.

In dieses System ist der Diskurs über die Aufschreibtechniken eingebunden. Mit dem Konzept der Simultanisierung bringt er die Illusion von Unmittelbarkeit, Originaltreue und Vollständigkeit hervor. Doch die Nahtstelle von Wahrnehmung und Niederschrift ist durch die Prämissen definiert, welche die Aufmerksamkeit des Reisenden steuern, und sie ist an die Regeln gebunden, nach denen er seine Beobachtungen schriftlich festhält. Segmentierung und Selektion bestimmen sein Schreiben.

Die Mitschriften, welche an dieser Nahtstelle zustande kommen, stellen sich ihrerseits als Exzerpte aus einer Art von Buch dar, als welches der Prager Universitätsbibliothekar Franz Posselt die zu bereisende Welt betrachtet. Nach bindenden Direktiven abgefaßt, bewegen sie sich ganz in den Bahnen des bereits Bekannten, wobei der Akt des Aufschreibens dazu beiträgt, die Sinneseindrücke gleichsam an die Kette zu legen: Er «fixiert die Aufmerksamkeit und beugt der Zerstreuung und dem fruchtlosen Herumschweifen vor».[9] Nach nicht weniger bindenden Vorschriften gehen die Notizen in einen Textverarbeitungsprozeß ein, der in seinem Ergebnis – dem Reisebericht – hauptsächlich etwas über die Strategien des Abschreibens, des Aufschreibens und des Umschreibens auszusagen vermag; über Exzerpte, Protokolle und Literarisierung.

Das Reisen präsentiert sich vor diesem Hintergrund als ein hermetisches System permanenter Schreibtätigkeit, die einem vorgegebenen Beobachtungsprogramm folgen. Die Erfahrung wird zur Marginalie, im Extremfall so nachhaltig, daß sich der Aufbruch von zu Hause erübrigt. Dekuvrierend ist diesbezüglich die sonderbare Bewunderung, die der Verfasser des Reiselehrbuchs einem zeitgenössischen Berichterstatter dafür zollt, daß er «seine Reise nach Italien» schrieb, noch «ehe er dieses Land besuchte».[10]

Doch Posselt argumentiert *für* das Reisen, wenn auch nur im eingeschränkten Sinne eines repetierenden Anschauungsunterrichts. Ein quasi volkskundliches Erkenntnisinteresse entwirft er jedoch ebenfalls, und zwar – für die Fachgeschichte aufschlußreich – innerhalb seiner Anleitung für reisende Philosophen und Psychologen. In Abkehr von der Exotismuswelle seiner Zeit wird dieser Berufsgruppe das Alltägliche, auch das in der eigenen Kultur, zum Unbekannten, zum Fremden, das es zu ergründen gilt. Das Studium der Alltagserscheinungen macht es nötig, «die herrschenden Sitten und Gebräuche der Nation» zu untersuchen; die Lustbarkeiten und Gewohnheiten, den Ton und die Gestalt der Gesellschaften, die Schauspiele, Nationalgesänge und Nationaltänze, das Erziehungssystem und die Gottesverehrung, «die herrschenden Meynungen und Vorurtheile, die Art sich zu nähren, zu kleiden, zu wohnen usw».[11]

Das Universum des Reisenden erscheint in der Apodemik als ein Universum von Texten, die nach strengen Vorgaben abzufassen sind. Das Reisehandbuch – eine Exzerptesammlung – programmiert den Ablauf der Fahrt im vorhinein und steuert die Aufmerksamkeit während der Reise. Das Journal rekapituliert allabendlich den jeweiligen Reisetag, der den Prämissen des Handbuchs verpflichtet ist. Dorthin fließen die Tagebuchaufzeichnungen auch wieder zurück, nämlich in Form von Bestätigungen, Berichtigungen und Ergänzungen. Der Reisebericht schließlich kommt nach der Rückkehr am heimischen Schreibtisch zustande. Aus der Retrospektive verknüpft er die Erzeugnisse dieser doppelten Buchführung zu einem literarischen Produkt.

Der vor Reisebeginn aufgehäufte Stoff kehrt in einer Art von Recycling auf sämtlichen Textebenen wieder. Nur an jener Nahtstelle, an der Erfahrung und Schrift aufeinandertreffen, vermag durch die schmale Öffnung einer rigide filternden Wahrnehmung Neues in den Text einzudringen. Hier, wo die indoktrinierten Sinne an die Benutzung eines Schreibzeugs gekoppelt sind, entstehen die ‹Vor-Ort-Mitschriften› bzw. Simultanprotokolle als Rohmaterial für die weitere literarische oder ethnographische Bearbeitung. Es ist dies der gleiche ‹strategische› Ort, an dem heute Kameras und Mikrophone in vermeintlicher Unmittelbarkeit Bild- und Schallwelten aufzeichnen. Die Schreibutensilien und Schreibtechniken, die an diesem Nadelöhr Verwendung finden, sind in einen Diskurs eingebunden, der um das Thema der Originaltreue kreist. Im beschriebenen Falle lautet die Zauberformel: Geheimhaltung, Simultanisierung und Ausgrenzung des Gedächtnisses.

Die Frage nach der Vermittlung von Erfahrungen wird an der bewußten Nahtstelle als ein Problem der Klassifikation, der ‹Übersetzung› und der Aufzeichnung erkennbar. Die Analyse des Fremden in den Medien ist Bestandteil der Analyse dieses Übertragungsvorganges: Sie konzentriert sich auf das Spektrum jener Sinneseindrücke, die den mitgebrachten kulturellen Rastern Rätsel aufgeben; und sie behandelt die unterschiedlichen Vorgehensweisen, diesen Rätseln Bedeutungen zuzuschreiben.

Andreas Hartmann

Der philanthropische Wegweiser durchs Leben

Wer kennt sie nicht, die öden Sonntagnachmittage der Kindheit? Erwachsene und Kinder putzen sich fein heraus. Es folgen die üblichen Ermahnungen der Eltern, auf die «Sonntagskleider» acht zu geben, nicht zu tollen und sich anständig zu benehmen. Und dann spaziert die Familie in den nahen Park. Langweilige Gespräche der Eltern ... manchmal bleiben sie eine Weile stehen, um mit Bekannten zu plaudern. Sie verloren uns Kinder, so scheint es mir heute, jedoch nie aus dem Blick. Selten wurde die Bitte erhört, zu Hause bleiben zu dürfen, um der Langeweile zu entfliehen. Kinder, so hieß es, könnten alleine auf dumme Gedanken kommen. Aber es gab sicher noch einen unausgesprochenen Grund für das sich sonntäglich wiederholende Ritual. Hier konnte das Ergebnis einer gelungenen Erziehung vorgeführt werden. «Artige Kinder» waren der sichtbare Beweis für eine intakte Familie. Zwar waren noch die kontrollierenden Blicke der Eltern notwendig, diese führten aber dazu, daß die Kinder mit der Zeit Triebe und Affekte selbst zu unterdrücken lernten.

Was haben diese erinnerten Kindheitserlebnisse mit der Kinder- und Jugendliteratur des 18. Jahrhunderts zu tun – mit den Reisebeschreibungen der Philanthropen? Gehen wir zurück in das letzte Viertel des 18. Jahrhunderts. Hier liegt der Beginn der auf Kinder und Jugendliche ausgerichteten Literatur. Die Autoren, die hier zu Wort kommen, bekennen sich ausnahmslos zur philanthropischen Bewegung. Die Werke werden in erzieherischer Absicht geschrieben und richten sich an die Kinder und Jugendlichen des gehobenen Bürgertums. Wie in der Erwachsenenliteratur der Zeit haben Reisen und ihre Beschreibungen große Anziehungskraft für das jugendliche Lesepublikum. Die Autoren betonen immer wieder, daß insbesondere Reisebeschreibungen besonders gut geeignet seien, um den Erfahrungshorizont der jungen Leser zu erweitern – wenn sie pädagogisch geschrieben seien: Sie vermitteln nicht nur Kenntnisse, sondern zugleich die richtige Sicht von der Welt.

Vor allem drei Modelle von Reisebeschreibungen lassen sich in dieser Zeit unterscheiden.[1] Die beschriebenen Fußreisen, die meist von Zöglingen mit ihren Lehrern unternommen wurden, führten hinaus in die engere und weitere Umgebung der Erziehungsinstitute. Angeregt von Rousseaus ‹Emil oder Über die Erziehung›[3] wird eine relativ kleine überschaubare Welt geschildert. Die originale Begegnung mit dem zu erlernenden Gegenstand soll im wahrsten Sinne des Wortes dazu beitragen, zu begreifen. So verfolgen etwa die Schüler des Salzmannschen Philanthropins das Wachstum von Pflanzen im Jahresverlauf. Städte werden nicht lediglich besichtigt, sondern entdeckt, Menschen der verschiedenen Stände inmitten ihrer Geschäfte beobachtet und beschrieben.

Bei den großen Reisen in Deutschland kann naturgemäß der eigentliche Reiseweg nur in groben Zügen erfaßt werden. Er fliegt, aus der Kutsche heraus gesehen, vorbei. Die besuchten Städte werden jedoch in ihrer jeweiligen wirtschaftlichen Funktion und in ihrem politischen Standort dargestellt. In diese Reisebeschreibungen fließen Reflexionen über das Gesehene, ideologische Auseinandersetzungen, Standortbestimmungen und immer wieder Ermahnungen an die Leser ein.

Daheim, hinter dem Ofen, lernen die jungen Leser als drittes aber auch ferne Länder und Kontinente kennen. Die in kindgerechte Form gebrachten Fern- und Entdeckerreisen aus der Erwachsenenliteratur erweitern sowohl den naturgeographischen als auch den kulturgeographischen Horizont der Leser. In reichem Maße werden die ethnologischen und anthropologischen Besonderheiten der fremden Menschen und Länder beschrieben.

Welchen Zwecken dient die neue Pädagogik?

Die Reisebeschreibungen sind besonders geeignet, die Pädagogik der philanthropischen Bewegung ins rechte Licht zu rücken, denn in die für die Leser der damaligen Zeit sicherlich abenteuerlich anmutenden Reisebeschreibungen fließen Erziehungsabsichten und Ziele sowie ihre methodisch-didaktischen Grundlagen absichtsvoll ein. Zwar werden in den Reisebeschreibungen die real existierenden Verhältnisse beschrieben, aber das Besondere – blühende Fabriken und florierende Gewerbe – muß beispielhaft hervorgehoben werden. Die Autoren wünschen den gesellschaftlichen Fortschritt, der nach ihrer Ansicht im ökonomischen Fortschritt seinen Ausdruck findet, auch wenn dieser damals noch kaum ins Gewicht fällt. Durchgängig widmen die Autoren dem Haupterwerbszweig der damaligen Zeit, der Landwirtschaft, große Aufmerksamkeit. Der Dreißigjährige Krieg hat deutliche Verwüstungen hinterlassen, die wilden rücksichtslosen Jagdgesellschaften des Adels, mangelndes Wissen der bäuerlichen Bevölkerung, tradierte Agrarstrukturen und vieles mehr sind die Ursachen für die Misere der Landwirtschaft. Die Autoren werden nicht müde, die jungen Leser mit neuen Methoden vertraut zu machen, um rückschrittliche und veraltete Verhältnisse zu überwinden. Sie setzen hierzu auf die Beschreibung späterer Erben von landwirtschaftlichen Gütern, die damit die Funktion von Vorbildern übernehmen. Auffällig ist auch die detailgenaue und vielseitig beleuchtete Einführung in halbindustrielle und industrielle Produktionsmethoden – etwa die Inbetriebnahme eines Hochofens, die Funktion eines Webstuhls etc. Joachim Heinrich Campe etwa erwähnt in seiner ‹Reise des Herausgebers von Hamburg bis in die Schweiz›[3] stets die wichtigsten Fabriken und Gewerbe, die er in einer Stadt antrifft.

Betont sei jedoch noch einmal, daß es sich bei den beschriebenen industriellen Fertigungsbetrieben und neu entdeckten Anbaumethoden in der Landwirtschaft

Lehrer und Zöglinge betrachten das «große Naturaliencabinett der Welt». Titelkupfer von Johann Georg Penzel in den ‹Reisen der Salzmannischen Zöglinge› von Christian Gotthilf Salzmann, Bd. 2

damals erst um zarte Anfänge handelte. Grundsätzlich verändern konnte sich nach Meinung der Autoren nur etwas, wenn sich der erzieherische Sektor einer Wandlung unterziehen würde. – Wem nütze denn das Erlernen ‹toter Sprachen› und der Erwerb von Gelehrtenwissen? Um des technischen Fortschritts willen bedürfe es ‹heller Köpfe› und einer fortschrittlichen Pädagogik. Die Autoren wollten den natürlichen Entdeckerdrang ihrer jungen Leser anregen, um sie auf diese Weise zu motivieren, tiefer in naturkundliche Phänomene einzudringen. Sei die kindliche Neugier erst einmal geweckt, werde es kein Halten mehr geben. Christian Gotthilf Salzmann schreibt: «Wenn daher gewisse Leute besorgen, meine Zöglinge würden künftig kein Vergnügen mehr an der Natur finden: weil ich sie so frühzeitig mit derselben bekannt mache: so irren sie sich sehr. Je mehr sie mit derselben bekannt werden, desto mehr werden sie einsehen, wie viel sie noch nicht wissen, wie viel sie noch zu erlernen haben; desto mehr Reiz werden sie bekommen, sich mit der Natur immer bekannter zu machen.»[4]

Die Bändigung der Triebkräfte

Der Oberrhein zwischen Basel und Schaffhausen erregt Campes Aufmerksamkeit und fordert seinen Unmut heraus: «Er fließt hier nicht, sondern er schießt mit der Schnelligkeit eines Pfeils dahin, tobt zwischen den Felsenwänden, die ihn einschränken, lärmt, schäumt und bäumt sich bei den Steinmassen, die ihm im Wege liegen, und die er mit sich fortzureißen vergebens strebt. Und was richtet er durch all sein Poltern aus? Und was nützet er dabei der Welt? Nichts! Kaum daß er einen kleinen Fischerkahn zu tragen vermag. Frachtschiffe von einigem Belang zu führen, und dadurch Handel und Gewerbe zu befördern – dazu ist er unvermögend.»[5] Der Anblick des ungezähmten jungen Rheins reizt ihn zur Assoziation mit negativen menschlichen Eigenschaften. Dieser sei, so schreibt er, «wie ein rascher Jüngling, der die Fülle seiner Kräfte nicht zu lassen weiß».[6] Kräfte, die nach Campes Ansicht nur in den nützlichen Zwecken für die Gesellschaft aufgehoben sein dürfen.

Die Autoren wissen, daß in den Kindern ungezähmte Kräfte schlummern. Sie entwerfen ein umfangreiches Erziehungsprogramm zur Trieb- und Affektregulierung, das selbstverständlich auch in die Reisebeschreibungen Einzug hielt – zahlreiche Beispielgeschichten über gutes und schlechtes Benehmen von Kindern sind eingestreut, um den rechten Weg zu weisen. Allerdings wissen die Autoren auch, daß Ermahnungen und gute Beispiele nicht immer nützen und führen deshalb ein psychisch wirkendes Lohn- und Strafsystem ein. Gutes Verhalten wird belohnt, bei schlechtem Benehmen droht Liebesentzug. Und sie wissen, daß Entdeckerdrang und der Wunsch nach Triebbefriedigung sehr starke Ausmaße annehmen können. Darum ist auch für diesen Fall gesorgt. Es gibt aufgeklärte und aufklärende Methoden, um durch Angst die Triebe der Kinder nachhaltig zum Schweigen zu bringen. Salzmann z. B. besichtigt mit seinen Zöglingen eine Präparatesammlung menschlicher Skelette. Wohin die Zöglinge schauen, erblicken sie «Hirnschädel, Arme, Hände, Schenkel» usw., die zu medizinisch-wissenschaftlichen Zwecken präpariert worden sind. Ausführlich schildert Salzmann in seiner Beschreibung den Schrecken der Kinder angesichts des menschlichen ‹Friedhofs›. Er zeigt ihnen schließlich einen von einer Geschlechtskrankheit stark gezeichneten menschlichen Schädel «von einer Person, welche die venerische, oder die abscheuliche Krankheit gehabt hatte, welche diejenigen Personen sehr oft zu bekommen pflegen, welche ein unzüchtiges Leben führen [...]. Was für Höllenpein, sagte ich zu meinen Zöglingen, mag diese Person wohl ausgestanden haben, ehe die Verwesung dieß alles wegfraß!»[7] Nicht nur die Zöglinge, auch die lesenden Kinder sollen durch die Schauergeschichte eingeschüchtert werden – wenn sie schon auf andere Weise ihre Triebe nicht zu beherrschen lernen. Um der Geschichte noch mehr Nachdruck zu verleihen, sind die Abbildungen eines mißgestalteten und eines gesunden Schädels beigefügt – die einzigen Abbildungen im Buch, sieht man von der Titelvignette und den Landkarten ab. Doch auch das scheint dem Autor noch nicht zu genügen, denn warnend fügt er hinzu: «Und ihr, lieben Leser! könnt hieraus sehen, in was für entsetzliches Elend ein Mensch sich stürzet, der nicht nach Ueberlegung handelt, sondern alles thut, wozu er Lust hat.»[8]

Wohin mit den Kräften?

Die Kräfte der Kinder sollen frühzeitig kanalisiert, der Energiefluß in die richtige Richtung gelenkt werden: Die Tugend der Arbeitsamkeit kann nicht früh genug gelernt werden. Der Erzieher Christian Karl André hat eine geschickte Methode entdeckt, um die jüngste Teilnehmerin seiner Wanderungen mit weiblichen

Zöglingen – die bezeichnenderweise scherzhaft «die gute Frau» genannt wird, zu dieser Tugend zu führen. Sie hat die Aufgabe erhalten, im Wald Holzspäne für den Küchenofen zu sammeln. Mit dieser Beschäftigung soll der Vierjährigen nicht nur die Langeweile ausgetrieben werden, vielmehr – so der Autor – soll sie so früh wie möglich die Nützlichkeit für die Gesellschaft als Norm verinnerlichen. Gut vorbereitet, wird sie freudig auch die nächste Lektion lernen: «Diesen Sommer soll sie das erstemal nützliche Pflanzen kennen lernen, und diese künftig, statt der Späne eintragen.»[9] Spielerisch soll sie die Handlungsnorm verinnerlichen, sich nützlich zu machen. Freudig und ohne aufzumucken soll sie weitere Lektionen für das künftige Leben lernen. Sicher werde sie später die ‹gute Gattin› sein, weil sie dann genug Fähigkeiten entwickelt habe, um den Wohlstand der Familie zusammenzuhalten und damit das bürgerliche Glück zu mehren.

Die philanthropischen Lehrer und Autoren gehören dem gehobenen Bürgerstande an und sind auch dessen Interessenvertreter. Sie legen das ideologische und praktische Grundgerüst für den Fortschritt ihres Standes. Viel Wert wird dabei auf die Tugend der Arbeitsamkeit gelegt: Campe schreibt auf der ersten Seite der Beschreibung seiner Reise von Hamburg in die Schweiz: «Die Natur will, daß wir arbeiten, und zwar recht viel arbeiten.»[10] Er unterscheidet auf der nächsten Seite dann deutlich zwischen seiner geistigen Arbeit zum Broterwerb und der körperlichen Arbeit zum Ausgleich für den Organismus, damit der Leib funktionstüchtig bleibe. Den Lesern stellt er seine Art körperlicher Arbeit vor: Gehen, Reiten, Fahren, gärtnerische Betätigung. Anders bei den unteren Schichten der Bevölkerung, beispielsweise in der Göttinger Erwerbsschule, in der Kinder der Armen sowie Waisenkinder Unterricht erhalten. Sie werden von der Frau des Lehrers während des ganzen Tages in ganz gewöhnlichen Handarbeiten wie Stricken, Nähen und Spinnen unterwiesen und dann in kleinen Gruppen von sechs oder acht Kindern täglich für eine halbe Stunde vom Lehrer selbst unterrichtet. Kinder werden hier zur Handfertigkeit und Ausdauer in der Arbeit erzogen. Eigenschaften also, die sie als künftige Fabrikarbeiter besitzen müssen. Campe betont hier den großen Wert dieser Erwerbsschulen und läßt schließlich Professor Sextro zu Wort kommen: «Auch fügte er mit großer Wahrheit hinzu: daß arbeiten lernen auch Lernen sei, und daß also, nach der von ihm vorgeschlagenen Einrichtung, die Kinder wirklich mehr Gutes aus der Schule mit nach Hause bringen würden, als bisher.»[11]

Erziehung der Erzieher

Pädagogisches Neuland erfordert eine gründliche Einführung der Erzieher in die Vorstellungen und Einsichten über die richtige Art der Erziehung und Unterrichtung. Gezielt richtet sich der anonym erschienene Band ‹Unterhaltungen eines Landschullehrers mit seinen Kindern auf Spaziergängen und in der Schule› in der Vorrede an die Schullehrer von Bürger- und Landschulen. Der Autor teilt mit, daß er ihnen mit seinem Werk ein preiswertes Buch an die Hand geben will, in dem «nützliche Materialien aus der Natur und dem gemeinen Leben»[12] gesammelt sind. Zugleich betont er den Vorbildcharakter des Buches für den Lehrer, weil es «zugleich practische Anweisung an die Hand giebt, wie er sich mit seinen Kleinen über solche Materialien zweckmäßig und schicklich unterhalten soll, um ihren Verstand zu bilden, ihn in Thätigkeit zu setzen, und mit nützlichen Kenntnissen zu bereichern».[13]

Die philanthropischen Reisebeschreibungen sollen zwar Lehrer und Schüler zu gelegentlichen Spaziergängen in die freie Natur anregen, dennoch wissen die Autoren, daß sie vorrangig Anweisung für die Unterrichtung über die freie Natur geben. Reisebeschreibungen vermögen – in der Hand der Erzieher – nützliche Dienste zu leisten. Sie bieten eine Fülle von Wissensstoff, den die Lehrer, in die richtige Form gebracht und unter Beachtung der genauen Dosierung, an ihre Schüler weitergeben können. Dassel etwa empfiehlt in der Vorrede zur ‹Reise der Gutmannschen Familie› den Lehrern, den Lesestoff selbst vorzutragen. Er schreibt: «Am zweckmäßigsten scheint es mir zu seyn, wenn ein Lehrer von Zeit zu Zeit selbst einen Theil der Reisen erzählt, und den folgenden Tag mit ihnen über das Erzählte spricht, und das Naturhistorische, Geographische und Physische weiter auseinandersetzt.»[14] Er rät den Lehrern außerdem, eine «Charte nebst den Bertuchschen Kupfern»[15] bereitzulegen. Auf diese Weise werde der Wissensstoff von einigen Seiten gründlich beleuchtet und vertieft, ohne sich – wie ein Reiseabenteuerroman – schnell und nutzlos zu verflüchtigen.

Aus der Erfahrung klug, daß der Unterricht nur dann Gewinn bringen kann, wenn sich die Lehrer mit dem Stoff vorher gut vertraut gemacht haben, ermahnt er diese: «Lassen sie sichs also recht sehr anempfehlen und angelegen seyn, die Sachen, worüber Sie sich mit ihren Kleinen zu unterhalten gedenken, selber erst genau kennen zu lernen. Und das können sie aus dieser Schrift wie ich hoffe.»[16]

Selbstverständlich fehlt nicht der Hinweis auf den Lohn für all diese Bemühungen. So trifft Campe auf seiner Reise von Hamburg nach Basel unvermutet auch einen ehemaligen Zögling aus seiner Zeit am Dessauer Philanthropin und beschreibt seine Empfindung beim Wiedersehen: «Meine Freude wuchs in eben dem Maße, in welchem ich mich theils durch eigene Beobachtung über ihn, theils durch eingezogene Nachrichten überzeugte, daß der Jüngling die Hoffnungen erfüllte, die ich mir von ihm gemacht hatte, da er noch ein Knabe war. Haben meine Leser etwa schon der Freude genossen, die erste Frucht eines jungen Baumes zu schmecken, dessen sie, da er noch ein zartes Bäumchen war, selbst gepflegt und gewartet hatte.»[17]

Ausblick

1792 feiert und ehrt die Stadt Jena Christian Gotthilf Salzmann für seine pädagogischen Verdienste um eine neuzeitliche Erziehung. Er und seine Zöglinge werden zu einem Festmahl mit den Honoratioren der Stadt geladen. Die Zöglinge sitzen inmitten der Studenten und – wie könnte es anders sein – benehmen sich tadellos. Weder lassen sie sich zu ungesitteten Gesprächen verleiten, noch trinken sie mehr als das erlaubte Glas Wein. Dennoch weiß der erfahrene Pädagoge Salzmann um die Gefahren der Verführung und die Folgen der Unbeherrschtheit. Er betont mehrfach, wie notwendig die Kontrolle sei und schreibt: «Mein Blick war immer auf die lange Tafel gerichtet, an welcher ich saß. Da aber meine Augen, ohngeachtet ich sie in Jena, durch Aufsuchen der Raupen und Schmetterlinge, ehemals ziemlich geschärft habe, und davon noch itzo, als Erzieher, den besten Nutzen verspüre, doch nicht vermögend waren, alles zu übersehen, was an der langen Tafel vorging: so stund ich einigemal auf, schlich mich um die Tafel herum, und – beobachtete.»[18]

Wahrscheinlich ist es den Zöglingen unter Vater Salzmanns kontrollierenden Blicken ähnlich ergangen wie uns Kindern auf den Sonntagsspaziergängen. Während jedoch die Autoren der philanthropischen Bewegung noch um Befürworter für die Pädagogik in ihrem Sinne werben mußten, war sie bei unseren Eltern etliche Generationen später bereits verinnerlichte Norm.

Bärbel Panzer

Die Fußreise
Von der Arbeitswanderung zur bürgerlichen Bildungsbewegung

Am Beginn der neuzeitlichen Geschichte der Fußreise steht natürlich keineswegs die Lust, wie jenes Lied vom wandernden Müller behauptet, sondern die Last, die Pflicht: die Reise zu Fuß, das Wandern nicht etwa als ein Freizeitvergnügen, sondern als fester Bestandteil und besondere räumliche Bedingung des Arbeits- und Alltagslebens bestimmter Berufs- und Sozialgruppen. Die alte Form der Fußreise, das ist die Wanderung aus beruflich-existentiellen Gründen, unternommen zum Zweck der Ausbildung oder der Arbeitsplatz- und Verdienstsuche. Solch «mobiles Leben auf Zeit» schrieben etwa die Gewerksregeln der Handwerkszünfte vor, die den Lehr- und Wanderjahren als einer Zeit der Erfahrung in fremder Umgebung und mit fremden Arbeitsverhältnissen und Arbeitstechniken große Bedeutung beimaßen. Auch für die vielen Kleinhändler und Hausierer wie die Schausteller oder die Taglöhner war das Unterwegssein bis weit ins 19. Jahrhundert hinein noch etwas ganz Selbstverständliches, eine schlichte ökonomische Notwendigkeit, da ihre Kunden «aufgesucht» werden mußten. Und als Pflicht in einem moralisch-religiösen Sinn – wenngleich selbstauferlegt – läßt sich wohl auch die zweite historische Wurzel der Fußreise verstehen, die Pilgerfahrt, deren Tradition weit zurückreicht bis ins Mittelalter.

Freilich entsprechen diese älteren Formen keineswegs unserem heutigen «Reisen». Es ist noch nicht jene Bewegungsform, bei der das Unterwegssein der eigentliche Zweck ist. Gerade die scheinbar so mobilen und wanderlustigen Handwerksgesellen, die nach den Regeln der zwischen dem 14. und dem 17. Jahrhundert festgeschriebenen Zunftordnungen für mindestens vier bis sechs Jahre ihren Heimatbezirk nicht betreten durften und so in der Tat viel «fremde Welt» kennenlernten, konzentrierten ihre Wünsche und Bedürfnisse sehr viel weniger auf das eigentliche Wandern als auf das Ankommen: auf den Eintritt in erträgliche Arbeits- und Lebensverhältnisse an den Zielorten. Auch für sie bedeuteten der Raum dazwischen und das Leben unterwegs zunächst eine Kette beschwerlicher und bedrohlicher Situationen, die selten zu genießen, sondern einfach zu überwinden waren. Sie – wie die anderen Wanderer – suchten Wege durch die Natur, nicht in sie.

Immerhin finden sich auch im Gesellschaftshorizont des 18. und frühen 19. Jahrhunderts noch genügend Motive und Spuren jener mittelalterlichen

Wahrnehmungsweise, in der die Natur zwischen den «zivilisierten» bewohnten Räumen stets etwas Gefährliches, Bedrohliches besaß.[1] Reale Gefahren wie schlechte Wegenetze oder Begegnungen mit den damals nicht seltenen Räuberbanden waren hier mit magischen, naturreligiösen Vorstellungen zu Visionen einer feindseligen Naturwelt verschmolzen, deren Überbleibsel auch manchem bürgerlichen Wanderer des 19. Jahrhunderts noch in «abergläubischen» Geschichten und Spukerzählungen gegenübertraten. Wer unter diesen Vorzeichen also zu Fuß «unterwegs» war, tat dies allein aus Pflicht oder Not.

Wanderzwang – das galt als Lebensprinzip auch für die «Vaganten», für jene mobilen sozialen Randgruppen, die mangels Besitz und Bürgerrecht auch in geographischer Hinsicht auf die «Ränder der Gesellschaft» verwiesen waren, auf die Landstraße, die ländlichen Regionen und die Waldgebiete. Wir wissen heute, daß diese Gruppen der bettelnden Armen, der Gelegenheitsarbeiter, der fahrenden Schausteller, auch der Kleinkriminellen zwar oft weite Strecken zurücklegten, daß sie sich überwiegend jedoch in einem regional begrenzten, vertrauten Raum als «ihrem» Revier bewegten. Noch im 18. Jahrhundert, so schätzt man, mußten zwischen 10 und 20 Prozent der deutschen Bevölkerung dieses erzwungene Nichtseßhaften-Leben führen.[2] So kreuzten sich die Wege derjenigen, die beruflich unterwegs waren, und die des «Fahrenden Volks», man teilte sich die Straße und bewegte sich in einer eigenen Subkultur, deren Verhaltensmuster, Sprache und Zeichen in gewisser Weise auch Sicherheiten boten und Zugehörigkeitsgefühle vermittelten.

Reisen meint in diesem historischen und sozialen Kontext also stets eine zweckgerichtete Bewegung, eine Bewegung zwischen den bewohnten Orten als den Zielpunkten in einem Raum, dessen Weite ihn nur beschwerlich macht. Die unteren Schichten durchwanderten ihn allein deshalb zu Fuß, weil dies für sie bis ins späte 18. Jahrhundert praktisch die einzige Fortbewegungsmöglichkeit war. Die «besseren» bürgerlichen Gruppen und der Adel reisten natürlich auf schnellere, sicherere und bequemere Art zu Pferd, in der eigenen oder gemieteten Kutsche oder auf den wenigen festen Postlinien, die in den deutschen Gebieten überwiegend von der Thurn- und Taxisschen Post unterhalten wurden. Doch war diese Reiseform kostspielig und eben auch sozial definiert: Ein reitender Handwerksgeselle oder ein Bauer in der gemieteten «Extra-Post» wären in der Standesgesellschaft undenkbar gewesen. Die Höhe des Pferderückens und der Radachse drückte symbolisch auch die Position in der gesellschaftlichen Hierarchie aus.

Angesichts dieser vorindustriellen Verkehrsverhältnisse ist es nur logisch, daß – bis im 19. Jahrhundert das Eisenbahnzeitalter anbricht – wesentliche Strukturen der menschlichen Raum- und Zeiterfahrung wie der gesellschaftlichen Raum- und Zeitorganisation an diesem Grundmaßstab der Fortbewegung zu Fuß orientiert waren. Denken wir an das kombinierte Längen- und Zeitmaß der «Wegstunde», das abstrakte Entfernungen in einen topographisch relativierenden Erfahrungswert umsetzte – eine Wegstunde konnte eine Strecke von zwei oder auch fünf Kilometern bedeuten, je nachdem, wie der Weg beschaffen war und welche Steigungen er einschloß; oder an die bäuerlichen Flächen- und Zeitmaße des «Tagwerk» oder des «Morgen», die einen mittleren Erfahrungswert aus Arbeitstempo, Bewegung und Raum zur Grundlage einer Flächenvorstellung nahmen.

Ein von der Wanderung ermüdeter «Deutscher» vor dem Gasthaus. Bis weit ins 19. Jahrhundert hinein scheuten deutsche Handwerksgesellen nicht die Mühe einer Fußreise nach Frankreich. Kupferstich von Tony Johannot, um 1840. Aix-en-Provence, Collection Jacques Grandjonc.

Die Fußreise ist seit der frühen Neuzeit bis zum Beginn des 19. Jahrhunderts also ein «Privileg» der Unterschichten. Sie meint ein Wandern, um anzukommen, weitgehend ohne feste Straßen, ohne Wegweiser, schon gar ohne Wanderkarten – abhängig von Orientierungshilfen und materieller Unterstützung unterwegs, von Informationen über Übernachtungsplätze, über gangbare Wege, Brücken und Furten.

Zum Selbstzweck, zum Muster «modernen» Wanderns entwickelt sich die Fußreise erst um 1800. Jene langsame, den Raum gleichsam körperlich abtastende Fortbewegung durch Landschaft und Gesellschaft – sie dient nun als Mittel, um sinnliche Erfahrung und Anschauung zu sammeln. Vieles an dieser neuen, auch philosophisch begründeten Zweckbestimmung stammt aus dem Ideenhorizont der Spätaufklärung, insbesondere aus der von Rousseaus Gedanken beeinflußten Naturphilosophie. In der Begegnung mit der äußeren Natur, mit dem stofflich Einfachen und ästhetisch Schlichten soll sich auch die innere, die menschliche Natur wiederfinden: die Natur als Objekt und zugleich als Medium der menschlichen Erkenntnis.

So bereiten die Schriftsteller mit ihren Naturschilderungen, die Reisenden mit ihren Expeditionsberichten und die Maler mit ihren Landschaftsbildern darauf vor, wie Natur «richtig» zu sehen und zu erleben sei. Und da das Wandern eine besonders dichte, sinnliche Naturerfahrung verspricht, wird es zu einer wichtigen ästhetischen Stilübung in der kulturellen Praxis der Bürger, die nun überdies die besondere Eignung bestimmter Landstriche als Kulisse solcher Erfahrung entdecken: von der Natur selbst «schön inszenierte» Wanderregionen. 1807 prophezeit ein Reisender dem Schwarzwald, auch dieser werde «mehr die Aufmerksamkeit der Naturfreunde auf sich ziehen, wenn Haldewang, Kunz und Primavest durch ihre Blätter uns die schönsten Ansichten davon zur Vorkost geliefert haben werden».[3]

Auf eine neue Weise ermöglicht das Wandern so die Aneignung von fremder Ferne wie von heimatlicher Nahwelt: Geographische und topographische Kenntnisse werden erworben, botanische und geologische Phänomene beobachtet, Spuren der regionalen Geschichte gesucht und landeskundliche Forschungen betrieben. Alles, was man dabei beobachtet, entdeckt, wird gleich «vor Ort» in Tagebüchern und Journalen festgehalten. Ein junger Theologe, der aus heimatkundlich-geographischem Interesse schon Ende der 1780er Jahre damit beginnt, das württembergische Gebiet zu durchwandern, notiert in seinem Wanderjournal als Zweck: «Diese kleinen Reisen beschrieb ich dann für mich, um mich im beobachten zu üben [...].»[4] Und andere Wanderer, so kann man etwa in dem autobiographischen Roman ‹Anton Reiser› von Karl Philipp Moritz nachlesen, rüsten sich für solche ambulanten Seh- und Schreibübungen bereits mit speziellen Wanderkarten, handlichen Papierformaten und «tragbaren Tintenfässern» aus, denn erst das Niederschreiben und Festhalten ordnet das Gesehene für sie in ein System von «Erfahrung». Diese literarischen Erträge werden dann in Form von Reiseberichten publiziert, um – so formuliert man damals pathetisch – durch das Reisen als der «Quelle aller Erfahrung» auch die allgemeine «öffentliche Erfahrung» entsprechend zu bereichern. Legionen solcher Berichte erscheinen in Zeitschriften, als Monographien, als Handbücher: Es beginnt die große Zeit der Reiseliteratur, deren Verbreitung «man sich, gemessen am gesamten Bücherkon-

Auch Künstler unternahmen lange Reisen. Beliebte Ziele waren Rom und Florenz. Zwei Künstler bei der Rast. Aquarell von Johann Christoph Erhard, 1819. Bremen, Kunsthalle.

sum, als nicht weniger umfangreich vorzustellen haben [wird] als die Verbreitung, die heute etwa Kriminalromane erfahren».[5]

Letztlich steht für dieses lernende Reisen auch jenes Goethesche Modell der bürgerlichen «Lehr- und Wanderjahre» Pate, wonach die Erfahrung der Weite und Vielfalt von Natur und Gesellschaft und vor allem die Selbstfindung des eigenen Ich in der Fremde als wichtigste Schule bürgerlicher Charakterbildung wirken. Dabei schwingt ganz deutlich bereits ein Hauch früher «postmoderner» Stimmung im Bürgertum mit: ein erstes Unbehagen an der Technisierung und «Vermassung» städtischen Lebens. Die geschaffene Zivilisation und ihre «gesellschaftlichen Einrichtungen» (Rousseau) erscheinen nun als «Denaturierung», als ein Sich-selbst-Entfremden des Menschen, dem man mit der Suche nach alten Wurzeln in der Geschichte und nach neuen Kräften in der Natur zu begegnen hofft. Wandern verkörpert insofern auch den Ausdruck des Bemühens um die Rückgewinnung «menschlicher» Zeit- und Raumerfahrung. Es sind die Symptome eines neuen Zeitgeistes besonders in der jüngeren Generation, einer «neuen Innerlichkeit», die zur Besinnung auf sich selbst auffordert und sich dabei gern dem hingibt, was man damals so prätentiös wie narzißtisch als «Weltschmerz» fühlt und «Melancholie» nennt. Inmitten der Bürgergeselligkeit der Salons und Bälle beklagt man das Gefühl zunehmender innerer Vereinsamung, sucht zugleich nach äußerer Stille und Einsamkeit und meint sie auch zu finden: «Als Ort dieser Einsamkeit wird Natur aufgefaßt.»[6]

So sind die Motive wie die Bedingungen und die Formen dieses bürgerlichen Wanderns natürlich ganz andere als bei der Arbeitswanderung der Unterschichten. Seine entscheidenden Voraussetzungen sind gerade die Freiheit von materiellem Zwang und die «Freizeit» im Sinne freier Dispositionsmöglichkeit. Fast wirkt es paradox: Während die Unterschichten von den bürgerlichen Aufklärern und Reformern zu mehr Effektivität und Fleiß in Arbeit und Lebensführung angehalten werden, entwickeln dieselben Bürger eine neue «Kultur der Muße», der geruhsamen Freizeitgestaltung und der Bildungszeit, die der betriebsamen Hektik städtischen Bürgerlebens begegnen soll. Selbstbewußt wird eine Form des empirischen Lernens und der Selbstbildung zelebriert, die den anderen gesellschaftlichen Gruppen zunächst einfach als schlichtes Nichtstun erscheinen muß: das Reisen und Wandern als eine Art bildungsbürgerliche Emanzipation aus der alten kleinbürgerlichen Arbeits- und Pflichtwelt der Handwerker, in der die Geste der Tätigkeit allein den Nachweis «ordentlichen» und «nützlichen» bürgerlichen Lebens bedeutete. Reisen nur um des Reisens willen – das kann in dieser traditionellen Sicht nur als «Luxus» oder «Verrücktheit» aufgefaßt werden. Doch Goethes bereits beflügeltes Reisemotto – «Man reist ja nicht, um anzukommen» – liefert auch dafür die Legitimation. Auf die traditionelle Rechtfertigung durch geschäftliche und religiöse Motive kann man verzichten.

Jetzt also, kurz nachdem das Reisen als neues bürgerliches Bewegungs- und Erfahrungsmodell entdeckt ist, nachdem die Bildungs- und Bäderreisen auch beim mittleren Bürgertum bereits in reger Übung sind – jetzt wird die Fußreise zu einer besonderen, auch modischen Variante reisender Welt- und Selbsterfahrung. Man hofft, «Lehrreiches» zu finden und die sinnliche Erfahrungsfähigkeit zu vertiefen, indem man heruntersteigt von der Radhöhe der Kutsche und sich hineinbegibt in die unmittelbare Nähe der Natur und der Volkskultur: die Berge und die Bauern «erwandern» wie die mittelalterlichen Scholaren.

Wenn das Reisen an sich als bürgerliches Erfahrungsmotiv bereits ein Stück Befreiung aus den feudalen, gewaltsam beengten Gesellschaftshorizonten bedeutet, weil damit Grenzen überschritten und herrschaftlich zerteilte Räume als gesellschaftlich Zusammenhängendes, als «gemeinsame Welt» wahrgenommen werden, dann vertieft die bürgerliche Fußreise diesen antifeudalen Blickwinkel noch zusätzlich. Denn das Wandern verkörpert überdies eine Haltung, die sich physisch wie symbolisch scharf absetzt von der lebemännischen «Kavalierstour» wie von der großbürgerlichen und adeligen Kutschenreise. Das Grundmotiv bürgerlicher Emanzipation schwingt ganz deutlich im Bild des «aufrechten Gangs» mit, wenn Johann Gottfried Seume 1802 etwa davon spricht, daß man, in der Kutsche sitzend, auch «sogleich einige Grade von der ursprünglichen Humanität entfernt» sei. Demgegenüber lobt er «den Gang» des Wanderers als «das Ehrenvollste und Selbstverständlichste in dem Manne». Bürgerlicher Oppositionsgeist gegen Adelsprivilegien und Spätabsolutismus schafft sich so neue Ausdrucksformen, um – wenn schon nicht durch politische Praxis – wenigstens durch Kultur und Lebensstil die Distanz zu den «alten Mächten» deutlich zu machen. Das Wandern, wie es nun besonders von jungen Turnern und Burschenschaftlern propagiert wird, die über Republik und Demokratie nachdenken, soll in demonstrativer Geste eben auch soziale Parteinahme «für das Volk» ausdrücken.

Und es kritisiert selbst bereits wieder die gerade erst entwickelten bürgerlichen Reiseformen: Nicht von oben herab, aus dem Kutschenabteil heraus soll die

Gesellschaft er-fahren und beobachtet werden, wie das bürgerliche Wissenschaftsreisende und Reiseschriftsteller nun tun, sondern von Angesicht zu Angesicht, quasi von gleich zu gleich. Nur so lasse sich die soziale Wirklichkeit wahrnehmen, nicht aus dem kulturellen Ghetto der noblen Lohnkutschen, der bürgerlichen Mittagstafeln und der akademischen Schreibtische.

Verbunden ist diese Einstellung bereits mit einer durchaus ethnographisch zu nennenden Perspektive: mit dem Wunsch, Anderes und Fremdes kennenzulernen, also entfernte Natur und Kultur in Italien oder in der Schweiz, aber auch das Andere und Fremde in der eigenen Gesellschaft, also die Lebens- und Arbeitsweise, die Feste und Bräuche, den Dialekt und die Lieder vor allem der ländlichen Gruppen und der bäuerlichen Kultur. Es ist kein Zufall, daß sich diese Mode der Fußreise zeitgleich mit den Volkslied- und Volkssagensammlungen Achim von Arnims, Clemens Brentanos, Ludwig Uhlands und der Brüder Grimm entwickelt.

Zwangsläufig muß dieser romantisch verklärende Blick eine Exotisierung seines Gegenstandes bewirken, einen verfremdenden, überhöhenden Begriff von der «Kultur des Volkes». Ländliches Bauernleben wird in die Geschichte zurückgedrängt, «stillgestellt», es wird wie fremdes Stammesleben beobachtet, nach rituellen Praktiken und Restformen magischen Denkens durchmustert – und dies eben «unter dem Volke», «im Feld». Fast ließe sich dieser Vorgang als Beispiel nehmen für eine Art kultureller Innovation «von unten»: Die Bürger, jener vermeintlichen Urkraft und Naturnähe des «einfachen Volkes» nachspürend, übernehmen dessen körperliche Bewegungsform, um so im Wanderhabitus sich auch dessen Erfahrungswelt «sinnlich» anzunähern. – Für die Landleute freilich meist weniger ein Zeichen von Volksverbundenheit als ein Anlaß zu mißtrauischem Beobachten einer neuen bürgerlichen Marotte.

Nun ist die Wanderbewegung jedoch nicht mehr aufzuhalten, relativ rasch entwickelt sich eine Vielzahl von Einzel- und Gruppenreiseformen. Regelrechte Wander-«Kameradschaften» bilden sich, für die Studenten und die bürgerliche Jugend wird der ein- oder mehrtägige Ausflug zu einem festen Bestandteil ihrer Gruppenkultur. Dabei bleibt das Wandern zunächst fast ausschließlich eine männliche Angelegenheit. Die Frauen, denen es im (männlichen) Verständnis damaliger Geschlechterrollen ohnedies am Sinn und an der «Berufung» zu solch expeditionshaften Unternehmungen fehlt, müssen sich einstweilen mit dem Spaziergang begnügen, der sich ebenfalls zu Beginn des 19. Jahrhunderts zur allgemeinen Mode entwickelt. Als Form gemächlichen Gehens und zugleich als Ort des Spaziergangs in der domestizierten Natur der Parks und der städtischen Umgebung wird die «Promenade» neu entdeckt – eine Gelegenheit auch zur Vorführung neuer Garderobe, zum Austausch gesellschaftlicher Neuigkeiten und zur öffentlichen Repräsentation.

Wenn Frauen ausnahmsweise dennoch an Bergwanderungen teilnehmen dürfen, etwa in den Schweizer Alpen auf den klassischen Aussichtstouren zum Rigi, von dem aus der «panoramatische» Blick über die Gipfelwelt genossen wird, dann geschieht das meist per Sänfte. Bereits 1851 spricht Victor von Scheffel mit sarkastischem Unterton davon, daß das «Schauspiel des Sonnenaufgangs» am Rigi regelrecht «handwerksmäßig betrieben» werde. Und in der Tat beginnt mit diesen Führungen und Sänften die Entwicklungslinie der «handwerksmäßigen»

Naturerschließung hin zur modernen Professionalisierung der Wanderberufe, also der Träger, der Bergführer und Bergwirte, letztendlich auch der Skilehrer und der gesamten alpinen Tourismusindustrie.

Zunehmend verbessern sich um 1800 auch die allgemeinen äußeren Reisebedingungen durch den systematischen Ausbau von Postverkehrsnetzen, durch forcierten Straßenbau, durch Folgeerscheinungen der modernen Landvermessung wie die Verfügbarkeit von Straßenkarten oder die Errichtung von Wegweisern,[7] auch durch die «Befriedung» der Landstraße durch Polizeikontrollen und Paßpflicht. Mit der besseren Planbarkeit und der größeren Sicherheit der Routen kann das Modell «Fußreise» nunmehr systematisch entworfen und verbreitet werden: Im ‹Morgenblatt für gebildete Stände› des Stuttgarter Großverlegers Cotta werden schon in den Jahrgängen unmittelbar nach 1800 regelmäßig Reiseberichte etwa von Wanderungen über die Schwäbische Alb oder durch die Rheingebirge veröffentlicht, die genaue Angaben über Wege, Raststationen und Übernachtungsmöglichkeiten enthalten und auf lohnende Aussichten, auf geologische Phänomene wie auf historische Stätten und Ruinen hinweisen. Die Marotte – sie wird zur Normalität.

Ungewöhnlich und abenteuerlich indessen klingen nach wie vor jene Nachrichten, die von Fernwanderungen über die Alpen nach Italien oder durch die Schweiz, durch Frankreich und Spanien zu vernehmen sind. Solche Unternehmungen erscheinen damals noch als regelrechte Expeditionen in eine geographische und kulturelle Fremde, unternommen meist ohne nähere Kenntnis der Routen und Stationen und angewiesen auf die Orientierungshilfen wie die Gastfreundschaft der «Eingeborenen».

Viele dieser Berichte schildern den Marsch durch entfernte, meist menschenleere Gebirge und Waldgebiete als eine dichte Folge von Irrwegen, von Hunger- und Dursterfahrungen, von gefährlichen Begegnungen. Und sie übertreiben wohl kaum: Die heutige Zuversicht, daß nach wenigen Kilometern «Natur» die nächste Straße oder Einkehrmöglichkeit auftauchen wird, ist damals kaum angebracht. Einer dieser durch ihre Reiseberichte bekannt gewordenen Fernwanderer ist der schon erwähnte Johann Gottfried Seume, berüchtigt für seine wochenlangen Gewaltmärsche mit bis zu 70, 80 Tageskilometern. Vor seinem im Jahr 1801 unternommenen ‹Spaziergang nach Syrakus›, der samt Alpenüberquerung freilich mehr einem heutigen Geher-Olympiatraining als einem Spaziergang geähnelt haben muß, scheint er die Warnungen besorgter Mitbürger geradezu zu genießen, die befürchten, «da würde ich nun wohl ein bißchen totgeschlagen werden».[8] Auch der Reiz also des Abenteuers, das Risiko der Unwegbarkeiten und Unwägbarkeiten solcher Unternehmungen, auch diese ganz «modern» anmutende Mischung von Abenteuerlust und Drang nach Selbstbestätigung prägt offensichtlich bereits die Motive mit.

Dabei besteht das entscheidende Moment solcher Abenteuer eben darin, daß man mit den sicheren Kutschen und den festen Wegen ganz bewußt auch die sichernde soziale Rolle verläßt. In der Reisekutsche ist der Passagier als Person «von Stand» oder jedenfalls als wohlsituierter Bürger legitimiert. Auf der Straße hingegen, ohne die Statussymbole Pferd und Wagen, gehört er zunächst einfach zum «Fußvolk», kann nicht auf standesgemäße Behandlung rechnen. Denn wandernde Bürger sind im Ausland mehr noch als im deutschen Inland etwas Ungewohntes, ja mitunter Ungehöriges. Ein Reisender schreibt im Jahr 1824 aus

Rom: «In Italien sieht man keinen Fußreisenden, er sei denn Pilger oder Bettler»,[9] und deutet damit an, daß man als Fußreisender noch mit der sozialen Geringschätzung der eigenen Standesgenossen rechnen muß.

In Deutschland und in der Schweiz allerdings beginnt in der ersten Hälfte des 19. Jahrhunderts die neue Freizeitgestaltung sich unübersehbar zu etablieren. Heinrich Laube klagt schon im Jahr 1833 angesichts von Wanderrummel und beginnender Tourismusindustrie samt Kaffee- und Weißbierverkauf in den Bergen: «Früher waren sie unzugänglich, jetzt kann jeder Tertianer ihre keuschesten Stellen betasten.» Inzwischen sind die nördlichen Alpenkämme bereits eine vielbegangene Wanderregion geworden, in der sich längst der Seitenzweig des Bergsteigens entwickelt hat: der Alpinismus. Dabei handelt es sich diesmal weniger um eine deutsche als um eine britische Erfindung: Es ist der neue Gentlemen-Sport der englischen Oberschicht, die den Mont Blanc und andere Alpengipfel erstbesteigt und bald ihren exklusiven «Alpine Club» gründet.

Damit kündigt sich die Zeit des Vereinswanderns an, das in Ansätzen bereits in den frühen Turnvereinen des Vormärz gepflegt worden war. In ihrem ‹Deutschen Wörterbuch› resümieren 1854 die Brüder Grimm diese unaufhaltsame Ausbreitung: «erst die neuere zeit kennt wandern als das frohe durchstreifen der natur, um körper und geist zu erfrischen, nachdem durch die romantik und die turnerei die wanderfreude entdeckt war.»

Bald entstehen eigenständige Wandervereine, beginnend mit dem Österreichischen und dem Schweizerischen Alpenverein 1862 und 1863 und sich fortsetzend in den deutschen Mittelgebirgs-Wandervereinen zwischen Schwarzwald und Taunus. Längst sind auch die Zeiten der besonderen Wanderausrüstung angebrochen: Schon Ende des 18. Jahrhunderts hatte ein Schweizer Pfarrer dem Wanderer unbedingt einen festen Spazierstock und Schuhe mit «dicken Sohlen» und «Schirm-Nägel-Köpfen» empfohlen, nun kommen Gamaschen und Gletscherhaken hinzu, auch besondere Übermäntel und handliche Fernrohre. So wind- und wetterfest gerüstet kann der Wanderer bereits auch die ersten Wanderherbergen ansteuern.

Solche Äußerlichkeiten sind bezeichnend: Vieles ähnelt zwar heutigem «modernen» Wandern, doch ist es vorerst noch kein «populäres» Vergnügen, sondern eben eine exklusive bürgerliche Kulturübung. Während die Bürger aus den Städten hinauswandern, begegnet ihnen bereits die erste Industriearbeitergeneration, die den umgekehrten Weg in die Städte gehen muß: zweierlei Wandern. Und über die Jugend-Wanderbewegung der Jahrhundertwende hinaus wird es noch bis in die Weimarer Republik bzw. bis in Hitlerjugend-Zeiten hinein dauern, bis das Wandern als Erholungs- und Freizeitmuster allgemein verbreitet ist.

Wolfgang Kaschuba

Reisen Frauen anders? Von Entdeckerinnen und reisenden Frauenzimmern

Die Reise gehört zu den ältesten und allgemeinsten Formen männlichen Lebens, sie läßt sich bis in die mythische Vorzeit zurückverfolgen. Immer schon sind Männer gereist.[1] Bei ihren Reisen bewegen sich die männlichen Helden in der Regel über ein offenes und weites Terrain auf einen stets flüchtigen Horizont zu, der in der einen Richtung «Heimat» und in der anderen «Fremde» heißt. Weibliche Figuren dagegen sind an diesen beiden Polen der Reise angesiedelt und dadurch gekennzeichnet, daß sie im wesentlichen nicht reisen. Sie fungieren als Verlockung und als Motiv der Reise, sie provozieren aus verheißungsvoller Ferne männliche Verausgabung und Eroberung. Kurz gesagt, der männliche Reisende befindet sich in der bekannten Situation des Hasen, der an jedem Ende der Furche den Igel «Weiblichkeit» antrifft, der ihm entgegenruft: «Ick bün all hier.»

Gegenüber der rastlosen männlichen Aktivität halten Frauen den statischen Pol des Reisegeschehens besetzt. Nur ihr Bild hat stets die Reisenden begleitet und als eine konkrete Vision der Fremde dazu beigetragen, den Kolonisationsprozeß zu artikulieren und zu verstehen. So erzählt Georg Forster von der unermeßlichen, nicht darstellbaren Schönheit der raieteanischen Tänzerin Teinamai und den Gefälligkeiten, die tahitische und raieteanische Mädchen den Matrosen bezeigten.[2] Und Columbus, als ein weiteres Beispiel unter vielen, machte dem spanischen Edelmann Michele de Cuneo eine «Karibenfrau», die dieser begehrte, zum Geschenk.[3]

Umgekehrt waren eheliche Geduld und Treue der in der Heimat stets sehnsüchtig wartenden Penelope seit jeher das Grundmuster für das Motiv «der heimkehrende Gatte und sein Weib», das sich ebenfalls wie ein roter Faden durch das Reisethema der Jahrhunderte zieht.[4] In den ‹Briefen eines russischen Reisenden› beschreibt Nikolaj Karamzin eine Begegnung mit der Ehefrau des französischen Reisenden und Ornithologen Le Vaillant, die der Reisende im Juni 1790 allein in ihrem Haus in Paris antrifft. Im Laufe des Gesprächs habe Mme. Le Vaillant die andauernde Abwesenheit ihres Gatten wie folgt kommentiert: «Wir Weiber sind bestimmt, auf der Stelle zu bleiben, aber ihr Männer seid allzumal Kalmücken, die von einem Ort zum anderen wandern, um Gott weiß was zu suchen, ohne sich um unsere Unruhe zu kümmern.»[5] Auch von der «Karibenfrau» wissen wir, daß sie sich nicht widerspruchslos in ihr Schicksal fügte. Im Bericht von Michele de Cuneo lesen wir sehr genau, auf welch ambivalente, Lust und Unlust erzeugende Weise ihr Widerstand überwunden wurde. In Szenen wie diesen sind Frauen Repräsentantinnen einer unzugänglichen und uneinnehmbaren Fremde. Der Conquistador geht aus seiner Begegnung mit ihnen als Eroberer und Kolonisator hervor, der Bildungsreisende versichert sich angesichts der stillgestellten Hausfrau stets von neuem seiner eigenen Reisefähigkeit und Bewegungsfreiheit. Dieser Blick auf die erstarrte Unruhe des Weiblichen in der Nähe und in der Ferne bestimmt die Perspektive des männlichen Reisenden. Unmerklich hat er dazu beigetragen, Frauen zu Bewohnerinnen des «Umgrenztest-Menschlichen»[6] und weibliche Statik zu dem existentiellen Grund werden zu lassen, über den sich die Reisenden bewegen.

Der Topos, daß Frauen zu den Nichtreisenden gehören, zählt zu den Begleiterscheinungen des Reisethemas bis heute. Bereits im 18. Jahrhundert, dem «goldenen Zeitalter des Reisens», hatte er sich einen festen Platz in der Reiseliteratur erobert. Hinweise auf die Gefahr und die Sinnlosigkeit des weiblichen Reisens finden sich in Apodemiken und sogar in der Kinderliteratur. «Weiber taugen wohl zu nichts weniger als zu Entdeckungsreisen», behauptet 1785 ganz selbstgewiß der kleine Fritz gegenüber seiner Schwester Jakobine.[7] Man erwartete von einem «Frauenzimmer» oder von einer «Hausfrau», die begrenzt lebte, keine Neuentdeckungen und keine Erweiterung des eigenen Horizontes nach außen hin.

Jenseits dieser Weiblichkeitsspielräume, aber stets vor ihrem Hintergrund betrachtet, hat es natürlich immer reisende Frauen gegeben. Als ein besonderes Beispiel vorbürgerlichen Frauenreisens sei hier die Entdeckungsreise der Wikingerin Freydis genannt, die im 10. und 11. Jahrhundert mit einem eigenen Schiff nach «Vinland» (Amerika) segelte, dort überwinterte und der Sage nach die Hälfte ihrer Reisebegleiter umbringen ließ, bevor sie ihr Schiff mit starker Ladung wieder zurücksegelte.[8] Erwähnenswert sind auch die Reisen der italienischen Familie Conti, die im 14. und 15. Jahrhundert eine der bemerkenswertesten Reisen zu Land nach Asien unternahm. Sie reisten über Persien bis nach Indien und erreichten das südliche China, bevor sie 1444 wieder nach Venedig zurückkehrten.[9] In großer Zahl waren Frauen als Pilgerinnen unterwegs, wie etwa die englische Pilgerin Margery Kempe, ihre Reisebekanntschaft Lady Margaret Florentin[10] und die Schwedin Brigitta, Fürstin von Nericke. Sie alle pilgerten Ende des 14. Jahrhunderts nach Jerusalem, Rom und Santiago di Compostela. Die Pilgerfahrt als eine religiös motivierte und vor allen Dingen organisierte Form der Reise hat diesen Frauen und später den Missionarinnen in großem Ausmaß das Reisen ermöglicht.

Als außergewöhnliche Reisende gilt die Frankfurter Patriziertochter, Malerin, Naturforscherin und Verfasserin der Schrift: ‹Der Raupen wundersame Verwandlung und sonderbare Blumennahrung›, Maria Sybilla Merian. Sie war im Jahr 1695 zusammen mit ihrer Mutter und ihren beiden Töchtern nach Holland übergesiedelt und im April 1699 mit ihrer Tochter Dorothea über Südamerika nach Surinam gereist, um dort die tropische Flora und Fauna zu erforschen.[11] Zu den berühmten Ausnahmen dieser Zeit zählt auch die schwedische Königin Christine, eine vielseitig naturwissenschaftlich und sprachlich gebildete Frau, die um ihrer Freiheit willen auf den Thron verzichtete und durch ganz Europa reiste.

Weitere Beispiele vorbürgerlichen Frauenreisens ließen sich anführen – grundsätzlich läßt sich jedoch sagen, daß die Wahrnehmung reisender Frauen jenseits dieser religiös motivierten oder privilegierten Ausnahmen auch von der fundamentalen Geschlechterpolarität bestimmt wird, die das Reisethema als ganzes durchzieht.

Zum einen wurden Frauen auf der Reise auf spezifische Weise in typisch weibliche Rollen gedrängt, das heißt, sie waren reisende Mütter, reisende Ehefrauen, Heilige, Närrinnen oder: sie wurden als Prostituierte angesehen. Diese Traditionslinie reicht von den «fahrenden Weibern» zur Zeit des römischen Reiches, die «als Mitglied einer größeren Gesellschaft oder auf eigene Faust, [...] von der Unzucht lebend, zumeist in buntem, die Sinne anreizendem Aufzuge das Land [Germanien] durchstreiften»,[12] über die «Landsknechtshür», die Vagantinnen und Prostituierten des späten Mittelalters,[13] über die «weit und breit gereiste Tyrolerin» des 18.[14] bis in das 20. Jahrhundert, in dem die moderne Vagantin zur «Tippelschickse» wird.[15] Sie findet sich auch in den Formen des historischen und aktuellen Frauenhandels und der Frauenmobilität, die der Siedlungs- und Kolonisationsgeschichte angehört.

Zum anderen wurden Frauen auf der Reise «vermännlicht» – auch das ist ein Wahrnehmungsmuster, dessen Traditionslinien bis in die Antike zurückreichen. Aufsehenerregend waren neben den Entdeckungsreisen der Wikingerin Freydis und den Bildungsreisen der Königin Christine legendäre Erscheinungen wie die Spanierin und Südamerikareisende Dona Catalina De Erauso und die amerikanischen Piratinnen Anne Bonni und Mary Reed. Hierzulande bekannt geworden sind die Dichterin Sidonia Hedwig Zäunemann, eine Reisende des 18. Jahrhunderts, und die Autorinnen George Sand, Louise Aston und Mathilde Franziska Annecke im 19. Jahrhundert. Diese Frauen trugen Männerkleider und männlichen Habitus nicht nur aus pragmatischen Gründen oder als Provokation zur Schau, ihre Texte belegen auch, daß sie sich auf Reisen in das Gewand kleideten, in dem Grenzüberschreitung, Freiheit und Horizonterweiterung bislang dahergekommen waren.

Diese Perspektive auf reisende Frauen als Außenseiterinnen und extreme Erscheinungen beginnt sich im Laufe des 18. Jahrhunderts in dem Maße zu ändern, in dem sich eine Neuentdeckung reisender Frauen ankündigt. Sichtbar wird die Veränderung in der Beliebtheit zahlreicher Robinsonaden, in denen weibliche Helden nicht nur Entdeckerinnen und Abenteuerinnen, sondern als

Ab Mitte des 19. Jahrhunderts stellte sich auch die Pariser Haute Couture auf die Zunahme des Reisens ein und entwarf vor allem modische Kleidung für reisende Frauen. Stahlstich aus der Modezeitschrift ‹Moniteur de la Mode›, Oktober 1896. Berlin, Sammlung Lipperheide.

verkleidet oder heimlich Reisende immer auch potentielle Objekte einer Entdeckung sind. Ein Beispiel für die Popularität dieser Thematik gibt die Behauptung Bougainvilles, auf einem seiner Schiffe, mit denen er in den Jahren 1766 bis 1769 die Welt umsegelte, die erste weltreisende Frau namens Baré mitgeführt zu haben. Diese habe sich aus Neugier und persönlicher Not in Männerkleidern auf das Schiff begeben, habe sich arbeitsam und stets ehrbar verhalten und nach ihrer Entdeckung unter Tränen gestanden, ein Mädchen zu sein. Wie wichtig die Frage der Ehrbarkeit und wie schmal zugleich ihr Grad für eine offensichtlich reisende Frau ist, läßt Bougainville erkennen, wenn er schreibt: «Hätten beide Schiffe auf einer wüsten Insel in diesem ungeheuren Ozean Schiffbruch erlitten, so hätte Baré vermutlich eine sonderbare Rolle spielen müssen.»[16] Wie groß zugleich die allgemeine Aufmerksamkeit für diese Picareske war, zeigt sich darin, daß sie Diderot zu einer ironischen Replik veranlaßte und international eine ernsthafte Diskussion über die Frage auslöste, ob man Jeanne Baré als die erste weltreisende Frau bezeichnen könne.

Unter dem Einfluß dieser Diskussionen und weiterer Publikationen wie der Übersetzung der Orientbriefe der englischen Lady Mary Montagu im Jahr 1764[17] und der ‹Briefe eines reisenden Frauenzimmers über Ostindien›, die 1787 aus dem Englischen übersetzt wurden,[18] erhielt das Bild moderner reisender Frauen mehr und mehr Kontur. Während aber in diesen Publikationen reisende Frauen immer noch in der Ferne und an exotischen Schauplätzen figurierten, sahen sich reisende Bürgerinnen im eigenen Land vor dem Problem, von sich ein vollkommen neues Bild zu entwerfen, das sie als Reisende weiblich und tugendhaft zugleich erscheinen ließ. Die wachsende gesellschaftliche Mobilität forderte nun auch, daß Frauen mehr und mehr reisten und sich dabei ein Wissen aneigneten, das es ihnen erlaubte, sich dort, «wo von ältern und neuern Weltbegebenheiten die Rede ist, leicht zu orientieren».[19] Das heißt, es wurde zunehmend auch von Frauen Erfahrung, Weltkenntnis und geographische Bildung verlangt. Andererseits forderte die bürgerliche Moral, daß Frauen ihrer Bestimmung gemäß lebten, also gute Gattinnen, gute Mütter und gute Vorsteherinnen des Hauswesens waren, was eben bedeutete, daß sie an das Haus gebunden blieben.

Ästhetisch wie pragmatisch löste sich dieser Konflikt im Zuge des technischen Wandels (durch den Ausbau eines einheitlichen Streckennetzes, durch die allmähliche Errichtung eines regelmäßigen Rollwagenverkehrs), der das gesamte Reisegeschehen im 18. Jahrhundert erfaßte. Auf Frauen sollte diese Form des Reisens «in einem gut verschlossenen Käfig» und in weiblicher «Trägheit und Geruhsamkeit», wie Rousseau es nennt,[20] nicht entfremdend wirken. Im Gegenteil, statt eines spürbaren Erfahrungsverlustes durch den Wechsel vom Pferd in die Kutsche wurde hier erst die materielle Basis, das Vehikel der weiblichen Erfahrung geschaffen. Mit der Kutsche bahnte sich das Interieur seinen Weg in die Öffentlichkeit, das Haus, die Bühne der Frau wurde transportabel, und bürgerliche Häuslichkeit, vom Sticken über die Kindererziehung bis hin zur geselligen Konversation, war nun auch unterwegs möglich. Mit der zunehmenden Verbreitung dieser rollenden Gehäuse veröffentlichte sich das Bild reisender Frauenzimmer und verschaffte diesem Paradox sein gesellschaftliches Ansehen.

Bereits zur Zeit der Jahrhundertwende war Reisen schon nicht mehr die alleinige Angelegenheit großer Reisender wie Sophie von La Roche oder Elisa von der Recke. Italien- und rheinreisende Engländerinnen waren zu sprichwörtlichen Touristinnen ihrer Zeit geworden. Für Frauen wie Dorothea Schlegel, Henriette Herz, Rahel Varnhagen, Fanny Mendelssohn, Angelika Kauffmann, Louise Seidler oder die junge Dorothea Schlözer waren Städtereisen, Badereisen, Italienreisen eine Begleiterscheinung ihres geselligen, künstlerischen und intellektuellen Lebens. Aber selbst ein «Kammerfräulein» wie Sophie Becker, die sich nicht «zu den Ausnahmen ihren Geschlechts zählte» und daher glaubte, ihre Feder nicht «auf die Beschreibung der Stadt und ihrer Merkwürdigkeiten einlassen» zu dürfen, konnte nun auch auf der Reise relevante Erfahrungen machen, indem sie ihre «vorzüglichste Aufmerksamkeit [...] auf das Innere der Haushaltungen» richtete.[21]

Binnenperspektive und Interieurdarstellungen galten als spezifisch weibliches Terrain auf der Reise und werden, wie beispielsweise Johanna Schopenhauers Beschreibung einer Schiffsgesellschaft während ihrer Rheinreise im Jahr 1828, auch heute noch als eine besondere Fähigkeit reisender Autorinnen hervorgehoben.[22] Die Diskussion über die Reisefähigkeit von Frauen und die zunehmende Publikation von Texten reisender Autorinnen seit der Mitte des 18. Jahrhunderts läßt erkennen, daß ihre Perspektive in dem Moment eine allgemeine Bedeutung erlangt, als sich die Relationen von Statik und Dynamik verkehren und die Seßhaftigkeit des modernen Reisens mehr und mehr die Situation aller Reisenden bestimmt. Reisende, Männer wie Frauen, erfahren sich in der «bewegungslosen Enge» des Fahrzeugs mehr und mehr als Zuschauer, die sowohl die Ereignisse im Innern – das Kommen und Gehen neuer Fahrgäste – wie auch den Wechsel der äußeren Schauplätze, «die Straße und was darauf wandert und was an ihr wohnt» – wie Therese Huber schreibt, als «Theater» erleben.[23]

Annegret Pelz

ENTHUSIASMUS UND NEUGIER

Wallfahrten nach Paris
Reiseberichte deutscher Revolutionstouristen von 1789 bis 1802

Als im Juli 1789 die große Revolution in Frankreich losbrach, den Absolutismus und das Feudalsystem hinwegfegte und mit der ‹Deklaration der Menschenrechte› die Grundsätze eines bürgerlichen Staatswesens verkündete, gerieten Herz und Kopf vieler deutscher Zeitgenossen in heftige Wallung. Geprägt von der Epoche der Aufklärung nahmen sie den Umsturz in Frankreich als praktische Bestätigung dessen wahr, was längst ihrer theoretischen Überzeugung entsprach: daß das absolute Königtum und die adelige Privilegienwirtschaft anachronistisch seien, daß eine vernünftige Staats- und Gesellschaftsordnung auf den Prinzipien der allgemeinen Menschenwürde, der Rechtsgleichheit und der bürgerlichen Freiheit zu beruhen habe. Mehr noch: Im Sieg der Revolution sah man die Erwartung bestätigt, daß die Vernunft geschichtsmächtig sei und unter ihrer Herrschaft nunmehr ein Zeitalter politischer und gesellschaftlicher Harmonie anhebe. Diesem eher heilsgeschichtlichen denn politischen Denken entsprach die Auffassung, es sei den Franzosen von der «Vorsehung» bestimmt, vorbildlich für alle Völker «das große Werk der Weltverbesserung zu beginnen».[1] Paris, das Zentrum der Revolution, erschien nicht länger nur als die europäische Metropole der ästhetischen und gesellschaftlichen Kultur; auf Paris blickte man jetzt wie auf die Stadt des Heils – ein irdisches «neues Jerusalem».

Und wenn man sich entschloß, nach Paris zu reisen, so tat man dies nicht mehr, wie all die Jahrzehnte zuvor, um sich urban zu bilden und die Kulturdenkmäler der Kapitale zu besichtigen, vielmehr machte man sich nun auf den Weg, um die unerhörten Begebnisse einer «Wiedergeburt» der Menschheit an ihrem Mittelpunkt mit eigenen Augen und in Ehrfurcht zu bestaunen. Der politische Tourismus, der als neue und besondere Form des Reisens mit der Französischen Revolution entsteht, trägt somit Züge der alten «Pilgerreise» oder «Wallfahrt».[2]

Als Prototyp des deutschen Revolutionstouristen und eines emphatischen, mitunter gar hagiographischen Berichterstatters ist der Braunschweiger Aufklärer und «Educationsrath» Joachim Heinrich Campe zu nennen. Campe trifft bereits drei Wochen nach der Erstürmung der Bastille, am 4. August 1789, in Paris ein, «um dem Leichenbegängniß des französischen Despotismus beizuwohnen».[3] Am 27. August tritt er die Rückreise an; vom Oktober des Jahres bis Februar 1790 veröffentlicht er im ‹Braunschweigischen Journal› seine Reiseeindrücke unter dem Titel ‹Briefe aus Paris während der Revolution geschrieben›. Vom Standpunkt einer aktuellen Berichterstattung sind Campes ‹Briefe› nicht mehr brandneu: die großen deutschen Zeitungen bringen fortlaufend und nicht erst seit Ausbruch der Revolution ausführliche Nachrichten über die politischen Vorgänge in Paris. Neu und für die Resonanz der ‹Briefe› ausschlaggebend sind

Einfahrt in Paris; die 1585 erbaute Porte St. Antoine. Kupferstich von Perelle, 17. Jh. Aus: Perelle, Veües des belles maisons de France, Paris, o. J., Zürich, Zentralbibliothek.

ihre Perspektive und ihr Ton; sie werden den nachfolgenden Reisenden (und Berichtenden) zur positiven oder kritischen Orientierung dienen.

Campe verzichtet fast völlig auf das, was die Substanz älterer Stadtbeschreibungen und Reiseführer ausmachte. Die ‹Briefe› enthalten sich ausführlicher topographischer Erläuterungen, statistischer Erhebungen, der Darstellung architektonischer, künstlerischer und kurioser Sehenswürdigkeiten. Statt Faktographischem bieten sie, wie Campe ausdrücklich anmerkt, eine «Geschichte der Empfindungen eines einzelnen menschlichen Zuschauers» im Angesichte der «schönsten Periode» der französischen Staatsumwälzung.[5] Mit dieser Bestimmung scheinen sich die ‹Briefe› einer anderen literarischen Gattung zu nähern: subjektive Wahrnehmung und affektive Bewegtheit sind Charakteristika der «empfindsamen Reise». Während jedoch in der «empfindsamen Reise» die erfahrene Realität vornehmlich als Reiz und Medium individueller Selbstschau dient, hat Campes subjektive und gefühlsoffene Form der Wahrnehmung zum Ziel, die Wirklichkeit der Revolution und den Enthusiasmus ihrer Akteure gleichsam wie in einem Brennspiegel einzufangen und wiederzugeben. Wie sich der Reisende vom revolutionären Geschehen ergreifen läßt, so gelingt es seinem Bericht, mit den Stilmitteln intimer Ansprache, reportageartiger Unmittelbarkeit und versierter Gefühlsrhetorik den Leser seinerseits in den Bann des «patriotische[n] Taumel[s]» zu ziehen.[6]

Wo immer sich Campe in seiner Schilderung bewegt, im Volksgewühl auf den Straßen und Plätzen von Paris, im Theater, in der Nationalversammlung, in der Académie française – alle Erlebnisse bestärken seine Überzeugung, daß «diese französische Staatsumwälzung die größte und allgemeinste Wohlthat ist, welche die Vorsehung, seit Luthers Glaubensverbesserung, der Menschheit zugewandt hat».[7] Das Volk sieht er im allgemeinen «Freiheitsenthusiasmus» vereint und bis hinab zum niedersten Stand «von einerlei freundschaftlichen, brüderlichen und schwesterlichen Gesinnungen beseelt»;[8] die alte französische Unmoral scheint schlagartig verschwunden zugunsten von Anstand, Ehrlichkeit und tugendhaftem Bürgersinn – selbst der Taschendiebstahl hat aufgehört.[9] Als eines unter vielen «Wundern» der revolutionären Bewegung rühmt Campe, es sei, in den Tagen des Bastillesturms, die führerlose «Hefen von Paris» gewesen, die mutig und planmäßig «das große Werk der bürgerlichen Erlösung» begonnen habe.[10] Die Ordnung und der verhältnismäßig unblutige Ablauf, den der Umsturz genommen hat, die Einheit, in der sich «Volk, König und Nationalversammlung» zeigen, die politische Wachsamkeit aller Bürger – all das dünkt Campe als Beginn eines Reichs, «wo Recht und Gerechtigkeit für Alle auf gleiche Weise und ohne alles Ansehn der Person» herrschen werden.[11] Vom «Kreißen des menschlichen Geistes», wie er es in Paris wahrzunehmen vermeint, gelangt Campe schließlich zur Vision einer erneuerten Menschheit. Der «reissende und überfließende Gedankenstrohm, der sich aus der reinen Quelle der Freiheit» ergieße, werde «in kurzem ganz Europa überschwemmen» und die «großen und kleinen Menschendrücker aller Orten» nötigen, sich gleich Saulus im Himmelslicht der Vernunft zu bekehren und «die heiligen Rechte der Menschheit» anzuerkennen.[12] Mit diesem Ausblick schlagen die ‹Briefe› eine Brücke zum Genre der utopischen Reise, das Ideal liegt nun freilich nicht mehr in der Südsee oder im Außerirdischen, sondern, in nuce, in der Hauptstadt Frankreichs.

Es versteht sich, daß die deutschen Gegner der Revolution wütenden Protest gegen ein Werk einlegten, das den Sturz des Absolutismus und Feudalismus in Begriffen des Sakralen und Erhabenen feierte. Da half es wenig, daß Campe vorsorglich versichert hatte, eine «gewaltsame Staatsumwälzung» nach dem Muster Frankreichs sei für Deutschland, und besonders in einem «wohleingerichteten monarchischen Staate» wie Braunschweig, nicht zu wünschen;[13] man diffamierte ihn dennoch als «Rebellions»- und «Revolutionsrat».[14] Gewiß hat diese Reaktion auch damit zu tun, daß die ‹Briefe› einen beachtlichen öffentlichen Erfolg erzielten und daß in der Folge weitere deutsche Sympathisanten der Revolution dem Vorbild Campes in Tat und Wort nachzueifern schienen.

Das trifft auf die Autoren Gerhard Anton von Halem, Johann Friedrich Reichardt und Konrad Engelbert Oelsner zu, die im Zeitraum zwischen 1790 und 1792 Augenzeugen und Chronisten der Pariser Begebenheiten werden.[15] Wie Campe verweilen sie nicht bei der Beschreibung von Topographischem und Kulturellem, sondern verstehen sich als faszinierte Führer durch das revolutionäre Geschehen. Und mit Campe teilen sie die Überzeugung, daß die Revolution unvermeidlich und ein Wendepunkt in der Geschichte der Menschheit gewesen sei. Der hymnische Enthusiasmus ihres Vorgängers hat freilich einer gewissen Ernüchterung Platz gemacht. Die arkadischen Erwartungen der ersten Stunde haben sich als allzu hochgespannt erwiesen; anstatt eines durch die Freiheit geläuterten und versöhnten Volkes sind soziale und politische Parteiungen hervorgetreten, die sich mit zunehmender Schärfe bekämpfen. In der Darstellung und Bewertung dieses Vorgangs kommt der ideologische Standort der deutschen Revolutionsreisenden zum Vorschein.

Der Oldenburger Justizrat von Halem wird Ende 1790 Mitglied des Jakobinerklubs, weil er zu diesem Zeitpunkt noch davon überzeugt ist, daß der Klub für das allgemeine «Wohl des Vaterlandes» wirke. Damit meint er die dominierende, gemäßigt konstitutionelle Politik eines Mirabeau, dem er schwärmerische Verehrung entgegenbringt. Die Repräsentanten republikanischer Tendenzen bezeichnet er dagegen als «Factieux», die nicht dem Staatsganzen, sondern dem «Geist der Intrige» verpflichtet seien.[14] Marat und Robespierre sind ihm greuliche Erscheinungen; entsprechend ist es seine Auffassung, daß zwar «die Revolution durch das Volk bewirket» werde, daß man aber «durch das Volk keine Constitution mache».[17] Halem steht damit der Position der «Feuillants» nahe, jener adelig-liberalen und großbürgerlichen Gruppierung, die an der Krone festhält und schließlich im Jahre 1791 aus dem Jakobinerklub austritt.

Ebenfalls als Freund der «Feuillants» kommt der Berliner Hofkapellmeister Reichard im März 1792 in Paris an. Im unmittelbaren Erleben der politischen Kämpfe rückt er freilich von dieser Position ab und wendet sich dem girondistischen Flügel des Jakobinerklubs zu. Wie Halem ist auch ihm Robespierre widerwärtig, wie jener verehrt er den jüngst verstorbenen «Steuermann» Mirabeau:[18] statt republikanischem Denken sind diese deutschen Revolutionsfreunde zutiefst ‹monarchischen› Vorstellungen verpflichtet. Immerhin bewundert Reichard, trotz gelinden Spotts über Campes enthusiastische Feier eines spontan veredelten Volkes, daß die Franzosen in so kurzer Zeit auf dem Weg zu einer neuen Verfassung so weit fortgeschritten seien.[19] Seine Erlebnisse des Pariser gesellschaftlichen und politischen Lebens, die Diskussionen in der Nationalversammlung, die allgemeine öffentliche Politisierung, haben ihn darin bestärkt, daß es unmöglich sein werde, zur «alte[n] Wirthschaft» im Staate zurückzukehren. Von gewachsenem geschichtlichen Realitätssinn zeugt es, wenn Reichard die Zeitdauer der «große[n] Staatsrevolution» nunmehr auf «volle zwanzig Jahre» veranschlagt.[20]

War es schon ein beiläufiges Anliegen der Augenzeugenberichte Campes und Reichards, unzutreffenden oder verleumderischen deutschen Berichten über die Revolution entgegenzutreten, so wird das mit den ‹Briefen› Konrad Engelbert Oelsners zum ausdrücklichen Programm.[21] Oelsner, «ein Jacobiner, jedoch von der sehr gemäßigten Classe», ist besser als die vorangegangenen Autoren mit den Pariser Zuständen vertraut; er hält sich – als politisch aktiver ‹Langzeittourist› – bereits seit 1790 in Frankreich auf. Seine Korrespondenz setzt im Juli 1792 ein. Frankreich rüstet in dieser Zeit für den bevorstehenden Waffengang mit der Koalition; in Paris streben die Konflikte zwischen den Feuillants, der Gironde und der Montagne einem Höhepunkt zu: am 10. August kommt es zu dem blutigen Aufruhr, der den Sturz der Gironde und die Machtübernahme der radikalen Jakobiner ankündigt. Oelsner berichtet eindrücklich und detailgenau, «wundgerieben oder vielmehr zerfleischt von einer Reihe schrecklicher Auftritte, deren Ende unglücklicher Weise noch nicht vorhanden ist».[22] Der «heuchlerische Demagoge» Robespierre und der «blutdürstige Marat» schicken sich in Oelsners Augen an, «die Hauptstadt zu einer Wüste» zu machen; unter dem Einfluß der «Robespierrotischen Rotte» und der «Hefen des Volks» drohe, wie er meint, der Untergang der Freiheit.[23] Campes Vorstellung vom niederen Volk als einem ‹Erlöser› hat sich für Oelsner ins Gegenteil verkehrt, sein revolutionärer Enthusiasmus ist einer Mischung von Angst, schmerzlicher Resignation und trotziger Hoffnung gewichen: «Die Zukunft zieht wie ein schweres Gewitter herauf. Ich wünschte nie nach Frankreich gekommen zu seyn; aber ich will bleiben [...], weil ich der französischen Revolution die schönsten Freuden meines Geistes verdanke.»[24] Noch nach der Hinrichtung Ludwigs XVI., im Februar 1793, erwartet Oelsner, «daß der Streit zwischen dem bösen Grundsatze und dem guten [...] durchaus mit völliger Vernichtung der rasenden Rotte endigen müsse».[25] Oelsners Absicht, der radikalen Entwicklung standzuhalten, erweist sich als undurchführbar. Als bekannter Girondist zieht er im Sommer 1793 die Polizeiaufsicht der regierenden «Bergpartei» auf sich; im Mai des folgenden Jahres flieht er vor den «Terreurs» in die Schweiz.

Schon seit 1792 waren Reisen nach Paris durch den Kriegszustand mit Frankreich beschwerlich und selten geworden. Nahezu vollständig versiegte der deutsche Revolutionstourismus in der Zeit der jakobinischen «Wohlfahrtsdiktatur» und der Kampagne des «Verdachts gegen das Ausland». Allein Georg Forster, der im März 1793 als Deputierter des «Rheinisch-deutschen Nationalkonvents» nach Paris gelangt und dort nach dem Sturz der Mainzer Republik eine karge Existenz als Emigrant fristet, trägt in jener Zeit mit den ‹Parisische[n] Umrisse[n]› zum Genre der gutgesinnten Revolutionsberichte bei.[26]

Erst nach dem Sturz Robespierres am 9. Thermidor (27. Juli) 1794 wagt man sich wieder in die französische Hauptstadt. Der Schwabe Georg Kerner, der wie Oelsner zum Kreis der ‹girondistischen› Deutschen in Paris gezählt hatte und wie dieser im Frühjahr 1794 in die Schweiz geflüchtet war, kehrt Ende des Jahres zurück. Im ersten seiner ‹Briefe aus Paris›[27] vom Januar 1795 spricht er die Hoffnung aus, daß nach dem Ende der «Gräuelthaten», die die «Aristokratie unter der Maske eines wilden Republikanism» begangen habe, nunmehr ein neuer politischer Frühling unter einer «durch die Erfahrung klug gemachte[n] Regierung» eintrete.[28] Alsbald muß er jedoch feststellen, daß sich die politischen Zustände keineswegs beruhigt haben. Einerseits wagen sich jetzt die «Royalisten» wieder hervor, andererseits sind die jakobinischen «Terroristen» noch nicht aus der Szenerie verschwunden: Kerner erlebt als Nationalgardist den Volksaufstand vom Germinal 1795, den er als Empörung von «Bösewichtern» und «Gesindel» qualifiziert. Zwar bleibt ihm nicht verborgen, daß die sozialen Unruhen mit der desolaten Versorgungslage der Bevölkerung, mit Spekulation und Korruption zusammenhängen, gleichwohl hält er an seiner mittelbürgerlichen, girondistischen Überzeugung fest. Mit Pathos bekennt er sich zu den «Jacobinern», die im Anfange der Revolution «die erste Grundlage zu einer bessern Ordnung der Dinge schufen». Diese «Classe von Jacobinern» sei nicht mit «jenen elenden Pseudopatrioten [zu] verwechseln, die das bessere Original mordeten und dem Volke nichts als ein ekelhaftes nach Leichen riechendes Conterfey dafür aufdrängten».[29]

Als «einer der ersten Jacobiner von 1790» gibt sich auch Georg Friedrich Rebmann zu erkennen, der im August 1796 als politischer Emigrant in Paris eintrifft.[30] Seit Kerners Aufenthalt hat sich der politische ‹roll-back› fortgesetzt; mit der direktorialen Regierung sind die Interessen der liberalen Großbourgeois zur Herrschaft gelangt. Rebmann nimmt schärfer noch als Kerner den Gegensatz zwischen dem allgemeinen Elend im Volk und dem «ausschweifendsten Luxus» wahr: «Was die ehemaligen Großen waren, das sind jetzt die Lieferanten und all der Troß von Schwämmen, die sich vollgesogen haben, die berühmten honnêtes gens.»[31] Während Vetternwirtschaft, «Geld und Protektion» herrschten, hungerten «Talent und ächter Republikanism»; dieser sei allein noch im niederen Volk zu finden: «Nur der Wasserträger oder der sogenannte Jakobiner im verschlossenen Kämmerlein nennen noch mit Enthusiasm die Worte Recht, Wahrheit, Freiheit.»[32] Daß Rebmann von «philanthropisch-revolutionairen Träumen gar sehr zurückgekommen» ist, hindert ihn freilich nicht, vom «endlichen Siege der guten Sache überzeugt» zu bleiben. Er erhofft ihn von einem allmählichen Prozeß der «moralischen Verbesserung der Menschheit», wozu die «republikanische Konstitution» nur ein «Mittel» sei.[33] Was Frankreichs nächste Zukunft anbelangt, so richten sich Rebmanns Erwartungen auf den «Helden Buonaparte», der ihm nach dem Sieg über den royalistischen Aufstand des Vendémiaire (Oktober) 1795 als «hauptsächlichste Stüzze» der Republik erscheint.[34]

Ebenfalls im Jahre 1796 halten sich Heinrich Zschokke und der Hamburger Friedrich Johann Lorenz Meyer in Paris auf. Zschokke erlebt, wie er in seiner Autobiographie bekennt, «ein bloßes Zerrbild des Freistaates, mit Despotismus von oben und Anarchie von unten», und sieht seine «Träumereien vom republikanischen Leben» vernichtet.[35] Sein Reisebericht erscheint zwar unter dem Titel ‹Meine Wallfahrt nach Paris›, endet jedoch bezeichnenderweise schon vor dem Überschreiten der französischen Grenze. Meyer, der der hansestädtischen Delegation zur Wahrung der Hamburger Interessen in Paris angehört, ist dagegen, wie es der großbürgerlichen Einstellung des Kreises um Sieveking entspricht, vom neuen Stand der Dinge angetan: «Ein herzerhebender Anblick ist es, wie alle Kräfte der trefflichsten Köpfe Frankreichs, zusammenwirkend, eins sind, um diese, dem, aus den Ruinen der Anarchie sich wieder emporhebenden Frankreich, gegebenen Hoffnungen zu erfüllen.»[36] Dazu fügt sich, daß Meyer die Beschreibung des aktuellen sozialen und politischen Lebens zurücktreten läßt und in der traditionellen Weise des gebildeten Reiseführers vornehmlich die Stätten und Institute der Kunst und Wissenschaft durchschreitet. Politisches tritt nur insofern in den Horizont seines Berichts, als er die Folgen der «barbarischen Vernichtung» kultureller Erzeugnisse durch die «Hefen des Volks» beklagt und die revolutionäre «Verirrung» mancher Künstler und Gelehrten in den Jahren 1792 bis 94 bedauert.[37]

Der gründlich enttäuschte Zschokke und der ‹klassizistisch› beruhigte Meyer haben sich auf je eigene Weise aus dem Genre der engagierten politisch-sozialen Augenzeugenschilderung gelöst. Eine dritte Variante dieses Abschieds bietet Andreas Riem, der, wie Rebmann der Revolution zugeneigt und in Deutschland mißliebig, in der Zeit des späteren Direktoriums Paris besucht: Der Titel seines Werks ‹Reise durch Frankreich vor und nach der Revolution›[38] trügt; nach einem knappen Bericht seiner Anreise nach Paris geht Riem zu einer vollständigen ‹objektiven› Abhandlung der französischen Zeitgeschichte von der «Halsbandaffaire» bis zum Konsulat Napoleons über.

Einen überaus plastischen persönlichen Erfahrungsbericht des Pariser Lebens verdanken wir dagegen Ernst Moritz Arndt, der sich 1799, in den letzten Monaten des «Directoire», in der Hauptstadt aufhält.[39] Arndts Aufnahmebereitschaft und -fähigkeit nähert sich dem Paradoxon eines ‹subjektiven Enzyklopädismus›; das umschließt aber auch, daß die Politik weder ein entscheidendes Motiv seiner Reise noch ein Hauptgegenstand ihrer Darstellung ist. Nicht als verspäteter Revolutionstourist besucht Arndt Paris, sondern um sich Welt- und Menschenkenntnis anzueignen: in dieser Hinsicht knüpft auch er an die Haltung des traditionellen Bildungsreisenden an. Besonders zu notieren ist, daß Arndt Paris

Auch die Vergnügungsmöglichkeiten der Pariser Bordelle zogen die Reisenden an die Seine, wo nicht nur der junge Wilhelm von Humboldt 1788, wie sein Tagebuch bezeugt, manches Geldstück für die «Fleischeslust» zurückließ. Pariser Bordell, anonymer Kupferstich, letztes Viertel 18. Jh. Dresden, Deutsche Fotothek.

in höchster Bewunderung französischer Lebensart und Liebenswürdigkeit verläßt; zum wilden Franzosenhasser wird er erst später in anderem biographischen und historischen Zusammenhang.[40]

Vollends ins Stadium der politischen Distanz treten die Berichte deutscher Frankreichtouristen in der Konsulatszeit Napoleons. Paris hat seinen mythischen Ruf als «neues Jerusalem» der Menschheit gründlich eingebüßt; geblieben ist die Anziehungskraft einer Kunst- und Kulturmetropole, wie sie einst vor der Revolution wirksam war.[41] Gewiß bewegt die Erscheinung Napoleons auch zu politischen Bemerkungen, rar ist jedoch der Ton ungeteilter Bewunderung, wie er etwa aus dem Bericht des Hamburgers Meyer über seinen zweiten Parisaufenthalt 1801 klingt.[42] Campe und Reichardt, die im folgenden Jahr an den Ort ihrer früheren Begeisterung zurückkehren, äußern sich nun bitter, ja zornig. Weder gelingt es Campe, den Freiheitsenthusiasmus und Gemeinsinn von 1789 wiederzuentdecken,[43] noch vermag Reichardt seine liberalen Hoffnungen länger auf Napoleon zu richten: dieser habe das Volk «unterjocht», seine «einzige Leidenschaft und Beschäftigung» sei das «Herrschen».[44] Johann Gottfried Seume schließlich, der auf dem Rückweg vom ‹Spaziergang nach Syrakus› im Sommer 1802 Paris berührt, sieht klaren Blicks Napoleon bereits in der Verwandlung vom «Cäsar» zum «August», der das «alte Herrschersystem mit seinem ganzen Unwesen» wieder gründen werde. In dieser Entwicklung zeige sich die fehlende «republikanische Vernunft» der Franzosen, es scheine, als seien sie in Wahrheit zur «bestimmten Despotie gemacht».[45]

In der Abfolge deutscher Parisreisen von Campe bis Seume spiegelt sich der politische Meinungswandel, dem die meisten ehemals revolutionsbegeisterten gebildeten Bürger diesseits des Rheins unterworfen waren. Ihrem sozialen Stand wie ihrer moralischen und weltanschaulichen Prägung entsprach es, daß sie den Ausbruch der Revolution als Heilsversprechen, als Beginn einer Erneuerung der Menschheit in tugendhaftem bürgerlichen Sinn verstanden. Mit der sozialen und politischen Radikalisierung der Revolution erwies sich diese Erwartung als Illusion. Der Versuch einer radikaldemokratischen Diktatur, wie ihn die «Montagne» unternahm, widerstrebte sowohl der sozialen Interessenlage wie der idealen Gesinnung eines mittelbürgerlichen Individuums. Die direktoriale Ordnung vermochte nur auf kurze Zeit die alten Hoffnungen auf Harmonie und Versöhnung zu erneuern, mit der Entwicklung zum Militärdespotismus Napoleons brachen sie völlig zusammen. Paris verlor seinen Nimbus als Zentrum des Heils, es erschien nun als «neues Rom». Dorthin machte kein freiheitlich gestimmter Deutscher mehr eine ‹politische Wallfahrt›. Es verging ein Lebensalter, ehe man, nach der Julirevolution von 1830, wiederum enthusiastische politische Reisen in die französische Metropole unternahm.[46]

Johannes Weber

Auf dem Weg in die Idealität
Altertumskundliche Reisen zur Zeit des Greek Revival

Als im Jahre 1906 Adolf Michaelis, der Begründer des archäologischen Lehrstuhls in Straßburg und eine der großen Forscherpersönlichkeiten des Fachs, seinen Rückblick auf ‹Ein Jahrhundert kunstarchäologischer Entdeckungen› vorlegte, konnte er mit Stolz die Archäologie zu den «Eroberungswissenschaften des 19. Jahrhunderts» zählen.[1] Michaelis legte den Schwerpunkt seiner wissenschaftsgeschichtlichen Darstellung in die zweite Jahrhunderthälfte, in die Zeit also jener großen Grabungserfolge in Olympia und Troja, in Kreta, Pergamon und Mykene, die auch eine außerwissenschaftliche Öffentlichkeit mit Spannung und nationalem Stolz auf die Leistungen der jeweiligen Grabungsteams verfolgte. Es ist dies zugleich die Zeit, in der sich die Archäologie als Wissenschaft mit der Einrichtung eigener Lehrstühle endgültig institutionalisiert,[2] sich dabei von der Philologie ablöst und ihr eigenes wissenschaftliches Instrumentarium ausbildet, als dessen handgreiflich-sinnfälligstes Requisit der Spaten erscheint: «Nie vorher hat ein so reicher und so mannigfacher Ertrag die Arbeit des Spatens belohnt.»[3]

Die Eroberungszüge dieser Wissenschaft führen also in die Tiefe. Daß sie derart erfolgreich verlaufen konnten, setzte aber bereits die Eroberung der Weite voraus. Auch Michaelis hat dies so gesehen, denn als die erste der Bedingungen, die den gewaltigen Erkenntnisfortschritt der Archäologie im letzten Jahrhundertdrittel bewirkt haben, nennt er «die außerordentliche *Reiseerleichterung*, die unsere Ära der Eisenbahnen und Dampfschiffe geschaffen hat. Das antike Wort, daß eine Reise nach Korinth nicht jedermanns Sache sei, hat, wörtlich genommen, längst seine Geltung eingebüßt. Heute ist dafür gesorgt, daß wir, wie es Plinius von den Bildnissen berühmter Männer in Varros Porträtwerk *(imagines)* rühmte, ‹allgegenwärtig wie die Götter› sein können».[4] Weil die Überwindung

Die von Robert Wood Mitte des 18. Jahrhunderts publizierten Ansichten der Ruinen des heute in Zentralsyrien gelegenen Palmyra bezeugen das erwachende Interesse Englands an Kunst und Kultur des antiken Griechenlands. Plan des Sonnentempels und der ihn umgebende Hof, Kupferstich nach einer Zeichnung des Architekten Borra, 1753. Aus: Robert Wood, The Ruins of Palmyra, London 1753.

der Entfernungen keine großen Schwierigkeiten mehr bereitete, konnte der Archäologe in der zweiten Hälfte des 19. Jahrhunderts, unbelastet von Versorgungs- und Transportproblemen, mit Ruhe und Geduld in die Tiefe des Erdreichs gehen und dort seine großen Funde machen. Dies geschah in der Regel an Orten, deren Oberfläche schon längst von früheren Besuchern, denen ihre Reisebedingungen und Reiseprogramme keinen längeren Aufenthalt erlaubt hatten, nach Altertümern abgesucht und topographisch erfaßt worden war. Erst als die Überwindung großer räumlicher Distanzen zum Gewöhnlichen und Alltäglichen geworden war, kam es zu den bedeutenden archäologischen Entdeckungen mit Hilfe des Spatens.

Vorher aber, im 18. und bis weit in die erste Hälfte des 19. Jahrhunderts hinein, führt der archäologische Impuls nicht in die Tiefe, sondern in die Weite. Tatsächlich vollzieht sich in dieser Zeit Archäologie vornehmlich als Reise: also nicht als das monate- und jahrelange Verharren an einem Ort, dessen geschichtliche Substanz erst noch zu ergründen und freizulegen ist, sondern als eine rastlose Bewegung zwischen geschichtsträchtigen Orten und Fundstätten, an denen das, was die Erde noch nicht unter sich begraben hat, nach Maßgabe der zur Verfügung stehenden Zeit aufgenommen, vermessen und gezeichnet oder auch abgebaut, gesammelt und mitgenommen wird. Die Entwicklung der Archäologie vom frühen 18. bis zum ausgehenden 19. Jahrhundert zeichnet sich durch einen signifikanten Zug zum Stationären aus, der bezeichnenderweise parallel läuft mit der Gründung der großen archäologischen Museen: Während am Anfang die weiträumigen Reisebewegungen der von der *Society of Dilettanti* ausgerüsteten altertumskundlichen Expeditionen, aber auch einzelner Reisender wie des Freiherrn von Riedesel (1767/68) stehen, die oft den gesamten östlichen Mittelmeerraum (Griechenland und Kleinasien, Syrien und Ägypten, Sizilien und Süditalien) umgreifen, beginnt sich der Archäologe in der ersten Hälfte des 19. Jahrhunderts auf die genaue Erforschung einzelner Landschaften zu beschränken – Hittorf nimmt die sizilianischen Tempel auf, Charles Fellows erkundet Lykien, Ludwig Roß die griechischen Inseln –, um sich schließlich oft auf Jahre hin ganz an einem Ort einzugraben: Arthur Evans in Knossos, Wilhelm Dörpfeld in Troja, Giuseppe Fiorelli in Pompeji.

In diesem Hang der Gelehrten zur räumlichen Begrenzung ihrer Reisen und Untersuchungen spiegelt sich der Konsolidierungsprozeß der Archäologie als Wissenschaft, der von der extensiven altertumskundlichen Sammeltätigkeit zur intensiven Erforschung einer Kultur mit dem spezifischen archäologischen Instrumentarium führt. Und zugleich ist wiederum diese wachsende Neigung der Archäologen zur Intensivierung ihrer Forschungen innerhalb eines umgrenzten regionalen Bereichs ein Symptom für die technische und politische Erleichterung der Reisemöglichkeiten im 19. Jahrhundert. Denn für den Altertumskenner des 18. Jahrhunderts, der unter großen Kosten und Strapazen und im Bewußtsein der Unwiederholbarkeit seiner Reise Athen erreicht hatte, wäre es sinnlos gewesen, nicht auch die Morea oder Smyrna und Ephesos zu besuchen, und wer gar, wie 1751 James Dawkins und Robert Wood, sich nach Palmyra in der syrischen Wüste vorgewagt hatte, sah sich ganz selbstverständlich in der Pflicht, bei dieser Gelegenheit gleich auch die abgelegenen Trümmerstätten Baalbeks aufzunehmen.

Die mit dem Namen Winckelmanns verbundene Wiederentdeckung des Griechentums im 18. Jahrhundert, die zu entscheidenden Fortschritten in den Altertumswissenschaften führen sollte, geht einher mit einer bedeutenden Steigerung der Reisetätigkeit in den griechischen Stammländern und Kolonien: in Griechenland und Kleinasien, in Sizilien und Süditalien. Die Erforschung dieser seit Jahrhunderten von den Reisenden kaum beachteten Gebiete geht primär auf das um 1750 erwachende altertumskundliche Interesse an den Griechen zurück. Andererseits ist das «Greek Revival» in Kunst und Architektur durch nichts so sehr wie durch diese Reisen und die Publikation von deren Ergebnissen gefördert worden.[5] Gewiß waren die Wege nach Sizilien und in das von den Türken unterworfene Griechenland, wie die Handelsgeschichte zeigt, nie abgeschnitten, und sporadisch fanden auch Gelehrte in diese Länder, so Jacques Spon und George Wheler 1675/76 nach Griechenland, J. P. d'Orville 1724 nach Sizilien. Aber für die Herren von Stand und die Künstler kamen, solange in der Geschmackshierarchie Rom über Athen triumphierte, strapaziöse und kostspielige Reisen in diese Regionen kaum in Betracht. In dem in der ersten Hälfte des 18. Jahrhunderts einsetzenden komplexen geistesgeschichtlichen Umschichtungsprozeß, der schließlich die Griechen zu den ästhetischen Gesetzgebern Europas werden ließ, spielten dennoch nicht nur Altertumsforscher wie Johann Joachim Winckelmann oder Dichter wie Herder und Goethe eine bedeutsame Rolle, sondern auch englische Gentlemen, die des gefälligen palladianischen Klassizismus ihrer Landsitze überdrüssig zu werden und nach den griechischen

Ursprüngen des guten Geschmacks zu fragen begannen. Wiederum andere hatten die eingeschliffenen Routen der *Grand Tour* schon mehrfach absolviert und hielten nun nach überraschungsvolleren Landstrichen Ausschau.

Wo beide Impulse zusammenkamen, ergab sich jene Motivkonstellation, die am Ursprung der von der *Society of Dilettanti,* der 1732 gegründeten exklusiven Gesellschaft vermögender und einflußreicher englischer Connaisseurs, geförderten Reiseunternehmungen stand: Geschmackserneuerung durch Griechenlanderkundung. Modellhaft treten diese Motive und das sich aus ihnen ergebende Reiseprogramm in dem Bericht hervor, den Robert Wood seiner Publikation der Altertümer Palmyras vorangestellt hat. Begüterte und klassisch gebildete *Gentlemen,* die zwischen Paris und Neapel alle bedeutenden Objekte antiquarischer Neugier erkundet zu haben glaubten, gaben den Anstoß zu dem Unternehmen: «Zwei *Gentlemen,* deren Neugier sie schon mehr als einmal auf den Kontinent getrieben hatte, vor allem nach Italien, dachten, daß eine gut geplante Reise zu den bemerkenswertesten Orten der Antike am Mittelmeer sie selbst vergnügen und weiterbilden, aber auch für die Öffentlichkeit von Interesse sein könnte.»[6]

Also tun sich James Dawkins und John Bouverie – er stirbt, noch bevor Palmyra erreicht wird, in Magnesia als eines der ersten Opfer archäologischer Reiselust – im Herbst 1750 mit Robert Wood, der die ins Auge gefaßten Länder schon früher bereist hatte, in Rom zusammen, wo als Zeichner der Architekt Borra hinzuengagiert wird. Die Reisenden lassen sich aus London ein Schiff kommen, das im Frühjahr 1751 in Neapel eintrifft, wohlversehen mit allem, was den Altertumsforschern für ihre Reise nötig erscheint: «Es brachte aus London eine Bibliothek mit, die hauptsächlich die griechischen Historiker und Dichter, einige Bücher über die Antike und die besten Reiseschriftsteller enthielt, mathematische Instrumente, die wir für notwendig hielten und einige andere Dinge, die möglicherweise als passende Geschenke für die türkischen Großen geeignet waren, oder für alle, an die wir uns im Laufe unserer Reise zu wenden hatten.»

Die Fahrt führt nach Griechenland und Kleinasien, nach Syrien, Palästina und Ägypten, wobei die Aufmerksamkeit der Reisenden, wie schon die Schiffsbibliothek erkennen läßt, nicht der kaum erforschten Gegenwart dieser Länder, sondern ganz deren Vergangenheit gehört: «Was unsere größte Aufmerksamkeit erregte, war weit mehr der alte als der gegenwärtige Zustand.» Natürlich sorgen die Unwegsamkeit dieser Regionen, die türkischen Behörden, die Banditengefahr und die Versorgungsprobleme dafür, daß sich die Gegenwart der bereisten Landstriche nie ganz vergessen läßt; dies zeigt vor allem Woods eindrucksvoller Bericht über den Ritt durch die syrische Wüste, bei dem die Gesellschaft – «mit einer Eskorte aus den besten arabischen Reitern des Aga, bewaffnet mit langen Piken und Gewehren» – auf rund 200 Köpfe anschwillt. Aber das Reiseprogramm folgt insgesamt doch ganz den antiquarischen Aufgabestellungen: «Wir kopierten Inschriften, wie sie uns in den Weg kamen, und nahmen Marmorarbeiten mit, wenn immer dies möglich war, da Geiz oder Aberglaube der Einwohner die Sache schwierig und manchmal unmöglich machten.»

Dabei tritt freilich das Kopieren unbekannter antiker Inschriften und das Sammeln marmorner Zeugen der großen Vergangenheit, als die vornehmste Tätigkeit schon aller altertumsbegeisterten Italienreisenden, nun zurück hinter das Kernmotiv, das die vermögenden Standesherren fasziniert in die griechische Welt blicken läßt: die Hoffnung auf architektonische Anregungen für die eige-

Ansicht der aus dem 3. Jahrhundert n. Chr. stammenden Säulenstraße in Palmyra. Kupferstich nach einer Zeichnung des Architekten Borra, 1753. Aus: Robert Wood, The Ruins of Palmyra, London 1753.

nen aktuellen Bauvorhaben, ja auf eine grundlegende Erneuerung der Architektur durch das Vorbild der Bauwerke jenes Volkes, von dem schon die Römer ihre Einfälle geborgt hatten: «Unsere Aufmerksamkeit richteten wir vor allem auf die Architektur, und bei dieser Suche wurden unsere Erwartungen voll erfüllt.» Deshalb liefert Wood dem Käufer des verschwenderisch ausgestatteten Bandes auf 57 Tafeln nicht nur eindrucksvolle Prospekte der korinthischen Säulenwälder Palmyras, sondern vor allem eine Fülle sorgfältiger Nachzeichnungen und Maßangaben von Kapitellen und Kassettendecken, von Fenstereinfassungen und Türumrahmungen, von Architraven und Giebelschmuck: ein opulentes Ideenreservoir für Bauherren und Architekten! Die archäologische Reise führt also, wie es ja auch das Winckelmannsche Nachahmungspostulat vorsieht – «Der eintzige Weg für uns, groß, ja, wenn es möglich ist, unnachahmlich zu werden, ist die Nachahmung der Alten» –,[7] nicht nur in die große architektonische Vergangenheit der besuchten Länder, sondern zugleich in die architektonische Zukunft der Heimatländer der Reisenden.

Die Impulse, die zu Beginn der Reiseunternehmungen der *Society of Dilettanti* Dawkins und Wood bis an den äußersten Rand der griechisch-römischen Welt führen, bleiben prägend für das folgende Jahrhundert altertumskundlicher Reisetätigkeit im griechischen Raum. In dieser Zeit verbindet sich in dem, was heute Archäologie heißt, das Interesse des Philologen an unbekannten schriftlichen Quellen zur alten Geschichte mit der von Rücksicht auf die Bewohner der besuchten Länder unbelasteten Antikenjagd der reichen Sammler, die Griechenland in den ersten Jahrzehnten des 19. Jahrhunderts den größten Verlust an Altertümern seit Neros Plünderung von Delphi erleiden läßt.[8] Hinzu kommt das praktische Interesse des Architekten, der an den reinen Quellen der Baukunst nach Lösungen für die anstehenden Bauaufgaben sucht. Die führende Rolle bei der altertumskundlichen Erschließung der griechischen Welt kommt dabei den Architekten zu. Als «painters and architects» firmieren 1762 James Stuart und

Nicholas Revett auf dem Titelblatt des ersten Bandes der ‹Antiquities of Athens›, dieser sicher folgenreichsten Publikation aus dem Kreis der *Dilettanti*. Das Werk, archäologischer Bericht und Architekturtraktat zugleich, hat wie kein anderes durch die Publikation von Ansichten, Plänen und Aufrissen griechischer Bauwerke, die in so hartnäckiger wie penibler Arbeit von 1751 bis 1754 vor allem in Athen aufgenommen wurden, dem griechischen Geschmack in der europäischen Baukunst die Bahn gebrochen. Das dem Band vorangestellte Subskribentenverzeichnis, mit seiner großen Zahl aristokratischer Altertumsfreunde eine Art ‹Gotha› des «Greek Revival», enthält die Namen all derer, die nun den griechischen Geschmack in der englischen Gesellschaft durchsetzen und deren Söhne und nicht selten auch Töchter künftig selbst die griechische Welt bereisen werden.

Auf den Spuren Stuarts und Revetts begeben sich dann ein Jahrhundert lang die großen Architekten aller europäischen Nationen zu den Bauten der Griechen in Paestum und Sizilien,[9] in Athen, auf dem Peloponnes und in Kleinasien. Den Engländern und Franzosen[10] folgen die Deutschen: Karl Friedrich Schinkel zeichnet schon 1804 die griechischen Bauwerke Siziliens, Leo von Klenze studiert 1823/24 die Tempel Segestas, Selinunts und Agrigents und bereist 1834 Griechenland,[11] Jakob Ignaz Hittorf nimmt zur gleichen Zeit wie Klenze die sizilianischen Tempel auf, zweimal reist Friedrich von Gärtner nach Griechenland. Es ist gewiß symptomatisch, daß auch die Entdeckung der Giebelskulpturen des Aphaia-Tempels in Aegina und des Tempelfrieses von Bassae in den Jahren 1811 und 1812 nicht auf gezielte Grabungen, sondern auf Zufallsfunde bei der genauen Vermessung und zeichnerischen Aufnahme der Tempel durch Architekten – Carl Haller von Hallerstein und Charles Cockerell – zurückgeht.

Programm und Ziele der altertumskundlichen Reise in den griechischen Raum weichen jedenfalls in der ersten Hälfte des 19. Jahrhunderts noch kaum von den Anweisungen ab, die die *Society of Dilettanti* 1764 dem Epigraphen Richard Chandler für seine Reise nach Kleinasien erteilte: «Fertigen Sie möglichst exakte Pläne und Abmessungen der Gebäude, die Sie finden, wobei Sie genaue Zeichnungen der Basreliefs und Ornamente herstellen, und nehmen Sie solche Ansichten auf, die Sie für geeignet halten, kopieren Sie alle Inschriften, auf die Sie stoßen, und notieren Sie jeden Umstand, der später zu der bestmöglichen Beschreibung des alten und des gegenwärtigen Zustandes dieser Orte beitragen kann.»[12]

Die große Zahl der von englischer Altertumsbegeisterung motivierten Reisen in die Levante führte schon bald nach 1800 zur Entstehung der wissenschaftlichen Geographie und Topographie Griechenlands, deren größte Namen die von William Martin Leake (1830 drei Bände ‹Travels in the Morea›, 1835 vier Bände ‹Travels in Northern Greece›) und William Gell (1810 ‹Argolis. The Itinerary of Greece›, 1823 ‹Journey in the Morea›) sind. Bis dahin aber war nicht allein für den Altertumsfreund noch immer Pausanias aus dem zweiten nachchristlichen Jahrhundert der verläßlichste und hilfreichste Griechenlandführer. «Die Beschreibung dieses Schriftstellers ist sehr genau», so notiert Riedesel nicht nur auf dem Kap Sunion,[13] und daß ein Ort sich noch in dem von Pausanias beschriebenen Zustand befinde, wird geradezu zum Topos der Griechenlandliteratur. Aber auch nach der Entstehung moderner Reiseführer bleibt die Griechenlandbeschreibung des Pausanias das Grundbuch des reisenden Altertumsforschers; schroff dekretiert noch 1841 Ludwig Roß in seinen ‹Reisen im Peloponnes›: «Ich setze Leser voraus, welche den alten Periegeten zur Hand haben, und mit seiner Art und Weise vertraut sind.»[14]

Die altertumskundliche Erforschung des griechischen Raums blieb, von wenigen Ausnahmen wie dem Architekten Julien David Le Roy (1754), dem Comte de Choiseul-Gouffier (1776–1782) und, als einzigem Deutschen vor 1800, Winckelmanns Freund Riedesel (1767 Sizilien, 1768 Reise in die Levante) abgesehen, eine Domäne englischer Reisender bis zum Ausbruch der griechischen Freiheitskriege im Jahre 1821. Erst nach dem Beginn der bayerischen Regentschaft in Griechenland (1832) treten den englischen die deutschen Altertumsforscher gleichgewichtig zur Seite. Einen wesentlichen Grund für diese Dominanz der Engländer bildeten außer deren Finanzkraft und den forschungsstrategischen Planungen der *Dilettanti* nicht zuletzt die napoleonischen Kriege, die den englischen Reisestrom vom Kontinent fort nach Griechenland lenkten. Lord Elgin, der 1801 als britischer Gesandter in Konstantinopel unter großzügigster Auslegung eines Firmans der Hohen Pforte und unter Einsatz von mehreren hundert Arbeitern den Parthenon seines Skulpturenschmucks beraubte,[15] ist gleichsam nur die hybrid-monumentale Ausformung jenes Typus des altertumsbegeisterten Engländers, der in den ersten Jahrzehnten des 19. Jahrhunderts Griechenland sammelnd, zeichnend und vermessend durchstreifte. «Was für arme, elende Ritter sind insgemein unsere Deutsche Reisende dagegen!», meinte schon Winckelmann[16] 1762 in Rom, als er mit weltläufigen und begüterten Engländern in Berührung kam.

Kaum anderes hätte er noch 50 Jahre später angesichts der ersten deutschen Griechenlandreisenden ausrufen können, die außer ihrem humanen Griechentraum und ihrer gründlichen klassischen Bildung kaum etwas auf die Fahrt nach Athen mitzunehmen hatten. Von deren Aufbruch berichtet Caroline von Humboldt am 16. Juni 1810 ihrem Gatten aus Rom: «Von hier geht eine ganze Gesellschaft nach Griechenland, H. von Koës und Bronstedt, zwei junge, sehr gelehrte Dänen, H. v. Stackelberg, ein Livländer, und H. v. Haller, ein Nürnberger, und der junge Maler Link. Dem armen Rauch zucken die Füße recht, mitzulaufen, aber wie kann er?»[17] Selbst wenn er tatsächlich den ganzen Weg nach Athen zu Fuß hätte zurücklegen wollen, so hätte auch dazu dem jungen Bildhauer Christian Rauch – später einer der großen Meister des preußischen Klassizismus – das Geld gefehlt. Wie dürftig die Mittel der deutschen Griechenlandreisenden neben denen ihrer englischen Gefährten in dieser Zeit sind, zeigt die melancholische Gestalt des 1774 geborenen Haller von Hallerstein, des bedeutenden Bauforschers und Architekten. Während die Engländer mit schnellen und gut ausgestatteten Schiffen in die Levante reisen, quält sich Hallers Reisegesellschaft – er konnte sich ihr überhaupt erst anschließen, nachdem ihm der bayerische Gesandte einen bedeutenden Vorschuß gewährt hatte – auf dem Landweg nach Otranto in Süditalien vor und setzt von dort mit einer Knoblauchbarke nach Korfu über.[18] In Athen kann sich Haller, der kenntnisreichste Kopf jener Gruppe, die die Aegineten und den Bassae-Fries entdeckt, nur mit der Anfertigung von Vedutenzeichnungen für reisende Engländer über Wasser halten, und auch seine spätere Tätigkeit als Kunstagent des bayerischen Kronprinzen Ludwig enthebt Haller so wenig seiner finanziellen Bedrängnis, daß er noch oft den Cicerone für die englischen Besucher Athens spielen muß.

In den Berichten Hallers und seiner Freunde Charles Cockerell, Peter Oluf

Bröndsted und Otto Magnus von Stackelberg tritt dafür viel von den realen Bedingungen hervor, unter denen sich altertumskundliche Forschung im zerfallenden Osmanischen Reich vollzieht: Die regionalen Paschas müssen bestochen werden, wenn der Archäologe eine Grabungserlaubnis erwirken will; Arbeiter sind anzuwerben, können aber nur mit Mühe bei der Arbeit gehalten werden; den Peloponnes durchstreifen rivalisierende Räuberbanden, und an den Küsten kreuzen Piraten: Nur unter großen Mühen und Gefahren kann Haller für 14500 Piaster Lösegeld Stackelberg aus den Händen von Seeräubern befreien. Bei einem Schiffbruch verliert Haller im Dezember 1812 sein Geld, die zeichnerische Ausbeute eines halben Jahres und eine kleine Sammlung von Altertümern. Immer wieder ist in den Berichten von Erkrankungen, vor allem von schweren Fieberanfällen die Rede. Aus Hallers Reisegruppe war dem Fieber schon im September 1811 der Däne Georg Koës erlegen, und an der Malaria starb im November 1817 im Tempetal schließlich auch Haller von Hallerstein. Sieben Jahre lang erkundete er als Archäologe in rastloser Arbeit und in zunehmender Vereinsamung den Peloponnes, Thessalien, die Ionischen Inseln und die Kykladen, erforschte er zahlreiche griechische Bauwerke und lieferte dabei Ergebnisse von bis dahin ungekannter Vielfalt und Präzision. Er ist das frühe Beispiel eines Reisenden, der nichts so sehr fürchtet wie das Ende seiner Reise und die Rückkehr in ein Deutschland, in dem er, gealtert, kaum noch etwas bewirken zu können glaubt. Es ist, als verdichteten sich die Misere des Landes seiner Herkunft und der ihr abgewonnene Idealismus, der den deutschen Reisenden unter großen persönlichen Opfern die griechische Welt altertumskundlich erforschen ließ, in den Zeilen, die der Todkranke noch wie einen Entwurf zum eigenen Epitaph hat niederschreiben können: «Wanderer sage in Deutschland, daß ich hier ruhe, weil ich nach Vervollkommnung rang.»[19] Was in diesem rührend-ungelenken Versuch antikisierender Selbstdarstellung sich ausspricht, ist der humane Impuls, der in den ersten hundert Jahren der Wiederentdeckung des Griechentums das Programm der archäologischen Reise bestimmt hat: Sie sollte, indem sie die Zeugen einer großen Vergangenheit erschloß, zugleich den Weg in eine gelungenere Zukunft öffnen.

Ernst Osterkamp

Auf der Straße der Emanzipation
Reisende Musiker um 1800

Unter den vielen Reisenden, die im 18. Jahrhundert zwischen Paris und Moskau, London, Stockholm und Rom unterwegs waren, konnten die Musikerinnen und Musiker wohl auf eine der ältesten Traditionen zurückblicken. Jahrhunderte, bevor das Reisen zu Bildungszwecken Mode wurde, waren sie schon als Spielleute durch Europa gezogen und hatten Bürger und Bauern, Mönche, Fürsten, Bischöfe und Könige musikalisch unterhalten. Ihre Treffpunkte waren Jahrmärkte, Messen, Wallfahrtsorte, Konzile, Reichstage, Hochzeits- und Krönungsfeierlichkeiten. Auch als im 16. Jahrhundert viele Spielleute die seßhafte Existenz von Stadt- oder Ratsmusikanten bevorzugten, zogen andere weiterhin mit Schaustellerfamilien, Händlern, Bettlern und Handwerkern durch die Lande, um unterwegs ihren Lebensunterhalt zu verdienen.

Obwohl sich im 18. Jahrhundert auch der Adel gern von fremden Künstlern unterhalten ließ, bot erst die bürgerliche Einrichtung des «öffentlichen Konzerts» künstlerisch anspruchsvollen Musikern die Möglichkeit, durch Reisen zu Geld und Ruhm zu kommen. Damals entstand also erst die ökonomische Voraussetzung für Konzertreisen im heutigen Sinn.

Dabei verhielt sich das bürgerliche Musikleben in seinen ersten Jahrzehnten den fremden Virtuosen gegenüber eher reserviert. Als das städtische Bürgertum im 18. Jahrhundert mit dem Aufbau einer eigenen, von kirchlichen und höfischen Institutionen unabhängigen Musikkultur begann, geschah dies durch Initiative der ortsansässigen wohlhabenden und gebildeten Bürger. Angesehene Familien organisierten regelmäßig private oder halböffentliche Musizierabende; man gründete «musikübende Gesellschaften» und richtete, vor allem in großen Städten wie Hamburg, Lübeck, Frankfurt, Leipzig und Wien, öffentliche Konzerte und Konzertreihen ein. Zur Aufführung sinfonischer Werke wurden aus Liebhabern und Berufsmusikern Orchester zusammengestellt.

Ende des 18. Jahrhunderts schlossen sich in vielen Städten Bürgerinnen und Bürger zu sogenannten Singakademien zusammen, die gleichermaßen der Aufführung großer Vokalwerke wie auch der musikalischen Bildung ihrer Mitglieder dienen sollten. Zu diesem Zweck gewann man auch Musiklehrer – und nach

Spieler und Publikum sind bei dem Cembalo-Konzert in der ‹Züricher Gesellschaft auf dem Musiksaal› noch nicht voneinander abgesondert. Kupferstich von Johann Rudolf Holzhalb, 1777. Zürich, Zentralbibliothek.

1800 zunehmend Musiklehrerinnen –, die in den Bürgerhäusern Unterricht erteilten. Musikliebhaber und -liebhaberinnen erfuhren noch nicht die später übliche Abwertung als «Dilettanten», im Gegenteil. Der Musikschriftsteller Carl Friedrich Cramer ging 1789 sogar so weit, sie den Berufsmusikern vorzuziehen: «Leute, denen die Musik eine saure Arbeit wird, können dabey ohnmöglich die Lust und den Kunsteifer behalten, der nothwendig da seyn muß, wenn man in der Kunst selbst immer vollkommener werden, und dadurch zur Vollkommenheit des Ganzen beytragen will.»[1]

Wenn Reisende als Musikkenner einen überregionalen Ruf hatten oder über Verbindungen zu einflußreichen Familien verfügten, waren sie als Gäste der privaten oder halböffentlichen «Akademien» gern gesehen. Fremde, «namenlose» Musiker und Musikerinnen dagegen hatten es schwer, Zugang zu dieser von lokalpatriotischem Selbstbewußtsein getragenen Konzertkultur zu finden. Das lag nicht nur daran, daß die Bürger von alters her den Fahrenden mißtrauten, sondern auch daran, daß sie ihre Kultur nicht gern von materiellen Interessen bestimmt sahen: «In eine besondere Classe sind solche Concerte zu rechnen, die blos zum Gelderwerbe gegeben werden. Gewöhnlich geschieht dieses von reisenden Musikern. Hier ist der Künstler wie ein Kaufmann zu betrachten, der solche Waaren zeigt, wonach am meisten gefragt wird. Mode und Geschmack seiner Zuhörer dienen ihm zur Richtschnur. Hieraus läßt sich auf den Werth solcher Concerte mit ziemlicher Sicherheit schließen.»[2]

Ein solches Verdikt, hier beispielhaft vertreten von dem konservativen Göttinger Universitätsmusikdirektor und ersten Bach-Biographen Johann Nikolaus Forkel, ließ sich aber auf die Dauer nicht halten. Das Bürgertum mußte sich damit abfinden, daß auch seine Kultur schließlich nach den Marktgesetzen von Angebot und Nachfrage funktionierte. Und es gab – durchaus im Interesse der jungen musikalischen Kultur – auch für hervorragende Musiker und Musikerinnen genügend Gründe, ihren angestammten Wirkungsraum zu verlassen: Höfische und kirchliche Anstellungsmöglichkeiten gingen zurück oder wurden allmählich als Einschränkung der neuen Kunstfreiheit empfunden. Musikalische Gattungen, Stile, Besetzungen, Instrumentarium und Aufführungspraxis befanden sich in einer Phase aufregender Veränderungen. Komponisten bereisten Italien, Frankreich, England, Deutschland und Österreich, um die neuesten Stilentwicklungen zu studieren und eigene Werke bekannt zu machen, denn die Zahl der gedruckten Kompositionen war noch verhältnismäßig gering. Für Virtuosen und Virtuosinnen war es wichtig, mit ihrem Repertoire auf dem neuesten Stand zu bleiben und die zahlreichen Erfindungen und technischen Verbesserungen auf dem Instrumentenmarkt zu verfolgen. Musikschriftsteller waren unterwegs, um für die seit der Jahrhundertmitte gegründeten Musikzeitschriften über den «Zustand der Musik» in fremden Städten und Ländern zu berichten. In Charles Burney, der um 1770 Europa bereiste, gab es sogar einen Musikhistoriker, der unterwegs Material für eine der ersten Musikgeschichtsdarstellungen sammelte.[3] Und Fachleute wie musikinteressierte Bildungsreisende fanden sich überall ein, wo berühmte Ensembles oder Solisten zu hören waren, etwa das weltbekannte Mannheimer Orchester Karl Theodors von der Pfalz, die Chöre und Orchester der Venezianischen Frauenkonservatorien, die Sänger der Sixtinischen Kapelle in Rom, die Instrumentalmusik und die Oper Friedrichs II. in Berlin oder die berühmten Wiener Pianistinnen der Beethovenzeit.

Es ist charakteristisch für die Musikerreisen dieser Zeit, daß sie nicht nur dem Gelderwerb, sondern auch der Vermittlung von Erfahrungen und Informationen dienten. An drei Beispielen aus dem Zeitraum zwischen 1760 und 1820 können wir die Veränderungen ihrer Funktion und Bewertung beobachten.

Die Reise der Familie Mozart 1763 bis 1766

Als Leopold Mozart mit seiner Frau und seinen beiden Kindern Maria Anna – geboren 1751 – und Wolfgang Amadeus – geboren 1756 – im Sommer 1763 zu einer Reise durch Deutschland, die Niederlande, Frankreich, England und die Schweiz aufbrach, war dies ein mutiges Unternehmen. Nur auf wenigen Stationen dieser Reise gab es die Möglichkeit, mit der Vorführung der kleinen Virtuosen in öffentlichen Konzerten Geld zu verdienen. Bevor die Familie bei Aachen die niederländische Grenze überschritt, war es nur in Augsburg, Mainz und Frankfurt zu Konzerten gekommen, in denen das Publikum gegen Entgelt «ein Mägdlein von eilf und, was unglaublich ist, einen Knaben von sieben Jahren als ein Wunder unser und voriger Zeiten auf dem Claveßin [Cembalo]»[4] hören und bestaunen konnte.

Die wenigen bürgerlichen Hörer – unter denen sich in Frankfurt immerhin Goethe befand – waren für Leopold Mozart nicht die wesentlichen Adressaten dieser Reise. Seine eigentliche Absicht war, die Kinder planmäßig in allen erreichbaren Residenzen und in erster Linie bei den adligen Herrschaften selbst bekannt zu machen: in München beim Kurfürsten Maximilian III. Joseph und dem Herzog Clemens von Bayern, in Schwetzingen beim Kurfürsten Karl Theodor von der Pfalz, in Koblenz beim Kurfürsten Johann Philipp von Trier, in Aachen bei Anna Amalie von Preußen, in Brüssel beim Prinzen Karl von Lothringen (Gouverneur der österreichischen Niederlande), in Versailles bei der königlichen Familie Ludwigs XV. und so fort. Daß die Musikerfamilie in Ludwigsburg, der zweiten Residenz des Herzogs Karl Eugen von Württemberg, trotz gräflicher Empfehlungsschreiben, nicht zum Vorspiel empfangen wurde, daß es in Mainz wegen einer Erkrankung des Kurfürsten Joseph Emmerich und in Bonn wegen Abwesenheit des kölnischen Kurfürsten Maximilian Friedrich nicht zu Hofkonzerten kam, hat Leopold Mozart nicht an der Konzeption dieser Reise zweifeln lassen. Denn es kam schließlich nicht darauf an, «Concerte [...] blos zum Gelderwerbe» (Forkel) zu geben, sondern bei den einflußreichsten und mächtigsten Adligen zu Ruhm und Ansehen zu kommen. Dabei hatte der salzburgisch-erzbischöfliche Vizekapellmeister nicht nur seinen eigenen Aufstieg in ein angeseheneres Amt im Auge, sondern auch die Zukunft seines Sohnes Wolfgang Amadeus.

Die Finanzierung einer solchen Reise war genauso schwer kalkulierbar wie ihr zeitlicher und geographischer Ablauf. Musiker mußten damit rechnen, daß sich Regenten in entfernten Sommerresidenzen aufhielten, daß andere Vergnügungen wie Jagden oder Ballettaufführungen Vorrang hatten, daß während Trauer- oder Fastenzeiten keine Musik gemacht werden durfte oder daß sich die adligen Familien einfach nicht für Musik interessierten. Eine Bezahlung, mit der reisende Virtuosen unmittelbar ihre Logier-, Verpflegungs- und Transportkosten hätten bestreiten können, war selten. Statt dessen gab es Geschenke, wie etwa die Galakleider, die Maria Anna und Wolfgang von der Kaiserin Maria Theresia

Zimmer №	Tag der Ankunft	Abreise	Des Reisenden letzter NAME	Stand	Wohnort	Legitimation, Bemerkungen etc.
	4. Jan.		Frau von Kobing		Salzburg	mit dero Fräulen Tochter
	4.		Frau Dobreweith		Salzburg	
	11.		Herr von Schaden	Consulent	Augspurg	mit Bedienten
	12.		Herr Graf Marliani	Kays. Obrist Lieutenant	Wien	" 2 "
	16.		Herr Baron von Rüdesal		Stutgard	1 Herrn Hofm. 1 Bedienten
	17.		Herr Kanner	Silberhändler	Augspurg	
	18.		Herr von Houblon	[illegible]	England	mit 1 Herrn Cavalier, 1 Camerdiener & 2 Bedienten
	19.		Herr Chevalier de Robinson	Engl. Cavalier	Italien	mit 1 Camerdiener & 2 Bedienten
	19.		Herr von Pomery	do.	Italien	
	24.		Herr von Geiger	Palley-Rath	Ellingen	mit 1 Canzelisten
	2. Febr.		Herr Anibali	Kgl. Pohlnischer Camer-Virtuos	Italien	1 Bedienten
	5.		Milord Grey	[illegible]	England	mit 2 Camerd. 1 Courier & 2 Bedienten
	5.		Herr Chevalier	Mamarenq	England	

Seite einer Münchner Hotelgästeliste von 1761, auf welcher der aus Italien stammende «Kgl. Pohlnische Camer-Virtuos» Anibali, der mit Bedienten reiste, aufgeführt ist. München, Stadtarchiv.

erhalten hatten, Schmuckstücke oder andere kostbare Andenken. «Von tabatieres und etuis und solchem Zeug», schrieb Leopold schon nach vier Monaten, «könnten wir bald einen Stand aufrichten».[5] Über Anna Amalie von Preußen, eine komponierende Schwester Friedrichs II., die sich in Aachen zur Kur aufhielt, schrieb Leopold Mozart, sie habe «selbst kein Geld»: «Wenn die Küsse, so sie meinen Kindern, sonderheitlich dem Meister Wolfgang gegeben, lauter neue Louisd'or wären, so wären wir glücklich genug; allein weder der Wirth noch die Postmeister lassen sich mit Küssen abfertigen».[6]

Bei aller Selbstverständlichkeit, mit der Leopold Mozart sich dem höfischen Zeremoniell unterordnete, verfolgte er doch mit großem Interesse die Errungenschaften der neuen bürgerlichen Musikkultur. Es war kein Zufall, daß die Reise auch nach England führte, wo diese schon weiter fortgeschritten war als auf dem Kontinent. Zwar verlangte die Etikette auch hier ein Antrittskonzert bei Hof. Im Zentrum standen in London jedoch mehrere öffentliche Konzerte, wobei Leopold den «Schröcken» hatte, die Riesensumme von «100. Stück guinées in Zeit von 3. Stunden einzunehmen».[7] Anschließend folgte er der ortsüblichen Praxis, die Kinder in ihrer Wohnung, später in einem Gasthof täglich mehrere Stunden gegen Eintrittsgeld hören zu lassen.

Nach dreieinhalb Jahren kehrte die Familie in die kleine erzbischöfliche Residenz Salzburg zurück. Leopold Mozart nahm mit größter Selbstverständlichkeit seinen Dienst wieder auf und fuhr fort, auch seinen Sohn zielstrebig auf die Laufbahn eines Hofkapellmeisters vorzubereiten.

Die Reisen des blinden Flötisten Friedrich Ludwig Dülon seit 1781

Als Joseph Haydn nach fast 30jähriger Dienstzeit beim Fürsten Esterhazy 1790 seine erste größere Reise antrat und in London als Komponist und Dirigent triumphale Erfolge feierte, schrieb er an seine Freundin Marianne von Genzinger in Wien: «O meine liebe gnädige Frau, wie Süss schmeckt doch eine gewisse freyheit, ich hatte einen guten Fürsten, muste aber zu zeiten von niedrigen Seelen abhangen, ich seufzte oft um Erlösung, nun habe ich Sie einiger massen, ich erkenne auch die gutthat derselben ohngeachtet mein geist mit mehrer arbeith beschwert ist. das bewust seyn, kein gebundener diener zu seyn, vergütet alle mühe.»[8]

Auch wenn es mit «mehrer arbeith» verbunden war, erstrebten immer mehr Musiker eine vom Adel unabhängige Existenz und versuchten ihr Glück auf dem freien Markt. Einer von ihnen war der Flötist Dülon. Obwohl er sich gelegentlich auch an Kompositionen für die Flöte versuchte, war sein eigentlicher Beruf der eines Instrumentalvirtuosen. Für ihn war das Reisen nicht mehr, wie für die Familie Mozart, eine kurzfristige und als strapaziös empfundene Ausnahmesituation, sondern eine Lebens- und Existenzform.

Friedrich Ludwig Dülon (1769–1826) entstammte einer aus der französischen Schweiz nach Norddeutschland eingewanderten Familie. Wie die Mozart-Kinder wurde er vom Vater frühzeitig ausgebildet. Er lernte das Spiel auf der Traversflöte und erhielt Unterricht in Generalbaß und Klavier. Seine erstaunlichen Fortschritte veranlaßten den Vater, den kleinen Friedrich Ludwig der Öffentlichkeit als «Wunderkind» zu präsentieren. Denn das Publikum wollte, ähnlich wie die adligen Bewunderer der Geschwister Mozart, nicht nur musikalische Leistungen hören, sondern liebte Neuigkeiten, Kunststücke und Sensationen. Daß Dülon seit frühester Kindheit blind war, trug in diesen «empfindsamen» Jahrzehnten sicher zusätzlich zu seinem Erfolg bei.

Die Reisen, die Dülon seit 1781 in Begleitung seines Vaters bzw. seiner Schwester unternahm, führten ihn von Stendal aus durch Norddeutschland und später auch in die Schweiz, in die Niederlande, nach England und Rußland. Abgesehen von einer vierjährigen Anstellung als «Russisch-Kaiserlicher Kammermusikus» in Petersburg hat Dülon zeit seines Lebens die Existenz eines amtsunabhängigen reisenden Virtuosen vorgezogen. 1807 und 1808 veröffentlichte er eine Lebensbeschreibung in zwei Teilen, in der er ein lebendiges Bild zeichnete von den Reisebedingungen, dem Musikleben der kleinen und großen Städte, der Konzertorganisation und vielen namhaften Musikern, mit denen er unterwegs zusammentraf.

Schon seine ersten Reisen durch Norddeutschland boten ihm erstaunlich viele Verdienstmöglichkeiten. Er konnte nicht nur in Berlin, Magdeburg, Hamburg,

Lübeck, Bremen und Hannover öffentliche Konzerte geben, sondern auch in kleineren Städten wie Lüneburg, Salzwedel, Tangermünde, Stettin, Stargard, Greifswald, Stralsund, Rostock, Stade, Oldenburg, Celle und sogar in Lenzen an der Elbe, wo man ihm allerdings statt eines Saales nur «ein Billiard-Zimmer von gewöhnlicher Größe» anbot, während «die ganze Begleitung, welche überdies noch höchst traurig war, [...] aus zwey Violinen und einem Violonschell» bestand.[9]

Ausführlich beschäftigte ihn das Verhältnis von reisenden Musikern zu einheimischen Helfern und Publikum. Dies Verhältnis konnte bei der damals üblichen Konzertorganisation durchaus nicht anonym und distanziert sein. Denn der Reisende war auf Hilfe angewiesen, um sich zunächst bei privaten Einladungen einzuführen. Dann mußte ein passender Saal gefunden und angemietet werden; die Höhe der Eintrittspreise wurde mit den örtlichen Gepflogenheiten abgestimmt. Wer ein Klavier brauchte, nahm Kontakt zu Klavierfirmen oder Privatpersonen auf. Auch den Kartenverkauf erledigten die Musiker selbst (oft auf Subskription), wenn dafür nicht Musikalienhandlungen oder «Kunstfreunde» gewonnen werden konnten. Schließlich mußten unter den Ortsansässigen auch mitwirkende Sängerinnen und Instrumentalisten gefunden werden. Denn es war bis weit ins 19. Jahrhundert hinein unmöglich, mit einem fertigen Soloprogramm anzureisen; das Publikum war an eine abwechslungsreiche Folge unterschiedlicher Darbietungen gewöhnt.

Um das Mißtrauen gegen fremde Virtuosen abzubauen, empfahl Dülon seinen «zukünftigen Standesbrüdern, oder Kunstgenossen» dringend «gute Aufführung und ein wohlanständiges Betragen»: «Wähnet [...] ja nicht, daß Kultur des Geistes und der Sitten euch unnütz sey; glaubt ja nicht, daß es in der verfeinerten Welt, mit welcher ihr es doch eigentlich zu thun habt, nichts mehr für euch bedürfe, als hinzutreten und eure Geschicklichkeit hören und bewundern zu lassen.»[10] Nur so konnten die ortsansässigen Bürger gewonnen werden, deren Vermittlung der Fremde brauchte.

Dülons Verhältnis zum Adel war für damalige Verhältnisse erstaunlich pragmatisch. In Residenzstädten pflegte er zwar bei Hof vorzusprechen, hatte aber auch nichts dagegen, wenn das obligatorische Hofkonzert unterblieb. In Brandenburg beispielsweise kam der Herzog von Mecklenburg-Strelitz lieber ins öffentliche Konzert und trug mit dem bescheidenen «Geschenk von zwey Louisd'or zur Vergrößerung meiner Einnahme bey», wie Dülon ironisch vermerkte. Aber warum sollte sich der Regent nicht wie ein normaler bürgerlicher Konzertbesucher verhalten? Zumal sein Beispiel durchaus als wirkungsvolle Werbemaßnahme betrachtet werden konnte: «Wenn ein Fürst dergleichen Veranstaltungen trift, so sucht er freylich etwas dabey zu ersparen; allein er giebt doch auch zu erkennen, daß er es gut mit dem Künstler meynt. Auf sein Geheiß giebt dieser ein öffentliches Concert; der Fürst erscheint selbst, und macht es dadurch dem Adel der Residenz gleichsam zur Pflicht sich auch einzustellen, und von der übrigen Klasse des gebildeten Publikums pflegt in einem solchen Falle selten Jemand zu fehlen.»[11]

Die Reisen von Dorette und Louis Spohr 1807 bis 1820

Mit dem 19. Jahrhundert wurde das Reisen für fast alle Musiker und Musikerinnen selbstverständlich. Die Zeit, in der das Musikleben noch ganz oder vorwiegend von einheimischen Kräften getragen werden konnte, war in den meisten Städten – ausgenommen vielleicht Wien – vorbei. Die Konzerte wurden größer, anonymer, kommerzieller, und sie profitierten von der ständigen Belebung durch auswärtige Virtuosen. Wenn ein Musiker zum ersten Mal in eine Stadt kam, hieß das nicht unbedingt, daß er in aller Bescheidenheit bei den einflußreichen Bürgern zu antichambrieren hatte. Die zahlreichen Zeitschriften, besonders die 1798 gegründete ‹Leipziger Allgemeine Musikalische Zeitung›, sorgten mit einem internationalen Netz von Korrespondenten dafür, daß Musikinteressierte allerorten über die wichtigsten musikalischen Ereignisse informiert waren.

Als das jung verheiratete Paar 1807 seine erste Reise nach Böhmen und Süddeutschland unternahm, galt Louis Spohr schon als einer der «ausgezeichnetsten Violinspieler unseres Zeitalters». Er versah seit zwei Jahren in Gotha die Stelle eines Herzoglichen Konzertmeisters und Leiters der Hofkapelle. Dorette Spohr, bei Reiseantritt 19 Jahre alt und Mutter einer Tochter, stand am Beginn einer bedeutenden Karriere als Harfenistin. Louis Spohr nutzte die Konzertreise nicht nur zu glanzvollen Auftritten als Geiger, sondern auch, um sich als Komponist einen Namen zu machen. Der zeitgenössischen Berichterstattung zufolge hielt sich Dorette Spohr bescheiden im Hintergrund und wirkte vorwiegend als

Es wird Hr. Romberg
hiemit die Erlaubniß ertheilt, am Sonnabend d. 19 Januar 1811
ein öffentliches Concert im Sallon d. Appollon
zu geben; jedoch daß derselbe sich der Raths-Musikanten dabey bediene, auch wegen des Achtentheils der sämmtlichen Einnahme an löbliche Cämmerey sich nach der desfalls verfügten Verordnung richte.
Hamburg den 20sten November 1810.
Wedde-Herr.

Erlaubnisschein für das Gastspiel des Geigers und Dirigenten Andreas Romberg, ausgestellt von der Hamburger Polizeibehörde am 10. November 1810.

anmutige Begleiterin ihres Mannes. Aber immerhin eröffnete ihr die gemeinsame Reise- und Konzertorganisation eine Bewegungsfreiheit, die sie ohne männliche Begleitung nicht hätte genießen können. In den Briefen Clara Wiecks, der späteren Frau Robert Schumanns, wird die typische Situation einer reisenden Musikerin in dieser Zeit dokumentiert, besonders eindrucksvoll, als ihr Vater sie im Jahr 1839 allein nach Paris reisen ließ.

Obwohl Louis Spohr im Lauf seines Lebens an verschiedenen Höfen das Amt eines Kapellmeisters innehatte und obwohl auch Dorette Spohr in Gotha und Wien als Kammer- und Orchesterharfenistin angestellt war, läßt sich an den folgenden Reisen ablesen, daß solche Dienstverhältnisse, vor allem von Louis, eher als einengend empfunden wurden. Eine zweite Reise, die 1809 bis nach Rußland führen sollte, wurde nach einigen Monaten nur deshalb abgebrochen, weil die Gothaische Herzogin energisch Einspruch erhob. Die dritte, die im Herbst 1812 zunächst über Leipzig und Prag nach Wien führte, bedeutete den endgültigen Abschied von Gotha. Spohr wollte, ermutigt durch den begeisterten Empfang, den ihm die Musikmetropole bereitet hatte, Wien nicht mehr verlassen. Er nahm ein Engagement als Orchesterdirektor im Theater an der Wien an, das er allerdings nach zwei Jahren zugunsten einer Italienreise aufgab.

Bis zum Jahr 1820, als Dorette ihre Laufbahn als Harfenistin aufgeben mußte, war das Ehepaar Spohr überwiegend auf Reisen. Konzertauftritte führten sie in die Schweiz, nach Frankreich, in die Niederlande, nach Belgien und schließlich auch zu einem mehrmonatigen Aufenthalt nach England.

Mit der mühseligen Konzerttour des 18. Jahrhunderts hatten diese Reisen nur noch die Reiserouten und die allgemeine Zielsetzung gemeinsam. Im übrigen waren sie von einem neuen Selbstbewußtsein der Musiker und komfortableren Reisebedingungen gekennzeichnet. Waren die Mozarts und der blinde Flötist Dülon noch vorwiegend in Postkutschen und in Notfällen sogar zu Fuß unterwegs gewesen, reisten Dorette und Louis Spohr nun in extra angefertigten Kutschen. Bei der ersten Reise war es noch ein Korbwagen gewesen. Für die Italienreise wurde mit Hilfe eines Wiener Theatertechnikers eine feste Konstruktion geschaffen, die außer der vierköpfigen Familie auch die Harfe und die Geige sowie das Reisegepäck aufnehmen konnte. Mit der Italienreise erfüllte sich Louis Spohr einen langgehegten Wunsch. Dort war der Hauptzweck nicht das Konzertieren – die Einnahmen blieben erwartungsgemäß bescheiden –, sondern die Besichtigung von Landschaft und Sehenswürdigkeiten. Spohr, ein typischer Vertreter der neuen bildungs- und statusbewußten Musikergeneration, hielt seine Eindrücke ausführlich in Tagebüchern und in der 1860/61 publizierten Selbstbiographie fest.

Das öffentliche Konzert war in eine neue Phase getreten. Schon lange hatten es Musiker nicht mehr nötig, etwa wie die Mozart-Kinder in Gasthöfen aufzutreten oder wie Dülon auch in kleinsten Orten Spielmöglichkeiten wahrzunehmen. Das Ehepaar Spohr konnte seine Konzerte auf größere Städte mit geeigneten Sälen und einem sachverständigen Publikum beschränken. Auch der Adel bekam das neue bürgerliche Selbstbewußtsein zu spüren. Während Leopold Mozart noch in größter Devotion um Zulassung zu den Hofkonzerten gebeten und Dülon das Vorspiel bei Hof als notwendige Pflichtübung hingenommen hatte, war Spohr so kühn, Bedingungen zu stellen: Als er 1808 am Stuttgarter Hof erfuhr, daß «hier während der Hofconcerte Karten gespielt und auf die Musik wenig gehört werde», erklärte er dem Hofmarschall, «daß ich und meine Frau nur dann auftreten würden, wenn der König die Gnade habe, während unseres Spieles das Kartenspiel aufzuheben. Ganz erschrocken über eine solche Kühnheit trat der Hofmarschall einen Schritt zurück und rief: ‹Wie! Sie wollen meinem gnädigsten Herrn Vorschriften machen? Nie werde ich es wagen, ihm das vorzutragen!›».

Spohr hatte seine Position als arrivierter bürgerlicher Künstler richtig eingeschätzt. Das Hofkonzert kam zustande, das Kartenspiel wurde eingestellt, «die Bedienten setzten vor dem Orchester zwei Stuhlreihen, auf welche sich der Hof niederließ».[12] Der König konnte den berühmten Louis Spohr und seine Gattin nicht hören, ohne – für die Dauer der Darbietung – seine Räume in einen bürgerlichen Konzertsaal zu verwandeln.

Freia Hoffmann

«Heilsam Wasser, Erd' und Luft» Zu Goethes Badereisen

Der Mensch schätzt von jeher seine Gesundheit als eines der höchsten Güter, das er hegt und pflegt. Ein Mittel zur Erhaltung oder Wiederherstellung der Gesundheit sind, unter anderen Naturheilverfahren, Bade- und Trinkkuren. Das Vorkommen heilender Quellen, geologisch bedingt und standortgebunden, macht notwendig, daß man sie aufsucht. Daraus entwickelte sich eine besondere Form des Reisens, die Bäderreise.

Die Geschichte der Bäderkunde oder Balneologie reicht in die Antike zurück und wird durch die heute noch vorhandenen Überreste römischer Thermen, auch auf deutschem Boden, belegt. Das Mittelalter und die frühe Neuzeit kannten ebenfalls den Gebrauch heißer Quellen. Der eigentliche Aufschwung der balneologischen Theorie und Praxis jedoch erfolgte im 18. Jahrhundert und setzte sich im 19. Jahrhundert fort, bedingt durch die Entwicklung der Chemie und der daraus sich ergebenden Möglichkeiten zur exakten Untersuchung und Bestimmung der Bestandteile der Quellen. Deshalb rückte die Badekur auch stärker in den Blickpunkt der Medizin, obwohl der Bereich der medizinischen Indikation noch lange ungenau blieb. Nebenwirkungen des Bädergebrauchs waren die Regel, und erst langjährige therapeutische Erfahrungen und Spezialforschungen gewährleisteten den Kurerfolg. Der Badearzt wurde damit zur zentralen Figur einer Badereise.

Der in Halle tätige Friedrich Hoffmann gab 1705 mit seiner ‹Dissertatio de thermis Carolinensibus› die Ergebnisse der ersten bedeutenden Untersuchung der Karlsbader Quellen heraus. Sie trug mit dazu bei, daß Karlsbad im 18. und 19. Jahrhundert als das Traditionsbad galt und daß in der Folge auch die anderen böhmischen Bäder – Teplitz, Franzensbad, Marienbad – einen guten Ruf genossen. Sie wurden allenfalls durch das noch berühmtere und beliebtere Wiesbaden übertroffen.[1]

Hoffmann knüpfte an Forschungen des Engländers Robert Boyle und an dessen 1685 erschienenes Werk ‹Short memoirs for the natural experimental history of mineral waters› an. Er begründete die fortan gültige Einteilung der Mineralquellen in solche die Salze, Bitterstoffe oder Eisen enthalten, in alkalische Quellen und in indifferente Thermen. Hoffmanns chemische Untersuchungen trugen beispielsweise dazu bei, daß sich das thüringische Bad Lauchstädt um 1750 zu einem der teuersten deutschen Kurorte entwickelte.

Neben dem Gebrauch von heißen oder warmen Mineralquellen war im 18. Jahrhundert eine konkurrierende Theorie entstanden, die Lehre vom «Kaltbaden». Sie wurde durch Siegmund Hahn vertreten.[2] Er stellte das einfache kalte Wasser, wie es in Brunnen, Bächen, Flüssen und Seen zur Verfügung steht, in den Mittelpunkt seiner reizphysiologischen Untersuchungen und propagierte sowohl kalte Abreibungen und Waschungen als auch Teil- und Vollbäder. Angestrebt wurde eine allgemeine Abhärtung des menschlichen Körpers, selbst im Winter wurde im Freien gebadet.

Schließlich sei noch an einen der berühmtesten Mediziner um 1800, Christoph Wilhelm Hufeland, erinnert, der unter anderen Goethe, Schiller, Wieland und Herder betreute und der Leibarzt des preußischen Königshauses war. Auch er

Kurgäste mit Trinkbechern in der Sprudelhalle von Karlsbad. Kolorierte Aquatinta von Eduard Gurk, 1. Viertel 19. Jh. Düsseldorf, Goethemuseum.

befürwortete das Kaltbaden, verordnete aber seinen Patienten gleichermaßen die Anwendung warmer Quellen. Seine Erfahrungen in der Bäderkunde faßte er 1815 unter dem Titel ‹Praktische Übersicht der vorzüglichsten Heilquellen Teutschlands› zusammen. Bemerkenswert ist, daß schon Hufeland – im Gegensatz zum naturwissenschaftlichen Rationalismus seiner Zeit – Zweifel äußerte, ob allein die Kenntnis der chemischen Substanzen ausreiche, um die Gesamtwirkung einer Badekur auf den menschlichen Organismus abzuschätzen. Seine Gedankengänge leiteten über zu der später gängigen Einstellung, daß eine Kur den ganzen Menschen miteinbeziehen müsse. Der in Bad Pyrmont tätige Badearzt Henrich Matthias Marcard erfand dafür den Begriff «Diätik der Seele».[3] Bei einer im späten 18. oder frühen 19. Jahrhundert unternommenen Badereise spielen deshalb neben den medizinisch verordneten Anwendungen auch andere Faktoren eine Rolle: ein angenehmes Klima, eine freundliche Umgebung, Geselligkeit, Freizeitvergnügen und gesellschaftliche Veranstaltungen. Die Umgebung des Sprudels ist der wichtigste Platz für zwischenmenschliche Kontakte, ein Ort des Sehens und Gesehenwerdens.

Bäder und Trinkkur wurden entweder parallel oder nacheinander angewandt, wobei es überraschend ist, daß manche Badegäste den halben Tag im warmen Thermalwasser verbrachten, offensichtlich ohne Schaden zu nehmen. Die überwiegenden Gründe zur Durchführung einer Badekur waren vor 200 Jahren Stoffwechselstörungen, das heißt Erkrankungen des Magen-Darm-Traktes, meist hervorgerufen durch einseitige Ernährung während der Wintermonate, aber auch rheumatische Beschwerden und Bronchialkatarrhe. Die sommerliche, von manchen Patienten Jahr für Jahr unternommene Badereise wurde als Regeneration für Leib und Seele verstanden.

Vor Antritt einer Badekur zog man mancherlei Schriften zu Rate. Sie dienten entweder zur Vorbereitung der Reise oder zur Vertreibung der Langeweile am Ort. Meist handelte es sich um populärwissenschaftliche Werke wie Almanache, Taschenbücher, Reisebeschreibungen.[4] Die unterschiedlichsten Themen wurden darin behandelt: Badekur und Trinkkur als gegensätzliche oder einander ergänzende Maßnahmen, besondere Formen wie Tropfbad oder Duschbad, Diät und Bewegung als begleitende Verordnungen, usw. Auch praktische Ratschläge wurden erteilt, etwa was man an Reisegepäck und Badewäsche benötigt, wie man sich den Tagesablauf vorzustellen hat, welche Kosten den Gast erwarten, ob man besser öffentliche oder private Bäder aufsucht, wo und wie man seine Mahlzeiten einnehmen kann, welche Unterhaltungs- und Ausflugsmöglichkeiten ein Kurort bietet.

Trinkbecher mit Ansichten aus Marienbad, 1. Hälfte 19. Jh. Düsseldorf, Goethemuseum.

Manche Details erfahren wir aus bildlichen Darstellungen vom Leben in den Badeorten, aber auch aus zeitgenössischen Briefen und Berichten. Einer der berühmtesten Badegäste war Johann Wolfgang von Goethe, der wiederum 1812 in Teplitz Ludwig van Beethoven begegnete und in Böhmen Kontakte vielfältiger Art pflegte. Zwischen 1785 und 1823 suchte Goethe insgesamt 22 Mal die böhmischen Bäder, Pyrmont, Berka, Wiesbaden und Tennstedt auf. Seine Kuraufenthalte erstreckten sich teilweise über 15 bis 19 Wochen. Werke wie ‹Die Wahlverwandtschaften› oder der ‹West-östliche Divan› stehen im Zusammenhang mit diesen Reisen. Anknüpfungspunkte begegnen uns auch in Goethes Gedichten. 1785 richtete er an die junge Gräfin Brühl die scherzhaften Verse: «Warum siehst du Tina verdammt den Sprudel zu trinken?» 1806 schrieb er in Karlsbad die Verse:

> «Wie es dampft und braust und sprühet
> Aus der unbekannten Gruft!
> Von geheimem Feuer glühet
> Heilsam Wasser, Erd' und Luft.»

Am 7. Juli 1806 richtet Goethe den folgenden Brief an Christiane Vulpius: «Das Wasser hat eine recht gute Wirkung auf mich gemacht und ich denke, es soll so fortgehen. Seitdem ich den Sprudel trinke, habe ich keine Tropfen eingenommen und die Verdauung fängt schon an, recht gut ihren Gang zu gehen. Ich werde nun so weiter fortfahren und abwarten, was es werden kann. Übrigens muthet man sich hier viel mehr zu als zu Hause. Man steht um 5 Uhr auf, geht bey jedem Wetter an den Brunnen, spaziert, steigt Berge, zieht sich an, macht Aufwartung, geht zu Gaste und sonst in Gesellschaft. Man hütet sich weder vor Näße, noch Wind, noch Zug und befindet sich ganz wohl dabey. Ich habe manche alte Bekannte angetroffen und ihrer schon viele neue gemacht. Morgen beziehen wir ein besser Quartier als das bisherige. Die Bälle sind hier übrigens nicht sehr belebt. [...] Übrigens giebt es Pikeniks und Spazierfahrten, die in der schönen Gegend ganz angenehm sind.»

Diese Zeilen könnten von jedem Kurgast aus jedem Badeort geschrieben sein.

«Souvenir de Carlsbad», Trinkbecher, 1. Hälfte 19. Jh. Düsseldorf, Goethemuseum.

Der Brief enthält alle wichtigen Details, die den Reisenden während des täglich sich wiederholenden Ablaufs der Kur beschäftigen: sein Gesundheitszustand, bereits eingetretener oder erwarteter Erfolg der Therapie, Tagesablauf, Wetter, Bekanntschaften, Vergnügen.

Kaum jemand hatte sich während seiner Badekur über Langeweile zu beklagen. Das Spazierengehen am Brunnen und auf den Promenaden nahm einen großen Teil des Tages in Anspruch. Man führte die neuesten Moden aus und konnte seinen Bedarf an Reisesouvenirs decken. Beliebte Mitbringsel waren böhmische Glaswaren und Schmuckstücke wie die berühmten Sprudelsteinketten, Andenkengläser und Andenkenporzellane, Spitzen, Stoffe und Seidentücher. Wer keine Neigung zu ausgedehnten Spaziergängen und Wanderungen hatte, verschaffte sich die nötige Bewegung beim Eselreiten. Ausflüge mit der Kutsche oder zu Schiff auf dem Rhein waren überaus beliebt. Gesellschaftliche Veranstaltungen und Bälle füllten die Abende.

Die Ansichten der Badeorte der Goethe-Zeit bieten dem Betrachter keine wilde, von Menschenhand unberührte Natur, sondern eine kultivierte, gepflegte

Erholungslandschaft. Mit ihren gärtnerischen Anlagen, bequemen Wegen im Wechsel von Sonne und Schatten, angenehmen Verweilmöglichkeiten und Rastplätzen bilden sie einen idealen Rahmen zum Gespräch. Die eleganten Anlagen beispielsweise in Karlsbad besaßen die charakteristischen Merkmale eines durch die Empfindsamkeit und die Einflüsse der englischen Parkgestaltung geprägten Naturverständnisses. Was in den bedeutenden Gärten und Parks fürstlicher Residenzstädte in aufwendigen Anlagen bewundert werden konnte, war hier in engräumigere Bezüge und leichter begreifbare Dimensionen gerückt. Der kleinste überdachte Ruheplatz trägt wie die großen Wandelhallen die Merkmale klassizistischer Architektur mit Säulen, Dreiecksgiebeln, Stufensockeln und kühlweißem Farbanstrich.

Die eleganten Anlagen von Karlsbad oder Wiesbaden reizen zu einem Vergleich mit den damals noch im Aufbau und in der Entwicklung befindlichen Bädern. Wir kennen Darstellungen, beispielsweise von Bad Berka, wo alles noch sehr bescheiden und improvisiert wirkt. Als Goethe 1820 zum erstenmal nach Marienbad kam, sagte er: «Mir war es als befänd ich mich in den nordamerikanischen Wäldern, wo man in drey Jahren eine Stadt baut.» 1815, in der ersten Saison, hatte Marienbad nicht mehr als sieben aus Holz errichtete Unterkünfte.

Auch damals spielten sich Badereisen nicht im luftleeren Raum ab. Während der napoleonischen Kriege in den ersten Jahrzehnten des 19. Jahrhunderts war Böhmen eine Drehscheibe der Politik. Hier traf sich österreichischer, russischer und preußischer Adel, um Möglichkeiten der Befreiung von der Herrschaft Napoleons zu erörtern. Weit entfernt von den eigentlichen Kampfhandlungen, war in Böhmen die Welt noch in Ordnung und die Inflation weniger weit fortgeschritten als anderswo.

Die Möglichkeit einer Badereise stand um 1800 fast ausschließlich den begüterten Volksschichten offen. Meist reiste man mit der eigenen Kutsche und begleitet von einem oder mehreren Bediensteten ins Bad. Der Türmer kündigte jeden neuen Ankömmling an, und in den laufend erscheinenden Badelisten konnte man nachlesen, wer sich gerade am Ort befand. Ganz allmählich bahnte sich eine gewisse Demokratisierung an. Seit 1799 bestand in Teplitz ein sogenanntes «Krankenhospital» für weniger bemittelte, aber der Kur bedürftige Gäste. Allerdings herrschten dort strenge Sitten: Die Bewohner mußten ein Messingschild als Erkennungszeichen tragen und durften unter keinen Umständen betteln. Auch Domestiken hoher Herrschaften wurden im Krankheitsfall in diese Anstalt aufgenommen.

Daß die Unterhaltung und die Förderung von Badeorten auch ein wirtschaftlicher Faktor war, wurde von den meisten Landesherren frühzeitig erkannt. Deshalb richteten sie ihr Augenmerk mit auf die entsprechenden geologischen und chemischen Untersuchungen. Badegäste brachten viel Geld ins Land und Arbeit für zahlreiche Untertanen, von den Handwerkern, Kaufleuten und Künstlern bis zu den im eigentlichen Badebetrieb Tätigen wie Brunnenweiber und Dienstboten. Die Form der von gesundheitlichen Gründen bestimmten Bade- und Erholungsreise hat sich, in leicht veränderter Form, bis in unsere Zeit erhalten.

Christina Florack-Kröll

Irrenanstalten, Zuchthäuser und Gefängnisse

«Wie viele tausend Unglückliche mögen noch jetzt in Deutschland in dumpfen Höhlen, auf faulem Stroh, von Ungeziefer halb zerfressen schmachten, und ihr Dasein verfluchen. Und wären sie die größten Verbrecher, so bleiben sie Menschen, ein Werk des erbarmenden Schöpfers, der seine Sonne scheinen läßt über Gute und Böse, und seinen Regen herabschüttet über Gerechte und Ungerechte».[1]

Mit diesem aufgeklärten Bekenntnis zur Menschlichkeit meldete sich im Jahre 1791 ein Advokat der «Zuchthausgefangenen» zu Wort, der damals wie nur wenige von sich reden machte: Heinrich Balthasar Wagnitz. Sein Votum forderte die Zeit in die Schranken. Noch weit bis ins 18. Jahrhundert hinein waren Gerichtspraxis und Strafrituale ein wahres «Theater des Schreckens».[2] Bis um 1800 galt die Peinliche Gerichtsordnung Kaisers Karls V. von 1531, der die österreichische ‹Constitutio Criminalis Theresiana› von 1769 zugesetzt war. Drakonische Körperstrafen, Folter und qualvolle Verstümmelungen, die Mißachtung jeglicher Menschenwürde, waren überall im deutschen Reich an der Tagesordnung.

Erst gegen Anbruch des neuen Jahrhunderts, als die einzelnen deutschen Territorien vermehrt daran gingen, Partikular-Gesetzbücher zu erlassen, änderte sich allmählich etwas an dieser Situation. Ein mit der Aufklärung vielfach verbundener Bewußtseinswandel vom sozialen Sinn und von der ‹Humanität› des Strafens setzte sich jedoch keineswegs ohne Widersprüche und Ungleichzeitigkeiten durch. Zwar hatte man schon seit dem späten 17. Jahrhundert einen Begriff von der möglichen Pädagogisierung des Strafsystems,[3] aber die Institution ‹Zuchthaus› und die «historisch neue Häftlingskategorie der Resozialisierbaren» erhielten nur sehr langsam eine konkrete Gestalt.[4] Daß man angesichts von Kriminalität und sozialer Delinquenz ‹Zuchthäuser› schaffen sollte, womöglich mit einem Armen- oder Arbeitshaus verbunden, wurde zwar ab 1780 mehr und mehr zum Topos in der öffentlichen Diskussion, aber die Realität der deutschen Strafanstalten war ungleich schwergängiger. Was konnten die aufgeklärten Reformer dagegen tun, daß die Gefängnisse «Behälter der Vergessenheit» waren?[5] ‹Publizität› war das Stichwort, Öffentlichkeit hatte dasjenige Mittel zu sein, mit dem die vielbeklagten «Mängel» des Justiz- und Strafsystems aus dem Wege zu räumen waren. Cesare Beccaria hatte mit seinem Buch ‹Über Verbrechen und Strafen› von 1766 den Weg gewiesen für eine ‹aufgeklärte› und humane Umgangsweise mit straffällig Gewordenen.[6] Und der gestrenge englische Philanthrop John Howard war mit aufklärerischem Eifer durch zahlreiche europäische Gefängnisse gereist.[7] Zumindest in England hatte er wichtige Veränderungen bewirken können: das britische Gefängniswesen wurde nach der Publikation seiner Bücher gründlich reformiert.

Öffentlichkeit gab es im deutschen Justiz- und Gefängniswesen allenfalls in dem Sinne, daß Körperstrafen noch lange Zeit vor einem großen Publikum durchgeführt wurden. Ansonsten glichen die hiesigen Gefängnisse tatsächlich «Behältern der Vergessenheit». Sie waren Verließe, in denen entrechtete Menschen von willkürlichen und oft brutalen oder profitsüchtigen Aufsehern gepeinigt wurden. Wenn Reisen und Reiseliteratur denn wirklich, wie August Ludwig Schlözer gesagt hatte, die «Humanität» befördern helfen konnten, dann hatten sie gerade hier ein bedeutendes Wirkungsfeld.[8] Realitätserkundung durch Reisen war ein Prinzip, das für den aufgeklärten Bürger nicht vor Gefängnis- oder Irrenhausmauern seine Geltung verlieren durfte. Zu dieser Wirklichkeit gehörte alles, «was in näherer Verbindung mit der Menschheit steht», also auch die Realität des Asozialen, des Kriminellen oder der ‹verwirrten› Vernunft.[9]

«Wünschenswert wäre es daher wohl, wenn ein Deutscher mit eben dem Forscherauge und mit eben dem warmen Gefühl für die Leiden seiner Mitmenschen, die Gefängnisse, Zucht-, Toll- und Krankenhäuser seines Vaterlandes bereisete und durchspähete, wie der Engländer die des seinigen; und noch wünschenswerter wäre es, wenn seine Beobachtungen und Klagen und Wünsche eben so viel und noch mehr bewirkten, als die des Howards. [...] Doch vielleicht nähern wir uns immer mehr dem, was uns itzt nur Wunsch und Ideal ist. Das: Homo sum! tönt ja immer lauter. [...] Man wird überall aufmerksamer auf Menschenrechte, und gewiß kommt auch an gefangene Menschen die Reihe, und Fürsten, die es bisher noch nicht getan, würdigen einst auch diese ihrer väterlichen Sorge.»[10] Heinrich Balthasar Wagnitz hatte bei diesem Votum für weitreichende Gefängnisreformen sehr wohl auch die Spitäler und Irrenhäuser im Auge, die vielfach im Verbund mit den Verließen, den Armen- und Arbeitshäusern zu Isolationsanstalten geraten waren, in denen Menschen «mit Schlägen,

Betender Häftling in einer Einzelzelle, die auf den zentralen Überwachungsturm einer Gefängnisanlage hin ausgerichtet ist. Holzstich, 1840. Aus: N. Haron-Romain, Plan für Strafanstalt, Paris 1840.

und anderen ähnlichen zweckwidrigen und widersinnigen Mitteln auf eine unmenschliche Weise» traktiert wurden.[11]

Doch immerhin: um 1780 war die aufgeklärte Öffentlichkeit in Deutschland soweit sensibilisiert, daß sozialreformerische Reisen und Reiseberichte auf ein erstaunlich großes Gehör stießen.[12] Ärzte machten sich vermehrt auf den Weg durch die Institutionen des gesellschaftlich verwalteten Wahnsinns. Für sie waren die Irrenhäuser nicht mehr übliche Besichtigungsorte auf der Bildungstour, sondern Gegenstände des Nachdenkens über die «Erfahrungsseelenkunde», über soziale Fürsorge und medizinische Heilverfahren. Es waren Reisen in praktischer Verantwortung, die ein weithin unbekanntes Terrain erkunden sollten: die Manifestationen der verwirrten Vernunft, den «Gang der Verrücktheit»[13] also und die vielfachen Ursachen und Therapiemöglichkeiten des Wahnsinns. Es war nicht der fachwissenschaftliche Reisebericht, der bis um 1800 im Mittelpunkt des Interesses stand, sondern stets das sozialreformerische Anliegen des Mediziners. Johann Friedrich Karl Grimm gibt in seinen ‹Bemerkungen eines Reisenden durch Deutschland, Frankreich, England und Holland in Briefen an seine Freunde› von 1775 eine detaillierte Schilderung dreier großer Irrenhäuser, die er als sorgenvoller Arzt in Augenschein nimmt. Entschiedener ist das kritische Interesse bei Jacob Christian Gottlieb Schaeffer. Seine ‹Briefe auf einer Reise durch Frankreich, England, Holland und Italien in den Jahren 1787 und 1788 geschrieben› von 1790/94 insistieren auf den guten Beispielen, die ihm auf seinen Reisen durch europäische Irrenhäuser ins Auge gefallen sind. Schaeffer zeigt sich sehr einverstanden damit, daß in manchen Anstalten «die herabgewürdigte Menschheit [...] mit Liebe, Freundschaft und gütlichem Zureden behandelt» werde.[14] Friedrich Ludwig Lentins ist in seinen ‹Medicinischen Bemerkungen auf einer literärischen Reise durch Deutschland. In Briefen› von 1800 sehr am Gedanken der sozialen Fürsorge interessiert. Gerade deshalb kritisiert er die unangemessene Zusammensperrung verschiedenartig kranker Menschen sowie die Tatsache, daß in deutschen Irrenhäusern «mehr die physische Erhaltung der Wahnsinnigen» von Bedeutung sei als das Bestreben, «sie zu brauchbaren Mitgliedern des Staats zu machen».[15] Unprofessionelle Reiseautoren sehen die Lage der Irren noch kritischer. Sophie Beckers ‹Briefe einer Curländerinn. Auf einer Reise durch Deutschland› von 1791 beschreiben viel «Schauderhaftes» in deutschen Spitälern und kommen zu dem Schluß, daß ein «Irrenhaus auch wohl mehr Verirrte mache; denn es ist wohl in so übler Gesellschaft keinem von ihnen möglich zu genesen».[16] «Einsamkeit und Unthätigkeit kann wohl unmöglich ihre Besserung befördern», befürchtet auch Friedrich Philipp Wilmsen 1798 in seinen ‹Erzählungen von einer Reise durch einen großen Theil Deutschlands und die Schweiz›.[17] Und in ‹Carls vaterländischen Reisen in Briefen an Eduard› von 1793 heißt es: «Ich lege hier in diesem großen Gemälde des menschlichen Elends meinen Pinsel weg, denn er ist zu stumpf, um alles treffend zu schildern: das Herz hat mir geblutet, und ich habe geweint wie ein Kind, als ich in der Mitte dieser Unglücklichen stand, aber ich lernte in dieser Stunde mehr als in einem halben Jahre vor dem Catheder eines Pedanten.»[18]

Einen noch schärferen sozialkritischen Blick wirft indes Garlieb Merkel 1801 in seinen ‹Briefen über Hamburg und Lübeck› auf den «Pesthof» bei Hamburg.[19] Er fragt vor allem nach der Verantwortlichkeit des Pflegepersonals für die Kranken und kommt zu sehr ernüchternden Schlüssen. Mangelnde ärztliche

Versorgung, Bereicherung der Anstaltsleiter, schlechte Kost und Unterbringung der Irren seien weder hier noch anderwärts die Ausnahme. Daß man in derartigen Anstalten «sehr selten etwas Bestimmtes von der Ursache, durch welche die hieher gebrachten um ihren Verstand gebracht wurden, erfahren kann», scheint auch Johann Christian Schaumann nur zu verständlich.[20] Kein Wunder also, wenn der ‹Vernünftige› aus der Kenntnis des so behandelten Irrsinns nichts zu lernen vermag.

Ob man die vom Wahn befallenen nicht völlig aus der Gesellschaft entfernen, ja sogar aus ‹Barmherzigkeit› töten solle, ob sie umstandslos mit Verbrechern zusammengesperrt werden müßten, und ob Wahnsinn nicht am Ende selbstverschuldet sei, dies waren Fragen, welche sich die bürgerliche Öffentlichkeit gegen Ende des 18. Jahrhunderts zu stellen genötigt sah. Die Grenzerfahrung von ‹Vernunft›, die Wechselbezüge von «Verrücktheit, Vernunftlosigkeit, Un-Menschlichkeit mit Tierheit»,[21] zeigen die Verstörung einer Gesellschaft, die trotz mancher Fortschritte in der Sozialversorgung davon überzeugt blieb, daß die Wahnsinnigen strikt ausgegrenzt werden müßten.[22] Goethes Wort, daß die «Welt so voller Schwachköpfe und Narren [sei], daß man nicht nöthig hat, sie im Tollhaus zu suchen»,[23] und Lichtenbergs Bemerkung, daß zwischen dem Tollhaus und der Außenwelt nur ein «gewisser Strich neutralen Landes» vermutet werden könne,[24] wurden von den Zeitgenossen kaum als selbstreflektorische Impulse aufgenommen. Besaß für Lichtenberg auch der ‹Rasende› noch eine Restspur von Vernünftigkeit und Humanität, so verfielen die Irren damals gerade in diesem Sinne einer rigiden Stigmatisierung und Ausgrenzung.

Oft also haben sich Reisende am Ende des 18. Jahrhunderts um die «Behältnisse des Vergessens» gekümmert, aber befruchtend für eine humanitäre Lösung des Irrenproblems sind sie viel später erst geworden.[25]

Etwas anders sah es bei den Gefängnisreformern aus. Vielleicht waren sie deshalb erfolgreicher, weil die Gefängnisinsassen «verwertbare» Individuen im bürgerlichen Leistungs- und Erwerbssystem darstellten. Zudem besaßen diese reformfreudigen Reisenden in William Howard einen Gewährsmann, der längst die praktische Veränderbarkeit des beklagenswerten Zustandes des Gefängniswesens in ganz Europa demonstriert hatte. Carl Eberhard Wächter und vor allem Heinrich Balthasar Wagnitz sahen sich in der Nachfolge Howards veranlaßt, in zahlreichen Schriften für die Gefängnisreform in Deutschland einzutreten.[26] Vor allem Wagnitz' Buch ‹Historische Nachrichten und Bemerkungen über die merkwürdigsten Zuchthäuser in Deutschland. Nebst einem Anhange über die zweckmäßigste Einrichtung der Gefängnisse und Irrenanstalten› von 1791/92 stellt eine erste Erkundung dieses vom Licht der Öffentlichkeit kaum erhellten Wirklichkeitsbereiches dar. Auf keinen Fall dürften sich «solche Anstalten [...] ganz und ewig umschleyern», sondern sie «müßten auch billig die größte Publicität haben», formuliert Wagnitz, auch als eigenes Reiseziel.[27] Eine solche Absicht war indes nicht leicht zu verwirklichen. Oft genug gab es «Schwierigkeiten, die sich beym Aufsuchen gewisser insonderheit statistischen Nachrichten finden».[28] Das Arkanum ‹Gefängnis› war nur schwer zu durchleuchten. Wagnitz' einzige Möglichkeit, an authentisches Material zu gelangen, bestand darin, eigene Recherchen mit Dokumenten und Unterlagen direkt aus den Gefängnisverwaltungen und -behörden zu verbinden. Oft genug hat er auch die nicht ausgehändigt bekommen, sondern mußte sich sachkundigen Informanten anvertrauen. Nach stren-

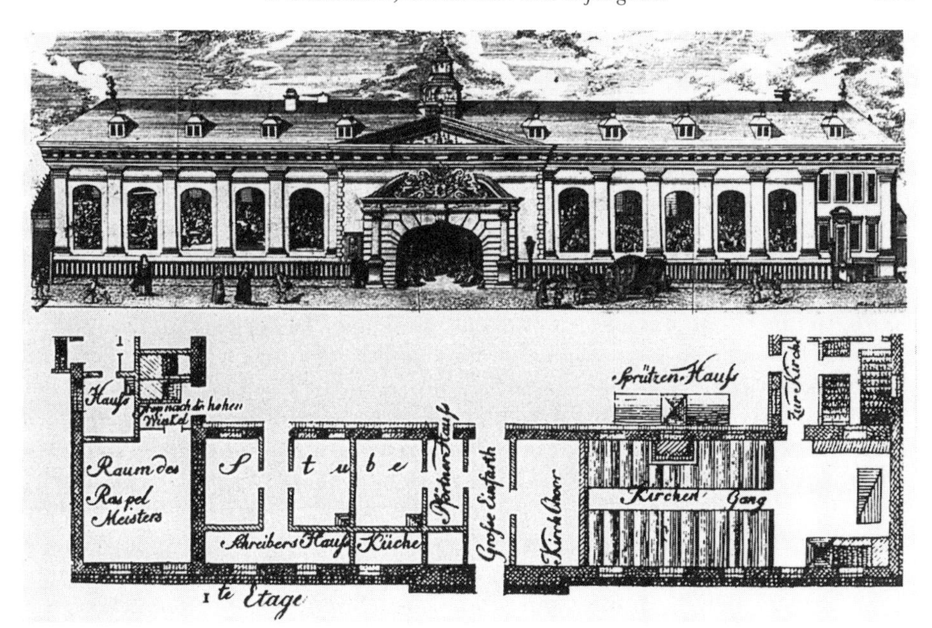

Außenansicht und Grundriß des Hamburger Zucht-, Wohn- und Armenhauses. Kupferstich, 2. Hälfte 18. Jh. Hamburg, Staatsarchiv.

ger Prüfung seiner Materialien hat er denn also Ein- und Abgangslisten, Rechnungen jeder Art, Protokolle, Hausordnungen, Lebensmitteltabellen, Sterblichkeitsübersichten, Raumverteilungspläne, ja sogar wissenschaftliche Untersuchungen und Streitschriften zusammengetragen und veröffentlicht. Erklärtes Ziel dieser Bemühung war es, «eine so genaue und detaillierte Nachricht von den verschiedenen Zuchthäusern mittheilen zu [können], als mir nur zu erlangen möglich war, besonders da ich nicht hoffen kann, daß sich so bald wieder jemand mit dergleichen öffentlichen Anstalten beschäftigen oder darüber schreiben werde».[29]

Um die deutschen Gefängnisanstalten «ihren wahren Zwecken immer näher zu bringen», schien Wagnitz erst einmal «Wahrhaftigkeit» vonnöten.[30] Für ihn waren Gefängnisse grundsätzlich in «Zuchthäuser», in «Erziehungsanstalten» also, umzuwandeln. Dem galt seine gewaltige publizistische Anstrengung, die ihn einen weiten Bogen schlagen ließ von den Gefängnissen in Waldheim, Torgau, Zwickau, Leipzig, Brieg, Breslau, Braunschweig, Bremen, Celle, Halle, Hamburg bis Zürich und Bern. Keine der vielen Reisebeschreibungen, die sich engagiert mit den verschiedensten Gefängnissen in ganz Europa befaßten, konnte mit einem derart dichten und geschlossenen Bild des deutschen Strafvollzugswesens aufwarten wie das Wagnitzsche Buch.[31] Nicht um die bloße Denunziation der vielen «Mängel» dieses ‹Erziehungssystems› ging es dem Autor, sondern darum, Soll und Haben gegenüberzustellen, die Idee eines vernünftigen «Zuchthauses» mit der dahinter zurückbleibenden Wirklichkeit zu konfrontieren. Differenziertheit der Information und realistisches Reformbewußtsein sind die Merkmale der beiden dickleibigen Bände. Der Staat hat für Wagnitz eine ganz besondere sozialpolitische Verantwortung. Er muß auch die schuldig gewordenen Mitbürger aufzuklären und zu «veredeln» suchen; die Strafen sollen daher «menschlich», auf die «Empfindlichkeit des Individuums» abgestellt sein und zum «Nachdenken und zur Reue» führen.[32] Oft würden die Züchtlinge nur ausgebeutet, seien schlecht untergebracht und beköstigt, man traktiere sie übermäßig hart und nehme keinerlei Rücksicht auf ihre Gesundheit und ihre Menschenwürde. Das Gefängnispersonal müsse darum professionell ausgebildet und psychologisch-pädagogisch unterwiesen werden. Reinlichkeit, Fleiß, Gottesfurcht, vernünftige Beschäftigung sollte man jederzeit gewährleisten. Allerdings tritt auch Wagnitz – wie Howard – für die strenge Scheidung der «Gefangenen nach ihrer sittlichen Beschaffenheit» ein, um jede «moralische Epidemie» zu vermeiden.

Zwar bleiben Strafen für Wagnitz unumgänglich und dienen allemal der moralischen Besserung der Anstaltsinsassen, aber sie müssen sich nach dem Maß der Schuld und der Empfindlichkeit des Betroffenen richten. Begnadigungen sollen grundsätzlich erlaubt sein, und auch eine soziale Nachsorge für die ehemaligen Zuchthäusler sei ernsthaft in Erwägung zu ziehen. Das Ziel jeder Zuchthauseinrichtung ist für Wagnitz die Rückführung der Straffälligen in die Gesellschaft. Der Reformer will sein Ideal eines ‹aufgeklärten› Gefängnisses aus zuverlässigster Sachkenntnis heraus entwickeln, denn nur durch die Wirkung des Faktischen hofft er, dem beanspruchten öffentlichen Diskurs über dieses Lebensproblem der Gesellschaft gerecht zu werden.

Freilich blieb auch Wagnitz in bezeichnenden ‹bürgerlichen› Widersprüchen befangen. Nicht ohne Folgen hatte er sich bei William Howard kundig gemacht. Wagnitz ging es, wie seinem englischen Vorläufer, um eine «Vision der idealen Inhaftierung».[33] Zuchthäuser und Zuchthausstrafen, so wußte er, sind grundsätzlich und in jeder Gesellschaft unverzichtbare soziale Schutz- und Erziehungseinrichtungen. So sehr Wagnitz der menschlichen ‹Würde› das Wort zu reden gewohnt war, sein Katalog der zu treffenden Zuchtmaßnahmen und institutionellen Vorkehrungen ist von kalten Denkmustern inspiriert. Selbstverständlich ist für ihn, daß Frauen und Männer streng voneinander getrennt werden, daß sie ohne jeden emotionalen Kontakt auszukommen haben. Keine Sekunde zweifelt dieser Reformer daran, daß strengster Erziehungszwang jederzeit anzuwenden sei. Auch die Tatsache, daß nahezu ausschließlich Menschen der unteren Stände in den Zucht- und Arbeitshäusern anzutreffen sind, bereitet ihm keinerlei Kopfzerbrechen. Vielmehr ist er der Meinung, daß die auf keinen Fall mild behandelt werden dürften, denn dann wäre das Zuchthaus nicht länger ein solches, es verlöre seinen ‹heilsamen› Schrecken. Freigänge und großzügige Behandlung jeder Art verwöhnten die Zöglinge auf gefährliche Weise, machten sie zänkisch und renitent. In solchen Fällen gelte es, zuvörderst die Mittel der Absonderung und des Hungerns einzusetzen; erst wenn diese Maßnahmen nichts bewirkten, solle man zum obligaten Instrument der Prügel greifen. Je strenger und leidenschaftsloser also der Zuchtbetrieb werde, desto größer und nachhaltiger seien die Chancen der moralischen Besserung seiner Insassen. Der umsichtige Zuchthausreformer Heinrich Balthasar Wagnitz hat in seinem umfänglichen Werk denn auch keinem der Betroffenen ins Antlitz gesehen, hat keine individuelle Leidensmimik zur Kenntnis genommen, sondern gleichsam nur pädagogische Rechengrößen addiert und in diesem Sinne einen kühl durchdachten Katalog ‹bürgerlicher› Disziplinierungs- und Sozialtechniken propagiert. Auf seine ‹Modernität› konnte er sich schon deshalb etwas zugute halten, weil ihm solche Pädagogik als humane Experimentalwissenschaft vorkam. Verantwortlich kalkulierte Gewaltsamkeit schien in jeder Hinsicht mit der Menschenwürde vereinbar.

So thematisieren die sozialreformerischen Reisenden des Bürgertums am Ende des 18. Jahrhunderts nicht ihre Gesellschaft, wenn sie über soziale Randständigkeit, über moralische Dekadenz und Kriminalität nachdenken; sie wollen eine vorgegebene sittliche Ordnung an den insuffizienten Individuen vollstrekken. Dem als prinzipiell lernfähig gedachten Subjekt darf die Gewalt der Moral deshalb zugemutet werden, weil soziales Fehlverhalten jeder Art mit einem kognitiven Persönlichkeitsmangel gleichsetzbar erscheint.

Und dennoch: es steht zwar ein rigides Konzept der Leistungs- und Anpassungserziehung hinter den Wagnitzschen Reformvorstellungen, aber immerhin soll die mit einem Minimum an garantierter Menschenwürde überein gebracht werden. Insofern war die Gefängnis- und Irrenhaus-Reiseliteratur der Spätaufklärung durchaus einer hehren Idee verpflichtet: dem Erkunden von Wirklichkeit zum Zweck ihrer Humanisierung.[34] Wenn die Universalität von Moral und Menschenwürde Geltung beanspruchen konnte, dann war sie nur im erkundenden Beweisgang durch eine unzulängliche Realität zu prüfen und zu befestigen.

Harro Zimmermann

Ballonreisen
Zu einigen Aspekten der Luftschifferei

In die Luft, die ihn umblaut,
Steigt vergnügt der Aeronaut.
Rechter Hand und linker Hand
Wirft er auf die Leute Sand.
So erhebt er peu à peu
Sich zu namenloser Höh'.
Endlich durch das schärfste Rohr
Kommt er nur als Punkt uns vor.
Er indeß im Gondelsitze
Raucht aus seiner Meerschaumspitze
Und im grenzenlosen Raum
Schlürft er einer Weißen Schaum.
Also, am Ozon sich labend,
Schwebt er, meistens gegen Abend,
Ueber der gemeinen Welt –
Wenn er nicht herunterfällt.
(Verf. unbek., Fliegende Blätter, 1879)

«Wer die Entdeckung der Luftballone miterlebt hat», schreibt Goethe in seinen ‹Maximen und Reflexionen› und trifft mit dieser Anmerkung den Schnittpunkt der Interessen, die sich sofort mit dieser sensationellen Erfindung verbanden, «wird ein Zeugnis geben, welche Weltbewegung daraus entstand, welcher Anteil die Luftschiffer begleitete, welche Sehnsucht in so viel tausend Gemütern hervordrang, an solchen längst vorausgesetzten, vorausgesagten, immer geglaubten und immer unglaublichen, gefahrvollen Wanderungen teilzunehmen, wie frisch und umständlich jeder einzelne glückliche Versuch die Zeitungen füllte, zu Tageheften und Kupfern Anlaß gab, welchen zarten Anteil man an den unglücklichen Opfern solcher Versuche genommen».

Den Brüdern Montgolfier gab der französische König, als er sie nach der Glanztat ihres ersten Ballonaufstiegs im Jahre 1783 in den Adelsstand erhob, den lateinischen Wahlspruch *Sic itur ad astra* ins Wappen. Das markiert die hochauffliegenden Hoffnungen, die sich mit der Erfindung und ersten Erprobung dieses ganz und gar neuartigen Luftvehikels verbanden. In Wirklichkeit war es eher umgekehrt: die reale Möglichkeit, sich mit Luftschiffen in die Wolken und gen Himmel zu bewegen, setzte zunächst einmal den zeitlich vorauslaufenden Utopien, deren Luftreisen auch gleich über den Erdzirkel hinaus und auf den Mond führten, ein Ende. Die konkrete Erfahrung lehrte ja, daß dem Höhenflug natürliche Grenzen gesetzt waren und daß die Luftschiffer meist relativ rasch wieder zur Erde zurückkehrten, von der sie so spektakulär abgehoben hatten, oft sogar rascher, als es ihnen lieb war. Neben festlichen Gedichten, mit denen man die Eroberung des Luftraumes gebührend feierte, spielte deshalb von Anfang an der Spott auf mißlungene oder gescheiterte Flugunternehmungen im literarischen

Schauspiel vor Ludwig XVI. in Versailles. Am 19. September 1783 lassen die Brüder Montgolfier den ersten Ballon mit Lebewesen steigen. An Bord waren ein Hahn, ein Schaf und eine Ente. Kupferstich, 1783.

Reflex auf die frühen Ballonflüge eine entscheidende Rolle. Gleich die erste gewichtigere literarische Reaktion in Deutschland, Wielands Aufsatz ‹Die Aeropetomanie›, der 1783 im ‹Teutschen Merkur› veröffentlicht wurde, kam äußerst spöttisch auf die Pioniertat der Brüder Montgolfier zu sprechen. Und speziell der mehrfach angesagte, mehrfach verschobene und schließlich ganz abgeblasene Aufstieg des Barons Lütgendorf – des ersten deutschen Luftschiffers – löste 1786 in Augsburg eine wahre Flut an ironisch-satirischen Kommentaren aus.

Zur publizistischen Vorbereitung von Ballonaufstiegen entfachte man in aller Regel einen regen Plakat- und Annoncenwirbel, wies unter anderem auch darauf hin, daß derlei Spektakel kein Spuk und bei ihm kein Satan mit im Spiel sei – und forderte zu Geldspenden auf. Den Aufstieg als solchen inszenierte man meist auf öffentlichen Plätzen, die einer größeren Schaumenge Platz boten, und festlich holte man die gelandeten Luftschiffer ein und führte sie zum nächsten Marktplatz oder zur nächsten Residenz. Für alle diese frühen Flüge haben sich Berichte mit genauen Daten erhalten, gehörte es doch – jedenfalls in Frankreich – zu den festen Pflichten der Aeronauten, nach Abschluß ihres Fluges der Akademie Rechenschaft zu geben. In Überschreitung der nackten Nachricht finden sich unter ihnen gerade auch solche Darstellungen, in denen die ganz neue Wahrnehmungsperspektive – Ausblick auf die Welt im freien Flug, losgelöst von der Erde, scheinbare Aufhebung der Schwerkraft, Ausdehnung des Horizonts in ungeahnte Weiten, Aufstieg sogar noch über die Wolken – wirklich Ausdruck gewinnen konnte.

Zur weltanschaulichen Bewertung des Ballonflugs boten sich – aus den Diskursen der Zeit heraus – vor allem zwei Bezüge an: zum einen der Glaube an den Menschheitsfortschritt im Namen der aufklärerischen, in eine lichte Zukunft weisenden Vernunft und zum anderen der Hinweis auf die grundsätzlich unzulängliche Natur des Menschen, seinen Hang zur Selbstüberhebung. Zum Ruhm wie zur Verdammung der Montgolfieren-Himmelsstürmerei stellten beide Argumentationsweisen fertige Sprach-Muster bereit; wollte man das Luftvehikel in seiner wirklich neuen Erlebnisdimension fassen, mußte man sich deshalb vom Zwang dieser Wertungen frei zu machen und der Wahrnehmung differenzierter gerecht zu werden suchen. Dazu bedurfte es nicht zuletzt auch poetischer Stimulierung.

Jean Paul konnte, als er um die Wende des 18. ins 19. Jahrhundert für den komischen Anhang seines ‹Titan›-Romans ‹Des Luftschiffers Giannozzo Seebuch› konzipierte, auf unterschiedlichste Momente realer Luftschifferei seiner Zeit zurückgreifen. Das Außerordentliche seiner Erzählung liegt aber darin, daß er dem aeronautischen Ereignis speziell im imaginativen Bereich zu entsprechen sucht, der sich ihm von diesem neuen Ort der Weltbetrachtung öffnet. Allein schon der Name des Luftschiffs – ‹Siechkobel› – steht in offenem Gegensatz zu den sonst meist glänzenden Titulierungen der frühen Himmelsvehikel; das Abenteuerhafte der ganzen Unternehmung wird also nicht so sehr als Lust, sondern schmerzhaft gerade als Leid erfahren. Das Reißende des Flugs bringt Jean Paul in raschen Bildmontagen zum Ausdruck, die tiefe Einblicke in die Schründe und Abgründe des elenden Weltzustands bieten.

«Was die Blancharde betrifft», notierte der von Jean Paul geschätzte Arzt, Journal-Herausgeber und Reiseschriftsteller Jonas Ludwig von Heß mit Blick auf die wohl berühmtesten Aeronauten der ersten Luftflug-Jahrzehnte in seinen

‹Durchflügen durch Deutschland, die Niederlande und Frankreich›, die nach 1793 in Fortsetzungen erschienen, «so durchfliegen sie eigentlich wenig oder nichts. Es kommt ihnen nur auf die Höhe, nicht auf den Raum an». Anders als bei der Erfindung der Dampfmaschine – und aus ihr folgend der Eisenbahn – war der unmittelbare Nutzen, der aus der Ballon-Fliegerei zu ziehen war, gering. Zwar fehlte es nicht an verschiedenen Ansätzen, die Luftschiffe lenkbar zu machen – dabei griff man in Analogie zur Seeschiffahrt zunächst zu Ruder und Segel, dann in Analogie zur Postkutsche zu potentiellen Luftzugpferden wie dem Adler –, aber alle diese Versuche blieben vergeblich, so daß ein gezieltes Reisen unabhängig von der jeweils herrschenden Wind- und Luftstromrichtung nicht erreicht werden konnte. Aus dem Katalog von Verwendungsmöglichkeiten, den 1784 – noch ganz prospektiv – Georg Christoph Lichtenberg in seinen ‹Vermischten Gedanken über die aerostatischen Maschinen› aufstellte, erwiesen sich die meisten als wenig zukunftsträchtig, und so hatten gerade noch die militärischen die meiste Fortune: bereits 1794 gab es in der französischen Armee zwei Luftschiffer-Kompagnien; Napoleon löste sie aber, ihres wenig durchschlagenden Effekts wegen, bald wieder auf.

Diese relative Nutzlosigkeit für gezieltes Reisen im Rahmen der modernen, technisch-industriell vorangetriebenen Verkehrsentwicklung wurde in der Frühphase der Ballonfahrten durch das festliche Arrangement des Aufstiegs und dessen häufig repräsentative Funktion zu großen politischen Anlässen verdeckt: etwa zur Zehnjahresfeier der Revolution 1800 in Paris, zur Krönung Napoleons 1802 und wieder zum Jahrestag dieses Ereignisses 1805, zur Hochzeit Napoleons 1810 mit Marie-Louise von Österreich oder 1814 zum feierlichen Einzug Ludwigs XVIII. in Paris... – und nicht anders in England oder Rußland. Eine ähnliche Funktion übernahmen – verstärkt in der zweiten Hälfte des 19. Jahrhunderts – Festakte zu großen technischen Glanztaten, wie z. B. zu den Eröffnungen der großen Industrieausstellungen: ihnen zu Ehren veranstaltete man Ballonaufstiege oder installierte fest verankerte Fesselballons, die verschiedentlich sogar als Besucher-Aussichtsplattform genutzt wurden. Vor allem durch das zu den Pariser Weltausstellungen von 1867 und 1878 errichtete Ballon-Himmelszeichen sollte sich auf diesem Wege die Erhebung des neuen Flugkörpers zum festen Zeichen für technischen Fortschritt anbahnen. – Für die technische Weiterentwicklung der Ballone aber war die mit dem Jahr 1821 gegebene Möglichkeit, den Wasserstoff als Füllgas durch Kohlenwasserstoff zu ersetzen, eine wichtige Voraussetzung.

Die Nichtintegrierbarkeit des Ballonflugs in eine moderne Verkehrsaufgabe, wie sie das Dampfschiff und die dampfgetriebene Eisenbahn, später der dem Benzin- und Dieselmotor zu dankende Auto-Verkehr übernahmen, hatte andererseits zur Folge, daß das Fluginstrument nur dadurch im Gespräch bleiben konnte, daß es durch immer noch sensationellere Aspekte auf sich aufmerksam machte. Zu Anfang waren dies vom Ballon aus gezündetes Feuerwerk, Fallschirmabsprünge aus der luftigen Gondel, besonders ausgefallene Passagiere wie etwa ein Pferd, aber auch die Vorführung von Kindern als kühne Luftschiffer. Einen etwas anderen Stellenwert hatten hingegen die Versuche, möglichst weite Strecken zu überwinden und möglichst große Höhen zu erreichen: sie gaben übers Abenteuer hinaus wissenschaftlichen Zielsetzungen Raum wie der immer weiter ausgreifenden geographischen Erforschung der Erde oder der Stratosphäre, der Wolken, der Gesetze des Wetters. Bereits um 1840 konzipierte Charles Green, der gerade erst im November 1836 mit seinem ‹Royal Vauxhall Balloon› eine Rekordfahrt von London bis ins Herzogtum Nassau absolviert hatte, die Überquerung des Atlantik, die allerdings erst weit über ein Jahrhundert später – 1978 – durch die Amerikaner Abruzzo, Anderson und Newman realisiert werden sollte. Aufsehen erregte nach 1858 der Photograph Nadar mit seinen ersten Photographien aus der Luft und mit seinem ins Gigantische gehenden Riesenballon ‹Le Géant›, der in verschiedenen europäischen Städten gezeigt wurde und am 19. Oktober 1863 abstürzte; der Ballon-Durchmesser betrug sechsundzwanzig Meter, die Gondel war zweistöckig konstruiert, mit allem erdenklichen Komfort ausgestattet und faßte über ein Dutzend Fahrgäste. Sensationellen Charakter trug die – gescheiterte – Nordpol-Ballon-Expedition des Schweden Salomon August Andrée. Die Höhenrekorde schraubten sich von 8000 Metern im Jahr 1862 über 10800 im Jahr 1901 auf über 16000 Meter im Jahr 1932.

Abenteuerliche Empirie. Bei dem Erprobungsflug des Ballons ‹Zenith› am 17. März 1875 war modernstes technisches Gerät in großer Fülle an Bord. Bei einem Flug des gleichen Ballons einen Monat später kamen zwei der hier abgebildeten Ballonfahrer ums Leben. Holzschnitt von E. Lix, 1875.

Die Rolle, die das Ballonfliegen in der Literatur des 19. Jahrhunderts – hauptsächlich in der Erzählliteratur, und hier vom Abenteuerroman bis zur Kriminalstory – spielen sollte, ist vor dem Hintergrund dieser Realitäten zu sehen. Natürlich zehrten die Schriftsteller von den Schlagzeilen, welche die herausragenden Flugereignisse der Zeit, die in den Zeitungen ihren Niederschlag fanden, nach sich zogen; umgekehrt hielten ihre fiktiven Schilderungen das Interesse an den wirklichen Begebenheiten der Ballon-Schifferei wach und ließen sie symbiotisch an den von ihnen entworfenen dynamischen Spannungsmustern partizipieren. Edgar Allan Poe wie Jules Verne, die mehrfach in ihren Werken einschlägige Motive gestalteten, knüpften in ihren Ballonflug-Erzählungen ‹Der Ballon-Jux› bzw. ‹Ein Drama in den Lüften› an bekannte Namen und Daten der jeweils jüngsten Aeronautik an – an Monk Masons Reise im ‹Nassau›-Ballon von Dover nach Weilburg, die im Jahre 1837 «so viel Aufsehen erregte» der eine und an «die neuesten Ballon-Versuche der Green, Eugène, Godard und Poitevin» der andere – und drehten erst von diesem Punkt aus in die suggestive Dramatik des eigenen Handlungsentwurfs ab: die Vorwegnahme der Atlantiküberquerung in der dichterischen Phantasie hier, ein turbulenter Zweikampf in der Gondel dort, der seinerseits Gelegenheit gibt, unter irrwitzigen Vorzeichen noch einmal die ganze Glanz- und Katastrophengeschichte der Ballonfahrt von ihren Anfängen herauf Revue passieren zu lassen.

Eine sehr intime Einbindung der Luftschifferei in die gesellschaftliche Problematik seiner Zeit gab Adalbert Stifter in seiner frühen Erzählung ‹Der Condor› von 1840: In spätromantischer Szenerie erwartet der Held der kleinen Geschichte am Fenster seiner Dachstube den Aufstieg des Ballons mit der bangen Frage, ob sich sein Mädchen – Cornelia – wirklich zu diesem frevelhaften Flugversuch entschlossen habe. Damit ist die aktuelle Frage der Frauenemanzipation aufgeworfen – und wird in ihrem Anspruch aus der Perspektive des Helden und des hinter ihm stehenden Erzählers negativ beschieden. Einschränkend ist jedoch anzumerken, daß es nicht erst der Feder des Wiener Dichters bedurfte, um eine Frau gen Himmel gondolieren zu lassen, sondern daß weibliche Ballon-Piloten von Beginn der Luft-Schiffahrt an eine bedeutende Rolle gespielt haben und auch früh zu den Unfall-Opfern gehörten. Bereits am 4. Juni 1784 war in Lyon Elisabeth Tible mit der Montgolfiere ‹La Gustave› aufgestiegen, und für das 19. Jahrhundert sind als allgemeines Aufsehen erregende Aeronautinnen Madame Blanchard, die ihrem Mann zeitweise sogar den Rang ablief, und Wilhelmine Reichard – ebenfalls mit einem berühmten Luftschiffer verheiratet – zu nennen.

In äußerst lebendiger Weise reagierte die Karikaturenpresse, die mit den bürgerlichen Revolutionen aus dem Boden schoß, auf die anhaltende Belebung der Luft durch die Ballonschifferei. Dabei lag es nah, sich zunächst an die kritische Perspektive nach Art der ‹Aeropetomanie› zu halten, wie sie Wieland entworfen hatte. Auf dem berühmten, ‹Verbesserung der Sitten› betitelten Kupferstich Daniel Chodowieckis von 1786 unterstreicht der durch eine Explosion ausgelöste Ballon-Absturz das schauderhafte Geschehen, das ein Moritatensänger einem entsetzten Publikum zur Abschreckung vorführt. Differenzierte politische Zusammenhänge sind in einigen Karikaturen Honoré Daumiers angesprochen: eine im Juli 1834 entstandene Lithographie zeigt, ins Gefängnis geworfen, die Aufständischen der Juli-Revolution von 1830 und hinter dem Gitterfenster einen aufsteigenden Ballon mit den magischen Daten der Revolution als Zeichen der noch nicht verlorenen Kämpfe; auf einer Lithographie von 1869 läßt der Karikaturist einen Ballon mit der Aufschrift ‹Constitution› starten, aus dessen Gondel dem Publikum massenhaft Sand in die Augen gestreut wird.

In lyrischer Auseinandersetzung mit Justinus Kerner, der sich in seinem Natur-Erlebnis durch die Vorstellung gestört sieht, bald könnten Handels-Luftschiffe über den Himmel ziehen und ihm die Sonne verdunkeln, entwickelte Gottfried Keller das Ballon-Bild zum positiven Zukunftsgaranten und Sinnbild einer sinnlich-konkreten Utopie:

> «Und wenn vielleicht in hundert Jahren
> Ein Luftschiff hoch mit Griechenwein
> Durchs Morgenrot käm' hergefahren –
> Wer möchte da nicht Fährmann sein?»

Daß die See-Schiffahrt ganz durch die Ballon-Schiffahrt abgelöst und überhaupt aller Personen- und Warenverkehr sich in der Zukunft montgolfierisch in der Luft abspielen werde, blieb jedoch vorderhand literarischem und zeichnerischem Vorwitz vorbehalten, wie zahlreiche einschlägige Witzbilder in der humoristischen Presse der Zeit oder Johann Konrad Friedrichs ‹Dämonische Reisen› von 1847 zeigen, in denen eine Petersburger Hofputzfabrikantin und ein Berliner Hofkleider-Fabrikant hoch über Mainz mit ihren Luftschiffen zusammentreffen und einen Plausch unter Geschäftsleuten abhalten.

Der ganzen Glorie der Luft-Schiffahrt zum Trotz ging der entscheidende Schritt zur wirklichen Eroberung der Luft in Richtung eines entwicklungsfähigen Flugverkehrs nicht von der Idee der mit heißer Luft oder Gas gefüllten Ballon-Kugel und den mit ihr gemachten Erfahrungen aus, sondern orientierte sich erneut – und damit ganz neu – am Flug der Vögel. ‹Der Vogelflug als Grundlage der Fliegekunst› – so lautete jedenfalls bezeichnenderweise der Titel des entscheidenden Buches von Otto Lilienthal aus dem Jahre 1889. Das Gleitgerät, das er 1891 in der Nähe Berlins erstmals erprobte, basierte auf dem Prinzip des Flügelflugzeugs, das sich durch aerodynamische Auftriebskräfte in der Luft halten und bald – mit Hilfe entsprechender Steuer- und Antriebsvorrichtungen – gezielt von Start- zu Landebahn bewegen konnte. Eine rasante technische Entwicklung stellte den Flug mit dem Ballon, der ja immer nur ein Schweben mit den Luftströmungen und oft genug ihr Spielball gewesen war, rasch in ihren Schatten: am 25. Juli 1909 startete Louis Blériot mit seiner Flugmaschine von Calais nach Dover – also exakt entgegengesetzt der Flugrichtung Blanchards im Jahre 1785 – und 1927, 50 Jahre früher, als dies mit dem einfachen, unangetriebenen Ballon nachgeholt werden konnte, und dann als ein rein sportliches Ereignis, überquerte Charles Lindbergh im Nonstopflug den Atlantik von New York nach Paris.

Zwar kam es – nach verschiedensten Experimenten mit Dampf- und Elektromotoren als Antrieb, die in die Mitte des 19. Jahrhunderts zurückreichten – durch die Konstruktion starrer, über Benzinmotoren bewegter und damit lenkbar gewordener Luftschiffe, für die der Name des Grafen Ferdinand Adolf Heinrich von Zeppelin stand, noch einmal zu einem beträchtlichen Aufschwung der Ballon-Idee. 1924, also drei Jahre vor Lindberghs Flug, glückte dem Luftschiff ‹ZR III› die Überquerung des Atlantik; 1929 umflog ‹LZ 127 Graf Zeppelin› mit einer Flugstrecke von 35 000 Kilometern den Erdball: eine weltweite und wirklich effektive Zeppelin-Ära schien sich anzubahnen. Doch in Wirklichkeit hatte der propellergetriebene und später durch Düsenschub vorangetriebene Aeroplan die dinosaurisch sich noch einmal aufblähende Luftschifferei längst überflügelt und hinter sich gelassen. Und so bedurfte es nur eines allgemein sichtbaren und allgemein verstandenen Zeichens – der Explosion des Luftschiffs ‹LU 129› 1937 bei seinem Landungsmanöver auf dem Flughafen Lakehurst in den Vereinigten Staaten –, um sie rasch und vorerst definitiv ins Abseits der rasch eskalierenden Luftverkehrsentwicklung zu schieben.

Die Episode des Zeppelin-Flugs hinterließ besonders in der deutschen Literatur noch einmal Spuren, handelte es sich doch um einen deutschen Erfinder und galt es doch, nach dem verlorenen Ersten Weltkrieg wieder internationales Terrain gutzumachen. Wieder – wie schon in der ersten Phase der Ballon-Fliegerei zum Ende des 18., Anfang des 19. Jahrhunderts – haben sich Berichte der Luftkutscher in großer Zahl erhalten, sind die Piloten mit Zeitungsartikeln und Büchern hervorgetreten und haben sich auch die Passagiere zu Wort gemeldet; schließlich war ja das Flugabenteuer, das zuvor im luftigen Korb vor sich ging, nun dank einer stabilen Kanzel, die vor Wind und Wetter schützte, und anderer Erleichterungen durch einen gewissen Komfort gekennzeichnet, der das Mitführen von Tagebuch und Schreibfeder geradezu zur Pflicht machte. Die vielleicht überraschendste schriftstellerische Auseinandersetzung mit der deutschen Nachkriegs-Luftschiff-Manie findet sich jedoch nicht in den mit hohen Auflagen verbreiteten Erlebnis- und Illustrierten-Berichten, sondern kommt aus dem literarischen Abseits. In unmittelbarer Reaktion auf den Amerika-Flug des Luftschiffes ‹ZR III› veröffentlichte der Berliner Oberdada Johannes Baader eine kleine Schrift, in der er die tieferen ‹Geheimnisse› preisgab, die sich ihm in einer eigenwillig-verspintisierten Zahlen-, Datums- und Namensmystik mit diesem Ereignis verbanden: er fühlte sich nämlich dazu berufen, dem Luftschiff das einzig bisher von ihm erblickte oder eigentlich imaginierte Weltfriedensdenkmal, das von seinem Scheitel bis in den Sternenhimmel hinaufreichte, mit auf den Weg über den Atlantik zu geben, nach Los Angeles, also in die ‹Stadt der Engel›, wo es zu voller Wirksamkeit gelangen würde.

Man sieht: die Neuerung in der Luftballonbranche stimulierte noch einmal die Schriftsteller und Poeten, aber es wäre falsch, daraus zu schließen, damit sei nun wirklich das letzte Kapitel in der Geschichte der Luftballon-Literatur abgeschlossen! Unerwartet, wie es nun einmal in der Natur der ‹Windkugeln› und – darin vergleichbar – im Wesen der Literatur liegt, deren Fortgang ebenfalls nur schwer vorauszuberechnen ist, hat sich das Ballonmotiv nicht nur über die Jahrhundertwende, sondern auch über den Ersten und Zweiten Weltkrieg bis in unsere unmittelbare Gegenwart lebendig gehalten. Einige der wichtigsten Äußerungen zum Thema stammen überhaupt erst aus unserem Jahrhundert: kam und kommt es aber zu einer solchen literarischen Weiterführung ohne jenen engen Rapport zur Realgeschichte der Ballon-Aeronautik selbst, wie er das späte 18. und das ganze 19. Jahrhundert kennzeichnet, mußten und müssen sich offensichtlich noch andere poetische Interessen an diesem Fluggegenstand ausmachen lassen, als sie schon bekannt sind. Ich verweise – stellvertretend auch für andere Autoren – auf Arno Schmidt. Die Ballonfahrt, die der ‹Gelehrtenrepublik› eingeflochten ist, unterscheidet sich in ihren einzelnen Motiven kaum von vergleichbaren Erlebnisberichten und Erzählungen, wie sie sich im 19. Jahrhundert ausprägten und durch Autoren wie Poe und Verne eine feste Kontur gewonnen haben; gebrochen aber wird das heraufgeholte, quasi zitierte historische Material durch eben jene beängstigend gegenwärtige bzw. aus der Gegenwart schon wieder in die Zukunft weisende Perspektive, die den Piloten während ihrer Fahrt «rechts ein paar kaputte Sternbilder» erscheinen läßt, während ihr Gespräch um «spaltbares Material» kreist, das USA und UdSSR auf den Mond geschossen haben: «Je nun, es war ja ‹unter Kontrolle›, wie uns alle Fortzlang versichert wurde (dabei konnte sich jedes Kind am Arsch abklavieren, daß man die Versuchsexplosion bloß in interplanetarische Räume verlegt hatte: woher wohl sonst die vielen, ungewöhnlich hellen, Sternschnuppen)?!»

Karl Riha

REISELÄNDER – METROPOLEN

Italienreisen
Kunst und Konfession

Die meisten mittelalterlichen Italienreisenden waren Gläubige, die zu den Gnadenstätten der Heiligen Stadt Rom pilgerten. Das Gros der Italienreisenden des 19. und 20. Jahrhunderts suchte (und sucht) den Süden im allgemeinen und die Kunstdenkmäler der italienischen Städte im besonderen; es erwartete historische Erbauung und ästhetischen Genuß. Die Reisemotivation änderte sich in diesem Zeitraum fundamental. Und doch gilt es, sich die Gleichzeitigkeit des Ungleichzeitigen bewußt zu halten: Auch im 20. Jahrhundert halten Katholiken noch Wallfahrten nach Rom ab. Und auch am Ende des Mittelalters waren nicht alle Reisenden aus religiösen Gründen unterwegs: Johannes Reuchlin vervollkommnete in Rom seine griechischen und hebräischen Sprachkenntnisse, während Konrad Peutinger antike Inschriften studierte; Dürer reiste der Kunst wegen nach Venedig und Konrad Celtis der Wissenschaften wegen zu den berühmten Universitäten Oberitaliens.

Doch am Anfang steht die religiöse Motivation. Ein halbes Jahrtausend lang, von 962 bis 1452, nehmen die deutschen Könige die Kaiserkrone aus der Hand des Papstes in Rom in Empfang; in einer sakralen Handlung verschaffen sie sich eine höhere Weihe und die Legitimation ihrer Oberherrschaft in weltlichen Dingen. Auch die auf dem kanonischen Recht beruhende Kirchenjustiz zieht Kleriker und Laien der nordischen Völker notgedrungen zur letzten Instanz nach Rom; im 15. Jahrhundert waren von den Notaren der römischen Rota ein Drittel Deutsche. «Der Vergleich ist gewagt, aber nicht ganz abwegig», schreibt Hubert Jedin 1951, «wie man im 19. Jahrhundert nach Amerika ging, so im 15. nach Rom!»[1] Viele Orden, insbesondere die verbreiteten Bettelorden, hatten hier ihre Zentrale. Bekannt ist, daß in einer solchen Ordensangelegenheit 1510/11 auch der deutsche Augustiner-Eremit Martin Luther in die Ewige Stadt kam. Bald darauf gingen die Pilgerreisen zwar durch die neue Religiosität der Reformation zurück, doch wurden die Verbindungen der römischen Kirche nach dem Konzil von Trient wieder enger geknüpft. Der neue, effektive Orden der Gegenreformation, die Jesuiten, breitete sich von Rom her aus, und hier wurde auch eine zentrale Ausbildungsstätte für den Norden geschaffen, das Collegium Germanicum (1552), von der aus Hunderte von Geistlichen, vor allem der höheren Ränge, die erneuerte Religiosität nach Deutschland trugen. Im Zuge der Gegenreformation nahmen auch die Pilgerströme nach Italien wieder zu; allein im Jubiläumsjahr 1675 verpflegte das Pilgerhospiz S. Maria dell'Anima in Rom 10000 Pilger aus Deutschland![2] Bis ins 18. Jahrhundert war die Masse der Italienreisenden, auch wenn sich daneben andere Interessen geltend machten, durch religiöse Motive geleitet.

Seit dem späten 16., im 17. und beginnenden 18. Jahrhundert kamen in größerer Zahl auch die Kavaliere nach Italien, um hier an den zahlreichen Universitäten und Akademien, im Angesicht der weltlichen und kirchlichen Denkmäler praktisch-wissenschaftlich zu arbeiten. Zahlenangaben sind nicht leicht zu gewinnen, aber als Anhaltspunkt können die 700 Eintragungen im Stammbuch des Schweizergardisten Hans Hoch dienen: so viele deutsche Kavaliere führte er in den Jahren 1606–1659 durch Rom.[3] Johann Georg Keyssler vermerkt in seiner ‹Neuesten Reise durch Teutschland, Böhmen, Ungarn, die Schweitz, Italien und Lothringen› (1740/41) ausdrücklich den «Nutzen in Ansehung der Alterthümer, des bürgerlichen und geistlichen Rechtes, der Teutschen Staats- und Lehens-Verfassung, Profan- Kirchen- und Natur-Geschichte, Mathematic, Mechanic, Bau- und Bildhauer-Kunst, Mahlerey und andern Wissenschaften», der vom italienischen Aufenthalt zu erhoffen sei. Nicht ohne Absicht widmete er Italien volle zwei Drittel des über 2000 Quartseiten umfassenden Werkes. Denn «zu wünschen wäre, daß, wenn ja der Teutschen übermässige Reise-Begierde ferner anhalten solte, lieber Italien, als Franckreich, und insonderheit Paris, zu einem langen Aufenthalt junger Leute erwehlet würde».[4] Zwei Dinge sind hier angesprochen: das Ideal der Kavalierstour als Bildungsreise mit geistigen Ansprüchen, mit Übung in Künsten und Wissenschaften, und die Realität der Kavalierstour als Einführung in den Genuß des Lebens auf allen denkbaren Gebieten. Paris galt nicht nur Keyßler als Gegensatz zu Rom; die ganze Reiseanweisungsliteratur ist voll von Warnungen vor dem Laster. Man braucht sich ja nur zu vergegenwärtigen, daß diese jungen Männer, kaum erwachsen und noch ohne eigene Familie, mit gespicktem Beutel in die Welt geschickt wurden. Da mochte der begleitende Hofmeister vielleicht eine mäßigende Wirkung ausüben; es konnte aber auch unversehens dahin kommen, daß er sich zum Komplizen des jungen Herrn machte, um seine Stellung bei ihm zu festigen.

Aber nicht nur Paris, sondern auch Italien, wohin Keyßler seine Schützlinge zu weisen suchte, hatte in Puncto Laster einiges zu bieten. Die Reiseberichte offenbaren deutlich: Über Jahrhunderte hinweg ist Italien den besuchenden Nordeuropäern ein Land der Sinnenlust und Ausschweifung. Die Kommentare zu dieser Seite des südlichen Lebens unterscheiden sich naturgemäß nach den Charakteren der Besucher. Die einen begriffen es als hohe Schule. Goethe berichtete aus Rom an den Herzog Carl August (29. Dezember 1787), hier könne er «mit eigenen Augen sehen und als ein aufmerksamer Naturforscher das Physische und Moralische davon beobachten».[5] Die anderen drückten ihren Abscheu aus und gewannen ein Eigenbewußtsein sittlicher Reinheit und Überlegenheit aus ihrer Ablehnung dessen, was ihnen als liederliches Lotterleben erschien. John Evelyn erfuhr 1645 in Neapel von 30000 registrierten und steuerzahlenden Prostituierten und bemerkte, es bereite keine geringe Pein, sich vor ihren Verführungskünsten zu bewahren, da sie ihre natürliche wie künstliche Schönheit ins rechte Licht zu rücken wüßten und die jungen Fremden durch Singen, Tanzen und Tausend wohlstudierte Künste zu berücken trachteten. Einige aus seiner Reisegesellschaft, fügt er hinzu, hätten ihre Reue hinterher teuer erkauft gefunden.[6]

Mehr als andere Reisen war die italienische Tour jener Zeit standardisiert.[7] Der Seeweg nach Italien wurde nur von Spanien aus mit einiger Regelmäßigkeit, von England und Frankreich aus selten, von Deutschland so gut wie nie gesucht.

Die Engländer und Franzosen überquerten die Alpen in der Regel über den Mont Cenis; die deutschen Italienreisenden nahmen gewöhnlich den Brenner und zogen über Bozen und Trient nach Venedig, der ersten großen Station ihrer Reise. Daran schloß sich als schönster und angenehmster Teil die Fahrt mit dem Postboot auf der Brenta nach Padua. Über Bologna und Loreto, eines der Hauptwallfahrtsziele der Christenheit, führte die Route nach Rom, dem Höhepunkt jeder Italienreise. Hier verbrachte man gewöhnlich die längste Zeit – wenn man es nicht vorzog, schon nach kurzem Aufenthalt nach Neapel zu gehen und eine ausführliche Besichtigung Roms für den Rückweg aufzusparen. Neapel galt wegen seiner Lage als schönste Stadt Italiens. Häufig unternahm man von Neapel aus eine Schiffsreise nach Capri, bestieg den Vesuv und besichtigte die Phlegräischen Felder, wo die Reste des Altertums am unmittelbarsten zutage traten. Nach der Mitte des 18. Jahrhunderts begannen in Pompeji und Herculaneum Ausgrabungen. Die verschütteten Städte zogen rasch auch die touristischen Liebhaber des Altertums an.

Reisen nach Sizilien waren in der älteren Zeit selten; erst durch die Beschreibung des Barons von Riedesel (1771) wurde die Insel zu einem attraktiven Ziel; die Auseinandersetzung mit den Baudenkmälern verschiedener Epochen eröffnete der Kunstbetrachtung und dem Verständnis der alten und mittleren Geschichte später neue Möglichkeiten.[8] Von Neapel kehrte man nach Rom zurück,

Johann Winckelmanns
Sendschreiben
von den
Herculanischen Entdeckungen.
An den
Hochgebohrnen Herrn,
Herrn
Heinrich Reichsgrafen von Brühl,
Starosten von Bolynow, Rittern des hierosolymitanischen
Ordens von Maltha,
Sr. Königl. Majest. in Pohlen und Churfürstl. Durchl. zu Sachsen
hochbestallten Cammerherrn ꝛc. ꝛc.
Dreßden 1762,
Verlegts George Conrad Walther,
Königlicher Hof-Buchhändler.

Der Italienreisende Johann Winckelmann gilt als einer der Begründer der Archäologie und Kunstwissenschaft in Deutschland. Titelkupfer seines Berichts über die Ausgrabungen in Herculaneum am Fuße des Vesuvs, Dresden 1762. Tübingen, Universitätsbibliothek.

und von dort über Florenz in den Norden. Damit ist der *giro d'Italia* im wesentlichen beschrieben. Die ganze Reise dauerte mindestens vier Monate, nicht selten ließ man sich aber auch über ein Jahr Zeit. Nach Möglichkeit wurde die Reise nach den klimatischen Bedingungen und dem religiösen Festkalender ausgerichtet, und zwar dergestalt, daß man den Sommer vermied, im Oktober von Norden her einreiste, den Winter in Rom oder Neapel verbrachte, die Karwoche unbedingt in Rom, den Karneval und die Vermählung des Dogen mit dem Meer (Christi Himmelfahrt) in Venedig, eventuell im Frühsommer noch die Messen in Padua, Vicenza und Reggio mit ihren Opernaufführungen mitnahm und den Sommer entweder in Florenz, dessen Klima als besonders günstig galt, zubrachte, oder schon vor Eintritt der großen Hitze die Alpen überschritt.

Die Verkehrsmittel änderten sich im beschriebenen Zeitraum kaum. Man benutzte gewöhnlich die Postrouten. Praktischer war es noch, mit einem Fuhrmann (Vetturino) einen Gesamtpreis zu vereinbaren, der Fuhrwerk, Pferdewechsel und Mahlzeiten unterwegs einschloß. Von Rom nach Neapel und zurück waren auch im 17. Jahrhundert schon vierzehntägige Pauschalreisen üblich, bei denen Tagesausflüge nach Pozzuoli und auf den Vesuv eingeschlossen waren.[9] Die extremen Schwierigkeiten der Alpenpässe nötigten teilweise zu einem Verzicht auf die Kutschen. So hatte etwa der Mont Cenis keine Fahrstraße; die Reisenden wurden von Einheimischen in Tragsesseln über den Paß getragen. Fußreisen waren selten: eine berühmte Ausnahme jedoch Johann Gottfried Seume; aber auch er verzichtete bei seinem ‹Spaziergang nach Syrakus im Jahre 1802› nicht völlig auf Kutschen. Grundsätzliche Veränderungen des Transportwesens ergaben sich erst in der zweiten Hälfte des 19. Jahrhunderts durch die Eisenbahn. Dieses bequeme Verkehrsmittel führte zu einem Boom des Tourismus (über den allerdings auch vorher schon manche Italienliebhaber gestöhnt hatten). Einem langjährigen Bewohner Roms konnte es so scheinen, als bedeute das neue Verkehrsmittel das Ende der alten Herrlichkeit. Ferdinand Gregorovius notierte 1881: «Die Umformung der Stadt macht immer mehr Fortschritte – und so wenig schont man dabei der geschichtlichen Erinnerungen, daß es ein Jammer ist, diesen Vandalismus und Amerikanismus mit anzusehen [...]. Die Legende ‹Rom› überhaupt ist schon durch die Eisenbahn zerstört worden. Wenn die Reise hierher einst eine Pilgerfahrt und sicherlich ein Ereignis im Leben der Menschen war, so macht man sie jetzt mit Tourbilletten in kürzester Zeit ab, und so ist die Unerreichbarkeit Roms für das profanum volgus aufgehoben.»[10]

Ein wichtiges Element der Kavalierstour und der Bildungsreise war über Jahrhunderte hinweg auch die politische Bildung gewesen. Man informierte sich von Stadt zu Stadt und von Territorium zu Territorium über Verfassung und Regierungspraxis (insbesondere Luccas Eigenarten fanden immer Interesse; auch Republiken wie San Marino zogen bisweilen Besucher an). Im Zeitalter des Absolutismus war bewahrte Selbstverwaltung in Städten von besonderer Bedeutung. In der Epoche der Aufklärung wurden die als dekadent empfundenen Oligarchien (etwa in Venedig und Genua) Gegenstand der Kritik. Eine wichtige Neuorientierung der deutschen Italienliteratur bewirkte Johann Wilhelm von Archenholtz mit seinem Werk ‹England und Italien› (1785). Er stellte das zurückgebliebene Italien dem avancierten England entgegen; er kontrastierte die italienischen Formen der Öffentlichkeit (religiöse Prozessionen, volkstümliches Brauchtum, Karneval) scharf mit den englischen (freie gesellschaftliche Zusammenschlüsse, politische Aufzüge, Parlamentswahlen). Im Zeitalter der Revolution konnte Italien mit seinen Erinnerungen an Kaisertum und Papstherrschaft als Land einer feudalen Stabilität erscheinen, welches einem zum Katholizismus konvertierten Konservativen wie dem Grafen Friedrich Leopold von Stolberg politisch-religiöse Besinnung in einer unruhigen Zeit verhieß.[11] Im 19. Jahrhundert wandelte sich die politische Italienwahrnehmung der Deutschen unter dem Einfluß des aufkeimenden Nationalismus. Deutschland und Italien erschienen nun als gleichermaßen verspätete Nationalstaaten; die Problematik der Freiheit von ausländischer Hegemonie und des Zusammenschlusses der einzelnen Territorialstaaten rückte in das Zentrum des Interesses.[12]

Nach Italien lockten allerdings nicht nur Altertum, Bildung oder Religion, sondern auch das Klima und die heilkräftigen Quellen. Manchmal ließ sich auch das eine mit dem anderen sehr direkt verbinden: im 16. Jahrhundert sorgte Michel de Montaigne in Loreto für sein seelisches, in den Bädern bei Lucca für sein körperliches Heil. Im 19. Jahrhundert wurden Bade- und Erholungsreisen in den Süden weithin üblich; neben berühmten Namen wie Heine und Nietzsche müßte man unzählige unberühmte nennen. Das gesundheitliche Motiv der balsamischen Lüfte und der heilkräftigen Quellen zieht sich durch die Italienreiseliteratur von ihrem Beginn bis heute. Wir haben auch kaum Grund anzunehmen, die sinnliche Wahrnehmung des Mediterranen sei eine Sache später, romantischer, ästhetisierender Zeiten. Die frühen Quellen mögen weniger überschwenglich sein und weniger elegant im Ausdruck; aber wer danach sucht, wird reichlich Indizien finden. Ein verhältnismäßig trockener Tagebuchschreiber wie John Evelyn, der sich der italienischen Küste zu Schiff von Südfrankreich her näherte, notierte 1644 als einen der ersten Eindrücke Italiens die Gerüche, die der Wind aufs Meer hinaustrug: «Die besonderen Freuden Italiens [...], die natürlichen Düfte der Orange, der Zitrone und des Jasmins [...].»[15]

Ein reisender Protestant, der etwa, wie Thomas Coryate 1608, aus England kam, sah den ersten Pilger seines Lebens wohl schon in Frankreich. Er traf in der Nähe von Amiens einen Mann, der aus Santiago de Compostela kam und nach Rom unterwegs war (aber offenbar nicht auf dem direkten Wege): «Er hielt dem Brauch der Pilger gemäß einen langen Stab in der Hand, mit einem Knoten, wie Pilgerstäbe ihn zu haben pflegen. Um den Hals trug er eine Kette von ungewöhnlich großen Perlen und an der Seite ein Kästchen, in dem er ein Bildnis Unserer Lieben Frau, Christus auf dem Arm, verwahrte.»[16] In dieser Begegnung kann man die Begegnung der protestantischen mit der katholischen Welt symbolisiert sehen. Symptomatisch ist auch, daß sich der Engländer dem weitgereisten Pilger sofort durch seine Bildung überlegen fühlte und an derselben Stelle vermerkte: «Er war ein einfältiger Geselle und sein Latein so schlecht, daß ein gewöhnlicher Schüler vom Lande in England Prügel bekommen hätte, sollte er nicht besser gesprochen haben.» Die Reise nach Italien bedeutete für Protestanten stets eine Auseinandersetzung mit der katholischen Welt. Im 19. Jahrhundert, zur Zeit der Italienschwärmerei, konnte Heinrich von Treitschke (1879) angesichts des Lateran mit dem Blick auf die Campagna schreiben: «Wer das gesehen, der begreift, daß Italien nur katholisch sein kann [...].» Doch ebenso charakteristisch ist die Einschränkung, die sofort folgt: «[...] aber wie ein Nordländer darüber zum Konvertiten werden kann, begreif ich nicht [...]. Ich habe doch nicht ohne Bewegung das Kloster am Fuße des Monte Pincio gesehen, wo Luther einst wohnte, und Gott gedankt, daß dieser Mann für alle die Herrlichkeit um ihn gar kein Auge hatte; was wäre sonst aus der Welt geworden?»[17] Seit dem 16. Jahrhundert gewannen reisende Protestanten ihr Selbstverständnis aus der Abgrenzung gegen die katholische Sinnenfülle Italiens. John Evelyn, der 1646 durchaus nichts dagegen hatte, die Pantoffeln des Papstes zu bewundern und die vatikanischen Gemächer Gregors XIII. die stolzesten und königlichsten der ganzen Welt zu nennen; ein Mann, der in Rom mit den Jesuiten tafelte und die Patenschaft für einen neubekehrten Juden und einen Türken übernahm, fand doch die Prozessionen der Karwoche in Rom «schrecklich, wirklich ein heidnischer Pomp».[18] Keyßler referiert zwar getreulich alle Wunder, die bei der Translation des Heiligen Hauses von Nazareth nach Loreto vorgefallen sein sollen, bemerkt aber zugleich, daß für die Vorfälle des Jahres 1291 keine früheren Berichte als aus dem späten 15. Jahrhundert vorliegen.[19] Die Heiligtümer der Katholiken werden zwar ausführlich beschrieben, aber in den Einzelheiten sind nicht selten abschätzige Bemerkungen versteckt: Der schwarzen Madonna «fehlet [...] nichts, als eine dicke Ober-Lefze, um einer Mohrin vollkommen ähnlich zu sehen».[20] Oder: «Die Schale, woraus die h. Jungfrau zu essen pflegte, ist von der Gestalt eines kleinen Spühl-Kumpes [...].»[21]

Ausläufer des konfessionellen Zeitalters findet man auch bei Johann Caspar Goethe, der gleichzeitig Italien bereiste. «Man müßte aber schon sehr dumm und in Vorurteilen befangen sein, um so etwas glauben zu können [...]», schreibt er sehr direkt.[22] Für ihn sind das Betrügereien eines cleveren Papstes; die Motive sind ganz einfach kommerzieller Art. Johann Wolfgang von Goethe, dem ein halbes Jahrhundert später auf seiner eigenen Reise die Route des Vaters stets gegenwärtig war, vermied Loreto. Auf seiner persönlichen Bildungsreise konnte er an einem solchen Ort keinen Gewinn erhoffen, und an die Vorgaben der konventionellen Kavalierstour fühlte er sich nicht mehr gebunden.

Interessant ist in dieser Beziehung ein abschließender Blick auf den 1786 gleichzeitig mit Goethe in Italien reisenden Karl Philipp Moritz.[23] Er kam ebenfalls aus dem protestantischen Bereich, hatte aber durch die Aufklärung, den Pietismus und seine eigene religiöse Entwicklung Elemente der Toleranz und Humanität aufgenommen, die ein neues Zeitalter bezeichnen. Er reiste in ganz anderem Geist nach Loreto als die Protestanten früherer Generationen. Er wohnte und aß mit den Pilgern. Er genoß den majestätischen Ausblick über das Meer und die Schönheiten des erhabenen Ortes. Der Schatz der ‹Casa Santa› wird ausführlich beschrieben, und selbst sonderbare Wunder werden – wenn auch mit leichter Distanz berichtet – nicht unterdrückt. Die Haltung ist als einfühlend zu bezeichnen: Moritz beschreibt, wie nach seiner Vorstellung der Gnadenort auf einen gläubigen Katholiken wirken mußte. Schließlich erwirbt er sich sogar einen «artigen Rosenkranz» und antwortet auf die Frage, ob er ein Katholik sei, ohne jede Nötigung mit einem Ja – nur, um den Frager nicht zu enttäuschen. Eine Abgrenzung hält er nicht mehr für geboten. Das konfessionelle Zeitalter ist offenbar zu Ende.

Die Wallfahrt nach Loreto war für Moritz nur eine Episode. Sein Ziel war eigentlich das Italien der Kunst. Wenn Wilhelm Heinse 1782 über Rom schreibt: «Für die bildenden Künste bleibt es ohnedem die Hauptstadt der Welt, mit welcher keine andre kann verglichen werden»,[24] so drückt er die *communis opinio* seiner Zeit aus. Italien war schon seit dem 16., ja 15. Jahrhundert das Mutterland der Künste gewesen: der Musik, der Malerei, der Plastik und der Architektur. Der europäische Kulturzusammenhang hat in Italien sein Zentrum: ohne Italien keine Kunst. Reiner Geschmack, das galt in ganz Europa fraglos bis ins späte 19. Jahrhundert (mit wenigen markanten Ausnahmen), gab es nur in der klaren Luft des Südens, in den reinen Proportionen italienischer Form, im Rückbezug auf die Antike.

Besonders deutlich ist das in der Malerei. Schon seit dem 15. Jahrhundert suchten die niederländischen Maler in Italien Kenntnisse und Inspiration; im 17. Jahrhundert bildete sich gar eine italianisierende Richtung aus, die Kolorit und Licht des Südens auch auf die Landschaftsmalerei des Nordens übertrug. Daß sich ein eigenständiger Künstler abseits stellte und mit Absicht nicht nach Italien ging, war selten (Rembrandt als berühmtester wäre hier zu nennen).

Dasselbe gilt für Frankreich. Ein unübersehbarer Strom von Künstlern zog aus dem Norden in den Süden. Mancher kehrte nach Lehr- und Wanderjahren in die Heimat zurück; manch einer ließ sich aber auch in Italien nieder und fand ein Auskommen, indem er seinen reisenden Landsleuten als Führer zu den Kunstwerken oder als Hersteller von Souvenirs diente – von Handzeichnungen und Aquarellen zu Veduten und gar Ölgemälden großen Stils. In dieser Entwicklung haben auch die Engländer und die Deutschen ihren Platz. Seit dem Dreißigjährigen Krieg finden wir mehr und mehr Deutsche an der Malerakademie San Luca in Rom eingeschrieben. Die klassischen Meisterwerke der Renaissance zogen die Maler magisch an. Schon 1645 bemerkte John Evelyn beim Besuch des Vatikan, man könne nie hineinkommen, ohne junge Maler beim Kopieren der Meisterwerke zu finden. Aus allen Teilen Europas kämen die Geschicktesten, um Studien nach Raffael zu machen.[25] Diese Tendenz nahm bis zum 19. Jahrhundert immer mehr zu. Bereits im 18. Jahrhundert galt das Vorurteil, daß man nur in Rom zum Maler werden könne. Daran glaubten die Nazarener, die mit der Bemühung um die Erneuerung der Kunst und dem Rückgriff auf die Maler vor Raffael die Idee einer Erneuerung des Lebens aus dem Geiste mittelalterlicher Frömmigkeit verbanden (Peter Cornelius, Friedrich Overbeck, Johannes Veit usw.).[26] Daran glaubten aber auch noch spätere, ganz anders geartete Maler wie Anselm Feuerbach, Hans von Marées und Arnold Böcklin. Ihr Eifer wurde unterstützt und genährt durch die Öffnung und Zentralisierung der Sammlungen vor Ort, namentlich die Gründung des Capitolinischen Museums (1734) und des Vatikanischen Museums (1775). Seit Anton Raffael Mengs in den 1740er Jahren in Rom gearbeitet hatte, riß der Strom deutscher Maler nicht mehr ab. Am folgenreichsten für die Kunstgeschichte war aber wohl der Einzug Johann Joachim Winckelmanns 1755 in Rom. Er brachte es zum Oberaufseher der Altertümer in und um Rom. Seine selbstbewußten Worte in einem Brief von 1756 nehmen sich im nachhinein als in Erfüllung gegangene Prophezeiung aus: «Ich glaube, ich bin nach Rom gekommen, denenjenigen, die Rom nach mir sehen werden, die Augen ein wenig zu öffnen; ich rede nur von Künstlern: denn alle Kavalier[e] kommen als Narren hier und gehen als Esel wieder weg [...]».[27]

Das Augenöffnen begann mit der ‹Geschichte der Kunst des Altertums› (1764). Winckelmann wurde zu einem Wegbereiter klassizistischer Ästhetik. Sein Werk ist gewissermaßen der Anfang einer neuen Kunstgeschichte durch eine fundierte Archäologie. Doch beschränkt sich Winckelmanns Wirkung nicht auf seine wissenschaftliche Ausstrahlung, vielmehr scheint seine persönliche, jeden-

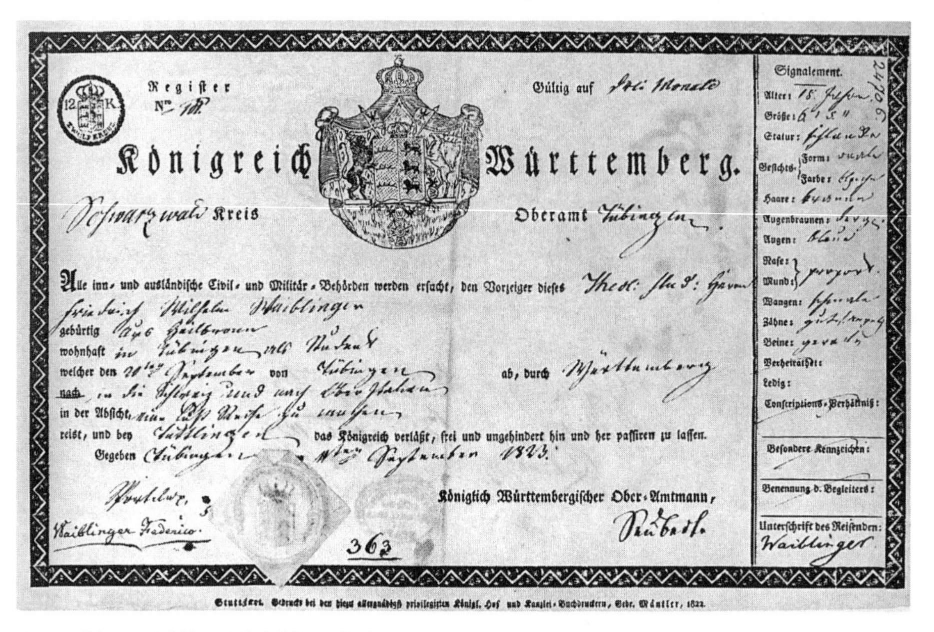

Register
N°

Gültig auf

Königreich Württemberg.

Schwarzwald Kreis Oberamt Tübingen

Alle inn- und ausländische Civil- und Militär-Behörden werden ersucht, den Vorzeiger dieses
Friedrich Wilhelm Waiblinger
gebürtig
wohnhaft in Tübingen
welcher den September von Tübingen ab, durch
nach in die Schweiz und nach Oberitalien
in der Absicht, eine Lust-Reise zu machen
reist, und bey das Königreich verläßt, frei und ungehindert hin und her passiren zu lassen.
Gegeben Tübingen September 1823.

Königlich Württembergischer Ober-Amtmann,

Waiblinger Federico

363

Signalement.
Alter:
Größe:
Statur:
Gesichts- Form:
Farbe:
Haare:
Augenbraunen:
Augen:
Nase:
Mund:
Wangen:
Zähne:
Beine:
Verheirathet:
Ledig:
Conscriptions-Verhältniß:
Besondere Kennzeichen:
Benennung d. Begleiters:
Unterschrift des Reisenden: Waiblinger

Stuttgart. Gedruckt bei der hiezu allergnädigst privilegirten Königl. Hof- und Kanzlei-Buchdruckerei, Gebr. Mäntler, 1822.

Der Tübinger Stiftler Friedrich Wilhelm Waiblinger beantragt im September 1823 einen Paß, um eine «Lust-Reise zu machen». Reiseziel waren die Schweiz und Oberitalien. Amtsformular, ausgestellt in Tübingen 1823.

falls im Blick auf das Italienerlebnis der Deutschen, nicht weniger bedeutend. Sein Wort, er habe in Italien allererst angefangen zu leben, klingt wieder in Goethes Bemerkung: «Denn es geht, man darf wohl sagen, ein neues Leben an, wenn man das Ganze mit Augen sieht, was man teilweise in- und auswendig kennt.»[28] Und Goethes ‹Italienische Reise› (1816/17, 1828), Dokument eines biographischen Umbruchs und einer vertieften Einsicht in Kunst und Geschichte, prägte wie kein anderes einzelnes Werk das Italienerlebnis der Deutschen seitdem. Seine Fahrt enthält zwei wichtige psychologische Elemente, die sich auch in den Briefen Winckelmanns schon finden: Ein Element der Flucht aus den als bedrückend empfundenen deutschen Verhältnissen und ein Element der Selbstfindung unter den günstigen Bedingungen des Südens, der Freiheit, des Umgangs mit Kunst und Altertum. In einem Brief an Charlotte von Stein schreibt er: «[...] ich habe mich auf dieser Reise unsäglich kennen lernen. Ich bin mir selbst wiedergegeben [...].»[29] Man hat mit Blick auf Goethe mit Recht von einem «Paradigmenwechsel» gesprochen: «vom frühaufklärerischen Streben nach Wissensaneignung zum romantischen Bedürfnis der Persönlichkeitsbildung».[30] Das Erbe Goethes verfolgte die deutschen Italienreisenden des 19. Jahrhunderts, und zumindest die weniger Oberflächlichen unter ihnen, etwa der Maler Anselm Feuerbach, bezogen dieses Erbe mit Ernst auf sich selbst. Im Angesicht von Rom notiert er: «Bei diesem Namen hört alles Träumen auf, da fängt die Selbsterkenntnis an, und Rom, die alte Zauberin, weist einem jeglichen Menschenkind seinen Platz an. Meine italienische Fahrt ist ein Stück Entwicklungsgeschichte im echten Sinn des Wortes und voll, voll Poesie.»[31]

Das Problem des Verhältnisses von Fremdem und Eigenem stellt sich den

Italienreisenden so: In der älteren Zeit wird Italien als prinzipiell gleichartig aufgefaßt, ist also von Deutschland nur im Detail, in der jeweiligen Ausprägung verschieden. «Italien und Deutschland kommentieren sich gegenseitig und gelten demgemäß als zueinander analoge Länder, die gerade ihrer grundsätzlichen Übereinstimmung wegen für den ernsthaften Reisenden von Interesse sind.»[32] Diese Haltung ändert sich in der zweiten Hälfte des 18. Jahrhunderts durch das zunehmende Bewußtsein für die Eigenart jeder Kultur. Mehr und mehr erscheint den Reisenden Italien als ideale Ergänzung zu Deutschland. Im 19. Jahrhundert schließlich wird diese Auffassung topisch. Ferdinand Gregorovius schreibt 1877, er könne «nicht mehr den Zusammenhang mit der lateinischen Welt entbehren; denn diese ergänzt ja unsre eigene, die germanische.»[33] Und Fontane 1879 in Rom: «Man wird bescheiden und erkennt, wie unendlich viel wir von dieser Scholle Erde empfangen haben und noch heute lernen können; aber daß unser Norden sein gutes Recht hat, nach seiner eigenen Art zu sein, das fühle ich doch ebenso lebhaft.»[34]

Zum Schluß sei nicht verschwiegen, daß sich mit dem Aufschwung des Tourismus auch die Zeugnisse von Bildungsreisenden mehren, die zwar aus Konvention nicht auf eine Reise in den Süden verzichten mochten, sich dann allerdings vor Ort schnell geschlagen gaben angesichts der Fülle von Kunst und Kirchen, von Antiquitäten und Ruinen. Ein Überblick über die Italienreisen wäre unvollständig, kämen nicht noch wenigstens zwei dieser Bekenntnisse über zuviel Kunst zur Sprache. Ernst Haeckel 1859 über das römische Mittelalter: «Alle diese ungeheuren Mengen von Bildern aus der christlichen Mythologie, denen man hier überall in Haufen begegnet, diese 10000 Madonnen und 100000 verschiedenen Heiligen mit ihren Wunder- und Märtyrergeschichten sind mir in toto sehr gleichgültig geblieben.»[35] Und Theodor Fontane 1874 über Rom: «Die großen Sachen sind mit Liebe und Gewissenhaftigkeit absolviert; die tausend andren, für Kunst- und Kulturgeschichte *lehrreichen* Nummern, die noch bleiben, erheischen nicht das Auge eines Reisenden, sondern das eines Studierenden, die Arbeit eines Lebens. In dieser Erkenntnis schnüre ich frohen Mutes mein Bündel. Das Mögliche ist geleistet worden und, wie ich kühnlich hinzusetze: für *meine* Verhältnisse gerade genug...»[36]

Michael Maurer

Tour de France
Frankreich als Ziel deutscher Reisender

Es «scheinet fast eine allgemeine Seuch in Teutschland / daß jederman den Puls seines Beutels / sich müsse nothwendig zuvor in Franckreich begreiffen lassen / bevor er recht ruhen kan». So harsch urteilte 1674 ein anonymer Kritiker über den Reise-Boom nach Frankreich, der nach dem Ende des Dreißigjährigen Krieges vor allem die höheren Stände des Heiligen Römischen Reichs Deutscher Nation gen Westen zog, damit dort, im Lande vornehmer Lebensart, «das teutsche Bely mit dem Frantzösischen Quecksilber vermischet werde».[1] Denn nach der kriegsbedingten kulturellen Stagnation in den deutschen Territorien galt es gerade für die adeligen Führungsschichten, wieder Anschluß an die zivilisatorische Entwicklung Europas zu gewinnen, die, bedingt auch durch die militärische Vormachtstellung Frankreichs auf dem Kontinent, wesentlich im Banne dieser Nation stand. Bis weit ins 18. Jahrhundert hinein lautete daher in deutschen Landen die Maxime: «Ein Deutscher von edlem Geblüt / soll anders seine Aufführung gut geheißen werden / muß er vor allererst nach Paris eylen», was er um so lieber tat, konnte er sich nach zeitgenössischer Ansicht «doch gleichwohl nirgendswo besser ergetzen und in Freyheit leben als in Franckreich».[2] Dies setzte allerdings voraus, daß man über die entsprechenden finanziellen Mittel verfügte, was in diesem Zeitraum nur auf eine äußerst schmale Oberschicht zutraf. Die Wertschätzung Frankreichs beruhte vor allem auf dem immensen Renommée seiner Ritterakademien, auf dem rapiden Vordringen der französischen Sprache in Literatur, Wissenschaft, Diplomatie wie vor allem im höfisch-gesellschaftlichen Umgang und auf der Verbreitung des Bildungsideals eines ‹galant homme›.[3] Die politische Leitbildfunktion des französischen Absolutismus, die sich am prunkvollen Hof des Sonnenkönigs Ludwig XIV. sichtbar manifestierte, trug ein Übriges dazu bei, daß der deutsche Adel in Scharen nach Frankreich reiste. Dessen Stellenwert innerhalb der länderübergreifenden Reisepraxis der Kavalierstour stieg daher ständig, so daß – wie ein zeitgenössischer Beobachter 1707 meinte – «in Franckreich zu S. Germain oder Versailles die Deutsche Nation auff einem Klumpen beysammen sitzet / und rottenweise hin und her spazieret».[4]

Dabei ist jedoch nicht zu übersehen, daß die kulturellen Standards und insbesondere die adelsspezifischen Vergnügungsmöglichkeiten, die das Reiseverhalten der höheren Stände leiteten, für die weitaus überwiegende Zahl der Reisenden nur indirekt galten. Zum einen führte die Kavalierstour mehr nicht-adelige Reisebegleiter ins Ausland als aristokratische oder patrizische Kavaliere, die in der Regel nur mit einem mehr oder minder großen Troß von Hofmeistern und Dienern reisten. Und gerade die zumeist frisch von der Universität kommenden bürgerlichen Reise-Hofmeister nutzten die für sie unter anderen Umständen nahezu unerschwingliche Möglichkeit eines längeren Frankreich-Aufenthaltes nicht nur als Broterwerb, sondern auch für ihre eigenen Bildungsinteressen, knüpften Kontakte zur französischen Gelehrtenwelt und widmeten sich eigenen Studien – wenn sie nicht in den Sog der oftmals allzu vergnügungssüchtigen jungen Kavaliere gerieten, die sie in elterlichem Auftrag eigentlich zu überwachen und zu den einschlägigen galanten Exerzitien anzuhalten hatten. Zum anderen ließ die vor allem durch den deutschen Adel wirksam propagierte Vorbildhaftigkeit der französischen Kultur unzählige deutsche Künstler, Kunsthandwerker aber auch einfache Handwerksburschen zu Fuß nach Frankreich ziehen. Dort vervollkommneten sie bei französischen Meistern ihre Ausbildung, um die an den deutschen Höfen wie in deren Umfeld so beliebte Architektur, Musik, Malerei, Mode oder Kunsttischlerei der Grande Nation nach ihrer Rückkehr in die Heimat desto besser nachahmen zu können.

In offiziellem fürstlichen Auftrag, zuweilen aber auch aus eigenem Antrieb, begaben sich darüber hinaus nicht wenige bürgerliche Gelehrte, Wissenschaftler und Fachbeamte nach Frankreich, denn dank der Initiativen Ludwigs des XIV. war die französische Hauptstadt seit dem ausgehenden 17. Jahrhundert zu einem wichtigen Zentrum der europäischen Gelehrtenrepublik aufgestiegen, das viele reich ausgestattete Bibliotheken, renommierte Königliche Akademien und angesehene wissenschaftliche Institute beherbergte. So blieb etwa der junge Mainzer

Abschiedsszene vor einem Pariser Post- und Gasthof, von dem aus, wie die Hausinschrift bezeugt, auch Linien nach Deutschland verkehrten. Kupferstich, um 1800.

Justizrat Gottfried Wilhelm Leibniz gleich mehrere Jahre zu mathematisch-naturwissenschaftlichen Studien in Paris, wohin er in den 1670er Jahren eigentlich in diplomatischer Mission entsandt worden war. Deutsche Ärzte studierten in Straßburg, Montpellier oder an der Seine, hatte sich doch die als inferiores Handwerk betrachtete Chirurgie zuerst in Frankreich erfolgreich von der traditionellen Schulmedizin emanzipiert.

Nach dem Ende des Siebenjährigen Krieges, der für die Praxis der Kavalierstouren eine nicht unwesentliche Zäsur darstellt, nutzten neben dem Adel nun auch immer mehr bürgerliche Passagiere das sich verdichtende Netz öffentlicher Postkutschenverbindungen zu einer Frankreich-Reise. Mit kritischem Blick auf die noch immer kolportierte adelsspezifische Aura des Landes sowie mit moralischen Vorbehalten gegenüber dem Glanz seiner vielfältige Vergnügungsmöglichkeiten bietenden Kapitale bezweifelten die deutschen Bürger – wie etwa Johann Gottfried Herder, Isaak Iselin oder Johann Peter Willebrandt – zwar, «daß für einen Deutschen der Nutzen, welcher von hier geholet wird, so groß sein kann, als die Gefahr ist, verführet zu werden».[5] Doch selbst die Reisenden aus dem aufstrebenden und zunehmend die Annehmlichkeiten geographischer Mobilität erobernden Bürgerstand, die sich im Zeitalter der Aufklärung einem rationalen, nützlichkeitsorientierten und standesübergreifenden Bildungsideal verpflichtet fühlten, erlagen rasch der Faszination der *Capitale du Monde,* deren imposante Bauwerke, kulturelle Angebote und zum Teil vorbildliche Sozialeinrichtungen sie ebenso in Augenschein nahmen, wie sie – ganz im Gegensatz zu den adeligen Reisenden – auch den «Anblick des höchsten Elends», der fast überall als «schwarzer Schatten neben den blendenden Glanz» fiel, empfindsam registrierten.[6] Der Reiseverkehr nach Frankreich stieg so unaufhaltsam an. 1787 stellte Johann Jacob Volkmann lakonisch fest: «Unter allen europäischen Reichen wird keines so stark besucht als Frankreich.»[7]

Dies änderte sich jedoch im Verlauf der Französischen Revolution, die die traditionelle Touristik weitgehend abbrechen ließ, dafür nun aber den Typus des politisch motivierten Revolutionsreisenden auf den Plan rief, der nach Frankreich zur Wiege einer neuen demokratischen Kultur pilgerte, in der Nationalversammlung wie bei den Zusammenkünften der Jakobiner politischen Anschauungsunterricht genoß und die Ruinen der im Juli 1789 ‹gestürmten› Bastille als Denkmal des überwundenen Despotismus bewunderte. Im Umkreis der in Paris lebenden deutschen Revolutionsanhänger entstand sogar ein kleiner deutscher Klub, der diesen auswärtigen Besuchern offenstand. Mit dem Ausbruch des Ersten Revolutionskrieges im Sommer 1792, mehr noch aber mit der Terreur und wachsenden Xenophobie unter der Jakobiner-Diktatur 1793/94 versandete für kurze Zeit allerdings auch dieser keineswegs unbedeutende Zustrom deutscher Reisender. Statt dessen führte die von Johann Wolfgang von Goethe im Altersrückblick allzu euphemistisch beschriebene ‹Campagne nach Frankreich› Zehntausende deutscher Soldaten zwangsweise mit den Interventionstruppen des Herzogs von Braunschweig bis nach Valmy auf französischen Boden, wo nicht wenige desertierten oder in Kriegsgefangenschaft gerieten. Dort genossen sie gegen ihr Ehrenwort – wie später die unter Napoleon deportierten Geiseln – oft einen erstaunlich großen Bewegungsspielraum im Feindesland, den diese in die Provinzen Nord- und Ostfrankreichs verschlagenen unfreiwilligen Reisenden nicht selten zu weiträumigen Erkundungen zu nutzen verstanden.[8] Und für politisch engagierte deutsche Revolutionssympathisanten, die sich in ihrer Heimat zunehmend bedrohlicher werdenden Verdächtigungen ausgesetzt sahen, bot sich Straßburg oder Paris als rettendes Exil an.

Während der deutsche Adel die wehrhafte junge Republik begreiflicherweise bis ins Napoleonische Kaiserreich als Reiseziel mied, nahmen die Bürger das Paris des Directoire nun an ihrer Stelle genießend in Besitz. Was sie aber vor allem anzog, waren die von dem jungen General Bonaparte erst aus Italien, dann aber bald aus ganz Europa als Kriegsbeute zusammengeraubten Kunstschätze, die durch die konfiszierten Vermögen des französischen Königshauses, der Kirche wie der emigrierten Aristokratie komplettiert und in den Pariser Museen – vor allem im Louvre – erstmals in konzentrierter Form der Öffentlichkeit zugänglich gemacht wurden: «Alle Zeitungen sprachen von dem Vortheil und der Bequemlichkeit, jetzt in Paris die berühmtesten Kunstwerke der alten und christlichen Zeit vereinigt zu finden, die man sonst auf einer weiten Reise in verschiedenen Ländern und Städten hatte aufsuchen müssen; und so wanderten scharenweise Künstler, Kunstfreunde und Neugierige zu diesem Zweck nach der französischen Hauptstadt.»[9] Daneben wuchs auch der diplomatische Reiseverkehr in die Seine-Metropole, die dank der Eroberungsfeldzüge des sich selbst zum Kaiser krönenden korsischen Aufsteigers nicht nur zum gesellschaftlichen Mittelpunkt der europäischen Aristokratie wie des Großbürgertums, sondern auch zum eindeutigen Machtzentrum Europas avanciert war: «Von allen Seiten eilten Teutsche Prinzen und Unterhändler nach dem Mittelpuncte des neuen fränkischen Kaiserreiches hin, um Verbindungen zu befestigen oder anzuknüpfen.»[10] Und dessen kulturelle Bedeutung und Ausstrahlung ließ zahlreiche deutsche Schriftsteller – wie Friedrich Schlegel, Adalbert von Chamisso, Achim von Arnim, Heinrich von Kleist oder Ludwig Uhland – in Paris verweilen.

Dagegen führten die alliierten Feldzüge der Napoleonischen Kriege, die 1814 und 1815 mit der Einnahme der französischen Hauptstadt das Schicksal des Kaiserreichs besiegelten, wiederum große deutsche Truppenkontingente nach Frankreich, aber auch manche Kriegstouristen, die mit stolz geschwellter Brust ihr in den Befreiungskriegen erwachtes, antifranzösisches Nationalbewußtsein an der Seine zur Schau trugen. Einer dieser Reisenden fand 1815, ganz «Berlin sey aus Berlin gezogen, um Paris zu sehen»: «Jeder Preuße grüßt den andern mit einer fröhlichen Mine, die da sagt: Wir sind gerächt.»[11]

Die aus dem territorial zersplitterten, hauptstadtlosen Deutschland kommenden Reisenden faszinierte die Zentralität der Seine-Metropole, die ihnen als Inkarnation ganz Frankreichs erschien, natürlich in besonderer Weise. Die Bedeutung der französischen Provinzen als Reiseziel trat so hinter der Anziehungskraft der *Capitale du Monde* zurück. Zwar hatten die höfischen Kavalierstouren die deutschen Adeligen auch durch die Provinz geführt, von den Ritterakademien in Nancy, Orange, Blois oder Angers bis zu den adeligen Landschlössern der Ile de France und der Loire. Doch diese Reisenden standen auch dort ganz im Banne der aristokratischen Repräsentationskultur und beschränkten ihre Wahrnehmungen völlig auf die künstlichen Schloßgartenanlagen als Enklaven einer höfisch gestalteten Natur. Und der nicht unbeträchtliche Handelsreiseverkehr brachte zwar zahlreiche Kaufleute in die großen französischen Handelsstädte wie Lyon, Marseille, Bordeaux oder Rouen, doch blieben deren Geschäftsreisen ausschließlich ökonomischen Zwecken untergeordnet. Erst die Bildungsbürger entdeckten das mediterrane Südfrankreich mit seinen römischen Altertümern als eigenständigen Erfahrungs- und Erholungsraum, nachdem schon die englischen Reisenden seit der Mitte des 18. Jahrhunderts Hyères oder Nizza zu vielbesuchten Kurorten hatten werden lassen. So stießen die Deutschen in das durch die Kontinentalsperre entstandene Vakuum des englischen Tourismus vor und genossen – nach einer Reise durch die Schweiz oder auf ihrem Wege nach Italien – vor allem den Süden Frankreichs mit seiner Landschaft, die ihnen rousseauistische Ideale zu bestätigen schien. Dabei flohen sie zugleich vor den sich in den Städten konzentrierenden politischen Wirren der Zeit. Diese Orientierung verstärkte sich mit dem bald ins Biedermeierliche abgleitenden Bedürfnis der Romantik nach malerischen Fußreisen, das Christian Friedrich Mylius 1812 veranlaßte, «die schönsten Länder des südlichen Europens zu besuchen, und frei von allen Fesseln, und drückenden kleinlichen Verhältnissen des bürgerlichen Lebens, seine reitzendsten Paradiese, seine Lorbeer-, Myrthen- und Orangenhaine, die herrlichen Reste einer hier verblühten schönern Welt noch zu durchstreifen».[12] Damit stand der mit diesen Erlebnismotivationen verbundene Rückzug ins Idyllische primär im Zeichen individueller Selbsterfahrung: «Es ist nicht Languedoc allein, es sind nicht die Küsten der Provence, denen ich zuwandre, ich

Auf den Spuren des Romans ‹Reise in die mittäglichen Provinzen Frankreichs› von Moriz August von Thümmel bestiegen seit dem Ende des 18. Jahrhunderts immer mehr Reisende die Diligence, um den Süden Frankreichs kennenzulernen. Diligence et Troupeaux en Provence, Ölgemälde von Theodore Jourdan, Ende 19. Jh. Aix-en-Provence, Musée du Vieil Aix.

bin es selbst, der mir den frischen Muth giebt», schrieb Willibald Alexis in den 1820er Jahren.[13]

Mit dem Ausbruch der Juli-Revolution 1830, der die seit den Befreiungskriegen bestehende latente Frankophobie der bürgerlichen Intelligenz in ihr Gegenteil verkehrte, konzentrierte sich das nun wiederum politisch motivierte Reise-

Interesse erneut auf Paris. Aus der kleinstädtischen Enge der restaurativen Verhältnisse in Deutschland entwichen zahlreiche Intellektuelle in die französische Kapitale, die im Vormärz mit den dort im Exil lebenden Schriftstellern Heinrich Heine und Ludwig Börne zur heimlichen Hauptstadt der deutschen Literatur und zum vielbesuchten Orientierungspunkt der Autorengeneration des Jungen Deutschland wurde. Die in Deutschland erst verzögert einsetzende politische, soziale und kulturelle Entwicklung war hier fast mit Händen zu greifen, so daß nicht nur Börne feststellte: «Paris ist der Telegraph der Vergangenheit, das Mikroskop der Gegenwart und das Fernrohr der Zukunft.»[14]

Die meisten Deutschen bewog allerdings kaum eine avantgardistische Metropolen-Erfahrung, nach Frankreich zu kommen. Vielmehr zogen sie die Theater, die Opern- und Operettenhäuser, die von Flaneuren bevölkerten Boulevards, die Genüsse der Restaurants und die glitzernden Vergnügungspaläste der bald wieder von mondänem Flair umwobenen Weltstadt magisch an. 1836 stellte Eduard Beurmann fest: «Die Deutschen sind die zahlreichsten Fremden in Paris.»[15] Doch das überwiegende Gros dieser Frankreich-Reisenden bestand noch immer aus Handwerksgesellen, die so zahlreich nach Paris wanderten, daß sich – erleichtert durch die vergleichsweise liberalen politischen Rahmenbedingungen – gerade hier die ersten Organisationen der frühen deutschen Handwerker- und Arbeiterbewegung etablierten und die Regierungen des Deutschen Bundes daher 1835 ein (allerdings kaum befolgtes) Wanderverbot für Frankreich erließen, zumal dort zahlreiche Emigranten wie Karl Marx, Arnold Ruge und Moses Heß ihre ‹staatsgefährdenden› frühsozialistischen Gesellschaftskonzepte entwickelten.[16] Zu den Handwerkern gesellten sich seit den 1820er Jahren Tausende verarmter Bauern und Tagelöhner, die die Flucht vor den Hungerkrisen und der Pauperisierung in das Frankreich der Frühindustrialisierung trieb. Dort bildeten sie ein ‹Gastarbeiter›-Proletariat, das ebenso beim Bau französischer Eisenbahnlinien wie bei der städtebaulichen Sanierung der Pariser Metropole Beschäftigung zu finden suchte. Noch in den 1860er Jahren betonte ein wohlinformierter Beobachter, «daß außer Nord-Amerika kein Punkt des Erdballs eine so große Anziehungskraft auf das Wanderelement Deutschlands ausübt, als Paris».[17]

Ganze Welten trennten diese Reisenden von den Besuchern, die – nach der revolutionsbedingten Zäsur der Jahre 1848/49 – in Strömen 1855 zur Pariser Weltausstellung wallfahrteten und dort – in den Augen der zeitgenössischen Satire – als «Schultze und Müller» auf dem erloschenen Vulkan der Revolution nicht nur der hier pompös zur Schau gestellten Industriekultur huldigten, sondern sich im Can-Can-Rausch vor allem den Lustbarkeiten der ‹Hauptstadt des 19. Jahrhunderts› widmeten. Dies fiel ihnen um so leichter, als sich die Reisemodalitäten mittlerweile grundlegend geändert hatten. Die Eisenbahnverbindungen erlaubten einer rapide steigenden Zahl von Passagieren, bequem und relativ preisgünstig an die Seine zu reisen. Aber mehr noch als die Reisezeit war jetzt auch das gesamte Reisezeit-Budget geschrumpft. Hatte Joachim Christoph Nemeitz 1717 dem *homme de condition* – für die formidable Summe von 10000 Reichstalern – noch einen einjährigen *Séjour de Paris* als Minimal-Standard nahegelegt, so lautete das Programm von Adolf Lenz knapp 150 Jahre später kurz und bündig: «Acht Tage in Paris.»[18] Das Zeitalter des Massentourismus war endgültig angebrochen.

Thomas Grosser

Das Interesse an der fortgeschrittenen Manufaktur- und Industrieentwicklung führte zahlreiche Deutsche nach England. 1826 unternahm Karl Friedrich Schinkel in Begleitung des preußischen Gewerbebeauftragten Peter Christian Beuth eine Reise nach Paris, London und durch die Industriedistrikte von England, Wales und Schottland. Seite aus Schinkels Englischem Tagebuch mit Bleistiftzeichnungen von Fabrikgebäuden in Manchester. Berlin, Staatliche Museen zu Berlin.

Ins gelobte Land der Freiheit und des Wohlstands
Reisen nach England

Wenn man nach einer Gemeinsamkeit in den Berichten der nach sozialer, politischer und historischer Position so unterschiedlichen deutschen Englandreisenden zwischen dem 17. und dem 19. Jahrhundert sucht, dann findet man einen ausgeprägten Sinn für ein ökologisches Problem. «Die Engeländer haben eine dicke Lufft und trüben Himmel», stellte Henrich Ludolff Benthem 1694 fest und empfahl, das Monument in London frühmorgens oder nachmittags zu besteigen, «denn man sonsten wegen des großen Dampfes der Stein-Kohlen nicht weit aussehen kan».[1] Conrad Zacharias von Uffenbach beklagte 1710, daß die neuerbaute St.-Pauls-Kathedrale «von Stein-Kohlen bereits so schwarz und rauchig aussieht»;[2] Georg Wilhelm Alberti, der sich auf die Vorsehung Gottes berief und deshalb nicht krittelte, fand 1751, daß «der starke Steinkohlendampf London diesen Vorzug vor allen Städten in der Welt [gibt], daß man sie auf eine Stunde weit riechen kann»,[3] und hielt ihn sogar für ein Gegengift gegen Seuchen.

Karl Philipp Moritz konnte 1782, «des immerwährenden Kohlendampfes müde»,[4] noch in die Provinz flüchten. Als jedoch Johanna Schopenhauer 1803 durch die Midlands und Nordengland reiste, hatte der Kohlendampf schon vormals liebliche ländliche Gebiete in düstere, schmutzige Fabrikdistrikte verwandelt. Karl Friedrich Schinkel vermochte 1826 auf der Durchreise den qualmenden Fabrikschornsteinen noch eine ästhetische Seite abzugewinnen und notierte: «Grandioser Anblick von Tausenden von Obelisken, welche rauchen.»[5]

Der Steinkohlendampf, ehemals der Metropole kurioses, wenn auch lästiges Wahrzeichen, räucherte nun große Teile der Provinz ein und zeugte davon, daß sie zur Werkstatt der Welt geworden war. Er symbolisierte Englands Aufstieg zur Weltmacht, seine bewunderte Industrie und seinen unvergleichlichen Reichtum und bedeutete die Hölle für die, die unter den Rauchglocken leben mußten. Georg Weerth griff 1844 zu drastischen Vergleichen: «[...] die Luft in Manchester liegt einem wie Blei auf dem Kopfe; in Birmingham ist es nicht anders, als säße man mit der Nase in einer Ofenröhre; in Leeds muß man vor Staub und Gestank husten, als hätte man mit einem Male ein Pfund Cayennepfeffer verschluckt – aber alles das läßt sich noch ertragen! In Bradford glaubt man aber nirgendsonstwo als beim leibhaftigen Teufel eingekehrt zu sein.»[6]

Im 17. Jahrhundert blickte man mit größerem Gleichmut von Deutschland aus auf das Land am Rande Europas. Während der Revolution und des Bürgerkrieges hatte sich das deutsch-englische Verhältnis abgekühlt. Die revolutionären Ereignisse wurden hauptsächlich durch die englandfeindliche holländische Optik verfolgt, deutsche Schriften hatten mit Empörung auf die Abschaffung der Monarchie von Gottes Gnaden und die Hinrichtung Karls I. reagiert. Doch nach der Restauration des Königtums im Jahre 1660 rückte das Land in den Rang eines empfehlenswerten Reiseziels auf. Der Theologe Benthem suchte 1694 in seinem Reiseführer alle Gründe aufzuzählen, weshalb gerade England den Vorzug vor allen anderen europäischen Reiseländern «nechst Holland» genießen sollte. Er rühmte die dortige «Academische Disziplin» und die «gelahrten Männer» und führte schließlich als kräftigstes Argument ins Feld: «Wann uns nichts anders übers Meer locken könte / so sollte es ihre fürtreffliche Kirchen-Zucht und Ordnung sein.»

In den wenigen deutschen Englandberichten bis in die Mitte des 18. Jahrhunderts dominiert die Anziehungskraft protestantischer Glaubensverwandtschaft und englischer Wissenschaft. Doch das gelehrte Interesse war nicht der einzige Antrieb für eine Reise über den Kanal. Handel und Gewerbe lockten schon damals. Wohl hatte Benthem seinen Reiseführer vor allem an *studiosi theologiae* gerichtet, ihn aber wohlweislich nicht lateinisch, sondern deutsch abgefaßt, weil er auch noch an andere Leser dachte. Er wie auch nachfolgende Reisende trafen in London auf deutsche Kaufleute – bei denen man die mitgebrachten Wechsel einlösen konnte –, auf deutsche Gelehrte und Künstler; man konnte bei deutschen Handwerkern kaufen und bei deutschen Gastwirten und Zimmervermieterinnen logieren. Die zahlreichen Landsleute blieben bis ins 19. Jahrhundert für die meisten Reisenden der erste und häufig der einzige Anlaufpunkt.

Uffenbach bewegte sich 1710 in London fast nur unter Deutschen, zu seinem Glück, da er «der Engeländer Geschnatter» nicht verstand und auch das Lateinische als Universalsprache der Gelehrten versagte. Die Demokratisierung der Wissenschaft hatte in England viel früher als in Deutschland begonnen. «Die Engländer schreiben fast alle ihre Bücher in der Mutter-Sprache» – so Benthem –, und falls sie Latein beherrschten, war dessen englische Aussprache für deutsche Lateiner unverständlich.

Bevor man in Bremen, Hamburg oder einem holländischen Hafen an Bord eines Schiffes ging – zwischen Helvoetsluis und Harwich verkehrten beispielsweise pro Woche zwei «Paquetboote» –, hatte man sich vom englischen Konsul einen Paß zu besorgen. Die kürzeste Überfahrt dauerte bei günstigem Wind etwa 24 Stunden, 50 Jahre später zwölf; Reisende hatten aber auch manchmal Wartezeiten von mehreren Tagen und Wochen in Kauf zu nehmen, ehe ein Schiff in See stechen konnte. Ohne Seekrankheit ging es selten ab. Uffenbach hinterließ eine drastische Beschreibung: «In dem Schiffe nun, wo das gemeine Volk bey einander war, sah es ärger aus als in einem Schwein-Stalle. Denn da ist es nicht allein fast ganz dunkel, und liegt alles auf dem Boden unter einander her, sondern einer bricht sich hier, der andere dorthin. Etliche heulen [...], etlichen will die Seele wirklich ausgehen; fast alle seufzen und gehaben sich übel [...]. Da kann man sich nun leicht einbilden, was hier vor ein Gestank, Eckel und Unlust ist.» Er selbst hatte sich mit anderen zusammen eine Kajüte mieten können, in der es wenigstens Spucknäpfe gab, die ein Matrose auskippte. Aber bei deren Anblick und dem «erschrecklichen Schuckeln von dem Schiffe» wurde es auch Uffenbach «taumlicht und übel».[7]

Nach der Ankunft in Harwich oder London kam der Zoll und durchsuchte das Gepäck. Für die Visitation hatte man zu bezahlen; wenn man auf willige Zollbeamte traf, konnte man sich auch loskaufen. Zum Nutzen nachfolgender Reisender informieren die Reiseberichte bis ins 19. Jahrhundert hinein ausführlich über die Modalitäten, über Kontrollen, Wegegelder, Mietkutschen, Preise und empfehlenswerte Logierhäuser. Die Reinlichkeit der Gasthöfe wird, im Unterschied zu den deutschen Verhältnissen, durchwegs gelobt, wie überhaupt der Reisekomfort in England im Durchschnitt höher als auf dem Kontinent eingestuft wird.

Für die Befriedigung des religiösen und wissenschaftlichen Interesses der frühen Reisenden an England genügte der Besuch von London und den beiden Universitäten Oxford und Cambridge. Dort konnte man die «Kirchen- und Schul-Ordnung» kennenlernen, berühmte Wissenschaftler treffen und die Raritätenkabinette besichtigen, von denen inventarisierende Beschreibungen angefertigt wurden. Der quantifizierende Blick bestimmte die Aneignung und Vermittlung des Fremden. Englands Besonderheiten erscheinen aufgelistet als eine Reihe von Gegenständen, Strukturen und Zeichen: Der Schauwert der öffentlichen Gebäude repräsentierte für den Betrachter deren Inhalte, das Zeremoniell öffentlicher Aufzüge oder Bestrafungen demonstrierte die Staatsgewalt. Der Volkscharakter schien über die Aufzählung der Vergnügungen – Theater, Pferderennen, Hahnenkämpfe und Wetten – faßbar zu werden.

Das Zählen und Vergleichen setzte sich bis zur damals üblichen Besichtigung der Geisteskranken im Bedlam-Hospital fort, die Uffenbach allerdings, wie manches in England, enttäuschte: «Von ganz Rasenden haben wir nichts gesehen [...]. In Holland siehet man dergleichen viel ordentlicher und besser.»[8] Fast 80 Jahre später stand dieser Punkt noch auf dem Besichtigungsprogramm der empfindsamen Sophie La Roche. Sie unterzog sich der Aufgabe zwar nur mit Widerwillen, doch nach der inzwischen etablierten Norm humanisierender Sensibilität bot ihr der Anblick der unglückseligen Schauobjekte wenigstens Anlaß zu befriedigenden karitativen Gefühlen sowie Trost über die Sicherung der Kranken in bequemen Zwangsjacken anstelle von Ketten.

Auf all diese Sehenswürdigkeiten waren die Reisenden vorbereitet. Sie unterschieden sich in ihrer Gestalt und in ihrer Zahl von denen anderer Länder, aber nicht in ihrer Art. Das Neue an Englands nachrevolutionärer Gesellschaft, die veränderten politischen und sozialen Verhältnisse, wurden noch nicht bewußt reflektiert. In Einzelbeobachtungen deuten sie sich jedoch an, vor allem dann, wenn der Kontrast zu heimatlichen Erfahrungen kritisch bemerkt wurde.

So beeindruckte Londons unvergleichliche Größe, doch die Bebauung stieß auf Kritik. Prachtvolle Paläste und Kirchen waren eingekeilt von Privathäusern und ließen die deutschen Reisenden den Anblick abgehobener, barocker Repräsentanz von Macht und Hierarchie vermissen. Tatsächlich hatte nicht die Baupolitik eines zentralistischen Hofes Londons Wiederaufbau nach dem verheerenden Brand von 1666 bestimmt: Christopher Wrens großzügiger Plan war an parteipolitischen Parlamentsentscheidungen und den Interessen des Privateigentums gescheitert.

Uffenbach legte Maßstäbe aus der feudalabsolutistischen Staatsstruktur an die beiden Häuser des Parlaments an: sein Urteil, daß an ihnen «nichts Königliches»[9] sei, traf den Nagel besser auf den Kopf, als er glaubte. Unangenehm berührt zeigten sich die frühen Englandreisenden auch vom «ungehörigen» öffentlichen Spott auf Personen von hohem Rang; eine Nivellierung der Standesunterschiede merkte Alberti an, der mißbilligend «vorneme und geringe Leute ohne Unterschiede der Kleidung nebeneinander»[10] in den Vergnügungsstätten Londons beobachtete. Er befürchtete ohnehin Englands Verfall, weil es ihm in die «Freygeisterey» abzugleiten schien, der nicht nur «Vornehme [...] ergeben seyn [...] sondern auch Handwerkspersonen, Bediente und solche Leute».[11] Deshalb warnte er ernstlich vor den Gefahren der Kaffeehäuser, dieser für Deutsche so ungewöhnlichen Orte, weil dort Privatpersonen aus allen Ständen öffentlich und ungehindert über politische, geistige und religiöse Angelegenheiten diskutierten.

Was konservativ denkende deutsche Reisende in der ersten Hälfte des 18. Jahrhunderts an den englischen Verhältnissen mit Vorbehalten und Mißtrauen erfüllte, faszinierte in den folgenden Jahrzehnten deutsche Besucher besonders. Voltaires ‹Lettres philosophiques› von 1733, aber vor allem Montesquieus Interpretation der englischen Verfassung als eines vorbildhaften Beispiels ausgewogener Gewaltenteilung im Dienste der Freiheit in seinem Werk ‹Dè l'esprit des lois› von 1748 setzten in Europa ein Englandbild durch, in dem die Kritik am kontinentalen feudalabsolutistischen Ständestaat ein positives Gegenstück finden konnte. Englands bürgerliche Freiheiten und sein Wohlstand aus Handel, Manufakturindustrie und Kolonien, an dem das mittlere Bürgertum und – im Verhältnis gesehen – sogar die unteren Schichten teilhatten, verschafften dem Lande nunmehr eine völlig neue Anziehungskraft.

Sozialpolitisches Interesse und erwachendes bürgerliches Emanzipationsstreben in Deutschland ließen England von einem Reiseland unter anderen in den Rang eines Reiseziels aufsteigen, das sich, nach J. W. v. Archenholtz im Jahre 1785, «von allen andern Ländern in Europa [unterschied], als wenn diese sonderbare Insel nicht zu unserm Welttheile, sondern zum Südmeer gehörte».[12] Deutsche Reisen nach dieser «vielfach seeligen Insel»[13] nahmen sprunghaft zu, ebenso die Zahl der Reiseberichte.

England bot den deutschen Reisenden, zumindest für eine kurze Zeit, auch das sinnliche Erlebnis einer Alternative zu den gedrückten heimischen Verhältnissen und zu bürgerlicher Unmündigkeit. Dieses subjektive Bedürfnis bestimmte von vornherein den Wahrnehmungsradius der sogenannten «Anglomanen», die bereits, wie Moritz, die Ankunft auf der Insel in Euphorie versetzte: «Die Erde ist nicht überall einerlei! Wie verschieden fand ich diese fetten und fruchtbaren Aecker, dieses Grün der Bäume und Hecken, diese ganze paradiesische Gegend, von den unsrigen, und allen andern die ich gesehen habe! Wie herrlich diese Wege, wie fest dieß Erdreich unter mir; mit jedem Schritt fühlte ich es, daß ich auf Englischen Boden trat.»[14] In den Augen dieser deutschen Reisenden umgab England der Glanz antikischer Größe. Das Bild stand vorher fest, und die Wirklichkeit hatte es zu bestätigen.

Es mußte nicht lange nach seiner Ausgestaltung gesucht werden. Im Kontrast zu den deutschen Zuständen beeindruckte die Öffentlichkeit des politischen Lebens, gleichviel, ob «mit der ganzen Nation durch öffentliche Blätter [geredet]» wurde,[15] Parlamentsdebatten von der Zuschauergalerie aus verfolgt werden konnten, der Bürger sein Recht vor dem Gesetz einklagen und vor einem Geschworenengericht verteidigen konnte oder ob Parlamentskandidaten auch um die Gunst des nicht wahlberechtigten Straßenpublikums warben. «Jedes Individuum [ist] als Mensch ein gleich wichtiges Mitglied [des Vaterlandes]», stellte Archenholtz fest[16] und erklärte, wie andere Besucher auch, aus dieser Prämisse den praktizierten Gemeinsinn, die ausgeprägte Individualität der Briten, ihr Selbstbewußtsein und den Respekt vor der persönlichen Würde des anderen.

Detailbeobachtungen des Alltags wurden auf dieses Ideal der Gleichheit und Freiheit bezogen. In London schützten Gehsteige auch den ärmsten Fußgänger vor den Kutschen der Reichen, der königliche Palast zeichnete sich durch Einfachheit aus, anders als in Paris prunkte in London die Aristokratie nicht mit prächtigen Palästen, dafür gab es eine «größere Zahl guter bürgerlicher Wohnungen»,[17] Kinder wurden schon früh dazu erzogen, «sich selbst schätzen [zu] lernen».[18] Sophie La Roche entdeckte enthusiasmiert in einem Lampengeschäft, daß «der größte Lord, und der niedrigste Arbeiter [...] gleich schnell und höflich bedient wurden»,[19] wobei ihr entging, daß wohl weniger «das gemeinsame Bedürfniß, Licht», sondern vielmehr das Geld des Käufers als der große Gleichmacher fungierte.

Das Erlebnis der politischen Öffentlichkeit fand sein Pendant in der faszinierenden, ungewöhnlichen Kultur der Warenwelt, die London vor den Besuchern ausbreitete. Sie waren bezaubert von den Auslagen der Geschäfte, hinter den neuartigen, großen Spiegelfenstern, «so nett, so glänzend, in solchen Mengen zur Auswahl aufgestellt, daß man lüstern werden muß».[20] Daß aus der Manufakturproduktion mannigfaltige Fertigwaren für jeden persönlichen Komfort und Geschmack angeboten wurden, die man sofort kaufen und mit nach Hause nehmen konnte, faszinierte die deutschen Reisenden. Die Eleganz der Arrangements von Stoffen, Glas, Silber, Früchten oder Kuchen, die Lichtfülle ließen die Londoner Geschäfte als die wahren Kunstkabinette und Paläste erscheinen, in denen jeder Kunde König war. Den Luxus konnten selbst die Menschenmassen auf der Straße als Betrachter ästhetisch mitgenießen. Dieser scheinbare Dienst an den vielfältigen, verfeinerten Bedürfnissen des anonymen Bürgers, die die konkurrierende Massenproduktion hervorgetrieben hatte und die «der genügsame Teutsche kaum kennt»,[21] mochte das Versprechen von Gleichheit noch verstärken – solange es beim Schaufensterbummel blieb. Zu dieser die Sinne berauschenden Warenwelt gehörten auch die schöngeputzten Prostituierten, deren allgegenwärtige Präsenz in der Öffentlichkeit kaum ein deutscher Reisender zu erwähnen vergaß.

Die Kritik an der uneingeschränkten Englandbegeisterung ließ nicht lange auf sich warten. Von den 90er Jahren an legten deutsche Reisende Wert auf eine differenzierende Sicht. Mängel fanden sich genügend. Anlaß zum Tadel bot die englische Küche mit ihren halbgaren Fleischgerichten, dem faden, wäßrigen Gemüse und dem mäßigen Kaffee, desgleichen störte das Fehlen von Federbetten, die unzureichende Kaminheizung und die Abneigung der Engländer gegen deutsche Tabakspfeifen. Das «sklavische Gesetz» der strikten Sonntagsruhe, das jede Vergnügung verbot, bewies dem Legationssekretär F. W. v. Schütz,[22] daß auch die englische Freiheit ihre Grenzen hatte. Zweifellos forderte auch die Gleichgültigkeit der Engländer gegenüber Ausländern und ihr Nationalstolz bei den Deutschen ein Bedürfnis nach Selbstbehauptung heraus.

Für den geminderten Enthusiasmus gab es allerdings noch andere Ursachen. Die Revolution in Frankreich hatte Englands Monopol auf bürgerliche Freiheit gebrochen, und die von englischen Reformern schon seit Jahren erhobene Kritik an den Mängeln der englischen Verfassung fand nun auch bei deutschen Besuchern offene Ohren. Die politische Ernüchterung durch dieses Land, dessen Regierung das revolutionäre Frankreich am ausdauerndsten und hartnäckigsten bekämpfte, wurde von der wachsenden Einsicht in die dort uneingeschränkte Allmacht des Geldes begleitet, «denn Geld ist das höchste Gut, was die Engländer kennen, und nach Maasgabe des Vermögens wird der Werth eines Menschen bestimmt».[23] Englands widerspruchsvolle politische und gesellschaftliche Realität in der Periode der Industriellen Revolution ließ keine vereinfachende und idealisierende Vereinnahmung mehr zu.

Georg Weerth empfand das Leben im Hexenkessel der kapitalistischen Produktion, in dem «Menschen arbeiten wie die Pferde, vom Morgen bis zum Abend, unverdrossen, ohne sich je einen Augenblick der Ruhe und Erholung zu gönnen»,[24] als unerhörte Herausforderung, auf die Deutsche nicht vorbereitet

Die Technik- und Industriebegeisterung führte noch in der zweiten Hälfte des 19. Jahrhunderts zahlreiche Reisende nach England. Der Ingenieur Max Eyth an Bord der ‹City of Bristol›. Zeichnung von Max Eyth, Mai 1868. Ulm, Stadtmuseum.

waren und sich entschieden umstellen mußten. Ihn dauerten «die unglücklichen jungen Westfalen und Rheinländer [...]. Das einförmige Leben ihrer Umgebung, in der ihnen die Poesie der Politik und der Industrie gar nicht klar werden wollte, hatte sie allmählich so reduziert, daß sie entweder zu reinen Maschinen herabsanken oder sich voller Verzweiflung über ihr erbärmliches Leben der horrendesten Lasterhaftigkeit in die Arme warfen».[25]

Bisher ist kaum von der Provinz die Rede gewesen, weil es vor allem London war, das eine Englandreise im 18. Jahrhundert lohnenswert machte. Die Stadt bot Kunst, Wissenschaft, warenästhetischen Genuß und das Erlebnis politischer Öffentlichkeit und weltstädtischen Lebensgefühls. Zusammen mit einigen Abstechern in die nähere Umgebung genügte sie vielen Reisenden. Ihre Attraktion blieb auch weiterhin konstant. In die entfernteren Gegenden Nordenglands oder sogar Schottlands, wo man sich an einer wilden, erhabenen Natur begeistern konnte, «wie Ossian sie malte»,[26] gelangten vor der Jahrhundertwende verhältnismäßig wenige der Reisenden. Eine Fahrt in die Provinz brauchte gewöhnlich nützliche Zwecke. Zunächst zog die Landschaftsgestaltung, Englands großer Beitrag zur Kunst des 18. Jahrhunderts, interessierte vermögende Grundbesitzer an, etwa den Fürsten Franz von Anhalt-Dessau, der 1763/64 zusammen mit seinem Architekten Erdmannsdorff durch Südengland reiste, um Ideen für die geplante Parkanlage von Wörlitz zu sammeln.

Dann aber reizte die Provinz als Ziel ökonomischer Studienreisen. Englands effektive, kapitalistisch arbeitende Landwirtschaft, seine Manufakturen und besonders der technologische Fortschritt der Industriellen Revolution zogen seit dem Ende des 18. Jahrhunderts deutsche Fachleute an, die englische Innovationen auskundschafteten oder regelrecht Industriespionage betrieben. Selbst für den Touristen gelangten die Dampfmaschinenfabrik von Boulton & Watt, die metallverarbeitenden Manufakturen Birminghams oder die Töpfereien von Josiah Wedgwood als Sehenswürdigkeiten ins Besichtigungsprogramm.

Englands industrielle Spitzenposition brachte deutsche Handwerker und Erfinder ins Land, denen die neuen Produktionsverhältnisse einen fruchtbareren und ertragreicheren Boden für ihre speziellen Fähigkeiten boten als es Deutschland tun konnte. Deutsche Unternehmer und Handelsleute gründeten in England Niederlassungen – um 1850 gab es allein in Bradford mehrere Dutzend deutsche Firmen und ein Stadtviertel, das «Little Germany» genannt wurde. 1843 trat Weerth in ein solches Geschäft ein, und er interessierte sich nicht nur für den technologischen Fortschritt, sondern für die sozialen Folgen der Industriellen Revolution: für das Leben der Arbeiter und der Industriebourgeoisie und für die Kämpfe zwischen diesen beiden Klassen, die durch die moderne Industrie hervorgebracht worden waren. Er ging auf die Seite der englischen Arbeiter.

Schon ein Jahr zuvor war ein anderer junger Geschäftsmann, ein späterer Freund von Weerth, nach Manchester gereist. Der 22jährige Friedrich Engels sollte in der Spinnerei, an der sein Vater beteiligt war, seine kaufmännische Ausbildung abschließen. Als er 1844 nach Barmen zurückkehrte, schrieb er keinen Reisebericht. Wohl aber setzte er seine Reiseerfahrungen vom «klassischen Boden» der Industriellen Revolution in seinem Werk ‹Lage der arbeitenden Klasse in England. Nach eigner Anschauung und authentischen Quellen›[27] um, der ersten umfassenden soziologischen Untersuchung des Proletariats, das bis zu diesem Zeitpunkt «nur in England in allen seinen Verhältnissen und nach allen Seiten hin studiert werden kann».

Ingrid Kuczynski

Reiseziel Schweiz
Freiheit zwischen Idylle und «großer» Natur

Während noch um 1700 eine in Rostock erschienene Abhandlung die «Schweizerluft» krank schrieb, weil sie ihrer ungesunden und groben Art wegen die Gemüter der Gebirgs-Schweizer verdumme,[1] so rühmt in der Mitte des gleichen Jahrhunderts Jean-Jacques Rousseau gerade das «glückliche Klima» der Walliser Gebirge, werde man doch dort seines «Daseins froh, froh zu denken und zu fühlen». Und der Dichter wundert sich, daß man noch nicht in «Luftbädern in der reinen und so wohltätig wirkenden Gebirgsluft eines der vorzüglichsten Heilmittel gegen körperliche wie geistige Leiden»[2] erkannt habe. Die beiden Urteile illustrieren den Wandel in der Einschätzung dessen, was im 18. und 19. Jahrhundert zum eigentlichen Motiv für das moderne Reisen in die Schweiz wird: das Erlebnis der zugleich «großen» wie idyllischen Natur ihrer Gebirgswelt und die Begegnung mit dem darin lebenden Menschenschlag, und zwar beides im Zeichen der Freiheit.

Zwar war gerade der Wunsch zu gesunden schon seit dem Ausgang des

Mittelalters Anlaß, in die Schweiz zu reisen, und das in einer Zeit, als das Land sonst nur Pilger, Kreuzfahrer, Boten und Kaufleute aufsuchten. Es geschah dies der Quellen und Bäder halber. Zu nennen wären das bündnerische St. Moritz, von Paracelsus der Heilkraft seiner Quellen wegen gerühmt; Bad Pfäfers am Alpenrhein, wo Ulrich von Hutten weilte; die Thermen von Leuk im Wallis, vornehmlich aber das aargauische Baden, welches der Humanist Poggio Bracciolini aufsuchte.

Solch frühes Reisen in die Schweiz galt ferner städtischen Gemeinwesen, Wallfahrtsorten, gelehrten Zirkeln oder berühmten Persönlichkeiten. Insgesamt erweist die Reisetätigkeit freilich, daß die Schweiz bis ins erste Drittel des 18. Jahrhunderts als Reiseland europäisch wenig beachtet wurde und mehr Durchgangs- als Bestimmungsland war. Die Zeitgenossen hatten damals noch kein Auge für Landschaftliches; so etwa nimmt Michel de Montaigne um 1580 Alpen oder Rheinfall gar nicht zur Kenntnis.

Selbst noch für die im 17. Jahrhundert gängige adelige Kavalierstour, deren Programm Erziehung und Vergnügen für «Personen von Stand» forderte, bildete die Schweiz kein erklärtes Ziel, fehlte doch der von den Reisenden gesuchte gesellschaftliche Hintergrund, wie ihn etwa Rom, Venedig und Versailles boten.

Noch bevor das Land – im Zeichen des erwachenden Natursinns – zum Wallfahrtsort des reisewilligen Europas erkoren wird, bildete seine Gebirgswelt bereits ohne Zutun ausländischer Gäste ein Reiseziel. Früh schon begannen nämlich Schweizer Gelehrte die heimische Bergwelt zu bereisen und aus patriotischer Gesinnung sowie unmittelbarer Anschauung «Nutzen» und «Schönheit» der vormals gemeinhin als «scheußlich» und «schrecklich» apostrophierten Alpen zu entdecken. So empfand Konrad Gessner schon 1541 Lust und Wonne beim Betrachten der Gebirgsmassen. Die sich damals anbahnende Wende in der Auffassung der Alpen hat dabei die zeitgenössische Physikotheologie mitzuverantworten, welche versuchte, der Gebirgswelt einen Sinn im christlichen Weltbild zu verleihen.

Im Jahre 1688 erschien das erste Reisehandbuch über die Schweiz: J. J. Wagners ‹Mercurius Helveticus›. Es ist eine «außführliche Beschreibung aller Stätten, Klösteren, Flecken und Schlösseren, nach dem Alphabet, item von den Eidgenössischen Münzen, sammt einem dienlichen Wegweiser, vielen Kupfern und Landkärtlein geziert».[3] Der ‹Mercurius›, worin von Naturschwärmerei noch keine Rede ist, repräsentiert mithin die ältere Tradition des Reisens in die Schweiz.

Die neuere Tradition steht im Zeichen von Albrecht von Hallers ‹Alpen› von 1732. Die damals sehr erfolgreiche Dichtung verkündet mit kultur- und zivilisationskritischem Tenor eine Schicksalsgemeinschaft zwischen dem Menschen und der mit ihm verbundenen Natur der Alpen. Haller entwirft von den Gebirgsschweizern ein Tugendgemälde ohnegleichen, das die Zeitgenossen tief beeindruckt hat. Als «Schüler der Natur» würden die Älpler noch «güld'ne Zeiten» – Vergils «Goldenes Zeitalter» – kennen, wobei sich die Beschwörung des Römers mit der Vision des christlichen Paradieszustandes verbindet.

Auch wenn Hallers Gebirgsnatur von strenger Erhabenheit ist, fügt seine dichterische Schau in das Bild der Schweiz bereits schon Züge jener Idyllik ein, deren Verlockung später zu einem Anreiz für das Reisen dorthin wird, und zwar im Geiste des weltberühmten Zürcher Idyllendichters Salomon Gessner. «Idylle» meinte damals arkadische Schäferdichtung. Arkadien ersonnen hat die Antike, deren Vision eines Hirtenglücks inmitten anmutiger Natur zu einer der europäischen Literatur teueren Wunschwelt geworden ist. Darin agiert der sorglos lebende Hirte, welcher sich gerne mit seinen Genossen in Spiel und Gesängen übt, während die Herden friedvoll weiden. Dies geschieht in anmutiger Natur, und zwar an einem schattigen Lustort, wo neben einladendem weichen Rasen eine Quelle munter sprudelt; eingehegt wird dieser zauberhafte Naturausschnitt von einem schützenden Felsen. Es ist dies ein Wunschbild, das aus der Sicht der Zeitgenossen in der Schweiz mit ihren Hirten Wirklichkeit geworden zu sein schien, und zwar vor dem Hintergrund malerischer Sturzbäche, Quellen und anmutiger, buchtenreicher Seen sowie kühlgrüner, sanfter Weidegründe der Voralpen, wobei alles von schirmenden Gebirgen bekrönt wird. Arkadien feierte seine Wiederkunft in den Alpen der Schweiz![4]

Als raumschaffendes Monumentalfresko zur idyllisch geprägten kleinräumigen Naturszenerie der Hirtenwelt dient die großräumige Gebirgswelt. Denn jenes Bild von der Landschaftsgestalt der Schweiz, das nun bei den Reisenden festumrissene Konturen gewinnt, erscheint in einer ‹kontrapunktischer› Inszenierung, die von Rousseau miterdacht wurde. Den Genfer hat bekanntlich die

Die
Alpen.
Von
Albrecht von Haller.

Bern, auf Kosten der typographischen Societät,
1795.

Mit Albrecht von Hallers (1708–1777) nach einer naturwissenschaftlichen Exkursion durch die Schweizer Berge entstandenem Preislied auf die Alpen setzte die Schweiz-Begeisterung ein. Titelkupfer von Albrecht von Haller, zu: Die Alpen, Bonn 1795.

Szenerie seines Sees bei Vevey begeistert, wo die schroffen Berge Frankreichs den Hintergrund zu den anmutigen Ufern der Schweiz bilden; solche Eindrücke werden dann zu Schauplätzen der ‹Nouvelle Héloïse› von 1759, der neben Hallers ‹Alpen› zweiten Stiftungsurkunde des Reisens in die Schweiz. Es war dann Johann Gottfried Ebel, der, von beiden Werken beeinflußt, die Bibel des modernen Reisens in die Schweiz schreibt. Sein schließlich mehrbändiges Reisehandbuch verkündet den Zeitgenossen hymnisch: «Alles Große, Außerordentliche und Erstaunenswürdige, alles Schreckliche und Schauderhafte, alles Schöne, Sanfte, Reitzende, Heitre, Ruhige und Süßerquickende, was in der ganzen Natur zerstreut ist, scheint sich hier in einem kleinen Raum vereinigt zu haben, um dieses Land zu dem Garten von Europa zu bilden.»[5] Attribute wie «Reitzendes», «Heiteres» und «Süßerquickendes» stehen dabei augenfällig als Gegenwelt zum «Großen», «Erstaunenswürdigen» und «Schrecklichen» – kurzum: zum Idylli-

‹Anleitung, auf die nützlichste und genußvollste Art die Schweiz zu bereisen› nannte der Frankfurter Arzt Johann Gottfried Ebel (1764–1830) seinen Reisebericht durch die Schweiz. Er war ein Wegbereiter des Schweiz-Tourismus. Kupferstich von Johann Siebert, Anf. 19. Jh.

schen der Naturszenerie der Hirtenwelt gesellt sich das Heroische und Erhabene der Alpen. Geistesgeschichtlich wurzelt diese Schau der Gebirgswelt zudem in ästhetischen Begriffen, die Edmund Burke in seiner Schrift über das «Erhabene und Schöne» von 1757 entwickelt hat.

Auch der gängige Eindruck, in der Schweiz habe sich die ganze Natur «auf kleinem Raum vereinigt», wodurch dieses Land ein wahres Kompendium Europas vorstelle, ist bereits bei Haller vorgeformt. Es war freilich wiederum Ebel, der diese Vorstellung konkretisierte und mit nachhaltiger Wirkung für das Reisen in die Schweiz zu propagieren verstand. Auf seine berühmte Frage, für wen «die Schweitz merkwürdig» sei, antwortet er, sie sei es zunächst für einen jeden auf – dies eine aus dem Ideengut der Aufklärung bezogene Reise-Maxime – enzyklopädische Wissenserweiterung bedachten Kopf. So namentlich für «Erdforscher», «Liebhaber der Mineralogie», «Physiker», «Landwirthe», «reisende Aerzte»; dann auch für solche, die den «Kunstfleiß des Menschen und die Fabrikhandlung» erkunden wollen. Im Dienste solcher Erweiterung des Gesichtskreises könne man in diesem Lande zudem – im Sinne einer anderen zeitgenössischen Reise-Maxime – Vorurteile abbauen und so zu den «politischen Wahrheiten» gelangen. Jedem, der die Schweiz bereise, verheißt Ebel neben «körperlicher» Gesundheit einen Seelenzustand, den er «moralische» Gesundheit nennt. Sie hat dabei mit dem Erlebnis jener in diesem Lande verwirklichten Trinität «Freiheit, Gleichheit und Brüderlichkeit» zu tun. Unlösbar mit dem Naturerlebnis verquickt, bilde diese doppelte Gesundheit letztlich das Motiv des Reisens in die Schweiz.

Haller, Rousseau, Gessner, deutsche Literaten und Dichter und eine Heerschar von enzyklopädisch orientierten Reiseschriftstellern, zumal englischer, französischer und deutscher Zunge, formten so eine Art «Philhelvetismus». Diese Schweiz-Begeisterung ist dabei im Vereine mit der «Anglomanie» und der «Gallomanie» sowie der Tahiti-Begeisterung der Aufklärung und der Französischen Revolution zu sehen. Gerade der Philhelvetismus war ein zentrales Motiv für die Schweizreisen des 18. und 19. Jahrhunderts. Im Vergleich zu früher wird das Land auch vermehrt wegen seiner eigenen oder den dort weilenden Gelehrten, Künstlern und Dichtern zum Reiseziel. Im Zürich des 18. Jahrhunderts ist es der Kreis um den Literaturtheoretiker Johann Jakob Bodmer, den Idyllendichter Salomon Gessner und Johann Kaspar Lavater, der einen Anziehungspunkt für deutsche Dichter bildet; Besucher waren etwa Klopstock, der mit seiner Ode auf den «Zürchersee» die Schweiz feierte, dann Goethe und Christoph Martin Wieland. Später pilgerten zahllose Berühmtheiten zu Voltaire, dem «Herbergsvater Europas», der am Ufer des Genfersees weilte; dort wurde auch Madame de Staël auf Schloß Coppet aufgesucht. In Bern sprach man bei Albrecht von Haller vor und zu Beginn des 19. Jahrhunderts besuchte man Johann Heinrich Pestalozzi in Yverdon und Ebel in Zürich.

Unter dem Eindruck erster revolutionärer Alarmzeichen in Frankreich kam es zusehends zu einer Akzentverschiebung innerhalb des Philhelvetismus, der sich von bloßer Naturbegeisterung und dem Wunsch, den Gesichtskreis zu erweitern, zu einem Enthusiasmus für die Freiheit der Schweizer zu wandeln beginnt und damit neue Besucher anlockt. Dabei reiste man gerne zu Fuß, wofür schon Rousseau eine Leidenschaft hatte.

In Mode kommt jetzt auch der Besuch von Landgemeinden, jener im Sinn Rousseaus eigentlichen Ur- und Naturform der Demokratie. Wer damals zu diesen angeblich reinen Volksregierungen seine Wallfahrt antrat, tat es mit den Augen des Genfers, dessen ‹Contrat social› von 1762 der Welt Kunde gab, wie alle Landleute unter einem Eichbaum versammelt die Angelegenheit des Staates verständig beraten. Zum arkadischen gesellt sich ein politisches Idyll!

Um die Wende vom 18. zum 19. Jahrhundert wird die Schweiz immer mehr für das Reisen erschlossen. Der Genfersee und das Haupttal des Wallis waren Ausgangspunkte; das Berneroberland mit Thuner- und Brienzersee samt Grindelwald und Lauterbrunnen wird zum klassischen Reiseziel; aber auch der Jura mit Neuenburger- und Bielersee wird einbezogen. Die Wiege der Schweizer Freiheit, die Urschweiz mit dem Vierwaldstättersee sowie der Zugersee mit Pilatus und Rigi treten gleichrangig zum Genfersee. Entdeckt werden das Rheinthal von Chur an abwärts bis zum Bodensee, der eifrige Bewunderer findet. Zu nennen blieben das Appenzellerland, das Glarnerland, der Zürchersee und der Hochrhein von Schaffhausen bis Basel. Auch das tälerreiche Graubünden rückt ins Blickfeld und – nach Verbesserungen beim Ausbau des Gotthards – der Tessin mit den angrenzenden oberitalienischen Seen. Von den anderen Pässen werden Grimsel, Jochpass und Brünig vermehrt begangen.

Als unverzichtbare Attraktion galten der Rheinfall bei Schaffhausen, dann die Staubbach- und Reichenbachfälle im Berner Oberland und dort vorab der Grindelwaldgletscher, der für viele Touristen einen Glanz- und Höhepunkt ihres Aufenthaltes bildet; schließlich der Rigi, welcher im 19. Jahrhundert eigentlicher Mittelpunkt jeder Schweizreise wird. Nachdem der Genfer Naturforscher Horace Bénédict de Saussure 1787 den Mont Blanc bestiegen hatte, wurden auch jene Gipfel des Hochgebirges, die für Rousseau noch reine Sehnsuchtsorte waren, zur erreichbaren Verlockung: der Alpinismus war geboren.

Freilich werden schon früh auch Auswüchse des Schweiz-Reisens gegeißelt. So beim Winterthurer Schriftsteller Ulrich Hegner, der eingangs des 19. Jahrhunderts klagt, die Flut jener Propekte und Veduten aller «berühmten und begafften Stellen» würden ihm seine Heimat langsam verleiden. Aufhorchen läßt auch seine herbe Kritik an der Verschandelung von Fremdenverkehrsorten allein des Geschäftes halber. Einst ein «ruhiger ländlicher Ort, ein Aufenthalt für stille Freude an der großen Natur» sei Interlaken nunmehr zu einer «glänzenden Niederlassung» reicher Fremder entartet, während «die holprigen Pfade zu den Wasserfällen und Gletschern sich in breite Straßen umgewandelt»[6] hätten.

Nachdem die Revolutionskriege mit ihren gravierenden Folgen für Land und Leute eine Zäsur in der Geschichte des Reisens gebracht hatten, markieren die legendären Feste von Unspunnen – 1805 und 1808 – einen Neubeginn. Vor erlesenen ausländischen Gästen entfaltete sich ein arkadisches Idyll, das auch Frau von Staël zu Tränen gerührt haben soll. Nach dem Wiener Kongreß stieg die Reisetätigkeit wieder stark an, und es ist nunmehr die ganze Schweiz, welche zusehends als Reiseland erschlossen wird. Hilfreich waren dabei mehrere Umstände: im Jahre 1813 war die erste einschlägige Reisekarte erschienen, die auch den Besuch noch wenig bekannter Gegenden erleichterte. 1823 verkehrte das erste Dampfschiff auf einem Schweizersee und 1833 – in der Goldenen Zeit der Postkutsche – wurde gar eine tägliche Schnellverbindung zwischen Basel und Bern eingerichtet.

Getragen wird dieses Reisen aber wie schon zuvor von aristokratischen und großbürgerlichen Naturfreunden, Kunstschwärmern, Dichtern, Schriftstellern, Künstlern, Professoren und Studenten. Von einem Tourismus im modernen Sinn, an dem breitere Schichten Anteil haben, kann erst nach weiteren verkehrstechnischen Verbesserungen und dem Bau von Eisenbahnen gesprochen werden, der 1848 mit der Linie Zürich–Baden einsetzte.

Zwei Dichtungen beflügelten zu Beginn des 19. Jahrhunderts die neu erwachte Reiselust: Byrons ‹Prisoners of Chillon› von 1816, der wiederum den Genfersee ins Blickfeld rückte und 1804 Schillers ‹Wilhelm Tell›, der dem Vierwaldstättersee neue Besucher brachte. Dies bezeugt einmal mehr, wie oft gerade die literarische Erschließung einer Gegend das Reisen dorthin erst eigentlich bewirkt oder zumindest wesentlich fördert. Und dies erinnert ferner daran, daß jenes Ideengut, das fremde Besucher schriftlich oder mündlich in das Bild der Schweiz einbrachten, schließlich selbst zu einem Teil der historischen Identität dieses Landes wurde.

Peter Faessler

Das ferne Reich des Nordens
Rußlandreisen

Rußland war bis weit in das 18. Jahrhundert hinein touristisches Niemandsland, denn in das ferne ‹Moskowien› reiste man nur in Geschäften oder in ‹Staatsaffairen›. Allerdings blieben die diplomatischen Kontakte der westlichen Staaten zum Zarenreich bis in die achtziger Jahre des 17. Jahrhunderts hinein recht gering, erst das Interesse an einem Bundesgenossen gegen das erstarkte Osmanische Reich führte zu einem regeren diplomatischen Verkehr. Stärker waren dagegen seit altersher die Handelskontakte, insbesondere der Engländer, deren Moskowitische Compagnie schon Ivan IV. privilegiert hatte und die in Archangelsk eine eigene Niederlassung besaß. Allerdings war dieser einzige Seehafen des ganzen Reiches die Hälfte des Jahres hindurch vereist; die Landroute nach Rußland aber führte durch Polen, mit dem Moskau seit langem in Feindschaft lag, und den Zugang über die Ostsee kontrollierte Schweden.

Ein Hindernis, das Rußlandreisen immer belastet hat, war das Verständigungsproblem, denn kaum einer der westlichen Besucher beherrschte das Russische oder eine verwandte slawische Sprache. Selbst in der zweiten Hälfte des 18. Jahrhunderts, als die Kenntnis des Französischen für den russischen Adeligen unerläßlich war, blieb der Fremde in der russischen Provinz zumeist auf die Hilfe eines Dolmetschers angewiesen, was derartige Reisen nicht nur erschwerte, sondern auch erheblich verteuerte. So beschränkte sich das Reisegebiet zumeist auf die baltischen Provinzen, wo man auf eine deutsche Oberschicht traf, und auf die beiden Zentren Petersburg und Moskau. Belastender für engere Kontakte Moskaus mit dem westlichen Europa aber waren jene Ressentiments, die der schwere Kampf um die nationale Selbstbehauptung gegen Polen hinterlassen hatte. Aus ihnen resultierte eine russische Xenophobie, die durch den konfessionellen Gegensatz der orthodoxen Kirche zu den ‹Lateinern› noch bestärkt wurde. Die technische und militärische Überlegenheit des Westens, die man in den Kriegen gegen Polen und Schweden so schmerzlich erfahren mußte, hatte freilich die Notwendigkeit aufgezeigt, das Land zu modernisieren, wollte es sich seiner Nachbarn erwehren, und so waren westliche Militärs, aber auch Fabrikanten, Handwerker und andere Fachleute ins Land geholt worden, um den technologischen Rückstand zu überwinden. Diese Immigranten, die im Dienste des Zaren standen, lebten in der Moskauer Fremdenvorstadt. Reisende waren sie nicht, und ihre Kontakte mit ihren Herkunftsländern blieben auf eine von der Zensurbehörde beargwöhnte Korrespondenz beschränkt.

So waren die Kenntnisse über das ferne Reich des Nordens, wie es in der historisch-statistischen Literatur der Zeit bezeichnet wurde, in Europa recht gering. Als Peter der Große sich mit der Eroberung der Festung Asow in die europäischen Annalen einzuschreiben begann und die Öffentlichkeit Informationen über ihn und sein Reich verlangte, mußte man auf ältere Berichte wie die berühmte Beschreibung der ‹Muscowitischen und Persischen Reise› des holsteingottorfischen Rates Adam Olearius (1646) zurückgreifen. Den europäischen Kabinetten lagen freilich mehr und aktuellere Berichte ihrer Diplomaten vor, doch blieben diese der Öffentlichkeit ebenso vorenthalten wie die Informationen, die sich die Kaufleute im Rußlandhandel erworben hatten: Letztere waren nicht

1547 erschien die Reisebeschreibung Rußlands von Sigmund Freiherrn von Herberstein (1435–1566). Auf dem Titelkupfer sind nicht nur vier verschiedene Reisearten dargestellt, sondern auch die wichtigsten europäischen Herrscher; in der Mitte der Autor unter einer Karte Rußlands. Kupferstich von Augustin Hirschvogel (1503–1553).

geneigt, ihre mühsam erworbenen Kenntnisse, Teil ihres kaufmännischen Kapitals, der Konkurrenz offenzulegen. Aus den letzten Jahrzehnten des 17. Jahrhunderts liegt deshalb auch nur ein Werk vor, das über den Alltag des Lebens in Moskau zu berichten wußte: ‹Der beyden Czaaren in Rußland Iwan und Peter Alexevitz, nebst dero Schwester der Prinzessin Sophia, Bißhero Dreyfach-geführter Regiments-Stab› (1693) des umtriebigen Georg Schleussing.

Mit Peter setzte ein Wandel der russischen Politik ein, der sich nicht auf die Rezeption westlicher Technologie beschränkte: Seine Modernisierungsbestrebungen, die Transformation des Zartums Moskau in das Kaiserreich Rußland, schloß die Kommunikation und den Austausch mit dem Westen ein, der sich allerdings weitgehend auf die Rezeption der westeuropäischen Zivilisation beschränkte. Gleichwohl blieben auch jetzt bloße private Informationsreisen nach Rußland selten, wenn auch die Zahl der angeworbenen Fachkräfte aus dem westlichen Europa enorm anstieg. Nur einige wenige, die, wie der schottische Ingenieur John Perry, die russischen Dienste quittierten, berichteten über ihre Erlebnisse. Dabei achtete der Zar sehr wohl darauf, daß seinem und seines Landes Ansehen abträgliche Berichte nicht publik wurden, wie der österreichische Gesandtschaftssekretär Johann Korb erfahren mußte, dessen Reiseschilderung (ca. 1700/01) auf russisches Betreiben vom Markt verschwand.

Der Mangel an Informationen förderte die Rußlandreisen nicht. Peter bemühte sich zwar, dieses Defizit zu beheben – so ließ er seinen aus Essen stammenden Mitarbeiter Hendrik van Huyssen 1704 eine kleine Landeskunde verfassen –, aber in den Kanon der Zielländer der *grand tour* des Kavaliers und der bürgerlichen Bildungsreise wurde Rußland nicht aufgenommen. Dafür stieg die Zahl der aus Rußland in das westliche Europa Reisenden erheblich an. Peter hatte schon zu Beginn seiner Herrschaft junge Adelige nach dem Westen gesandt, wo sie nützliche Kenntnisse erwerben sollten. Auch aus Est- und Livland, die Peter für Rußland eroberte, kamen Studenten in großer Zahl nach Deutschland, denn durch die Aufhebung der Universität Dorpat besaßen die Baltendeutschen keine Ausbildungsstätte für ihren akademischen Nachwuchs mehr; so mußte denn, wer das geistliche oder ein juristisches Amt ergreifen wollte, deutsche Universitäten besuchen. Das führte zu mancherlei Austausch, und da auch die Petersburger Akademie der Wissenschaften – ebenfalls ein Werk Peters – sich um intensive Kommunikation mit der gelehrten Welt Europas bemühte, aus der ihre Mitglieder bis in die Mitte des 18. Jahrhunderts fast alle gekommen waren, nahm auch hier die Reisefrequenz etwas zu.

In der Literatur fand dies allerdings keinen Niederschlag – für Beschreibungen derartiger Reisen war kein Markt vorhanden. Dennoch taucht Rußland in der Reiseliteratur auf: Die schwedischen Gefangenen des Nordischen Krieges, die es nach Sibirien verschlagen hatte oder die wie Renat von räuberischen Nomaden als Sklaven nach Mittelasien verschleppt wurden, berichteten über ihre Erlebnisse. Besonders Philipp Johann von Strahlenbergs (1730) und Carl Friedrich von Wreechs Werke fanden großes Interesse in der gelehrten Welt. In noch exotischere Gebiete aber führten die Reisebeschreibungen von Ysbrant Ides (1698), Johann Georg Unverzagt (1725) und Lorenz Lange (1781), die mit russischen Gesandtschaften auf dem beschwerlichen Weg durch Sibirien nach China gelangt waren, jenes Land, das die intellektuelle Elite der Zeit so faszinierte. Noch der dänische Theologe Peder von Haven fand es 1744 absatzfördernd, dem

Bericht über seine Rußlandreise eine ausführliche Beschreibung des «Chinesischen und itzo in Rußland gebräuchlichen Rechenbretts» beizufügen.

Zu jener Zeit war Rußland schon längst auf dem «Weg nach Europa». Der Handel, nun über die baltischen Häfen und St. Petersburg, nahm beträchtlich zu, und die Stärke der russischen Armee ließ es den europäischen Mächten geraten erscheinen, am Petersburger Hofe einen ständigen diplomatischen Beobachter zu haben. Zu ihnen zählte auch der Hannoveraner Friedrich Christian Weber, der seine Kenntnisse über das – so der programmatische Titel – «Veränderte Rußland» Peters des Großen 1721 in einem vielbeachteten Werke publizierte. Die zum Teil sehr ausführlichen Berichte seiner Amtskollegen sind erst später als historische Quellen veröffentlicht worden. Auch Christoph von Mansteins Memoiren, die über seine Erlebnisse als Offizier in russischem Dienst während der Jahre 1727 bis 1744 berichten, erschienen erst lange nach dem Tod der Kaiserin Elisabeth. Denn unter ihrer Regierung wurde die Informationspolitik wieder, wie in vorpetrinischer Zeit, sehr restriktiv gehandhabt. Selbst die Berichte über die von der Akademie der Wissenschaften 1733 bis 1743 durchgeführte ‹Große Nordische Expedition›, die eine erste systematische Erforschung Sibiriens und seiner Ressourcen brachte, und deren Ergebnissen die gelehrte Welt Europas mit großer Erwartung entgegenblickte, wurden lange zurückgehalten – Johann Georg Gmelin publizierte acht Jahre nach Abschluß des Unternehmens seine vierbändige Beschreibung der Reise in Deutschland noch unter Verletzung seiner eingegangenen Verpflichtungen. Der englische Kaufmann John Hanway, der 1742 bis 1750 eine Reise «durch Rußland und Persien» unternahm, richtete in seinem Bericht sein Hauptaugenmerk auf Persien und Mittelasien und streifte Rußland nur.

Die Zahl der nach Rußland Reisenden wurde etwa seit den vierziger Jahren durch eine neue Kategorie vermehrt: Jener wachsenden Zahl deutscher Universitätsabsolventen, zumeist protestantischer Theologen, die in Rußland als Hauslehrer oder Hofmeister ihren zeitweiligen Unterhalt suchten, bis sie entweder in ihrer Heimat, manche auch in den baltischen Provinzen, eine Pfarrstelle oder gar ein besseres Fortkommen gefunden hatten, wozu sich in Rußland mit seinem Bedarf an ausgebildeten Kräften manche Gelegenheit bot. Für diese Gruppe gab es in den adeligen Häusern gute Berufsmöglichkeiten, denn eine Karriere bei Hofe, in der Administration oder beim Militär setzte in zunehmendem Maße Sprachkenntnisse und westliche Bildung voraus, die ein Kandidat der Theologie wohl zu vermitteln vermochte. Daß er keine besonderen finanziellen Ansprüche stellen konnte, erleichterte seine Verpflichtung erheblich. Bis weit in die zweite Hälfte des 18. Jahrhunderts hinein dominierten die Deutschen in dieser Profession, bis sie durch die französischen *réfugiés* Konkurrenz erhielten. Aber auch die Zahl russischer Hörer an den Universitäten des Westens stieg beträchtlich. Besonders seit der Errichtung der Universität Moskau wurden verheißungsvolle Studenten in vermehrter Zahl ins westliche Ausland entsandt, hörten bei Adam Smith in Edinburgh, in Berlin, Leipzig und an anderen namhaften akademischen Stätten, und in den siebziger und achtziger Jahren hatte, wer auf sich hielt, August Ludwig von Schlözers Göttinger Vorlesungen gehört.

Es war die Regierungszeit Katharinas II., die Rußland zu einem integralen Bestandteil der europäischen Kulturwelt machte. Ausländische Theater- und Operncompagnien hatten Petersburg, Moskau und andere Städte des Reiches schon zur Zeit ihrer Vorgängerin gesehen. Liebhaberaufführungen bei Hofe und in den großen Häusern waren beliebte Vergnügungen. Unter Katharina aber erhielten die Künste eine neue gesellschaftliche Bedeutung. Die so ehrgeizige «Semiramis des Nordens», die den Wert eines positiven «images» Rußlands und besonders seiner Herrscherin wohl zu schätzen wußte, suchte Künstler aller Art nach Petersburg zu ziehen. Sie ließ durch ihre Agenten in großem Maßstab Kunstwerke im westlichen Europa aufkaufen. Ihre Sammlung von mehr als 2000 Gemälden bildet noch heute den Grundstock der Eremitage.

Auch sonst bemühte Katharina sich, ihrer Residenz den gebührenden Glanz zu verleihen, und die Aristokraten des Reiches eiferten ihr darin nach. Kultur – französische Kultur vor allem – zu besitzen und zu pflegen, verlieh Sozialprestige. Durch ihre Korrespondenten – Voltaire, Diderot, Grimm, Zimmermann u. a. – ließ sie Europa davon wissen, und so nahm die Zahl der Rußlandreisenden besonders in den siebziger und achtziger Jahren zu, wenngleich sich ihre Stationen zumeist auf die baltischen Provinzen, Petersburg und Moskau beschränkten. Die Kunstsammlungen und das Naturalienkabinett, Winterpalast und Admiralitätsgebäude, Falconets Standbild Peters des Großen, Peter-und-Paulsfestung und Neva-Kai, die prächtigen Paläste der Aristokraten, die Schlösser in Oranienbaum und Carskoe selo wurden in Gottlob Friedrich Krebels Reiseführer von 1768 als Attraktionen der Hauptstadt genannt – Johann Bernoulli hat sie ein Jahrzehnt später in seiner Reisebeschreibung ausführlicher geschildert –, und die «weißen Nächte» von St. Petersburg wurden geradezu sprichwörtlich. Auch die Akademien der Wissenschaften und der Schönen Künste wurden dem Reisenden empfohlen. In Moskau faszinierte die exotische Pracht des Kreml und die Vielzahl der Kirchen mit ihrem fremdartigen Prunk, unter ihnen die bizarre Basilius-Kathedrale, Kitajgorod und die malerischen alten Gassen. Und der reisende Gelehrte suchte auch hier selbstverständlich die Universität auf.

Wie groß die Zahl der Reisenden war, die während der Herrschaft Katharinas Rußland besuchten, ist nicht bekannt, immerhin finden sich prominente Namen des europäischen Geisteslebens wie etwa Diderot darunter. Verglichen mit den Italien- und Frankreich-Reisenden waren es verschwindend wenige, doch wurde Rußland in dieser Zeit als Reiseland von den Briten entdeckt, wobei sich Attraktion und Werbung glücklich mit der politischen Entwicklung verbanden: Die Kriege gegen Frankreich verwehrten die frühere Reiseroute des *gentleman. The northern tour* (Skandinavien und Rußland) bot dem Reiselustigen eine Entschädigung. Dieser steigenden touristischen Bedeutung Rußlands entsprach eine zunehmende Zahl von Reiseberichten wie jener des Gesandten Lord George Macartney, später folgten Nathanael Wraxall (1775), Richard Consett, William Coxe (1779), Andrew Swinton (1792) und schließlich William Tooke (1799). Aber auch reisende Ladys veröffentlichten ihre Erfahrungen, so Elizabeth Craven und Marie Guthrie, die sogar die ferne Krim besucht hatte.

Die gewöhnlichen Reisenden sind nicht in die Weiten des Landes gelangt. Was darüber aus den ausführlichen Berichten der Akademie-Expeditionen der Jahre 1768 bis 1774 durch Autoren wie Peter Simon Pallas, Samuel Georg Gmelin, Anton Johann Güldenstädt u. a. zu entnehmen war, ließ nur beschwerliches Reisen ohne lohnende Ziele erwarten, und wer sich gar an dem von Katharina so arg gerügten Werk des französischen Astronomen Jean Chappe d'Auteroche über dessen Reise nach Tobolsk 1761 orientierte, schrak vor derartigen Wagnissen gewiß zurück. Die Provinz wurde hier, auch nach Rousseau und selbst während der Romantik, kein Gegenstand des touristischen Interesses. Allenfalls russische Reisende entdeckten die Weite, besonders als mit Karamzins Novelle ‹Arme Lisa› das Landleben eine poetische Verklärung erfahren hatte. Auch die Krimreise Katharinas hat hieran nichts geändert – im Gegenteil: Berichte wie der (anonym erschienene) von Melchior Adam Weikard, der 1799 die «Potemkinschen Dörfer» publik machte, schreckten eher davon ab, diese unkultivierten, menschenleeren Gebiete aufzusuchen, Marie Guthrie bildet hier *die* große Ausnahme. Kenntnisse über das mühevolle Leben in den Weiten Rußlands erhielt man in Europa durch die Berichte der deutschen Kolonisten, die Katharina an der Wolga ansässig machte – durch Autoren wie Christian Gottlob Züge und Johann Baptist Cattaneo –, später durch die deutschen Siedler in Bessarabien und im Schwarzmeergebiet, und durch die Schilderungen Deportierter wie des Tilsiter Postmeisters Johann Ludwig Wagner. Neben dem abenteuerlichen Bericht des Grafen Moritz August von Benjowski über seine Verbannung nach Kamtschatka und seine Flucht war wohl das verbreitetste Werk dieses Genres August von Kotzebues ‹Merkwürdigstes Jahr meines Lebens› (1801), in dem der Bestsellerautor seine ebenso kurze wie milde Verbannung effektvoll beschreibt. Derartige Schilderungen dienten keineswegs dazu, das Land attraktiv zu machen. Auch die bald in großer Zahl publizierten Memoiren der Teilnehmer an Napoleons Rußlandfeldzug, insbesondere jener, die es als Kriegsgefangene ins Landesinnere verschlagen hatte, schreckten von Reisen in die wenig attraktive Provinz ab, wie sehr auch die Güte und Hilfsbereitschaft gerade der Provinzbevölkerung gerühmt wurde. Ein Reisender wie Johann Gottfried Seume, der 1805 die Naturschönheiten Finnlands genoß, gehört zu den seltenen Ausnahmen.

Rußlandreisen sind in hohem Maße von den politischen Konjunkturen beeinflußt worden. Wie die anglo-russische Allianz gegen das revolutionäre Frankreich, später gegen Napoléon das britische öffentliche Interesse auf Rußland lenkte und damit zu einem Reiseziel machte, so hat auch der Ruf des «liberalen» Regimes Alexanders I. (1801–1825) seine Anziehungskraft ausgeübt. Erst die konservativ-nationale Reaktion, die mit der «Heiligen Allianz» verbunden war, hat mit ihrer Gegnerschaft zum westlichen, liberalen Europa zu einem Wandel beigetragen und die Besucherzahl zurückgehen lassen. Das Verbot der britischen Bibelgesellschaft markiert den Anfang einer Entwicklung, die sich während der Herrschaft Nikolajs I. (1825–1855) noch verstärkte, als Rußland im westlichen Europa als «Gendarm Europas» apostrophiert wurde. Zudem war durch die Entwicklung des Bildungswesens und die entstandene nationale intellektuelle Elite der Bedarf an ausländischen Spezialisten fast geschwunden. Insbesondere die Beschäftigung fremder Hauslehrer und Hofmeister war überflüssig geworden. So fiel eine starke Gruppe von Reisenden fort.

Stärker blieb die Zahl der in das westliche Europa reisenden Russen. Neben Studenten, besonders der Naturwissenschaften, waren es vor allem die Liberalen des Landes, die Kontakte bei ihren Gesinnungsgenossen und Unterstützung suchten, mancher auch Zuflucht und Asyl. Zu ihnen kamen die Bildungsbeflissenen und jene, die in den berühmten Bädern des Westens, etwa Marienbad, Heilung suchten. An russischen Bädern erlangten bald die Heilquellen im nördlichen Kaukasusgebiet, vor allem Kislovodsk und Mineral'nye vody, Berühmtheit, hier traf sich die russische Gesellschaft, und auch die Krim wurde als Erholungsgebiet attraktiv.

Ausländische Wissenschaftler haben auch in dieser Zeit des Niederganges der Rußlandreisen noch das Land besucht, Alexander von Humboldts Reise nach dem Altaigebirge zählt zu den berühmten Forschungsreisen der Zeit, andere, wie der finnische Linguist Matthias Alexander Castrén, folgten und erschlossen der Sprachwissenschaft und Völkerkunde neue Bereiche. Ihre Forschungen haben Rußland dem westlichen Europa immer wieder in Erinnerung gebracht, doch zu Rußlandreisen haben sie nicht animiert. Den Tiefstand der Rußland-Touristik markiert Custine: Sein Buch schadete dem Ansehen des Zarenreiches schwer. Erst unter der Herrschaft Alexanders II. (1855–1881), des «Zar-Befreiers», wurde Rußland wieder stärker zum Reiseziel.

Gert Robel

Eher enttäuschend
Deutsche Reisende in Dänemark und Schweden um 1800

Wer freiwillig nach Skandinavien reist, muß schon seine ganz besonderen Gründe haben. Im Prinzip fällt dem Deutschen zu dieser nördlichen Hälfte Westeuropas allenfalls ein wenig Kulturgut ein: Wikingersagas und nordische Mythologie, seit dem 19. Jahrhundert ein paar literarische Namen, alles aber kein wichtiger Grund, um die Gegend auch zu bereisen, vom Klima ganz zu schweigen.

Im späten 18. Jahrhundert lenkten die beiden skandinavischen Residenzstädte Kopenhagen und Stockholm durch politische Geschehnisse jedoch ein wenig den Blick auf sich.

So bemerkte man in Deutschland, daß 1772 der deutsche Graf Struensee, der am dänischen Hof höchste Posten innehatte, enthauptet wurde, nicht zuletzt weil er die Königin schwängerte. Für Struensee und seinen ebenfalls hingerichteten Mitarbeiter Graf Brandt engagierten sich viele Deutsche. Als die dänische Darstellung der Bekehrungsversuche, die unternommen wurden, um Graf Brandt noch im Gefängnis zur christlichen Reue zu bewegen, ein europäischer Bestseller wurde, spottete sogar Goethe, dessen Blick sonst wenig nach dem Norden gezogen wurde, über die Borniertheit des rückständigen Dänemark.

Die junge Königin Caroline Mathilde stammte aus England und wurde daher ins Hannoveranische nach Celle gebracht. Hier starb sie ein paar Jahre später an einer sosehr auf die nächste Umgebung beschränkten Epidemie, daß man an einen Giftmord denken kann. In Celle erinnert man sich noch heute an Caroline Mathilde, in Deutschland an Struensee. In den Reiseberichten aus dem späten 18. Jahrhundert sind diese Personen selbstverständliche Gegenstände wiederholter Reflexion.

Der entsprechende schwedische Skandal mit internationaler Resonanz fand 1792 statt, als adelige Schweden ihren König Gustaf III. während eines Maskenballs erschossen, eine Tat, die noch in einer Oper von Verdi eine Rolle spielt, allerdings aus diplomatischen Gründen in exotischere Gegenden versetzt.

Das Interesse für Skandinavien blieb vielfach auf solche Sensationen beschränkt, die von dieser Region allenfalls Anekdotisches vermitteln. Eine eingehendere Auseinandersetzung mit skandinavischen Zuständen findet sich bei ein paar der professionellen Verfasser von Reisebeschreibungen, die wir in einem ersten Abschnitt betrachten werden. In einem folgenden wird daran erinnert, daß einige berühmte Deutsche dieser Zeit Teile von Skandinavien besuchten und teilweise auch beschrieben. Wenig gibt dabei der Dichter Johann Gottfried Seume her, den es nach seinem ‹Spaziergang nach Syrakus› auch nach dem Norden zog. Wohl wert, in diesem Zusammenhang betrachtet zu werden, sind aber Namen wie Johann Kaspar Lavater, Johann Georg Kerner und Ernst Moritz Arndt.

Zunächst aber drei Dänemark-Reisende, die nicht um ihrer selbst, sondern in erster Linie um ihrer Reisebeschreibungen willen gelesen wurden: Friedrich Wilhelm von Ramdohr – 1791, Christian Ludwig Lenz – 1796, Carl Gottlob Küttner – 1798.

Der nicht unbekannte deutsche Jurist und Schöngeist Friedrich Wilhelm Basilius von Ramdohr, Schüler Heynes in Göttingen, aber der späteren romantischen Kunst abgeneigt, hat eine eingehende Beschreibung von Kopenhagen gegeben; er stattet dort einen Familienbesuch ab.

Bei Reisebeschreibungen ist natürlich beständig nach der Vergleichsgrundlage zu fragen, die sich aus den bisherigen Erfahrungen des Berichterstatters ergibt. Im Falle Ramdohrs werden der Kopenhagener Hof und das ihn umgebende gesellschaftliche Leben zu seinen Gunsten mit dem steiferen Stil kleiner deutscher Fürstenhöfe, die dänische Intelligenz zu ihren Ungunsten mit der Göttinger verglichen. In beiden Fällen entstehen Charakteristiken, die über ihre Entstehungszeit hinaus Gültigkeit behaupten möchten.

Wo gewisse kleine deutsche Höfe unglaublich langweilig bleiben, weil nur vier bis fünf Familien hoffähig sind, beachtet man in Dänemark weniger die Grenzen zwischen den einzelnen oberen Rängen. Luxus ist nach dem Vorbild der königlichen Familie schlechter Stil; das gesellschaftliche Leben bleibt auf diese Weise freier als in Deutschland, und jeder Vermögende kann daher im Grunde ohne Zwang so leben, wie es ihm gefällt. Bedeutende Personen können sich ohne weiteres zu Fuß oder ohne Begleitung bewegen, und selbst bei den Königlichen Hoheiten fühlt man sich wie in einem kultivierten Privathaus, von unmittelbarer Freundlichkeit umgeben. Nirgends gibt es dort wie in jedem anderen Land langweilige Empfänge, bei denen man notwendigerweise gesehen werden muß.

Den Nationalcharakter des Dänen schildert Ramdohr als leidenschaftslos, still und phlegmatisch, als natürlich und angenehm im Umgang: vor allem wird man in Dänemark niemals laut. Aber zugleich heißt das auch, daß dem Dänen der letzte Firnis und die Grazie der Bewegung und der Konversation fehlen. Der Däne gilt in Europa für so geistlos wie vor fünfzig Jahren der Deutsche. Das mag vom Klima her zu erklären sein, als Folge der nordeuropäischen Kälte oder der seeländischen Sümpfe, vielleicht aber auch aus der Tatsache, daß nach Kopenhagen wenig Fremde kommen. Die Jugend lernt Deutsch, Englisch, Französisch, die Damen Singen und Klavierspielen, aber so, wie sich die Musik auf nette kleine Lieder beschränkt, darf sich auch keine Konversation über das Voraussetzungsloseste emporschwingen. Wer den Versuch macht wird lächerlich, so daß es denn auch keine Salons um gescheite Frauen gibt. Dem Theater fehlt das höhere Pathos und übrigens auch eine Galerie für die untersten Klassen.

Ein paar Jahre später reist Christian Ludwig Lenz auf dem Weg nach Schweden durch das Land. Es handelt sich um einen Schöngeist am Rande der großen literarischen Welt: seine Jugend verbrachte er bei Christian Felix Weiße, später wurde er Lehrer in Schnepfenthal und danach am Gymnasium in Weimar. Das mag mit veranlaßt haben, daß Lenz seine Berichte zu Literatur formt. Entsprechend nimmt ihr Gehalt an reiner Beschreibung ab. Er hält die Zöllner für korrupt und warnt davor, daß durch Schmuggelei und Bestechung die Sittlichkeit einer ganzen Nation verdorben werde. Mit Entrüstung stellt er fest, daß auch noch Pfarrer und Schullehrer Konterbande zu verstecken wissen. Mit diesem Detail reicht Lenz durchaus ins klassisch Zeitlose, insofern es auch für die Gegenwart Gültigkeit behält.

Aber der eigentlich große Reisebeschreiber, den auch folgende Reisende in der Tasche mitbringen und zu Rate ziehen, heißt Karl Gottlob Küttner. Küttner will betont praktische und anwendbare Reiseführer herstellen und bereitet sich selber durch das Studium von entsprechenden Vorgängern auf seine Dänemarkreise vor.

Er nähert sich dem Land durch Holstein, hebt fortwährend hervor, daß er vor seiner Ankunft voller Vorurteile gewesen sei, assoziiert bei Landschaftseindrükken frühere Erlebnisse (Irland, England, Italien), findet in Nordschleswig alles sauber wie im Märchenland – viel besser als erwartet –, die Städte so reich wie in Holland, aber erlebt dann das Kulturgefälle zwischen Schleswig-Holstein und den dänischen Kernländern. In Jütland bemerkt er nur die korrupten Zollbehörden, Fünen ist ihm arm und ungepflegt und die erste Gegend, wo nicht jedermann Deutsch versteht; Odense ist ohne Eleganz und die angeblich so reiche Insel kahl und wohl nur von Seeländern gelobt, weil bei ihnen alles noch ärmer sei. Die Armut will Küttner als die Folge der nördlichen Gegend oder der fehlenden Fähigkeiten der Bevölkerung erklären. Auch schimpft er über die übertriebenen Trinkgelder, die einem überall abverlangt werden. Auf Seeland freut er sich über die hellen Nächte – die möglicherweise hier zum erstenmal überhaupt eingehend beschrieben werden, zeigt sich aber enttäuscht über die Königsgräber zu Roskilde: die enthusiastischen Bemerkungen bei einem Vorgänger müsse dieser von einem Dänen abgeschrieben haben, der selber nichts anderes gesehen hat.

In Kopenhagen registriert Küttner mit Verwunderung den Leichtsinn, der wenige Jahre später für Dänemark fatal werden sollte, der sich aber aus dem natürlichen Bedürfnis der Kopenhagener erklärt, alle Schätze für sich sammeln zu wollen: daß die gesamte Flotte im Kopenhagener Hafen liegt! Im übrigen bemerkt er den Mangel an Luxus, die elende Möbelqualität und daß die Beschreibungen der angeblich prächtigen Kunstsammlungen alle an Ort und Stelle erschienen seien. Küttner gedenkt der armen Caroline Mathilde, merkt an, daß in Kopenhagen alles auch Deutsch spricht, und findet im übrigen die Sitten und Gebräuche wenig verschieden von den in Deutschland üblichen.

Küttner wollte eine Instanz sein und wurde es. Kerner, von dem noch die Rede sein wird, brachte natürlich «seinen Küttner» mit und las aus ihm, wie er sich zu verhalten habe. Die Stellen, an denen er «seinen Küttner» überwindet, sind darum am interessantesten.

Den genannten reisenden Berichterstattern ist gemeinsam, daß sie für ein deutsches Publikum schreiben und das Ergebnis ihrer Reise als nur bedingt interessant zu bezeichnen ist. Darf man nun vielleicht Größeres erwarten, wo richtige Dichter eine Reise machen? Wenden wir uns zu Lavater, Kerner und Arndt.

Schon 1793 reiste Johann Kaspar Lavater nach Dänemark. Er beschrieb seine Reise in vielen Rundschreiben an seine Zürcher Freunde, und es ist belegt, daß man sich in Dänemark sehr fürchtete, diese Berichte auch noch veröffentlicht zu sehen. Sein eigentliches Reiseziel war der Besuch beim Landgrafen Prinz Carl von Hessen-Kassel, einem originellen Phantasten, der einen direkten Kontakt zum Himmel zu haben meinte. Der Schweizer Theologe sucht in Dänemark alle sehenswerten Personen auf, so Baggesens Mutter, die ihn dadurch überrascht, daß sie kein Deutsch versteht. Carl von Hessen hält er für ehrlich, aber nicht sehr erhaben, seine Visionen überzeugen nicht, seine Bibelexegesen blieben gleichgültige allgemeine Allegorien. Die behauptete himmlische Verbindung – durch den Apostel Johannes – suchte man im darauf folgenden Jahr durch einen angeblich somnambulen Schuljungen Lavater wahrscheinlicher zu machen, der sich aber früh von diesen uninteressanten Experimenten sowie von einem Orakel abwandte, das zu allen Fragen nur bejahend oder verneinend antwortete.

In unserem Zusammenhang vertritt somit auch hier der Reisende aus dem deutschsprachigen Gebiet wohlwollende Offenheit, das angereiste Dänemark dagegen religiösen Mief, der an Korruption und Schwindel grenzt.

Schweden schneidet im Vergleich besser ab, wenn auch Johann Georg Kerner, der die südöstlichsten Teile des Staates bereist, überall bedacht ist, vermeintlich uneingelöste Postulate der Aufklärung anzukreiden.

Johann Georg Kerner, der Bruder des Dichters Justinus Kerner, war ein revolutionärer Stuttgarter Karlsschüler, dann in Paris Girondist, schließlich als praktizierender Arzt in Hamburg ein privater Bekämpfer Napoleons.

Entsprechend sind seine Interessen für Südschweden zwischen Kritik an der Hygiene und Kritik an den Theologen ausgespannt. Viele Pfarrer konzentrieren sich laut Kerner auf die seiner Ansicht nach weniger wesentliche Seelenhygiene, aber einige Pfarrer in Schonen haben immerhin die Impfung propagiert. Nicht uninteressant sind die Feststellungen aus der Beschreibung der Universität Lund, daß die Studenten jeweils auch andere Fakultäten zu besuchen haben, die Theologen also auch etwas Medizin studieren müssen. Kerner stellt dann allerdings zu seinem Bedauern fest, daß die schwedischen Mediziner gezwungen sind, sich mit Theologie zu beschäftigen.

Kerners allgemeine Folgerungen sind eher die eines pessimistischen Spätaufklärers, der überall Mißstände feststellt, auch als Folgen der Bodenreformen und Flurbereinigungen. Die befreiten Bauern seien nunmehr die neuen Opfer des kapitalistischen Hypothekenbetriebs.

Kerners Reise fand 1803 statt, die viel umfassendere von Ernst Moritz Arndt im Jahre 1804. Schon durch ihren Umfang – über 800 Seiten – ist diese Beschreibung von Schweden bedeutend. Sie kombiniert z. B. trivialste spaziergängerische Bemerkungen über das Wetter des jeweiligen Reisetages mit sehr viel moderner Statistik und einigen folkloristischen Exkursen. Die Grundhaltung ist so positiv, daß die Schweden selber das immerhin umfassende Werk wenige Jahre später in ihre Sprache übersetzen, um seinen zum Teil panegyrischen Inhalt zu genießen. Damals lebte Arndt bereits wieder für drei Jahre in Schweden.

Aus den oben genannten Inhaltselementen, die anscheinend ohne eine Redak-

Satirische Darstellung der Zensur in Dänemark um 1790: Zwei Mitglieder der Zensurkommission, als Allegorien auf die Dummheit ins Bild gesetzt, versuchen das Licht der Aufklärung auszublasen. Kupferstich, um 1790.

tion naiv addierend aneinander gefügt wurden, heben sich einige Exkurse heraus, die noch heute interessieren.

Das gilt z. B. für die eingehende Schilderung der Lappen, heute Samen, deren Gebräuche und Lebensbedingungen aus Beobachtung, Interviews und Literatur gründlich und aufgeschlossen behandelt werden. Auch die volkshaften Gebräuche der Schweden – z. B. bei Hochzeiten – sowie die unterschiedlichen landschaftlichen Kleidungen notiert Arndt. Freilich, daß die Dalkarle an ihren Lederhosen auch Gabel und Messer aufhängen und ähnliche Kuriosa liest der Leser vielleicht doch oft ohne eigentliches Engagement.

Dieses stellt sich aber ein, wo Arndt wie ein Tacitus den sogenannten nordischen Charakter zu entwickeln bestrebt ist. Sein Werk lobt die Schweden über die Maßen, aber scheint trotz der Basis der Überzeugung, daß hier alte Treue herrscht und die Kabale so undenkbar ist wie die Überfälle auf den Landstraßen, immerhin dieses Lob differenzieren zu wollen. So lobt er nicht nur den Künstler Sergel und den Sänger Bellman, dem er Unsterblichkeit zuspricht, sondern er erkennt an ihm ganz modern die hohe Tragik hinter den trunkenen Späßen des nordischen Charakters. Diesen hohen und ernsten nordischen Nationalcharakter erklärt Arndt manchmal aus aufklärerischem Gedankengut, manchmal anders.

Aufklärerisch registriert er in Falun keine Märchen, sondern das verfrühte Altwerden der Arbeiter unter den harten Arbeitsbedingungen. Aufklärerisch lobt er die Pastoren, die, statt sich auf das Jenseits zu konzentrieren, als wackere echte Reformatoren für die Bauern ein gutes Vorbild auf dem Gebiet des Akkerbaus abgeben. Aufklärerisch wehrt er sich gegen eine Naturteleologie, nach

Karikatur auf die dänische Dichtkunst im späten 18. Jahrhundert. An der Wand satirische Darstellungen auf die Situation der dänischen Literatur der Zeit: ein Pegasus, der vor dem Absturz steht, der Anbeter einer Vogelscheuche und Pferde, die sich gegenseitig liebkosen. Kupferstich, um 1790.

der die Welt praktisch eingerichtet ist, also die Hühner für uns die Eier legen. Denn, so fragt Arndt, wie komme es denn, daß die Nordsee voller Fische stecke, die Küstenbewohner aber keinen Zugang zum notwendigen Salz haben? Eine damals harte Frage.

Arndt war sehr weit im Norden. Er hat weit hellere Nächte erlebt als die Reisenden in Dänemark, aber leider nennt er sie nur «unbeschreiblich». Allenfalls bemerkt er dabei noch die Mücken. Die eigene Nüchternheit überwindet er nur, wo es um volkshafte Kulturwerte geht. Der alte König Karl der XII. sei als Nationalheld ein echter Vertreter des Mächtigen und ideal Kolossalen, das im nordischen Charakter liege; die nordische Naturmystik verkörpere volkshaft Bodenständiges. Während englische oder gar französische Sagen die Sache der Intellektuellen seien, wisse jeder biedere alte Schwede Märchen und Sagen zu berichten: von denen Arndt sicher zu wissen behauptet, daß es sich nicht um einen Import aus dem Orient handele. Arndt idealisiert aber auch nicht die schwedischen Sagen. Er bemerkt, daß es sich wie auf seinem heimatlichen Rügen darum handelt, daß boshafte Kobolde und Heinzelmänner allerhand Tribute einfordern und grundsätzlich griesgrämig bleiben. Wie anders die Naturgottheiten der Griechen, die in erster Linie ihrer eigenen sinnlichen Lust lebten!

Arndts umfassende, aber merkwürdig unstrukturierte Darstellung einer Reise in ein skandinavisches Land blieb wohl bis heute die eingehendste und dabei positivste.

Alle diese Skizzen aus dem Skandinavien um das Jahr 1800 sind fragmentarisch und subjektiv. Aber in ihren Haupttendenzen weichen sie nicht sehr von weiterem Material ab, das vor allem englischen Federn entstammt. Einige Engländer bereisten Dänemark wegen der unglücklichen Königin Caroline Mathilde, vielleicht sogar als Spione; ihre Schilderungen unterstützen die Eindrücke der Deutschen. Allenfalls erweiterte die Vorkämpferin der Frauenbewegung Mary Wollstonecraft die oft berührten Themen um das für sie wesentlichere der Sexualität, die sie in Dänemark als angenehm frei empfindet. Dieses Thema war für deutsche Reisende noch immer ein Tabu. So berichtet Arndt literarisch deutlich errötend, wie ein von ihm bestellter Pferdeknecht ausgeblieben sei, man eine gewisse Vermutung geäußert und der Knecht denn auch später unberührt fröhlich zugegeben habe, bei jenem Mädchen geschlafen zu haben, mit dem ihn doch noch, wie Arndt bemerkt, kein kirchlicher Bund vereinigt habe. Da nähert sich das Volk für Arndt doch deutlich dem Tier.

Sonst verkörpert Arndt den Umschlag, die Aufwertung skandinavischer Rückständigkeit, die als Vornehmheit fern der Kabale gedeutet wird. Aus dem religiösen, mythischen und folkloristischen Mief holt er sich im Gegensatz zu den Vorgängern das heraus, was er als Romantiker schätzen gelernt hat: die gute Rasse, den Respekt vor den Laren.

Merkwürdig berührt es den Historiker, daß ein paar Jahre nach Arndts eingehenden nüchternen, zum Teil politisch-kritischen Schilderungen der Bergwerke zu Falun diese bei einer Fülle von Dichtern zur Chiffre unglücklicher Liebe an der Grenze von Leben und Tod werden sollten und ihren Ruhm bei den Deutschen bis heute auf Grund dieser romantisch-nachromantischen Texte – z. B. durch die berühmte Novelle von E.T.A. Hoffmann – behielten.

Die Reiseschilderungen zeigen, daß es den Reisenden weniger um Objektivität als um die weitere Arbeit am eigenen Weltbild, um das Elaborieren «geistreicher» Interpretationen geht, durchaus im guten Sinne dieses Wortes. Das Thema Falun zeigt uns aber wie das Thema Struensee, daß in jener Zeit und vielleicht auch später die skandinavischen Länder bei denen sich zur kräftigsten inspirierenden Idee entwickelten, die sie nie bereisten.[1]

Leif Ludwig Albertsen

Welteroberung durch literarische und bildliche Imagination; ‹Robinson Crusoe› wird im 18. Jh. zu einem der meistgelesenen Romane. Kupferstich aus: Des Weltberühmten Engelländers Robinson Crusoe Leben und ganz ungemeine Begebenheiten, Frankfurt/Leipzig 1720. Tübingen, Universitätsbibliothek.

REISEN AUF DEM KANAPEE

Schelme, Schiffbrüchige und Schaulustige Robinsonaden und Aventüren als Alibi für Zivilisationskritiker, Gottsucher und Erotomanen

Seit es Menschen gibt, gibt es auch das Spannungsverhältnis zwischen erzwungener oder erwünschter Mobilität und Seßhaftigkeit. Langeweile oder Pflicht, Krieg oder Liebe, manchmal alles gemeinsam treibt in eine Rastlosigkeit, deren eigentliches Ziel die Bewegung ist. Wer sich in Bewegung setzt – oder gesetzt wird, erfährt etwas, sammelt Erfahrung, und das Zentrum solcher Erfahrung wird immer die Beziehung von Ich und Welt sein. Das gilt für die Jäger und Sammler ebenso wie für die Protagonisten von ‹Ilias› und ‹Odyssee›, für den Knaben Moses, der in einem Binsenkörbchen einem gewaltigen Schicksal entgegentreibt ebenso wie für die Ritter der Tafelrunde. Dem Beginn unserer Zeitrechnung geht ein Mythos voraus, der auf merkwürdige Weise die Dialektik von Seßhaftigkeit und Mobilität illustriert: die Vertreibung der ersten Menschen aus dem Paradies. Etwas, was zuvor nur als unterschiedliche, der jeweiligen Notwendigkeit angepaßte Lebensform wahrgenommen wurde, wird plötzlich in ein Wertsystem gebracht und einer Hierarchie menschlicher Sehnsüchte zugeordnet. Das verlorene Paradies, dessen Verlust ja ursächlich auf den menschlichen ‹Erfahrungshunger› zurückgeht, etabliert sich als schillernde Projektionsfigur, die jegliches Reisevorhaben zu rechtfertigen scheint, weiß man es nur überzeugend in Szene zu setzen und zu begründen.

Was immer man zwischen dem großen Reisenden des Urchristentums – Paulus – und den Hippies der fünfziger Jahre herausgreift an realen oder erfundenen Fort-Bewegungen: sie alle müssen sich seit zweitausend Jahren einer moralisierenden Beurteilung unterziehen, die je nach Zeitgeist und historischem Ort der Zivilisation in ‹gutes› und ‹schlechtes› Reisen unterteilt, indem sie die Relation Ich und Welt um die Dimension *Gott* erweitert. Was immer sich vom Ende her als Weg zu Gott deklarieren läßt, wird auch in den umwegigsten Verirrungen akzeptiert. Dagegen stehen die blanke Abenteuerlust, der Ausbruch aus scheinbar vorgezeichneten Wegen, die Neugier und Veränderungslust, kurz alles, was einen Lebenshunger kennzeichnet, der sich mit Essen und Trinken nicht zufriedengibt. Er ist viel älter als das, was die Bibel vom Menschen weiß. Er treibt Odysseus auf zwanzigjährige Wanderschaft und Aeneas von Kleinasien nach Europa. Er führt Ödipus zu jener Wegenge, die ihn unsterblich gemacht hat, und Hannibal über die Alpen. Die Griechen und Römer der vorchristlichen Zeit kennen noch nicht die ethische Dimension: Gott. Weil sie es mit vielen Göttern zu tun haben, machen sie sich deren Widersprüchlichkeit zu eigen. Ihre unverhohlene Suche nach irdischem Glück sieht als einzigen Maßstab die eigene Empfindung, den persönlichen Erfolg.

Wenn mit unserer Zeitrechnung die dritte Dimension einsetzt, so wirkt sich das vor allem in Form eines immer gegenwärtigen Bewußtseins aus. Ein Gott, der alles weiß und alles sieht, ist schlechterdings unentrinnbar. Das erfährt Jonas, der davor fliehen will, im Bauch eines Wals ebenso nachdrücklich wie Parzifal oder Peer Gynt oder Robinson Crusoe. Die Kette der literarischen Weltreisenden ist unendlich. Ihre Abenteuer bewegen sich in wechselndem Mischungsverhältnis zwischen Fiktion, Realität und Utopie, zwischen Aberglauben, Angst und Imagination. Äußere und innere Reisen amalgamieren im Bild zurückgelegter Wege auf der Suche nach einem Sinn des Daseins an sich und der persönlichen Existenz. Dabei bestätigt selbst noch die Negation eines solchen Sinns die Sehnsucht danach.

Nach diesem hier nur angedeuteten Muster installiert sich ein Genre von Reisebeschreibungen, das unter den Bezeichnungen ‹Avanturen› und ‹Robinsonaden› in die Literaturgeschichte eingegangen ist. Hervorgegangen aus dem sogenannten Schelmen- oder Picaroroman, dessen Verlauf durch die bunt aneinandergereihten Abenteuer eines sozial meist niedrigstehenden Helden bestimmt ist, der aus einer gesellschaftlichen Froschperspektive Gepflogenheiten und Unsitten der Mächtigen gern satirisch beleuchtet, setzt die Robinsonade jedoch zusätzliche Akzente, die auf ihre präzisere Herkunft verweisen. Der Terminus ist sozusagen sein eigener Anachronismus. Längst *vor* Defoe's ‹Robinson Crusoe› kennen wir Robinsonaden mit den genretypischen Ingredienzien: Aufbruch in die Fremde, Schiffbruch, Rettung einer oder mehrerer Personen auf eine unbewohnte Insel, exotische und erotische Abenteuer, Grenzerlebnisse der Selbsterhaltung und endliche Heimkehr – um nur die wichtigsten zu nennen. In dieser Aufzählung *nicht* enthalten sind die drei bedeutsamen Faktoren, die Defoe's Roman ‹The Life and Strange Surprizing Adventures of Robinson Crusoe, of York, Mariner› (London 1719) – abgesehen von seiner erstaunlichen erzählerischen Potenz – zum Ausgangspunkt des modernen realistischen Romans in Europa machen: Zum einen Robinsons Konfrontation mit sich selbst in achtundzwanzigjähriger Einsamkeit, genauer: 13 Jahre Einsamkeit und 15 Jahre Zweisamkeit mit Freitag; zum anderen seine zivilisatorische und kulturelle Leistung beim Aufbau seines Inselreichs und schließlich: seine Begegnung mit *Gott.* Besonders letztere ist schon zu Lebzeiten Defoe's in Raubdrucken, gekürzten Fassungen und Übersetzungen gern unterschlagen worden; die deutschen Bearbeitungen, die unter Rousseaus Einfluß das Buch zum Jugendbuchklassiker werden lassen und deren Zahl ungleich höher als die anderssprachlicher Fassungen ‹ad usum delphini› ist, verzichten – vor allem in der Aufklärung – ebenfalls weitgehend auf Religiosität, machen sich dafür aber um so mehr Robinsons handwerkliche und landwirtschaftliche Tätigkeiten im Sinne eines umfassenden Erziehungsprogramms zunutze. Das Reisen und der Ausbruch aus dem väterlich vorherbestimmten Lebensweg bilden hier eher ein strategisches Element, um den Helden in die Isolation zu versetzen, die zu seiner Umerziehung bzw. Anpassung an die jeweilige gesellschaftliche (mittelständische) Realität notwendig scheint. Das Ende ist jedoch allemal reuige Heimkehr.

Vieles spricht dafür, daß schon Defoe so etwas wie ein didaktisches Modell schaffen wollte, gleichsam als Gegenentwurf für sein eigenes unruhiges Leben und die allgemeine Aufbruchstimmung seiner Zeit. Der immense Erfolg des ‹Robinson Crusoe› begründet seine dritte Karriere als Literat, indem er einerseits die Tradition des spanischen Schelmenromans aufnimmt, andererseits aber nicht nur ein neues Publikum erobert, sondern auch in seiner Nachfolge eine neue Gruppe von Autoren auf den Plan ruft.

In der Sekundärliteratur wird gern zwischen ‹echten› und ‹Pseudo-Robinsonaden› sowie utopischen Robinsonaden unterschieden, teils wegen ihrer Zielsetzung, teils wegen ihres Erscheinungsjahrs (vor oder nach Defoe). Bezeichnend scheint hier, daß in der ersten Phase der Robinsonaden nach Defoe, also im ersten Drittel des 18. Jahrhunderts, die meisten Texte anonym erscheinen. Noch ist die neue Gattung nicht ‹salonfähig›, schon gar nicht in der minderen Qualität der Defoeschen Imitatoren. Insgesamt lassen sich 89 wirkliche Robinsonaden im Deutschland des 18. Jahrhunderts nachweisen,[1] nur etwa ein Drittel der Autoren – fast ausnahmslos aus dem gebildeten Mittelstand – (Pfarrer, Beamte usw.) – ist bekannt. Bemerkenswert ist auch, daß Defoe's ‹Robinson› zu einer Zeit erscheint, da die Lektüre der Wenigen, die des Lesens überhaupt mächtig sind, sich noch meist auf Traktate, Bibeltexte und deren Kommentare beschränkt. Romane gelten als liederlich und lasziv – Defoe verbietet seiner eigenen Tochter das Lesen solcher ‹Schundliteratur›, die sich vornehmlich aus den Versatzstücken des galanten Romans speist und den Tugendvorstellungen der Kirche so gar nicht entspricht. Dagegen finden die Moralischen Wochenschriften weite Verbreitung. Ihre Mischung aus Pragmatik, Sentimentalität und Erbauung entspricht den

Episode aus dem Leben Robinson Crusoes. Kupferstich aus: Des Weltberühmten Engelländers Robinson Crusoe Leben und ganz ungemeine Begebenheiten, S. 322, Frankfurt/Leipzig 1720. Tübingen, Universitätsbibliothek.

Bedürfnissen der überwiegend kaufmännischen Leserschicht und spiegelt zugleich deren Wandel. Defoe ist klug genug, seinem Publikum im ‹Robinson Crusoe› eine *religious application* zu versprechen, zugleich aber Abenteuer und Unterhaltung.

Die ohnehin große Beliebtheit des Abenteuer- bzw. Reise- und Entdeckungsromans steigt mit Defoe's Seriositätsanspruch noch weiter. In England herrscht ‹Gründerzeit›-Stimmung. Hunderte von Gesellschaften schießen aus dem Boden, darunter die Südseegesellschaft (‹South Sea Bubble›, 1719) mit ihrem Monopol im Sklavenhandel in den spanischen Kolonien und die Lawsche Bank in Frankreich (1719/20).

Solche wirtschaftlichen und gesellschaftlichen Umwälzungen bedingen auch eine gesellschaftliche Aufwertung des Mittelstandes, der in den neuen Lektüremöglichkeiten Rückversicherung im Hergebrachten ebenso findet wie Ermutigung zum Aufbruch in eine weltweite expansive Handelspolitik, die alle bisherigen Maßstäbe sprengt.

Defoe unternimmt den Versuch, diese gegenläufigen Bedürfnisse seiner Zeitgenossen zu verschmelzen. Aus der Kombination von formalen und inhaltlichen Strukturelementen gängiger Gattungen schreibt er Texte, in deren Abenteuerlichkeit sich die Abenteurer und Kaufleute, in deren Authentizitätsanspruch sich die Realitätsfanatiker und in deren religiösem Utilitarismus sich die Aufgeklärteren wiedererkennen und bestätigt finden können.

Von den Robinsonaden *vor* Defoe zählt Henry Nevilles ‹The Isle of Pines› aus dem Jahr 1668 sicherlich zu den bekanntesten. Was zunächst wie eine ‹Männerphantasie› aussieht – die Rettung von einem Mann und vier Frauen auf eine einsame Insel nach dem obligaten Schiffbruch –, erweist sich vom Ende her als lehrreiche Satire, was freilich das Vergnügen von Autor und Leserschaft an der Entfesselung erotischer Phantasie nicht mindert. Eine überaus verschwenderische Natur gibt den Schauplatz dafür her, daß die kleine Gruppe von Menschen unterschiedlicher sozialer und nationaler Herkunft in einer dreiphasigen Entwicklung erst sich um die Aufrechterhaltung zivilisatorischer Werte bemüht, sie dann beherzt aufgibt, am Ende aber eine Art Neueinführung der alten Sitten, also: Sexualmoral, Religion, Inzesttabu usw. beschließt, was – wie könnte es anders sein – nur Zank und Zwietracht sät. Dazwischen liegt ein vierzig Jahre währendes paradiesisches Interim, in dem das gleichberechtigte Ausleben existentieller Bedürfnisse wie Essen und Miteinanderschlafen – auch der Kinder untereinander – eine unkomplizierte irdische Glückseligkeit aller Beteiligten garantiert: «[...] so daß dieser Ort, wenn er soweit kultiviert wäre, als geschickte Leute das vermögen, sich als Paradies erweisen würde.»[2]

Scheinbar schließt sich damit der zu Beginn meiner Überlegungen geöffnete Kreis von Aspekten des Reisens. Die Vertreibung aus dem Paradies mündet in die Rückkehr in ein irdisches Paradies ohne Verdikte und Sanktionen. Neville führt seinen Zeitgenossen vor Augen, daß die *middle class*-Werte wie Fleiß, Ordnung und sexuelle Repression der menschlichen Natur zuwiderlaufen und die übelsten Deformationen hervorrufen. Verglichen mit Robinson, der 28 Jahre lang angeblich nicht ein einziges Mal an eine Frau bzw. an Geschlechtsverkehr überhaupt denkt, muß freilich die Libertinage der Pineser Robinsone, bei der Schwarze und Weiße, Herrin und Dienerinnen mit dem einzig verfügbaren Mann fröhlich durcheinanderkopulieren, wie eine Inszenierung des Satans anmuten. Aber die Sprache ist alles andere als lasziv, eher nüchtern konstatierend, und mancher mag die Ironie nicht begriffen haben, die darin liegt, daß erst der vergreiste (und wahrscheinlich inzwischen impotente) Inselvater Pines sich wieder auf die Vorteile der aufgegebenen Kultur besinnt. Der vielleicht stärkste Affront Nevilles gegen seine Landsleute liegt in der Tatsache, daß die Pineser keinen Gedanken daran verschwenden, in die Heimat zurückzukehren, der Bericht über ihr (Über-)Leben aber sehr wohl nach England gelangt. Neville gehörte übrigens dem Adel an. Es mag ihm besonderes Vergnügen bereitet haben, den selbstgerechten und gegenüber dem Adel hyperkritischen Mittelstand mit seinem rigiden Arbeitsethos und seiner strengen Religiosität auf dem Wege der Fiktion mit der wahren Natur (auch) des (englischen) Menschen zu konfrontieren.

Fast die umgekehrte Form der Weltverneinung findet sich in der nur wenige Jahre später veröffentlichten deutschen Robinsonade von Hans Jacob Christoffel von Grimmelshausen: ‹Continuatio des Abenteuerlichen Simplicissimi› (1669). Wollte man die – bezeichnenderweise wiederum in drei Phasen verlaufende – Entwicklung des Insellebens auf drei Begriffe bringen, so könnten die heißen: Schlaraffenland, menschliche Unnatur und schließlich: Einsiedlerleben. Simplicissimus, der die schauerliche Realität des Dreißigjährigen Krieges in allen nur möglichen Aspekten erlebt hat, widerfährt nach einem Schiffbruch, der nur ihn und seinen Freund Meron auf die rettende Insel wirft, gewissermaßen eine Wiederholung seines bisherigen Lebens. Das friedliche Schlaraffenland, das sie vorfinden, wird von Rivalität und Mordgelüsten durchsetzt, als die Sexualität in Gestalt einer Abessinierin die beiden Männer mit sich und miteinander konfrontiert. Psychologisch realistischer als bei den Pinesern erweist sich die friedliche Promiskuität bei den (nur) zwei Kontrahenten als unmöglich. Nachdem der «Satansbraten» von Weib – sie entweicht mit «Gestank», als Simplicissimus arglos das Kreuz schlägt – weg ist, wird die neue Freundschaft der Männer ein zweites Mal, jetzt durch Erinnerungen an die Zivilisation, gestört: Meron gelingt es – nach beharrlichen Versuchen – Alkohol herzustellen, ja er wird – dies eine indirekte Thematisierung der Einsamkeit – zum Alkoholiker und säuft sich schließlich zu Tode. Alleingeblieben widmet Simplicissimus sein Leben Gott, betreibt allerlei kulturelle Tätigkeiten, nicht weil sie nötig wären, sondern um nicht auf dumme Gedanken zu kommen, und lehnt alle Möglichkeiten zur Heimkehr nachdrücklich ab, eine doppelte Absage an die menschliche Natur wie an die Zivilisation bzw. an das, was die eine aus der anderen hat werden lassen. Interessant dabei der Name, den er analog zu seinen sonntäglichen Kreuzmarkierungen (als Kalender) für die Insel findet: Kreuz-Insel. Später wird dieses Signal in Verbindung mit den deutschen Übersetzungen des Defoeschen ‹Robinson Crusoe› wieder auftauchen, dessen Herkunftsname ‹Kreuznaer› oder ‹Kreuzner› in ‹Crusoe› wechselt und gleichsam auf seinen Weg zu Gott hinweist.

Um die Vielfalt der Robinsonaden vor Defoe zu veranschaulichen, sei noch auf zwei weitere kurz hingewiesen, die den Typus der Robinsonade mit dem der Utopie verbinden.[3] Im Jahr 1677 erscheint die ungefähr 500 Seiten starke ‹Histoire des Sévarambes› von Denis de Vairasse, eine Utopie nach dem Muster der *voyage imaginaire*, die von einer kurzen, nur vierzig Seiten umfassenden Robinsonade eingeleitet wird. Anders als bei den bisherigen Selbstfindungs- und Selbst-Organisationsmodellen – auch noch bei ‹Robinson Crusoe› – beruht das hier propagierte Überlebensmuster auf dem Prinzip der autoritären Führung der Schiffbrüchigen durch den – gewählten – Tüchtigsten aus ihrer Mitte. Mit der Delegierung aller Entscheidungsgewalt an ihn ist die Gruppe der Mitverantwortlichkeit enthoben und wird zum «Mittel zum Zweck» des Überlebens degradiert. Ein schlichtes Gottvertrauen, sowie allgemeine Güterteilung (inklusive weniger Frauen) und die – wie üblich – freundlich gesonnene Natur tun ein übriges, um die Zivilisation in Frage zu stellen.

Wenn die nachfolgende Utopie mit größerem Aufwand dieses Muster wiederholt, so wird daraus die planvolle Ergänzung beider ersichtlich: Der irreale Charakter der Utopie wird im Wirklichkeitsmodell der Robinsonade plausibler; d. h. in nuce praktizieren die Reisenden ein gesellschaftliches Gegenmodell zum heimischen Europa, das eine Annäherung an den Idealzustand, die Utopie darstellt. Auf diese Weise findet neben der beliebten Zivilisationskritik aus dem Abstand der Fern-Fahrenden eine gezielte Ermutigung zur Hinwendung zu ‹natürlichen› Verhaltensweisen der Menschen statt.

Am subtilsten gelingt dies vielleicht in Hendrik Smeeks' ‹Der holländische Robinson› (1708),[4] dessen verkaufsfördernde Anspielung auf Defoe erst in der deutschen Übersetzung von 1921 erscheint. Heinrich Texel, der ‹holländische Robinson›, wird insofern zum nicht nur zeitlichen, sondern auch ideell unmittelbaren Vorläufer und zugleich Gegenpol Defoes, als er infolge seines Mangels an Erziehung und (auch religiöser) Bildung nach anfänglichem, ‹natürlichem› Zurechtkommen in frommer Anspruchslosigkeit in einen Zustand roher Unzivilisiertheit verfällt, sobald er sich der Sorge um seinen Lebensunterhalt enthoben fühlt. Menschen (‹Wilde›) und Tiere werden sinnlos abgeschlachtet, alle derartigen ‹Erfolge› mit Alkohol begossen. Erst nach einem Intermezzo bei den Eingeborenen, deren Überlegenheit sich darin zeigt, daß sie ihn überlisten, d. h. nachdem er sich mühelos der zuvor verachteten Kultur angepaßt hat, kann seine gewissenhafte Umerziehung im Königreich ‹Krinke Kesmes› beginnen, auf symbolische Art dort, wo seine Weiterentwicklung geendet hatte: bei seinem Schiffbruch im Alter von 15 Jahren. Mithin demonstriert der Text, daß ohne eine sorgfältige Unterweisung von Kindern, vor allem ohne die Verankerung in der Transzendenz, der Mensch zum Tier wird und aller Humanität verlustig geht. Was dem Helden von der heimatlichen Zivilisation noch in Erinnerung ist, erweist sich als wertlos und einem umfassenderen Überlebensanspruch nicht gewachsen. Mit Recht weist Reckwitz[5] auf die prototypische Kolonialherren-Mentalität Texels hin, die sich in Ausbeutung, Zusammenraffen ‹natürlicher› Ressourcen erschöpft, ohne die körperliche Selbsterhaltung durch seelische Reifung zu vervollständigen. Auch hier sind Utopie und Robinsonade so aufeinander bezogen, daß der Vorbildcharakter der ersteren durch den negativen Abbildcharakter (der Wirklichkeit) der letzteren in den Bereich des Anstrebbaren, weil Erreichbaren rückt, was zunächst unmöglich scheint.

Alle vorgestellten, vor Defoe verfaßten Robinsonaden bzw. Robinsone sind sich einig darin, daß ihr Inselleben der heimischen Gesellschaftsorganisation vorzuziehen ist und der erreichte ‹Naturzustand› die ‹höhere› Kultur darstellt. Vor diesem Hintergrund wird deutlich, was Defoe's ‹Robinson Crusoe› tatsächlich für die Gattung leistet: Durch Fleiß, Selbsterforschung, Frömmigkeit und größtmögliche Gerechtigkeit überwindet er das ‹Tier› in sich, das in der Konfrontation mit der ‹wilden› Natur nur auf Ausbruch lauert, und bestätigt so nachhaltig die

Vorteile der von seinen Vorgängern als unzureichend entlarvten Zivilisation. Dabei gerät in *allen* Texten das Verhältnis zu Geld, Kleidung, Alkohol und den ‹Wilden› zum neuralgischen Punkt, an dem wahre – also auch innerliche – und oberflächliche Zivilisation auseinandertreten.

So gesehen, sind die meist so bezeichneten ‹Robinsonaden›, also die *nach* Erscheinen von Defoe's ‹Robinson Crusoe› verfaßten, in Wirklichkeit nur Nachahmungen des großen Vorbildes, während die früheren Texte wirklich eigenständig sind, und daher diesen Namen mit größerem Recht tragen. Sprachen die wenigen Autoren zuvor ein eher kleines, intellektuelles Publikum an, das die erwünschten Bezüge herzustellen verstand, so wird jetzt mit unzähligen Variationen dieses Motivs Unterhaltung auf breitester Basis bis hin zur blanken Pornographie betrieben, mitunter in recht ergötzlichen Spielarten, wobei die Autoren in ihren Vorreden einander fleißig das Wasser abzugraben suchen.

Eine im Zuge dieser robinsonesken Vervielfältigung fast ‹natürlich› erscheinende Entwicklung ist es, daß der spezifische Kern des ‹Robinson Crusoe› und seiner Vorläufer: die Inselzeit, sich verschiebt zugunsten (wieder) pikaresk aneinandergereihter Abenteuer, die sich an Unwahrscheinlichkeit gegenseitig zu übertreffen bemühen und damit den Begriff ‹Robinsonade› zum Synonym für Abenteuer schlechthin werden lassen. Fahren bzw. Er-Fahrung wird in dieser Perspektivik weitgehend reduziert auf die Entfernung von Zuhause und die Konfrontation mit fremden Kulturen, gewürzt mit episodischer Isolation und erotischer Exaltation, die vom Gruppensex bis zur Paarung mit Affen reicht. Die grobsinnliche ‹Freude›, mit der sich die Autoren dieser zuvor – zumindest literarisch – offenbar zu kurz gekommenen Thematik bemächtigen, deutet wohl auf ein Nachholbedürfnis bei Autor und Leserschaft hin. Einerlei, ob ‹keusche› oder unkeusche Variationen: Es bricht sich allemal eine hektische Erotisierung der Handlung Bahn, die erst mit einem Werk etwa wie Schnabels ‹Insel Felsenburg› aufgefangen und subtiler gestaltet wird (1731),[6] indem sich der Verfasser bewußt von den schlechten Imitationen des ‹Robinson Crusoe› absetzt und wieder in die Tradition Defoes einreiht. Damit ist der Weg – literarhistorisch – frei für den neutralen Gattungsbegriff der ‹Robinsonade›, wie wir ihn heute noch kennen und verwenden und wie er in der Aufklärungspädagogik mit den Jugend-Robinsonaden von Joachim Heinrich Campe und Johann Karl Wezel (beide 1779/80) eine Nuancierung ins Erzieherische mit entsprechender Nachahmung bis auf den heutigen Tag erfährt.[7]

Elke Liebs

Der blaue Nebel großer Fernen Reiseberichte und Reiseabenteuer in der Kinder- und Jugendliteratur

«...wie der blaue Nebel
großer Fernen, den man im
Traume sieht.»
Joseph Conrad, Der goldene Pfeil

Signale aus dem Bereich der Trivialliteratur können für kulturelle Bedürfnislagen und Erwartungen in breiten Schichten höchst aufschlußreich sein. Um die Mitte des 19. Jahrhunderts veröffentlicht Franz Hoffmann, ein allein durch die überaus große Zahl seiner Bücher aus der Masse herausragender Jugendschriftsteller, die Erzählung ‹Der kleine Robinson›, in der Defoes romanhafte Fassung der Abenteuer des schottischen Matrosen Selkirk zum handlungsauslösenden Moment wird: «Das Buch war freilich von außen unscheinbar – aber welche Schätze barg es in seinem Innern. Robert las und fand diese Schätze! [...] Er kümmert sich um Nichts mehr, sah Nichts mehr, dachte und träumte Nichts mehr als sein Buch. [...] Mit Begierde folgte er den Schicksalen Robinsons [...] und hundert Mal wünschte er, auch bei ihm zu sein auf der Insel und mit ihm zu jagen, zu kochen, zu bauen, Töpfe zu drehen, Fische zu angeln und, mit Einem Wort, alle seine Schicksale mit ihm zu theilen. – ‹Du bist ein kleiner Narr!› sagte sein Vater zu ihm [...].»[1]

In dieser, eine vielfach bezeugte Wirkung[2] abbildenden Episode sind zwei Aspekte enthalten, die für abenteuerliche Berichte und Erzählungen aus fernen Ländern von allem Anfang an und bis in die Gegenwart strukturbildend geworden sind. Zum einen benutzt der jugendliche Leser diese Literatur offensichtlich immer wieder in besonders intensiver Weise als Projektionsraum seiner Sehnsüchte und Wünsche – ein imaginärer Raum, in dem die enge Kinderwelt aufgesprengt und in dem vorentworfen wird, was der junge Mensch sein und tun wollte, könnte er nur über sein Leben selbst bestimmen und sich die Kräfte geben, die er erträumt. Zum andern jedoch weist der Text auch die ebenfalls vielfach belegte Irritation der Erwachsenen durch solche literarisch beförderten, die alltägliche Ordnung in Frage stellenden Träume aus. Der unwillig-ablehnende Kommentar des Vaters in dem Zitat ist beredter Ausdruck dafür.

Der pädagogische Vorbehalt bestimmt das Genre der Abenteuerliteratur dementsprechend von den ersten spezifisch jugendliterarischen Ausprägungen im 18. Jahrhundert an. Das Bedürfnis, zu der verführerisch-gefährlichen romanhaften Abenteuerliteratur ein Gegengewicht zu schaffen, führt bereits bei Joachim Heinrich Campe – der mit seinem ‹Robinson der Jüngere› den Horizont des quasi exotischen Ferneabenteuers ja selbst eröffnet hatte! – dazu, Reiseberichte zu schreiben bzw. zu adaptieren, die betont der Wissens- und Erkenntnisvermittlung dienen. Sie sollen das Erziehungsziel eines vernünftigen, ethisch gefestigten, auf Praktisches gerichteten Menschen statt als problematisch angesehene, unkontrollierbare Fahrten in die blaue Ferne des Abenteuers propagieren. Campe wird nicht müde, in den Einleitungen seiner Werke die horazische Formel zu wiederholen, daß Kinderliteratur zwar auch zu erfreuen, vor allem aber zu nützen habe;

und ist bei Horaz damit ein gleichgewichtetes Miteinander zweier sich ausbalancierender Wirkungen gemeint, so im Zusammenhang der aufklärerischen Kinder- und Jugendliteraturtheorie weit eher das Angenehmmachen der Lehre durch die unterhaltsame Form.

So entstehen zunächst von 1778 bis 1784 die zwölf Bände der ‹Kleinen Kinderbibliothek›, in denen Campe unter anderem auch Auszüge aus Georg Forsters und Johan Hawkesworths Beschreibung der Cookschen Weltreise von 1768 bis 1771 bringt. Besonderes Interesse verdient hier August Wilhelm Schlözers im neunten Bändchen abgedrucktes ‹Neujahrs-Geschenk aus Jamaika in WestIndien für ein Kind in Europa› von 1780. Der Autor beschreibt hier das Leben und Treiben in einem fernen Land, geißelt aber mit scharfen Worten den Sklavenhandel, der in Kingston einen seiner Umschlagplätze hat. Schlözer spricht von den Negern als seinen «schwarzen Brüdern», die er «tagtäglich von weissen [...] Lumpenkerls wie Hunde tractirt» sieht[3] – das authentische und bewegende Dokument einer bewundernswert humanistisch-aufklärerischen Gesinnung.

In der umfänglichen und ausschließlich auf das eine Thema bezogenen ‹Sammlung interessanter und durchgängig zweckmäßig abgefaßter Reisebeschreibungen für die Jugend›, 5. und 6. Teil, Braunschweig 1788/89 greift Campe das Thema der Erkundungsreise Cooks noch einmal auf. Ausdrücklich betontes Ziel ist dabei, mittels einer unterhaltsamen Zubereitung der zugrunde liegenden Expeditionsberichte dem romanhaften Abenteuerbuch Terrain zu entziehen. Es werden geographische, kosmographische, botanische und völkerkundliche Kenntnisse vermittelt; und wie in einem Spiegel soll der junge Leser seine eigene Welt gegen den Hintergrund der fremden Welt bewußter wahrnehmen, sie kritisch sichten und dann doch als die entwickeltere und humanere bejahen.

Aber trotz aller didaktischen Schlingen, die Campe ja schon im ‹Robinson› reichlich gelegt hatte und die auch in dem immer noch mit dialogischen Reflexionen durchsetzten Folgewerk ‹Die Entdeckung Amerikas› von 1782 das Bild bestimmen, ist das Thema nun einmal so beschaffen, daß die erzählerische Zuspitzung und das Aroma des Abenteuerlichen selbst in den auf Wissensvermittlung angelegten Reisebeschreibungen nicht ganz auszuschließen sind. Schon manche Titel deuten das an. In Band 16 der Gesammelten Werke stehen so ‹Vasco da Gamas Reise nach Ostindien› und ‹Das Abenteuer von vier russischen Seeleuten auf Spitzbergen› unmittelbar nebeneinander, ebenso wie in den folgenden Bänden etwa ‹Eine Reise durch das Innere Nordamerikas› sich neben ‹Wilsons Schiffbruch bei den Pelew-Inseln› oder ‹Le Vaillants Reise in das Innere Afrikas› neben ‹Geschichte des Schiffbruchs und der Gefangenschaft der Gräfin von Burke 1719› finden.

Egon Schmidt meint von solchen Beobachtungen aus, bei Campe liege der Pädagoge ständig mit dem Schriftsteller in Streit. Er habe die Reisebücher verfaßt, «um den Kindern im regional zersplitterten, historisch zurückgebliebenen Deutschland Welt- und Menschenkenntnis zu vermitteln und ihnen Vorbilder, bürgerliche Helden, vorzuführen. Er fand sie nicht im Alltag, so griff er auf große Leistungen der Menschheit zurück, die zugleich Abenteuer waren».[4]

Diese Charakterisierung ist insofern interessant, als sie die eingangs skizzierte Funktion, dem jungen Leser eine Sprengung seiner Begrenzungen zu ermöglichen – der Karl May-Spezialist Claus Roxin spricht von ‹Ausbruchsliteratur›;[5] ‹Ausbruch› und ‹Abenteuer› werden geradezu zum Synonym – pädagogisch wendet. Noch bevor der Leser in dieser Hinsicht geistig-seelisch initiativ werden kann, kanalisiert und domestiziert der *Pädagoge* Campe – und nicht nur er! – schon die sich erst entwickelnden Bedürfnisse, indem er ihnen wohldosiert entspricht, und das heißt: der junge Leser tritt anstatt in die Weite und Wildnis des Fremden in eine sorgsam zubereitete Pädagogische Provinz ein! Erst im 19. Jahrhundert bringen die großen Autoren der Abenteuerliteratur wie James Fenimore Cooper, Friedrich Gerstäcker, Charles Sealsfield und dann auch Karl May wieder Weite und ein gewisses anarchisches Moment in diese Literatur, die daraus im Verständnis Ernst Blochs ihre «reißende» und befreiende Wirkung bezieht.

Noch ist es aber nicht so weit. Zwischen 1783 und 1790 gesellt sich zu Campes Büchern das große fünfbändige Werk von Johann Georg Friedrich Papst ‹Die Entdeckung des fünften Welttheils oder Reisen um die Welt, ein Lesebuch für die Jugend›. Papst übernimmt Campes erprobtes Muster des Erzählens im Familienkreis und verstärkt zugleich den rousseauistischen Akzent. In der Vorrede zum Schlußband heißt es: «Ich verlasse Euch mit der beseeligenden Überzeugung, Euch mit einem beträchtlichen Theil der Erde und ihren Bewohnern bekanntgemacht zu haben, wo Eure noch unverkünstelten Herzen mit der kunstlosen Natur noch am meisten sympathisiren.» Innere und äußere ‹Natur› werden im Umfeld der Anschauungen Rousseaus zu einem zentralen Wert, und es liegt auf der Hand, daß auch von daher die Berichte aus den noch quasi im Naturzustand befindlichen Ländern ein besonderes Interesse finden.

Die Worte, die Papst einem Bewohner der Marianen-Inseln in den Mund legt, dokumentieren den mit dem Naturbegriff verbundenen kritisch-humanen Standort des Verfassers und seine so menschenfreundlichen wie progressiv-aufklärerischen Absichten sehr eindrücklich: «Ehe Ausländer kamen – o wie ruhig lebten wir damals! Wir arbeiteten und waren gesund. Wir hatten weniger Bequemlichkeiten des Lebens, hatten aber auch weniger vonnöten. Die Ausländer haben uns zwar manches gelehrt, aber zu unserer Qual. Sie gaben vor, uns glücklich zu machen, und raubten uns doch Freiheit, raubten uns den freien Gebrauch unserer natürlichen Stärke [...].» Das Bild des ‹edlen›, unverfälschte Natur repräsentierenden ‹Wilden› hat zwar noch nicht den romantischen Akzent Chateaubriands oder Coopers und noch nicht die Realistik eines Sealsfield, aber es wirkt dennoch von solchen aufklärerischen Ansätzen her in vielen Ausprägungen bis in die Gegenwart herein nach.

Das Abenteuerliche als das Bunte, Weite, Freie, als Projektionsraum der Seele bleibt zunächst auch der ersten Hälfte des 19. Jahrhunderts, nun allerdings von anderen weltanschaulich-pädagogischen Setzungen aus, zutiefst suspekt. Emotionale Bewegungen werden durchweg ins Rührselig-Erbauliche gewendet; und es scheint, daß die 1795 erschienene Erzählung ‹Gumal und Lina› von Caspar Friedrich Lossius in dieser Hinsicht einen gewissen Übergang markiert. Handlungsmäßig irgendwo in einem geographisch und ethnographisch völlig unbestimmten Zentralafrika angesiedelt, benutzt der Autor die exotische Umgebung lediglich als Staffage für erbauliche Gespräche und Handlungen. Aber selbst das empfinden die Erzähler der Christoph von Schmid-Ära noch als einen die Ruhe der biedermeierlich braven, kleinbürgerlichen Welt störenden Effekt. Die Devise des ‹Bleibe im Land und nähre dich redlich› mit ihrem literarischen Scheinrealismus erlaubt allenfalls Abstecher in die Historie hinein, und auch da nicht weiter als gerade noch bis ins christlich verklärte Mittelalter.

Erst der sehr rasch in Deutschland jugendliterarisch adaptierte James Fenimore Cooper wird für das 19. Jahrhundert zur Grundlage einer neuen, sich nach ganz anderen Gesetzen als die Reiseerzählung der Aufklärung entwickelnden Abenteuerliteratur. 1823 erscheint als erster Teil der späteren ‹Lederstrumpf›-Tetralogie ‹Die Ansiedler an den Quellen des Susquehanna›, und bereits ein Jahr darauf kommen gleichzeitig zwei deutsche Übersetzungen heraus. ‹Der letzte Mohikaner› wird noch im Jahr des Erscheinens der englischen Originalausgabe in Deutschland von fünf Verlagen gleichzeitig präsentiert! Vor allem die von Sauerländer in Frankfurt verlegte Duodez-Ausgabe erreicht außergewöhnlich viele Leser – das Bedürfnis für eine solche Literatur ist offenkundig.

Cooper will nicht mehr Kenntnisse einer fremden Welt vermitteln; er taucht vielmehr eine vergehende Kultur und historische Epoche in den romantisch getönten Glanz des Abenteuers und bewahrt sie darin gewissermaßen auf. Das Abenteuer ist nicht nur Beigabe oder für Spannungszwecke benutzte, aber gleichzeitig mißtrauisch beobachtete Oberfläche – das Abenteuer ist jetzt vielmehr das Zentrum selbst. Es erfüllt sich am vollständigsten in Elementarsituationen, die, «aufgeladen durch aktuelle gesellschaftliche Erfahrungen, [...] Menschen an der äußersten Grenze dessen [zeigen], was sie gerade noch ertragen oder vollbringen können. [...] Auf lange Sicht gibt es da weder Halbheiten noch Zweifelsfälle noch Mehrdeutigkeiten, sondern nur die folgenschwere Frage, ob einer leibhaftig davonkommt, oder ob er restlos verschwindet».[6]

Diese Überlegungen von Volker Klotz, die dem Abenteuerbuch generell und im besonderen dem für Erwachsene gelten, machen zugleich deutlich, warum die ‹neue› Abenteuerliteratur gerade auch für junge Leser so wichtig, fast unentbehrlich ist: «Nur begrenzte Leserschichten sind in der Lage, zwischenmenschliche oder innerpersönliche Widersprüche einzusehen, die von [...] begrenzten moralischen oder religiösen Normen oder gesellschaftlichen Statusregeln abhängen. [...] Dadurch, daß er Leib und Leben zum Maß des Geschehens macht, öffnet sich der Abenteuerroman praktisch allen Lesern»[7] – nicht zuletzt eben auch Kindern und Jugendlichen. Zusammen mit dem Optimismus, den die Abenteuergeschichte vermittelt, und der Öffnung der kleinen Welt des Lesers ins grenzüberschreitend Weite und Normensprengende ergibt sich aus all dem eine sehr prägnante Funktionsbeschreibung der Gattung.

Für das 19. Jahrhundert kommt ein zeitgeschichtlicher Aspekt dazu: das industrielle Zeitalter beginnt, die Massen erobern das Feld, und genau komplementär dazu treten im Abenteuerroman, schon in gewisser Weise anachronistisch und deshalb immer in ein gewisses romantisches Licht getaucht, die großen Einzelnen auf. Die Helden der Geschichte gehören in der Regel dem Adel oder jedenfalls der oberen Gesellschaftsschicht an; der Held der Abenteuererzählung dagegen repräsentiert eher den gesellschaftlich neutralen Einzelgänger oder den ‹Outlaw›. Sein Handlungsfeld sind die Prärien, Schluchten, Gebirge und Urwälder der neu entdeckten und nun in Besitz zu nehmenden Kontinente Amerika, Australien und Afrika – das letzte Reservat der zivilisationsmüden oder -kritischen Europäer, in dem zugleich die seelischen Bedürfnisse des jungen Menschen nach Freiheit, Weite, Unbeschränktheit, nach Härte (Fels) und Weichheit (Wasser, Vegetation), nach Offenheit (Prärie, Steppe, Wüste) und Geborgenheit (Wald, Höhle)[8] ihre Entsprechungen finden.

Ausdruck beider Qualitäten ist Werk und Leben der zwei Autoren, die den Reisebericht und die Abenteuererzählung auf eine ganz spezifische und individuelle Weise miteinander verbinden: Charles Sealsfield (d.i. Karl Anton Postl) und Friedrich Gerstäcker. Postl, der bis 1816 als Ordensgeistlicher in Prag lebt, bricht aus der Enge dieser Welt aus, geht nach Amerika und lebt ab 1832 bis zu seinem Tode unerkannt als Charles Sealsfield mit amerikanischem Paß in der Schweiz. Während seiner Zeit in den Staaten beginnt er zu schreiben und wird zu einem der bedeutendsten Chronisten des ‹amerikanischen Traums› im Mittleren Westen um 1830.

Auch Friedrich Gerstäcker verläßt als junger Mensch Deutschland, schlägt sich mehr schlecht als recht in Amerika durch, veröffentlicht erste Reiseschilderungen und Erzählungen, fährt in die Südsee, reist nach Ägypten und Abessinien und verarbeitet seine Erfahrungen und Erlebnisse in abenteuerlichen Romanen

Leseabenteuer im bürgerlichen Lesezimmer. Der Trapper Lederstrumpf versteckt sich mit seinen Gefährten vor einer Gruppe Sioux-Indianer. Kupferstich von D. E. Darley aus: James Fenimore Cooper, Die Prärie, Stuttgart 1843. Tübingen, Universitätsbibliothek.

und Erzählungen. Die Gesamtausgabe von 1878 umfaßt 43 Bände; darunter sind so bekannte und stilbildend gewordene Romane wie ‹Die Regulatoren in Arkansas› (1846) und ‹Die Flußpiraten des Mississippi› (1848). Es gibt zwischen Gerstäkker und Cooper eine ganze Reihe von Berührungspunkten – der Stil der Naturschilderung zeigt beispielsweise bei beiden viel Ähnlichkeit –; die Handlung jedoch in Gerstäckers Romanen bewegt sich generell weit stärker im Rahmen des Jetzt und Hier von 1840; und immer ist sie ausgestattet mit den Details des zeitgenössisch-authentischen Beobachters. Diese Detailtreue, die Gerstäckers Erzählungen zu einer «zuverlässigen Geschichtsquelle» werden läßt, wie der Große Brockhaus von 1954 formuliert, hat jedoch eine völlig andere Funktion als bei Campe und Papst – sie dient nicht Zwecken der Belehrung, sondern der ästhetischen Beglaubigung. Anders gesagt: Die geographischen, historischen und ethnographischen Daten sind nicht deshalb notwendig, weil sonst die Geschichten und Romane sachlich weniger ‹richtig› sondern weil sie ohne sie schlechter *erzählt* wären.

Es bleibt allerdings das Problem, daß weder Gerstäcker noch Sealsfield – noch davor Cooper und danach Karl May – ursprünglich für Jugendliche schreiben. Sie bieten vielmehr den Erwachsenen vor und um 1848 eine «utopische Gegenwelt zu den bedrängenden, das Individuum entmächtigenden Verhältnissen in der Heimat»[9] an, und Gutzkow hat in diesem Sinne anläßlich von Theodor Mügges ‹Afraja. Ein nordischer Roman› (1840) von «Rettungsliteratur», damit auf die Argumentation Ernst Bloch vorausweisend, gesprochen. In dem Maße jedoch, in dem solche Literatur aus den verschiedensten Gründen ihre therapeutische Funktion verliert, wird sie frei für den jugendlichen Leser und seine Projektions-, Entwurfs- und Befreiungssehnsüchte. «Wo Erwachsene herablassend die Irrealität des Geschilderten diagnostizieren, unterhalten jüngere Leser

Indianerkämpfe faszinierten das Publikum auf dem Kanapee. Reiterduell zwischen den Häuptlingen Mahtoree und Hart-Herz. Kupferstich von D. E. Darley. Aus: James Fenimore Cooper, Die Prärie, Stuttgart 1843. Tübingen, Universitätsbibliothek.

ein eher spielerisches Verhältnis zu derartigen Fakten; hier wirkt noch eine Rezeptionsweise nach, wie sie kleine Kinder der Phantasiewelt des Märchens entgegenbringen.»[10]

Das scheint auch der Grund zu sein, warum der wahrscheinlich bedeutendste deutschsprachige Autor abenteuerhaltiger Romane und Erzählungen in der ersten Hälfte des 19. Jahrhunderts, Charles Sealsfield, im Bereich der Jugendliteratur trotz vieler Adaptionsversuche bis in die Gegenwart herein nie richtig Fuß fassen konnte: seine Texte sind bei allem abenteuerlichen Flair offenkundig zu realistisch. Für Jugendliche jedoch ist, wie dargestellt, nicht so sehr der fakten- und sachgenaue Inhalt, sondern die Öffnung ins Undomestizierte, Ferne, Fremde, Andere hinein wichtig, und dazu eine Handlungskonstellation, die eben nicht faktische Verhältnisse abbildet, sondern übertragbare offene Modelle entwirft. Beim Seeabenteuer etwa fixieren die Elemente ‹Schiffbruch› und ‹Rettung› die Situation eines absoluten Neubeginns – eines Neubeginns, den der Leser unbewußt auch als Möglichkeit *seines* Lebens verstehen darf. Die Indianererzählungen stehen von den weißen Siedlern aus gesehen als Modell für Eroberung und Landnahme – die Parallele zum erträumten Lebensentwurf des jungen Lesers liegt auf der Hand. Von der Seite der Indianer her mischt sich, speziell in der Gestalt des ‹edlen Wilden›, die Qualität dessen mit ein, der man nicht ist, den man aber mit einem Gran seines Seins doch *auch* in sich fühlt, der man sein will und so festhält.

Bei Sealsfield kommt der Leser mit solchen und ähnlichen Bedürfnissen nie so ganz auf seine Kosten. ‹Tokeah Oder die weiße Rose› beispielsweise, deren deutsche Erstausgabe von 1831 unter dem die historischen Intentionen Sealsfields noch deutlicher machenden Titel ‹Der Legitime und die Republikaner› erscheint, verlangt soviel zeitgeschichtliches Hintergrundswissen und soviel Lust an differenzierenden Details, daß der junge Leser häufig selbst an der gekürzten und sprachlich vereinfachten Fassung erliegt. Aus dem ‹Kajütenbuch Oder nationale Charakteristiken› von 1841 hat allein ‹Die Prärie am Jacinto› einige Popularität erlangt; aber auch diese Erzählung setzt den Willen voraus, die zeitgeschichtlichen Daten nicht nur als Zutat und Ballast, sondern als ein die Geschichte selbst mitkonstituierendes Element aufzunehmen.

Angesichts eines solchen Befunds läßt sich abschließend so etwas wie ein Fazit ziehen: So sehr das nichtrealistische oder halbrealistische Abenteuerbuch sein Recht hat und behält, so sehr bleibt aber natürlich auch die Notwendigkeit, kritische Rationalität auszubilden. Es scheint nun allerdings, daß der junge Leser die Anleitung hierzu eher in anderen Genres erwartet und akzeptiert. Die Abenteuerliteratur selbst wäre zwar durchaus auch didaktischen Absichten offen, aber in ihrer Rezeptionsgeschichte hat sich beim Leser die beschriebene Erwartungshaltung ausgebildet, gegen die Sealsfields Romane trotz ihrer hohen literarischen Qualität offensichtlich bis heute nicht anzukommen vermögen.

Gerhard Haas

Empfindsame Reisen

Die ‹Empfindsame Reise›, Sternes berühmter Reiseroman, war ein «Ereignis». Sowohl die literarisch und gesellschaftlich produktive Tendenz der Empfindsamkeit als auch ein Teil der Gattungsgeschichte des Reiseromans, ja der Reisebeschreibung insgesamt, sind mit dem Erscheinen von Laurence Sternes ‹Sentimental Journey through France and Italy by Mr. Yorick› im Jahre 1768 eng verbunden. Zwar reicht die Entstehung der Empfindsamkeit in Deutschland bis in die fünfziger Jahre zurück, und Lessing täuschte sich, als er meinte, «empfindsam» sei im Deutschen so neu wie *«sentimental»* im Englischen. *«Sentimental»* erschien erstmals bei Richardson im Postscript zu ‹Clarissa Harlowe› 1748; der älteste deutsche Beleg, der bisher gefunden wurde, steht in einem Brief der Gottschedin vom 4. September 1757. Doch führte Lessings Rat, «empfindsam» für *«sentimental»* zu wagen, als Bode Sternes Werk übersetzte, zur Formulierung eines eindrucksvollen und durch seine Neuheit sich sofort einprägenden Titels. Damit bot sich nicht nur ein neues Muster des Reiseromans an: eine ganze Tendenz hatte endgültig ihren Namen erhalten. So ist es nicht unverständlich, daß Kritiker der Empfindsamkeit in den späteren Jahren der Sterneschen ‹Sentimental Journey› und ihren Nachahmern die Schuld an der um sich greifenden Empfindelei geben konnten,[1] was dem «Ereignis» von 1768 allerdings zu viel Wirkung zuspricht.

Sterne selbst ist sich der «Neuheit» seines «Vehiculums»[2] bewußt, wenn er zu den bisher vorhandenen Klassen von Reisenden die «empfindsame» hinzufügt. Der «empfindsame Reisende» wird vom Erzähler überwiegend *ex negativo* charakterisiert. Er hält es für ein Lotteriespiel, ob «nützliche Kenntnisse und wahre Wissenschaften» auf Reisen tatsächlich zu erwerben und zu erkennen sind.[3] Von der bisher gültigen Theorie der Reisebeschreibung hält Sterne mit seinem Geschöpf Yorick nichts. Der empfindsame Reisende hat in Paris «weder das Palais royal noch den Luxembourg, noch die Façade des Louvre besehen [...] noch [sich] bemüht, die Verzeichnisse, die wir von Gemälden, Statuen und Kirchen haben, anzuschwellen [...]»[4] Ohne statistische oder ethnologische, kunsthistorische oder geographische Interessen möchte dieser Reisende die «Blöße» der Herzen anderer Menschen «ausspähen»,[5] um ihre guten Eigenschaften zu erkennen und sein Herz danach zu bilden. Er denkt sich jedes «schöne Wesen als einen Tempel», der ihm wichtiger ist durch seine «darin aufgehängten Originalgemälde und leichten Skizzen» als die ‹Verklärung› Raphaels. Dies ist das Motiv, das ihn nach Frankreich und Italien führt: «Es ist eine ruhige Reise des Herzens nach Natur und nach solchen Regungen, welche aus ihr entspringen und uns treiben, einander zu lieben [...] ja, die ganze Welt mehr als wir pflegen.»[6] An den Reiseberichten von Smelfungus (Smollett) und Mundungus (Sharp?) sei zu erkennen, wie Spleen und Gelbsucht jede Erfahrung entstellten und verzerrten; die Folge sei dann ein Bericht über trübselige Empfindungen. So läßt sich die ‹Sentimental Journey› auch als Widerspruch zur konventionellen englischen Reisebeschreibung lesen; selbst diese «Reise» steht in einer literarischen Reihe und gewinnt ihre Originalität aus der Distanzierung von der englischen Konvention des Reisens und der Reisebeschreibung. Da Yorick keinen Blick auf die traditionell für wichtig erachteten Gegenstände der Reisebeschreibung richtet und seine Aufmerksamkeit einzig auf Menschen und ihre Empfindungen konzentriert, kann ihm keine Gegend «dürre und öde» vorkommen: «Ja, ich bezeuge, sagte ich und schlug freudig meine Hände zusammen, daß, wäre ich in einer Wüste, ich auch in der Wüste etwas finden würde, das meine Neigung auf sich zöge [...].»[7] Yorick braucht im Grunde keine Welt, um zu empfinden. Er vermag mit Hilfe seiner Einbildungskraft den geringsten Anlaß zu nutzen – notfalls erfindet er ihn –, um «Regungen des Herzens» zu beobachten und zu empfinden.

Diesem Prinzip der auf Gefühlsgegenstände beschränkten Wahrnehmung folgt die ‹Sentimental Journey› in ihrem Aufbau. Sie radikalisiert die Systemlosigkeit, die den Reisebeschreibungen allgemein von Kritikern schon früh als Indiz ihrer Unwissenschaftlichkeit vorgeworfen wurde. Da es jedoch selbst für einen dezidiert empfindsam Reisenden kein Kontinuum der Empfindungsanlässe gibt, regiert in diesem Text die Unterbrechung. Elliptische Sätze, abgebrochene Gebärden und Szenen widersprechen dem konventionellen Zeitgerüst des Erzählens. Die einzelnen Szenen setzen oft unvermittelt ein – z. B. der Anfang: «In Frankreich, sagte ich, verstehen sie das Ding besser...»[8] – ohne daß der Leser in die Lage versetzt wird, mit Hilfe des Kontexts einen plausiblen semantischen Zusammenhang herzustellen. Der Gedankenstrich oder, in den deutschen Übersetzungen, auch die vielsagenden drei Punkte sind die Signatur dieses Erzählens mit Unterbrechungen. Nach dem Gesetz von «Ebbe und Flut unserer Laune»[9] werden nicht allein die spärlichen und meist alltäglichen Handlungen, sondern auch die sich darauf beziehenden Reflexionen unterbrochen.

Man hat diese Erzähltechnik mit Recht ein Operieren mit räumlichen Elementen genannt.[10] Die Sequenzen der Erzählung bestehen aus Serien von nebeneinanderstehenden Einheiten verschiedener Länge. Die Verbindung zwischen ihnen wird nicht durch die Chronologie, sondern eher durch Analogie hergestellt. Kein Plot hält die Erzählung zusammen, es sei denn, der Fortgang der Reise, der nur durch die Ortsangaben markiert wird, kann als Ersatz dafür gelten. Die «Bilder» dieser Reise-Galerie werden dennoch zueinander in Beziehung gesetzt: durch Kontrast, durch Themenvariation oder durch den Wechsel der Stillagen.

Neben dem Strukturelement der Unterbrechung, dem Nebeneinandersetzen von eher räumlich konzipierten Erzähleinheiten, ist die Ambiguität, die Zweideutigkeit, wesentliches Prinzip der ‹Sentimental Journey›. Sterne hat seinen Roman selbst mit einem Spazierstock mit zwei Griffen verglichen: Wer ihn richtig verstehen will, muß sich an das Empfindsame *und* das Komische halten. Die empfindsame Reise hat nicht zufällig Yorick, den Spaßmacher Shakespearscher Abkunft, zum Helden. Er nutzt geographische, sprachliche, emotionale und moralische Anlässe als Möglichkeiten, die Mehrdeutigkeit der Welt auszudrücken. Wenn er eine Sequenz mit «Das Bidet» überschreibt, ist nicht nur ein kleines Postpferd gemeint. Wenn er über die Funktion von *«tant pis»* und *«tant mieux»* in der französischen Umgangssprache räsonniert, stellen sich einige Vermutungen über das Verhalten des Zimmermädchens zu Gästen ein. Es bedarf wohl keiner ausführlichen psychoanalytischen Analyse, um die Szenen mit dem Kammermädchen und der Ladenhüterin in ihren sexuellen Konnotationen zu verstehen: die «kleine Börse», die das Mädchen Yorick zeigt, die Handschuhe, die allesamt nicht passen, sind zweideutige Szenen *par excellence.* Im wesentlichen tendiert Yoricks Komik zur Sexualität. Er bekennt, sich nicht wohlzufühlen, wenn er nicht «sein ganzes Leben hindurch beständig in eine oder die andere Prinzessin verliebt gewesen» sei.[11] Aber eine Trennung zwischen Trieb und Empfindsamkeit ist für Yorick schlecht denkbar: «Wenn die Natur das Gewebe der zärtlichen Empfindungen so gewebt hat, daß einige Fäden von Liebe und Verlangen mit durch das Stück laufen, muß denn die ganze Webe zerrissen werden, um sie herauszuziehen? [...] Gib, großer Beherrscher der Natur! gib solchen Stoikern die Rute!»[12] Die ‹Sentimental Journey› schließt mit einer Ellipse. Dem Leser ist es überlassen zu erraten, wohin Yorick greift, als die Kammerjungfer der piemontesischen Dame, die wegen der Raumnot des Gasthauses im selben Zimmer wie Yorick schläft, im Dunkeln zwischen den beiden Betten steht. Während die meisten Ausgaben vielsagende Gedankenstriche setzen, wenn der Satz abbricht: «Also, da ich die Hand ausstreckte, faßte ich der Kammerjungfer ihre - - -»,[13] heißt es in der Originalausgabe: «So that when I strech'd out my hand, I caught hold of the Fille de Chambre's END OF VOL.II.»[14]

Dem Erzählstil der Unterbrechung und Zweideutigkeit entsprechend präsentiert sich der Ich-Erzähler Yorick nicht als ein mit Übersicht und Weitblick begabter *spiritus rector* der heterogenen Sequenzen. An der prinzipiellen Zweideutigkeit des Romans hat auch dieser Erzähler Anteil, dessen Kopf vom Herzen überlistet wird, der die vernünftige Kontrolle sucht, aber selten findet. Aber gerade diese Unsicherheit, vor die sich ja auch der Leser angesichts so häufig unterbrochener Sequenzen gestellt sieht, ist ein hervorragendes Mittel, zwischen Erzähler und Leser intensive Kommunikation zu fördern, fremde und eigene Empfindungen zu vermitteln.

Der Roman ist nur als Paradox zu lesen: Ständiger Erfahrung von Zweideutigkeit und radikaler Unvollkommenheit steht die Vollkommenheitsforderung gegenüber. Sterne verzichtet als Theologe nicht auf den orthodoxen Glaubenssatz von der Sündhaftigkeit des Menschen. Mit dem in ihm lebendigen natürlichen Wohlwollen werden die natürlichen Laster konfrontiert. Damit steht Sterne der moralischen Position der *Cambridge Platonists* nahe, die er in seinen Predigten ausführlich zitiert: Das moralische Gesetz kann nur durch die Vernunft erkannt werden – im Konflikt zwischen Kopf und Herz gebührt dem Kopf die Autorität. Die Moral der liberalen Theologie wählt aus der christlichen Tradition vor allem die Bergpredigt und das Gleichnis vom barmherzigen Samariter, um zu demonstrieren, daß unsere wesentlichen religiösen Pflichten Gerechtigkeit und Nächstenliebe sein sollen. Deshalb besteht der Wert eines Menschen vorzüglich in seiner Bereitschaft, wohlwollend und gutherzig zu handeln, was sich in spontaner Güte, Wohltätigkeit, freundlichen Gebärden, aber auch in Tränen und Seufzern des Mitleids äußert. Je bedürftiger jemand des Mitleids ist – Waisen, Witwen, verwundete Soldaten, Kranke –, desto leichter ist es, moralisch-empfindsam zu reagieren.

Nicht zuletzt die Stationen der Reise zeigen Yorick, daß nur durch Wohlwollen der Mensch zum menschlichen Wesen wird. Das dabei zu empfindende Vergnügen ähnele der wahren und ewigen Freude des Himmels. Deshalb beraubten sich spleenige und gelbsüchtige Reisende der köstlichsten Erfahrungen in dieser Welt, wenn sie nur immer «schnurstracks» fortreisen, «ohne weder zur Rechten noch zur Linken zu sehen, damit nicht Liebe oder Mitleid sie von seinem Wege locken möchten.»[15] Die Empfindung der Realität der Seele, die «treue Empfindsamkeit», das «große, große Sensorium der Welt»[16] erfährt der Reisende in einer profanen Abendmahlsfeier bei einer Bauernfamilie. Statt eines Dankgebets tanzen die jüngeren Bauern und Bäuerinnen nach dem Liebesmahl. Dieser Tanz bewirkt eine «Erhebung des Herzens» beim Reisenden. «Mit einem Wort, ich dachte, ich sähe, daß die Religion sich mit in den Tanz mischte. [...]»[17]

Es schien mir notwendig, das Paradigma der ‹Empfindsamen Reise› etwas ausführlicher zu charakterisieren, um den Abstand zwischen Sternes Werk und allen Nachahmern kenntlich zu machen.

War es bis 1768 selbstverständlich gewesen, tatsächlich zu reisen und dabei zumindest einige Erfahrungen von Landschaften oder Städten zu sammeln, so schien das Modell der ‹Empfindsamen Reise› nun den Verzicht auf solche Vorleistungen einer Reisebeschreibung nahezulegen. Sternes Maxime zufolge, daß der Empfindsame selbst die Wüste durch seine Einbildungskraft für seine Empfindung zum Blühen bringen könne, machten sich vorwiegend junge Autoren an das scheinbar leichte Geschäft der Nachahmung. Als 1772 eine ‹Empfindsame Reise durch die Visitenzimmer am Ostertag› und eine ‹Empfindsame Reise durch die Visitenzimmer am Pfingsttag› erschienen, stand in den ‹Frankfurter Gelehrten Anzeigen› von 1772 die lakonische Rezension: «Wie wenig Yorick verstanden wird, zeigen seine Nachahmer. Dieser ist wohl der elendste unter allen.»[18]

Lichtenbergs Kritik an der «Weltlosigkeit» und papierenen Substanz der mei-

‹Empfindlich, empfindbar, empfindungsreich, empfindsam› – schon die frühen Übersetzer rätselten über die Bedeutung von Laurence Sternes ‹Sentimental Journey›. Das Buch wurde zu Ende des 18. Jahrhunderts zu einem der wichtigsten Reiseromane. «Wenn eine mühsame Reise eine Reise heißt, bei der viel Mühe ist: so kann ja auch eine empfindsame Reise eine Reise heißen, bey der viel Empfindung war.» So heißt es in der 1776 bei Johann Heinrich Cramer in Bremen erschienenen Ausgabe, der die beiden Kupferstiche entnommen sind. Sie zeigen Yorick bei einer Kammerzofe und beim Tabaksdosentausch mit einem Franziskanerpater. Tübingen, Universitätsbibliothek.

sten deutschen Romane – einige Jahre später in seinem ‹Orbis pictus› artikuliert – bezog sich nicht zuletzt auf die unglücklichen Sterne-Epigonen. Im Leipziger Musenalmanach von 1775 schrieb Schink: «Sie sind ein Autor geworden, fragt' ich neulich einen jungen Herrn; womit haben Sie denn die Welt beschenkt? Mit *empfindsamen Reisen,* antwortete er.»[19]

Oft wird das Sternesche Modell mit älteren Romanmustern verbunden, so daß diese Produkte zwar durch das neumodische Etikett und ausgewählte Sternesche Spezifika am Erfolg der ‹Sentimental Journey› zu partizipieren scheinen – in Wirklichkeit sind die Nachahmer aber nicht in der Lage, die Erzählstruktur von Diskontinuität, Unterbrechung und Ambiguitäten unter Verzicht auf einen Plot zu imitieren. Johann Gottlieb Schummel konstruiert für seine dreibändigen ‹Empfindsame[n] Reisen durch Deutschland›[20] die komplizierte Geschichte eines früh verwaisten jungen Mannes. Weil ihn dessen Lebenswirren nahezu ausschließlich beschäftigen, kann er ihn kaum auf die Reise schicken – er hält sich hauptsächlich in Leipzig auf und kommt nur noch durch Bautzen und einige ungenannte Orte.

In den frühen siebziger Jahren erweckte der Anklang an den Titel der Sterneschen Reise offenbar keineswegs immer den Verdacht auf marktgängige Imitation, sondern wirkte erstaunlich marktfördernd. Zahlreiche Ausgaben von Sternes Werk und seiner englischen Fortsetzungen wurden schnell abgesetzt. Die Buchhändler warfen sofort auch Übersetzungen englischer und französischer Nachahmungen auf den Markt.[21] In einer deutschen Nachahmung, die außer dem Titel nichts mit Sterne gemeinsam hat, heißt es in schöner Selbsterkenntnis: «Ich mußte mir wenigstens den Schein eines empfindsamen Reisenden geben, weil jetzt jedermann empfindsam seyn und nichts als nur Empfindsames lesen will.»[22]

Am Anfang der Produktion deutscher Nachahmungen stehen Johann Georg Jacobis Werkchen ‹Die Winterreise› und ‹Die Sommerreise› von 1769. Obwohl die Bemühung, Sternesche Technik und Komposition zu adaptieren, deutlich zutage tritt, kann Jacobi einen Rest von Originalität beanspruchen.

Der Reisende, der sich als Ich-Erzähler und Autor in einer Person vorstellt, möchte die «offenherzige Laune» des Engländers mit dem «lebhaften Witz» des Franzosen verbinden. Er verspricht, nicht der Postroute zu folgen, sondern «abgerißne Stücke» zu liefern, «wovon die mehrsten weder an Ort, noch Zeit gebunden sind». Um den Leser aber nicht ganz ohne Information zu lassen, fällt Jacobi hinter den Sterneschen Anspruch (Unterbrechung, Diskontinuität) zurück, wenn er verrät, in Wirklichkeit von Halberstadt über Braunschweig, Hannover, Osnabrück, Münster, Duisburg nach Düsseldorf gereist zu sein. Dieser Widerspruch, Sterne imitieren zu wollen, aber durch eine zu große Redseligkeit den dadurch scheinbar chaotischen Bericht für den Leser ordnen zu wollen, durchzieht Jacobis «Reisen». Er gibt den kurzen Sequenzen, die wie bei Sterne ohne Präzisierung der Chronologie nebeneinanderstehen, Überschriften wie «Die Erndte», «Der Heerd», «Der Reisegefährte». Jacobi beginnt wohl nicht zufällig mit einem verdeckten Zitat von Sternes Lob der empfindsamen Einbildungskraft, wenn er die «unfruchtbaren Gegenstände», das «unabsehlich Einerley» der Winterlandschaft verwandelt: «wie glücklich, daß ich auch im Winter den Wiesen ihr Grün, den Aesten ihre Blätter geben kann, und daß selbst die Einfalt mit rührenden Auftritten mich unterhalten muß.»[23] So läßt er auf dem Winteracker schnell Korn wachsen oder empfiehlt in «Die Heyde», Bäume doch nicht alleinstehen zu lassen und Wälder zu pflanzen. Neben Szenen, die dem Reisenden Anlaß zu empfindsamen Reaktionen des Wohltuns und Mitleids bieten, spielen literarische Interferenzen eine erstaunliche Rolle. Jacobi schreibt eine Sequenz ausdrücklich als Anti-Candide: «Ihr Thränen der Menschheit! seyd ihr dem Menschen nicht zu theuer, als daß er mit lachendem Munde von euch redet?»[24]

Der Reisende erweist sich im Gespräch mit einem vertriebenen Jesuiten als Rousseauist und druckt einen Aufsatz über natürliche Gotteserkenntnis und Unsterblichkeit der Seele in mehreren Fortsetzungen ab, der ihm von seinem jesuitischen Reisegefährten übergeben wurde. Gerstenberg hat in einer Rezension bissig vermerkt, der empfindsame Jesuit «empfinde» dabei «allerley Sachen aus den Litteraturbriefen»: «Wer aber in der Wahl seines Lesens einigermassen spröde ist, wer seinen Yorik lieb hat, und sich den sentimentalen Geschmack durch das altweibische Gewinsel eines Nachahmers, der allenthalben empfindsam zu scheinen arbeitet, nicht gerne verderben will: dem rathen wir, sich weder an die Winterreise, noch an die Sommerreise zu wagen; beyde werden ihm ein Aergerniß sein.»[25]

Dennoch folgen in Zukunft nicht wenige deutsche Sterne-Nachahmer nun auch Jacobis Muster. Die Masse der epigonalen Werke erscheint in den siebziger Jahren. In den achtziger Jahren nimmt die Zahl der Imitationen merklich ab, um in den neunziger Jahren noch einmal anzusteigen.[26] Den letzten bedeutsamen Versuch, Sternes, Bachaumont/Chapelles und Jacobis Anregungen und die Erfahrungen eigener Reisen zu verarbeiten, unternahm Moritz August von Thümmel in seinem zehn Bände umfassenden Roman ‹Reise in die mittäglichen Provinzen von Frankreich im Jahr 1785 bis 1786› (1791–1805). Er zögerte lange, sich mit einer eigenen «Reise» literarisch in die Reihe der Epigonen zu stellen. Die gewöhnlichen Sujets einer «Reise», die nicht völlig fehlen, sind für ihn sekundär – gemessen an der Bedeutung der «Entfaltung des menschlichen Herzens». Die Phänomene sind dem Reisenden «Bilder» für die «Einbildungskraft». Durch zahlreiche Unterbrechungen des Erzählverlaufs, durch Abschweifungen, eingeschobene Briefe oder Dokumente versucht Thümmel, seinen Roman der Zufälligkeit der Wirklichkeitserfahrung anzunähern. Über die Sterneschen Prinzipien der Unterbrechung und Ambivalenz hinaus begründet er den Verlauf seines Romans mit dem epikureischen Zufall. Zwar entgeht er nicht immer der Gefahr der Geschwätzigkeit, doch hat er durch das Zusammenspiel von subjektiver Erfahrung, selektiver Nutzung der literarischen Vorbilder und Nähe zum pragmatischen Erzählen eine respektable Spätform des Reiseromans geschaffen. Es ist für diese verspätete Reise eines ironisierten Sonderlings typisch, daß sie – wie schon bei Jacobi zu beobachten war – bereits sehr stark von der literarischen Vermittlung der Reiseliteratur lebt. In den späten Reisebeschreibungen und Reiseromanen gehören die Auseinandersetzung mit den Vorgängern und eine Vielzahl literarischer Anspielungen zum Inventar des Textes. So ist es fast folgerichtig, wenn der Reisende das gesellschaftliche Leben des *Ancien Régime* aus der Perspektive des nach 1789 Schreibenden zwar kritisch beobachtet, aber daraus keine politischen Konsequenzen zieht. Thümmel hat seinen Roman nicht unter dem Eindruck der Französischen Revolution geschrieben, sondern um seine (adlige) Langeweile zu bekämpfen.[27]

Eine kongeniale Nachahmung hat Sternes ‹Sentimental Journey› in Deutschland nicht gefunden. Noch nicht einmal die formale Qualität des englischen Modells erreichten die deutschen Autoren. Eine Fortbildung des Sterneschen Musters findet sich allerdings an «versteckter» Stelle im Werk Jean Pauls. In seinem Roman ‹Flegeljahre. Eine Biographie› (1804/05) gönnt der Erzähler dem Notar Walt eine Reise in die Stadt Rosenhof. Es ist – wie sollte es bei einem Jean Paulschen Helden anders sein – eine Fußreise durch eine mitteldeutsche Frühlingslandschaft. Die wesentlichen Elemente entstammen der Tradition des empfindsamen Romans. Walt unternimmt die Reise ohne Ziel und will nur «unter den geschlängelten Blumenbeeten der Reise» umherschweifen.[28] Dem Zwillingsbruder Vult verspricht er ein «umständliches Tage- oder Sekunden-Buch» über den «Zeit-Raum» der Reise. Walts Empfindsamkeit äußert sich am ersten Reisetag durch zahlreiche Beweise seines mitleidenden Herzens – keinen Armen und keinen Bettler läßt er ohne Almosen weiterziehen. Einem Bettelmann kauft er sogar den Bettelstab ab. Dieser soll ihn «wie ein Zauberstab verwandeln und besser als eine Lorenzo-Dose barmherzig machen, wenn ich je vor dem großen Jammer meiner Mitbrüder einst wollte mit kaltem oder zerstreuetem Herzen vorübergehn [...].»[29] Im Gegensatz zu den Sterne-Epigonen verzichtet Jean Paul darauf, die Gefühle der Befriedigung über die verübte gute Tat zum Anlaß narzißtischer Emotionalität werden zu lassen. Walt schämt sich geradezu, als Wohltäter erscheinen zu müssen. So fließen seine obligaten Tränen nicht aus Mitleid, sondern «aus seinem von tausend Reizen überfüllten Auge».[30] Mit außerordentlichem Takt und einer subtilen Kunst der indirekten Darstellung integriert der Erzähler die Liebe Walts zu der Generalstochter Wina in das Reise-Szenario. In einer zentralen Szene ist von den Fenster-Flügeln in Walts Nachbarzimmer die Rede; sie sind offen, erkennbar ist «ein Licht im Zimmer und am Wirtshausschild ein Schattenriß, der sich regte». Später erblickt Walt «drei herausgelegte Finger und ein wenig weiße Hutspitze; dabei und davon ließ sich leben und träumen».[31]

Den Titel ‹Empfindsame Reise› verwenden nach 1789 zahlreiche deutsche Autoren noch einmal – meist jedoch nicht mit der Absicht, das Modell der ‹Sentimental Journey› erneut zu bemühen. Sie knüpfen marktorientiert an den Titel eines der erfolgreichsten Werke der zurückliegenden Jahrzehnte an, um ihre gesellschaftskritischen und meist projakobinischen «Reisen» einem bei diesem Titel offenbar noch immer erwartungsvollen Lesepublikum von unterhaltender Reiseliteratur zu empfehlen. Der Text ihrer «Reisen» zeigt allerdings meist schon im Vorwort oder nach wenigen Seiten, daß «empfindsam» nur noch ironisch verstanden wird. Sie setzen eine radikalere Strömung der politischen Reisebeschreibung fort, die neben der gemäßigt aufklärenden schon gegen Ende der siebziger Jahre entstanden war: Zu denken wäre an die ‹Reise durch Ober-Deutschland› (1778) von Anselmus Rabiosus (= Wilhelm Ludwig Wekhrlin) oder an die ‹Briefe eines reisenden Franzosen› (1783) von Johann Kaspar Riesbeck.[32] Sie haben wie die späten ‹Empfindsamen Reisen› das Interesse an den Verhältnissen in Deutschland gemeinsam, die nun aus revolutionärer Perspektive wahrhaft exotisch wirken.

Die Analyse dieser «Reisen»[33] zeigt, daß es eine konsequente Abkehr des empfindsamen Reise-Ichs von den kritischen Möglichkeiten der Reisebeschreibung nicht gegeben hat. Selbstverständlich erschienen neben den politisch funktionalisierten ‹Empfindsamen Reisen› auch weiterhin Texte, die eskapistisch allein den Wahrnehmungen des Herzens und seiner Privatheit gewidmet sind. Die noch immer in größerer Zahl publizierten Übersetzungen englischer und französischer Sterne-Nachahmungen waren Unterhaltungsliteratur von Lesern, die der politischen Wirren überdrüssig waren. Daneben brach aber die Reiseliteratur der Revolutions-Begeisterten wie Andreas Georg Friedrich Rebmann, Joachim Heinrich Campe, Gerhard Anton von Halem, Georg Forster und Johann Wilhelm von Archenholtz nicht schon nach 1793 ab – bis zum Jahrhundertende blieb die «jakobinische» Tendenz in der Reiseliteratur lebendig, wenn auch nun eine eher verdeckte Schreibart notwendig wurde.

Gerhard Sauder

Reisespiele – Reiseziele

Eine besondere Art des Reisens findet im 19. Jahrhundert Eingang in bürgerliche Kinderstuben: das Reisen am Tisch auf bunten Spielplänen. Sie zeigen Kindern verschiedene Städte, lassen sie in Deutschland und in Europa umherschweifen, führen sie in ferne Länder und machen sie mit reisetechnischen Neuerungen bekannt. Das Reisen – Inbegriff der Fortbewegung, der Mobilität – wird im Spiel über Bilder und Anleitungen zur Imagination, zum Reisen ohne abzureisen.

Das Spektrum an Reisespielen aus den letzten zwei Jahrhunderten umfaßt Stadterkundungen, Deutschland-, Europa- und Welttouren, allgemeine Post- und Reisespiele sowie Verkehrsspiele. Die Spiele beruhen nicht auf Fiktionen, sondern nehmen Bezug auf die jeweils aktuellen touristischen Standards und geben ein durch pädagogische Absichten gefiltertes Abbild von Realität wieder. Der stumme Dialog, den Erwachsene und Kinder über Reisespiele miteinander führen, manifestiert sich in der vielfältigen Bildersprache und den überlieferten Spielregeln; unter beiden Aspekten werden exemplarisch ausgewählte Spielvorlagen in chronologischer Abfolge betrachtet.

Für Kinder wenig unterhaltsam, sondern vor allem lehrreich sind die Spiele ‹Ein Tag in Berlin› und ‹Ein Tag in Potsdam› aus dem Jahr 1815. Beide setzen sich aus jeweils 51 detailreichen Einzelansichten von Gebäuden und Denkmälern zusammen, gezeichnet von einem Oberhofbauinspektor. Zum Teil sind sie romantisch mit flanierenden Paaren ausstaffiert, spielenden Kindern, aber auch arbeitenden Personen. Die numerierten, spiralförmig angeordneten Felder sind dem rechteckigen Format des Blattes gemäß jeweils einer Seite, dem Mitspieler zugewandt, ausgerichtet. Über die Spielregeln ist nichts bekannt. Die graphische Gestaltung der beiden Pläne deutet darauf hin, daß die Spielenden – sowohl Kinder als auch Erwachsene – sich artig an die fortlaufende Numerierung zu halten haben. In Berlin beginnt der Weg am Stadtschloß und verläuft kreuz und quer von einer architektonischen Sehenswürdigkeit zur anderen bis die Spieler ermüdet das große Zielfeld in der Mitte mit dem Brandenburger Tor erreichen. Berlin präsentiert sich den Kinderaugen als öde Steinwüste, als Kanon von Kulturdenkmälern, die innerhalb eines Tages besichtigt sein wollen.

Erholsamer, wenngleich nicht weniger auf Bildung bedacht, erscheint das Pendant ‹Ein Tag in Potsdam›. Auf dem Spielplan lassen die Kinder Berlin durch das Potsdamer Tor hinter sich, dürfen zum Schloß Charlottenburg vorrücken und erreichen über das Jagdschloß Grunewald und die Pfaueninsel den Garten von Sanssouci mit dem Schloß als Ziel. Unterwegs dahin bieten die kleinen Einzelbildchen immer wieder romantische Ausblicke auf die «kultivierte» Natur. Schlösser, Pavillons und Tempel sind nach ästhetischen Gesichtspunkten des englischen Landschaftsgartens reizvoll in die Umgebung eingebettet.

In beiden Spielen bestätigen teils lustwandelnde, teils rastende Staffagefiguren die in der einzelnen Abbildung jeweils vorgegebene Sichtweise durch ihre dem Prospekt zugewandte Gestik. Der Blick ist in seinem Ausschnitt schon «vorgesehen», erprobt und als kontemplativ fixiert. Dem kindlichen Betrachter wird ein bestimmter Blickwinkel zum Anschauungsobjekt vorgeführt. Damit stellen die Blätter praktisch Bildreiseführer vor, konkrete Sehhilfen für Bürgerkinder zur Einübung des auf Kultur ausgerichteten Touristenblicks.

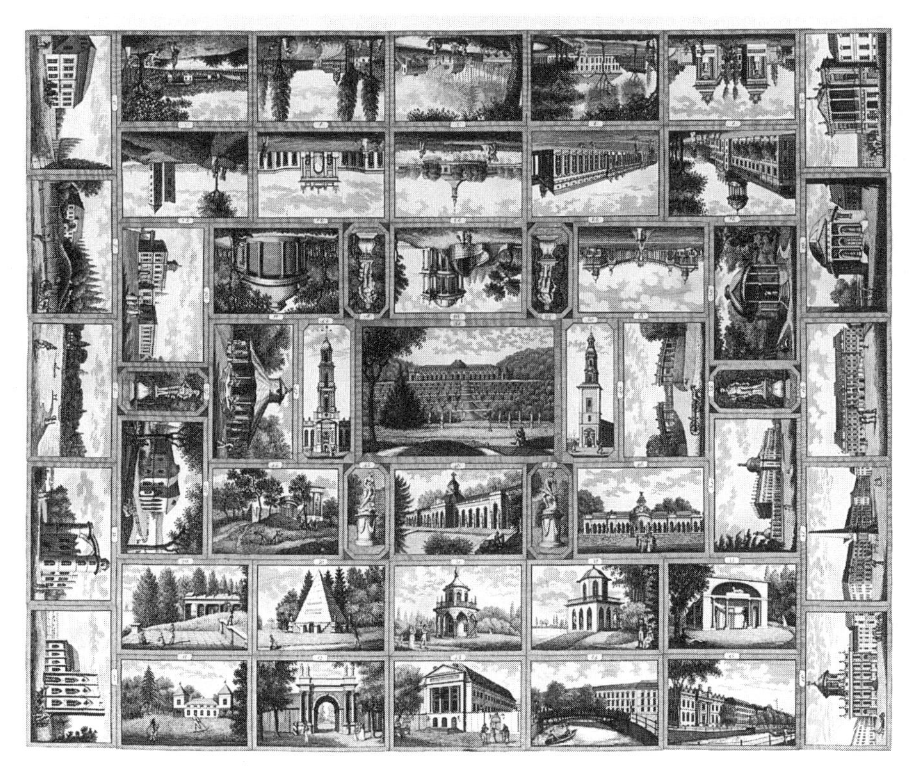

Fünfzig Ansichten von Schlössern und Gartenanlagen der preußischen Residenzstadt Potsdam. In der Mitte die von Friedrich dem Großen entworfene Weinberg-Anlage in Sanssouci. Ein Tag in Potsdam, Radierung von S. A. Lehmann, Berlin, um 1800. Berlin, Berlin Museum.

Die kleinen Bilder mit eben denselben Berliner Sehenswürdigkeiten zeigen auch zwei weitere Spielpläne des 19. Jahrhunderts. Sie sind allerdings nicht – wie die Spiele zuvor – in der Art eines Tableaus von Reisebildern gestaltet, sondern enthalten durch zusätzliche Reglementierungen eine besondere Auswahl von Ansichten. Bei der Vorlage ‹Neues Omnibus Spiel oder Berlins erste Omnibuslinie vom Alexanderplatz bis zum Hofjäger, mit Aufzeichnung der größten Sehenswürdigkeiten der Residenz› aus der Zeit um 1846 gibt das innerstädtische Verkehrsmittel die Route der Besichtigungstour vor, so daß sich das zu absolvierende Programm durch den regen Wechsel mit Frei- und Omnibusfeldern wesentlich reduziert. Die Reihenfolge des Blicks ist hier doppelt festgelegt: zum einen durch die Darstellung in den Bildchen, zum anderen durch die Pferdeomnibuslinie.

Während der ‹Extrafahrt nach Berlin› lernen die Kinder dagegen nicht nur die Stadt als Kulturmetropole kennen, sondern auch wichtige Einrichtungen (Droschke, Hotel, Konditorei) und Dienstleistungen (Depeschendienst, Steuerrevisor, Dienstmann, Feuerwehr, Schutzmann), die dem Touristen begegnen können. Die bebilderten Felder des Spielplans werden von kurzen Textlegenden in Versform kommentiert. Sie verweisen bei den sorgsam ausgewählten architektonischen Sehenswürdigkeiten aus den Bereichen Bildung (Universität, Biblio-

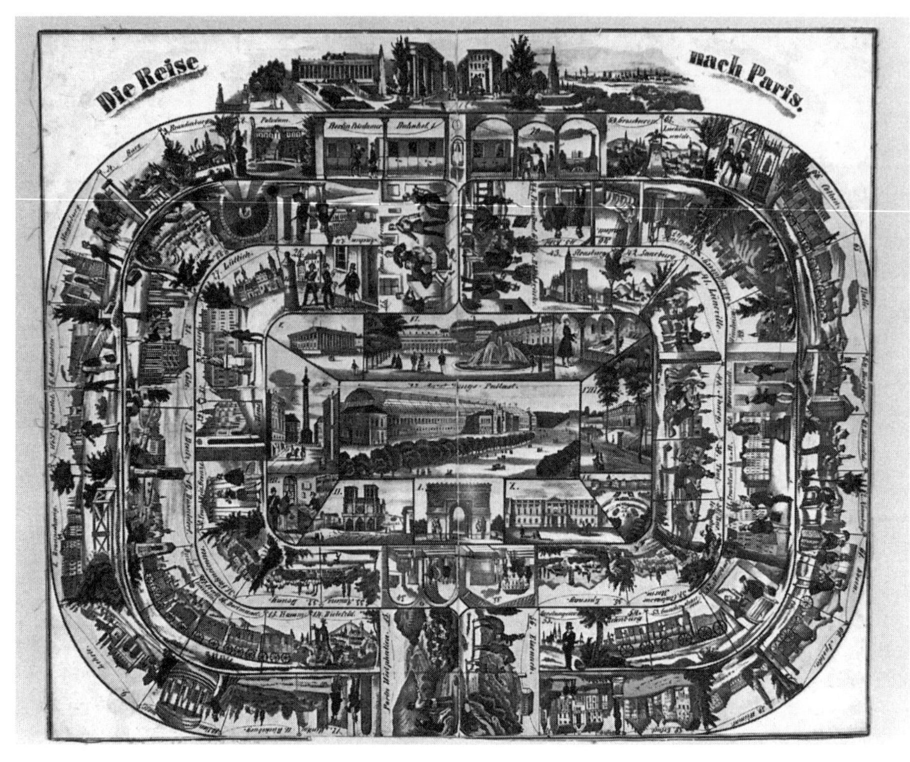

‹Die Reise nach Paris›, Spielplan mit der Darstellung nicht nur einzelner Sehenswürdigkeiten des Zielorts sondern auch verschiedener Abfahrts- und Durchreisebahnhöfe. Lithographie, um 1860. Nürnberg, Spielzeugmuseum der Stadt Nürnberg.

thek), Kunst (Museum, Oper, Schauspiel), Soziales (Krankenhaus), Wirtschaft (Börse) oder Politik (Schloß, Rathaus) zumeist auf deren Funktion. Und oft illustrieren die Vierzeiler den zielgerichteten Blick mit einem zweckgerichteten Verhalten. Die Spielanweisung verlangt von den Kindern beispielsweise vor dem Monument Friedrichs des Großen eine devote Haltung:

> «Dieses ist der alte Fritze,
> Ziehe Deine Reisemütze
> Vor dem größten König, den
> Jemals hat die Welt gesehn.»

Überschwenglich werden Herrscherpersönlichkeiten idealisiert und wegen ihrer Tugendhaftigkeit und Opferbereitschaft gelobt, so etwa König Friedrich Wilhelm III.: «Sieh' den armen Invaliden,/Er erkämpfte Dir den Frieden; [...].» In das Spiel fließt vaterländische Erziehung ein, die den Kindern verdeutlicht, daß ein Besuch in der Residenzstadt Berlin seinen Tribut an politischer Loyalität fordert. Erreicht man die Felder, die in ihren Abbildungen auf das städtische Leben bezugnehmen, ist der reale Sachverhalt in eine spielerische Anweisung übersetzt: An der Straßensperrung geht man zurück, für die Droschke bezahlt man Spielmarken und kommt dafür weiter, in der Konditorei kosten Kaffee und

Kuchen ebenfalls Marken. Zumindest können durch diese Regelungen die Kinder erfahren, daß Reisen ohne die nötigen materiellen Voraussetzungen nicht möglich ist, auch wenn zu Hause am Tisch allein Würfelglück und Zufall für das Fortkommen maßgeblich sind.

Bei den Reisespielen handelt es sich im allgemeinen um sogenannte Laufspiele mit Hindernissen, deren Ablauf allein das Würfeln bestimmt. Spielprinzip und die spiralförmige Anordnung der jeweils variierenden Anzahl von Feldern basieren auf einem Klassiker der Gesellschaftsspiele, dem Gänsespiel, das seit dem 16. Jahrhundert bekannt ist und in vielen thematischen Variationen auftritt.

Die Ausstattung der Spiele ist unterschiedlich. Bei den bereits erwähnten handelt es sich um graphische Spieltafeln unterschiedlicher Größe, die auf eine stabile Unterlage aufgezogen, gefaltet und in einem Schuber mit der Anleitung aufbewahrt werden. In der zweiten Hälfte des 19. Jahrhunderts erscheinen viele Spiele als Bilderbogen. Ihre hohe Auflage erreicht bei niedrigem Preis breite Käuferschichten, die sich die aufwendig in einem Karton verpackten Spiele für ihre Kinder nicht leisten können. Das notwendige Zubehör liefert dazu meistens Mutters Knopfkiste. Im ersten Viertel des 20. Jahrhunderts läuft die Bilderbogenproduktion allmählich aus und die wohlausgestatteten Gesellschaftsspiele erobern die Kinderzimmer.

Reisespiele beschränken sich nicht nur auf die Erkundung eines bestimmten Zielortes, sondern entdecken für die Kinder auch ganze geographische Räume. Da werden Städteansichten und Landschaftsbilder zu Reiserouten zusammengestellt, die quer durch Europa führen. Sie ähneln den populären Reiseführern, wie zum Beispiel dem ‹Baedeker› oder dem ‹Grieben›, die – stets mitgeführt – den Touristen das Sehenswerte erst sehen lassen. Die handlichen Bücher erregen durch Sternchenmarkierungen Aufmerksamkeit für spezielle Gebäude, Denkmäler oder Institutionen und setzen damit Maßstäbe des Bedeutsamen. Allerdings bedienen sich die Spiele überwiegend der direkt ins Bild gesetzten obligatorischen Blicke, im Unterschied etwa zum «Baedeker», der die Ansichten sprachlich übersetzt.

Die Blickerzeugung in den Reisespielen erfolgt nicht nur über die Selektion von Sehenswürdigkeiten, sondern auch über Art und Anwendung der graphischen Technik, mit der sie abgebildet werden. Die Spiele, zumeist als Radierung oder Lithographie ausgeführt, zeigen im Verlauf des 19. Jahrhunderts eine zunehmende Vereinfachung des Dargestellten. In ihrer Exaktheit und ihrem Detailreichtum an Architekturzeichnungen erinnernde Einzelbildchen werden um die Jahrhundertmitte mit ihren nur noch ungenau und schemenhaft erkennbaren Motiven zum Stereotyp. Diese Popularisierung der Bildersprache in Reisespielen für Kinder spiegelt den Reisezeitgeist wider: Es bildet sich eine Tourismusindustrie heraus, die populäre Gesellschaftsreisen propagiert, zu deren Gelingen Reiseführer mit ihren standardisierten Sehwerten beitragen.

In der zweiten Hälfte des 19. Jahrhunderts treten stark affirmativ wirkende, pittoreske Bilder auf den Spielvorlagen zurück und – dem Industriezeitalter gemäß – wird große Aufmerksamkeit auf die Verkehrsmittel gelenkt. Das Spiel ‹Die Reise nach Paris›, das den Kindern den Palast der Industrie auf der Weltausstellung in Paris 1855 zum Ziel gesetzt hat, läßt sie nicht etwa mit der Postkutsche dorthin fahren, sondern mit dem modernen Verkehrsmittel Eisenbahn. Sie steht zusammen mit ihren Fahrgästen in mehreren aufeinanderfolgenden Einzelfel-

Am Ende der Reise durch das zweigeteilte Deutschland erwartete 1949 ein strahlender Berliner Bär die Reisenden: «Heut scheint uns manches wunderbar und anders als es früher war.» Würfelspiel ‹Wir reisen nach Berlin›, Offsetdruck, Kassel 1949. Berlin, Privatbesitz.

dern im Bildvordergrund. Technische Innovation und reisende Personen gehen eine angstfreie Verbindung ein. Die Landschaft wird dabei mit dem Blick aus dem Verkehrsmittel als Silhouette erfaßt und tritt dabei als Panorama, als Kulisse zurück, eine Erscheinung, die der Realität dieser Art des Reisens entspricht.

Der Schienenstrang bestimmt mit topographischer Genauigkeit die Felderabfolge. Die Strecke determiniert das Reiseerlebnis des Touristen: Sie verringert einerseits sein nahes Herantreten und Besichtigen, inszeniert ihm aber andererseits einen flüchtigen Blick in die Landschaft durch das Abteilfenster. Während des Spiels werden den Kindern in vielen Bildern Szenen mit Reisenden vorgestellt. Sie bezahlen Zoll, ruhen sich von den Strapazen der Reise aus, treffen auf Fremde oder sind Augenzeugen eines Zugunglücks. Spielerisch bekommen sie Informationen und Verhaltensregeln an die Hand, die sie auf zukünftiges Reisen vorbereiten.

Neben den Spielen, die sich an geographische Gegebenheiten halten, gibt es auch solche, die von den Verlagen ganz allgemein als ‹Post- und Reisespiel› herausgegeben werden. Auf den numerierten Einzelfeldern, die besonders auf den Spiele-Bilderbogen der zweiten Hälfte des 19. Jahrhunderts in ihrer wahllosen Aneinanderreihung an Lotteriebildchen erinnern, sind zumeist kleine Reiseszenen mit Gepäckträgern, Gastwirten, den jeweils Einheimischen, mit Kutschen, Eisenbahnen und Schiffen zu sehen. Daneben finden sich aber auch Posthörner, Meilensteine, Wegweiser, Brücken oder Stadttore, imponierende reisetechnische Details, und schließlich zweckmäßige Accessoires wie Reiseflasche, Geldbörse,

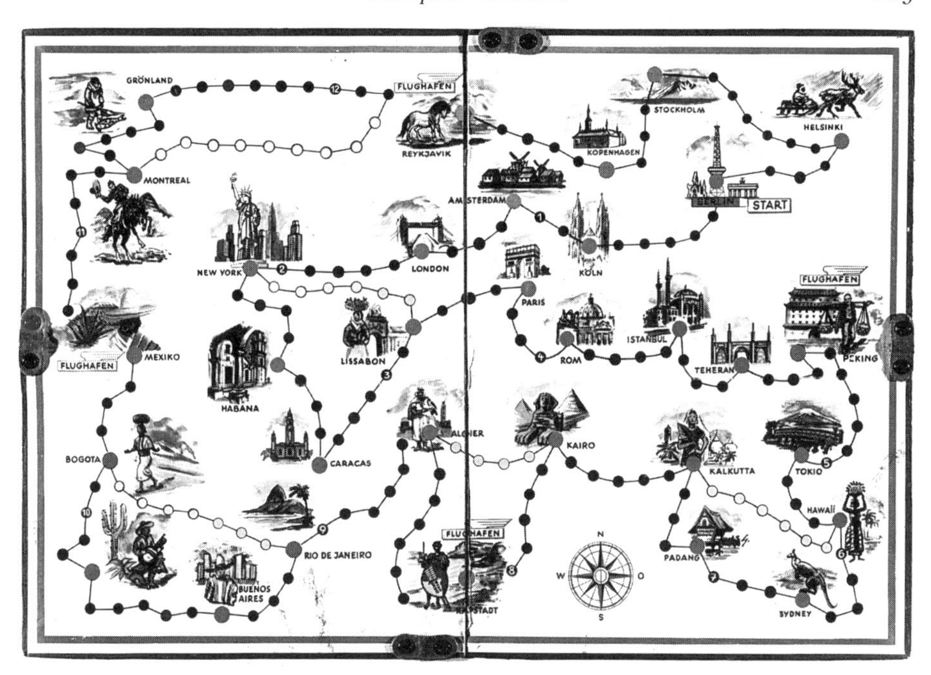

Die ganze Welt wird zum Reiseziel. Spielplan ‹Blitz-Flug um die Erde›, Offsetdruck, um 1950. Hamburg, Deutsches Spielemuseum e. V.

Uhr oder Schirm. Das Reisen wird in seiner Vielfalt ausschnitthaft abgebildet. Nicht die logische Abfolge einer bestimmten Reise ist im Spielplan maßgebend, sondern die verschiedenen Möglichkeiten des Reisens überhaupt.

Entsprechend vereinfacht sind die Motive der Einzelbildchen gestaltet. Die beigefügte Bildlegende erweist sich oft sogar als notwendig zur Dekodierung der Bildbotschaft. Die «Ankunft in Berlin» wäre beispielsweise im ‹Neuesten Post- und Reise-Spiel› nur über die durch das Stadttor einfahrende Postkutsche nicht lokalisierbar.

Die Verlage verwenden nicht allzuviel Mühe auf das Entwerfen neuer Abbildungen. Nach einiger Zeit werden die Einzelfelder geringfügig modifiziert, wieder zu Spielen zusammengefügt und mit dem Attribut «neues« oder «neuestes» versehen.

Auch die Reisemittel, im 19. Jahrhundert allen voran die Eisenbahn, bilden unter den Reisespielen eine Themengruppe. Die Botschaften der Bilder sind jeweils unterschiedlich. Mal werden die Eigenheiten der Eisenbahnreise mit Pünktlichkeit, Billetterwerb oder Tunnelerlebnis erläutert, mal rechtfertigt lediglich das Bahnhofsgebäude im großen Zielfeld den Titel ‹Eisenbahn-Spiel›, das ansonsten auch auf andere Fortbewegungsmöglichkeiten eingeht. Mit fortschreitender Popularisierung der Eisenbahnreise verändert sich ihre Rezeption in den Spielen. Als geläufiges, beinahe selbstverständliches Reisemittel taucht sie oft nur noch am Rande auf.

Zu Beginn des 20. Jahrhunderts erscheinen dann neben der Eisenbahn Flugzeug und Luftschiff sowie das Auto. Gegen Ende der 30er Jahre nimmt ein Verlag ‹Die Reichsautobahnen› in sein Programm. Auf dem Spielplan fällt die in der Anweisung getroffene Unterscheidung zwischen fertigen und im Bau befindlichen Abschnitten kaum ins Auge. Wie Perlenschnüre durchzieht die geplante Trassenführung das so beschaulich verharmlost dargestellte nationalsozialistische Deutschland, dessen landschaftsspezifische Details wie verniedlichende Märchenillustrationen wirken. Optisch, über eine landkartenähnliche Aufsicht, wird die Reichsautobahn zu einem bereits bestehenden Streckennetz idealisiert, auf dem Jung und Alt eine Ziel-, Sternfahrt oder eine Fahrt ins Blaue unternehmen können. Das Großdeutsche Reich soll als Raum erfahren werden, den ein ausgeklügeltes Streckensystem erobert hat.

In Spielen der ersten Hälfte des 20. Jahrhunderts konkurrieren die Verkehrsmittel miteinander. Im Vordergrund steht als Errungenschaft fürs Reisen der technische Fortschritt. Durch ihn ist der ganze Globus erreichbar geworden, gibt es kaum noch unbekannte, für den Touristen unentdeckte Regionen. Die Spielpläne werden in ihrer Ausführung immer abstrakter, manchmal auf eine geographische Weltkarte ohne politische Grenzen reduziert. Die verschiedenen Kontinente schließen sich durch die Entwicklung der Verkehrsmittel stärker zusammen. Große Entfernungen werden im Spiel wie in der Realität in nur kurzer Zeit überwunden. Es geht nicht mehr um die spielerische Erkundung eines Mikrokosmos, sondern um den Superlativ überwindbarer Räume. Sie nennen sich ‹Im Fluge um die Erde›, ‹Weltflug›, ‹Quer durch 15 Länder›, ‹Welt-Reise-Spiel› oder sogar ‹Blitz-Flug um die Erde›. Und Berlin ist auf den Spielplänen nicht mehr als der stilisierte Funkturm mit Brandenburger Tor, Paris der Eiffelturm, London die Towerbridge und Rio de Janeiro der Zuckerhut. Gebäude oder Naturgegebenheiten werden aus dem Stadtganzen als Symbole herausgelöst und repräsentieren den Ort. Dieses jeweils Typische ist schnell zu erfassen und leicht memorierbar, und so kann sich als Ergebnis später ein tatsächlicher Besuch in Berlin auf die Besichtigung des Funkturms oder des Brandenburger Tors verkürzen, in der Annahme, damit das Wesen der Stadt erfaßt zu haben. Die Souvenirindustrie versichert wiederum den Touristen seines schnellen Blicks mit einem entsprechenden Angebot an Toren und Türmen. Die Andenken formen das Bild einer Stadt, bestätigen das jeweilige Wahrzeichen, das vielfältig reproduziert wird, genauso wie in Reisespielen.[1]

Regine Falkenberg

NEUE PERSPEKTIVEN

Eine Revolution im Reiseverkehr
Die Schnellpost

Die kriegerischen Ereignisse zu Beginn des 19. Jahrhunderts hatten die Post- und Personenbeförderung stark beeinträchtigt. Erst nach 1815 beschäftigten sich die deutschen Postverwaltungen wieder systematisch mit der Weiterentwicklung ihrer Dienste. Der Post- und Reiseverkehr konnte aber nur durch den Bau geeigneter Straßen verbessert werden, der in den vergangenen Jahrzehnten aus verschiedenen Gründen vernachlässigt worden war. In Süddeutschland war man mit der Einrichtung von Kunststraßen nach französischem Vorbild schon weiter fortgeschritten als im norddeutschen Raum, wo in dem oft sandigen Untergrund bei fehlendem Baumaterial ein Chausseebau erheblich schwieriger war. König Friedrich Wilhelm III. förderte in Preußen diese Arbeiten mit den vorhandenen Mitteln, wozu auch das Erheben von Chausseegeld diente, und sorgte dafür, daß im Laufe der Jahre das Land mit einem Netz von Kunststraßen überzogen wurde.

Der Vorteil für die Post liegt auf der Hand. Wagen und Pferde konnten mehr geschont und Reisen bequemer und schneller durchgeführt werden. Bereits 1754 war zwischen Berlin und Potsdam eine schnellfahrende «Journalière» eingerichtet worden, die – wie der Name sagt – täglich, zunächst einmal, nach einigen Monaten zweimal und seit 1824 fünfmal täglich zwischen den Residenzen verkehrte und anfangs vier Stunden, später zweieinhalb Stunden für diese Fahrt benötigte. An diese kurze Strecke schloß man 1819 versuchsweise eine Schnellpostlinie über Brandenburg nach Magdeburg an.

In England waren bereits Erfahrungen in der schnelleren Personenbeförderung mit den *Mail Coaches* und in Frankreich mit der *Malle-Poste* gesammelt worden. Jedoch waren nicht alle gefundenen Erkenntnisse zur Übernahme geeignet, insbesondere in Frankreich ging es um äußerste Geschwindigkeit auf Kosten der Bequemlichkeit der Reisenden. So hatte z. B. ein Passagier, der abends um 6 Uhr von Paris mit der *Malle-Poste* nach Straßburg reiste, während der ganzen Fahrt nur eine Pause von 30 Minuten in Châlons-sur-Marne; und von dort gab es bis zum Streckenende – 33 Stunden – keinen Aufenthalt mehr. Deswegen benutzten die Reisenden bald nur noch die *Malle-Poste* auf kürzeren Strecken, was zu einem Einnahmeausfall für die Postverwaltung führte.

In Preußen stellte man nun ernsthafte Überlegungen an, wie man Personen ebenso schnell wie Briefe befördern und die zur Briefbeförderung benutzten Reitposten durch fahrende Posten ersetzen könne. Der im Generalpostamt tätige Geheime Postrat und spätere Generalpostdirektor Schmückert legte dazu seine Gedanken in einer Denkschrift vom 8. Juli 1821 nieder, in der er u. a. ausführt: «Wir werden eine Posteinrichtung erhalten, die alle Bequemlichkeiten gewährt und die Reisenden, den Briefen gleich, so schnell an den Ort ihrer Bestimmung bringt, als wenn sie mit Kurierpferden reisen würden. Und wenn dafür gesorgt wird, daß die Plackereien seitens der Wagenmeister und Postillione an Gebühren, Trinkgeldern usw. gänzlich aufhören, so werden diese Wagen immer besetzt und ebenso vorteilhaft für den Ruf unserer Posten als für die Postkasse sein.»

Schmückerts Vorschläge fanden die Billigung des Generalpostmeisters von Nagler und wurden schon wenige Wochen später in die Tat umgesetzt. Vom 1. September 1821 an verkehrte die erste Schnellpost auf der neuen Kunststraße von Koblenz über Köln nach Düsseldorf und zurück. In einer Presseverlautbarung hatte das Generalpostamt am 22. August mitteilen lassen, daß mit der Schnellpost der Bevölkerung eine rasche, bequeme, sehr anständige und dabei tägliche Reisegelegenheit zwischen den genannten Städten geboten werde. Die Beförderungsdauer war kürzer als mit der Extrapost, sie betrug von Köln nach Koblenz zehn und von Köln nach Düsseldorf viereinhalb Stunden. In Düsseldorf bot sich täglich Anschluß nach Elberfeld und in Koblenz wöchentlich dreimal Schnellpostverbindung nach Trier. Eine Reise von Köln nach Koblenz und zurück war nun in zwei Tagen möglich, in Koblenz hatte man sogar 17 Stunden zur Verfügung. Dagegen waren die Aufenthaltszeiten unterwegs beschränkt: in Langenfeld, Bonn, Andernach usw. waren je fünf Minuten für den Pferdewechsel vorgesehen, nur in Remagen hatten die Reisenden 30 Minuten Zeit zur Einnahme einer Mahlzeit. In den drei Hauptorten fiel die Abfahrtszeit mit dem Glockenschlag der Uhr zusammen, in Köln war die Domuhr, in Düsseldorf die Uhr an der Franziskanerkirche und in Koblenz die Stadtuhr in der Nähe des Postamts maßgebend. Dem Schirrmeister wurde eine am Abgangsort gestellte und versiegelte «Kursuhr» mitgegeben, damit dieser die Fahrzeiten kontrollieren und der Postillion sich bei selbstverschuldeten Verspätungen nicht mit dem abweichenden Gang verschiedener Stadtuhren herausreden konnte.

Die neue Beförderungsart fand bei der Bevölkerung viel Anklang. In der Folgezeit wurden immer mehr Reitposten in Schnellposten umgewandelt oder neue Schnellposten eingerichtet, von denen in Preußen bis 1828 bereits 114, bis 1837 sogar 182 vorhanden waren. Auch die anderen deutschen Postverwaltungen erkannten die Vorteile und eröffneten den Schnellverkehr mit Eilwagen, z. B. in Baden und Württemberg 1822 sowie in Bayern 1825. Damit wurde nach entsprechenden Vereinbarungen auch ein grenzüberschreitender Schnellpost- und Eilwagenverkehr mit diesen und anderen Ländern möglich. Die 1823 eingerichtete Schnellpost Berlin–Magdeburg–Kassel–Elberfeld–Köln war von Berlin bis Kassel rein preußisch. In Kurhessen übernahm die Thurn und Taxissche Post die Beförderung. Wagen und Schirrmeister wurden für die Gesamtstrecke von Preußen gestellt. Der Wagen durfte kein Wappen, mußte aber die Aufschrift tragen: «Combinirter Königlich Preußischer und Kurfürstlich Hessischer Postwagen zwischen Cassel und Cöln.» Auch war es dem Schirrmeister verboten, preußische Abzeichen an seiner Uniform anzulegen.

In einem Bericht an den preußischen König vom 10. Januar 1828 hob der Generalpostmeister hervor, daß es in der Zwischenzeit gelungen sei, die äußerst wichtige und schon lange gewünschte tägliche Reiseverbindung zwischen Berlin und Paris sowie eine wöchentlich dreimalige Schnellpost zwischen Paris und Petersburg zustandezubringen. Diese Strecke werde jetzt in 15½ Tagen gegenüber vormals 23 bis 24 Tagen gefahren und mithin ein Drittel der Reisezeit

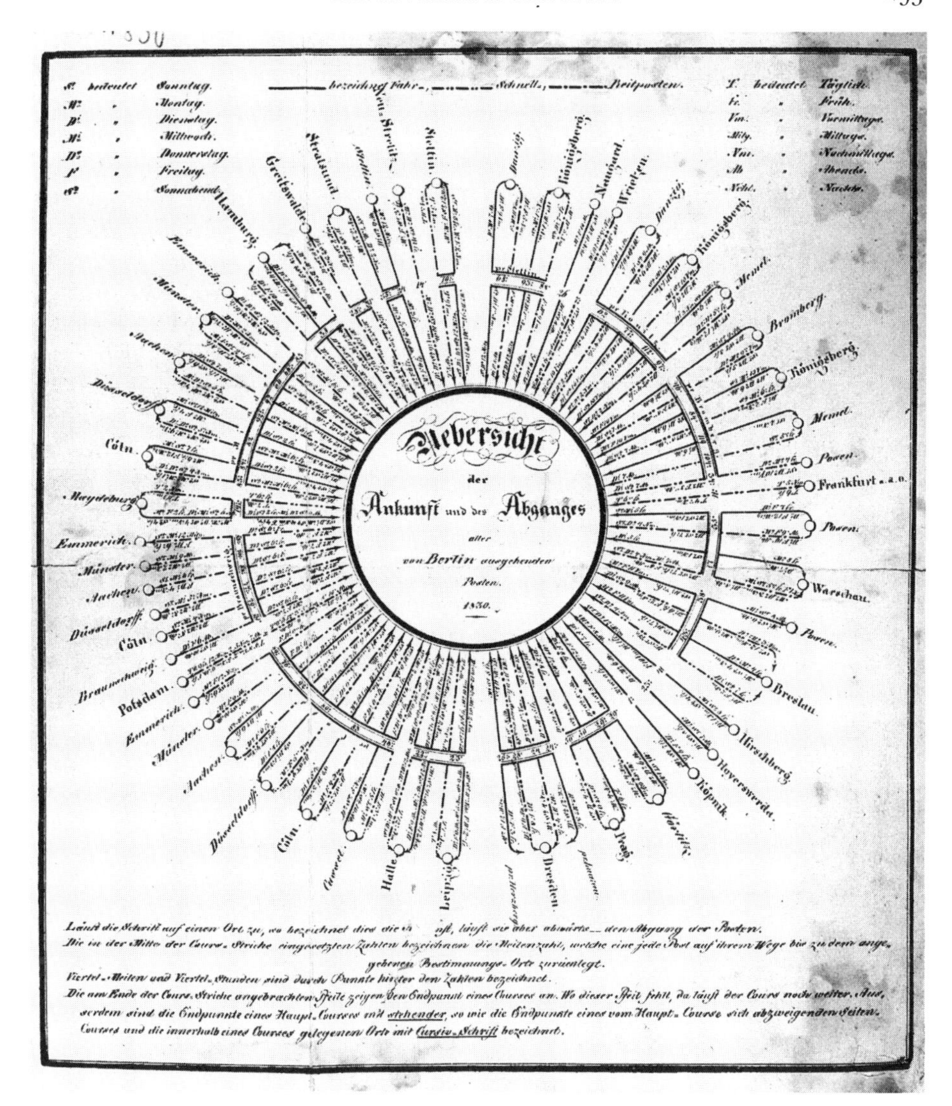

Die preußische Hauptstadt in der Mitte. Übersicht der Ankunft und des Abgangs aller von Berlin ausgehenden Posten. Federlithographie, 1830. Frankfurt/M., Deutsches Postmuseum.

eingespart. Auf der Strecke Berlin–Königsberg benötigte die Schnellpost 61 Stunden gegenüber 101 Stunden mit der gewöhnlichen Personenpost.

Mit Sachsen wurde der Schnellpostdienst erst nach langwierigen Verhandlungen aufgenommen. Bereits Ende 1821 versuchte die preußische Post eine Art Schnellpostwagen nach Dresden durchzubringen. Da man den Wagen am Grenzschlagbaum in Großenhain nicht passieren ließ, machte der Postillion kehrt, fuhr über die leicht gefrorenen Felder in großem Bogen um Schlagbaum und Chausseehaus herum und gelangte so wieder auf die Straße nach Dresden, wo er ohne weitere Behinderung nach einigen Stunden eintraf. Ein Vertrag vom 2. Dezember 1821 sanktionierte allerdings noch nicht die Schnellpost, sondern regelte nur den allgemeinen Postverkehr. Erst 1827 kam es nach einigen, nicht ganz reibungslos verlaufenen «Probefahrten» endlich zu Schnellpostverbindungen zwischen Berlin und Dresden mit einer Fahrzeit von 26 Stunden und zwischen Hamburg und Leipzig mit 55 Stunden. Die Route Berlin–Dresden wurde zunächst zweimal wöchentlich befahren, ab Berlin montags und donnerstags 6 Uhr, ab Dresden dienstags und freitags 18 Uhr. Eine spätere Weiterführung des Schnellpostkurses nach Wien ermöglichte eine Reise von Berlin nach Wien in dreieinhalb Tagen einschließlich einer Nachtruhe in Prag.

Mittelpunkt des preußischen Schnellpostnetzes war Berlin. Von hier führten 1837 24 Schnellpostkurse nach allen Himmelsrichtungen, zum Teil nach einem weiter entfernten Zielort auf mehreren Wegen, außerdem waren Schnellposten auf gewissen Streckenabschnitten mit anderen Schnellposten vereinigt, so z. B. die Schnellpost Berlin–Hannover über Halberstadt und Hildesheim zwischen Berlin und Hildesheim mit der Berlin–Kölner Schnellpost über Minden (Westf.). Auf den wichtigsten Kursen nach Breslau, Halle, Leipzig, Magdeburg, Frankfurt am Main, Frankfurt a. d. Oder und Stettin verkehrten die Schnellposten täglich, sonst – je nach Verkehrsbedürfnis – viermal, dreimal oder zweimal in der Woche. Nach Frankfurt a. d. Oder lief neben der Schnellpost noch eine «Journalière», so daß dem Publikum täglich zweimal eine beschleunigte Reisemöglichkeit geboten wurde.

Es kann also festgestellt werden, daß das 1821 gesteckte Ziel, Reisende so schnell wie Briefe zu befördern, durch die Vereinigung der Brief- und Personenbeförderung voll erreicht wurde. Die Schnellposten, die 1837 insgesamt 707 228 Meilen (1 Meile etwa 7,5 km) zurücklegten, standen in der Geschwindigkeit den früheren Reitposten nicht nach. Hinzu kamen nach Gründung des Deutschen Zollvereins 1834 weitere Erleichterungen und Beschleunigungen im grenzüberschreitenden Verkehr mit Schnellpost- und Eilwagenverbindungen.

Um hohe Geschwindigkeiten zu erzielen und den Reisenden gewisse Bequemlichkeiten zu bieten, war es nötig, entsprechende Schnellpostwagen zu konstruieren. Vom Generalpostamt wurde deshalb der Geheime Postrat Pistor nach England entsandt, das bereits gute Erfahrungen im Postwagenbau gesammelt hatte. Daneben prüfte man auch die schnellen französischen Wagen der *Malle-Poste*. Die nach umfangreichen Versuchen gebauten Schnellpostwagen ruhten auf Druckfedern aus Stahl und besaßen ein geringes Eigengewicht. Sie mußten leicht handhabbar und widerstandsfähig sein. Der meist für vier bis sechs Personen vorgesehene Innenraum war mit gepolsterten Bänken, Kissen, Fußsäcken, herabzulassenden Fenstern mit Gardinen und oft mit Beleuchtung ausgestattet. Zuweilen ließ man auf dem Bocksitz noch Platz für einen Reisenden. Briefpost und Reisegepäck wurden in einem Vorder- und Hintermagazin untergebracht, das Gepäck manchmal auch in dem Dachgepäckkasten. In der Regel waren die Schnell- oder Eilwagen mit drei oder vier Pferden – je nach den Straßenverhältnissen – bespannt.

Meist wurden Bau und Unterhaltung der Postwagen erfahrenen Wagenbauern übertragen, die auch gegen eine Pauschalvergütung Reparaturen vornehmen und teilweise Ersatzräder auf der Strecke bereithalten mußten. Kleinere Ersatzteile wurden im Wagen mitgeführt, damit bei Bedarf unterwegs der Postillion oder Schirrmeister eine kleinere Instandsetzung vornehmen konnte. Bedingt durch die unterschiedlichen Straßenverhältnisse in gebirgigen Gegenden und in der Tiefebene wiesen die Postwagen teilweise unterschiedliche Konstruktionselemente auf. Im Laufe der Jahre konnte das Gewicht eines neunsitzigen Postwagens von 40 Zentnern auf 26 Zentner herabgesetzt werden, Schnellpostwagen waren noch leichter. Im allgemeinen legte ein Schnellpostwagen, der meist nur auf chaussierten Straßen fuhr, bis zur völligen Abnutzung etwa 18000 Meilen zurück und blieb vier bis sechs Jahre im Gebrauch. War der planmäßige Schnellpostwagen auf einer bestimmten Strecke ausgebucht, so hatte die Posthalterei einen Beiwagen zu stellen, der in etwa dem Aufbau des Hauptwagens entsprach.

Die Fahrgeschwindigkeit der preußischen Schnellpostwagen und der Eilwagen anderer Postverwaltungen war verschieden und abhängig von den topographischen Gegebenheiten. Im Durchschnitt kann man von einem reinen Fahraufwand von etwa 35 Minuten für die Meile ausgehen, das entspricht ungefähr 5 Minuten für den Kilometer. Die Aufenthaltszeiten in den Unterwegsorten waren auf 5 bis 10 Minuten beschränkt, lediglich in größeren Orten konnten sie zur Einnahme einer Mahlzeit oder zur Aufnahme einer Anschlußpost ausgedehnt werden. Auf den westlichen Kursen waren die Aufenthaltszeiten wegen der zahlreichen großen Orte umfangreicher bemessen als auf den östlichen Kursen. So betrug der Unterwegsaufenthalt der Schnellpost Berlin–Köln über Braunschweig 9 Stunden 45 Minuten und der Schnellpost Berlin–Königsberg nur 5 Stunden 15 Minuten.

Bei der Einrichtung der Schnellposten in Preußen hatte die Postverwaltung sich zum Ziel gesetzt, die Schnelligkeit der Beförderung nicht auf Kosten der Bequemlichkeit und des Wohlbefindens der Reisenden zu steigern. Verkehrte eine Schnellpost einen vollen Tag, so waren drei Verpflegungsaufenthalte vorgesehen, auf manchen Kursen sogar ein vierter zur Einnahme eines zweiten Frühstücks. Anhand des Postkursbuchs konnte sich der Reisende vorher darüber informieren. Die Mahlzeiten wurden in den für diesen Zweck eingerichteten Passagierstuben in den Posthäusern, den Wartezimmern, eingenommen und sofort nach Ankunft der Post aufgetragen. Den Reisenden blieb meist noch Zeit zur Erholung von den Anstrengungen der Fahrt, zur Körperpflege usw. Die Preise der Mahlzeiten waren von der Postbehörde festgesetzt und auf den in den Passagierstuben aushängenden Preislisten verzeichnet, so daß die Reisenden gegen Übervorteilung geschützt waren.

Bereits 1826 hatte das Generalpostamt die Auslage von Beschwerdebüchern in den Wartezimmern angeordnet. Durch Eintrag in diesem Buch konnten Klagen über schlechte Bewirtung oder mangelhafte Leistungen des Postillions usw. an die zuständige Stelle gebracht werden, denn das Beschwerdebuch mußte regelmäßig zu bestimmten Terminen der vorgesetzten Dienststelle vorgelegt werden. In den Beschwerdebüchern finden sich oft die verschiedenartigsten Wünsche und Anregungen: die einen verlangen neben Kaffee noch alkoholische Getränke, die anderen wenden sich dagegen, daß in den Passagierstuben geistige Getränke ausgeschenkt werden.

Dank der fürsorgerischen Maßnahmen durch die Postverwaltung waren die preußischen Schnellposten bald bei in- und ausländischen Reisenden beliebt. Das lag auch an der Fahrpreisgestaltung. Eine Meile kostete bei der Schnellpost 9 bis 10 Silbergroschen, was damals dem Verdienst einer Weißzeugnäherin für zwei Tage entsprach. Bei außerpreußischen Eilwagen-Anschlußstrecken waren die

Eine Schützenscheibe hält die Erinnerung an die Ankunft des ersten sechsspännigen Eilwagens im thüringischen Städtchen Ohrdruff am 24. Oktober 1834 fest. Frankfurt/M., Deutsches Postmuseum.

Sätze der anderen Verwaltungen zu zahlen. Für eine Schnellpostreise von Berlin nach Königsberg betrugen die nicht unbeträchtlichen Mehrkosten gegenüber der Fahrpost 7 Taler 16¼ Silbergroschen, was aber bei einem Zeitgewinn von etwa 40 Stunden für einen reisenden Geschäftsmann keine entscheidende Rolle spielte. An Gepäck konnten im allgemeinen 30 Pfund frei mitgeführt werden. Vorübergehend war auch für Nichtreisende die Versendung eiliger Güter mit der Schnellpost zugelassen. Dies führte, insbesondere im Rheinland, zu Mißbräuchen und Überladungen der Dachgepäckräume, so daß wiederholt Schnellpostwagen bei Unebenheiten der Straße umstürzten.

Die Schnellposten fanden auch deshalb großen Anklang, weil zum erstenmal eine Gesamtzahlung der Reisekosten gegen Empfangsbescheinigung am Ort der Abreise möglich war und die Reisekosten sogar die Chaussee-, Brücken-, Fähr-

und sonstigen Gelder umfaßten. Außerdem war es jetzt verboten, von den Reisenden Trinkgelder zu fordern.

Die Glanzzeit der Schnellposten, die so verheißungsvoll begonnen hatte, war nach gut zwei Jahrzehnten vorbei. 1838 hatte man in Preußen bei einer Neuregelung des Postkurswesens zusätzlich Personenposten zur Brief-, Personen- und Sachenbeförderung geschaffen, die nicht so rasch wie die Schnellposten fuhren. Ein neues, schnelles Massenbeförderungsmittel, die Eisenbahn, übernahm mit dem fortschreitenden Streckenausbau in den folgenden Jahrzehnten die Aufgaben der Schnell- und Eilposten.

Gottfried North

Ingenieure auf Reisen
Technologieerkundung

«Hinaus, lernen und lernend schaffen», dieses Motto des schwäbischen Dichter-Ingenieurs Max Eyth kann getrost den zahllosen Reisen von Ingenieuren, Mechanikern, Technikern, Techniker-Unternehmern und technisch ambitionierten Professoren in der ersten Hälfte des 19. Jahrhunderts vorangestellt werden. Aus der Enge der Heimat brachen sie auf in die weite Welt, nicht um sich dem Müßiggang hinzugeben oder um die Annehmlichkeiten fremder Länder und Sitten auszukosten, sondern um mit wachem Gespür Neues zu sehen, zu durchdringen und am liebsten möglichst umfassend mit nach Hause zu nehmen.

Dazu bedienten sie sich natürlich der Augen und des Gehörs, aber auch Notizbuch und Skizzenblock waren unverzichtbare Reiseutensilien. Die Angst, etwas Wichtiges nicht festgehalten zu haben, ging beispielsweise bei Alfred Krupp soweit, daß er 1838 in Paris notierte: «Seit 4 Uhr schreibe ich schon und nun ist es bald Mittag... Ich mache den ganzen Tag Notizen, bleibe in einer Stunde 10 Mal auf der Straße stehen und notiere wieder, was mir einfällt.» «Fast krank» machte ihn nach eigenem Bekunden das viele Schreiben, doch was bedeutete dies schon angesichts des Drangs nach Neuem, der die meisten Ingenieure im Zuge der technischen Revolution zu Beginn des 19. Jahrhunderts erfaßt hatte. «War ich nicht in Fabriken selbst, so mußte notiert und skizziert werden», heißt es bei Max Eyth rund zwei Jahrzehnte später und bringt einprägsam zum Ausdruck, warum aus jener Zeit so viele Reisebeschreibungen gerade von Ingenieuren erstellt wurden. Dabei hätte so mancher reisende Ingenieur gerne auf das Führen eines technischen Notizbuches verzichtet, wäre er nur auf anderem Wege in den Besitz akzeptabler Unterlagen gelangt. Doch Prospekte, Konstruktionszeichnungen oder Patentschriften wurden interessierten Besuchern gegenüber in aller Regel als Geheimsache behandelt, aus gutem Grund, wie sich nicht nur am Beispiel des hannoverschen Majors Luttermann aufzeigen läßt. Kaum, daß ihm 1842 bei einer Englandreise die Originalzeichnungen des Bahnhofs von Derby zugänglich gemacht worden waren, hatte er sie auch schon abgepaust, um sie später als Grundlage für den Zentralbahnhof in Hannover zu nutzen. So einfach aber sollte der «Technologie-Transfer» durch reisende Ingenieure denn doch nicht vor sich gehen!

Die Reisen von Ingenieuren entsprangen nur selten spontanem Entschluß. Sie, die ihrem Werk zumeist einen Plan zugrunde legen, bereiteten durchweg ihre Reisen sorgfältig vor. Dies schloß – falls notwendig – ein Sprachenstudium, das Wissen um Handelssitten und Gebräuche der zu Besuchenden ebenso ein wie eine umfassende Vorbildung in der Zeichenkunst, in Mathematik, Mechanik und Architektur. Nicht nur, daß so die Möglichkeit gegeben war, «Maschinen, Schleusen, Brücken und Gebäude aller Art, besonders Fabrikanlagen» festzuhalten, man war vielmehr auch in der Lage, als ebenbürtiger und kenntnisreicher Gesprächspartner aufzutreten. Diesem Umstand verdankte unter anderen der Ingenieuroffizier A. H. Dammert, der 1840 viele der führenden Eisenbahn-Ingenieure Englands aufsuchte, den «Zugang zu allen Informationen», die er wünschte. Auch der reisende Techniker Eric Svedenstierna bestätigte, daß gute Vorkenntnisse eine wesentliche Voraussetzung dafür waren, Neues in Erfahrung zu bringen.

Die Planung einer technologischen Entdeckungsreise schloß die grobe Festlegung einer Reiseroute sowie die Beschaffung von Karten, Reiseführern, Sprachbüchern und Empfehlungsschreiben mit ein. Vor allem letzteren kam große Bedeutung zu, und es zahlte sich mehr als einmal aus, wenn die Auftraggeber einer Reise, zumeist staatliche Stellen oder Unternehmen, einflußreiche Gesprächspartner vorab benennen konnten. Ansonsten aber mußte das Reisegepäck überschaubar bleiben. In *einen* handlichen Koffer sollten Kleider, Bücher und Zeichengerät schon hineinpassen! Entsprechend wertvoll war er für den Reisenden und wehe, er ging einmal verloren. Dann gab es keine Ruhe, man fühlte sich «abgeschnitten von der Welt, abgeschnitten von Mr. le Consul [...], abgeschnitten

Max Eyth als Chefingenieur bei Halim Pascha, dem Onkel des Vizekönigs von Ägypten. Fotographie, um 1865. Ulm, Stadtmuseum.

von einem frischen Hemd und [den] schwarzen Staatshosen». Doch zum Glück passierte solch ein Mißgeschick nicht alle Tage!

Die Ingenieure traten, wie die meisten ihrer Zeitgenossen, die Reise zumeist mit der Postkutsche an, was Unbequemlichkeit und eine bunt zusammengewürfelte Reisebegleitung auf engstem Raume versprach. Um so überraschender, daß die Entdeckungswilligen selbst vom schaukelnden Wagen aus immer wieder Neues zu erspähen in der Lage waren. So erkannte der Hüttenfachmann Wilhelm Lueg 1825 auf der Fahrt von Birmingham nach Oxford einen im Bau befindlichen Schienenweg, der ihn aufmerken ließ: «Dieser Weg ist noch im Entstehen und da es Nacht war, konnte ich im Vorbeifahren wenig davon sehen», notierte er, um dann aber doch mit detaillierten Angaben zur Beschaffenheit der Schienen und des Gleisunterbaus aufzuwarten. Andere Reisende dagegen planten ihre Route bewußt so, daß sie des Nachts in der Kutsche fuhren, um tagsüber Besichtigungen durchführen zu können. Unbequem wie es war, ließen sich so doch wenigstens die Übernachtungskosten vermindern.

Als Beförderungsmittel akzeptierten die Ingenieure durchweg die Eisenbahn sofort. Mehr noch, solange in Deutschland der Eisenbahnbau nicht so recht vorankommen wollte, zog es viele von ihnen nach England, um erste Erfahrungen damit sammeln zu können. Johann Andreas Schubert, der spätere Erbauer der ersten deutschen Lokomotive ‹Saxonia›, zählte 1834 zu ihnen. Tief ergriffen fuhr er gleich zweimal die 31 Meilen lange Strecke zwischen Liverpool und Manchester und sammelte wichtige Erkenntnisse. Fünf Jahre zuvor schon hatten sich Wilhelm Lueg und Nicolas Harvey als Vertreter der Gutehoffnungshütte die gleiche «herrliche Eisenbahn» kurz vor der Fertigstellung angesehen. Auch Carl Anton Henschel aus Kassel reiste 1832 um der Eisenbahn willen nach England. Gespräche mit den Ingenieuren Stephenson und Brunell ließen ihn das Dampfroß nicht nur als «Wohltat für die Menschen» erkennen, sie brachten ihm auch wichtige Aufschlüsse für den später in eigener Regie betriebenen Lokomotivbau. Um 1860 dagegen, als Max Eyth seine Reisen unternahm, brauchte kein Ingenieur der Eisenbahn wegen nach England zu fahren. Technische Kabinettstücke wie Lokomotiven, Brücken und Tunnel konnten zur Genüge im Inland bestaunt werden.

Aber nicht nur zu Land, auch zu Wasser versuchten Ingenieure in der ersten Hälfte des 19. Jahrhunderts mit Dampfkraft an ihr Ziel zu gelangen. Das Dampfboot auf dem Rhein fuhr seit 1825 wöchentlich nach Rotterdam und mancher Ingenieur, der den Landweg zur Kanalküste bereits kannte, wußte die mit dem Schiff zunächst gegebene Zeitersparnis wohl zu schätzen. Um nach England zu gelangen, bedurfte man ohnehin des Schiffs, und es war nur die Frage, ob man die Überfahrt von Hamburg, Rotterdam, Ostende oder Le Havre aus wagte. Als Wagnis wurde die Dampfschiffahrt mehr als die Eisenbahnfahrt eingeschätzt. Wetter und Wasser waren eben doch weniger gut kalkulierbar als die Technik selbst, auf deren Spuren man wandelte. Und tatsächlich, der sächsische Eisenbahnpionier Schubert entging dem Untergang in der Nordsee nur ganz knapp! Auch wenn es selten zur Katastrophe kam, unruhige Stunden auf und unter Deck ebenso wie die Seekrankheit zeigten Max Eyth und vielen anderen Ingenieuren, daß nicht jeder, der etwas von der Technik verstand, sogleich auch zum Herrn der Meere gemacht war.

Wenn es aber bei vielen Ingenieurreisen trotz der Aufgeschlossenheit den neuen Beförderungsmitteln gegenüber doch nicht ohne Fußmärsche abging, so lag dies zumeist an der Abgeschiedenheit so manchen Reiseziels. Der Papiermaschinenspezialist Wilhelm Oechelhäuser beispielsweise hatte während seiner Englandreise immer wieder zu den entlegen auf dem Land errichteten Papierfabriken hinzuwandern. «Staubbedeckt und schweißtriefend» stand er dann vor den Fabrikbesitzern, was der Kontaktaufnahme nicht in jedem Fall dienlich war. Auch kam es vor, daß Ziele kaum aufzufinden waren. Sebastian Lucius, Fabrikant und Spezialist für Textilmaschinen, suchte 1833 gut und gerne acht Stunden herum, ehe er die Eisenbahnstrecke Liverpool–Manchester fand. Doch langes Klagen galt nicht: «Eine Stunde Sonnenschein ist mit einem Tag voll Nebel nicht zu teuer bezahlt», heißt es im übertragenen Sinne bei Max Eyth.

Die meisten technologischen Reisen des frühen 19. Jahrhunderts waren Abenteuer. Ohne Risikofreude, Wagemut und die Bereitschaft, Unbequemlichkeiten zu ertragen, ging es nicht, weshalb manche Ingenieure dazu neigten, die Reise in Begleitung anzutreten. Der Dürener Maschinenbauer Eberhard Hoesch beispielsweise bereiste England 1823 zusammen mit Ingenieur Samuel Dobbs, die Elberfelder Techniker-Unternehmer Wilhelm und Eberhard Jung nahmen 1829 den Mechaniker Clemens Korff mit auf eine Entdeckungsreise durch mechanische Werkstätten in Frankreich, Belgien und im Elsaß, und auch Abgesandte des preußischen Gewerbeförderers Peter Christian Wilhelm Beuth versuchten, übernommene Reise-Aufträge in Gemeinschaft zu erledigen. Der Vorteil einer sinnvollen Arbeitsteilung sprach ebenso dafür wie der Grundsatz, daß vier oder sechs Augen mehr zu sehen vermögen als zwei. Daneben gab es natürlich auch alleinreisende Ingenieure, insbesondere dann, wenn sie ohne konkreten Auftrag oder ohne zeitliche Beschränkung unterwegs waren. Der Mecklenburger Arzt und Ingenieur Ernst Alban etwa, der zwischen 1825 und 1827 den englischen Dampfmaschinenbau studierte, blieb ebenso auf sich allein gestellt wie Jacob Mayer, als er um 1830 in Sheffield die Methode der Tiegelstahlherstellung in Erfahrung brachte. Auch Max Eyth bevorzugte auf seinen Reisen die Ungebundenheit, konnte er doch nur so überraschend ausgesprochene Einladungen annehmen und außerplanmäßige Besichtigungen durchführen. Je nachdem, ob Ingenieure ihre Reise mehr zur Ausbildung oder bereits als Experten durchführten, neigten sie zur Einzel- oder Gruppenreise.

Wo aber lagen die von Ingenieuren in der ersten Hälfte des 19. Jahrhunderts bevorzugten Reiseziele? Allen voran ist England zu nennen, das unterschiedlich je nach sprachlicher Begabung als «Vorbild», «Lehrmeister» oder «Jungbrunnen» gesehen wurde. Ob Hüttenwerke oder Maschinenbau, Textilindustrie oder Transportmittel, stets bot England das Neueste, Fortschrittlichste! War schon die britische Insel an sich als Reiseziel lohnend, so gab es doch noch spezielle Attraktionen wie etwa die Maschinenfabrik von Boulton & Watt vor den Toren Birminghams. Der Ruf, die bedeutendste Dampfmaschinenfabrik Europas zu sein, lockte die Ingenieure des Kontinents in großer Zahl an, den Schweizer Hüttenfachmann Johann Conrad Fischer ebenso wie den bayerischen Maschinenbauer Johann Georg Reichenbach, den Berliner Techniker Friedrich Anton Egells und auch die Ingenieure der Gutehoffnungshütte. Nur – leicht wurde den Neugierigen der Zutritt zu Boulton & Watt nicht gemacht. Joshua Field notierte 1821: «Die Soho-Werke sind nicht zu besichtigen. Niemand erhält die Erlaubnis oder den Auftrag, sie zu besichtigen.» Der Industrielle Franz Haniel von der Gutehoffnungshütte konnte dies 1825 bestätigen, als James Watt jun. ihn zwar zum Mittagessen einlud, eine Besichtigung der Werksanlagen jedoch verweigerte.

Kaum weniger anziehend wirkten auf die Ingenieure des Kontinents die Industriegebiete rund um Leicester, Manchester, Sheffield, Liverpool und selbstverständlich London. Hier, im *«Workshop of the World»*, holte man sich die Kenntnisse, die in der Heimat gewinnbringend verwertet werden konnten. Aber es wäre unzutreffend, wollte man den Ingenieuren nachsagen, stets nur nach neuen Maschinen und Produktionsverfahren geschaut zu haben. London faszinierte sie als Weltstadt ebenso wie Liverpool als Industriezentrum oder auch Edinburgh, das mehr als einmal als «von Trümmern und Schmutz starrende und doch pittoreske Stadt» erlebt wurde. Außer Fabriken und Maschinen interessierten die Ingenieure eben doch auch die «sonstigen Notwendigkeiten der Natur und Kunst», wie sie England reichlich zu bieten hatte.

Neben England erfreute sich bei den reisenden Ingenieuren vor allem Belgien großer Beliebtheit. Seine Funktion als Mittler technischen Wissens von Großbritannien nach Mitteleuropa war längst erkannt und gleichermaßen, ob es um Eisenbahnen, Kanäle, Fabriken oder Maschinen ging: die Industriereviere rund um Lüttich, Brüssel oder Gent vermochten stets Aufschlußreiches vorzuweisen. Einen besonderen Anziehungspunkt stellten die Cockerillschen Werke in Seraing bei Lüttich dar, die über Jahrzehnte technisch versierte Besucher ins Staunen versetzten. Friedrich Remy vom Rasselstein bei Neuwied beispielsweise verschaffte sich 1826 in Seraing das Wissen um die «Englische Frischmethode beim Steinkohlenfeuer», der saarländische Hüttenfachmann Gustav Böcking bewunderte 1843 Hochöfen und Walzstraßen des Werks, und Max Eyth notierte 1861: «Das Etablissement ist so enorm, daß von einer vernünftigen Schilderung nach einem einmaligen Besuch keine Rede sein kann.» Daneben konnten sich Ingenieure aber auch in Brüssel oder Gent nach Neuigkeiten umsehen, zumal dort die Beschaffung von Werkstücken, Maschinen oder Unterlagen im Vergleich zu England mit weniger Schwierigkeiten verbunden war.

Als Reiseziel kam für Ingenieure schließlich auch Frankreich in Betracht. Sieht man aber von der Fabrik der Gebrüder Koechlin in Mühlhausen (Elsaß) und dem Hüttenwerk in Le Creusot ab, so lag seine Bedeutung vor allem in der Funktion als nicht unwichtiges Transitland zur britischen Insel. Die Route über Paris und Le Havre bot technisch Sehenswertes, ohne daß sich damit die Reise erschöpft hätte. England als Reisehöhepunkt hatten die Ingenieure dann entweder noch vor oder aber bereits hinter sich, weshalb es um so reizvoller erschien, die kulturellen Sehenswürdigkeiten der französischen Hauptstadt mit in das Reiseprogramm einzubeziehen. Luxus und Raffinement, Boulevards und Unterhaltungsgärten, aber auch die «freundliche Art der Leute dem Fremden gegenüber – die heiter leichtsinnige Weise, worin uns hier sogar das Laster entgegentritt», machten eben auch dann Eindruck, wenn es darum ging, den neuesten Errungenschaften der Technik, wie etwa dem Lenoir'schen Motor, auf die Spur zu kommen.

Neben England, Belgien und Frankreich gab es für Ingenieure lohnende Ziele in beinahe jedem Land der Erde. Doch ob sie nun in Nordamerika oder Italien, in Osteuropa oder nicht zuletzt in Deutschland selbst lagen, zu Beginn des 19. Jahrhunderts erreichten sie alle nicht die Attraktivität der frühindustrialisierten Staaten Westeuropas.

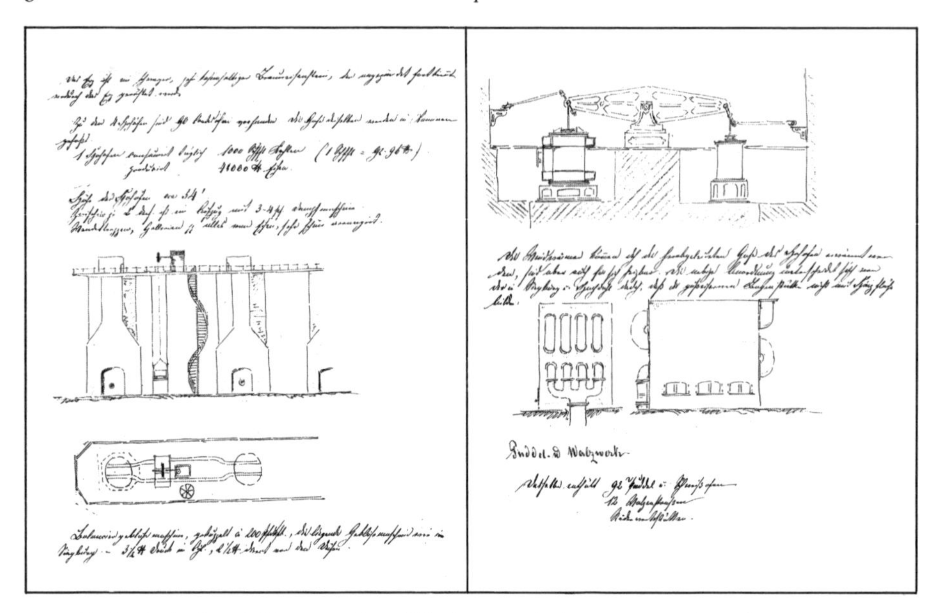

Max Eyth, Hochöfen, Gebläsemaschine, Windwärmer in der Hermannshütte in Hörde. Aus: Max Eyth, Technische Notizen VIII, 1861/62. Museum der Stadt Kirchheim u. T.

Waren die Ingenieure nach teilweise abenteuerlichen Reisen am Ort der Wahl angelangt, so hatten sie damit beileibe noch nicht alle Probleme gelöst. Im Gegenteil, häufig setzten die Schwierigkeiten jetzt erst so richtig ein. Eine Fabrik von außen anzusehen, mochte zwar eindrucksvoll sein, doch der an der Technik Interessierte konnte sich damit nicht zufrieden geben. Er wollte, ja mußte in die Werkstätten hineingelangen. Um Maschinen und Verfahren kennenzulernen, war ihm fast jedes Mittel recht. Am einfachsten noch ließ sich eine Fabrikbesichtigung arrangieren, verfügte man über ein entsprechendes Empfehlungsschreiben. Ob bereits von zu Hause mitgenommen oder erst unterwegs von Bekannten oder auf Konsulaten erhalten, zumeist führten sie den Reisenden zu einem Ansprechpartner, dem so die Verweigerung der Bitte um eine Firmenbesichtigung schwer gemacht war. Der preußische Finanzrat Beuth versorgte seine reisenden Ingenieure stets mit einem ganzen Sortiment von Empfehlungen, die er nicht nur von Beamten, sondern auch von befreundeten hochrangigen Persönlichkeiten ausstellen ließ. In England, so erklärte er 1831, sind solche Empfehlungsschreiben «durchaus nötig», eine Garantie für den Erfolg eines Besuchs indes konnten auch sie nicht sein. So beklagte sich 1845 Wilhelm Oechelhäuser, daß ihm noch nicht einmal die Empfehlung des preußischen Generalkonsuls in London den Zutritt zu den ihn interessierenden Papierfabriken ermöglicht habe. Auch Max Eyth erlebte einige Jahre später Licht und Schatten solcher Referenzschreiben. Führten sie ihn bei Cockerill im belgischen Seraing zu dem einflußreichen Direktor Gustav Pastor, so bewirkten sie in Brüssel und Gent selbst bei kaum bekannten Unternehmen so gut wie nichts.

Hilfreich für eine eingehende Werksbesichtigung konnten auch Geschäftsbeziehungen sein. Johann Conrad Fischer aus Schaffhausen nutzte sie bei seinen zahlreichen Englandreisen zwischen 1814 und der Jahrhundertmitte mehrfach.

So reiste Benjamin Gott, der damals bekannteste britische Tuchmanufakturist, zu den Fischers in die Schweiz und umgekehrt Fischer nach Park Mill in die Nähe von Kirkstall Abbey. Auch die Kontakte zwischen den Inhabern und leitenden Angestellten der Gutehoffnungshütte und dem britischen Unternehmen Boulton & Watt basierten auf Geschäftlichem, allein ihre Tragfähigkeit für eine eingehende Werksbesichtigung blieb beschränkt. Geschäftspartner waren nichtsdestoweniger auch Konkurrenten, die man lieber bewirtete als in der Fabrik herumführte!

Versagten die offiziellen Kanäle, um die erwünschten Informationen zu erhalten, so blieben die Ingenieure mehr als sonst schon auf die eigene Dreistigkeit angewiesen. Ließ sich im einen Falle ein Pförtner übertölpeln, so tat bei einem anderen Unternehmen ein größeres Trinkgeld gute Dienste. Auch das Verbotsschild *«No entrance»* ließ sich gelegentlich umgehen, fragte man nur selbstbewußt genug um eine Besichtigungserlaubnis nach. Ein anderes Mal wiederum konnten Schmeicheleien zum Ziele führen. Alfred Krupp jedenfalls schrieb 1838 von der britischen Insel an seinen Bruder nach Essen, daß es ihm auf diese Weise gelungen sei, ein neues Walzwerk gezeigt zu bekommen, «wo niemand hineingelassen wird». Glücklich sprach er bei dieser Gelegenheit sogar von «gebratenen Tauben», die ihm in England in den geöffneten Mund geflogen seien, «welchen Gefallen der liebe Herrgott nicht jedem tut». Daß Krupp sich zudem, um nur in die Fabriken hineinzugelangen, der Pseudonyme A. Schroop und A. Crup bediente, zeigt nur, wie buntschillernd die Mittel der Personen sein mußten, deren Ziel das Wissen um den neuesten Stand der Technik war.

Gelegentliche Tarnung und Täuschung waren mitunter also vonnöten, wollten die wissenshungrigen Ingenieure gleichsam als Krönung ihrer Reisen hinter die Geheimnisse von Maschinen und Herstellungsverfahren kommen. Die Unternehmer wußten wohl, daß ihre Betriebe immer dann, wenn sie technische und wirtschaftliche Erfolge aufzuweisen hatten, von Ausspähung bedroht wurden. «Zutritt für Unbefugte verboten», hieß es deshalb im 19. Jahrhundert immer häufiger an den Werkstoren. In England, das sich in besonderem Maße mit der Industriespionage konfrontiert sah, existierte seit 1800 ein Verbot von Fabrikbesichtigungen durch Ausländer, das jedoch relativ einfach umgangen werden konnte. Härter bestraft wurde bis zum Jahr 1842 die Ausfuhr von Maschinen, Maschinenteilen und Werkzeugen, doch Verbote und Strafen vermochten die Ingenieure, waren sie erst einmal am Ziel ihrer Wünsche angelangt, nur selten vom Vorhaben des Transfers technischen Wissens abzubringen. Sie gingen vielmehr, wie der Dürener Maschinenbauer Eberhard Hoesch 1823, ein noch höheres Risiko ein. Auf der Suche nach einem soeben in Sheffield eingeführten Verfahren der Puddlingsfrischerei hatte er sich, als Kunde getarnt, Zutritt zu einem modernen Stahlwerk verschafft. Seine Neugierde hinsichtlich des Herstellungsverfahrens aber ließ den Werkmeister aufmerken. Um der Festnahme zu entgehen, flüchtete Hoesch geradewegs in einen erkalteten Hochofen. Im dunklen, rußverschmierten Kamin kletterte der «Spion» so hoch, daß er von den Verfolgern nicht entdeckt wurde. Einige Stunden schon hatte Hoesch in seinem unbequemen Versteck ausgeharrt, als er zu seinem Entsetzen bemerkte, wie Arbeiter Vorbereitungen zum Anblasen des Ofens unter ihm trafen. «Angriff ist die beste Verteidigung», dachte Hoesch und ließ sich aus dem Kamin hinabgleiten. Die englischen Stahlarbeiter aber staunten nicht schlecht, als ihnen aus der

Dunkelheit ein Mensch entgegenkam und sogleich, so schnell es ging, davonlief. Hoesch gelang die Flucht vom Werksgelände und auch von der britischen Insel. Der Kapitän einer französischen Fregatte nahm ihn an Bord, doch so richtig befreit atmete Hoesch erst wieder auf, als internationale Gewässer erreicht waren.

Als «Spion» wurde zu Beginn des 19. Jahrhunderts ebenfalls der aus Cromford bei Ratingen stammende Textilfabrikantensohn Johann Gottfried Brögelmann in England tätig. Ihn interessierten vor allem die neuesten Webstühle, und was immer er an Maschinen zu sehen bekam, hielt er mit spitzer Feder fest. Nur einige Details wollten nicht so richtig gelingen. Ohne große Skrupel entwendete Brögelmann die entsprechenden Werkstücke und nähte sie in seine Kleider ein. Der Schmuggel gelang, und nur kurze Zeit darauf stellte Brögelmann selbst Webstühle her, die in der Qualität den englischen Vorbildern kaum nachstanden.

Daß Industriespionage gelegentlich sogar in quasi hoheitlichem Auftrag geschah, läßt sich am Beispiel des Kattundruckers Ferdinand Dannenberger aufzeigen. Zum Bekanntenkreis des preußischen Gewerbeförderers Beuth zählend, erwarb er 1822 in England einige Maschinen, deren Export nicht gestattet war. Nachdem man aber «zum Schein die Löcher und Fugen mit Holz ausgefüttert» und zudem die Beschriftung kunstvoll verändert hatte, gelang die illegale Maschinenausfuhr auf Preußens Kosten doch noch.

Ingenieure auf Reisen, das bedeutete für die Betroffenen weit mehr Arbeit als Vergnügen. Neues sollte in Erfahrung gebracht werden, nicht um sich daran zu delektieren, sondern um es in der Heimat in Produkte und Herstellungsverfahren umzusetzen. Dafür ertrugen sie Entbehrungen und Gefahren, akzeptierten fremde Eigenheiten und wurden gelegentlich sogar zu Spionen. Nur, abschrekken konnte sie dies alles nicht. «Der Mann muß hinaus ins feindliche Leben», sagte sich Max Eyth, bevor er mit der ‹Northern Wale› von Antwerpen aus nach England übersetzte, und ergänzend fügte er hinzu: «Mit jedem Augenblick fühlte ich einen neuen Zuwachs von Kraft und Mut in mir lebendig werden. Lebendige Kraft von der harten Art, mit der etwas zu machen ist.» Das also war das Holz, aus dem die reisenden Ingenieure im 19. Jahrhundert geschnitzt sein mußten, wollten sie Erfolg haben![1]

Klaus Herrmann

Bildungsreisen unter Dampf

Das ‹Morgenblatt für gebildete Stände› vermerkte 1835 zur Eröffnung der ersten deutschen Eisenbahn, die «freudigste und nicht zu erschöpfende Aufmerksamkeit widmete man den Dampfwagen selbst, an welchem Jeder so viel Ungewöhnliches, Räthselhaftes zu bemerken hat, den aber in seiner speziellen Struktur nach äußerem Ansehen selbst ein Kenner nicht zu enträthseln vermag». Insbesondere ließe sich der Mechanismus der Bewegung «zwar ahnen, aber nicht sehen».[1] Auch wenn man die unter Dampf gesetzte Mechanik nicht ausreichend zu enträtseln vermochte, begriffen die Zeitgenossen sehr wohl die raumgreifende Dimension der Eisenbahn. Der ‹Rheinisch-Westfälische Anzeiger› prophezeite schon im Gründungsjahr der deutschen Eisenbahn: «Jetzt erst wird die Welt

In der Frühzeit der Eisenbahn wurden die Kabinen der Postkutschen zuweilen auf ein Eisenbahnchassis umgesetzt. Holzstich, 1844. Frankfurt/M., Deutsches Postmuseum.

glücklich. Zeit und Raum, diese Schranken der menschlichen Vollkommenheit, verschwinden. Alle Verhältnisse werden anders. Das Prinzip der Bewegung unterjocht die Erde. Wollen die alte Langsamkeit und die alte Bedächtigkeit sich retten, so müssen sie sich ins Gebirge retten, wohin keine Eisenbahnen kommen können.»[2]

Aber nicht alle jubelten den bald zahlreich dahineilenden Eisenbahnen zu. Als eine die Landschaft zerfressende Maschine, die laut und rußig nicht nur die Nachtigallen vertreibe, sondern auch der Poesie ein Ende setze, beschimpften sie die einen, während ein Schreiber aus ‹Meyers Conversations-Lexicon› 1846 die Schaffung neuer Freiräume witterte: «Es giebt keine lächerlichere Phantasmagorie, als die, daß durch das Eisenbahnwesen die Prosa zur Herrschaft gelange und die Poesie verschwinde. O ihr Freunde der Miethkutschen, der Knitteldämme, der Moräste, der Hohlwege schöpft Muth und seyd getröstet! Es wird trotz Eisenbahnen immer noch Miethkutschen, Eilwagen, Knitteldämme, Kothwege auf der Welt geben, an welchem sich euer Gemüth erfreuen und begeistern mag [...]. Welcher Anblick ist imposanter und zugleich begeisternder, der Anblick eines Wagengauls, der eine Miethkutsche mühselig im Koth langsam fortschleppt, oder der Anblick einer unabsehbaren Bahn, die mitten durch die Felder ihres Weges zieht, Gräben und Flüsse überspringt, durch Wälder fliegt, durch Moorgründe dringt, die Berggelände erklimmt, Brücken über die Abgründe schlägt, weiten Thälern das Joch auflegt und die Ebenen durch den Bauch der Berge sucht? Dazu denke man sich die im Fluge auf metallenem Gleise daherbrausende Maschine, voll siedenden Wassers, ungestüm und gewaltig wie der Sturm [...].»[3]

Trotz der Unkenrufe jener poetisch veranlagten Freunde der Mietkutschen schienen die Verfechter einer neuen Reisegeschwindigkeit Recht zu behalten. In ganz Europa ergriffen Poeten nach anfänglichem, aber vorübergehendem Stottern die Federn und beschrieben nun ihre Eindrücke über die erlebte Geschwindigkeit. 1840 berichtet Christian Andersen von seinem ersten Erlebnis einer Eisenbahnreise: «Es war das erste Mal, daß ich eine solche sehen sollte. Einen halben Tag und die folgende Nacht war ich mit der Diligence den entsetzlich schlechten Weg von Braunschweig nach Magdeburg gereist; müde kam ich da an, und eine halbe Stunde später sollte ich mit dem Dampfwagen weiter fahren [...]. Die Signalpfeife lautet – sie lautet aber nicht schön; sie ist dem Schwanengesang des Schweines ähnlich, wenn das Messer ihm durch die Kehle fährt.» Nach diesen – etwas ernüchternden – Begleitumständen beginnt das aufregend Neue am Reiseerlebnis: «Die erste Empfindung ist eine ganz leise Erschütterung der Wagen, und nun sind die Ketten gespannt, welche dieselben zusammenhalten [...]. Die Schnelligkeit nimmt allmählig zu; du aber bist mit deinem Buche beschäftigt, oder du studierst die Karte, und du weißt nicht recht, ob die Fahrt angefangen hat, denn der Wagen gleitet wie ein Schlitten auf dem ebenen Schneefeld. Du siehst zum Fenster hinaus und entdeckst, daß du einherjagst wie mit galopirenden Pferden; es geht noch schneller, du scheinst zu fliegen; allein hier ist kein Luftdruck, nichts von dem, was du dir als unangenehm dachtest [...]. O, welche Großtat des Geistes ist doch diese Erfindung.»[4] Die Stoßseufzer, die Moritz Gottlieb Saphir im Jahr 1830 für eine ganze Reisegeneration tat, als er die Postkutsche als ein «Marterinstrument menschlicher Gebeine, ein holperndes, eingleisiges, weithin klapperndes, beinverrenkendes, rippenzerschmetterndes Kleinod postamtlicher Geister»[5] schimpfte, waren mit dem Beginn der Eisenbahnreise verhallt.

Das Reiseerlebnis, bisher geprägt von einer maßvollen, den Raum in Etappen durchziehenden Wegstrecke, abhängig von der Leistungsfähigkeit des Wagens, der Pferde und des Reisenden, wurde zu einem Geschwindigkeitserlebnis. In dem Maße wie das nur bedingt abgefederte Gesäß geschont wurde, wie das Auge seinen Blickkontakt zur Wegstrecke verlor, schrumpfte der Raum des unter Dampf gesetzten Reisenden zusammen. Er erfuhr nicht mehr die Landschaft, er durchflog sie. Mußte in der Reisekutsche der Körper den Weg noch mit allen Fasern ‹seismographisch› nachvollziehen, mußten sich Mensch, Tier und Wagen den Windungen des Weges und den wechselnden Jahreszeiten anpassen, wurde die Reise im schnell verknüpften Netz der Eisenbahn zu einem gleichförmigen Erlebnis, das kaum über den Eindruck der Geschwindigkeit hinauskam. Der Raum verschwand zwischen den Abfahrt- und Ankunftzeiten. Nicht mehr dem

Die frühen Fahrpläne der Eisenbahn, die noch nicht zwischen einem Sommer- und Winterdienst unterschieden, waren sowohl für den dienstlichen Gebrauch als auch für das Reisepublikum gedacht. Plakatfahrplan, 1849. Aus: Denkschrift zur Entwicklung des Eisenbahnwesens im Königreich Württemberg, Stuttgart 1895.

Königlich Württembergische Staats-Eisenbahn.

Heilbronn-Stuttgart-Geislinger Linie.

Fahrten-Plan

vom 1. October 1849 an bis auf weitere Verfügung.

A. Fahrten in der Richtung von Heilbronn nach Geislingen.

Namen der Stationen.		I. Von Heilb. bis Geisling.		III. Von Stuttg. bis Eßlingen		V. Von Heilb. bis Geisling.		VII. Von Ludwigsb. bis Eßlingen		IX. Von Heilb. bis Stuttg. Güterzug		XI. Von Heilb. bis Geisling.	
		Morgens		Vormittags		Mittags		Nachmittags		Nachmittags		Abends	
		Uhr	Min.	Uhr	Min.	Uhr	Min.	Uhr	Min.	Uhr	Min.	Uhr	Min.
Heilbronn	Abgang	6	15	—	—	11	45	—	—	2	—	5	15
Nordheim	Abgang	6	28	—	—	11	58	—	—	2	10	5	28
Lauffen	Abgang	6	40	—	—	12	10	—	—	2	25	5	40
Kirchheim	Abgang	6	50	—	—	12	20	—	—	2	35	5	50
Besigheim	Abgang	7	—	—	—	12	30	—	—	2	45	6	—
Bietigheim	Abgang	7	15	—	—	12	45	—	—	3	5	6	15
Asperg	Abgang	7	30	—	—	1	—	—	—	3	25	6	30
Ludwigsburg	Ankunft	7	40	—	—	1	10	—	—	3	40	6	40
	Abgang	7	45	—	—	1	15	3	15	3	50	6	45
Kornwestheim	Abgang	7	53	—	—	1	23	3	23	4	—	6	53
Zuffenhausen	Abgang	8	—	—	—	1	30	3	30	4	15	7	—
Feuerbach	Abgang	8	7	—	—	1	37	3	37	4	25	7	7
Stuttgart	Ankunft	8	15	—	—	1	45	3	45	4	35	7	15
	Abgang	8	30	10	—	2	—	4	—	—	—	7	30
Cannstatt	Ankunft	8	37	10	7	2	7	4	7	—	—	7	37
	Abgang	8	40	10	10	2	10	4	10	—	—	7	40
Untertürkheim	Abgang	8	48	10	18	2	18	4	18	—	—	7	48
Obertürkheim	Abgang	8	54	10	24	2	24	4	24	—	—	7	54
Eßlingen	Ankunft	9	—	10	30	2	30	4	30	—	—	8	—
	Abgang	9	7	—	—	2	37	—	—	—	—	8	7
Altbach	Abgang	9	18	—	—	2	48	—	—	—	—	8	18
Plochingen	Ankunft	9	24	—	—	2	54	—	—	—	—	8	24
	Abgang	9	30	—	—	3	—	—	—	—	—	8	30
Reichenbach	Abgang	9	38	—	—	3	8	—	—	—	—	8	38
Ebersbach	Abgang	9	47	—	—	3	17	—	—	—	—	8	47
Uihingen	Abgang	9	57	—	—	3	27	—	—	—	—	8	57
Göppingen	Ankunft	10	7	—	—	3	37	—	—	—	—	9	7
	Abgang	10	12	—	—	3	42	—	—	—	—	9	12
Eißlingen	Abgang	10	19	—	—	3	49	—	—	—	—	9	19
Süßen	Abgang	10	30	—	—	4	—	—	—	—	—	9	30
Gingen	Abgang	10	40	—	—	4	10	—	—	—	—	9	40
Geislingen	Ankunft	11	—	—	—	4	30	—	—	—	—	10	—

B. Fahrten in der Richtung von Geislingen nach Heilbronn.

Namen der Stationen.		II. Von Stuttg. bis Heilb. Güterzug		IV. Von Geisling. bis Heilb.		VI. Von Eßlingen bis Ludwigsb.		VIII. Von Geisling. bis Heilb.		X. Von Eßlingen bis Stuttg.		XII. Von Geisling. bis Heilb.	
		Morgens		Morgens		Vormittags		Mittags		Abends		Abends	
		Uhr	Min.	Uhr	Min.	Uhr	Min.	Uhr	Min.	Uhr	Min.	Uhr	Min.
Geislingen	Abgang	—	—	6	15	—	—	11	45	—	—	5	15
Gingen	Abgang	—	—	6	25	—	—	11	55	—	—	5	25
Süßen	Abgang	—	—	6	35	—	—	12	5	—	—	5	35
Eißlingen	Abgang	—	—	6	43	—	—	12	13	—	—	5	43
Göppingen	Ankunft	—	—	6	50	—	—	12	20	—	—	5	50
	Abgang	—	—	6	55	—	—	12	25	—	—	5	55
Uihingen	Abgang	—	—	7	5	—	—	12	35	—	—	6	5
Ebersbach	Abgang	—	—	7	15	—	—	12	45	—	—	6	15
Reichenbach	Abgang	—	—	7	23	—	—	12	53	—	—	6	23
Plochingen	Ankunft	—	—	7	30	—	—	1	—	—	—	6	30
	Abgang	—	—	7	37	—	—	1	7	—	—	6	37
Altbach	Abgang	—	—	7	43	—	—	1	13	—	—	6	43
Eßlingen	Ankunft	—	—	7	53	—	—	1	23	—	—	6	53
	Abgang	—	—	8	—	11	—	1	30	5	—	7	—
Obertürkheim	Abgang	—	—	8	8	11	8	1	38	5	8	7	8
Untertürkheim	Abgang	—	—	8	14	11	14	1	44	5	14	7	14
Cannstatt	Ankunft	—	—	8	20	11	20	1	50	5	20	7	20
	Abgang	—	—	8	22	11	22	1	52	5	22	7	22
Stuttgart	Ankunft	—	—	8	30	11	30	2	—	5	30	7	30
	Abgang	7	—	8	45	11	45	2	15	—	—	7	45
Feuerbach	Abgang	7	10	8	55	11	55	2	25	—	—	7	55
Zuffenhausen	Abgang	7	15	9	—	12	—	2	30	—	—	8	—
Kornwestheim	Abgang	7	23	9	8	12	8	2	38	—	—	8	8
Ludwigsburg	Ankunft	7	30	9	15	12	15	2	45	—	—	8	15
	Abgang	7	40	9	18	—	—	2	48	—	—	8	18
Asperg	Abgang	7	48	9	25	—	—	2	55	—	—	8	25
Bietigheim	Abgang	8	—	9	40	—	—	3	10	—	—	8	40
Besigheim	Abgang	8	12	9	53	—	—	3	23	—	—	8	53
Kirchheim	Abgang	8	24	10	3	—	—	3	33	—	—	9	3
Lauffen	Abgang	8	36	10	13	—	—	3	43	—	—	9	13
Nordheim	Abgang	8	48	10	24	—	—	3	54	—	—	9	24
Heilbronn	Ankunft	9	—	10	35	—	—	4	5	—	—	9	35

Zur Nachricht.

Da die oben angegebenen Abgangszeiten nur auf den Stationen, von welchen die Fahrten ausgehen, genau zutreffen, auf den Zwischenstationen aber nur als annähernd betrachtet werden können, so wird den Reisenden empfohlen, auf letzteren Stationen **mindestens 10 Minuten** vor der im Fahrtenplan angegebenen Zeit in dem Bahnhof sich einzufinden, wenn dieselben mit Sicherheit auf Beförderung mit dem Bahnzug rechnen wollen.

Mit den Güterzügen II. und IX., deren ersterer in unmittelbarer Verbindung mit der Neckardampfschifffahrt zwischen Heilbronn und Heidelberg steht, werden auch Personen in beschränkter Zahl befördert.

Weitere Bestimmungen.

1) Kinder unter zwei Jahren, die noch getragen werden, sind in der Begleitung und auf dem Platze ihrer Angehörigen von der Fahrtaxe in allen Classen frei.
2) Größere Kinder bis zum vollendeten zehnten Lebensjahre werden in der I. Wagen-Classe mit einem Billet II. Classe, und in der II. Classe mit einem Billet III. Classe zugelassen.
3) In der III. Classe werden zwei Kinder jenes Alters auf Ein Billet dieser Classe, sowie ein Kind mit einer erwachsenen Person zusammen auf ein Billet II. Classe befördert.
4) Bei Zweifeln über das Alter der Kinder hat der Zugmeister endgültig zu entscheiden.
5) Spätestens ½ Stunde vor dem Abgang des Wagenzugs werden die Stations-Cassen geöffnet und an denselben die Fahrbillete abgegeben.
6) Die Billete sind beim Eintritt in den Bahnhof dem Thürsteher, beim Einsteigen und während der Fahrt dem Conducteur auf Verlangen vorzuzeigen, und bis sie von diesem abgefordert werden, wohl zu verwahren.
7) Der Reisende, welcher im Wagen ohne Fahrbillet oder mit einem unrichtigen getroffen wird, hat das doppelte Fahrgeld zu bezahlen, und wenn kein Platz in den Wägen mehr frei ist, diese zu verlassen.
8) Zwischen dem ersten und zweiten Zeichen mit der Glocke haben die Passagiere ihre Plätze einzunehmen, welche während der Fahrt nicht verlassen werden sollen.
9) Personen in betrunkenem Zustande, so wie solche, welche durch Krankheiten oder ekelhafte Gebrechen den Mitreisenden beschwerlich fallen können, werden mit den Eisenbahnzügen nicht befördert.
10) Kleinere Gepäckstücke — bis zum Gewicht von 10 Pfund — können, so weit dieß ohne Belästigung der Mitreisenden in den Wagen angeht, frei mitgenommen werden. Für alles weitere Gepäck ist die Taxe nach dem Gepäcktarif zu entrichten.
Leicht entzündliche Gegenstände oder geladene Gewehre mit sich zu führen, ist verboten.
11) Traglasten, soferne solche aus ländlichen Erzeugnissen bestehen, werden in Begleitung der Personen, von welchen sie auf die Bahn gebracht werden, gegen Bezahlung der in dem Tarif für den Gütertransport bestimmten gewöhnlichen Fracht mit den Personenzügen befördert.
12) Sowohl Gepäck als Traglasten müssen spätestens eine Viertelstunde vor der zur Abfahrt des Wagenzugs bestimmten Zeit zur Expedition gebracht werden.
13) Hunde werden in den Personenwagen nicht geduldet, mit Ausnahme kleiner Schoßhündchen, jedoch auch diese nur unter der Bedingung, daß sie während der Fahrt von den Reisenden auf dem Schoß oder auf dem Arm gehalten werden.
14) Das Tabakrauchen ist in den Wagen I. Classe nicht erlaubt und wird auch in denen der II. Classe dann nicht gestattet, wenn es durch besondern Anschlag untersagt ist.
15) Im Uebrigen wird auf die veröffentlichte und in allen Wartsälen angeheftete Transportordnung verwiesen.

Raum, sondern der Zeit war man ausgeliefert. Schon in den vierziger Jahren bemängelten die Reisenden, daß sie nun überhaupt nichts mehr von der Landschaft sähen und sich von einem Ort zum andern ‹geschleudert› fühlten. Ein neuer Blick auf die alte Welt war zu erlernen, der zumindest die Augen, wenn nicht gar den Verstand leicht überforderte. Einige Bahnverwaltungen hielten sich verpflichtet, den Reisenden vor dem Blick aus dem Fenster zu warnen: «Wer zum Schwindel neige, solle sich hüten, die vorüberfliegenden Gegenstände näher ins Auge zu fassen.»[6]

Obwohl die gesellschaftliche Mobilität begrüßt, ein riesiger Umschlag von Gütern in Aussicht gestellt wurde, machte sich in der beschleunigten Perspektive ein Defizit beim Reisen bemerkbar. An die Stelle einer Kontaktaufnahme zu ‹Land und Leuten› aus der sich von Dorf zu Dorf, durch Landschaft zu Landschaft durcharbeitenden Kutsche trat die über die Landschaft hinwegstürmende Eisenbahn. «Beim Reisen mit der Eisenbahn», konstatierte ein Reisender 1844, «gehen in den meisten Fällen der Anblick der Natur, die schönen Ausblicke auf Berg und Tal verloren, oder werden entstellt».[7] Bei der zunehmenden Geschwindigkeit hieß es nun, auf Wesentliches zu achten. Wollte man trotz der Dynamisierung des Reiseraumes die gleichen Erfahrungen und Erlebnisse haben, wie sie einem aus der Postkutsche vertraut waren, bedurfte es der Fähigkeit zum Imaginieren des hinter dem Abteilfenster verzerrten und verstellten Erfahrungsraumes. Der im Betrachten von in sich ruhenden Bildern geübte Kunsthistoriker Jacob Burckhardt, der mit der Eisenbahn in 33 Minuten nach dem – wie er noch meinte – «fünf Stunden entfernten Potsdam» fuhr, beklagte das Dilemma augenfällig: «Die nächsten Gegenstände, Bäume, Hütten und dergleichen kann man gar nicht unterscheiden; so wie man sich danach umsehen will, sind sie schon lange vorbei.»[8]

Die Nivellierung der Landschaft, schon bei der Trassenführung im Ideal der mathematischen Ebene angestrebt, wirkte auch auf die Wahrnehmung der Reisenden. Das Reisen erschien wie Gleiten, Rutschen oder Fliegen durch eine zunächst fremdgewordene, dann nicht mehr gekannte Reiselandschaft. Bei denen, die sie dennoch im Blick halten wollten, verursachte die Geschwindigkeit bald einen frustrierten, gelangweilten Blick. Der Wahrnehmungsapparat vermochte die vorbeihuschende Bilderflut nicht einzufangen. Dem Schauen entzog sich die Landschaft. Der Blick wandte sich ab, die verschwundene Beschaulichkeit konnte im günstigsten Fall durch Lektüre ersetzt werden.

Die zuvor in der holperigen, den Raum durchziehenden Kutsche angehäufte Reiseerfahrung ersetzt nun im Eisenbahnabteil die Lektüre. In Form des Baedekers versetzt sie den Reisenden durch Beschreibung seines Zieles in den Zustand des vorgeblich informierten Ankömmlings. Die Aneignung der Route, die der Reisende in der Kutsche *peu a peu* vollzieht, findet – durch das Eisenbahnfenster hindurch – nicht mehr statt. Die Kontaktlosigkeit, die der durchreiste Raum hinterließ, erzeugte eine eigenartig «leere» Reiseerfahrung, die mittels lehrreicher Lektüre kompensiert werden sollte. Gründungen von Bahnhofsbuchhandlungen reagierten auf das artikulierte Defizit bereits in den vierziger Jahren.

Ein Lektürebeispiel aus der Gattung ‹Reiseersatz›, gedacht als ein Ariadnefaden durch die Landschaftschimären hinter dem Eisenbahnfenster, entstand gleichzeitig mit dem Baedeker. Es bereitete nicht vorrangig kultur- und wirtschaftshistorisch, touristisch und kulinarisch auf das Ziel der Reise vor, sondern half dem Benutzer im Abteil, seinen Blick zu schulen und zu leiten. Unser Beispiel, die ‹Malerische Beschreibung der Eisenbahn zwischen Köln und Aachen›[9] aus dem Jahre 1841 versuchte dem Verlust des Reiseraumes entgegenzuarbeiten. Die neue Reisesituation läßt aber, um es vorweg zu sagen, auch diesen Schreiber zum Opfer der Geschwindigkeit werden. Seine Beschreibungen fallen der bloßen Addition des Gesehenen, der Reisegeschwindigkeit anheim. Um sein weitgreifendes Vorhaben durchzuführen, entwickelt der Autor drei Betrachtungsebenen, die unterschiedliche Geschwindigkeiten im Sprachbild entwickeln.

Die erste Erzählebene behandelt die unmittelbar an der Strecke liegenden Gegenstände, die der Erzähler eilig aneinanderreiht. Sie ist die schwierigste. Die zweite wendet sich dem landschaftlichen Panorama zu, das als epischer Film langsam am Fenster vorbeizieht. Hier verweilt der Schreiber häufig mit einigen Sätzen. Will er längere Ausführungen über eine Stadt, eine in der Ferne auftauchende Burg oder gar über die wirtschaftliche Situation einer Region geben, rät er dem Reisenden an der nächsten Station auszusteigen, um dann – nach der Betrachtung – mit einem späteren Zug weiterzufahren. Ob er mit dieser subversiven, die Dampfreise unterlaufenden Aufforderung Gehör fand, ist zweifelhaft.

Von den drei Erzählrhythmem interessiert uns nur der erste, der Ausdruck der Industrialisierung des Reisens mit der Eisenbahn ist. In ihm spiegelt sich die beginnende Abstraktion und Impression des Reisevorganges wider. Noch im Bahnhof beginnt die Bildungsreise: «Sobald wir mit dem Wagenzug den Bahnhof verlassen, schießt an unserem Blick das nördliche Fort der Festung vorbei, links verschwinden mit Blitzesschnelle der von Napoleon erbaute Winterhafen und das nördliche Stadttor. Gleich darauf haben wir im Rücken die Dörfer Nippes, Merrheim und Niel, während wir zur linken Hand ein anderes Fort, die zahlreichen Thürme der Stadt, unter denen sich majestätisch die Rotunde der St. Gereonskirche erhebt, und den Hof Mechtern vorbeifliegen sehen [...]. Zur rechten Seite lassen wir das Gehöft Subbelrath und den Weiler Bickendorf, und nach wenigen Minuten erscheint links [...] das Dorf Müngersdorf. Bei diesem Orte geht die Bahn in einen Hohlweg durch die Müngersdorfer Anhöhe. Einige Sekunden ist die Aussicht nach beiden Seiten gehemmt.»[10]

Das Beispiel zeigt eine durchaus neue Reiselandschaft. Der Reisende «schießt» durch sie hindurch und bewegt sich mit «Blitzesschnelle». An ihm fliegen die Gegenstände vorbei; über eine bloße Aufzählung kommt der Schreiber nicht hinaus. Der herkömmliche Landschaftsraum wird von Sekunde zu Sekunde in neue Sequenzen zerrissen, das Wortebild verwackelt. Die technisch bedingte Streckenführung zieht ihn durch die Erde hindurch, bzw. erhebt ihn weit über sie hinaus. Der «Eisenweg durchschneidet» nun die Landschaft, und «sobald wir am Portale des Thunnels hineinschießen, umfängt uns dichtes Dunkel, und ein unheimliches, die Brust beengendes Gefühl sagt uns, daß wir dem Reich der Gnomen und Kobolde angehören; doch nur wenige Minuten, und wir befinden uns an der Westseite des Gebirges».[11] Hatte ihn eben noch die Tunnelfahrt geängstigt, kann er nun seinen touristischen Blick über das Landschaftspanorama gleiten lassen. Eine Brücke «gewährt dem Reisenden nach allen Seiten hin eine freie schöne Fernsicht [...]. Nachdem uns auf eine Weile eines Erd-Einschnittes wegen die Aussicht benommen war, breitet sich vor unseren Blicken das freundliche Panorama von Düren aus, zugleich haben wir den dortigen Bahnhof erreicht».[12]

Lesen und schauen? Der Wechsel zwischen «freundlichem Panorama» in der Ferne und fragmentarischer Nahsicht ließ den Blick abwenden von der Flut der Impressionen. In dem Maße wie der Raum unerlebbar wurde, drängte sich die reine Reisezeit in den Vordergrund der Empfindungen: «Ich langweile mich derart in der Eisenbahn, daß ich nach fünf Minuten vor Stumpfsinn zu heulen beginne»,[13] beklagte sich Flaubert 1864. Der Romantiker Eichendorff registrierte besorgt die Veränderungen, die mit Beginn der Dampfreise eintraten. «Diese Dampffahrten», so Eichendorff, «rütteln die Welt, die eigentlich nur noch aus Bahnhöfen besteht, unermüdlich durcheinander wie ein Kaleidoskop, wo die vorüberjagenden Landschaften, ehe man noch irgendeine Physiognomie gefaßt, immer neue Gesichter schneiden.»[14] Bei Eröffnung der Strecke zwischen Paris und Rouen verspürte auch Heinrich Heine diese neue Reisesituation: Das «Unerhörteste geschieht, dessen Folgen unabsehbar und unberechenbar sind [...]. Sogar die Elementarbegriffe von Zeit und Raum sind schwankend geworden. Durch die Eisenbahnen wird der Raum getötet, und es bleibt uns nur noch die Zeit übrig».[15]

Was geschieht mit der neuen Reisezeit im Abteil, von der Ruskin meinte, sie mache «im genauen Verhältnis zu ihrer Geschwindigkeit stumpfsinnig»?[16] Die Menschen im Abteil plagte gähnende Langeweile. Man befand sich zwar nun in einer größer werdenden Reisegesellschaft, die aber «an nichts anderes als an das Ende der Reise denkt – all dies verhindert jede Unterhaltung oder Abwechslung [...]. Es gibt kein Gespräch, kein gemeinschaftliches Gelächter, nichts als lastende Stille, die von Zeit zu Zeit unterbrochen wird, wenn ein Reisender seine Uhr hervorzieht und ungeduldig etwas vor sich hin murmelt».[17]

In dieses Schweigen hinein dringt in die Reisenden der Ersten und Zweiten Klasse die Reiselektüre. Durch sie imaginiert der Reisende Bildungswellen in sein Zeitvakuum. Nachdem sich sein Blick vom Reiseraum abgewandt hatte und ihn der innere, mit Zeit angefüllte Monolog zermürbte, bestimmte nun die Lektüre den Erfahrungshaushalt der Reise. Zunächst in England, dann in Frankreich und Belgien erscheinen die ‹Railway reading›, ‹Readings for the rail› und die ‹Bibliotheque des chemins de fer›, die, jeder in seiner Art, auf die «wahrhafte Revolution, diese Umkehrung und Fundamentalerschütterung aller Reiseverhältnisse»[18] reagieren. Sie verhindern die tödliche Langeweile und den Verlust der kostbaren Zeit auf der Eisenbahn. Sie bilden dabei ihre Reisenden nicht nur mit Romanbibliotheken, sondern auch mit Geschichts- und Reisewerken, mit Nützlichen zum Ackerbau und zur Industrie der durchreisten Gegend.

In Deutschland zielte seit Anfang der fünfziger Jahre die Reiseliteratur auf mehr. Sie wollte den Dampfreisenden nicht nur bilden, sondern darüber hinaus auch den durcheilten Raum politisch zusammenfassen. Nicht nur «topographisch-ethnologische Schilderungen» unterwegs, sondern auch eine Quelle zur «genauen Kenntniß von Land und Volk, Sitte und Sagen»,[19] sollten den Nationalgedanken unter Dampf verbreiten helfen.

Den bisher in seiner Konkretheit durchlebten Reiseraum, wie er sich in und aus der Kutsche heraus dem Reisenden mit all seinen topographischen, sozialen, gesellschaftlichen und politischen Eigenheiten offenbarte, überflog die Eisenbahn. Sie übersprang nicht nur Täler und Flüsse, sondern auch den sozialen Raum der Landschaft. Sie bot dem Reisenden im Hintergrund seines Abteilfensters einen panoramatischen Überblick, eine impressionistische Weltsicht im Vordergrund. Was als Poesieverlust empfunden wurde, war die abrupt einsetzende Abstraktion aller vorhergegangenen Reiseerfahrung, die durch Lektüre den Erfahrungsverlust kompensieren wollte. Reisen unter Dampf reduzierte sich auf punktuelles Erfahren – auf die Umsteigestationen und schließlich auf den Zielort. Die Bildungsreise unter Dampf gestaltete sich als Tunnelfahrt. An ihrem Ende leuchtete inselhaft die Sehenswürdigkeit. Reisen war nur noch das unerquickliche Unterwegssein zum Ziel, zu dem Muß an Sehenswürdigkeiten wie sie der Baedeker vorgab. Die Raum und Zeit niederreißende Eisenbahn versprach nach Ansicht ihrer Befürworter Glück und Freiheit, die sich aber beim Reisen so recht nicht einstellen wollten. Nun gut – «Man wendet mir ein: Im Dampfwagen gebe es freilich keine Freiheit, dieser aber führe uns auch nur dahin, wo die Lustreise, und mit ihr die Freiheit erst anfange. Wenn nur nicht, sobald der schwarze Despot uns losgelassen hat, ein anderer, der zwar heiterer gekleidet, aber nicht minder hart ist, uns in Empfang nähme. Mit dem Augenblick, wo man das Coupé verläßt und die banale Phrase ausspricht: Nun, was sieht man zuerst? Ist man rettungslos der Gewalt des rothen Buches verfallen [...], hat man sich erst einmal mit diesem Buche eingelassen, so sind alle Emanzipationsversuche vergeblich [...]. Mit jeder neuen Auflage wird das entsetzliche Buch besser, d. h. raubt es uns wieder ein Stückchen Freiheit.»[20]

Die Möglichkeit, etwas Neues und Fremdes im Kontinuum von Raum und Zeit zu erfahren, wurde durch Industrialisierung und Reglementierung des Reisens vernichtet. Der Massentourismus mit seinen programmierten und präparierten Reiseerlebnissen kündigt sich an. Schon zur Mitte des 19. Jahrhunderts beginnt er, differenzierte Bildungserlebnisse durch Klassifikation festzuschreiben. Ein Kritiker des neuen Reisens stellt mit schiefem Blick auf den Baedeker fest: «Freilich damals [beim Reisen mit der Kutsche] verwandte man Zeit aufs Sehen. Heute spart man sie und sieht darum Nichts [...], da wir ja durch die Doppel- und einfach Sterne sogar dies voraus wissen, ob wir uns sehr freuen oder nur freuen werden.»[21]

Dieter Vorsteher

Museumsreisen

Das Museum hat es mit Raum und Zeit zu tun. In ihm werden die Gegenstände ferner Orte und Zeiten gesammelt, aufbewahrt und dem Augensinn dargeboten. Ritterrüstungen aus dem Mittelalter sind dort ebenso zu bewundern wie der Kopfschmuck aztekischer Stammesfürsten, lappländische Schneeschuhe setzen den Betrachter genauso in Erstaunen wie Schreibutensilien aus der Goethezeit, tibetanische Teekannen stehen neben staufischen Aquamanilen. So gleicht, was die dinghafte Vergegenwärtigung fremder und ferner Räume anbetrifft, der Museumsbesuch durchaus einer Reise, und nicht umsonst galten dem 16. und 17. Jahrhundert die fürstlichen Kunst- und Raritätenkammern als Welt im Kleinen, als «begehbare Enzyklopädie»,[1] wo «die wunderbarlichen In- und ausländischen Gewechse, von Metallen, Stein, Kräutern, so auff der Erden, in der Erden, im Wasser und Meer gefunden wird»[2] zu «Diensten des Auges» stehen. Die Wunderkammer offeriert die Welt im überschaubaren Raum, dessen Besuch sich als Reiseersatz darstellt, und die Reise macht – umgekehrt – die ganze Welt zur Wunderkammer.

Museen und Reisen verweisen aufeinander – und zwar in vielfältiger Form. Beidesmal geht es um die Erfahrung des Fremden, beidesmal wird die Begegnung mit Anderem, Neuem und Unbekanntem ermöglicht. Das Museum ist von Grund auf eine «xenologische Institution», eine Schule für den Umgang mit dem Fremden, so hat es kürzlich Peter Sloterdijk behauptet und ihm auch für die Gegenwart zu einem «intellektuellen Grenzverkehr» mit dem Fremden (vor allem mit dem Fremden im Eigenen) geraten.[3] Die Verbindungen von Museum und Reise sind freilich nicht nur allgemeiner Art, sondern auch höchst praktischer Natur: die Reise ist Voraussetzung für den Erwerb von Musealien – und zwar nicht nur für Exotika. In Clemens Brentanos ‹Fanferlieschen› wird von dem König Laudamus erzählt, der auf seinen Reisen «die größten Merkwürdigkeiten einkauft, um ein Museum [...] aufzustellen: in Madrid eine Lichtputze von zwei Fingern, in Lissabon ein Räucherkerzchen, in London eine Nähnadel, in Paris einen Fingerhut, in Berlin eine Hühneraugenfeile, in Wien einen Stiefelknecht, in Petersburg ein Talglicht, in Moskau Pelzhandschuhe, in Warschau einen engen Kamm, in Konstantinopel einen Striegel, in Kairo eine Handlaterne [...]».[4]

Was Brentano in seinem Märchen liebevoll ironisiert, war in der Anschaffungspraxis der fürstlichen Kunst- und Raritätenkammern gang und gäbe. Die Sammelleidenschaft der Renaissance-Noblen setzte auf die Reisetätigkeit von Händlern und Wissenschaftlern, um so den Kuriositäten-Kabinetten sehens- und merkwürdige ‹Arteficialia› und ‹Naturalia› aus aller Herren Länder zuzuführen.[5] Die im Auftrag des Großen Kurfürsten unter Admiral Raule 1680 durchgeführte Afrika-Expedition sorgte ebenso für ethnologische «Merkwürdigkeiten» in der brandenburgisch-preußischen Kunstkammer wie die berühmten Cookschen Expeditionen etwa hundert Jahre später, von denen ein aus Federn, Menschenhaar, Perlmutt und Hundezähnen gefertigter polynesischer Götterkopf stammt, der bis heute im Berliner Museum für Völkerkunde bewundert werden kann.[6]

Überblickt man die Zusammenhänge von Reise und Museum aus der weiten historischen Distanz, schaut also von heute auf die letzten fünf Jahrhunderte zurück, dann fällt auf, daß die Konjunkturen des Museums und der Museumsgründungen mit den großen Reisewellen des frühneuzeitlichen und modernen Europas zusammenfallen, jedenfalls mit jenen Reisewellen, denen intellektuelle Neugier, Entdeckerfreude, Interessenexpansion zugrundelagen. Im 16. Jahrhundert, als neue Kontinente und unbekannte Länder bereist und erkundet wurden, entstehen die fürstlichen Kunst- und Raritätenkammern, und es gibt kaum einen Hof, der nicht stolz auf seine ethnographischen Schaustücke und seine exotischen Naturalien war. Das 18. Jahrhundert, in dem wiederum eine Hochphase des Reisens zu beobachten ist, ist die Zeit, in der sich die moderne Museumsidee herausbildet. Hinter ihr stehen die Aufklärung und die Französische Revolution. Auch das Museum modernen Typs, obwohl eher der Kunst und den Antiken als den Ethnographica gewidmet, ist ohne die Reisetätigkeit seiner Gründer und Arrangeure nicht vorstellbar. Aufgeklärtes Denken korrespondiert mit der Welterkundung durch Reisen, wobei im 18. Jahrhundert mehr und mehr auch das Interesse an klassischen Altertümern hervortritt und den Sinn für Geschichtliches und den Genuß der Kunst fördert. Was der Kunstreisende in Italien bewundert, Antiken und Gemälde, wird zunehmend zum Gegenstand musealer Begehrlichkeit. Napoleon läßt im Zuge seiner Kriegsexpeditionen Laokoon, die Venus von Medici, den Apoll von Belvedere und vieles andere nach Paris schaffen. 1792 steigern die Louvre-Öffnung und die Einrichtung auch historischer Museen in Paris das Interesse am revolutionären Frankreich: Paris wird zum Ziel der Kunstwallfahrer und auf diese Art Vorbild für zahlreiche Museumsinitiativen in Deutschland und England, in Skandinavien und in Italien.

Ein aufschlußreiches Beispiel für die «museale» Vergegenwärtigung des Fernen und Fremden stellt die Kunst- und Schatzkammer der Medici dar. Sie war tatsächlich als enzyklopädische Abbreviatur des Weltganzen gedacht. Von Cosimo I. war sie in der ‹Guardaroba› des Palazzo Vecchio aufgestellt worden: Die Türen der Schränke, in denen die Raritäten und Kuriositäten lagen, waren mit Landkarten der ganzen Welt geschmückt, in der Mitte des Raumes stand ein mannshoher Globus.[7] Nur Gelehrte und Reisende von Stand hatten Zugang. Von Cosimo Medici ist bekannt, daß er die fremdartigen Objekte über Handels- und Sammelexpeditionen besorgen ließ, freilich nicht nur für seine eigene Sammlung, sondern auch für die zahlreichen Fürsten und Gelehrten in ganz Europa. Der Überseehandel, den die Medici-Herzöge des 16. Jahrhunderts trieben, bot günstige Akquisitionsmöglichkeiten für ethnologische Objekte. Das was auf den von ihnen veranlaßten Forschungsreisen und Handelsexpeditionen zusammengetragen wurde, war auch bei anderen Kunstkammerbesitzern höchst begehrt und wurde zuweilen als Staatsdonativ weitergegeben. 1572 war eine Schiffsladung voller Kuriositäten aus «Indien» im Hafen von Livorno eingetroffen, mit der Cosimo nicht nur seine eigene Sammlung erweiterte, sondern die er zu einem nicht unbeachtlichen Teil auch an Herzog Albrecht von Bayern schickte: u. a. indianische Gerätschaften, ein mexikanisches Götzenbild und «Unser Frauenbildnis aus allerlei Federn gemacht von Mexiko». Der Reichtum an Sammelgut machte die Florentiner großzügig; sie legten auch den Grundstock für das Cospi-Museum in Bologna, das von Marchese Ferdinando Cospi, einem Verwandten der Medici im frühen 17. Jahrhundert, initiiert und 1657 mit der Sammlung des Gelehrten und Naturforschers Ulisse Aldrovandi (der Reisen in großer Zahl plante, aber keine ausführte) im Palazzo Pubblico vereinigt wurde und eines der ersten einem breiten Publikum zugänglichen «Studios» war.[8]

Nicht weniger berühmt als die mediceeischen und anderen fürstlichen Kabinette war das Museum Wormianum in Kopenhagen. Auch dies war zu Beginn des 17. Jahrhunderts von dem dänischen Arzt Ole Worm (1588–1654) angelegt worden und wegen seiner vorbildlichen Ordnung hoch geschätzt. Worm hatte während seines Studiums weite Teile Europas bereist und dabei viele bekannte Gelehrte und Sammler kennengelernt. Insbesondere seine Kontakte zu Johannes de Laet (1593–1649), der als Direktor der niederländischen Westindischen Kompagnie unmittelbaren Zugang zu amerikanischen Naturalia und Ethnologica hatte, halfen ihm bei dem Erwerb exotischer Sammelstücke.[9]

Johannes de Laet war es übrigens auch gewesen, der den Aufenthalt des Fürsten Johann Moritz von Nassau-Siegen in Brasilien wissenschaftlich vorbereitet hatte. Resultat dieser mehrjährigen südamerikanischen Gouverneurstätigkeit des schon zu Lebzeiten sogenannten «Americanus» war unter anderem eine Raritätenkammer in Kleve, die zunächst nur brasilianische Erinnerungsstücke enthielt, dann aber auch um antike und regionale Fundstücke ergänzt wurde. Was Johann Moritz zusammengetragen hatte, ging später in den Besitz des

Großen Kurfürsten über und bereicherte die Berliner Kunst- und Raritätenkammer.[10] Auch Ole Worms Interesse war nicht ausschließlich auf Exotisches gerichtet; er kümmerte sich als einer der ersten um prähistorische Funde in Nordeuropa. Seine Kollektion von Runeninschriften bezeugt, daß sich der Sammeleifer bürgerlicher Gelehrter auch auf das «Fremde im Eigenen», auf vor- und frühgeschichtliche Epochen des eigenen Landes zu wenden beginnt.

Eng waren die wissenschaftlichen Verbindungen, die Ole Worm zu Adam Olearius (1599–1671) unterhielt. Olearius war als Hofgelehrter in Gottorf (Schleswig) tätig und Begründer der im 17. und 18. Jahrhundert überaus bekannten ‹Gottorffischen Kunstkammer›. Er hatte an einer Handelsexpedition nach Persien teilgenommen, zahlreiche Reiseberichte verfaßt und in den Jahren 1650 bis 1654 eine Sammlung angelegt, die zum Reiseziel vieler Fürsten und Wissenschaftler wurde. Zentrales Objekt des sogenannten Persianischen Hauses in Gottorf war ein begehbarer Riesenglobus, der die Vorstellung der Wunderkammer als Abbild der Welt einprägsam verdeutlichte.[11] Auch die Bearbeitung der Exponate, 1666 erschienen und von Adam Olearius selbst zusammengestellt, zeigt im Titel den Anspruch, die ganze Welt in der Vielfalt ihrer Erscheinungsformen anschaulich und gegenwärtig werden zu lassen: «Gottorffische Kunstkammer, worinnen Allerhand ungemeine Sachen so theils die Natur, theils künstliche Hände hervorgebracht und bereitet. Von diesem aus allen vier Theilen der Welt zusammengetragen.»[12]

Im 17. Jahrhundert bildet sich eine eigene literarische Gattung heraus, die die Beschreibung und vergleichende Darstellung der Museen zum Gegenstand hat: die Museographie. Kennzeichen dieser Museographien ist ein seltsames Ineinander von empirischer Bestandsaufnahme und normativer Sammel- und Aufstellungsanleitung. Aus der in Reisen gewonnenen Übersicht über die unterschiedlichen Sammlungen von Fürsten und Gelehrten werden Schemata entwickelt, welche fast den Charakter einer Museumslehre haben. Die erste in Deutschland bekannte wurde von dem niederländischen Arzt Samuel von Quicceberg 1565 im Auftrag Herzog Albrechts von Bayern, in dessen Dienst er stand, verfaßt.[13] Die berühmteste stammt von C. F. Neickel, erschienen 1727 in Leipzig und Breslau und führt den Begriff «Museographie» im Titel: ‹Museographia oder Anleitung zu rechtem Begriff und nützlicher Anlegung der Museorum oder Raritäten-Kammern [...] in beliebter Kürtze zusammengetragen und kuriösen Gemüthern dargestellt von C. F. Neickelio›. Neickel hat sich übrigens auch Gedanken darüber gemacht, wie Museen «auf Reisen zu besuchen seien». So empfiehlt er, daß es keiner «bey der Besehung eines einzigen Museei» bewenden lassen sollte, «sondern man besuche mehrere, weil eines immer noch etwas vor andern hat». Als Regel Nummer eins schrieb er vor, daß «ein ieder in Museeis mit reingewaschenen Händen erscheine», damit der Besucher nicht «durch Angreiffung mit schmutzigen Händen besudle».[14]

Nicht nur Fachleute, Sammler und Museographen machten die Museen zum Ziel ihrer Reisen. Als attraktive Stationen gehörten sie zum Pflichtprogramm der Kavaliers- und Bildungstouren.[15] In fast allen Reisebeschreibungen, die ab Mitte des 17. Jahrhunderts vermehrt veröffentlicht werden, finden sie Erwähnung; nicht selten sind ihnen ausführliche Darstellungen gewidmet. Detaillierte Kunstkammerberichte schrieb etwa Johann Georg Keyssler (1693–1743),[16] einer der fleißigsten und scharfsinnigsten Reisenden in der ersten Hälfte des 18. Jahrhunderts. Keyssler registriert nicht nur die Inventare, und er notiert nicht nur die bestaunenswürdigen Dinge, alles übrigens mit außerordentlicher Gelehrsamkeit, sondern er schildert Begegnungen und Unterhaltungen in den Museen und Kabinetten: sie waren für ihn der Ort des gesellschaftlichen Zusammentreffens und des (populär-)wissenschaftlichen Dialogs.[17] Keyssler muß so beeindruckt von den von ihm besuchten Kabinetten – von deren Inventaren nicht weniger als von deren Atmosphäre – gewesen sein, daß er in den 1730er Jahren im niedersächsischen Gartow selbst eine Sammlung anlegte.

Ab Mitte des 18. Jahrhunderts schossen bürgerliche Sammlungen regelrecht aus dem Boden; allein in Berlin sind um 1780 über 200 nachgewiesen. Für 1789 hat der Kunsthistoriker Johann Georg Meusel, in einem Lexikon von 1814, etwa 480 bürgerliche, 46 fürstliche und 46 öffentliche Kunst-, Münz- und Naturalienkabinette in «Teutschland und in der Schweiz» ermittelt.[18] Es ist davon auszugehen, daß die Sammler untereinander in Verbindung standen, daß sie per Korrespondenz Reiseerfahrungen und -erkenntnisse austauschten, wobei die Reise die eigentliche Form des Kontaktes war, weil die gesammelten Schaustücke, wie es schon der Name verlangt, in Augenschein genommen werden wollten.

Im Jahr 1762 erschien eine «Anweisung für reisende Gelehrte» von Johann David Köhler, die auf Göttinger Vorlesungen zurückging.[19] Darin gilt der Besuch von Sammlungen als «Ausdruck der Reiseklugheit»; darüberhinaus entwirft Köhler eine Typik der Kabinette und Kammern, die Entwicklungen erkennen läßt, die kennzeichnend für den «modernen» Museumsgedanken werden. Köhler registriert eindeutig eine Spezialisierung der Sammlungen und eine vermehrte Zuwendung zu antiquarischen und ästhetischen Gegenständen. Das Wort Museum gebraucht er nicht, aber die Begriffe ‹Galerie›, ‹Pinakothek›, ‹Antiquarium› und ‹Münzkabinett› werden mit Beispielen erläutert. Damit ist Abstand vom universalistisch-allgemeinen Welthaltigkeitsprinzip der Kunst- und Wunderkammern, der Kuriositäten- und Raritätenkabinette genommen. Die Spezialisierung der Sammlungen begünstigt nicht nur die Systematik und Ordnung des Museums neuen Typs, sondern auch die Ausrichtung auf die Kunstaltertümer, auf Gemälde, Skulpturen, Kupferstiche und bewunderungswürdige artifizielle Handwerksleistungen. Trotz aller enzyklopädischen Orientierung, wie sie fürs 18. Jahrhundert – gerade auch im Zeichen der Aufklärung – bezeichnend ist, setzt sich allenthalben, vor allem gegen das Jahrhundertende, eine museale Gattungsgliederung durch, die im frühen 19. Jahrhundert durch die Herausbildung von wissenschaftlichen Fachdisziplinen noch verstärkt wird.

Einen guten Beleg für die allmähliche Ausbildung des modernen Museumswesens bietet der Bericht Georg Forsters über seine Reise an den Niederrhein und in die Niederlande. Forster – aufgeklärt, anthropologischen Prinzipien wie kein anderer verpflichtet, umfassend ausgebildet, ethnologisch geschult durch verschiedene Reisen und vor allem durch die Teilnahme an Cooks zweiter Weltumseglung – konstatiert den Unterschied zwischen Kabinetten, Wunderkammern, Galerien und Museen – und scheint ihn zu goutieren. In Bonn besucht er das Naturalienkabinett im Kurfürstlichen Schloß. Es wird als Sammlung alten Typs vorgestellt, als Enfilade von acht Zimmern, in denen «vierfüßige Tiere, Vögel, Amphibien und getrocknete Fische in keiner systematischen Ordnung, teils in Glasschränken, teils im Zimmer umhergestellt, teils hangend an der Decke und mit Kunstsachen vermischt» ausgestellt sind. In auffallendem Gegensatz dazu steht der Bericht über die Kunstsammlung in Düsseldorf, die mit großer Emphase als moderne Gemälde-Galerie präsentiert wird. Forster geizt in seinem Report nicht mit Anerkennung und Lob. Er macht sich Gedanken über die didaktisch-erzieherische Wirkung der Kunst, preist die sinnlichen Potentiale der Ästhetik, reflektiert über den Bildungswert künstlerischer Natur- und Menschendarstellung. Es ist keineswegs so, daß Forster die mit Merkwürdigkeiten vollgestopfte Bonner Naturalienkammer gegen die Düsseldorfer Galerie ausspielen würde, aber er unterstreicht doch mit aller Deutlichkeit die Unterschiede: die ungeordnete, allein auf Kuriosität und Rarität setzende Bonner Einrichtung, in der der Menschenschädel neben Vogeleiern, Konchylien neben einer Elektrisiermaschine zu sehen sind und die nach Schulen und Künstlern geordnete Galerie in Düsseldorf. Beide Institute werden von Forster geschätzt, weil sie Auskunft über die Mannigfaltigkeit menschlicher Kultur zu geben imstande sind. Eine «weniger vorbereitete Wissbegierde» werde in den Bonner Sammlungen «befriedigt», in Düsseldorf würden hingegen Einbildungskraft und Phantasie befördert. Die ethnologische und die ästhetische Wahrnehmung werden von Forster auseinandergehalten, aber nicht hierarchisiert, obwohl er unverkennbar der Kunstbetrachtung einen hohen Rang zumißt.

In der zweiten Hälfte des 18. Jahrhunderts waren die Museen für ein breites Publikum geöffnet worden. Auch die Salon-Ausstellungen wandten sich an die bürgerliche Öffentlichkeit, die das gemeinschaftliche Kunsterlebnis als neue Form des kulturellen Verhaltens pflegte. Salon Carré im Pariser Musée Central des Arts, Kupferstich, 1801. Paris, Bibliothèque Nationale.

Das beweist allein die Mitteilung, daß er auf seiner Niederrhein-Reise die Düsseldorfer Galerie zum fünften Mal besucht (und damit auch die Bedeutung der Museumsreisen unterstreicht). Zudem stellt er seinem Galeriebericht ein enthusiastisches Plädoyer für die Bild-Dechiffrierung voran. Wie die Gegenstände aus fernen Welten, so gestatten auch die Kunstwerke Einblicke in das Menschenmögliche, in das Fremd-Seelische und vermitteln so allgemeine anthropologische Einsichten. Forster lobt die «Beleuchtung» und die «Gruppierung» der Gemälde: «Kurz ein jeder Beweis von einer gewissen Energie im Darstellen hat hier Ansprüche auf Beifall, ja sogar auf Bewunderung.»[20] Die Sammlung, die auf den populären pfälzischen Kurfürsten Johann Wilhelm zurückging, war eine der ersten Kunstgalerien, die im 18. Jahrhundert neue Präsentationsprinzipien verwirklicht hatten: Die Kunstwerke wurden ihrer historischen Entstehung folgend angeordnet; diese Hängung war, und dies lobte Forster ausdrücklich, an der Menschheitsgeschichte orientiert.

Das Museum, die Galerie diente nicht mehr nur der fürstlichen Selbstrepräsentation, wie das der Hauptzweck in den Kunst- und Wunderkammern und auch in den «alten Galerien» gewesen war. Diese Konzeption war Ausdruck nicht nur der Etablierung einer neuen Form der Kunsterfahrung, der Herausbildung dessen, was man Autonomisierung der Kunst genannt hat, sondern auch – deutlich jedenfalls bei Forster artikuliert – des Bedeutungswandels der Fremderfahrung. Nicht mehr der Raum, die Weite der Welt wird in ihrer Vielfalt im Museum vergegenwärtigt, sondern die zeitliche Logik der Dinge, vor allem der vom Menschen imaginierten Dinge. Zugespitzt könnte man sagen: Das Prinzip des Raums wird durch das der Zeit abgelöst. Nicht mehr die Kuriosität in ihrem ungeordneten Nebeneinander ist gefragt, sondern der zeitlich-kausale Zusammenhang, der das geschichtlich Fremde über die Kategorie der historischen Entwicklung mit der Gegenwart verknüpft. Was mit den Museumsdingen geschieht – als Voraussetzung des modernen Museums – ist zweierlei: einmal wird das Geschichtswürdige von Unwürdigem, das Wesentliche vom Unwesentlichen geschieden, zum zweiten werden die Dinge über das ästhetische Geschmacksurteil «erhöht». Die Kuriositäten werden marginalisiert, sie werden «komisch», verlieren im Grunde ihren Museumsrang.[21] Das moderne Museum ist das Fachmuseum, das Kunstmuseum, das die Artefakte wertet (also auswählt) und chronologisiert (also zeitlich ordnet). Diese Differenz zwischen der Raum-Bezogenheit der «alten Musei» und der Zeit-Bezogenheit, der kausalgenetischen Präsentation des neuen Museums, hat Georg Forster in seiner durch die Reise erst möglichen Museumskomparatistik deutlich markiert.

Es erstaunt nicht, daß an dem Düsseldorfer Galerie-Schema Maß für die Louvre-Planungen in Paris (übrigens schon im *Ancien régime*) genommen wurde.[22] Den republikanischen Ideen entsprach das Prinzip des historischen Fortschritts, der sich in der chronologischen Anordnung nach Schulen und Zeitstilen offenbarte. Und man weiß, daß der Louvre gerade durch diese Neuheit (abgesehen vom revolutionären Elan der Kultursicherung) zum Reiseziel zahlreicher Kunst-, Geschichts- und Politikinteressierter wurde. Es ist keineswegs so, daß die Vergangenheitsorientierung, die das Raumprinzip abgelöst hatte, die Verbindung von Reise und Museum aufgehoben hätte. Im Gegenteil: Das moderne Museum – und das Beispiel des Louvre zeigt es sehr schnell – wird zum modernen Wallfahrtsort. «Ich vergleiche den Genuß der edleren Kunstwerke dem Gebet», so schreibt Wackenroders kunstliebhabender Klosterbruder und bezeichnet damit die neue Funktion der Kunst und des Museums.

Von dieser Kunstandacht war Forster noch weit entfernt gewesen. Bei ihm spielte das in der ethnologischen Raumerkundung erlernte Prinzip des Vergleichs auch in der Kunstbetrachtung eine dominante Rolle, aber die von ihm angedeutete Museumsentwicklung führte im 19. Jahrhundert tatsächlich konsequent zur Kunst als Religionsersatz und zum Museum als Andachtsort. Allerdings gibt es Museumsreisen, die nach wie vor einen gewissermaßen praktischen Wert haben, doch werden nicht mehr nur Objekte, sondern auch Anregungen und Ideen gesammelt. Die Parisreisen Wilhelm von Humboldts und der Brüder Boisserée bezeugen das. Humboldt erhält wichtige Inspirationen, die ihm später bei seinen Museumsplanungen in Berlin nützlich sind; und Melchior und Sulpiz Boisserée sind 1803 von den neuen Pariser Museen so angetan, daß sie in ihrer Heimatstadt Köln selbst eine Sammlung einrichten, deren Grundstock der säkularisierte Kirchen- und Klosterbesitz ist.[23] Auf ausgedehnten Sammelreisen in die Niederlande und an den Mittelrhein erweiterten sie ihre Sammlung, die 1810 in Heidelberg installiert wurde. Von 1819 bis 1827 war sie in Stuttgart ausgestellt. An beiden Orten war sie das Ziel einer großen Zahl von Kunstpilgern, die sich insbesondere von der neuen Präsentations- und Beleuchtungstechnik der 213 Gemälde faszinieren ließen. In Stuttgart, so liest man in einer frühen Biographie der Brüder Boisserée «drängte sich [...] Jung-Deutschland in Scharen heran, um dankbar Genuß und Belehrung entgegen zu nehmen».[24] Sulpiz Boisserée war von dem Erfolg der Ausstellung so überrascht, daß er in einem Brief vom 3. Juli 1819 an Goethe meldete: «[...] es entsteht eine wahre Wallfahrt [...] und [es] geht schon fast kein Tag vorüber, an dem nicht in wenigen Stunden Fünfzig bis Sechzig Personen sich zusammenfinden.»[25] Trotz der Attraktion, die die Sammlung Boisserée in Stuttgart darstellte, gelang es dem württembergischen Staat nicht, aus ihr ein reguläres Museum zu machen. 1827 kaufte König Ludwig I. von Bayern die Kollektion und ließ sie in die Alte Pinakothek eingliedern.

Wesentliche Anregungen empfing auch Wilhelm von Humboldt auf seiner Pariser Reise. Allerdings war er nicht nur vom Louvre beeindruckt, sondern mehr noch vom Besuch im ‹Musée des Petits Augustins›, wie er in einem Brief an Goethe schreibt: «Unter allen hiesigen Kunstsammlungen hat mich kaum eine andere so angezogen, als das Museum der Französischen Denkmäler in der Straße des petits Augustins.» Das Museum war von Alexandre Lenoir eingerichtet worden, um den durch die Revolution freigewordenen Adels-, Kirchen- und Klosterbesitz museal zu sichern. Die chronologische Reihung überzeugt Humboldt besonders und er benennt, nachdem er über die Herkunft der Objekte berichtet hat, ihren Vorteil: «Der Aufseher Lenoir hat sie [...] nach der Zeitfolge geordnet und es ist in der Tat ein einziger Anblick, in wenigen Sälen die Fortschritte der Kunst mehrere Jahrhunderte hindurch verfolgen zu können.» Nicht ohne Begeisterung äußert er sich über die Potentiale der ästhetischen Bildung. An den Objekten, so beobachtet er, «heftet» sich die «Einbildungskraft fest [...], man lernt besser Verstehen und vollständiger zusammenfügen, was der todte Buchstabe der Geschichte nur unvollkommen und einzeln liefern vermag».[26]

Humboldt profitierte von seiner Pariser Museumsreise, als er 1833 in Berlin mit Planungsaufgaben für das Königliche Museum beauftragt wurde. Hohen Rang maß er der ästhetischen Einbildungskraft bei, vernachlässigte dabei jedoch

Der Museumsgründer Alexandre Lenoir gliederte einen Garten mit Rekonstruktionen mittelalterlicher Bauten, Statuen und Gräber dem Musée des Monuments français an, damit «empfindsame Herzen» gerührt werden sollten. Kupferstich, um 1800. Aus: Alexandre Lenoir, Description historique et chronologique des monuments de sculpture réunis au Musée des Monuments français, 11e ed. 1815. Tübingen, Universitätsbibliothek.

eher die historischen Aspekte. Der deutsche Idealismus hatte seine in Paris gewonnenen ästhetischen Einsichten strenger und radikaler gemacht. Die Funktion ‹seines› Museums war strikt ästhetisch zugeschnitten: «Der Zweck des Museums ist offenbar die Beförderung der Kunst, die Verbreitung des Geschmacks an derselben und die Gewährung ihres Genusses.»[27] Allein «das Gefühl» sollte angesprochen werden; Objekte, die nicht «frei von aller Gelehrsamkeit und von tieferen Studien» sind, sollten keinen Platz im Museum beanspruchen. Damit war unmißverständlich das Museum als Kultraum, als Wallfahrtsort etabliert. Humboldts klares und kompromißloses Museumsstatut war eine Hauptstation auf dem Weg, als dessen symbolisches Ziel der Kunsthistoriker Wolfgang Kemp das Nebeneinander von Dom, Hauptbahnhof und Museum in Köln beschrieben hat:[28] Das Museum als Kathedrale des 20. Jahrhunderts, das Museum als Wallfahrtsort mit Gleisanschluß.

Gottfried Korff

Wege zur Weltausstellung

«Ein Wunder, das nun Geschichte ist.»
Lothar Bucher

Anfänge und Hoffnungen

In den Festen und Spielen der Völker, so meinte Ludwig Börne, verrate sich immer der «Ernst ihres Lebens». Als er 1823 in Paris die Industrieausstellung im Louvre besuchte, sah er darin eine solch vielsagende Veranstaltung, daß er sie den Olympischen Spielen der Griechen, den Ritterspielen des Mittelalters und dem venetianischen Karneval an die Seite stellte. Die modernen «Wettkämpfe des Gewerbefleißes» schnitten dabei vergleichsweise schlecht ab: Hier, so befand er, lägen keine höheren sittlichen Ziele zugrunde, hier «wird nichts getrieben und vergolten als der Verstand des Eigennutzes».[1]

Als Börne dieses Urteil fällte, standen die Höhepunkte des Ausstellungswesens, die Weltausstellungen, noch aus. Börne hatte sich seine Meinung auf einer der großen nationalen Ausstellungen[2] gebildet, die den internationalen Mammutunternehmungen vorangingen. Im Vergleich zu dem, was noch kommen sollte, waren die Dimensionen äußerst bescheiden. Börnes Prognose jedoch, daß in den Ausstellungen des 19. Jahrhunderts sich in nuce das Wesen der Zeit repräsentiere, war weitsichtig. Tatsächlich wurden die seit 1851 veranstalteten Weltausstellungen zum Katalysator des Zeitgeistes. Hier fanden ungebrochener Fortschrittsglaube, die Aufbruchsstimmung der Gründerzeit, die Hoffnung auf die Segnungen der liberalen Wirtschaftsordnung – Freihandel und uneingeschränkter Wettbewerb – und grenzenloses Vertrauen in die Möglichkeiten von Technik und Industrie zueinander; hier trat nationaler Ehrgeiz neben den Versuch einer Synthese aller menschlichen Errungenschaften.

Programmatisch verkündete Prinz Albert bei der Eröffnung der ersten Weltausstellung in London 1851, daß «jenes große, von der Geschichte überall angedeutete Ziel» in greifbare Nähe gerückt sei, nämlich «die Vereinigung des Menschengeschlechts».[3] An enthusiastischen Stellungnahmen sparten auch die zeitgenössischen Berichterstatter nicht: «Was ein utopischer Traum schien, ist hier Wirklichkeit», schrieb Christian Sartorius[4] den deutschen Lesern, und sein Kollege Hermann Scherer[5] sah gar einen «Wendepunkt der Zeitepoche» gekommen. Die Erwartungen waren groß. Nicht mehr lange, so schien es, und «die Menschheit [ist] von ihrem Fluche erlöst und endlich nicht mehr gezwungen [...], im Schweisse ihres Angesichts ihr Brod zu essen».[6] In der bisherigen Weltgeschichte sei «kein Vergleichspunct» zu finden, «mit welchem wir die Eröffnung der großen Industrieausstellung in Verbindung bringen könnten», stand in einem Artikel des ‹Archivs für Natur, Kunst, Wissenschaft und Leben› von 1851 zu lesen.[7]

Anreise und Besuch

Solche und andere pathetisch vorgetragene Einschätzungen finden ihre Ergänzung in nüchternen Zahlen. Diese belegen, daß sich die Zeitgenossen mit ihrer Auffassung, in den Weltausstellungen sei etwas Großes, nie Dagewesenes insze-

Eine der wichtigsten Attraktionen auf der ersten Weltausstellung in London 1851 war die Ausstellungsarchitektur selbst: der Kristallpalast im Hyde-Park, dessen Bäume umbaut worden waren. Natur und Technik fügten sich in der Architektur zu einem Gesamtkunstwerk, wie es die Innenansicht des Kristallpalasts zeigt. Holzstich, 1851.

niert, nicht geirrt hatten – dafür allerdings in vielen Prognosen, die damit verbunden waren. 1851, in einem Jahr, da Frankfurt kaum 70000, Köln rund 100000 und Berlin gerade 450000 Einwohner zählte, fanden über sechs Millionen Besucher und 17000 Aussteller den Weg zur ersten ‹Industrieausstellung aller Völker›. Täglich waren rund 40000 Besucher in An- oder Abreise begriffen. Die Weltausstellungen entwickelten sich zu wahren Publikumsmagneten. 1867 zählte man schon 33064 Aussteller und elf Millionen Besucher. Gut zwei Jahrzehnte später, 1889, zum Jubiläum der Französischen Revolution, kamen über 32 Millionen nach Paris, im Jahre 1900 war dann mit 48 Millionen Besuchern und über 60000 Ausstellern ein neuer Rekord erreicht.

Nicht zufällig waren London und Paris die ersten und bevorzugten ‹Austragungsorte› der Weltausstellungen. Als Metropolen der industriell avanciertesten Länder verfügten nur sie über die nötigen Voraussetzungen (vor allem über moderne Verkehrsmittel), um einen reibungslosen Ablauf der gigantischen Unternehmungen zu garantieren. Andere Städte wären zudem kaum in der Lage gewesen, dem ungeheuren Besucherstrom Herr zu werden. Schon 1851 fand man in London alle dazu erforderlichen Einrichtungen: Es gab eine zentrale Zimmervermittlung, eine Art Fremdenverkehrsamt und Informationsstellen zur Vermittlung sprachkundiger Führer und geeigneter Restaurants.[8] Es gab Ausstellungskataloge und Besuchsanleitungen für jeden Bedarf: für Interessierte, die nur ein oder zwei Tage, für andere, die mehrere Wochen verweilen konnten, und für solche, die über einzelne Fachgebiete ausführliche Informationen wünschten. Ohne die gedruckten Führer, so versichern die Publizisten, sei eine Orientierung nur schwer möglich. Es fehlte also an nichts – auch nicht an Überflüssigem: «Auf den Straßen werden Schnupftücher verkauft, bedruckt mit der Ansicht des Krystall-Palastes und einem Plane seines Innern; derselben Abbildung begegnet man auf Dosen, Geldbörsen, Kästen und Schachteln der verschiedensten Gattung, Briefvignetten usw.; selbst die Kochkunst bringt bereits einen Exhibition pudding.»[9] Von unvermeidlichen Begleiterscheinungen des Touristikbetriebes zeugen auch die Warnungen vor unlauteren Reiseagenturen, unverschämten Omnibuskondukteuren und Taschendieben. Gegen letztere waren, so wird berichtet, selbst zwei gestandene deutsche Obrigkeitswächter nicht gewappnet: «Zwei Polizeiagenten [...] wurden bei ihrer Ankunft in dieser Metropole von einigen geschickten Dieben um ihr gesamtes Gepäck und ihre Papiere erleichtert, unter denen sich die Beschreibungen einiger berühmter deutscher Diebe befanden, die sie auffinden und beobachten sollten.»[10]

Lothar Bucher, dem wir einen der anregendsten Berichte über die Londoner Weltausstellung verdanken, wurde gleich am Eröffnungstag mit einer anderen Auswirkung des Besucherandrangs konfrontiert – dem Verkehrsstau. Auf dem Leicester-Square entdeckte er einen «untrüglichen Faden»; «Ueber diesen Platz, der zwei bis drei Meilen von dem Glaspalast entfernt ist, zogen sich zwei Wagenreihen, die eine nach Westen gewendet und haltend, die andere nach Osten zu in Bewegung. Eingedenk, daß die Biene und die Civilisation immer nach Westen ziehe, schlug ich ohne Besinnen diese Richtung ein, und machte mir erst unterwegs das Phänomen klar. Der Kopf der stehenden Wagenreihe mußte in Hydepark sein, die fahrende Reihe war der Schwanz, der irgendwo weit hinten, [...] umlenken und sich gerade legen sollte. Mit proletarischer Schadenfreude sah ich auf meinem weitern Marsche rechts und links aus den fashionablen Stadtteilen die glänzenden Karossen heranströmen, regelmäßig nach Westen lenkend und regelmäßig von den bureaukratisch nivellirenden Konstablern ohne Ansehn der Person nach Osten gewiesen.»[11]

Warenmeer und Märchenbauten

Was erwartete nun den Besucher auf einer solchen Weltausstellung? Zunächst und vor allem eines: eine Fülle, ja Überfülle von Waren. Bei gestaffelten Eintrittspreisen wurde der Zugang im Laufe der Ausstellung immer breiterem Publikum möglich. Verschiedene Länder entsandten Arbeiterdelegationen auf die Weltausstellung. Ihr Zusammentreffen wurde indirekt für die Gründung der ‹Internationalen Arbeiter Association› relevant. Industrieausstellung aller Völker – das bedeutete damals nicht nur die Präsentation von Maschinen und hochentwickelter Technik, auch wenn ihnen sicher die meiste Beachtung zukam –, sondern umfaßte maschinell gefertigte Massenprodukte ebenso wie handwerkliche und kunstgewerbliche Erzeugnisse, landwirtschaftliches Gerät, Alltagsgegenstände wie Luxusgüter und natürlich auch Kunstwerke. Eine gigantische Zusammenstellung des «Weltfleißes», in der das Angelzeug der Indios ebensowenig fehlen durfte wie die modernsten englischen Webstühle.

Neben den Waren selbst erregte ihre Präsentation, das heißt vor allem der Ort ihrer Präsentation Aufsehen, die Ausstellungsgebäude. Der gefeierte Beginn eines neuen Abschnitts der Menschheitsgeschichte fand seinen Ausdruck in einer revolutionären Architektur, die mit Glas- und Eisenkonstruktionen bis dahin Unvorstellbares schuf. Kristallpalast und Eiffelturm wurden zu Zauberworten der Zeit. Noch bis in das entlegenste Provinzstädtchen drang die Kunde von jenen märchenhaften Bauten. Der ‹Crystal Palace› – in nur wenigen Monaten fertiggestellt – war von Joseph Paxton aus der Konstruktion von Gewächshäusern abgeleitet worden. Er überdachte eine Fläche von acht Hektar nur mit Glas und Eisen und bescherte den Besuchern aufgrund der beispiellosen Lichtfülle ein völlig neues Raumerlebnis: «Wir sehen ein feines Netzwerk symmetrischer Linien, aber ohne irgend einen Anhalt, um ein Urtheil über die Entfernung desselben von dem Auge und über die wirkliche Größe seiner Maschen zu gewinnen. Die Seitenwände stehen zu weit ab, um sie mit demselben Blick erfassen zu können, und anstatt über eine gegenüberstehende Wand streift das Auge an einer unendlichen Perspektive hinaus, deren Ende in einem blauen Dunst verschwimmt. Wir wissen nicht, ob das Gewebe hundert oder tausend Fuß über uns schwebt, ob die Decke flach oder durch eine Menge kleiner paralleler Dächer gebildet ist, denn es fehlt ganz an dem Schattenwurf, der sonst den Eindruck des Sehnervs verstehen hilft. [...] Es ist nüchterne Oeconomie der Sprache, wenn ich den Anblick des Raumes unvergleichlich feenhaft nenne. Es ist ein Stück Sommernachtstraum in der Mitternachtssonne.»[12]

«There's too much»

Nicht zufällig erscheinen angesichts solcher Eindrücke in den Reiseberichten immer wieder Vergleiche mit sakralen Räumen. Mit den spektakulären Bauten der Weltausstellungen wurden die Tempel der modernen Zeit errichtet, Kathedralen für die neuen ‹Gottesdienste› der Industrie. Walter Benjamin bezeichnete die Weltausstellungen treffend – und ebenfalls in religiösem Bild bleibend – als «Wallfahrtsstätten zum Fetisch Ware». Er wies ihrer Interpretation eine zentrale Rolle zum Verständnis des 19. Jahrhunderts zu. In seinem unvollendet gebliebenen ‹Passagenwerk› begriff er die Weltausstellungen als «Phantasmagorie» zur Zerstreuung, die unmittelbar der Vergnügungsindustrie vorangehe und mit ihr verbunden sei: «Die Weltausstellungen waren die hohe Schule, in der die vom Konsum abgedrängten Massen die Einfühlung in den Tauschwert lernten. ‹Alles ansehen, nichts anfassen.›»[13]

Das «Universum der Waren» bot, entgegen mancher Erwartung, keine Möglichkeit der Bildung und Belehrung. Es erschien auf den Weltausstellungen nicht als Ganzes mit sinnvollem Zusammenhang, sondern als chaotische Vielfalt und Überfülle. Reizüberflutung – ein berauschend oder beängstigt wahrgenommenes Phänomen, das viele Ausstellungsbesucher beschrieben. Friedrich Hebbel[14] empfand «so recht die Gränzen [s]eines Ichs», Theodor Fontane klagte in seinen «Krystallpalast-Bedenken»,[15] daß die Ausstellung eher verwirre, als «Geschmack, Kenntniß und Schönheitssinn» zu befördern, und Charles Dickens fühlte sich nach dem Besuch 1851 schlicht «used up»: «Ich sage nicht, daß nichts interessant wäre, sondern: Es ist zuviel [...]. Ich habe eine angeborene Abneigung gegen Sehenswürdigkeiten, und die Zusammenballung von so vielen hat sie nicht vermindert.»[16]

Statt neuer Erfahrungen also bescherten die Weltausstellungen durch die dargebotene Überfülle die Unmöglichkeit wirklicher Erfahrung – oder besser: einen Wirklichkeitsverlust der Wahrnehmung. Ein Phänomen, das im modernen Reisen seine Entsprechung hat. So wie – vielfach beschrieben[17] – zu Beginn des 19. Jahrhunderts die Geschwindigkeit als Vernichtung von Raum und Zeit erlebt wird – Reisen durch den Raum statt wie bis dahin mimetisch im Raum – so wie also beim Reisen nurmehr Abfahrt und Ankunft zählt und die durchfahrene Landschaft ihr «Hier und Jetzt» verliert, so sind die präsentierten Waren auf den Ausstellungen ihrer konkret-sinnlichen Eigenschaften, ihres Zusammenhangs mit Herstellung, Herkunft und Gebrauch beraubt. «Da man die ganze Welt an einem Punkt zusammenführt, erspart der Besuch der Weltausstellung die Weltreise. Die mühelos genossene Retortenwelt ersetzt die Wirklichkeit.»[18]

An diese Funktion knüpft später die Vergnügungsindustrie an. Die wirtschaftliche Funktion der Weltausstellungen wird zunehmend wirkungsvoller von Spezialmessen übernommen. Der Welthandel war inzwischen zur Selbstverständlichkeit geworden und auch zum Informationsaustausch war man dank erweiterter Verkehrs- und Nachrichtentechnik nicht mehr auf die gigantischen Mammutunternehmungen angewiesen, die, je größer, für die Veranstalter finanziell desto riskanter wurden. Damit verblaßte, spätestens seit der Jahrhundertwende, der Glanz der Weltausstellungen zusehends.

Ein deutsches Postskriptum

Nachzutragen bleibt noch eine Bemerkung zum deutschen Beitrag bei den Weltausstellungen. Dieser war den anderen großen Industrienationen erst im letzten Drittel des 19. Jahrhunderts ebenbürtig. Zuvor gab es aus der Sicht deutscher Patrioten wenig Rühmliches zu berichten. Zum einen, weil man im technischen Standard gegenüber England und Frankreich lange im Hintertreffen war. Zum anderen, weil die deutsche Kleinstaaterei sich auch auf die Präsentation in den Ausstellungen niederschlug. Fast einhellig wird von den Publizisten – amüsiert oder bitter klagend – die unwürdige Selbstdarstellung zur Kenntnis genommen. Abgesehen davon, daß die Besucher «suchen» und «zusammenflicken» mußten, was an deutschen Waren ausgestellt war «aus allen Vaterländchen, in die sie's verkrümelt haben, das grosse schöne Reich»,[19] erwies sich die Präsentation auch ästhetisch und werbungstechnisch nicht auf der Höhe der Zeit. Statt Praktikern aus Wirtschaft und Technik hatten nämlich Regierungsbeamte des Zollvereins die Waren in Szene gesetzt. Was dabei herauskam, kommentiert bissig ein deutscher Fabrikant 1851:

«Geht man [...] die große Centralhalle gegen Osten entlang, an dem reichen Luxus Frankreichs und Oesterreichs vorbei, so kommt man in eine Gegend, wo alle Kühe grau und alle Blumen schwarz sind. Die rothen Behänge, die Glasschränke, die polirten Holzrahmen und Messingbeschläge, die bisher die Staffage der Ausstellung bildeten, verschwinden plötzlich. An ihre Stelle tritt die edle Einfachheit deutscher Jahrmarktsbuden: graues Packleinen und nacktes, kaum gehobeltes Tannenholz. In diesen Buden sieht man staubige und verschossene Seidenzeuge, ächt kunstreitermäßig aufgestapelt. Wie die Grenadiere, steif und gerade, ohne die geringste Falte, sind die langen Stücke neben einander an die Wände genagelt und jedes hat die im preußischen Exercierreglement vorgeschriebene ‹Fühlung› mit seinem Nebenmanne. [...] Zudem ist das Arrangement

Aus einem gigantischen Gasballon, der im Garten der Tuilerien startete, konnten die Besucher der Weltausstellung 1878 die französische Metropole und ihre großzügig errichteten Ausstellungsgebäude aus einigen Hundert Metern Höhe ansehen.

der Buden so lichtvoll, daß gerade die wenigen schönen Sachen [...] ganz im Dunkeln [liegen]; in einem Gebäude das ganz Fenster ist, gewiß eine mühsame Aufgabe, die nicht ohne großes Nachdenken zu lösen war.»[20]

Helmut Gold

Ansichten ohne Ende – oder das Ende der Ansicht? Wahrnehmungsumbrüche im Reisebild um 1830

«Wenn ich Worte schreiben will, so stehen mir immer Bilder vor Augen» bekannte selbst Goethe in der ‹Italienischen Reise›[1] beim Versuch, seine Landschaftseindrücke vom gelobten Land niederzuschreiben. In der zum Bild geronnenen Erinnerung signalisiert ein Charakteristikum den jeweiligen Landschaftstyp. Das Erinnern funktioniert wie das bildhafte Sehen: Es registriert signifikante Merkmale aus der Fülle der Erscheinungen, verdichtet sie im Ausschnitt zum statischen Bild.

Die Aussonderung und Isolierung als Prinzip ästhetischer Landschaftswahrnehmung macht noch heute der gigantische leere Rahmen aus Stahlblech im wahrsten Sinne des Wortes durchschaubar, den die Künstlergruppe Haus Rukker & Co. 1968 auf der sogenannten «Schönen Aussicht» in Kassel installierte (Abb. Seite 327). Aus dem «frei» von der Anhöhe über den Park schweifenden Blick wird ein beliebiger Ausschnitt ausgesondert und bildhaft gerahmt. Was hier durch die Beliebigkeit als Prinzip erkennbar wird, hat die Standardisierung des als «lohnend» definierten Blickes zur Voraussetzung, die sich seit dem ausgehenden 18. Jahrhundert im Kanon schöner Ansichten niederschlug, wie sie von den Aussichtspunkten zu genießen waren. Die den frühen Tourismus begleitende Landschaftsmalerei, deren graphisch reproduzierte Ansichten den Reiseführern seitdem Exempel zum Nacherleben vor Ort liefern, popularisierten die Bildmuster von der «lieblichen Landschaft», dem «erhabenen Gebirge» oder der «malerischen Ruine». Nicht jede Landschaft, nicht jeder Standort in der Natur bot Sehenswertes und damit Bildwürdiges.

Zwei Karikaturen aus der Hoch-Zeit des Eisenbahntourismus in der Mitte des 19. Jahrhunderts – beide aus den ‹Fliegenden Blättern› – bringen dies in ihrer Übertreibung auf den Punkt. Zum einen wird der unsinnige Versuch eines Bahnreisenden aufs Korn genommen, das am Abteilfenster vorbeifliegende Landschaftsbild durch eine Markierung im Fensterrahmen festzuhalten (Abb. Seite 328). Der thematisierte Verlust des ästhetischen Genusses durch die Geschwindigkeit der Eisenbahn, deren Fenster keine statischen Ansichten, sondern einen fortlaufenden Film bieten, hat jedoch den Kanon längst standardisierter Sehenswürdigkeiten zur Voraussetzung. In der Karikatur werten die Vergnügungsreisenden als schönste Ansicht eine gerade im Abteilfenster auftauchende, vage angedeutete Burgruine, die einen aus der hügeligen Umgebung aufragenden Gipfel bekrönt. Damit folgen sie dem Klischee pittoresken Sehens, galt doch die Ruine – noch dazu in einer abwechslungsreichen Landschaft – als Inbegriff des Malerischen. Allerdings ist das Bildbedürfnis der Passagiere noch an der statischen Ansicht orientiert, die der menschliche Wahrnehmungsapparat bei der Eisenbahngeschwindigkeit weder zu isolieren noch angemessen zu fixieren vermag. Die Fahrgeschwindigkeit bringt die Reisenden also um ihren optischen Genuß. Das Coupéefenster rahmt das Motiv nur noch für den Betrachter der Grafik.

Als absolutes Gegenbild zu diesem zwar flüchtigen, aber eigentlich lohnenden Motiv, wie es etwa die Rheinstrecke zwischen Bingen und Koblenz in immer neuen Varianten bot, inszeniert eine zweite Karikatur den Blick aus dem fahrenden Zug auf die Lüneburger Heide (Abb. Seite 329). Das flache Land entbehrt jeder optischen Sensation, es bietet keinen Blickfang, sondern wird als Höhepunkt der Langeweile präsentiert. Die Gegend bestehe – so der persiflierende Begleittext aus ‹Herrn Grafs Reisetagebuch über Hamburg und Helgoland› – aus «gar Nichts und ist doch selbst dieses noch zu viel gesagt». Um das Nichts recht deutlich zu veranschaulichen, werden gleich zwei Abteilfenster gezeigt, in denen sich dem trostlosen Auge dieselbe Wüste bietet: nur eine magere Linie markiert den Horizont. Damit sei «die Naturtreue [...] in vollkommenem Grade gelungen». Da es hier nichts Sehenswertes gibt, ist das schnelle Durchfahren der Landschaft, ja selbst die Verweigerung jeden Blickes durch Lesen oder Schlafen angemessen und sogar wünschenswert. Die pittoresken Ansichten wie sie der Augentourismus propagierte, zu deren Grundbedingung Abwechslungsreichtum zählte, bildeten die Folie solcher Ablehnung. Allerdings, so bemerkt Herr Graf, ein waschechter Sachse, voller Sarkasmus, sei die Lüneburger Heide für die Malerei «von große Nitzlichkeit [...] weil hier die sogenannten Landschaftsmaler ihre Anfangsgrinde lernen, und sich sbeterhin so zu sagen zucksehsiefe bis in die bergigten Gebirgsgegenden hinaufarbeiten».[2] Zu ihnen zählte natürlich auch die Heimat des reisenden Herrn Graf, die touristisch attraktive Sächsische Schweiz. Hügel und Berge waren es, die in Folge der ‹emporgearbeiteten› Landschaftsma-

Haus Rucker & Co; Landschaftsrahmen auf der «Schönen Aussicht», Kassel, 1968.

lerei auch dem Touristen Abwechslung verhießen, als Ansicht von unten, wie für die Aussicht von oben. Zahllose Aussichtstempelchen, Sternchen auf Landkarten und in Reiseführern markierten Stellen für den optimalen Blick. Sie dienten dem Reisenden als Sehhilfe. Die Etappen der Tour waren auf diese Seherlebnisse ausgerichtet. Die touristische Reise zwischen dem Ende des 18. und dem zweiten Drittel des 19. Jahrhunderts konstituierte sich durch das Einheimsen malerischer An- und Aussichten.[3]

Die Kanonisierung der Sehenswürdigkeiten war schon zu Beginn des 19. Jahrhunderts, also lange vor der Eisenbahnära, abgeschlossen. Als ihr potenzierter Ausdruck erschienen zuerst in London zu Beginn der 1820er Jahre verschiedene sogenannte Myrioramaserien (Abb. Seite 330), die – heute im Miniaturformat neu aufgelegt – mit bis zu 24 variablen hochformatigen Blättern die bildwürdigen Bestandteile verschiedener Landschaftstypen in millionenfachen Kombinationsmöglichkeiten vorführten.[4] In drei Landschaftsgründen angelegt sind ihre Einzelteile beliebig austauschbar. Im Vordergrund befinden sich entweder auf einer planparallel verlaufenden Straße oder auf hügeligem Terrain Staffagefiguren, im Mittelgrund das eigentliche Motiv, eine Ruine, eine bizarre Felsformation, ein einsames Kloster oder eine pittoreske Stadt auf einem meerumspülten Felsen. Auf dem dritten Grund hinterfängt ein tiefer Meereshorizont die Szene. Als Hilfe für Landschaftsmaler gedacht, stellten diese Miniaturpanoramen eine Kompilation dessen zusammen, was als ästhetisch interessant galt.

Die Ingredienzien dieser Landschaften, das heißt die Motive, lassen sich fast ausnahmslos aus der klassischen italienischen Landschaft, wie Claude Lorrain sie im 17. Jahrhundert gestaltet hatte, herleiten. Auch die Aufteilung der hintereinander gestaffelten Bildgründe folgt, wenn auch in simplifizierter Form, dem seit

«Dame: ‹Was machst du da? Du schneidest ja in die Fensterleisten.› Herr: ‹Ich bezeichne mir die Stelle mit der schönsten Aussicht.›» Karikatur aus: Fliegende Blätter, Bd. 45.

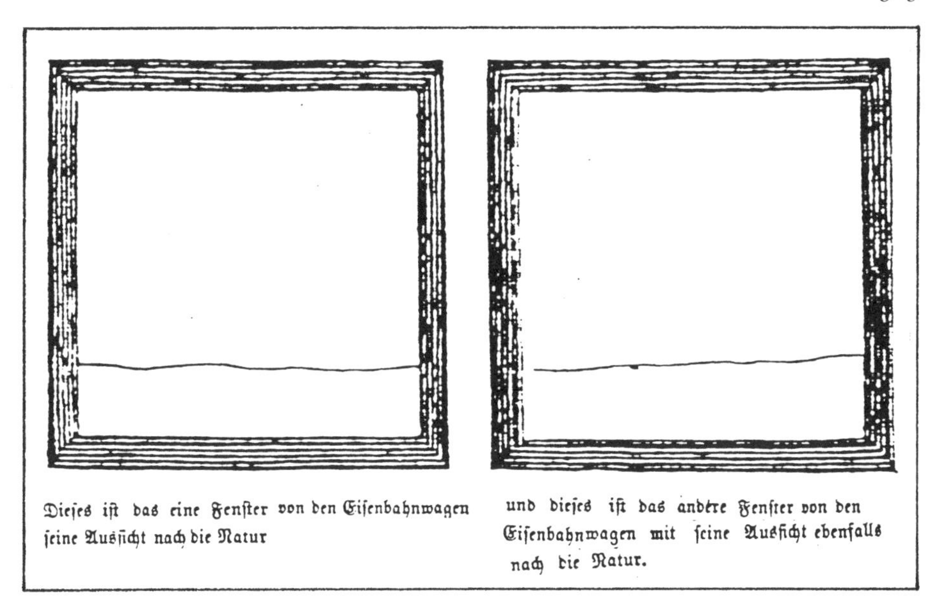

Karikatur aus: Fliegende Blätter, Bd. 27.

der Renaissance tradierten Verfahren der Landschaftsmalerei. Claudes ideale Landschaften, die im 18. Jahrhundert nicht nur in ganz Europa gesammelt, sondern auch nachempfunden wurden, zeigen bei aller Üppigkeit der Vegetation keine unmittelbare Bearbeitung der Natur, keine Weinberge oder Getreidefelder. Allenfalls archaische Hirten lassen sich finden. Der arkadische Charakter solcher Bilder gab das Modell für die ästhetische Genußlandschaft des frühen Tourismus ab. Auch wenn das Hochgebirge als neue Sensation hinzukam, änderte dies wenig an dem Prinzip. Im Gegenteil, die unberührte Natur der Bergwelt, die von der Freiheits- zur Freizeitmetapher mutierte, war unter dem Gesichtspunkt der Zweckfreiheit optimal zu integrieren. Das gilt bis heute, läßt sich doch wohl kaum eine Gegend finden, die mit ihrer Landwirtschaft oder gar ihrer Industrie um Touristen wirbt. Es war also letztlich das «klassische» Landschaftsmodell, das den Tourismus bestimmte.

Richard Wilson gehört zu denjenigen Malern, die – von dem üblichen Studienaufenthalt in Italien ins kühle Britannien zurückgekehrt – an Claude Lorrain geschulte Sichtweisen auf die heimische Landschaft übertrugen (Abb. Seite 331). Anstelle der antiken Ruinen treten zwar die der walisischen Burgen, und die südliche Flora wird durch die kargere nordische ersetzt, doch folgt die kompositionelle Einbindung dem Vorbild. Der Vordergrund mit den Staffagefiguren wird seitlich von einem Baum begrenzt, der Mittelgrund zeigt den eigentlichen Blickfang – hier Caernarvon Castle auf einer Landzunge – und ein irisierendfarbiger Himmel bildet die Folie. Das stille Wasser, wie im Halbrund des Nemi-Sees gefaßt, läßt nicht an die Irische See, sondern an mediterrane Gewässer denken. Das an der südlichen Landschaft entwickelte Bildschema wird mit einheimischen Bestandteilen gefüllt und sozusagen nationalisiert.[5] Die Verbreitung des bis weit in das 19. Jahrhundert hinein x-fach variierten Verfahrens, dessen Internationalität die Ausstellung ‹Im Licht von Claude Lorrain› in München

1983 eindrucksvoll belegte, diente der Nobilitierung zunächst nicht bildwürdiger Gegenden.

Auch das vielteilige Kombinationsmyriorama verfährt nach diesem Muster, lassen sich doch aus drei, vier oder mehr Teilen der gesamten Folge einzelne Bilder gewinnen. Nicht die Totalität aller denkbaren Motive, die hier als Repertoire versammelt sind, ergeben ein Bild, sondern die Isolation und Blicklenkung auf ein ausgewähltes charakteristisches Merkmal. Ihm diente als Rahmen vor allem die bildbegrenzende, leicht zum Bildzentrum geneigte Baumstaffage. Sie verhinderte, das Bild als Ausschnitt aus einem beliebig fortsetzbaren Landschaftskontinuum zu sehen und galt als Markenzeichen Claude Lorrains. Mit Hilfe der nach dem berühmten Vorbild benannten Claude-Gläser, leicht braun getönten Konvexspiegeln, konnte der Reisende die reale Landschaft auf bildwürdige Ausschnitte absuchen. Bei geeigneter Wahl des Standortes ergab sich durch die Spiegelwölbung eine Verzerrung der bildbegrenzenden Gegenstände zur Mitte; sie rahmten also den Ausschnitt. Daß ein solch optisches Naturerlebnis Landschaft als objekthaftes Gegenüber begriff, wird deutlich, wenn man sich klar macht, daß das Claude-Glas einen Ausschnitt wiedergab, der nicht vor dem Auge des Betrachters lag, sondern hinter seinem Rücken. Spiegelbild und reales Vorbild waren also nicht gleichzeitig zu sehen. Inmitten der Natur distanzierte sich der touristische Ansichtenjäger kunstvoll von ihr, bannte sie auf die Fläche und transformierte sie zum Bild.

John Clark, Myriorama: Italienische Ansichten, um 1825.

Richard Wilson, Caernarvon Castle, um 1760.

Auch Landschaftsmaler nutzten das Claude-Glas als Hilfsmittel. In den Stahlstichen der Guidenliteratur erstarrte das Schema schließlich zum Klischee. Im tradierten Querformat des Landschaftsbildes angelegt, eignete ihm mit den hintereinander gestaffelten Bildgründen – dem Motiv im Mittelgrund und der rahmenden Foliage – eine gewisse Ruhe und Statik. Die an diesem Verfahren orientierten Reisebilder sind *Ansichten*, wie noch die Benennung ihrer industriellen Nachfahren als Ansichtskarten deutlich macht.

William Turner, dessen Landschaften großen Einfluß auf die Reiseillustration hatten, legte unter direkter Bezugnahme auf Claudes berühmtes ‹Liber veritatis› – eine Bestandsaufnahme seiner eigenhändigen Bilder – das ‹Liber Studiorum› an, in dem er die Landschaftsmalerei in fünf Kategorien klassifizierte. In der Abteilung «Elevated Pastoral» treten klassisch-ideale Landschaften mit antiken Tempeln unter üppigen Baumgruppen ebenso auf wie zeitgenössische englische. So zeigt z. B. das Blatt von Twickenham (Abb. Seite 332) ein Tempelchen am Wasser und verfährt ganz nach seinem südlichen Vorbild,[6] einer «Isis» (Abb. Seite 332) betitelten, topographisch unbestimmten Landschaft mit antiken Ruinen, die ihrerseits den Bezug zu Lorrain (Abb. Seite 332) nicht verleugnet. Nur der Baumschlag hat sich in der nördlichen Variante geändert: die Pinie ist dem Laubbaum gewichen. Soweit handelt es sich also lediglich um eine – Wilson vergleichbare – Aufwertung der einheimischen Landschaft. Doch deutet sich gegenüber den Ideallandschaften ein veränderter Betrachterstandpunkt an. Statt der barriereartigen antiken Trümmer nimmt der Fluß in dem englischen Landschaftsbild am vorderen Bildrand die gesamte Breite ein. Die in die Bildtiefe führende Themse erschließt den Bildzugang in einer Perspektive, die in den Reisebildern Turners zunehmend an Bedeutung gewann. Obwohl der Katalog des Sehenswerten, die Tempel, Ruinen und Felsformationen weiterhin Bildbestandteil blieben, traten ab Mitte der 20er Jahre in den Aquarellen, nach denen die Grafiken für die Reiseliteratur und die Bildbände touristisch erschlossener Gebiete gestochen wurden, dynamischere Bildmuster hinzu.

In dem um 1826 für die «Flüsse Europas» entstandenen Deckfarbenblatt von

William Turner, Liber Studiorum, Twickenham: Popes Villa, 1819.

William Turner, Liber Studiorum, Isis, 1819.

Claude Lorrain, Küstenlandschaft mit Apoll und der Cumäischen Sibylle, 1665.

Dinant an der Maas (Abb. Seite 334) – das hier stellvertretend für viele weitere Beispiele steht[7] – zeigt sich ein veränderter perspektivischer Aufbau, der zwar nicht zum ersten Mal auftritt, doch ab dieser Zeit in Turners Reisedarstellungen dominiert. Der Betrachterstandort liegt inmitten des Flusses, leicht erhöht, so als wäre das Blatt von einem Schiffsbug aus aufgenommen. Von beiden Seiten schieben sich die Berge des Maasufers keilförmig in das Bild. Sie akzentuieren den Verlauf des Stromes, der in der Bildtiefe verschwindet. Gegenüber der planparallelen Staffelung der Bildgründe entsteht hier eine Sogwirkung in die Tiefe. Die eigentlichen Sehenswürdigkeiten, um derentwillen dieser Maasabschnitt bei Touristen fast ebenso beliebt war wie der Mittelrhein, die Burgruine auf dem schroffen Felsen und die darunter liegenden Kirchtürme von Dinant, rücken damit zwar nicht aus dem Blickfeld, aber sie werden zu Begleitmotiven, die während der Fahrt – en passant – auftauchen und wieder verschwinden. Verstärkt wird diese Marginalisierung der touristischen Markenzeichen durch Turners Malweise, die sich immer stärker von der dienenden Rolle am Gegenstand emanzipierte. Sie negiert Details und betont statt dessen den Prozeß der Herstellung. In dieser Darstellungsmethode verbindet sich die Dynamik der Gestaltung mit der des Gegenstandes.

Wird in dem Aquarell von Dinant der Fluß zum Erschließungsmedium der Landschaft, so in anderen Darstellungen wie z. B. dem nach Turners Vorlage gestochenen Blatt[8] mit dem bezeichnenden Titel ‹*Zwischen* Nantes und Vernon› die Straße. Der Reiseweg, der in die Bildtiefe führt, ohne ein erkennbares Ziel zu haben, gewinnt zentrale Bedeutung. Der Sog des Weges, den Turner schon 1812 für das Historienbild ‹Hannibal und seine Armee überqueren die Alpen› nutzte und zu einem dramatischen Strudel aus Urnatur und Wetter gestaltete, wird nun aus der Perspektive der Reisenden dargestellt. Er simuliert die Wahrnehmung dessen, der unterwegs ist. Das statische Bild einer dem Betrachter unverrückbar gegenübergestellten Ansicht, zu der das wirkungsvolle Motiv gehörte, ist aufgegeben zugunsten der den Reiseprozeß suggerierenden Bewegung. Perspektivisch erscheint der Betrachter in den Landschaftszusammenhang eingebunden. Er durchmißt mit dem Blick den zu durchreisenden Raum.

Diese Dynamisierung des Reisebildes hat aber gerade nicht die Eisenbahnperspektive hervorgebracht. Zwar konnte der Eisenbahnpassagier, wie die Karikatur der ‹Fliegenden Blätter› demonstriert, der Ansichten nicht mehr habhaft werden – das alte Bildmuster wurde untauglich –, aber der Blick aus dem Zugfenster gestattete ebensowenig wie der aus dem Kutschenfenster, die Reise als Weg zu erleben. Nicht die Zielrichtung der eigenen Bewegung war aus dem Coupéefenster zu erleben, sondern das lediglich zu schnell laufende endlose Band einer um ihren Vordergrund beschnittenen Folge von Ansichten. Signifikant hierfür ist die Wahrnehmung planparalleler Bildgründe, die noch auf der Pariser Weltausstellung von 1900 – in fünf Tiefen aus mechanisch bewegten Pappkulissen – die Fahrt auf der Transsibirischen Eisenbahn simulierte.

Typischerweise hat Turner, als er in den vierziger Jahren der Geschwindigkeit der Eisenbahn in seinem berühmten Bild ‹Rain, Steam and Speed› Ausdruck verlieh, gar nicht erst versucht, den Zugfensterblick einzufangen. Dies hätte nur zur Darstellung des Landschaftsverlustes führen können, wie ihn die Karikaturen als Versagen des alten Bildschemas vorführen.[9] Statt dessen hat Turner den aus der Ferne pfeilartig auftauchenden Zug von außen, aber mit dem Blick des Reisenden gesehen und damit die Dynamisierung des Raumes als entscheidende Innovation des Eisenbahnzeitalters herausgestellt.

Demgegenüber eröffnete die Schiffsreise eine grundsätzlich andere Perspektive. Vom Bug der Dampfschiffe konnte der Reisende die Route, das Vordringen in neues Terrain erspähen. Nun gab es zwar diesen Blick potentiell schon seit Jahrhunderten von den Segelschiffen, aber erst der Tourismus entwickelte ihn zu einem Darstellungsschema, das den Betrachter ins Bild einbezieht, vergleichbar dem Einsatz der ‹subjektiven Kamera› im Film.

Statt der Addition zahlloser Ansichten, die auf den Stationen zwischen der Fahrt entstanden, wird nun die Fortbewegung als kontinuierlicher Prozeß thematisiert, dessen Ziel offen ist. Dies entsprach einem bürgerlichen Reiseverhalten, das nicht auf den Aufenthalt an einem Ort ausgerichtet war – wie ehedem die Kavaliersreise und später die Erholungsreise –, sondern in einer möglichst gro-

William Turner, Dinant an der Maas, um 1826.

ßen Schlaufe eine fortdauernde Bewegung vollzog, um an den Ausgangspunkt zurückzukehren.

Turner wurde bei seiner Perspektivwahl von Illustrationen pittoresker Reiseliteratur angeregt.[10] So hat z. B. schon John Gardnor 1791 in seinen ‹Views taken on and near the River Rhine› den Flußverlauf von der Strommitte aus dargestellt, doch schuf die Vordergrundstaffage der Boote eine Blickbarriere und die eben malerisch entdeckten Burgruinen des Mittelrheins wurden gebührend herausgestellt (Abb. Seite 335). Bei Gardnor überlagern sich also zwei Anliegen, pittoreske Ansichten zu liefern und zugleich die Fortbewegung einzubeziehen. Mit den Dampfschiffen – 1817 wurde das erste auf dem Rhein eingesetzt – beschleunigte sich nicht nur die Reise, sondern auch die Wahrnehmung. Im Unterschied zur Geschwindigkeit der Eisenbahn stellte die der Dampfschiffe aber nicht das Landschaftserlebnis in Frage. Turners Malweise, die in der Vernachlässigung des Konturs die Dinge entgrenzt und als flüchtige erscheinen läßt, bringt diese Erlebnisdimension zum Ausdruck. Zu seinem Erfahrungshorizont gehörte natürlich auch die Eisenbahn. Und ihrer Geschwindigkeit, die nachhaltigen Einfluß auf die touristische Reise hatte, mag auch der entscheidende Anteil am Bewußtsein einer «Beschleunigung der Zeit» zukommen. Doch brachte der Zugfensterblick kein neues Landschaftsbild hervor. Das Geschwindigkeitserlebnis machte sich am antizipierten Weg in die Ferne fest, den langsamere Fortbewegungsmittel gestatteten. Der Weg aus der Perspektive seines Benutzers wurde zum Topos einer neuen Landschaftserfahrung.

Turners Ansätze bedeuteten zwar nicht das Ende der touristischen Jagd nach der schönen Aussicht und auch nicht das Ende der Ansicht. Aber sie stellten die Statik des alten Bildmusters in Frage. Die Ansicht wurde zum Erinnerungsbild. Indem Turners Darstellungsmethode zunehmend die Sehenswürdigkeiten aus dem Zentrum rückt, also das malerische Motiv verweigert und die Details offen läßt, werden die dargestellten Orte letztlich austauschbar. Anstelle der ausgegrenzten und fixierten Ansichten, durch die sich der touristische Blick die durch-

John Gardnor, Der Mäuseturm in der Nähe von Bingen, 1791.

reiste Gegend stationsweise einverleibte, trat das durch Wetter und Atmosphäre zeitlich definierte Wahrnehmungserlebnis während der Fahrt. Damit erst wurde die Reise selbst zum Thema des Landschaftsbildes.

Dieser Wahrnehmungsumbruch verlangte auch vom Betrachter der Bilder veränderte Fähigkeiten. Wie es im Begleittext zu Turners Darstellungen in den ‹Rivers of France› 1840 heißt, werde derjenige enttäuscht, der die «mathematische Exaktheit» einer «auf äußere, haptische Formen» reduzierten Natur erwarte. Gefordert war ein Betrachter, der angesichts der neuen Reisebilder seine eigene Imaginationskraft zu aktivieren vermochte.

Monika Wagner

Reisen als Geschäft
Die Anfänge des organisierten Tourismus

Baden – Medizin oder Alibi

Im englischen Seebad Brighton spielt sich zu Beginn des 19. Jahrhunderts das Badeleben weitgehend außerhalb des Wassers ab. Nur am frühen Morgen erfüllt man seine gesundheitlichen Badepflichten mit dem Besuch eines Badehauses oder läßt sich vom Badekarren aus ins Meerwasser eintauchen. Den weiteren Tag bis in die Nachtstunden verbringt der Gast in der Regel in der Öffentlichkeit: Frühstück im *Assembly Room,* Spaziergänge, Sportveranstaltungen auf der Promenade ‹The Steine›, Lesen, Plaudern in öffentlichen Bibliotheken, Teetrinken, Shopping, abendliche Veranstaltungen wie z. B. Kartenspiele, Bälle unter der Leitung des städtischen Zeremonienmeisters im *Assembly Room.* Denn das Wichtigste bei einem Brigthon-Aufenthalt jener Tage ist es, möglichst viel von den prominentesten Gästen, den Angehörigen des englischen Königshauses, mitzubekommen. Durch deren regelmäßige Besuche – natürlich gefolgt vom Adel und anderen wichtigen Personen – avanciert das Städtchen im Sommer zur heimlichen Hauptstadt, zur *social capital* Englands.

Sogar bis in den Städtebau läßt sich verfolgen, daß der Königliche Palast und nicht Strand und Meer die größten Attraktionen sind. Bis auf die mit Meerwasser gespeisten Badehäuser orientieren sich alle Fremdenverkehrseinrichtungen: die ersten Hotels, die Bibliotheken, die Promenaden und die ersten Geschäftsstraßen außerhalb der Altstadt zur Promenade ‹The Steine› und dem Royal Pavillion, also zur Landseite und nicht zum Meer hin.

In dieses gepflegte Treiben kommt in den 1840er Jahren große Unruhe: Mit der Eröffnung der Bahnlinie London–Brighton 1841 strömt nun massenhaft einfacheres Volk während des Sommers an die Küste. Die feine Gesellschaft weicht auf den Winteraufenthalt aus, der nun bis in die 1860er Jahre als das gesellschaftliche Ereignis gilt. Der Geschmack und das Reiseverhalten des englischen Adels werden sich jedoch bald wandeln; exklusivere Ziele sind gefragt – und auch schon gefunden: die Côte d'Azur.

In der zweiten Hälfte des 18. Jahrhunderts hatten sich die ersten Engländer in der Nähe von Nizza Villen gebaut, um im gesunden Klima den Winter zu verbringen. Um die Mitte des 19. Jahrhunderts wird Cannes mit seiner malerischen Lage von englischen Reisenden entdeckt. Schnell entsteht auf den umgebenden Bergen, ähnlich wie um Nizza, eine englische Villenkolonie. Wer es sich leisten kann, flüchtet aus Brighton. Auch Queen Victoria macht da keine Ausnahme. Die englischen Touristen kommen nur im Winter, denn das Sommerklima gilt als ungesund. Sie ändern auch ihr typisches Freizeit- und Reiseverhalten am Mittelmeer nicht: Erholung und Gesundheit stehen im Vordergrund. In Cannes werden in dieser Zeit fünf Badehäuser gebaut, und die Zahl der Ärzte nimmt sprunghaft zu. Man führt exklusive englische Sportarten ein: Segeln, Pferderennen, Tontaubenschießen, Tennis, Golf und Polo. Große Bauaktivitäten beiderseits der Altstadt zeigen zur selben Zeit deutlich den Umbruch: 1872 wird die repräsentative Strandpromenade, der Boulevard de la Croisette, fertiggestellt. Gleichzeitig entsteht ein Villenviertel zwischen dem Meer und der Straße nach Fréjus – vorher setzte man die Villen ausschließlich auf die Hänge. 1891 bis 1893 wird ein Kilometer lang ein Sandstrand aufgeschüttet. Die Stadt wandelt sich von einem Winterkurort zu einem modernen Seebad. Das Meer wird nicht mehr nur als ferne, schöne Kulisse geschätzt, sondern die Nähe des Strandes und des Wassers gesucht. Baden im Meerwasser ist keine medizinische Pflichtübung mehr, es ist ein Vergnügen und eine sportliche Aktivität geworden. Warum sollte sich der Tourist davon – räumlich – distanzieren?

Entwicklungshilfe in der Schweiz

Zu Beginn des 19. Jahrhunderts bietet die Schweiz ein heute kaum noch vorstellbares Bild. In der südlichen Landeshälfte wächst die Not: Die Bergbauern, die ohnehin schon am Rande des Existenzminimums wirtschaften, müssen zusätzlich zu den Umstellungen von der traditionellen Dreifelderwirtschaft zur marktorientierten Viehwirtschaft eine Reihe von Mißernten verkraften. In den nordöstlichen Kantonen gewährt das Textilgewerbe den Bauern einen Nebenerwerb; im Jura ist es die Uhrenherstellung. Die Nordschweiz und das Schweizer Mittelland profitieren von den Anfängen der Industrialisierung und dem Ausbau des Verkehrsnetzes. Doch für die Bergbewohner hat der Fortschritt im gewerblichen Verkehrswesen zunächst schlimme Folgen, denn die Tage, an denen die Säumerei Geld in die Bergdörfer bringt, sind gezählt: Die wichtigste Einnahmequelle außerhalb der Landwirtschaft versiegt. Durch Erbteilung schrumpfen die Flächen der meisten Bauernhöfe zu so kleinen Parzellen, daß sie kaum mehr die Familien ernähren können. Die Lebensverhältnisse werden unerträglich. Es kommt sogar soweit, daß in Dörfern Graubündens «Auswander-Lotterien» veranstaltet werden, da sich nicht genügend Personen freiwillig anderswohin als Gastarbeiter verdingen. Jede zehnte Familie muß das Dorf verlassen und sich andernorts eine Bleibe suchen.

Unter der Schar der Heimatvertriebenen, aber auch unter denjenigen, die bleiben können, gibt es ideenreiche und tatkräftige Personen, die – noch ohne Marktforschung – die Gunst der Stunde erkennen und beginnende Modeströmungen richtig einschätzen. Einer dieser Pioniere des Schweizer Fremdenverkehrs und Gründer einer Hotelier-Dynastie ist Johannes Badrutt. Er wird 1815 gezwungen, mitsamt der Familie die Heimat im Schanfigg, im Plessurtal zwischen Chur und Arosa, zu verlassen. Natürlich ist es kein geradliniger Weg, der ihn zum Ziel, einer gesicherten Existenz für seine Familie führt. In Samedan im Oberengadin baut er schließlich das kleine Hotel ‹Zur Bernina-Aussicht›. Erst seinem Sohn Johannes Badrutt II gelingt der große kommerzielle Erfolg in einem nahegelegenen Dorf, dessen Schwefelquellen seit 1800 genutzt werden. Ende der 1850er Jahre kauft er dort eine kleine Pension und baut sie zu einem großen Hotel, dem ‹Engadiner Kulm›, aus, das als erstes Hotel der Schweiz 1879 elektrisches Licht erhält und um die Jahrhundertwende ein 300-Betten-Betrieb ist. Die Aktivitäten von Johannes Badrutt II beschränken sich nicht auf den Aufgabenbereich eines Hoteliers: Ende der 1860er Jahre entwickelt er ganz neue Möglichkeiten eines Aktiv-Urlaubs – dazu noch für den Winter. Er läßt mit großem Erfolg eine Schlittenbahn anlegen, den ‹Cresta Run›, führt Schlittenausflüge durch und fördert den Eissport, das Eislaufen sowie als neue Mode: das Curling.

Die nachfolgenden Generationen der Familie Badrutt bleiben dem Hotelgewerbe treu und tragen ihren Teil dazu bei, daß das aufstrebende Wintersportzentrum um die Jahrhundertwende rund 4000 Hotelbetten besitzen wird. Da ist es auch nicht mehr erstaunlich, daß in diesem Dorf zu Zeiten größter Wirtschaftsprobleme des Berggebietes die Bevölkerung rapide wächst: von 228 Einwohnern im Jahre 1850 auf 1603 im Jahre 1900 – eine Entwicklung, von der heutige Wirtschaftspolitiker und Planer wohl nicht einmal mehr träumen. Das Dorf heißt übrigens St. Moritz.

Nur fünfzig Kilometer weiter das Inntal abwärts, gleich hinter der österreichischen Grenze, sind Familien zur selben Zeit gezwungen, ihre Kinder im Frühjahr auf die Wanderung zum Kindermarkt nach Friedrichshafen zu schicken, von wo sie im südwestdeutschen Raum als billigste Arbeitskräfte der Bauern weiter verteilt werden. Diese sogenannten Schwabenkinder arbeiteten nicht nur, um einen bescheidenen Lohn mit nach Hause zu bringen; sie arbeiten auch um ihr Leben. In den Bergdörfern Westtirols hätte man sie nicht einmal ernähren können. Die wirtschaftsbelebenden Kräfte des Fremdenverkehrs werden in den österreichischen Alpen erst später wirksam.

In der Schweiz gab es jedoch auch in anderen Dörfern und Bergregionen in der zweiten Hälfte des 19. Jahrhunderts Geschäftsleute mit Spürsinn, Familien wie z. B. die Seilers in Zermatt, die Fornis im Tessin, die Bossis in Davos und Pontresina.

Frühe PR-Experten

Im Mai 1816 reist Lord Byron durch das Rheintal, das ihn zu seinem folgenschweren Werk ‹Child Harolds Pilgrimage› inspiriert. Vermutlich ohne es zu ahnen, liefert er damit einen höchst werbewirksamen Text zum Lobe des Drachenfels:

> «Der Drachenfels, gekrönt vom Schloß,
> Starrt übern weitgewundnen Rhein,
> Der stolz mit breitem Wasserschoß
> Durch Rebenhügel bricht herein;
> Und Höhn, all reich an Blütenbäumen,
> Felder, verheißend Korn und Wein,
> Und Städte, die sich rings umsäumen
> Mit ihrer Mauern weißem Schein:
> [...]
> Und manchen Turm am Bergesrand
> Sieht grau durch grünes Laub man schimmern,
> Und manche schroffe Felsenwand,
> Schwibbögen, stolz in ihren Trümmern,
> Schaun weit hinaus ins Rebenland.»[1]

Er trifft den Zeitgeschmack, denn Berge, gekrönt von Burgen und Schlössern, schroffe Felswände und malerische Ruinen werden zu gefragten Sehenswürdigkeiten. Nur wenige Jahre später erlauben die Verkehrsmittel einen ersten Massentourismus. 1816 legt zwar schon das erste Dampfschiff in Königswinter an, aber erst 1824 richtet man einen regelmäßigen Linienverkehr ein. Damit wird das Siebengebirge auch für Touristen aus England schnell und bequem erreichbar.

In den vierziger Jahren beginnt man, den Naherholungsverkehr zu fördern, indem ein lokaler Liniendienst zwischen Bonn und Köln eröffnet wird. Durch den Anschluß an die linksrheinisch schon bestehende Eisenbahnverbindung nach Köln können auch von dort Ausflügler eine Tagestour nach Königswinter unternehmen: «Überhaupt ist der Besuch dieses Ortes, sowohl von Bonn, als Köln und weiterhin, in der schönen Jahreszeit sehr stark.»[2] Damit sagt Ludwig Lange schon 1855, daß es einen starken Wochenendverkehr – genauer Sonn- und Feiertagsverkehr – zum Drachenfels gibt. Karawanen von 20, 30 Personen und mehr ziehen zu Fuß oder auf dem Eselsrücken die Pfade hinauf. Am Felsenkeller Schmitt, einer in den Tuff gegrabenen Höhle am unteren Ende des Nachtigallentales, wird noch eine Bierpause eingelegt; an einem Häuschen unterhalb des Gipfels bekommt man Milch und Wein, und nach einer Viertelstunde erwartet den Wanderer oben auf dem Drachenfels eine ‹Speise-Wirthschaft›, die bereits 1834 eröffnet wurde.

Der Zustrom der Ausflügler, aber auch der Langzeitreisenden vergrößert sich stetig, und der Ausbau der Fremdenverkehrseinrichtungen schreitet voran: Am Rheinufer entsteht an der Dampferanlegestelle ein Hotel nach dem anderen. 1871/72 wird ein Kutschenweg auf den Drachenfels gebaut. Aber damit sind die Gipfelstürmer noch immer nicht ausreichend versorgt. Das Geld ist vorhanden, um auch die neuesten technischen Errungenschaften zu installieren: So wird schließlich 1883 die erste Zahnradbahn dieser Art im Deutschen Reich in Betrieb genommen. In den ersten beiden Wochen werden schon über 9000 Fahrgäste befördert. In diesem Treiben geht fast unter, daß auch eine andere Neuerung, die heute aus dem touristischen Alltag nicht mehr wegzudenken ist, erstmals auf dem Drachenfels erscheint: die Ansichtspostkarte. Moritz Mattern, der erste Hotelier auf dem Drachenfels, hatte sie beim Verlag der Tageszeitung ‹Echo des Siebengebirges› drucken lassen und verkaufte sie ab 1880 in der Postagentur auf dem Gipfel.

Die herausragende Stellung dieses Berges im touristischen Angebot des Deutschen Reiches belegen viele prominente Besucher. Der am weitesten Gereiste ist der chinesische Vizekönig. Li Hung-Tschang, so meldet die Presse im Juli 1896, zähle die Stunden auf dem Berg zu den schönsten, die er in Europa verlebt habe. Damit hatte Königswinter wieder einen neuen PR-Referenten!

Wenn man die Fremdenverkehrsgeschichte vieler namhafter Orte studiert, findet man häufig Kaiser, Könige und Adel als Vorreiter des Tourismus: Bath und Brighton profitierten von den Besuchen des englischen Königshauses, die Côte d'Azur von Königin Victoria. Was wäre Bad Ischl ohne die Besuche der kaiserlichen Familie? Unverblümt wirbt Herr Schmitz, Besitzer des Hotels ‹Zum Goldenen Stern› in Bonn, im Reklame-Anhang eines Murray-Führers 1869[3] mit einer Aufzählung von Gästen aus dem englischen Königshaus. Eine ganze Seite füllt diese Liste der Hoheiten, die von Juli 1847 bis Oktober 1857 sein Haus besuchten.

Die Möglichkeit, mit den prominentesten Touristen unter einem Dach zu leben, sich vorübergehend in einer luxuriösen Atmosphäre aufzuhalten – die man sich ganzjährig nicht leisten kann –, den Duft der großen feinen Welt zu schnuppern: Dies bereichert das Fremdenverkehrsgeschehen im letzten Drittel des 19. Jahrhunderts enorm, wie es die repräsentative Architektur der Hotels in den bevorzugten Reisezielgebieten zeigt. Alte Palast-Hotels z. B. an den Ufern

Der Rheintourismus imponierte in der zweiten Hälfte des 19. Jahrhunderts mit großen Luxushotels, denen mit Dampfschiffen ein neuer Kundenkreis zugeführt wurde. Lithographie von August Karstein, 1859. Königswinter, Siebengebirgsmuseum.

der Schweizer Seen oder der französischen Mittelmeerküste vermitteln trotz vielfacher Veränderungen heute noch ein eindrucksvolles Bild dieser Gesellschaft.

Städtetourismus am Rhein

Die Rheinromantik, die das touristische Geschäft am Mittelrhein blühen läßt, bringt auch den Städten am Rhein neue Besuchergruppen. Neben der wildromantischen Landschaft gilt die mittelalterliche Architektur als eine besondere Sehenswürdigkeit. Hoch im Kurs stehen die Gotik und Ruinen. Lord Byron vergaß nicht, «Schwibbögen, stolz in ihren Trümmern» zu erwähnen. Ein Idealfall für den damaligen Geschmack ist eine gotische Ruine wie die Wernerkapelle in Bacharach.

Die attraktivste gotische Ruine im ganzen Rheinland jedoch hat Köln mit dem unvollendeten Dom zu bieten. Nachdem der Dom seit dem 12. Jahrhundert als bedeutendes Wallfahrtsziel der Stadt Pilgerströme und beachtliche Einnahmen gebracht hat, wird nun die Kathedrale als kunsthistorisches Objekt zum Reiseziel. Gleichzeitig kommt der Dom als mächtiges und alles überragendes Bauwerk einem weiteren touristischen Bedürfnis entgegen: der Seh-Sucht. Der obere Abschluß des Südturms, auf dem noch der mittelalterliche Baukran steht, wird als Aussichtspunkt viel gerühmt: Hier kann der Reisende in luftiger Höhe, auf einer Rasenfläche mit Rosenstöcken – den Domkran im Rücken – die herrliche

Aussicht an einem schönen Sommerabend genießen und den Blick über das Häusermeer Kölns bis hin zum Siebengebirge schweifen lassen. Oder er kann durch das Strebewerk des Chores wandeln, um das Bergische Land im Abendlicht zu betrachten – eine Empfehlung des Herrn Baedeker.

Aber auch der Blick vom Rheinufer auf die Stadtsilhouette wird gelobt: «Von hier aus gesehen nimmt sich Köln am schönsten aus und der majestätische Strom entfaltet sich auf das Prachtvollste. Vorzüglich herrlich ist der Anblick am Morgen, wenn die Sonne über dem fernen Gesichtskreis aufsteigt. Die Kuppeln und Turmspitzen zahlreicher Kirchen, vor allem der hervorragende Dom, die hohen Giebeln und Dächern von Hunderten amphitheatralisch hintereinander sich erhebender Häuser leuchten im Goldglanze», schreibt 1841 Johann Wilhelm Spitz.

Zunehmend erhält das Leben und Treiben am Fluß touristische Bedeutung. Es ist also nicht verwunderlich, daß sich bald der größte Teil der Hotellerie direkt am Fluß befindet. Findige Architekten setzen, um das Sehbedürfnis der Gäste bequem zu befriedigen, Aussichtsplattformen oder Pavillons auf die Gebäude, sogenannte Belvederes oder Bellvues. Vor allem am Deutzer Ufer entwickelt sich eine blühende Hotellerie, die nicht nur die Bedürfnisse der reisenden Engländer befriedigt, sondern von den Kölnern ebenfalls gerne an Sonn- und Feiertagen aufgesucht wird. An warmen Sommerabenden in den Gartenlokalen am Rhein zu sitzen, z. B. frische Flußkrebse zu essen und gut zu trinken, die Aussicht auf die Stadt und den Fluß zu genießen, Tanzmusik zu hören und zu tanzen sowie – was in Köln verboten war – dem Glücksspiel zu frönen: alle diese Möglichkeiten brachten der Freiheit Deutz auf dem gegenüberliegenden Ufer einen beachtlichen Besucherstrom.

Ein Blick auf die Standorte der Kölner Hotels im 19. Jahrhundert zeigt zugleich auch die Wandlungen des Tourismus: Bis zum Beginn des 19. Jahrhunderts liegen die Beherbergungsbetriebe in den Bereichen des Handels: an den wichtigsten Torstraßen und am Heumarkt, dem bedeutendsten innerstädtischen Marktplatz. Mit dem Anwachsen der privaten Reisen und des Städtebesuchsverkehrs entstehen völlig neue Hotelviertel. In erster Linie orientieren sie sich an den Verkehrsmitteln, den Schiffsanlegestellen und der Posthalterei. Die ersten Bahnhöfe, die als Endpunkte einzelner Strecken und Bahngesellschaften am Rande der Stadt entstehen, ziehen noch keine Hotellerie an. Ähnliches läßt sich auch in anderen Städten wie z. B. Düsseldorf oder Mainz beobachten. Erst als die größten Teile der Bahnlinien in Zentralpersonenbahnhöfen im letzten Viertel des 19. Jahrhunderts – in Köln ist es schon 1859 – zusammengefaßt werden, verlagert sich auch die Hotellerie in ihre Nähe. Dabei verlieren die alten Hotels keineswegs gleich ihre Attraktivität: die alten führenden Häuser halten trotz der veränderten Verkehrsverhältnisse durch ihre Tradition und ihren repräsentativen Charakter ihre führende Stellung.

Bestseller der Reiseliteratur: die roten Handbücher

Sie gleichen einander wie zweieiige Zwillinge – ein handliches Format, ein einfarbig roter Einband mit eingeprägtem Rahmen; in Schreibschrift der Name des Autors in großen Druckbuchstaben der Titel, der in knappester Form das Gebiet

«Sous les tilleuls» (Unter den Linden 39) empfahl sich, in der Sprache der vornehmen Reisenden, das lange Zeit einzige Berliner Luxushotel, das ‹Hôtel de Rome›. Lithographie, um 1860. Berlin, Berlin Museum.

bezeichnet. Wer kopiert wen? Es ist Karl Baedeker, der den Bestseller unter den Reiseführern – vom Konzept bis zum Design – nachahmt. Ab 1836 müssen ihm die kleinen roten Bücher in den Händen der englischen Touristen aufgefallen sein, die damit nach den Sehenswürdigkeiten von Koblenz suchten, der Heimat Karl Baedekers. Und vom Tourismus verstanden die Engländer in jenen Tagen mit Abstand das meiste! Der Londoner Verlagsbuchhändler John Murray veröffentlichte seinen ersten Reiseführer über Holland, Belgien und das Rheinland 1836. Drei Jahre später bringt Karl Baedeker seine ‹Rheinreise von Straßburg bis Düsseldorf› auf den Markt, die sich stark an die Murraysche Konzeption anlehnt. Während alle weiteren Baedeker-Führer als Titel nur den Namen einer Stadt, eines Landes oder einer Landschaft (wie bei John Murray) führen, fällt der Titel seines Rheinland-Führers noch aus dem Rahmen. Er ist nämlich nur eine erweiterte und verbesserte Auflage der ‹Rheinreise von Mainz bis Köln – Handbuch für Schnellreisende› von Prof. Johann August Klein (1828). Wir können Karl Baedeker zwar nicht die Idee eines guten Reiseführers zusprechen, wohl aber die Verbreitung von sorgfältig recherchierter Reiseliteratur, denn Prinzip seiner Handbücher war die gründliche Feldforschung.

Der ‹Murray› und der ‹Baedeker› gestatten uns zum Schluß einen höchst aufschlußreichen Blick auf das Reiseverhalten von drei touristisch aktiven Nationen. Herr Baedeker bemüht sich vor allem darum, den deutschen Reisenden vor unnötigen Ausgaben, vor der «Tyrannei» von Lohnbedienten oder Fremdenführern zu schützen. Sein unabhängiger Tourist geht mit einem genau kalkulierten Reise-Etat auf die Fahrt. Ganz andere Dinge interessieren den französischen Touristen: Die französische Übersetzung des Rheinland-Führers von John Murray (1842) bringt einen Auszug aus den Bestimmungen der Restauration auf den Dampfschiffen. Völlig beruhigt kann sich der Gourmet an Bord begeben, denn er weiß, welche acht Gänge ihn bei einem Abendessen in der ersten Klasse erwarten. In der zweiten Klasse gibt es sieben Gänge, und in der dritten begnügt man sich mit vier. Dazu findet er im Reisehandbuch noch ausführliche Speise- und Getränkekarten der diversen Schiffahrtsgesellschaften. John Murray kennt selbstverständlich auch die Wünsche seiner reisenden Landsleute in Rom: Er hatte sich selbst für einige Zeit in der Stadt einquartiert, um möglichst aktuelle und umfangreiche Informationen sammeln und weitergeben zu können. Sein Rom-Führer von 1869 verdeutlicht, daß sich Engländer in der Ewigen Stadt lange aufzuhalten pflegten. Er listet nicht nur Lehrer für Sprachen, Gesang, Zeichnen und Malen auf, sondern berücksichtigt auch den britischen Geschmack: auf drei englische Bäcker weist er hin. Und die Angehörigen von Reisenden, die sich zu lange aufgehalten haben, warnt er vor «Touristenpreisen» bei protestantischen Beerdigungen.

Gabriele M. Knoll

Grenzenlos ...
Ein Blick auf den modernen Tourismus

Vor genau hundert Jahren hielt Meyers Konversationslexikon unter dem Stichwort ‹Reisen› fest, dieses habe «sich im Lauf der Zeit und mit dem Fortschreiten der Zivilisation in einer staunenswerten Weise entwickelt, namentlich im Anschluß an die Vervollkommnung der Verkehrsmittel und die durch verbesserte internationale Beziehungen gewährleistete Sicherheit der Reisenden».[1] Der Artikel markiert eine Schwellensituation. Er blickt zurück auf viele Jahrhunderte, in denen das Reisen ganz überwiegend praktischen Zwecken diente und im allgemeinen immer nur kleine Teile der Bevölkerung betraf – der Lexikonartikel spricht ausführlich über Entdeckungs- und Forschungsreisen, über Reisen aus religiösen Motiven, Reisen zu Handelszwecken und zur Suche von Erwerbsmöglichkeiten. Aber dann wird das Aufkommen von Vergnügungsreisen und die Zunahme von Gesundheitsreisen registriert; die neu entstandenen Gesellschaftsreisen, Ferienkolonien für Kinder und Schülerreisen werden erwähnt, und der Verfasser versteigt sich zu der kühnen Feststellung, «eine Reise um den ganzen Erdball und in die entlegensten Winkel desselben» gehöre «zu den alltäglichen Vorkommnissen».

Die alltägliche Weltreise – mit dieser Charakterisierung ging der Autor des Artikels entschieden zu weit. Man kann freilich auch sagen: Damit nimmt er den heutigen Zustand vorweg, der tatsächlich in der damaligen Entwicklung schon angelegt war. In der Industrie, im Handel und in den Büros begannen sich Beschäftigungsverhältnisse durchzusetzen, die eine klare Trennung von Arbeit und Freizeit bewirkten. Eine verbindliche Urlaubsregelung ließ zwar noch Jahrzehnte auf sich warten; aber der Kampf um die Einschränkung der Arbeitszeit hatte eingesetzt. Immer mehr Menschen zogen in die Städte – und lernten dort die freie Natur lieben, in die sie an den Wochenenden hinausstrebten. Die Erschließung der Alpen, eine der Leitlinien in der Entwicklung des modernen Tourismus, hatte begonnen; der Deutsch-Österreichische Alpenverein war schon knapp zwei Jahrzehnte alt, und ihm zur Seite standen die vielen deutschen Mittelgebirgsvereine. Für diejenigen, die Zeit und Geld hatten, boten Eisenbahnen und Dampfschiffe günstige Möglichkeiten, Entfernungen rasch und relativ sicher zu überbrücken. Und es wurden auch schon Gesellschaftsreisen, also umfassend organisierte Fahrten, angeboten.

Die eigentliche «touristische Explosion» ereignete sich aber sehr viel später. Jost Krippendorf hat diesen Begriff geprägt,[2] der vielleicht zu pointiert ist und in einen einzelnen Vorgang zusammenfaßt, was sich tatsächlich in vielen Schüben verwirklichte. Aber der Begriff vermittelt einen richtigen Einblick vom Ergebnis: Die freigesetzten Reiseströme überschwemmen riesige Landschaften; es gibt kaum mehr unberührte Nischen auf dem Globus. Der moderne Tourismus durchdringt die Welt und ist gleichzeitig eine Welt für sich – mit eigenen Gesetzlichkeiten, mit eigenen Studiengängen, mit einem weit verzweigten Berufsnetz vom Animateur bis zum Zugschaffner, mit vielfältigen Zielorten, unterschiedlichen Verkehrsmitteln, verschiedenen Formen des Aufenthalts.

Es ist eine außerordentlich bunte Welt. Die großen Reisebüros sind die Supermärkte der mobilen Gesellschaft. Die Prospekte übertrumpfen sich gegenseitig in kräftigen Farben und verlockenden Angeboten, die in alle Richtungen führen. In den zentralen Verteilerstellen des Tourismus herrscht eine Vielfalt, die das Einzelziel fast beliebig erscheinen läßt. Der Chartertourist auf den großen Flughäfen ist umspült von exotischen Verheißungen: Las Palmas, Douarte, Helsinki, Los Angeles, Hongkong, Peking, Tokio; wenn die Ankündigungen auf der großen Tafel rotieren, hat er Mühe, sein eigenes Ziel festzuhalten. Und wo immer er ankommt – wieder tritt ihm eine bunte Palette von Möglichkeiten und Angeboten gegenüber: Betriebsamkeit und Erholung, Abwechslung und Ruhe, Fremdes und Vertrautes.

Es ist schwer, für diese bunte Welt des modernen Tourismus einen Generalnenner zu finden. Vielleicht ist ihre Signatur die *Grenzenlosigkeit.* Diese Charakterisierung schließt die Buntheit ein, und sie erlaubt eine deutliche Unterscheidung von früheren Formen des Reisens. Grenzenlos: dies gilt zunächst einmal in räumlicher Hinsicht. Der Anteil von Reisen in außereuropäische Länder wächst prozentual wesentlich stärker als die Gesamtzahl der Reisen. Während ausgesprochene Fernreisen noch in den siebziger Jahren zu den seltenen Ausnahmen gehörten, sind sie heute durchgängig ein selbstverständlicher Teil des bunten Angebots. Der Versuch, von überfüllten Ferienregionen auf weniger besuchte Landschaften auszuweichen, aber auch die Marktgesetzlichkeit, welche die Suche nach immer neuen profitablen Objekten anheizt, führt zur Überwindung riesiger Distanzen und zur touristischen Erschließung letzter Reservate.

Der räumliche Ausgriff hat seine Entsprechung in der zeitlichen Organisation der Reisen. Die hohen Geschwindigkeiten moderner Verkehrsmittel lassen die Entfernungen schrumpfen. Aber die Reisen sind auch zeitlich nicht mehr so begrenzt. Jugendliche Alternativtouristen ziehen monatelang durch die halbe

Welt. Ältere Menschen flüchten sich den ganzen Winter über in südliche Urlaubsregionen. Dies sind Sonderfälle, gewiß. Sie stehen jedoch auch für eine allgemeinere Tendenz.

Das Erscheinungsbild eines grenzenlosen Tourismus kommt aber vor allem dadurch zustande, daß die früher sehr deutlich gezogenen sozialen Markierungen verwischt sind oder übersprungen werden. Exklusive Ferienziele von einst stehen jetzt in jedem Katalog. Man kann sogar sagen, daß früher in einem gewissen Sinn fast alle Ferienziele exklusiv waren. Aber es gibt natürlich Plätze, bei denen die eingetretene Veränderung besonders auffällt: Baden-Baden, einst die «Sommerhauptstadt Europas», wo sich die Reichsten voreinander inszenierten, heute ein Ausflugsziel und ein Genesungsort auch für Sozialversicherte. Davos, einst mondäner Heilkurort für die Spitzen der Gesellschaft, heute schon auch einmal das Ziel einer fragwürdigen Verkaufsfahrt aus dem süddeutschen Raum und beliebter Aufenthalt für Skifahrer jeglicher Provenienz. Madeira, in dessen Sanatorien und in dessen mildem Klima sich die Begüterten aus vielen Ländern erholten, heute Ziel von Kreuzfahrten und Pauschalreisen.

Schließlich: verblassen nicht auch die kulturellen Grenzen? Gewiß, die Agenturen des Tourismus werben mit der kulturellen Eigenart ihrer Zielregionen – Schuhplattler in Kiefersfelden, Tempeltänze bei Bangkok, Ritualtänze in Kenia, Samba in Rio, Flamenco in Andalusien; und ganz entsprechend die je spezifischen Bräuche und Trachten, Speisen und Getränke. Aber schon die Beliebigkeit der Aufzählung muß Verdacht erregen. Das Kulturspezifische wird für die Touristen zubereitet; und zum Rezept dieser Zubereitung scheint es zu gehören, daß den kulturellen Erscheinungen ein Stück von ihrer Eigenart und damit auch Widerspenstigkeit genommen wird – was einmal bedrohlich fremd war, ist nun bekömmlich exotisch. So betrachtet trägt der organisierte Tourismus bei all seinem Pochen auf Echtheit und Ursprünglichkeit und kulturelle Vielfalt dazu bei, daß diese Vielfalt nur noch in sehr gezähmter und flacher Form vorhanden ist: *Airport Art,* die windige Scheinwelt der Souvenirs, die standardisierten Vorführungen von Marionetten der Fremdenverkehrsindustrie.

Mit dieser Einschätzung rücken wir freilich in die – durchaus bedenkliche – Nähe der pauschalen Kritik am Massentourismus. Diese Kritik ist eine Kritik an den hier skizzierten Entgrenzungen, aber vor allem an der großen Zahl der Reisenden, an der Aufhebung der vorherigen Exklusivität. Interessant und auffallend ist, wie früh sie einsetzt: «Zu den Eigentümlichkeiten unserer Zeit gehört das Massenreisen [...]. Alle Welt reist. So gewiß in alten Tagen eine Wetterunterhaltung war, so gewiß ist jetzt eine Reiseunterhaltung. Wo waren Sie in diesem Sommer? heißt es von Oktober bis Weihnachten. Wohin werden Sie sich im Sommer wenden? heißt es von Weihnachten bis Ostern; viele Menschen betrachten elf Monate des Jahres nur als eine Vorbereitung auf den zwölften, nur als die Leiter, die auf die Höhe des Daseins führt. Um dieses Zwölftels willen wird gelebt [...]; elf Monate muß man leben, den zwölften will man leben [...]. Was der Schlaf im engen Kreise der 24 Stunden ist, das ist das Reisen in dem weiten Kreise der 365 Tage. Der moderne Mensch, angestrengter, wie er wird, bedarf auch größerer Erholung.»

Diese Schilderung könnte, sieht man von einigen altväterlichen Sprachwendungen ab, durchaus von heute stammen. Aber sie ist mehr als hundert Jahre alt. Theodor Fontane charakterisiert so den Tourismus seiner Zeit;[3] ironisch schildert er, wie das Reisen bei den Bürgern zur Mode wird: «Kanzlistenfrauen besuchen einen klimatischen Kurort am Fuße des Kyffhäuser, behäbige Budiker werden in einem Lehnstuhl die Koppe hinaufgetragen, und Mitglieder einer kleinstädtischen Schützengilde lesen bewundernd im Schlosse zu Reinhardtsbrunn, daß Herzog Ernst in 25 Jahren 50157 Stück Wild getötet habe. Sie notieren sich die imposante Zahl ins Taschenbuch und freuen sich auf den Tag, wo sie in Muße werden ausrechnen können, wieviel Stück auf den Tag kommen.»

Fontanes Ironie ist noch durchaus liebevoll, er versteht das neue Bedürfnis; aber schon in dem Begriff Massenreisen kündigt sich eine kritische Perspektive an. 1910 schreibt der Moraltheologe Erich Vogeler, in das Reisen sei «etwas Übertriebenes und Krankhaftes» hineingekommen; das Reisen, «das allmählich tief bis in die mittleren Stände herabgesickert ist», sei vielfach «zur Mode und zum Sport» geworden: «Ohne besonderes Interesse an der Eigenart von Land und Volk, an den Kunst- und Naturschätzen durchjagt man Tausende von Kilometern, lediglich in dem stolzen Bewußtsein, einmal da und dort gewesen zu sein, wo andere noch nicht gewesen sind.»[4]

Ein Jahr später ist in Berlin eine Reiseausstellung; Erich Vogeler kommentiert sie mit der Feststellung, man brauche keine Ausstellung, um die Reiselust zu wecken: «heut reist bald jedermann [...]. Einst waren die Sterne im Baedeker dünn gesät, heut ist die ganze Welt ein einziger Stern.»[5] Vogeler wendet sich gegen die «technische Raffiniertheit» und den Luxus des Reisens; er bemerkt, «daß die mancherlei Kulturlosigkeiten des modernen Reisenden in den von ihm beglückten bisher unschuldigen Stätten schlimme Spuren hinterlassen mußten». Im Jahr 1921, nur wenige Jahre nach dem Ende des Ersten Weltkriegs, schrieb die Frankfurter Zeitung von der «in Bewegung geratenen Masse»; sie resümierte: «Ganz Deutschland ist unterwegs.» Zur Kenntlichkeit entstellt, deutlich ins elitär Antidemokratische weisend ist die Tourismuskritik in Gerhard Nebels Buch ‹Unter Kreuzrittern und Partisanen› von 1950: «Der abendländische Tourismus ist eine der großen nihilistischen Bewegungen, eine der großen westlichen Seuchen, die an bösartiger Wirksamkeit kaum hinter den Epidemien der Mitte und des Ostens zurückbleiben, sie aber an lautloser Heimtücke übertreffen. Die Schwärme dieser Riesenbakterien, Reisende genannt, überziehen die verschiedensten Substanzen mit dem gleichförmig schillernden Thomas-Cook-Schleim, so daß man schließlich zwischen Kairo und Honolulu, zwischen Taormina und Colombo nicht mehr recht unterscheiden kann.»[6]

Diesen bösartigen Passus hat Hans Magnus Enzensberger als Beispiel für die «Denunziation des Tourismus» aufgespießt. Er suchte den modernen Tourismus zu verstehen und zu erklären aus der Geschichte der bürgerlichen Gesellschaft. Diese projiziert, als ihr die politische Freiheit versagt bleibt, ihren Wunschtraum in die Ferne und in die unberührte Natur. Sie sucht den Einschnürungen der industriellen Welt zu entgehen, daher der Massenaufbruch und -ausbruch. Aber der Massentourismus ist längst seinerseits von der Industrie beherrscht: «Normung, Montage und Serienfertigung» sind charakteristisch für die moderne Reiseorganisation. Nur die Kulissen werden vertauscht, aber die Flucht endet, wie sie begann: «Vergebliche Brandung der Ferne.»

Ohne Zweifel hat Enzensberger mit seiner Theorie des Tourismus die Widersprüchlichkeiten und Paradoxien des modernen Reisens in einen umfassenden Erklärungsrahmen gestellt. Die Menschen suchen der alltäglichen Fremdbestimmung zu entgehen und lassen sich dabei doch leiten und überreden von Organisationen, die über sie verfügen – Enzensbergers Analyse setzt an bei dem Engländer Thomas Cook, der 1845 das erste Reisebüro gründete und bald auch in Deutschland Nachahmer und Nachfolger fand. Die Menschen fliehen aus der Masse und landen in der Masse; die «Saison-Falle»[7] lockt Tausende zur gleichen Zeit an den gleichen Ort: «Einsamkeit, wie bist Du übervölkert», notierte der polnische Schriftsteller Stanisław Jerzy Lec.[8] Die Menschen suchen die unberührte Natur und tragen zusammen mit ihren Reisegenossen zur Zerstörung der letzten unversehrten Landschaften bei. Die Menschen suchen Entspannung und Erholung und setzen sich doch beschwerlichen und ungesunden Reisewegen aus: nach wie vor ist die überfüllte Autobahn der Königsweg für die meisten Touristen.

All diese Widersprüche gibt es. Aber man sollte doch fragen, ob sie das Wesentliche des Tourismus einfangen. Warum überlassen sich denn alle diesen widersprüchlichen Tendenzen? Sollte die Erklärung darin liegen, daß es «alle» tun – drängen sie wie die Lemminge gemeinsam zum Abgrund?

Vielleicht führt die schlichte Beobachtung weiter, daß praktisch alle Kritiker des modernen Tourismus in der einen oder anderen Form an diesem Tourismus teilhaben. Sie ärgern sich über einiges, vielleicht über mehr als die anderen, aber wenn sie am Ende eines Urlaubs bilanzieren, dann kommen sie im allgemeinen zu einem ähnlichen Ergebnis wie alle andern: Es war eigentlich ganz schön. Oft werden ja Berichte von überfüllten Stränden, verschmutzten Buchten und lärmerfüllten Gasthöfen zu dem merkwürdigen Resultat addiert, es sei ‹ganz prima› gewesen. Man hat das so erklärt, daß die heftig propagierten «schönsten Wochen des Jahres», auf die man gespart und auf die man sich gefreut hat, gewissermaßen um der eigenen Selbstachtung und Balance willen als Erfolg verbucht werden müssen. Diese Erklärung ist sicher nicht falsch, aber sie reicht nicht aus.

Die verschiedenen Formen des Tourismus vermitteln auch positive Erfahrungen und Erlebnisse. Dabei ist wichtig, *daß* es verschiedene Formen gibt, unter denen die Urlauberinnen und Urlauber wählen können. Blickt man auf die Entwicklung seit der zweiten Hälfte des letzten Jahrhunderts, so stellt sich die Frage, ob die häufig ausgezogene Linie von Cook zu Neckermann die eigentlich bestimmende war – und auch, ob sie in der Kritik am Massentourismus richtig charakterisiert und definiert wird. Die organisierte Gesellschaftsreise mit dem eigens zubereiteten, normierten und standardisierten Angebot war ja keineswegs die einzige und auch nicht die dominierende Reiseform. Dieter Kramer hat die große Bedeutung des «Verbandstourismus» herausgearbeitet und vor allem an der Geschichte des Alpenvereins dargestellt. Die Erschließung der Alpen war bis ins 20. Jahrhundert hinein der in der Öffentlichkeit am stärksten beachtete Teil der touristischen Bewegung. An ihr waren aber die Reisebüros zunächst kaum beteiligt; sie war einerseits das Ergebnis von waghalsigen Exkursionen in kleinen und kleinsten privaten Gruppen, andererseits die Leistung der im Alpenverein zusammengeschlossenen Wandergruppen. Dem von der bürgerlichen Oberschicht getragenen, nationalistisch orientierten Alpenverein trat gegen Ende des Jahrhunderts die proletarische Vereinigung der ‹Naturfreunde› an die Seite, und um die Jahrhundertwende entwickelten sich, ausgehend von Berlin und anderen Großstädten, verschiedene Richtungen der Jugendbewegung, in denen das Reisen die wichtigste Aktivität war. Das Reisen zu Fuß: Die Wandervögel, wie sie sich nannten, wollten wie mittelalterliche Vaganten fremde Landschaften erobern und bauten ihre Zelte an romantischen Plätzen der freien Natur. Die freiere Beweglichkeit führte aber auch dazu, daß feste Quartiere für Gruppen eingerichtet wurden. Schon 1890 begann Pastor Bodelschwingh, der Leiter der bekannten Anstalt in Bethel, mit dem Ausbau einer Urlaubskolonie auf der Nordseeinsel Amrum, für die er aus Schweden Fertigbauteile bezog. Der Deutsch-Österreichische Alpenverein überzog die Alpen mit einem Netz von Schutzhütten, und die «Naturfreunde» bauten, vor allem in den Mittelgebirgen, ihre Naturfreundehäuser.

Das Reisen in freien Gruppen, die nicht unter Profitaspekten wirtschafteten, war ebenso wie die organisierte kommerzielle Gesellschaftsreise eine neue Entwicklung. Daneben aber hielten sich auch manche traditionellen Formen der Reise. Die Kur- und Badereise war zwar immer noch überwiegend das Privileg wohlhabender Schichten, aber die Bäder zogen doch ein immer größeres Publikum an. In vielen abgegangenen und auch in noch bestehenden Bädern ist der Glanz ihrer großen Zeit um die Jahrhundertwende noch in Resten sichtbar: in Parkanlagen und Alleen, in verfallenden Hotelfluchten und verlassenen Trinkhallen. Aber auch die «Sommerfrische», der Aufenthalt der Stadtbürger in der ländlichen Höhenluft, fand weiterhin ihre Anhänger, und die privaten Familienreisen, die in den meisten Fällen zu Verwandten führten, wurden durch den Ausbau des Eisenbahnnetzes begünstigt und gefördert. Dies alles sind wenig spektakuläre Formen des Reisens, bei denen die Massenhaftigkeit zunächst kaum in Erscheinung trat; aber diese Formen waren sehr viel verbreiteter als die organisierte Gesellschaftsreise. Dies ist bis heute so geblieben: Der Trend zur vollorganisierten Reise nimmt zwar zu – weil Zielgebiete gewählt werden, in denen private Planung und erst recht ungeplantes Reisen nicht leicht möglich sind, und wahrscheinlich auch deshalb, weil die Situation in vielen Zielgebieten komplexer und weniger beständig ist als früher. Aber noch immer machen die Pauschalreisen nur wenig mehr als ein Viertel der Reisen aus; dazu kommen weitere elf Prozent Reisen, für die entweder der Transport oder die Unterkunft über eine Organisation gebucht wird. Bei der Mehrzahl der Reisen aber handelt (und handelte) es sich um sogenannte Individualreisen. Insofern erscheint es fragwürdig, das Wesen des Massentourismus allein aus den organisierten Gesellschaftsreisen abzuleiten. Der Einwand wird allerdings abgeschwächt durch die Tatsache, daß sich ja auch die Individualreisenden keineswegs auf freier Wildbahn bewegen, daß sie sich vielmehr in aller Regel schon auf der Autobahn, im Fernschnellzug oder im Flugzeug in einen Strom einfügen, der sich auf mehr oder weniger perfekt durchorganisierte Urlaubslandschaften zubewegt.

Aber selbst wenn wir bei Thomas Cook und den von ihm angezettelten Reiseformen bleiben, ist zu fragen, ob die vergebliche Flucht wirklich die Essenz dieses Reisens ist. Thomas Cook war gelernter Tischler, vor allem aber Wanderprediger bei den Baptisten und Alkoholgegner. Seine erste Gesellschaftsreise organisierte er 1841 für 570 Temperenzler, die von Leicester nach Loughborough fuhren. Dieses Faktum wird in der Tourismusgeschichte meistens als Kuriosum erwähnt, aber dann rasch beiseite geschoben. Dabei ist es doch durchaus interessant, daß Cook bei dieser Reise Menschen zusammenfaßte, die sich in ihrer Weltanschauung verbunden wußten und die zu einem gemeinsamen Ziel – einer Veranstaltung gegen den Alkoholmißbrauch – fuhren. Dies galt so von den späteren

Reisen nicht mehr; aber es waren zunächst vor allem Vergnügungsreisen zwischen verschiedenen englischen Städten, welche die Leute nicht nur transportierten, sondern auch zusammenführten. Das Bedürfnis der Geselligkeit spielte eine wesentliche Rolle – und dies ist bis heute so geblieben, auch bei Reiseformen, bei denen auf den ersten Blick andere Orientierungen im Vordergrund stehen. Beobachtungen auf Campingplätzen haben gezeigt, daß die Geselligkeit eine größere Rolle spielt als die Erholung in der Natur. Die Clubreisen, deren Beliebtheit immer noch wächst, werden mit einem gewissen Recht deshalb attackiert, weil an den schönsten Fleckchen der Erde das allüberall gleiche Programm aus Sport, Genuß und Vergnügen abgespult wird. Dies ist paradox, und es ist ein Musterbeispiel für die Standardisierung auch des gehobenen Tourismus. Aber es sollte anerkannt werden, daß die Geselligkeit auch hier eine zentrale Rolle spielt.

Sie tut dies selbst dort, wo sich zunächst nur eine unstrukturierte Masse präsentiert. Der überfüllte Adria-Strand, an dem im Sommer die Badegäste in langen und dichten Reihen lagern und nur allmählich, in zähen und listigen Kämpfen von Tag zu Tag, dem Meer näherrücken, ist eine Sache – vor allem die Sache der Kritiker, der Karikaturisten, der Ironiker. Eine andere Sache ist das konkrete Leben im kleinen Strandabschnitt, in dem es Nachbarn und Freunde gibt, Verbindungen und Abgrenzungen, Nähe und Distanz, jedenfalls aber ein intensives und überschaubares Gefüge der Geselligkeit, wie man es zuhause nur selten erlebt, ein Gefüge zudem, in dem man selbst als aktiver Teil fungiert.

Der amerikanische Historiker Daniel J. Boorstin schrieb über «die verlorengegangene Kunst des Reisens» – für ihn ist der Hauptunterschied zwischen den einstigen Reisenden und den neueren Touristen, daß diese «passiv geworden» sind. «Der Reisende war aktiv; er suchte ernsthaft nach Menschen, Abenteuern und Erfahrungen.» Der Tourist dagegen sei passiv, er erwarte, «daß etwas mit ihm geschieht», die «Reiserisiken» werden bestenfalls noch von den Touristikunternehmen «fabriziert», aber meistens nicht angenommen.[9] Wiederum: Natürlich geht diese Charakterisierung nicht völlig vorbei an einer Tendenz, die mit den neuen Organisationsformen des Reisens verbunden ist. Aber es ist eine höchst einseitige Sicht, die sich vom Erholungsbedürfnis und der bequemen Konsumlust der Touristen blenden läßt und darüber deren aktive Beteiligung am Urlaub übersieht. Unbefangene Beobachtungen, die an den verschiedensten Ferienplätzen gemacht wurden, reden eine andere Sprache. Gewiß werden die Möglichkeiten wirklicher Er-fahrung einer fremden Landschaft nur unvollkommen genutzt, und gewiß stehen Erholungs- und Ruhebedürfnis für die meisten Urlauber an erster Stelle (dazu bekennen sie sich auch bei fast allen Umfragen!). Aber das bedeutet nicht, daß keinerlei Erfahrungen gemacht werden, und das Verhalten läßt sich auch keineswegs auf den Nenner «passiv» herunterbügeln.

Im Jahr 1987 legte Rainer Schönhammer eine psychologische Studie über jugendliche Europa-Touristen vor.[10] Mit Beobachtungen und Befragungen suchte er den Strukturen und Hintergründen jener Reiseform auf die Spur zu kommen, die sich durch das Interrail-Ticket und auch dank dem dichten Netz europäischer Jugendherbergen fest etabliert hat und die sich bei Jugendlichen immer noch steigender Beliebtheit erfreut. Schönhammer schildert außerordentlich differenziert, wie die jungen Reisenden ihre Begegnungsorte – Eisenbahnwagen, Bahnhöfe, Jugendherbergen – als «extraterritorialen» Sozialraum betrachten, in dem das Fremde in der Form spielerischer Exotik ins eigene Erleben einbezogen wird. Die Kontakte sind in der Tat «oberflächlich», schon die Sprachbarrieren (auch mit der Ausweichsprache Englisch klappt es nicht immer!) lassen intensiveren Gedankenaustausch nicht zu. Aber das Gefühl der Nähe zu dem und den Fremden ist um so intensiver, und die Jugendlichen erleben den radikalen Unterschied zu ihrem Alltag.

Schönhammer legte eine sehr genaue Analyse einer spezifischen Gruppe von Reisenden vor – einigermaßen gesicherte Aussagen lassen sich wohl immer nur über solche Gruppen machen. Aber die Untersuchungsergebnisse können doch insoweit verallgemeinert werden, als auch allen anderen Touristen nicht bestritten werden sollte, daß ihre Erfahrung von Eigenem und Fremdem (und sei sie noch so oberflächlich) in Bewegung kommt. Vielleicht hat man dabei viel zu einseitig auf das Fremde und seine mangelhafte Aneignung und Verarbeitung gestarrt und darüber vergessen, daß im Urlaub auch das Eigene verfremdet, damit neu erfahrbar und bis zu einem gewissen Grad auch veränderbar wird. Der Bezugspunkt des Urlaubs ist immer auch das Zuhause.

Dies hat durchaus seine komische Seite. In einem alten Volkslied erzählt ein Handwerksmann, daß er weit, weit herumgekommen sei – «habe viel erfahren», sagt oder singt er, und man erwartet nun eigentlich eine Aufzählung der durch Erfahrung gewonnenen und geläuterten Weisheiten. Aber der Liedtext geht weiter: «Hab erfahr'n, daß junge junge Leut' miteinander schlafen.» Dies ist nicht nur eine unmittelbare Parallele zum zentralen Erfahrungsgewinn mancher heutiger Ferienreisender – es entspricht auch, allgemeiner gesehen, dem Befund, daß sich die Erfahrungen nicht allzu weit vom Gewohnten entfernen. Schon die Statistik relativiert die These vom grenzenlos ausgreifenden Tourismus. Zwar liegt die Zahl der Auslandsreisenden höher als die derjenigen, die irgendwo zwischen Bodensee und Flensburg Erholung suchen. Aber nimmt man Österreich, das überwiegend deutschsprachige Südtirol und die (wegen der Währungsrelation allerdings nicht so sehr gefragte) deutschsprachige Schweiz zusammen, so haben diese Regionen den größten Anteil an den von der Bundesrepublik gestarteten Auslandsreisen. Und auch darüberhinaus sind ja ganze Landschaften ‹fest in deutscher Hand›, wie man ironisch mit einer militärischen Wendung formuliert. ‹Man spricht Deutsch›, heißt der Urlaubsfilm, den Gerhard Polt an der Adria drehte. Nicht nur entsprechende Hinweisschilder, auch der Geruch von Sauerkraut und Bratwürsten kann einen bis in die Mittelmeerregion verfolgen. Mit der BILD-Zeitung und Musik-Kassetten schaffen sich Touristen eine vertraute Medientapete. Sie lassen also nicht allzuviel Fremdes zu. Und was ihnen wirklich an Fremdem begegnet, wird nicht zuletzt nach dem Gebrauchswert für die Zeit nach der Rückkehr taxiert: die Urlaubsbräune, die bisher allen medizinischen Warnungen zum Trotz Schönheits- und Statussymbol geblieben ist, die Souvenirs, die manchmal wie Trophäen ausgestellt werden, und die Farbdias, mit denen man dem Bekanntenkreis anstrengende Vortragsabende aufdrängt.

All dies ist gewiß nicht frei erfunden, und in seinen extremen Ausformungen verdient es die ironische Kritik. Aber dann ist doch zu fragen, ob jenes langlebige Fontane-Zitat nicht auch gewissermaßen in entgegengesetzter Richtung zu lesen ist. Elf Monate Vorbereitung auf den zwölften, den Urlaubsmonat – gewiß. Aber ist es bei dieser Relation nicht verständlich, daß dieser eine Monat an die sehr viel längere übrige Zeit und ihre Bedingungen rückgekoppelt wird? Tatsächlich ist der Urlaub nur zum Teil eine Abkehr vom Alltag. Da die Strukturen des Alltäglichen in uns stecken, kann man sie nicht einfach zurücklassen. Das Ziel ist es, «abzuschalten»; aber das geht nicht so glatt, wie es der technische Begriff nahelegt. Das Alltägliche wird deshalb auch gar nicht vollständig verneint; teilweise sind die Urlauber bestrebt, es gewissermaßen in verbesserter Fassung zur Geltung zu bringen. Psychologische Beobachter haben verschiedentlich mit leichter Verwunderung das gemächliche Gebaren von Urlaubern registriert: sie lassen sich viel Zeit mit dem Essen, mit der Körperpflege, mit den notwendigen und den überflüssigen Einkäufen. Die Rentnerattitüde, die so manchmal in Erscheinung tritt, ist in vieler Hinsicht eine Berichtigung des Alltags, in dem man ja oft viel zu wenig Zeit zu solchen Verrichtungen hat. Diese langatmigen Ferientätigkeiten wirken kleinkariert und eng, stehen im Widerspruch zum großen Auf- und Ausbruch. Sie umspielen und überspielen das Alltägliche.

Natürlich verhalten sich nicht alle Urlauber gleich – es gibt Unterschiede nach dem sozialen Milieu, dem Bildungsstand, dem Geschlecht, dem Alter, und offenbar gibt es jenseits dieser Bestimmungsgrößen auch einfach verschiedene Urlaubstypen: wo der eine sich wohlfühlt und entspannt, empfindet ein anderer quälende Monotonie. Verallgemeinernd läßt sich sagen, daß ein gewisses Wechselspiel von Vertrautheit und Fremde immer vorhanden ist. Die Flucht wird gebremst; aber selbst für die langweiligsten Urlaubsschläfer ist die fremde Umgebung ein wichtiges Element. Und wenn die einen sich in ihrer Urlaubslandschaft, der sie oft jahrzehntelang die Treue halten, heimisch machen, dann gibt es andere, welche die Neugier in immer neue Regionen treibt und die so die Grenzen des Tourismus immer weiter hinausschieben.

Dem Streben nach Grenzenlosigkeit sind allerdings Grenzen gesetzt. Dabei ist nicht in erster Linie an die Endlichkeit der Erde zu denken – wenn davon die Rede ist, daß es kaum mehr touristisch unerschlossene Landschaften gibt, dann bewegt sich diese Überlegung meist im Umkreis der schon vorhandenen Strömungen des Tourismus, während es ja immerhin denkbar ist, daß beispielsweise Australien oder auch die ganzen Weiten des östlichen Rußland künftig touristisch erschlossen werden. Die Grenzen des Tourismus werden von diesem selbst – wider Willen und gerade wegen seiner ins Grenzenlose zielenden Dynamik – erzeugt.

Die touristische Reise ist nicht nur eine Ortsveränderung, sondern ein zeitweiliger Ortswechsel, der eine besondere Erlebnisqualität vermittelt. Die Zielregionen sind in vieler Hinsicht Gegenwelten zu dem, was die Menschen sonst umgibt. Die Touristinnen und Touristen sind sich zwar im klaren darüber, daß ihnen vieles nur vorgeführt wird – und daß sie dabei manchmal vorgeführt werden. Viele der angeblichen Urwüchsigkeiten stammen aus der Retorte, und auch die Natur ist oft eigens zurechtgetrimmt für die Augen der Besucher. Dies wird im Prinzip akzeptiert; es gehört zu dem mit dem Tourismus verbundenen Rollenspiel. Aber die Retuschen und Maskeraden dürfen ein gewisses Maß nicht überschreiten: Wo die Natur von Grund auf kaputt ist, läßt sich dies mit Inszenierungen nicht verdecken, und wo die sozialen Strukturen zerstört sind, hilft der Heimatabend, der die gute alte Zeit mit ihrer fröhlichen Gemeinsamkeit beschwört, nur wenig. In vielen Gegenden und Weltteilen hat der hemmungslose Tourismus aber zweifellos dazu beigetragen, daß beides gefährdet wurde: die natürlichen Grundlagen und die gesellschaftlichen Strukturen.

Am deutlichsten tritt dies in industriell wenig entwickelten Ländern hervor, weil ihnen der expandierende Tourismus keine Zeit zur allmählichen Umstrukturierung ließ, sondern mit brutaler Hand in gegebene Verhältnisse eingriff: Die gewachsene Umwelt wurde zugunsten kurzfristiger profitabler Projekte zerstört, die kulturellen Angleichungsprozesse wurden überstürzt, und das Treiben der Touristen erzeugte in den Köpfen der einheimischen Bevölkerung Trugbilder von den eigenen Möglichkeiten. Vereinzelt wurde dieser touristische Ausgriff auf die armen Länder der Erde sehr früh als eine neue Form des Kolonialismus kritisiert – aber diese Kritik blieb ohne Wirkung. Dies nicht nur, weil sich die Unternehmen der Reiseindustrie dieses Wachstumsfeld nicht streitig machen ließen, sondern auch deshalb, weil diese Bundesgenossen in den betreffenden Ländern fanden, welche die touristische Erschließung als effektive Entwicklungshilfe feierten. Die entstehende Fremdenverkehrsindustrie brachte nämlich kleinen und einflußreichen Teilen der einheimischen Gesellschaft riesige Vorteile. Die Schere zwischen Reich und Arm öffnete sich noch weiter; was in die touristische Infrastruktur investiert wurde, fehlte bei Maßnahmen, die der Verbesserung der Lebensbedingungen des Großteils der armen Bevölkerung dienen sollten.

Lebhafter ist die Diskussion dieser Probleme geworden, seit auch im näheren Umkreis – und durchaus auch im eigenen Land – Schäden durch den Tourismus immer sichtbarer wurden, die immer auch Schädigungen des Tourismus sind. Die Massierung von Menschen und die dafür erforderliche ‹Industrie› führt zur Verunreinigung der Umwelt; dabei gehören gesunde Luft und eine saubere Umgebung zu den Hauptwünschen der Urlauber. Der Landschaftskonsum durch touristische Einrichtungen ist extrem. Zweitwohnungen überwuchern ganze Landstriche. Wirtschaftlich gesunde und beständige Arbeitsverhältnisse können nicht entstehen, da in den meisten Regionen der Tourismus ein Saisongeschäft ist. Dazu kommen erhebliche Schäden durch besondere Erschließungsmaßnahmen des Tourismus. Am bekanntesten ist die Zerstörung der Böden durch die Anlage von Skipisten, die nicht nur die Erträge sinken läßt, sondern auch die Gefahr von Katastrophen mit sich bringt. An manchen Plätzen konnten Erdverschüttungen und Lawinenunglücke unmittelbar auf den touristischen Ausbau zurückgeführt werden – in solchen Fällen war es nicht mehr möglich, danach einfach zur herkömmlichen Tagesordnung des Fremdenverkehrs überzugehen.

In den Fremdenverkehrsgebieten gab es bei der einheimischen Bevölkerung immer auch Zurückhaltung gegenüber den Fremden. Sie wurden hofiert, soweit dies Gewinn versprach; im übrigen herrschte ihnen gegenüber Mißtrauen. Es gab auch Aggressionen gegen die merkwürdige Spezies, die ungefragt in die überwiegend bäuerliche Welt einbrach. Im Allgäu wird erzählt, daß Bauernknechte ihre Rechen und anderes Arbeitsgerät quer auf den Schultern trugen, sobald sich Fremde nahten: sie mußten ausweichen und erfuhren durch diese kleine Demonstration, daß sie nicht immer und nicht von allen gern gesehen wurden. Später wurde der Gegensatz folkloristisch entschärft; aber ein herzliches Verhältnis zwischen Einheimischen und Fremden entstand nur selten und nur bei wenigen. Inzwischen wird die Kritik an den Touristen wieder lauter; man spricht von einem «Aufstand der Bereisten»,[11] die sich nicht für alle Zeiten den Lebensrhythmus der Urlauber aufzwingen lassen wollen und die zumindest mitbestimmen möchten, in welche Richtung sich ihre Heimat entwickelt. Die Verantwortlichen in den Gemeinden an der See und in den Bergen sind zu einer schwierigen, fast unmöglichen Balance gezwungen: Sie müssen versuchen, einen gewissen touristischen Grundbestand zu verteidigen, da die Wirtschaft ihrer Orte darauf angelegt ist, sie müssen aber andererseits die Expansion eindämmen, müssen dem Wunsch nach dem Ausbau von noch mehr Zimmern und noch mehr Sport- und Vergnügungsangeboten für die Fremden entgegentreten.

Inzwischen ist dies auch für die großen Organisationen des Fremdenverkehrs ein Thema geworden. Kongresse, in denen jahrzehntelang nur die Möglichkeiten einer noch weitergehenden Expansion des Fremdenverkehrs besprochen wurden, widmen sich neuerdings ganz überwiegend der Frage eines gesunden Gleichgewichts zwischen den natürlichen Voraussetzungen und den Bedürfnissen des Fremdenverkehrs. Die Diskussion kreist um das Problem eines «sanften Tourismus», wie Robert Jungk und Dieter Kramer eine sowohl ökologisch wie sozial zu verantwortende Form des Fremdenverkehrs nannten.[12] Teilweise ist diese Parole schon wieder zum Schlagwort verkommen, das von geschickten Reisemanagern ausgenützt wird: sie fügen dem Pauschalangebot schnell noch einen Ausflug zu Laich-Plätzen hinzu und liegen damit im Trend, ohne daß sich im Großen etwas ändert. Aber es gibt auch ehrliche Bemühungen um einen sanften, anders gesagt: einen vernünftigen Tourismus.

Die Bemühungen gehen vielfach von den Einheimischen aus, die sich gegen die völlige Überfremdung und die Verschandelung ihrer Landschaft wehren. Sie können aber nur erfolgreich sein, wenn auch die touristischen Institutionen mitziehen – und die Touristen selbst. Im Rahmen der Naturfreundebewegung wurde in den zwanziger Jahren die Idee des «sozialen Wanderns» entwickelt: «das Schauen und Lernen beim Wandern, das Sammeln sozialer Einsichten und Erkenntnisse».[13] Etwas Ähnliches ist heute wieder von den Touristen gefordert. Sie sollten Einblick gewinnen in die sozialen Verhältnisse der von ihnen bereisten Landschaften und damit auch in deren natürliche Grundlagen, die nicht zerstört werden dürfen.[14]

Die Touristen tun sich schwer mit diesem neuen Ziel. Nicht nur aus Gedankenlosigkeit, sondern weil in die Bewegung des Tourismus die Idee des Grenzenlosen eingebaut ist. Wer aus den beengenden Verhältnissen des Alltags ausbricht, orientiert sich nicht leicht an neuen Beschränkungen. Die Idee der Grenzenlosigkeit läßt sich nicht einfach kupieren. Die an sich völlig richtige Feststellung, daß viel geholfen wäre, wenn die Menschen die Möglichkeit hätten, zuhause richtig Urlaub zu machen, geht ziemlich ins Leere. Gefragt sind Modelle, die das Bedürfnis des Auf- und Ausbruchs akzeptieren und dennoch bei vernünftigen und unschädlichen Formen der Reise landen. ‹Grenzenlos›? Ein wenig von dieser Illusion muß und kann bestehen bleiben, aber nur, wenn ein paar sinnvolle Grenzen respektiert werden.

Hermann Bausinger

ANHANG

Anmerkungen und Literatur

Die alte Straße

1 Sigfried Giedion: Die Herrschaft der Mechanisierung. Ein Beitrag zur anonymen Geschichte (Oxford 1948). Frankfurt/M. 1987, S. 28.
2 Dolf Sternberger: Panorama oder Ansichten vom 19. Jahrhundert (1938). Frankfurt/M. 1974, S. 56.
3 Carl Friedrich von Weizsäcker: Was wird aus dem Menschen? Zürich 1972, S. 14.
4 Karl August Wittfogel: Geschichte der bürgerlichen Gesellschaft. Von ihren Anfängen bis zur Schwelle der großen Revolution. Hannover 1977, S. 282 (1. Aufl. Wien 1924).
5 Vgl. Hans Mottek: Wirtschaftsgeschichte Deutschlands. Ein Grundriß. Band II: Von der Zeit der Französischen Revolution bis zur Zeit der Bismarckschen Reichsgründung. Berlin [2]1969, S. 150.
6 Ebd., S. 64.
7 Zit. nach Hartmut Sührig: Reiseerlebnisse eines Dichters mit dem Postwagen zu Anfang des 19. Jahrhunderts. In: Archiv für deutsche Postgeschichte 1981, Heft 2, S. 143–146; hier: S. 144.
8 Zit. nach Klaus Beyrer (Hrsg.): Die Reise nach Tübingen. Stadtansichten zwischen 1700 und 1850. Tübingen 1987, S. 136f.
9 (Johann Martin Merz:) Einige von den Erlebnissen des /Johann Martin Merz/ Samenhändler/ aus/ Gönningen/ Oberamt Tübingen/ Königreich Württemberg/ 1865. – Zit. nach der mschr. Abschrift von A. Riehle, die ich Christian Glass, Esslingen, verdanke.
10 Vgl. Wolfgang Schivelbusch: Die Geschichte der Eisenbahnreise. Zur Industrialisierung von Raum und Zeit im 19. Jahrhundert. München 1977.
11 Wolfgang Sachs: Die auto-mobile Gesellschaft. Vom Aufstieg und Niedergang einer Utopie. In: Franz-Josef Brüggemeier/Thomas Rommelspacher (Hrsg.): Besiegte Natur. Geschichte der Umwelt im 19. und 20. Jahrhundert. München 1987, S. 106–123; hier: S. 117.
12 Ulrich Bentzien: Das Eindringen der Technik in die Lebenswelt der mecklenburgischen Landbevölkerung. Eine volkskundliche Untersuchung. Mschr. Berlin 1961, S. 99–101.
13 Ebd., S. 106.
14 Klaus Beyrer: Die Postkutschenreise. Tübingen 1985, S. 246.
15 Vgl. Bentzien (wie Anm. 12), S. 177.
16 Beschreibung des Oberamts Aalen. Stuttgart 1854, S. 115.
17 Beschreibung des Oberamts Tettnang. 2. Bearb. Stuttgart 1915, S. 567.
18 Vgl. Beschreibung des Oberamts Backnang. Stuttgart 1871, S. 98: Von den Vizinalwegen (Staatsstraßen also nicht eingerechnet) war noch ca. ein Drittel nicht chaussiert («sog. Erdwege»).
19 Zwei solcher Fragmente hat Vf. schon zu liefern versucht: Straße. Ein Grund-Riß. In: Zeitschrift für Volkskunde 79 (1983), S. 171–191; Gespenst und Geisterfahrer. Zur zivilisationsgeschichtlichen Ambivalenz der Straße: Wahrnehmung und Besetzung. In: Beiträge zur Volkskunde in Baden-Württemberg 2 (1987), S. 107–132.
20 Siegfried Wollheim: Staatsstraßen und Verkehrspolitik in Kurhessen von 1815 bis 1840. Marburg 1931, S. 3.
21 Vgl. ebd. S. 66 und 101f.
22 Johann Wolfgang von Goethe: Schweizer Reisen (= dtv-Gesamtausgabe, 28). München 1962, S. 153.

23 Vgl. Wollheim (wie Anm. 20), S. 65 und Kartenbeilage.
24 Vgl. ebd. S. 9.
25 Vgl. Wilhelm Seytter: Unser Stuttgart. Geschichte, Sage und Kultur der Stadt und ihrer Umgebung, in Einzelbildern dargeboten. Stuttgart o. J. (1904), S. 544.
26 Vgl. Ludwig Dube: Die Landespost des Herzogtums Mecklenburg-Güstrow. In: Archiv für deutsche Postgeschichte 1973, Heft 2, S. 156–170, bes. S. 161, Abb. S. 168.
27 Wie Anm. 9.
28 Wollheim (wie Anm. 20), S. V.
29 In: F. F. Mayer (Hrsg.): Sammlung der württembergischen Regierungs-Gesetze. Vierter Theil (= A. L. Reyscher, Hrsg.: Sammlung der württembergischen Gesetze, 15,1). Tübingen 1846, S. 213–228.
30 O. L. Heuser: Systematisches Handbuch des Kurhessischen Straf- und Polizei-Rechtes. Cassel 1853, S. 417; ähnlich ebd. S. 419 für die Provinz Fulda.
31 Instruktion für die Wegmeister auf den Königl. [württembergischen] Chausseen (wie Anm. 29).
32 Vgl. Wollheim (wie Anm. 20), S. 10.
33 Vgl. dazu Scharfe: Gespenst und Geisterfahrer (wie Anm. 19), S. 109–111.
34 Friedrich August Köhler: Eine Alb-Reise im Jahre 1790 zu Fuß von Tübingen nach Ulm. Hrsg. und komm. von Eckart Frahm/Wolfgang Kaschuba/Carola Lipp. Tübingen 1978, S. 143.
35 Vgl. Anm. 12. – Zur kulturspezifischen Relativität des Raumes vgl. Hermann Bausinger: Räumliche Orientierung. Vorläufige Anmerkungen zu einer vernachlässigten kulturellen Dimension. In: Nils-Arvid Bringéus u. a. (Hrsg.): Wandel der Volkskultur in Europa. Festschrift für Günter Wiegelmann zum 60. Geburtstag. Bd. 1. Münster 1988, S. 43–52.
36 Lesebuch für die evangelischen Volksschulen Württembergs. Stuttgart 1854, S. 107 (Nr. 51. Eine Landstraßenbetrachtung).
37 Vgl. Scharfe: Gespenst und Geisterfahrer (wie Anm. 19), S. 127–131.
38 «Detmold den 2ten März 1824.» In: Landesverordnungen des Fürstenthums Lippe. Band 7. 1833, S. 171.
39 Heuser (wie Anm. 30), S. 420.
40 Werner Sombart: Der moderne Kapitalismus. Historisch-systematische Darstellung des gesamteuropäischen Wirtschaftslebens von seinen Anfängen bis zur Gegenwart. Bd. 2/1, München/Leipzig [4]1921, S. 245.
41 Wilhelm Heinrich Riehl: Land und Leute (= Die Naturgeschichte des Volkes als Grundlage einer deutschen Socialpolitik, 1). 8. verm. Aufl. Stuttgart 1883, S. 70, 76f. (1. Aufl. 1853).
42 Ebd., S. 85.
43 Walter Benjamin: Gesammelte Schriften. Band 5: Das Passagen-Werk, hrsg. v. Rolf Tiedemann. Frankfurt/M. 1982, S. 647 (P 2, 1 und P 2, 2 aus: Aufzeichnungen und Materialien: die Straßen von Paris).

Pilgerfahrten

1 Reinhold Röhricht / Heinrich Meisner (Hrsg.): Deutsche Pilgerreisen nach dem Heiligen Lande. Berlin 1880, S. 586, Nr. 269; Peter Gradenwitz (Hrsg.): Das Heilige Land in Augenzeugenberichten. Aus Reiseberichten deutscher Pilger, Kaufleute und Abenteurer vom 10. bis zum 19. Jahrhundert. München 1984, S. 109.
2 Karsten Niebuhr: Reisebeschreibung nach Arabien und anderen umliegenden Ländern. Hamburg 1837, Bd. 3, S. 42ff. (mehrere Neuauflagen).
3 Joseph Schwarz: Das heilige Land. Frankfurt/M. 1852. Eine hebräische Ausgabe stammt von 1845 (Gradenwitz, Seite 111f.).
4 Deliciae Urbis Romae, divinae et humanae. Augsburg 1600 (Nachdrucke 1613 und 1625); Philipp Engel: Deliciae Italiae. Frankfurt/M. 1599 (Nachdrucke 1609 und 1657). Im 17. Jahrhundert erlangte vor allem Martin Zeillers Itinerarium Germaniae (Straßburg 1632; zahlreiche Auflagen) Bedeutung; aber auch Hans J. Eichhorn, Christliche Romfahrt, Konstanz 1640 wurde verwendet. Vgl. Ludwig Schudt: Le Guide de Roma. Wien/Augsburg 1930,

sowie Hubert Jedin: Die deutsche Romfahrt von Bonifatius bis Winckelmann (Bonner Akademische Reden 5). Krefeld 1961.

5 Jakob Rabus: Rom. Eine Münchener Pilgerfahrt im Jubeljahr 1575, hrsg. v. Karl Schottenloher, München 1925. Vgl. allgemein Werner Goez: Von Pavia nach Rom, Köln [2]1976.

6 Vgl. E. M. Jung-Inglessis: Romfahrt durch zwei Jahrtausende. Bozen/Rom 1976.

7 Antonio López-Ferreiro: Historia de la S.A.M. Iglesia de Santiago de Compostela. 11 Bde., Santiago de Compostela 1898–1908, Bd. 9, Apéndice S. 156–167 und Bd. 10, Apéndice S. 127–137.

Literatur

Hanssler, Bernhard: Campo Santo Teutonico, München/Zürich [2]1980.

Klaus Herbers: Deutschland und der Kult des hl. Jakobus. In: Yves Bottineau. Der Weg der Jakobspilger. Bergisch-Gladbach 1987, S. 252–273.

Jung-Inglessis, E. M.: Das Heilige Jahr in der Geschichte. 1300–1975. Bozen 1974.

Lenzenweger, Josef: Sancta Maria dell'Anima. Wien/Rom 1959.

Mieck, Ilja: Zur Wallfahrt nach Santiago de Compostela zwischen 1400 und 1650. Resonanz, Strukturwandel und Krise. In: Spanische Forschungen der Görresgesellschaft, 1. Reihe 29 (1978) S. 483–533.

Ders.: Kontinuität im Wandel. Politische und soziale Aspekte der Santiago-Wallfahrt vom 18. Jahrhundert bis zur Gegenwart: In: Geschichte und Gesellschaft 3 (1977), S. 299–328.

Plötz, Robert: Peregrini – Palmieri – Romei, Untersuchungen zum Pilgerbegriff der Zeit Dantes. In: Jahrbuch für Volkskunde, Neue Folge 2 (1979), S. 103–134.

Ders.: Santiago-Peregrinatio und Jacobus-Kult mit besonderer Berücksichtigung des deutschen Frankenlandes. In: Spanische Forschungen der Görresgesellschaft 1. Reihe 31, Münster 1984, S. 24–135.

Rudolf, Karl: Santa Maria dell'Anima, il Campo Santo dei Teutonici e Fiamminghi e la questione delle nazioni. In: Bulletin de l'Institut Historique Belge de Rome 50 (1980), S. 75–91.

Wallfahrten

1 Literatur

Bertuch, F. J. / Kraus, G. M.: Journal des Luxus und der Moden, Jg. 1806 (seit 1786 in Weimar).

Brückner, Wolfgang: Die Verehrung des Heiligen Blutes in Walldürn (= Veröffentlichungen des Geschichts- und Kunstvereins Aschaffenburg 3). Aschaffenburg 1958.

Ders.: Zur Phänomenologie und Nomenklatur des Wallfahrtswesens und seiner Erforschung, Wörter und Sachen in systematisch-semantischem Zusammenhang. In: Volkskultur und Geschichte. Festgabe für Josef Dünninger, hrsg. v. Dieter Harmening/ Gerhard Lutz/ Bernhard Schemmel/ Erich Wimmer. Berlin 1970, S. 384–424.

Dünninger, Hans: Processio peregrinationis, Volkskundliche Untersuchungen zu einer Geschichte des Wallfahrtswesens im Gebiet der heutigen Diözese Würzburg. In: Würzburger Diözesangeschichtsblätter 23 (1961), S. 53–176; 24 (1962), S. 52–188.

Fuchs, Damasus: Bornhofen am Rhein. Fulda 1937, S. 82–87.

Guth, Klaus: Geschichtlicher Abriß der marianischen Wallfahrtsbewegungen im deutschsprachigen Raum. In: Handbuch der Marienkunde, hrsg. v. Wolfgang Beinert und Heinrich Petri. Regensburg 1984, S. 721—848.

Ders.: Die Wallfahrt – Ausdruck religiöser Volkskultur. In: Ethnologia Europaea, Journal of European Ethnology, Vol. XVI, 1 (1986), S. 59–81.

Harmening, Dieter: Fränkische Mirakelbücher, Quellen und Untersuchungen zur historischen Volkskunde und Geschichte der Frömmigkeit (= Würzburger Diözesangeschichtsblätter 28). Würzburg 1966.

Marianischer Himmels-Schlüssel oder Ordentliches Wallfahrtsbuch für die Brüder und Schwester, welche jährlich [...] zu dem weltberühmten Wunder- und Gnadenbild der [...] Mutter Gottes Maria zu Kevelaer zu wallen pflegen. Aachen [5]1822.

Müller, Aegidius: Deutschlands Gnadenorte. Köln [6]1888.

Oberthür, Franz: Taschenbuch für die Geschichte, Topographie und Statistik des Frankenlandes, besonders dessen Hauptstadt Würzburg, Jg. 1798 (seit 1775 in Frankfurt und Leipzig, Weimar), S. 72–87.

Plötz, Robert: Die Wallfahrt nach Kevelaer. Ein Wallfahrtsort und seine Geschichte (Mercator-Bücherei 63/64). Duisburg 1986.

Ders.: Maria Kevelaer im Bild (Führer des Niederrheinischen Museums für Volkskunde und Kulturgeschichte Kevelaer 21). Goch 1987.

Ders.: Unsere Wallfahrtsstätten (Deutschland – das unbekannte Land, hrsg. v. Rudolf Pörtner, Bd. 7). Frankfurt/M. 1988.

Pötzl, Walter: Marianisches Brauchtum an Wallfahrtsorten. In: Handbuch der Marienkunde, S. 883–926.

Schneeweis, E.: Denkmale der Volksfrömmigkeit an der Via sacra. In: Grünn, H.: Das Wallfahrtsmuseum in Kleinmariazell (= Veröffentlichungen des Österreichischen Museums für Volkskunde 15). Wien 1975.

Wallfahrt kennt keine Grenzen, hrsg. v. Lenz Kriss-Rettenbeck und Gerda Möller. München/Zürich 1984.

Über Apodemiken und Reisehandbücher

1 «Apodemik» ist eine dem Griechischen nachempfundene, humanistische Wortschöpfung und leitet sich ab von ἀποδημέω = das Haus verlassen, von zu Hause weg sein, verreisen.

2 Ludewig Wilhelm Gilbert: Handbuch für Reisende durch Deutschland, enthaltend 1) Regeln für Reisende; 2) Einen topographisch-statistischen Abriß von Deutschland; 3) Eine ausführliche Darstellung des deutschen Münzwesens; 4) Eine Darstellung des deutschen Postwesens, und 5) Vollständige, tabellarische, Post- und Reiserouten von jeder größeren Stadt Deutschlands zu allen übrigen. Bd. 1–3 [Bd. 4 u. 5, die die Punkte 3)–5) enthalten sollten, erschienen nicht], Leipzig 1791–1795. Bd. 1, S. XII.

3 Justin Stagl / Klaus Orda / Christel Kämpfer: Apodemiken. Eine räsonierte Bibliographie der reisetheoretischen Literatur des 16., 17. und 18. Jahrhunderts. Paderborn 1983 (Quellen und Abhandlungen zur Geschichte der Staatsbeschreibung und der Statistik. 2) – Uli Kutter: Apodemiken und Reisehandbücher. Bemerkungen und ein bibliographischer Versuch zu einer vernachlässigten Literaturgattung. In: Das achtzehnte Jahrhundert. Mitteilungen der Deutschen Gesellschaft für die Erforschung des achtzehnten Jahrhunderts. Wolfenbüttel 1980, Jg. 4, Heft 2, S. 116–131. – Justin Stagl: Die Apodemik oder »Reisekunst« als Methodik der Sozialforschung vom Humanismus bis zur Aufklärung. In: Mohammed Rassem / Justin Stagl (Hrsg.): Statistik und Staatsbeschreibung in der Neuzeit vornehmlich im 16.–18. Jahrhundert. Paderborn 1980, S. 131–204. – Harald Witthöft: Reiseanleitungen, Reisemodalitäten, Reisekosten im 18. Jahrhundert. In: Boris I. Krasnobaev / Gert Robel / Herbert Zeman (Hrsg.): Reisen und Reisebeschreibungen im 18. und 19. Jahrhundert als Quellen der Kulturbeziehungsforschung. Berlin 1980, S. 39–50. – Justin Stagl: Der wohl unterwiesene Passagier. Reisekunst und Gesellschaftsbeschreibung vom 16.–18. Jahrhundert. In: ebd. S. 353–384. – Uli Kutter: Niedersachsen in der Reiseliteratur vergangener Jahrhunderte. Ausstellung aus den Beständen der Niedersächsischen Staats- und Universitätsbibliothek Göttingen. Göttingen 1980 (2. Aufl. 1982). – Justin Stagl: Vom Dialog zum Fragebogen. Miszellen zur Geschichte der Umfrage. In: Kölner Zeitschrift für Soziologie 31 (1979), S. 611–638.

4 Gottfried Schütze: Vorwort zu Johann Georg Keyßlers Reisen durch Deutschland, Böhmen [...]. 2 Bde. Hannover [3]1776.

5 Otto Friedrich Bollnow: Mensch und Raum, Stuttgart 1963, S. 114–115.

6 Den Anstoß zur Herausgabe dieser überaus erfolgreichen und in der Anlage vielfach nachgeahmten Reisehandbücher gab Johann August Klein: Rheinreise von Mainz bis Cölln. Handbuch für Schnellreisende, das 1835 von Baedekers Verlag übernommen und herausgegeben wurde.

7 Uli Kutter: Zeiller – Lehmann – Krebel. Bemerkungen zur Entwicklungsgeschichte eines Reisehandbuches und zur Kulturgeschichte des Reisens im 18. Jahrhundert. In: Wolfgang Griep / Hans-Wolf Jäger (Hrsg.): Reisen im 18. Jahrhundert. Neue Untersuchungen. Heidelberg 1986, S. 10–33.

Kavaliere und Gelehrte

1 Zu den sozial- und literaturgeschichtlichen Voraussetzungen vgl. Klaus Garber: Zur Statuskonkurrenz von Adel und gelehrtem Bürgertum im theoretischen Schrifttum des 17. Jahrhunderts. In: Elger Blühm / Jörn Garber / Klaus Garber (Hrsg.): Hof, Staat und Gesellschaft in der Literatur des 17. Jahrhunderts. Amsterdam 1982 (= Daphnis, Bd. 11, H. 1–2), S. 115–143; Johannes Kunisch: Absolutismus. Göttingen 1986, S. 37–84. – Zitat: Timentes [= Joachim Christoph Nemeitz]: Séjour de Paris, Oder Getreue Anleitung, Welchergestalt Reisende von Condition sich zu verhalten haben, wenn sie ihre Zeit und Geld nützlich in Paris anwenden wollen. Franckfurt a. M.: Förster 1718; hier benutzt die 2. Aufl. 1722, S. 2–3 (Hervorhebung im Original).

2 Für die Darstellung der adligen Kavalierstour wurden folgende neuere Untersuchungen, die allesamt auch die bildungsgeschichtlichen Zusammenhänge berücksichtigen, herangezogen: Eva-Marie Csáky-Loebenstein: Studien zur Kavalierstour österreichischer Adeliger im 17. Jahrhundert. In: Mitteilungen des Instituts für österreichische Geschichtsforschung 79 (1971), S. 408–434; Heinz Reif: Westfälischer Adel 1770–1860. Göttingen 1979, S. 153–156, 364–368; Norbert Conrads: Ritterakademien der frühen Neuzeit. Göttingen 1982, S. 265–272; Ders.: Politische und staatsrechtliche Probleme der Kavalierstour. In: Antoni Mączak / Hans Jürgen Teuteberg (Hrsg.): Reiseberichte als Quellen europäischer Kulturgeschichte. Wolfenbüttel 1982, S. 45–64; Jörg Jochen Berns: Peregrinatio academica und Kavalierstour. In: Conrad Wiedemann (Hrsg.): Rom–Paris–London. Erfahrung und Selbsterfahrung deutscher Schriftsteller und Künstler in den fremden Metropolen. Stuttgart 1988, S. 155–181.

3 Aus dem reichhaltigen Quellenbestand zur Adelserziehung seien folgende Werke mit umfangreichen Äußerungen zum adligen Reisen hervorgehoben: Dieterich Hermann Kemmerich: Neu-eröffnete Academie Der Wissenschafften, Zu welchen vornemlich Standes-Personen nützlich können angeführet, und zu einer vernünfftigen und wohlanständigen Conduite geschickt gemacht werden. Bd. 1–2. Leipzig: Fritsch 1711, bes. Bd. 1, S. 522–578; Der Geöfnete Ritter-Platz. Th. 1–3. Hamburg: Schiller 1700–1705; Valentin Trichter: Curiöses Reit- Jagd- Fecht- Tantz- oder Ritter-Exercitien-Lexicon. Leipzig: Gleditsch 1742; Wolf Bernhard von Tschirnhauß: Getreuer Hofmeister auf Academien und Reisen. Hannover: Förster 1727, hieraus das Zitat zu den «drey hauptschädlichen W», S. 130.

4 Johann Michael von Loen: Gesammelte kleine Schriften. Besorgt und hrsg. v. J[ohann] C[aspar] Schneider. Nachdr. d. Ausg. Frankfurt/Leipzig 1749–1752. Frankfurt a. M.: Athenäum 1972, hier Bd. 1 (1749), «Dritter Abschnitt», S. 5–22 (getr. Pag.!), Zitat: S. 5 u. 21.

5 Die Titel der Reisebeschreibungen im einzelnen: Johann Wilhelm Neumayr von Ramßla: [....] Reise in Franckreich, Engelland und Niederland. Leipzig: Große 1620 (2. Aufl., hrsg. v. Johann Gerhard Pagendarm 1734); Sigmund von Birken: HochFürstlicher Brandenburgischer Ulysses [...]. Bayreuth: Gebhard 1668 (Titelauflage 1669, 2. erw. Aufl. 1676); Carl Ludwig von Pöllnitz: Mémoires contenant les observations qu'il a faites dans ses voyages [...] T. 1–3. Liège: Demen 1734 (dt. Übers. Franckfurt a. M.: Selbstverlag 1735; zahllose weitere Auflagen, Ausgaben und Übersetzungen); als Beispiel einer umfangreichen Archivveröffentlichung vgl. Gustav Sommerfeldt: Das Reisetagebuch des Freiherrn Georg Friedrich zu Eulenburg (1656–1662). In: Mitteilungen der Literarischen Gesellschaft Masovia (Lötzen) 13 (1908), S. 23–48, 16 (1910), S. 1–69, 17 (1911), S. 42–73 u. 121–173, 19 (1913), S. 162–245.

6 Zu den kommunikationsgeschichtlichen Grundlagen der Gelehrtenreise vgl. den immer noch unentbehrlichen, zusammenfassenden Grundriß von Erich Trunz: Der deutsche Späthumanismus um 1600 als Standeskultur (1931). In: Richard Alewyn (Hrsg.): Deutsche Barockforschung. Köln/Berlin 1965, S. 147–181; hierzu teils ergänzend, teils korrigierend die neueren Untersuchungen von Wilhelm Kühlmann: Gelehrtenrepublik und Fürstenstaat. Tübingen 1982; Gunter E. Grimm: Literatur und Gelehrtentum in Deutschland. Tübingen 1983, sowie den aspektreichen Sammelband von Sebastian Neumeister/Conrad Wiedemann (Hrsg.): Res Publica Litteraria. Bd. 1–2. Wiesbaden 1987. – Zur Gelehrtenreise selbst: Peter Jörg Becker: Bibliotheksreisen in Deutschland im 18. Jahrhundert. In: Archiv für Geschichte des Buchwesens 21 (1980), Sp. 1361–1534; Karol Sauerland: Der Übergang der

gelehrten zur aufklärerischen Reise im Deutschland des 18. Jahrhunderts. In: Joseph P. Strelka/Jörg Jungmayr (Hrsg.): Virtus et Fortuna. Festschrift für Hans-Gert Roloff. Bern/ Frankfurt a. M. / New York 1983, S. 557–570; Klaus Beyrer: Die Postkutschenreise. Tübingen 1985, S. 108–113, mit jeweils weiterführenden Literaturangaben. – Das Zitat aus: Philipp Wilhelm Gercken: Reisen durch Schwaben, Baiern, angränzende Schweiz, Franken und die Rheinische Provinzen, in den Jahren 1779–1785 [....] Th. 1–4. Stendal, Worms: Franz & Große 1783–1788, hier Bd. 1 (1783), «Vorrede», S. V.

7 Die Beschreibung Leidens aus: Albrecht Hallers Tagebücher seiner Reisen nach Deutschland, Holland und England 1723–1727. Neue verb. u. verm. Aufl., hrsg. v. Erich Hintzsche. Bern/Stuttgart/Wien 1971, hier: S. 79 u. 39. – Zu Hollandreisen allgemein: Heinz Schneppen: Niederländische Universitäten und deutsches Geistesleben. Münster (Westf.) 1960; Steffi Schmidt: Die Niederlande und die Niederländer im Urteil deutscher Reisenden [!]. Siegburg 1963; J[ulia] Bientjes: Holland und die Holländer im Urteil deutscher Reisender. 1400–1800. Groningen 1967.

8 Als Beispiel lateinischer Reiseberichte vgl. neben Jacob Toll: Epistolae itinerariae. Cura et studio Christian Henninio. Amsterdam: Oosterwyk 1700 (2. Aufl. 1714), auch: Christian Heinrich Erndtel: De itinere suo Anglicano et Batavo annis 1706 et 1707 facto relatio amicum [...] Amsterdam: van der Aa 1710; des weiteren Johann Gottlieb Deichsel: Reise durch Deutschland nach Holland und England in den Jahren 1717–19 (Aus dem handschriftlichen Tagebuch gezogen). In: Archiv zur neuern Geschichte, Geographie, Natur- und Menschenkenntniß, hrsg. v. Johann Bernoulli, Th. 3 (1786), S. 140–188, Th. 7 (1787), S. 151–212, Th. 8 (1788), S. 165–242; Zacharias Conrad von Uffenbach: Merkwürdige Reisen durch Niedersachsen, Holland und Engelland (Hrsg. v. Johann Georg Schelhorn). Th. 1–3. Ulm, Memmingen: Gaum 1753–1754; Johann Georg Keyßler: Neueste Reisen durch Teutschland, Böhmen, Ungarn, die Schweitz, Italien und Lothringen. Bd. 1–2. Hannover: Förster 1740–1741 (2. Aufl. 1751; 3. Aufl. 1776).

Handwerkerreisen

1 Peter Moraw (Hrsg.): Unterwegssein im Spätmittelalter (= Zschr. f. historische Forschung Beih. 1), Berlin/W. 1985; Gerhard Jaritz, Albert Müller (Hrsg.): Migration in der Feudalgesellschaft, Frankfurt/M./New York 1988.

2 Rainer S. Elkar: Wandernde Gesellen in und aus Oberdeutschland. In: Ulrich Engelhardt (Hrsg.): Handwerker in der Industrialisierung. Stuttgart 1984, S. 262–293.

3 Grethe Jacobsen: Female Migration and the Late Medieval Town. In: Jaritz/Müller (wie Anm. 1), S. 43–55.

4 Rudolf Wissell: Des alten Handwerks Recht und Gewohnheit, 3 Bde., Nachdr. Berlin/W. 1971–1981.

5 Georg Schanz: Zur Geschichte der deutschen Gesellen-Verbände. Nachdr. Glashütten 1973, S. 151.

6 Bronislaw Geremek: Les migrations des compagnons au bas moyen âge. In: Studia historiae oeconomicae 5 (1970), S. 61–79. Wilfried Reininghaus: Wanderungen von Handwerkern zwischen hohem Mittelalter und Industrialisierung. In: Jaritz/Müller (wie Anm. 1), S. 179–215.

7 Frolinde Balser: Sozial-Demokratie 1848/49–1863, 2 Bde. Stuttgart 1962. Wolfgang Schieder: Anfänge der deutschen Arbeiterbewegung. Stuttgart 1963.

8 Helmut Bräuer: Gesellenmigration in der Zeit der Industriellen Revolution. Karl-Marx-Stadt 1982; Rainer S. Elkar: Die Mühsal der Walz. In: II. Internationales Handwerksgeschichtliches Symposium, hrsg. v. d. Ungarischen Akademie der Wissenschaften, Veszprém 1983, Bd. I, S. 293–313.

9 Dieter Langewiesche: Wanderungsbewegungen in der Hochindustrialisierungsperiode. In: Vierteljahrschrift für Sozial- und Wirtschaftsgeschichte (VSWG) 64 (1977), S. 1–40.

10 Richard Richter: Der Rolandschacht. Die Zunft der reisenden Bauhandwerker. Stuttgart o. J. (1982); Henri Germain u. a. (Hrsg.): Le Compagnonnage Européen. Eyrein 1981.

11 Helmut Bräuer: Gesellen im Sächsischen Zunfthandwerk des 15. und 16. Jahrhunderts,

Weimar 1989; Knut Schulz: Handwerksgesellen und Lohnarbeiter. Sigmaringen 1985; Kurt Wesoly: Lehrlinge und Handwerksgesellen am Mittelrhein, Frankfurt/M. 1985.

12 Rainer S. Elkar: Schola migrationis. In: Klaus Roth (Hrsg.): Handwerk in Mittel- und Südosteuropa. München 1987, S. 87–108. Der Verf. bereitet für 1989 eine Monographie über die neuzeitliche Gesellenmigration vor.

13 Klaus Stopp: Die Handwerkskundschaften mit Ortsansichten, 5 Bde. Stuttgart 1982/83.

14 Emile Coornaert: Les compagnonnages en France du moyen âge à nos jours. Paris 1966. Margrit Schulte-Beerbühl: Kontinuität und Wandel der Londoner Gesellenorganisation im 18. Jahrhundert. In: Engelhardt (wie Anm. 2), S. 242–261.

15 Klaus J. Bade: Altes Handwerk, Wanderzwang und gute Polizey. In: VSWG 69 (1982), S. 1–37.

Hausierhändler

1 Gemeindearchiv Gönningen: Einige der Erlebnisse des Johann Martin Merz, Samenhändler aus Gönningen. Transskribiert von A. Riehle.

2 Freiherr von Ulmenstein: Über einige Zweige des Handelsverkehrs und insbesondere über den Hausierhandel. In: Archiv der politischen Ökonomie und Polizeiwissenschaft, hrsg. v. K. H. Rau, 1. Band, Heidelberg 1835, S. 207–236; hier: S. 220.

3 Ausführlicher zur Entstehung des Hausierhandels: Christian Glass: Von Haus zu Haus. Wanderhändler in Württemberg. In: Beiträge zur Volkskunde in Baden-Württemberg 2 (1987), S. 133–162.

4 August von Holzschuher: Die materielle Not der unteren Volksklassen und ihre Ursachen. Augsburg 1850.

5 Wolfgang Kaschuba / Carola Lipp: Dörfliches Überleben. Tübingen 1982 (= Untersuchungen des Ludwig-Uhland-Instituts 56), S. 5.

6 Gustav Schmoller: Die Zunahme der Handlungsreisenden und Hausierer in Deutschland 1870–1882. In: Jahrbuch für Gesetzgebung, Verwaltung und Volkswirtschaft im Deutschen Reich, 7. Band, Leipzig 1883, S. 207.

7 Gustav Schmoller: Zur Geschichte des deutschen Kleingewerbes im 19. Jahrhundert, Halle 1870, S. 247.

8 Werner Sombart: Moderner Kapitalismus. Bd. II, München [3]1924, S. 360.

9 Ulmenstein (wie Anm. 2), S. 214.

10 Wolfgang Jacobeit: Weltbild im Wandel? Zur «Volkskultur» zwischen Feudalismus und Kapitalismus. In: Utz Jeggle u. a. (Hrsg.): Volkskultur in der Moderne. Reinbek 1986, S. 25–36; hier: S. 29.

11 Rudolf Schenda: Die Lesestoffe der Kleinen Leute. Studien zur populären Literatur im 19. und 20. Jahrhundert. München 1976, S. 29.

12 Justus Möser: Patriotische Phantasien, Bd. 1. In: Sämtliche Werke. Historisch-kritische Ausgabe in 14 Bänden. Bd. 4, Oldenburg/Berlin o. J., S. 186f.

13 Utz Jeggle / Gottfried Korff: Homo Zillertaliensis oder Wie ein Menschenschlag entsteht. In: Der Bürger im Staat, 24. Jg. 1974, S. 182–188.

Literatur

Höher, Peter: Heimat und Fremde. Wanderhändler des oberen Sauerlandes. Münster 1985 (= Beiträge zur Volkskultur in Nordwestdeutschland 41).

Mohl, Moriz: Eine Privat-Enquete über Gewerbefreiheit und Hausierhandel, Stuttgart 1982.

Rössger, Richard: Eine Untersuchung über den Gewerbebetrieb im Umherziehen. In: Jahrbuch für Nationalökonomie und Statistik, III. Folge 14. Band, Jena 1897, S. 1–55 und S. 204–269.

Schmidt, Michael: Handel und Wandel. Über jüdische Hausierer und die Verbreitung der Taschenuhr im frühen 19. Jahrhundert. In: Zeitschrift für Volkskunde, 83. Jg. (1987), S. 229–250.

Untersuchungen über die Lage des Hausiergewerbes in Deutschland, Band 1–5, Leipzig 1898/99 (= Schriften des Vereins für Socialpolitik 77–81).

Vagantenreisen

1 Georg Brückner: Die Bettler zu Effelder und ihre Zeit. In: Zeitschrift für Deutsche Kulturgeschichte, 1856, S. 36.
2 Diese Angabe findet sich bei Christoph Sachße / Florian Tennstedt (Hrsg.): Bettler, Gauner und Proleten. Armut und Armenfürsorge in der deutschen Geschichte. Ein Bild-Lesebuch. Reinbek bei Hamburg 1983. Küther geht davon aus, daß in Bayern in der zweiten Hälfte des 18. Jahrhunderts bis zu 10 Prozent der Bevölkerung zu den Vagierenden gehörten.
3 Zur Häufigkeit der Todesstrafe bei Vaganten vgl. Carsten Küther: Menschen auf der Straße. Vagierende Unterschichten in Bayern, Franken und Schwaben in der zweiten Hälfte des 18. Jahrhunderts. Göttingen 1983.
4 Theodor Hampe: Die fahrenden Leute in der deutschen Vergangenheit. Leipzig 1902, S. 47.
5 Zum Rotwelschen vgl. Robert Jütte: Rotwelsch, die Sprache der Bettler und Gauner. In: Heiner Boehncke / Rolf Johannsmeier: Das Buch der Vaganten. Spieler, Huren, Leutbetrüger. Köln 1987, S. 133–144.
6 Interessante Beispiele solcher Reisemasken bei den jüdischen Bettlern und Gaunern bringt Rudolf Glanz: Geschichte des niederen jüdischen Volkes in Deutschland. Eine Studie über historisches Gaunertum, Bettelwesen und Vagantentum. New York 1968.
7 Vgl. ebd.
8 Vgl. Küther (wie Anm. 3).
9 Zitiert nach Sachße / Tennstedt (wie Anm. 2) S. 102.
10 Im Anhang zu Küther (wie Anm. 3) sind einige äußerst aufschlußreiche Verhörprotokolle u. a. abgedruckt.
11 Ebd., S. 74.
12 Ebd., S. 57f.
13 Vgl. Klaus Bergmann: Schwarze Reportagen. Aus dem Leben der untersten Schichten vor 1914: Huren, Vagabunden, Lumpen. Reinbek bei Hamburg 1984.
14 Der deutsche Gil Blas. Eingeführt von Goethe. Oder Leben, Wanderungen und Schicksale Johann Christoph Sachses, eines Thüringers. Von ihm selbst verfaßt. Hrsg. v. Jochen Golz, Nördlingen 1987.
15 Johann Christian Brandes: Landstreicher, Komödiant und Schauspieldirektor. Bearbeitet von Johann Ernst Hettler, Heidenheim 1971, S. 32.
16 Ebd., S. 33.

Kaufleute zwischen Markt und Messe

1 Vgl. Georg Steinhausen: Kaufleute und Handelsherren in alten Zeiten. Leipzig, 1899 (2. Nachdruckauflage, Düsseldorf/Köln 1976) S. 20.
2 Zum Problem des Strukturwandels im Kaufmannsgewerbe im 14./15. Jahrhundert vgl. Friedrich Lütge: Deutsche Sozial- und Wirtschaftsgeschichte. Berlin/Heidelberg/New York 1966. S. 240; S. 248–250.
3 Zum Problem der Kaufmanns- und Handlungsbücher vgl. Harald Witthöft: Kaufmannsgeschichte und Rechenbücher im Umkreis von Unterricht und Schule. In: Existenz und Erziehung. Festschrift für Hans Schöneberg (= Siegener Studien 30, Sonderheft 1981) S. 93–114.
4 Vgl. Steinhausen (wie Anm. 1), S. 53.
5 Vgl. Wolfgang Ruppert: Bürgerlicher Wandel. Die Geburt der modernen deutschen Gesellschaft im 18. Jahrhundert. Frankfurt a. M. 1984, S. 106.
6 Zum Problem der frühen Routenbücher vgl. Herbert Krüger: Das älteste deutsche Routenhandbuch. Jörg Gails «Raißbüchlin». Graz 1974.
7 Zum Problem der Meilenscheiben vgl. Herbert Krüger: Oberdeutsche Meilenscheiben des 16. und 17. Jahrhunderts als straßengeschichtliche Quellen. In: Jahrbuch für fränkische Landesforschung, Teile I–IV, 1963–1966; Teil V, 1968.
8 Vgl. Erich Dauenhauer: Kaufmännische Erwachsenenbildung in Deutschland im 18. Jahrhundert. Phil. Diss. Erlangen/Nürnberg 1964, S. 26.

9 Vgl. Paul Jacob Marperger: Getreuer und Geschickter Handels-Diener. Nürnberg und Leipzig 1715. S. 243ff.
10 Vgl. Harald Witthöft: Reiseanleitungen, Reisemodalitäten, Reisekosten im 18. Jahrhundert. In: Reisen und Reisebeschreibungen im 18. und 19. Jahrhundert als Quellen der Kulturbeziehungsforschung. Hrsg. v. Boris I. Krasnobaev et al. Berlin 1980 (= Studien zur Geschichte der Kulturbeziehungen in Mittel- und Osteuropa VI), S. 41.
11 Marperger (wie Anm. 9), S. 244.
12 Ebd., S. 274.
13 Ebd., S. 277.
14 Zur Identität des Bürgertums im 18. Jahrhundert vgl. Ruppert (wie Anm. 5), S. 40ff.
15 Marperger (wie Anm. 9), S. 273f.
16 Ebd., S. 251.
17 Ebd., S. 8.
18 Ebd., S. 248.
19 Ebd., S. 248f.
20 Ebd., S. 250.
21 Als Beispiel vgl. das im späten 18. Jahrhundert sehr gebräuchliche Reisehandbuch von Heinrich August Ottokar Reichard: Handbuch für Reisende aus allen Ständen [...]. Leipzig 1784.
22 Zur Entwicklung der Messen in der Frühen Neuzeit vgl. Fernand Braudel: Sozialgeschichte des 15. bis 18. Jahrhunderts. Der Handel. München 1986, S. 89ff.
23 Paul Jacob Marperger: «Von Messen und Jahr-Märkten». Zit. nach Steinhausen (wie Anm. 1), S. 118.
24 Ebd., Zur Verbreitung der Reisen im Wagen während des 18. Jahrhunderts vgl. Werner Sombart: Das europäische Wirtschaftsleben im Zeitalter des Frühkapitalismus. Erster Halbband. Berlin 1969 (= Ders.: Der moderne Kapitalismus II/1).
25 Marperger (wie Anm. 23), S. 119.
26 Ebd.
27 Marperger (wie Anm. 9), S. 276.
28 Als Beispiele solcher Commerzreisen vgl. Gustav Otruba: Europäische Commerzreisen um die Mitte des 18. Jahrhunderts. Linz 1982 (= Linzer Schriften zur Sozial- und Wirtschaftsgeschichte 5).
29 Als Beispiel vgl. Philipp Andreas Nemnich: Tagebuch einer der Kultur und Industrie gewidmeten Reise. Tübingen 1809.
30 Marperger (wie Anm. 9), S. 8.
31 Zum Problem der Musterbücher im 18./19. Jahrhundert vgl. «Mein Feld ist die Welt». Musterbücher und Kataloge 1784–1914 (Ausstellungskatalog). Dortmund 1984.
32 Vgl. Allgemeine Gasthofs-Zeitung für Gastwirthe, Reisende und Freunde der Tafel. No. 51 (1840), S. 203.

Von Wirtshäusern, Reisenden, Literaten

1 Theodor Fontane: Von, vor und nach der Reise. In: ders.: Sämtliche Werke. Bd. XVIII. München 1972, S. 11.
2 Hippolyt Guarinonius: Grewel der Verwüstung (1610). Zit. nach Friedrich Rauers: Kulturgeschichte der Gaststätte. Bd. 1. Berlin [2]1942, S. 258f.
3 Zit. nach Ossip Demetrius Potthoff/Georg Kossenhaschen: Kulturgeschichte der deutschen Gaststätte. Berlin 1932, S. 155.
4 (Peter Ambrosius Lehmann): Die vornehmsten Europäischen Reisen. 9. Aufl. Hamburg 1741, Vorrede (unpag.).
5 August Ludwig Schlözer: Vorlesungen über Land- und Seereisen (1795/96). Göttingen u.a. 1962, S. 40f.
6 (Thomas Lediard): Der deutsche Kundschafter [...]. Lemgo 1764, S. 7.
7 Carl Eugen von Württemberg: Tagebücher seiner Rayßen [...] in den Jahren 1783–1791. Tübingen 1968, S. 251.

8 Johann Gottfried Seume: Spaziergang nach Syrakus im Jahre 1802. München 1963, S. 31.
9 Zit. nach Robert Glücksmann: Das Gaststättenwesen. Stuttgart 1927, S. 38.
10 Zit. nach Rauers (wie Anm. 2), S. 164.
11 Zit. nach ebd. S. 426.
12 Heinrich August Ottokar Reichard: Der Passagier auf der Reise in Deutschland [...]. Berlin [13]1846 (1. Aufl. Weimar 1801), S. 28.
13 (Franz Posselt): Apodemik oder die Kunst zu reisen. Ein systematischer Versuch. Bd. 2. Leipzig 1795, S. 189.
14 (Lehmann) (wie Anm. 5), Vorrede.
15 (Johann Kaspar Riesbeck): Briefe eines Reisenden Franzosen [...]. Bd. 1, o. O. 1783, S. 131 f.
16 Zit. nach Potthoff/Kossenhaschen (wie Anm. 3), S. 425.
17 Johann Pezzl: Skizze von Wien. Neudruck Graz 1923, S. 357 und S. 369.
18 Friedrich Nicolai: Beschreibung einer Reise durch Deutschland und die Schweiz, im Jahre 1781. Bd. 5. Berlin/Stettin 1785, S. 218ff.
19 (Riesbeck) (wie Anm. 16), 3. Ausg. Bd. 2, 1785, S. 84f.
20 (Bogatsch, [...]): Vertraute Briefe über Halle [...] Giebichenstein 1798, S. 85f.
21 Friedrich Christian Laukhard: Leben und Schicksale. Th. 1, Halle 1792, S. 217f.
22 Albrecht von Haller: Tagebücher seiner Reisen nach Deutschland, Holland und England 1723–1727. Hrsg. von Erich Hintzsche/Heinz Balmer. Bern u. a. 1971, S. 91.
23 Ernst Moritz Arndt: Reisen durch einen Theil Deutschlands, Ungarns, Italiens und Frankreichs in den Jahren 1798 und 1799. 2. Aufl. Th. 3. Leipzig 1804, S. 362.
24 Zit. nach Potthoff/Kossenhaschen (wie Anm. 3), S. 467.
25 Zit. nach ebd. S. 157f.
26 Zit. nach Holger Böning: Mündliche und publizistische Formen der politischen Volksaufklärung. Ein Beitrag zu den Anfängen des allgemeinen Zeitungslesens in der Schweiz. In: Presse und Geschichte II. Neue Beiträge zur historischen Kommunikationsforschung. München u. a. 1987, S. 265f.
27 Zit. nach Potthoff/Kossenhaschen (wie Anm. 3), S. 438.

Wilde Völkerkunde

1 Vgl. Erich Mindt: Ein Deutscher war der Erste. Berlin/Ulm 1942; Max Pannwitz: Deutsche Pfadfinder des 16. Jahrhunderts in Afrika, Asien, Südamerika. Stuttgart 1911; Hans Plischke: Der Anteil der Deutschen an der Entdeckung des Stillen Ozeans. Göttingen 1934–1936.
2 Adam von Wennern von Crailsheim: Ein gantz new Reysebuch von Prag auß biß gen Constantinopel. Nürnberg 1612, S. 124–127.
3 Peter Hulme: Colonial Encounters. Europe and the Native Caribbean 1492–1797. London/New York 1986.
4 Nicolaus Federmann: Reisen in Südamerika. Hrsg. v. Karl August Klüpfel. Stuttgart 1859 (Bibliothek des literarischen Vereins).
5 Hans Staden: Wahrhafftige Historia und Beschreibung einer Landschaft der wilden, nackten, grimmigen Menschenfresser, in der Neuen Welt Amerika gelegen. 1557. Originalgetreuer Faksimiledruck, hrsg. v. Günther E. Th. Bezzenberger, Kassel 1978.
6 Ulrich Schmidel: Wahrhafftige Historien einer wunderbaren Schiffahrt 1534–1554. Hrsg. v. Levin Hulsius, Nürnberg 1602, S. 50.
7 Ebd., S. 8, 72, 75.
8 Ebd., S. 95.
9 Berichte der mit den holländischen Kompagnien reisenden Deutschen sind erstmals in einer 13bändigen Auswahl von S. P. Naber gesammelt worden: Reisebeschreibungen von deutschen Beamten und Kriegsleuten im Dienst der Niederländischen West- und Ostindischen Kompagnien 1602–1797. 13 Bde. Den Haag 1930–1932. Franz Übleis (Deutsche in Indien 1600–1700. In: Zeitschrift für Religionsgeschichte Bd. 32 (1980), S. 127–151) hat weitere gefunden, Urs Faes schließlich (Heidentum und Aberglauben der Schwarzafrikaner in der Beurteilung durch deutsche Reisende des 17. Jahrhunderts. Phil. Diss. Zürich 1981) hat die

Berichte der Afrikareisenden unter ihnen systematisch auf ihren völkerkundlichen Aussagewert hin untersucht.

10 Daniel Parthey: Ostindianische und persianische neunjährige Kriegsdienste und Reisen, und Beschreibung, was sich von 1677 bis 1686 zugetragen. Nürnberg 1687, S. 32.

11 Josua Ultzheimer: Beschreibung etlicher Reisen 1596–1610. Hrsg. v. Sabine Werg, Tübingen 1971, S. 164 und 97.

12 Ebd., S. 113.

Die Angst des Reisenden

1 Vgl. etwa das Testament des florentinischen Bankiers Francesco Sassetti 1488 vor seiner Reise nach Lyon. Aby M. Warburg: Francesco Sassettis letztwillige Verfügung. In: Aby M. Warburg: Ausgewählte Schriften und Würdigungen, hrsg. v. Dieter Wuttke, Baden-Baden 1979, S. 129–151.

2 Johann Wolfgang von Goethe: Italienische Reise. Rom, 21. Febr. 1787. In: ders.: Werke. Hamburger Ausgabe, München [11]1982, Bd. XI, S. 177.

3 Vgl. Jean Delumeau: La Peur en Occident (XIVe–XVIIIe siècles), Paris 1978, Kap. I, 2 (dt. Die Angst im Abendland. Die Geschichte kollektiver Ängste im Europa des 14. bis 18. Jahrhunderts. Reinbek 1985, Bd. I, S. 63ff.).

4 Denis Diderot: Nachtrag zu Bougainvilles Reise. Frankfurt 1965, S. 69.

5 Elisa von der Recke: Tagebuch einer Reise durch einen Theil Deutschlands und durch Italien. Bd. 3, Berlin 1815, S. 281.

6 Goethe (wie Anm. 2), 14. 9. 1786, S. 26–31.

7 Johann Gottfried Seume: Spaziergang nach Syrakus im Jahre 1802. T. I, Berlin o. J., S. 159f. (‹Syrakus›).

8 Vgl. Dieter Richter: Das Bild der Neapolitaner in der Reiseliteratur des 18. und 19. Jahrhunderts. Ms., 1989.

9 Craufurd T. Ramage: The nooks and by-ways of Italy. Liverpool 1868, S. 93.

10 Seume (wie Anm. 7), S. 163 und 156.

11 Wilhelm von Lüdemann: Neapel wie es ist. Dresden 1827, S. 109–110.

12 Erinnerungen der Malerin Louise Seidler, hrsg. v. H. Uhde. Berlin 1922, S. 193 (Reise 1819).

13 Ernst Förster: Handbuch für Reisende in Italien. München 1848, S. 20–21.

14 Johann Ferdinand Neigebaur: Handbuch für Reisende in Italien. Leipzig [2]1833, S. 32.

15 Ebd., S. 28.

16 Thomas Nugent: The Grand Tour. London [2]1756, Vol. III, S. 37.

17 Heinrich August Ottokar Reichard: Handbuch für Reisende aus allen Ständen. Leipzig 1784, S. 638.

18 Ebd., 2. Aufl., Leipzig 1793, S. 7.

19 Ebd., 1. Aufl., S. 646.

20 Neigebaur (wie Anm. 14)

21 Tissot: Anleitung für den gemeinen Mann. Hamburg 1767, S. 35 («Von den Ursachen der Krankheiten des Volkes»). Vgl. auch Giuseppe Mosca: Delle febbri di mutazione d'aria e della loro preservazione e cura. Napoli 1755.

22 Hendrik van Huyssen: Curieuse und vollständige Reiß-Beschreibung von gantz Italien. Freiburg 1701, Bd. II, S. 87.

23 Karl Friedrich Benkowitz: Helios der Titan oder Rom und Neapel. Bd. I, Leipzig 1802, S. 7.

24 Reichard (wie Anm. 17), S. 634.

25 Carl Ulysses von Salis Marschlins: Reisen in verschiedene Provinzen des Königreichs Neapel. Bd. I. Zürich/Leipzig 1793, S. 224.

26 Neigebaur (wie Anm. 14), S. 21.

27 Recke (wie Anm. 5), Bd. I, S. 287f.

Deutsche Auswanderer

1 Häufig zu Protokoll genommene Antwort der Auswanderer des 19. Jahrhunderts auf die Frage nach dem Grund ihres Fortzuges.
2 Karl Stumpp: Die Auswanderung aus Deutschland nach Rußland in den Jahren 1763 bis 1862. Tübingen o.J., S. 14.
3 Staatsarchiv Ludwigsburg, Bestand D 41, Büschel Nr. 169.
4 Hauptstaatsarchiv Stuttgart, Bestand E 10, Büschel Nr. 49.
5 Ebd.
6 Georg Leibrandt: Die Auswanderung aus Schwaben nach Rußland 1816 bis 1823. Stuttgart 1928, S. 137f.
7 Günter Moltmann (Hrsg.): Aufbruch nach Amerika. Dokumentation einer sozialen Bewegung. Tübingen 1979, S. 328.
8 Leibrandt (wie Anm. 6), S. 134.
9 Privatbesitz Emil Frommer, Balingen-Ostdorf.
10 Berechnet nach: Hauptstaatsarchiv Stuttgart, Bestand E 10, Büschel Nr. 50–51.
11 Stadtarchiv Balingen, Bestand Ostdorf, Pflegschaftsrechnungen Martin Gering.
12 Stadtarchiv Münsingen, Bestand B, Nr. 25.
13 Staatsarchiv Sigmaringen, Bestand Wü 65/20, Büschel Nr. 349.
14 Ebd.
15 Ebd.

Das Land der Verheißung – Amerika

1 Siehe dazu Peter Marschalck: Deutsche Überseeauswanderung im 19. Jahrhundert. Ein Beitrag zur soziologischen Theorie der Bevölkerung (Industrielle Welt 14). Stuttgart 1973.
2 Maria Wagner (Hrsg.): Was die Deutschen aus Amerika berichteten. 1828–1865 (Deutsch-Amerikanische Studien 1). Stuttgart 1985.
3 Nachweise bei Peter Assion (Hrsg.): Der große Aufbruch. Studien zur Amerikaauswanderung (Hessische Blätter für Volks- und Kulturforschung NF 17). Marburg 1985, S. 145, Anm. 26.
4 Eugen von Philippovich (Hrsg.): Auswanderung und Auswanderungspolitik in Deutschland (Schriften des Vereins für Socialpolitik 52). Leipzig 1892, S. 112f.
5 Trierische Zeitung Nr. 99 vom 8. 8. 1816.
6 Denkschrift, die Regelung der Auswanderung betreffend (Staatsarchiv Marburg, Ministerium des Innern, Best. 16, Rep. II, Kl. 14, Nr. 25), S. 55.
7 Fritz Stroh: Hurdy-Gurdy. Volkskundliche Nachweise und Zielsetzungen. In: Hessische Blätter für Volkskunde 28 (1929), S. 163–179.
8 Vgl. Inge Auerbach: Auswanderung aus Kurhessen 1832–1866. In: Assion (wie Anm. 3), S. 19–50, hier S. 27.
9 Dazu auch Marschalck (wie Anm. 1), S. 12.
10 Günter Moltmann (Hrsg.): Aufbruch nach Amerika. Friedrich List und die Auswanderung aus Baden und Württemberg 1816/17. Dokumentation einer sozialen Bewegung. Tübingen 1979, S. 149.
11 Vgl. Günter Moltmann: Auswanderung als Revolutionsersatz?. In: Michael Salewski (Hrsg): Die Deutschen und die Revolution. Göttingen 1984, S. 272–297.
12 Dazu Peter Mesenhöller: Der Auswandererbrief. In: Assion (wie Anm. 3), S. 111–124.
13 Moltmann (wie Anm. 10), S. 135.
14 Ebd., S. 145.
15 Ebd., S. 140.
16 Ulrich Bräker: Leben und Schriften [...] des Armen Mannes in Tockenburg, dargestellt und hrsg. von Samuel Voellmy, Bd. 1, Basel 1945, S. 113.
17 Ina-Maria Greverus: Der territoriale Mensch. Ein literaturanthropologischer Versuch zum Heimatphänomen, Frankfurt/Main 1972, S. 145.
18 Peter Börner: Utopia in der Neuen Welt: Von europäischen Träumen zum American

Dream. In: Wilhelm Voßkamp (Hrsg.): Utopieforschung. Interdisziplinäre Studien zur neuzeitlichen Utopie. Bd. 2, Frankfurt/M. 1985, S. 358–374, hier S. 360.

19 Moltmann (wie Anm. 10), S. 168, 186.

20 Es ist ausdrücklich darauf hinzuweisen, daß im 18. Jahrhundert die Auswanderung nach Osteuropa noch vor derjenigen nach Amerika den Vorrang hatte.

21 Roland Seeberg-Elverfeldt: Merchingen und Umgebung im 18. Jahrhundert. In: Württembergisch Franken 41 (1957), S. 65ff., hier S. 166 (mit Abdruck des ganzen Briefes).

22 Greverus (wie Anm. 17), S. 158.

23 Traugott Bromme: Hand- und Reisebuch für Auswanderer nach den Vereinigten Staaten von Nord-Amerika. Bayreuth [5]1848, S. 411f. Vgl. auch den Bericht über einen entsprechend leichtgläubigen Auswanderer in: Der deutsche Auswanderer, 1847, Nr. 2, Sp. 28–32.

24 Carl Schurz: Lebenserinnerungen 1829–1852. Berlin [2]1982, S. 44.

25 Ebd.

26 Hubert Locher: Die wirtschaftliche und soziale Lage in Baden am Vorabend der Revolution von 1848. Diss. Freiburg i.Br. 1950, S. 172.

27 Vgl. Moltmann (wie Anm. 11).

28 Peter Assion: Schlaraffenland schriftlich und mündlich. Zur Wiederkehr von Märchenmotiven in der Auswanderungsdiskussion des 19. Jahrhunderts. In: Lutz Röhrich / Erika Lindig (Hrsg.): Volksdichtung zwischen Mündlichkeit und Schriftlichkeit (ScriptOralia 9). Tübingen 1989, S. 109–123.

29 Vgl. Rudolf Schenda: Die Verfleißigung der Deutschen. In: Volkskultur in der Moderne. Probleme und Perspektiven empirischer Kulturforschung. Reinbek 1986, S. 88–108.

30 Vgl. Lutz Röhrich: Auswandererschicksal im Lied. In: Assion (wie Anm. 3), S. 71–108.

31 Vgl. Wolfgang Helbich (Hrsg.): «Amerika ist ein freies Land...» Auswanderer schreiben nach Deutschland. Darmstadt/Neuwied 1985.

32 Wagner (wie Anm. 2), S. 241.

33 Gottfried Duden: Bericht über eine Reise nach den westlichen Staaten Nordamerika's und einen mehrjährigen Aufenthalt am Missouri (in den Jahren 1824, 25, 26 und 1827), in Bezug auf Auswanderung und Uebervölkerung. Elberfeld 1829.

34 Stephan Görisch: Die gedruckten «Ratgeber» für Auswanderer. In: Assion (wie Anm. 3), S. 51–70.

35 Wagner (wie Anm. 2), S. 219.

36 Ebd., S. 214.

Die Ordinari-Post

1 Christian Scriver: Gottholds Zufällige Andachten. Leipzig 1686 (zuerst 1663–69), S. 702. Zit. nach Klaus Beyrer: Die Postkutschenreise. Tübingen 1985, S. 147.

2 Johann Heinrich Zedler: Grosses vollständiges Universallexikon aller Wissenschaften und Künste. Bd. 28, Halle 1741, Sp. 1785.

3 Siehe Herbert Leclerc: Von der Botenordnung zum Reichskursbuch. In: Archiv für deutsche Postgeschichte, H. 1/1985, S. 9.

4 Siehe Karl Greiner: Württemberg und Thurn und Taxis im Kampf um das Postregal. In: Archiv f. dt. Postgesch., H. 2/1959, S. 52.

5 Beschrieben von Johann Ignatium Würth, H'fürstl. Kemptischer Expeditions Secretarium, 1742. Nach Hildebrand Dussler (Hrsg.): Reisen und Reisende in Bayerisch-Schwaben. Bd. 1, Weißenhorn 1968, S. 218.

6 Zit. nach August Hermeier: Postkutschen-Passagiere als privilegierte Kaffeetrinker. In: Archiv f. dt. Postgesch., H. 1/1982, S. 94f.

7 Über das Postwesen, besonders in Teutschland, dessen Geschichte, Rechte und Mängel. In: E.L. Posselt (Hrsg.): Wissenschaftliches Magazin für Aufklärung I. Kehl 1785, S. 298. Zit. nach Wolfgang Ruppert: Bürgerlicher Wandel. Frankfurt a.M./New York 1981, S. 101.

8 Fabriken- und Manufakturenlexikon von Teutschland und einigen angrenzenden Ländern. Weimar 1798, Vorrede. Zit. nach Ruppert (wie Anm. 7), S. 102.

9 John Quincy Adams: Letters on Silesia. Breslau 1805. Zit. nach Manfred Schubert: Mit dem Postwagen durch Schlesien. In: Archiv f. dt. Postgesch. H. 2/1970, S. 131.
10 Anonymus: Eine Frühlingsreise über Halle, Leipzig und Altenburg nach Dresden, im Jahre 1784. In: Auswahl kleiner Reisebeschreibungen. Bd. 4.34.1/86, S. 823. Zit nach Beyrer (wie Anm. 1), S. 209.
11 Oberbaurat Leibbrand: Die Landstraßen. In: Das Königreich Württemberg. Bd. II, 1 (= 3. Buch), Stuttgart 1884, S. 824.
12 Die im Folgenden wiedergegebenen Verordnungen aus der Zeit zwischen 1807 und 1820 sind entnommen: F. F. Mayer: Sammlung der württembergischen Gesetze in Betreff des Post- und Landboten-Wesens. Anhang zu der von Prof. Reyscher veranstalteten Gesetzsammlung. Tübingen 1847.
13 Wortgleich noch 1782: Topographische Reise-, Post- und Zeitungslexikon. Bd. 2, S. 563, siehe Beyrer (wie Anm. 1), S. 94.
14 So die Bekanntmachung «welchen Tag die Wochen über sämmtliche Land-Gutschen und Post-Wägen in Stuttgart ankommen, logieren und wiederum abgehen». Zit. nach Karl Köhler: Entstehung und Entwicklung der Maximilianischen, spanisch-niederländischen und kaiserlich taxischer Postes, der Postkurse und Poststellen in der Grafschaft, im Herzogtum und Kurfürstentum Württemberg. In: Württ. Jb. 1932/33, S. 118.
15 Oberpostdirektion Stuttgart.
16 Heinrich August Ottokar Reichard: Der Passagier auf der Reise in Deutschland und einigen angränzenden Ländern, vorzüglich in Hinsicht auf seine Belehrung, Bequemlichkeit und Sicherheit. Weimar 1801, S. 117. Zit. nach Beyrer (wie Anm. 1), S. 234.

Lügen haben lange Beine

1 Genaue bibliographische Angaben bei Josephine W. Bennett: The Rediscovery of Sir John Mandeville. New York 1954, S. 263ff.
2 Johannes von Mandeville: Von seltsamen Ländern und wunderlichen Völkern. Hrsg. v. Gerhard Grümmer. Leipzig 1986, S. 22.
3 Eric John Morall (Hrsg.): Sir John Mandevilles Reisebeschreibung. Berlin 1974, S. XV.
4 Mandeville (wie Anm. 2), S. 123.
5 Elisabeth Rücker: Hartmann Schedels Weltchronik. Das größte Buchunternehmen der Dürerzeit. München 1988, S. 34.
6 Hough Honor: Wissenschaft und Exotismus. Die europäischen Künstler und die außereuropäische Welt. In: Mythen der Neuen Welt. Berlin 1982, S. 23f.; Annemarie de Waal Malefijt: Homo Monstruosus. In: Scientific American Vol. 219 (1968), Nr. 4, S. 112–118.
7 Mandeville (wie Anm. 2), S. 155.
8 Zit nach Honor (wie Anm. 6), S. 24.
9 Victor von Hagen: Auf der Suche nach dem Goldenen Mann. Reinbek 1977, S. 217ff.
10 Vgl. dazu neben Bennett (wie Anm. 1) und Morall (wie Anm. 3) auch Malcolm Letts: Sir John Mandeville. London 1949.
11 Mandeville (wie Anm. 2), S. 138f.
12 Vgl. Bennett (wie Anm. 1), S. 252ff.
13 Percy G. Adams: Travelers and Travel Liars 1660–1800. Berkeley/Los Angeles 1962, S. 2f. Ich wandele sein Schema im folgenden leicht ab.
14 Beschreibung einiger Land- und Seereisen nach Asien, Afrika und Amerika [...] von einem gebornen Aegyptier Zacharias Taurinius. Mit einer Vorrede von Johann Jacob Ebert. Bd. 1–3. Leipzig 1799–1801; hier Bd. 1., S. IV.
15 Anonym: Of the Shoe-Maker, Schrödter, the Printer, Taurinius, and the Cabinet-Maker, Damberger, Three Travellers Who Never Travelled at All [...]. London 1801. Taurinius nannte sich auch Joseph Schrödter und Christian Friedrich Damberger.
16 Vgl. dazu die Diskussion in der ‹Allgemeinen Literatur-Zeitung› Jena 1801, Nr. 39; der ‹Neuen Allgemeinen Deutschen Bibliothek› Bd. 58/1 (1801), S. 442ff., und Franz von Zachs ‹Monathlicher Correspondenz›, Gotha 1801, März, S. 268ff.

17 Vgl. Karl-Heinz Kohl: Entzauberter Blick. Das Bild vom Guten Wilden. Frankfurt/M. 1986, S. 63ff.
18 Vgl. dazu im einzelnen Werner R. Schweizer: Münchhausen und Münchhausiaden. Bern/München 1969.
19 Die neuere wie die ältere Literatur verzeichnet gleichermaßen genau Michael Winter: Compendium Utopiarum. Stuttgart 1978. Unverzichtbar auch die Untersuchung von Philipp B. Gove: The imaginary voyage in prose fiction. London 1941.
20 Zit. nach A. L. Morton: Die englische Utopie. Berlin 1958, S. 115. Vgl. auch Nicolas Stingl: Der wahre Robinson oder das Walten der Vorsehung. Nördlingen 1980.
21 Vgl. dazu Wolfgang Griep: Wir sind doch keine Wilden! In: Thomas Theye (Hrsg.): Wir und die Wilden. Einblicke in eine kannibalische Beziehung. Reinbek 1985, S. 288ff.

Im Coupé

1 Ausgewählte Briefe der Marquise de Sévigné. München o.J.
2 Gottlob Heinrich Heinse: Reisen durch das südliche Deutschland und die Schweitz in den Jahren 1808 und 1809. Mit Bemerkungen und Beiträgen zur Geschichte des Tages. Bd. 1, Leipzig 1810.
3 Justus Gruner: Meine Wallfahrt zur Ruhe und Hoffnung oder Schilderung des sittlichen und bürgerlichen Zustandes Westphalens am Ende des achtzehnten Jahrhunderts. Frankfurt am Main 1802.
4 A(dolph) Freyherr von Knigge: Ueber den Umgang mit Menschen. Th. 2, Hannover 1788.
5 Eine preußische Königstochter. Glanz und Elend am Hofe des Soldatenkönigs in den Memoiren der Markgräfin Wilhelmine von Bayreuth, hrsg. v. Ingeborg Weber-Kellermann. Frankfurt/M. 1981.
6 Die Reisen des Samuel Kiechel 1585–89, übers. und bearb. von Hartmut Prottung. München 1987.
7 P. Joseph Dietrich: Bericht einer Reise zum Frankfurter Büchermarkt 1684 (Bearb. und Nachw. v. Leo Helbing). Zürich u.a. 1967.
8 Joachim Ernst von Beust: Versuch einer ausführlichen Erklärung des Post-Regals. Th. 2, Jena 1748.
9 (Woldemar Friedrich) Graf von Schmettau: Über Straßenräuberei und Unsicherheit der Landstraßen. In: Kleine Reisen. Lektüre für Reise-Dilettanten. Bd. 6, Berlin 1789.
10 Vgl. bei William E. Stewart: Die Reisebeschreibung und ihre Theorie im Deutschland des 18. Jahrhunderts. Bonn 1978.
11 (Johann Kaspar Riesbeck:) Briefe eines reisenden Franzosen über Deutschland. An seinen Bruder zu Paris. 2 Bde., o.O. (Zürich: Orell) 1783.
12 Friedrich Nicolai: Beschreibung einer Reise durch Deutschland und die Schweiz, im Jahre 1781. Nebst Bemerkungen über Gelehrsamkeit, Industrie, Religion und Sitten. 12 Bde. Berlin u. Stettin 1783–1796. – Vgl. Wolfgang Martens: Ein Bürger auf Reisen. Bürgerliche Gesichtspunkte in Nicolais «Beschreibung [...]». In: Zeitschrift für Deutsche Philologie 97 (1978) 4.
13 Johann Timotheus Hermes: Sophiens Reise von Memel nach Sachsen. 5 Bde., Leipzig 1769–73. – Vgl. die von F. Brüggemann besorgte Neuausgabe in Auszügen (Leipzig 1941).
14 Ludwig Börne: Monographie der deutschen Postschnecke. In: Die Wage, hrsg. v. L. B. 2 (1821) 2.
15 Ludwig Börne: Briefe an Jeanette Wohl. In: L. B., Sämtliche Schriften, hrsg. v. Inge und Peter Rippmann, Bd. 4, Düsseldorf 1968.
16 Adolph Freiherr von Knigge: Briefe, auf einer Reise aus Lothringen nach Niedersachsen geschrieben. Hannover 1793.
17 Johann Friedrich Carl Grimm: Bemerkungen eines Reisenden durch Deutschland, Frankreich, England und Holland in Briefen an seine Freunde. Th. 1, Altenburg 1775.
18 Karl Friedrich Zelter: Selbstdarstellung, ausg. und hrsg. v. Willi Reich. Zürich 1955.
19 Zit. nach Reinhard Oberschelp: Niedersachsen 1760–1820. Bd. 1, Hildesheim 1982.
20 Nach Rudolf W. Lang: Reisen anno dazumal. München 1979.

21 Vgl. bei Wolfgang Schivelbusch: Geschichte der Eisenbahnreise. Zur Industrialisierung von Raum und Zeit im 19. Jahrhundert. München 1977.
22 Hierzu Klaus Beyrer: Das Reisesystem der Postkutsche. Verkehr im 18. und 19. Jahrhundert. In: Ausst.kat. Zug der Zeit – Zeit der Züge, hrsg. v. der Eisenbahnjahr Ausstellungsgesellschaft mbH, Nürnberg. Bd. 1, Berlin 1985.
23 Ludwig Börne: Briefe aus Paris. In: L. B., Sämtliche Schriften, hrsg. v. Inge und Peter Rippmann. Bd. 3, Düsseldorf 1964.

Gelehrte und Enzyklopädisten

1 Vgl. dazu Friedrich Paulsen: Geschichte des gelehrten Unterrichts auf den deutschen Schulen und Universitäten vom Ausgang des Mittelalters bis zur Gegenwart. 2 Bde. Berlin/Leipzig [3]1919/1921; Götz von Selle: Die Georg-August-Universität zu Göttingen 1737–1937. Göttingen 1937.
2 Wilhelm Ebel (Hrsg.): Vorlesungen über Land- und Seereisen gehalten von Herrn Professor Schlözer. Nach dem Kollegheft des stud. jur. E. F. Haupt. Göttingen 1962, S. 5ff.
3 Ebd., S. 11.
4 Johann David Köhler: Anweisung zur Reiseklugheit für junge Gelehrte [...], neu überarb. v. Johann Friedrich August Kinderling. Bd. 1, Magdeburg 1788, S. XI.
5 Ebd., S. 1.
6 Ebd., S. X.
7 Johann David Köhler: Anweisung für Reisende Gelehrte, Bibliothecken, Münz-Cabinette, Antiquitäten-Zimmer, Bilder-Säle, Naturalien- und Kunst-Cammern, u. d. m. mit Nutzen zu besehen. Frankfurt/Leipzig 1762, S. 4.
8 Ebel (wie Anm. 2), S. 60.
9 Gerhard Lutz: Geographie und Statistik im 18. Jahrhundert. Zur Neugliederung und Inhalten von «Fächern» im Bereich der historischen Wissenschaften. In: Mohammed Rassem/Justin Stagl (Hrsg.): Statistik und Staatsbeschreibung in der Neuzeit, vornehmlich im 16.–18. Jahrhundert. Paderborn usw. 1980, S. 250. Dort auch ausführlicher zum Folgenden.
10 Friedrich Nicolai: Beschreibung einer Reise durch Deutschland und die Schweiz, im Jahre 1781. Nebst Bemerkungen über Gelehrsamkeit, Industrie, Religion und Sitten. Bd. 1, Berlin/Stettin 1783, S. 13f.
11 Franz Posselt: Apodemik oder die Kunst zu reisen. Ein systematischer Versuch [...]. 2 Bde., Leipzig 1795.
12 Leopold von Berchtold: Anweisung für Reisende, nebst einer systematischen Sammlung zweckmäßiger und nützlicher Fragen. Braunschweig 1791.
13 Landes-Inventarium. In: Johann Bernoullis Sammlung kurzer Reisebeschreibungen. Bd. 3, Leipzig 1781, S. 395.
14 Philipp Wilhelm Gercken: Reisen durch Schwaben, Baiern, angränzende Schweiz, und die Rheinische Provinzen etc. in den Jahren 1779–1782. 4 Bde., Stendal/Worms 1783–1788. Die Beschreibung blieb unvollendet; eine Krankheit zwang Gercken zum Abbruch des Werkes.
15 Ebd., Bd. 1, S. XXXV.
16 Nicolai (wie Anm. 10), Bd. 1, S. 15. Über Nicolais Reisebericht sind mehrere Arbeiten erschienen; zuletzt Hans-Wolf Jäger: Der reisende Enzyklopäd und seine Kritiker. In: Jahrbuch der deutschen Schiller-Gesellschaft 26 (1982), S. 104–124. Dort auch die weitere Literatur.
17 Nicolai (wie Anm. 10)., S. 18.
18 Ebd., S. 23.
19 Ebd., S. 17.
20 Vgl. dazu neuerdings Paul Raabe: Friedrich Nicolais unbeschriebene Reise von der Schweiz nach Norddeutschland im Jahre 1781. In: Griep (wie Anm. 12).
21 Nicolai (wie Anm. 10), Bd. 3, S. 13ff.
22 Jonas Ludwig von Heß: Durchflüge durch Deutschland, die Niederlande und Frankreich. 2. Aufl., Bd. 1, Hamburg 1786, S. 9f.
23 So Georg Forster in einer Rezension zu Michael Consetts Reise durch Schweden. In: G. F.

Sämtliche Schriften, Tagebücher, Briefe. Bd. 11, Berlin 1977, S. 192f. Zum Kontext dieser Diskussion vgl. auch Wolfgang Griep: Reisen und deutsche Jakobiner. In: Wolfgang Griep/Hans-Wolf Jäger (Hrsg.): Reise und soziale Realität am Ende des 18. Jahrhunderts. Heidelberg 1983, S. 55ff.

Reisen und Aufschreiben

1 Meusel, Johann Georg (Hrsg.): Miscellaneen artistischen Inhalts. Bd. 27, Erfurt 1785, S. 186f.
2 Ebd., S. 389.
3 Friedrich Nicolai: Beschreibung einer Reise durch Deutschland und die Schweiz, im Jahre 1781. Nebst Bemerkungen über Gelehrsamkeit, Industrie, Religion und Sitten. 12 Bde., Berlin 1783–1796. Hier Bd. 1, S. 20f.
4 Ebd., Bd. 1, S. 22.
5 Ebd., Bd. 1, S. 21f.
6 Johann Albert Heinrich Reimarus: Darstellung der Unmöglichkeit bleibender körperlicher, örtlicher Gedächtniseindrücke. Hamburg 1812, S. 51.
7 (Franz Posselt): Apodemik oder die Kunst zu reisen. Ein systematischer Versuch zum Gebrauch junger Reisenden [...]. Bd. 2, Leipzig 1795, S. 276.
8 Vgl. ebd., Bd. 2, S. 392f.
9 Ebd., Bd. 1, S. 602.
10 Ebd., Bd. 2, S. 276.
11 Ebd., Bd. 1, S. 612.

Der philanthropische Wegweiser

1 Vgl. Bärbel Panzer: Die Reisebeschreibung als Gattung der philanthropischen Jugendliteratur in der zweiten Hälfte des 18. Jahrhunderts. Frankfurt a. M. 1983, S. 133f.
2 Jean-Jacques Rousseau: Emil oder Über die Erziehung. In neuer dt. Fassung besorgt und mit Anmerkungen versehen von Ludwig Schmidts, Paderborn 1978.
3 Joachim Heinrich Campe: Reise des Herausgebers von Hamburg bis in die Schweiz im Jahre 1785. Erste Sammlung merkwürdiger Reisebeschreibungen, 2. Theil. Wolfenbüttel 1786 (3. Gesamtausgabe von 1830, 18. Band).
4 Christian Gotthilf Salzmann: Reisen der Salzmannischen Zöglinge (Von Christian Gotthilf Salzmann, Christian Carl Andre und Johann Christoph Gutsmuths). Bd. 6. Leipzig: Crusius 1793. S. 181. Vgl. Wolfgang Griep: Die lieben Zöglinge unterwegs. Über Schulreisen am Ende des 18. Jahrhunderts. In: ders./Hans-Wolf Jäger (Hrsg.): Reisen im 18. Jahrhundert. Neue Untersuchungen (Neue Bremer Beiträge 3). Heidelberg 1986, S. 160f.
5 Campe (wie Anm. 3), S. 243f.
6 Ebd., S. 243.
7 Salzmann (wie Anm . 4), S. 189.
8 Ebd., S. 189.
9 Christian Carl Andre: Kleine Wanderungen auch Größere Reisen der weiblichen Zöglinge zu Schnepfenthal, um Natur, Kunst und den Menschen immer besser kennen zu lernen. Leipzig: Crusius 1788, S. 80.
10 Campe (wie Anm. 3), S. 1.
11 Ebd., S. 67.
12 (Anonym): Unterhaltungen eines Landschullehrers mit seinen Kindern auf Spaziergängen und in der Schule über merkwürdige Wörter und Sachen aus der Natur und dem gemeinen Leben. Ein Buch für Eltern, Kinder und Schullehrer unter den Bürgern und Landleuten. Zur Übung der Aufmerksamkeit, zur Beförderung des Selbstdenkens und zur Verbreitung nützlicher und angenehmer Kenntnisse. Schnepfenthal 1794, Vorrede S. XI.
13 Ebd., S. XI.
14 Christian Conrad Jakob Dassel: Merkwürdige Reisen der Gutmannschen Familie. Ein Weihnachtsgeschenk für die Jugend. Theil 1–5, Hannover: Hahn 1797–1805. Vorrede S. IX.

15 Ebd.
16 Anonym (wie Anm. 12), S. XV.
17 Campe (wie Anm. 3), S. 91.
18 Salzmann (wie Anm. 4), S. 200f.

Die Fußreise

1 Vgl. dazu Arno Borst: Lebensformen im Mittelalter. Frankfurt/M. usw. 1979, bes. S. 133–157.
2 Siehe dazu etwa Franz Irsigler: Bettler und Gaukler, Dirnen und Henker: Randgruppen und Außenseiter in Köln 1300–1600. Köln 1984; Carsten Küther: Menschen auf der Straße. Vagierende Unterschichten in Bayern, Franken und Schwaben in der zweiten Hälfte des 18. Jahrhunderts. Göttingen 1983; Christoph Sachße / Florian Tennstedt (Hrsg.): Bettler, Gauner und Proleten. Reinbek 1983.
3 Morgenblatt für gebildete Stände Jg. 1807, Nr. 141, S. 563.
4 Friedrich A. Köhler: Eine Albreise im Jahre 1790 zu Fuß von Tübingen nach Ulm. Hrsg. v. Eckart Frahm / Wolfgang Kaschuba / Carola Lipp, Bühl-Moos 1984, S. 23.
5 Klaus Laermann: Raumerfahrung und Erfahrungsraum. Einige Überlegungen zu Reiseberichten aus Deutschland vom Ende des 18. Jahrhunderts. In: ders. u.a.: Reise und Utopie. Zur Literatur der Spätaufklärung. Frankfurt a.M. 1976, S. 57–97, hier S. 78.
6 Wolf Lepenies: Melancholie und Gesellschaft. Frankfurt 1969, S. 134.
7 Vgl. Klaus Beyrer: Die Postkutschenreise. Tübingen 1985, bes. S. 193–248.
8 Johann Gottfried Seume: Spaziergang nach Syrakus. Wien 1980, S. 86.
9 Reiseberichte eines westfälischen Glasindustriellen, hrsg. v. Hans Vollmerhaus, Dortmund 1971, S. 52.

Reisen Frauen anders?

1 Vgl. Hans Magnus Enzensberger: Eine Theorie des Tourismus. In: Einzelheiten I. Bewußtseins-Industrie. Frankfurt [10]1979, S. 185.
2 Georg Forster: Reise um die Welt. Hrsg. v. Gerhard Steiner, Frankfurt 1983, S. 359.
3 Tzvetan Todorov: Die Eroberung Amerikas. Das Problem des Anderen. Frankfurt a.M. 1982, S. 63.
4 Hedwig Röttger: Das Motiv: Der heimkehrende Gatte und sein Weib in der deutschen Literatur seit 1890. Diss. Bonn 1934, und Willy Splettstösser: Der heimkehrende Gatte und sein Weib in der Weltliteratur. Diss. Berlin 1899.
5 Zit. n. Ralph-Rainer Wuthenow: Die erfahrene Welt. Europäische Reiseliteratur im Zeitalter der Aufklärung. Frankfurt 1980, S. 329f.
6 Georg Simmel: Zur Philosophie der Geschlechter. In: Philosophische Kultur. Gesammelte Essais. Potsdam [3]1923.
7 Zit. n. Bärbel Panzer: Die Reisebeschreibung als Gattung der philanthropischen Jugendliteratur in der zweiten Hälfte des 18. Jahrhunderts. Frankfurt a.M./Bern/New York 1983, S. 261.
8 Annette Laming: Versuch einer historischen Zusammenstellung berühmter Entdecker und Erforscher der Welt. In: Die berühmten Entdecker und Erforscher der Erde. Hrsg. v. André Leroi-Gourhan und Kurt Kayser, Köln 1965, S. 303.
9 Ebd., S. 302.
10 Margery Kempe: Reisen einer exzentrischen Lady. Berlin 1986.
11 Zu Maria Sibylla Merian siehe Ingeborg H. Solbrig: «Patiencya ist ein gut Kreutlein»: Maria Sibylla Merian (1647–1717): Naturforscherin, Malerin, Amerikareisende. In: Barbara Bekker-Cantarino (Hrsg.): Die Frau von der Reformation zur Romantik. Bonn 1980 und: Elisabeth Rücker. Maria Sibylla Merian als Wissenschaftlerin und Verlegerin. Börsenblatt für den Deutschen Buchhandel Nr. 34 (1985), S. 121–134.
12 Theodor Hampe: Die fahrenden Leute in der deutschen Vergangenheit. Leipzig 1902, S. 13.
13 Ebd., S. 64f.

14 Jaques Le Pensif: Merkwürdiges Leben einer sehr schönen und weit und breit gereisten Tyrolerin. Frankfurt 1980. (Erstausgabe 1744).
15 Hans Ostwald: Die Tippelschickse. Szene aus dem Vagabundenleben. Bunte Theaterbibliothek H. 3. Berlin 1901.
16 Louis-Antoine de Bougainville: Reise um die Welt welche mit der Fregatte La boudeuse und dem Fleutschiff L'Etoille in den Jahren 1766, 1767, 1768 und 1769 gemacht worden. Berlin 1985 (Erstausgabe 1772).
17 Lady Mary Montagu: Briefe der Lady Marie Worthley Montagu. Leipzig 1764.
18 (Kindersley, Jemima:) Briefe eines reisenden Frauenzimmers über Ostindien. Frankfurt und Leipzig 1787.
19 Joachim Heinrich Campe: Väterlicher Rath für meine Tochter. Gegenstück zum Theophron. Der erwachsenen weiblichen Jugend gewidmet. Braunschweig 1789, S. 109.
20 Jean-Jacques Rousseau: Emile oder über die Erziehung. Stuttgart 1963, S. 823.
21 Sophie Schwarz (geb. Becker): Briefe einer Curländerin. Auf einer Reise durch Deutschland. Berlin 1791, S. 18.
22 Johanna Schopenhauer: Ausflug an den Niederrhein und nach Belgien im Jahr 1828. Essen 1987 (Nachw.: Annette Fimpeler und Karl Bernd Heppe).
23 Therese Huber: Bemerkungen über Holland aus dem Reisejournal einer deutschen Frau. Leipzig 1811, S. 246.

Wallfahrten nach Paris

1 So der schwäbische Pfarrer und Schriftsteller Johann Gottfried Pahl: Denkwürdigkeiten aus meinem Leben und aus meiner Zeit, hrsg. v. Wilhelm Pahl, Tübingen 1840, S. 102.
2 Vgl. hierzu Hans-Wolf Jäger: Kritik und Kontrafaktur. Die Gegner der Aufklärungs- und Revolutionsreise. In: Reise und soziale Realität am Ende des 18. Jahrhunderts, hrsg. v. Wolfgang Griep u. Hans-Wolf Jäger (Neue Bremer Beiträge, 1), Heidelberg 1983, S. 86ff. – Vgl. auch Alain Ruiz: Deutsche Reisebeschreibungen über Frankreich im Zeitalter der Französischen Revolution (1798–1799): Ein Überblick. In: Reiseberichte als Quellen europäischer Kulturgeschichte. Aufgaben und Möglichkeiten der historischen Reiseforschung, hrsg. v. Antoni Mączak u. Hans Jürgen Teuteberg (Wolfenbütteler Forschungen 21), Wolfenbüttel 1982, S. 232. – Der Begriff der «Wallfahrt» nach Paris findet sich ausdrücklich etwa bei Campe und Zschokke.
3 Joachim Heinrich Campe: Briefe aus Paris zur Zeit der Revolution geschrieben. Mit Erläuterungen, Dokumenten und einem Nachwort von Hans-Wolf Jäger, Hildesheim 1977, S. 4.
5 Campe (wie Anm. 3), Vorrede, S. VII. Vgl. dazu auch das Nachwort von H.-W. Jäger, ebd., S. 75.
6 Campe (wie Anm. 3), S. 86.
7 Ebd., S. 325.
8 Ebd., S. 31 u. 30.
9 Ebd., S. 20f.
10 Ebd., S. 92f.
11 Ebd., S. 328.
12 Ebd. S. 331ff.
13 Ebd., Vorrede, S. XI. – Die «Vorrede» erschien erstmals im Januar-Heft 1790 des ‹Braunschweigischen Journals›, nach der Veröffentlichung der ersten sechs ‹Briefe›. Campe scheint sich zu diesem Zeitpunkt bereits, angesichts vorausgegangener Verdächtigungen, zu einer Selbstrechtfertigung gezwungen gesehen zu haben.
14 Vgl. etwa den antirevolutionären Wiener Denunzianten Leopold Alois Hoffmann: Über die politischen Angelegenheiten Frankreichs. In Briefen an den Herrn Edukationsrath und Buchhändler Joachim Heinrich Campe in Braunschweig. In: Wiener Zeitschrift, hrsg. v. L. A. Hoffmann, Wien 1792, Bd. 1, S. 78, S. 80 u. S. 89.
15 Vgl. dazu die ausführliche Darstellung bei Thomas Grosser: Reiseziel Frankreich. Opladen 1989, S. 183ff.

16 Gerhard Anton von Halem: Blicke auf einen Theil Deutschlands, der Schweiz und Frankreichs bey einer Reise vom Jahre 1790. Hamburg 1791, Teil 2, S. 172.
17 Ebd., S. 120f.
18 (Friedrich Reichard:) Vertraute Briefe über Frankreich. Auf einer Reise im Jahre 1792 geschrieben. 2 Teile, Berlin 1792/93, Bd. 2, S. 189–198 u. S. 441f. – Reichard erwirbt einige Reliquien aus dem Nachlaß Mirabeaus.
19 Ebd., S. 425.
20 Ebd., S. 414 u. 443f.
21 Vgl. die Vorrede des Herausgebers Johann Wilhelm von Archenholz zu Oelsners ‹Briefen›, in: Minerva, Bd. 3, August 1792, S. 326.
22 Konrad Engelbert Oelsner: Briefe aus Paris über die neuesten Begebenheiten in Frankreich. In: Minerva. Ein Journal historischen und politischen Inhalts, hrsg. v. Johann Wilhelm von Archenholz, Bd. 3, September 1792, S. 515 (5. Brief vom 14. August).
23 S. 554ff. u. 566f.
24 Ebd., S. 572.
25 Ebd., Bd. 5, 1793, S. 560 (Brief vom 1. Februar 1793).
26 Anonym veröffentlicht in: Friedens-Präliminarien, hrsg. v. Ludwig Ferdinand Huber, 4. Stück, Berlin 1793, sowie 5. und 6. Stück, Berlin 1794.
27 Erstveröffentlichung in: Klio. Eine Monatsschrift für die französische Zeitgeschichte, Bd. 1 u. 2, o. O. (Leipzig) 1795. Anonyme Buchausgabe unter dem Titel: Briefe über Frankreich, die Niederlande und Teutschland. Geschrieben in den Jahren 1795, 1796 und 1797, 3 Teile, Altona 1797/98.
28 Zit. nach der Buchausgabe (wie Anm. 27), Teil 1, S. 7f.
29 Ebd., Teil 1, S. 171f.
30 Georg Friedrich Rebmann: Holland und Frankreich, in Briefen geschrieben auf einer Reise von der Niederelbe nach Paris im Jahre 1796 und dem fünften der französischen Republik. 2 Teile, Paris und Kölln 1797/98, Teil 2, S. 251.
31 Ebd., Teil 1, Neudruck, Berlin 1981, S. 155; vgl. Teil 2 (wie Anm. 30), S. 117ff.
32 Ebd., Teil 2, S. 152f.
33 Ebd., Teil 2, S. 146f.
34 Ebd., Teil 2, S. 245.
35 Johann Heinrich Zschokke: Eine Selbstschau. Aarau 1842 (Neudruck Bern und Stuttgart 1977), S. 72.
36 Friedrich Johann Lorenz Meyer: Fragmente aus Paris im IVten Jahr der französischen Republik. 2 Teile, Hamburg 1797, Bd. 2, S. 3.
37 Vgl. ebd., S. 342 u. S. 215ff. (über David).
38 Andreas Riem: Reise durch Frankreich vor und nach der Revolution. 3 Bde., Leipzig 1799–1801 (Bde. 6–8 der «Reisen durch Deutschland, Holland, England, Frankreich und die Schweiz in verschiedener, besonders politischer Hinsicht in den Jahren 1786, 1795, 1796, 1797 und 1798»).
39 Ernst Moritz Arndt: Bruchstücke einer Reise durch Frankreich im Frühling und Sommer 1799. Leipzig 1802/03; zweite verbesserte und vermehrte Auflage mit dem Titel: Reisen durch einen Theil Teutschlands, Ungarns, Italiens und Frankreichs in den Jahren 1798 und 1799, 4 Bde., Leipzig 1804.
40 Vergl. meine Darstellung: Aus der Jugendreise eines Franzosenfressers. Ernst Moritz Arndt in Paris (1799). In: Wolfgang Griep / Hans-Wolf Jäger (Hrsg.): Reisen im 18. Jahrhundert. Neue Untersuchungen, (Neue Bremer Beiträge 3) Heidelberg 1986, S. 241–270.
41 Als Beispiel einer nachrevolutionären Kunstreise, die sich des Politischen nahezu völlig enthält, ist das Werk des Schweizers Ulrich Hegner zu nennen: Auch ich war in Paris. 3 Bde., Winterthur 1803/04.
42 Friedrich Johann Lorenz Meyer: Briefe aus der Hauptstadt und dem Innern Frankreichs. 2 Bde., Tübingen 1802, Bd. 1, S. 53ff.
43 Joachim Heinrich Campe: Reise durch England und Frankreich in Briefen an einen jungen Freund in Deutschland. 2 Teile, Braunschweig 1803, Teil 2, S. 253ff.

44 Johann Friedrich Reichardt's vertraute Briefe aus Paris geschrieben in den Jahren 1802 und 1803, 3 Teile, Hamburg 1804, Teil 1, S. 302 u. 296.
45 Johann Gottfried Seume: Spaziergang nach Syrakus im Jahre 1802. 2 Teile. In: Johann Gottfried Seume's Sämmtliche Werke. 5. rechtmäßige Gesammtausgabe in 8 Bänden, Leipzig 1853, Bd. 2, S. 182, S. 195 u. S. 175.
46 Vgl. hierzu etwa Alain Ruiz: Heinrich Heines ‹arme Vorgänger›. Zur Tradition der deutschen Freiheitspilger und politischen Emigranten in Frankreich seit 1789. In: Heine-Jahrbuch 1987, Hamburg 1987, S. 92–115.

Altertumskundliche Reisen zur Zeit des Greek Revival

1 Adolf Michaelis: Ein Jahrhundert kunstarchäologischer Entdeckungen. Leipzig ²1908, S. 1.
2 Zur Fachgeschichte verweise ich hier nur auf die gründliche Darstellung im ‹Handbuch der Archäologie›: Wolfgang Schiering: Zur Geschichte der Archäologie. In: Allgemeine Grundlagen der Archäologie. Begriff und Methode, Geschichte, Problem der Form, Schriftzeugnisse. Hrsg. v. Ulrich Hausmann, München 1969, S. 11–161.
3 Michaelis (wie Anm. 1), S. 1.
4 Ebd., S. 292.
5 Vgl. hierzu vor allem J. Mordaunt Crook: The Greek Revival. Neo-Classical Attitudes in British Architecture. 1760–1870, London 1972. David Constantine: Early Greek Travellers and the Hellenic Ideal, Cambridge 1984.
6 So Robert Wood in seiner Vorrede zu: The Ruins of Palmyra, Otherwise Tedmor, in the Desart. London 1753. Dort auch die folgenden Zitate.
7 Johann Joachim Winckelmann: Kleine Schriften. Vorreden. Entwürfe. Hrsg. v. Walther Rehm, Berlin 1968, S. 29.
8 Dazu Catherina Philippa Bracken: Antikenjagd in Griechenland. 1800–1830, München 1977.
9 Zur Geschichte der deutschen Sizilienreisen vgl. Sizilien. Reisebilder aus drei Jahrhunderten. Hrsg. v. Ernst Osterkamp, München 1986.
10 Vgl. den Ausstellungskatalog: Paris. Rome. Athenes. Le voyage en Grèce des architectes français aux XIXe et XXe siècles, Paris 1982.
11 Zu Klenzes Reisen siehe den Ausstellungskatalog: Ein griechischer Traum. Leo von Klenze. Der Archäologe, München 1985.
12 Richard Chandler: Travels in Asia Minor. 1764–1765. Ed. Edith Clay, London 1971, S. 6.
13 Johann Hermann Riedesel Freiherr zu Eisenbach: Randbemerkungen über eine Reise nach der Levante 1768. Übers. von Lili M. Schultheis, mit e. Einl. v. Eduard Edwin Becker, Darmstadt 1940, S. 101.
14 Ludwig Roß: Reisen und Reiserouten durch Griechenland. Erster Theil: Reisen im Peloponnes, Berlin 1841, S. X.
15 Dazu William St. Clair: Lord Elgin and the Marbles, Oxford/New York ²1983.
16 Johann Joachim Winckelmann: Briefe. Hrsg. v. Walther Rehm. Bd. 2, Berlin 1954, S. 243.
17 Wilhelm und Caroline von Humboldt in ihren Briefen. Hrsg. v. Anna von Sydow. Bd. 3, Osnabrück 1968, S. 411.
18 Hans Haller von Hallerstein: ... und die Erde gebar ein Lächeln. Der erste deutsche Archäologe in Griechenland. Carl Haller von Hallerstein. 1774–1817, München 1983, S. 24ff. Vgl. auch den wichtigen Ausstellungskatalog: Carl Haller von Hallerstein in Griechenland. 1810–1817, München/Berlin 1986. Des weiteren: Otto Magnus von Stackelberg. Schilderung seines Lebens und seiner Reisen in Italien und Griechenland. Nach Tagebüchern und Briefen hergestellt von N. von Stackelberg, Heidelberg 1882. Zu den äußeren Bedingungen einer Reise von Rom nach Athen vgl. den farbigen Bericht Johann Martin von Wagners, der für Kronprinz Ludwig die Aegina-Giebelskulpturen erwerben sollte; Johann Martin von Wagners Beschreibung seiner Reise nach Griechenland (1812–1813). Nach der Handschrift hrsg. v. Reinhard Herbig. In: Würzburger Studien zur Altertumswissenschaft. 13. Heft. Würzburger Festgabe für Heinrich Bulle, Stuttgart 1938, S. 1–46.
19 Hallerstein (wie Anm. 18), S. 289.

Reisende Musiker um 1800

1 Musik. Hrsg. v. Carl Friedrich Cramer, Jg. I (1789), S. 196f.
2 Magazin der Musik. Hrsg. v. Carl Friedrich Cramer, Jg. I (1783), S. 1071.
3 A General History of Music from the Earliest Ages to the Present Period, 4 Bde., London 1776–1789.
4 Konzertbericht aus Augsburg, zit. nach Hermann Abert: W.A. Mozart, 2 Bde., [7]1955 und 1956, Bd. 1, S. 35.
5 Brief vom 4. November 1763, zit. nach: Mozart. Briefe und Aufzeichnungen. Gesamtausgabe, hrsg. v. der Internationalen Stiftung Mozarteum Salzburg, 7 Bde., Kassel/Basel/London/New York 1962–1975.
6 Brief vom 17. Oktober 1763, ebd.
7 Brief vom 8. Juni 1764, ebd.
8 Brief vom 17. September 1791, zit. nach: Joseph Haydn: Gesammelte Briefe und Aufzeichnungen, hrsg. v. Dénes Bartha, Kassel/Basel/Paris/London/New York 1965.
9 Dülons des blinden Flötenspielers Leben und Meynungen von ihm selbst bearbeitet, hrsg. v. Christoph Martin Wieland, Erster Theil, Zürich 1807, S. 145.
10 Ebd., S. 251ff.
11 Ebd., S. 244f.
12 Louis Spohr: Selbstbiographie. 2 Bde., Kassel 1860 und 1861, Bd. I, S. 114f.

Goethes Badereisen

1 Wiesbaden zählte im Jahre 1793 8260 Kurgäste, Karlsbad etwa gleichzeitig 700. In das neugegründete Marienbad reisten 1815 187 Personen.
2 Hahn, Siegmund: Psychroluporia veterum renovata, jam recocta oder wiederaufgewärmtes alt kalt Baden und Trincken, 1738.
3 Marcard, Henrich Matthias: Beschreibung von Pyrmont, 2 Bde., 1784.
4 Verzeichnis in: «Was ich dort gelebt, genossen» – Goethes Badeaufenthalte 1785–1823. Ausstellungskatalog, hrsg. v. Jörn Göres, Königstein/Ts. 1982, S. 16ff.

Irrenanstalten, Zuchthäuser und Gefängnisse

1 Zit. nach: Historische Nachrichten und Bemerkungen über die merkwürdigsten Zuchthäuser in Deutschland. Nebst einem Anhange über die zweckmäßigste Einrichtung der Gefängnisse und Irrenanstalten. Von Heinrich Balthasar Wagnitz. Bd. 1, Halle 1791, S. XI.
2 Vgl. Richard van Dülmen: Theater des Schreckens. Gerichtspraxis und Strafrituale in der frühen Neuzeit, München 1988.
3 Vgl. Eckhardt Meyer-Krentler: Willkomm und Abschied – Herzschlag und Peitschenhieb. Goethe–Mörike–Heine, München 1987, S. 56.
4 Ebd., S. 50.
5 Vgl. Wagnitz (wie Anm. 1), S. XII.
6 Cesare Beccaria: Über Verbrechen und Strafen. Nach der Ausgabe von 1766 übers. und hrsg. v. Wilhelm Alff, Frankfurt/M. 1988.
7 Über Gefängnisse und Zuchthäuser. Ein Auszug aus dem Englischen des William Howard. Mit Zusätzen und Anmerkungen und Kupfern, von Gottlieb Ludolf Wilhelm Köster, Leipzig 1780.
8 Zit. nach: Anke Bennholdt-Thomsen/Alfredo Guzzoni: Der Irrenhausbesuch. Ein Topos in der Literatur um 1800. In: Aurora. Jahrbuch der Eichendorff-Gesellschaft. Bd. 42, Würzburg 1982, S. 82; vgl. auch dies.: Der ‹Asoziale› in der Literatur um 1800, Königstein/Ts. 1979.
9 Bennholdt-Thomsen / Guzzoni: Der Irrenhausbesuch (wie Anm. 8), S. 85.
10 Vgl. Wagnitz (wie Anm. 1), S. IV.
11 Vgl. Bennholdt-Thomsen / Guzzoni: Der Irrenhausbesuch (wie Anm. 8), S. 86.
12 Vgl. ebd., bes. S. 82f.
13 Ebd., S. 89.

14 Ebd., S. 83.
15 Ebd.
16 Ebd.
17 (Friedrich Philipp Wilmsen:) Erzählungen von einer Reise durch einen großen Theil Deutschlands und der Schweiz im Jahre 1796, Berlin 1798, S. 74.
18 Anonym: Carls vaterländische Reisen. In Briefen an Eduard, Leipzig 1793, S. 265.
19 Vgl. Bennholdt-Thomsen/Guzzoni: Der Irrenhausbesuch (wie Anm. 8), S. 87.
20 Ebd., S. 88.
21 Ebd., S. 91.
22 Vgl. dazu die Literatur bei Hans-Ulrich Wehler: Aus der Geschichte lernen? Essays, München 1988, S. 313f.
23 Zit. nach Bennholdt-Thomsen / Guzzoni: Der Irrenhausbesuch (wie Anm. 8), S. 84.
24 Ebd., S. 107.
25 Vgl. Dirk Blasius: Der verwaltete Wahnsinn. Eine Sozialgeschichte des Irrenhauses, Frankfurt/M. 1980; ders.: Umgang mit Unheilbaren. Studien zur Sozialgeschichte der Psychiatrie, Bonn 1986; Klaus Dörner: Bürger und Irre. Zur Sozialgeschichte und Wissenschaftssoziologie der Psychiatrie, Frankfurt/M. 1969.
26 Vgl. Wolfgang Promies: Reisen in der Zelle und durch den Kopf. Auch ein Beitrag zur Aufklärung. In: Wolfgang Griep/Hans-Wolf Jäger (Hrsg.): Reise und soziale Realität am Ende des 18. Jahrhunderts (Neue Bremer Beiträge 1), Heidelberg 1983, S. 274ff.; vgl. Meyer-Krentler (wie Anm. 3), S. 39ff.
27 Wagnitz (wie Anm. 1), S. VII.
28 Ebd., S. IX.
29 Ebd., Bd. 2 (Halle 1792), S. II.
30 Ebd., Bd. 1, S. V.
31 Vgl. Meyer-Krentler (wie Anm. 3), bes. S. 39ff.
32 Vgl. Wagnitz (wie Anm. 1), S. 6ff.
33 Vgl. Promies (wie Anm. 26), S. 277.
34 Die wichtige Literatur trägt Meyer-Krentler (wie Anm. 3) zusammen; vgl. dort S. 39ff.

Italienreisen

1 Hubert Jedin: Die deutsche Romfahrt von Bonifatius bis Winckelmann, Krefeld o.J. (1951), S. 26.
2 Ebd., S. 40.
3 Ebd., S. 44.
4 Joh[ann] Georg Keyßler: Neueste Reise durch Teutschland, Böhmen, Ungarn, die Schweitz, Italien und Lothringen [...], 2 Bde., Hannover 1740/41, unpaginierter Vorbericht zu Bd. 1.
5 Zitiert nach Eberhard Haufe (Hrsg.): Deutsche Briefe aus Italien. Von Winckelmann bis Gregorovius, München [3]1987, S. 60.
6 John Bowle (Hrsg.): The Diary of John Evelyn, Oxford/New York 1985, S. 90.
7 Ludwig Schudt: Italienreisen im 17. und 18. Jahrhundert, Wien/München 1959, S. 145ff.
8 Ernst Osterkamp: Johann Hermann von Riedesels Sizilien-Reise. Die Winckelmannsche Perspektive und ihre Folgen (Ms., 1989). Ernst Osterkamp (Hrsg.): Sizilien. Reisebilder aus drei Jahrhunderten, München 1986 (Nachwort).
9 Schudt (wie Anm. 7), S. 156.
10 Zitiert nach Haufe (wie Anm. 5), S. 418.
11 Harro Zimmermann: Der Antiquar und die Revolution. Friedrich Leopold von Stolbergs «Reise in Deutschland, der Schweitz, Italien und Sicilien», in: Wolfgang Griep/Hans-Wolf Jäger (Hrsg.): Reise und soziale Realität am Ende des 18. Jahrhunderts (Neue Bremer Beiträge 1), Heidelberg 1983, S. 94–126.
12 Wolfgang Altgeld: Das politische Italienbild der Deutschen zwischen Aufklärung und europäischer Revolution von 1848. Tübingen 1984.
13 Justin Stagl: Das Reisen als Kunst und als Wissenschaft (16.–18. Jahrhundert), in: Zeitschrift für Ethnologie 108 (1983), S. 7–34.

14 P[aul] J[acob] M[arperger]: Anmerkungen über das Reisen in Frembde Länder [...]. Dresden und Leipzig o. J. (um 1733), S. 5.
15 Evelyn (wie Anm. 6), S. 64.
16 Thomas Coryate: Die Venedig- und Rheinfahrt A. D. 1608. Hrsg. v. Hans E. Adler, Stuttgart 1970, S. 30f.
17 Zitiert nach Haufe (wie Anm. 5), S. 472.
18 Evelyn (wie Anm. 6), S. 97.
19 Keyßler (wie Anm. 4), Bd. 2, S. 415.
20 Ebd., S. 419.
21 Ebd., S. 422.
22 Johann Caspar Goethe: Reise durch Italien im Jahre 1740 (Viaggio per l'Italia). Hrsg. v. der Deutsch-Italienischen Vereinigung, Frankfurt/M. Übers. und komm. v. Albert Meier, München 1986, S. 126.
23 Karl Philipp Moritz: Werke. Hrsg. v. Horst Günther, 3 Bde., Frankfurt/M. 1981; Bd. 2, S. 164
24 Zitiert nach Haufe (wie Anm. 5), S. 40.
25 Evelyn (wie Anm. 6), S. 82f.
26 Stefan Oswald: Deutsche Künstler in Rom: Künstlerrepublik und christlicher Kunstverein, in: Conrad Wiedemann (Hrsg.): Rom–Paris–London. Erfahrung und Selbsterfahrung deutscher Schriftsteller und Künstler in den fremden Metropolen. Stuttgart 1988. Stefan Oswald: Italienbilder. Beiträge zur Wandlung der deutschen Italienauffassung 1770–1840. Heidelberg 1985.
27 Zitiert nach Haufe (wie Anm. 5), S. 11.
28 Brief vom 1. November 1786 an den Freundeskreis in Weimar (zitiert nach Haufe [wie Anm. 5], S. 52).
29 Brief an Charlotte von Stein vom 8. Juni (1787) (zitiert nach Haufe [wie Anm. 5], S. 60).
30 Albert Meier: Von der enzyklopädischen Studienreise zur sentimentalen Bildungsreise. Italienreisen im 18. Jahrhundert, in: Peter J. Brenner (Hrsg.): Der Reisebericht. Die Entwicklung einer Gattung in der deutschen Literatur, Frankfurt/M. 1989, S. 284–305.
31 Zitiert nach Haufe (wie Anm. 5), S. 384.
32 Meier (wie Anm. 30), vgl. dort Anm. 38.
33 Zitiert nach Haufe (wie Anm. 5), S. 418.
34 Ebd., S. 470.
35 Ebd., S. 400f.
36 Ebd., S. 465f.

Frankreich als Ziel deutscher Reisender

1 Anonym: Die rechte Reise-Kunst / Oder Anleitung / wie eine Reise mit Nutzen in die Frembde / absonderlich in Franckreich anzustellen, Frankfurth 1674, S. 2, 13. Zum Thema vgl.: Thomas Grosser: Reiseziel Frankreich. Deutsche Reiseliteratur vom Barock bis zur Französischen Revolution. Opladen 1989.
2 Theodor Berger: Vor-Urtheile der Deutschen Bey Antretung ihrer Reisen In auswärtige Lande / und besonders nach Franckreich [...]. Franckfurth am Mayn 1734, S. 22.
3 Vgl. dazu: Louis Reynaud: Histoire générale de l'influence francaise en Allemagne. Paris 1914, ^{3}1924.
4 Anton Wilhelm Schowart: Der Adeliche Hofmeister [...]. Berlin 1707, S. 100.
5 Johann Peter Willebrandt: Historische Berichte und Practische Anmerkungen auf Reisen in Deutschland, in die Niederlande, in Frankreich, England, Dänemark, Böhmen und Ungarn. Hamburg 1758, S. 157f.
6 Sophie von LaRoche: Journal einer Reise durch Frankreich. Altenburg 1787, S. 80.
7 Johann Jacob Volkmann: Neueste Reisen durch Frankreich vorzüglich in Absicht auf die Naturgeschichte, Ökonomie, Manufakturen und Werke der Kunst. 3 Bde., Leipzig 1787/88, Bd. 1, S. 1; vgl. auch: Hans-Wolf Jäger: Zum Frankreich-Bild deutscher Reisender im 18.

Jahrhundert, in: Aufklärungen. Frankreich und Deutschland im 18. Jahrhundert. Hrsg. v. Gerhard Sauder und Jochen Schlobach, Heidelberg 1986, S. 203–219.

8 Erich Schneider: Revolutionserlebnis und Frankreichbild zur Zeit des ersten Koalitionskrieges (1792–1795). Ein Kapitel deutsch-französischer Begegnung im Zeitalter der Französischen Revolution. In: Francia 8 (1980), S. 227–393.

9 Sulpiz Boisserée: Fragment einer Selbstbiographie, 1800 bis 1808. In: ders.: Briefwechsel/Tagebücher. Stuttgart 1862, S. 21; vgl. auch: Ingrid Oesterle: Paris, das moderne Rom? In: Rom/Paris/London. Erfahrung und Selbsterfahrung deutscher Schriftsteller in den fremden Metropolen. Hrsg. von Norbert Miller u. a., Stuttgart 1988, S. 375–419.

10 Hans Grav von Schlitz: Denkwürdigkeiten von den letzten Lebensjahren Josephs des II. bis zum Sturze Napoleons I. Hrsg. v. Albert Rolf, Hamburg 1898, S. 102; vgl. auch: Paul Holzhausen: Der erste Konsul Bonaparte und seine deutschen Besucher. Bonn 1900.

11 Johann Georg Kiesewetter: Reise durch einen Theil Deutschlands, der Schweiz, Italiens und des südlichen Frankreichs nach Paris. 2 Bde., Berlin 1816, Bd. 2, S. 68.

12 Christian Friedrich Mylius: Malerische Fußreise durch das südliche Frankreich und einen Theil von Oberitalien. 5 Bde., Karlsruhe 1818/19, Bd. 1.1, S. 6.

13 Willibald Alexis: Wanderungen im Süden. Berlin 1828, S. 185.

14 Ludwig Börne: Schilderungen aus Paris (1822/24). In: Sämtliche Schriften. Neu bearb. und hrsg. v. Inge und Peter Rippmann, Dreieich 1977, Bd. 2, S. 16. Vgl. dazu Rutger Booß: Ansichten der Revolution. Paris-Berichte deutscher Schriftsteller nach der Juli-Revolution: Heine, Börne u. a. Köln 1977; Heine in Paris 1831–1856. Hrsg. v. Joseph A. Kruse und Michael Werner, Düsseldorf 1981.

15 Eduard Beurmann: Brüssel und Paris. 3 Bde., Leipzig 1837, Bd. 2, S. 13; vgl. auch: Paul Gerbod: Les touristes étrangers à Paris dans la première moitié du XIXe siècle. In: Bulletin de la Société de l'Histoire de Paris et de l'Ile de France 110 (1983), S. 241–257.

16 Vgl. dazu: Jacques Grandjonc: Marx et les communistes allemands à Paris. Paris 1974; ders.: Die deutsche Binnenwanderung in Europa 1830 bis 1848. In: Die frühsozialistischen Bünde in der Geschichte der deutschen Arbeiterbewegung. Vom ‹Bund der Gerechten› zum ‹Bund der Kommunisten›. Hrsg. v. Otto Büsch und Hans Herzfeld, Berlin 1975, S. 3–20; Frühproletarische Literatur. Die Flugschriften der deutschen Handwerksgesellenvereine in Paris 1832–1839. Hrsg. v. Hans-Joachim Ruckhäberle, Kronberg/Ts. 1977.

17 Ludwig Bamberger: Die deutsche Kolonie. In: Paris. Ein Spiegelbild seiner Geschichte, seines Geistes und Lebens, in Schilderungen von den bedeutendsten Schriftstellern Frankreichs. Einzige rechtmäßige Ausgabe des «Paris guide». Berlin 1867, S. 99–134, hier S. 115.

18 Joachim Christoph Nemeitz: Séjour de Paris [...]. Frankfurth 1717, [3]1728, S. 360, 362; Adolf Lenz: Acht Tage in Paris. Ein vollständiges Gemälde der französischen Hauptstadt und der nächsten Umgebungen. Ein unentbehrlicher und treuer Führer für alle Besucher der Pariser Industrie-Ausstellung. Leipzig 1855.

Literatur

Bayer, Friedrich Wilhelm: Reisen deutscher Ärzte ins Ausland (1750–1850). Berlin 1937.

Bloesch, Hans: Das junge Deutschland in seinen Beziehungen zu Frankreich. Bern 1903 (ND: Hildesheim 1974).

Budinsky, Alexander: Die Universität Paris und die Fremden an derselben im Mittelalter. Berlin 1876 (ND: Aalen 1970).

Conrads, Norbert: Ritterakademien der frühen Neuzeit. Bildung als Standesprivileg im 16. und 17. Jahrhundert. Göttingen 1982.

Ernstberger, Anton: Nürnberger Patrizier- und Geschlechtersöhne auf ihrer Bildungsreise durch Frankreich 1608–1610. In: Mitteilungen des Vereins für Geschichte der Stadt Nürnberg 43/1952, S. 341–360.

Feindbild und Faszination. Vermittlerfiguren und Wahrnehmungsprozesse in den deutsch-französischen Kulturbeziehungen (1789–1983). Hrsg. v. Hans-Jürgen Lüsebrink und János Riesz. Frankfurt a. M./Berlin/München 1984.

Feuerwerk im Juli. Begegnungen in Paris 1789 – 1871. Hrsg. v. Rolf Weber, Berlin (DDR) 1978.

Fink, Gonthier-Louis: Das Frankreichbild in der deutschen Literatur und Publizistik zwischen der Französischen Revolution und den Befreiungskriegen. In: Jahrbuch des Wiener Goethe-Vereins 81–83 (1977–79), S. 59–87.

Gebauer, Kurt: Quellenstudien zur Geschichte des neueren französischen Einflusses auf die deutsche Kultur. In: Archiv für Kulturgeschichte 5 (1907), S. 440–468; 6 (1908), S. 1–21; 9 (1911), S. 404–438.

Grandjonc, Jacques: Die deutschen Emigranten in Paris. Ihr Verhältnis zu Heinrich Heine. In: Internationaler Heine-Kongreß Düsseldorf 1972. Referate und Diskussionen. Hamburg 1973, S. 165–177.

Grosser, Thomas: Reisen und Kultur-Transfer. Deutsche Frankreich-Reisende 1650–1850. In: Aspects théoriques et pratiques de la recherche sur les transferts culturels franco-allemands. Hrsg. v. Michel Espagne und Michael Werner. Paris 1988, S. 163–228.

Grosser, Thomas: Der lange Abschied von der Revolution. Wahrnehmung und mentalitätsgeschichtliche Verarbeitung der (post-)revolutionären Entwicklungen in den Reiseberichten deutscher Frankreich-Besucher. In: Frankreich 1800. Gesellschaft, Kultur und Mentalitäten. Hrsg. v. Gudrun Gersmann und Hubertus Kohle, Stuttgart 1991, S. 163–191.

Günther, Herbert: Deutsche Dichter erleben Paris. Pfullingen 1979.

Hammer, Karl: Deutsche Revolutionsreisende in Paris. In: Deutschland und die Französische Revolution. Hrsg. v. Jürgen Voss, München 1983, S. 26–42.

Kaltenthaler, Albert: Die Pariser Salons als europäische Kulturzentren unter besonderer Berücksichtigung der deutschen Besucher während der Zeit von 1815–1848. Masch. Diss. Nürnberg 1960.

Kautz, Klara: Das deutsche Frankreichbild in der ersten Hälfte des 19. Jahrhunderts. Nach Reisebeschreibungen, Tagebüchern und Briefen. Köln 1957.

Melzer, Imma: Pfälzische Emigranten in Frankreich während und nach der Revolution von 1848/49. In: Francia 12/1984, S. 371–424.

Oesterle, Ingrid: Der ‹Führungswechsel der Zeithorizonte› in der deutschen Literatur. Korrespondenzen aus Paris, der Hauptstadt der Menschheitsgeschichte, und die Ausbildung der geschichtlichen Zeit ‹Gegenwart›. In: Studien zur Ästhetik und Literaturgeschichte der Kunstperiode. Hrsg. v. Dirk Grathoff, Frankfurt a. M./New York 1985, S. 11–76.

Paris. Deutsche Republikaner reisen. Hrsg. von Karsten Witte, Frankfurt a. M. 1980.

Ruiz, Alain: Deutsche Reisebeschreibungen über Frankreich im Zeitalter der Französischen Revolution (1789–1799). Ein Überblick. In: Reiseberichte als Quellen europäischer Kulturgeschichte. Hrsg. v. Antoni Maczak und Hans-Jürgen Teuteberg, Wolfenbüttel 1982, S. 229–251.

Schweiger, Maria: Paris im Erlebnis der deutschen Dichter von Herder bis Rainer Maria Rilke. Masch. Diss. München 1943.

Tiemann, Hermann: Hanseaten im revolutionären Paris (1789–1803). Skizzen zu einem Kapitel deutsch-französischer Beziehungen. In: Zeitschrift des Vereins für Hamburgische Geschichte 49–50 (1964), S. 109–146.

Tröscher, Georg: Deutsche Künstler in Paris im Wandel der Jahrhunderte. Bonn 1941.

Ders.: Kunst und Künstlerwanderungen in Mitteleuropa 800–1800. Beiträge zur Kenntnis des deutsch-französisch-niederländischen Kunstaustauschs. 2 Bde., Baden-Baden 1953/54.

Werner, Michael: Börne in Paris (1830–1837). In: Ludwig Börne. Zum 200. Geburtstag des Frankfurter Schriftstellers. Hrsg. v. Alfred Erstermann. Frankfurt/M. 1986, S. 261–270.

Reisen nach England

1 Henrich Ludolff Benthems P. C. und S. Engeländischer Kirch- Und Schulen- Staat, Lüneburg 1694, S. 31.

2 Herrn Zacharias Conrad von Uffenbachs Merkwürdige Reisen durch Niedersachsen Holland und Engelland. Erster und Zweyter Theil, Hrsg. v. Johann Georg Schelhorn, Frankfurt und Leipzig 1753, Bd. II, S. 462.

3 M. Georg Wilhelm Alberti: Briefe, den allerneuesten Zustand der Religion und der Wissenschaften in Groß-Britannien betreffend. Erster Teil Hannover [2]1764, Zweiter Teil Hannover 1752, Bd. I, S. 26.

4 Reisen eines Deutschen in England im Jahr 1782. In Briefen an Herrn Direktor Gedike von Carl Philip Moriz. Berlin 1783, S. 66.
5 Karl Friedrich Schinkel: Reise nach England, Schottland und Paris im Jahre 1826. Hrsg. v. Gottfried Riemann, Berlin 1986, S. 190.
6 Georg Weerth: Skizzen aus dem sozialen und politischen Leben der Briten. In: Sämtliche Werke in fünf Bänden, hrsg. v. Bruno Kaiser, Bd. 3, Berlin 1957, S. 165.
7 Uffenbach (wie Anm. 2), Bd. II, S. 430f.
8 Ebd., S. 484.
9 Ebd., S. 514.
10 Alberti (wie Anm. 3), S. 300.
11 Ebd., S. 440.
12 England und Italien von J. W. von Archenholtz, Ersten Bandes erster und zweiter Theil. Leipzig 1785, Bd. I, 2, S. 1.
13 (Sophie La Roche:) Tagebuch einer Reise durch Holland und England von der Verfasserin von Rosaliens Briefen, Offenbach am Main 1788, S. 593.
14 Mori[t]z (wie Anm. 4), S. 5f.
15 Archenholtz (wie Anm. 12), Bd. I, 1, S. 66.
16 Ebd., S. 208.
17 La Roche (wie Anm. 13), S. 230.
18 Mori[t]z (wie Anm. 4), S. 83.
19 La Roche (wie Anm. 13), S. 303.
20 Ebd., S. 204.
21 Reise durch England und Schottland von Johanna Schopenhauer. Zweite verbesserte und vermehrte Auflage. In zwei Bänden. Leipzig 1818, Bd. II, S. 115.
22 F. W. von Schütz: Briefe über London. Ein Gegenstück zu des Herrn von Archenholz England und Italien, Hamburg 1792, S. 117.
23 Ebd., S. 208.
24 Weerth (wie Anm. 6), S. 173. S. a. Heinrich Heine: Englische Fragmente (1828), in: Werke und Briefe in zehn Bänden, hrsg. v. Hans Kaufmann, Bd. 3, Berlin 1961, S. 417.
25 Ebd., S. 176.
26 Schopenhauer (wie Anm. 21), Bd. I, S. 324.
27 Friedrich Engels: Die Lage der arbeitenden Klasse in England. Nach eigener Anschauung und authentischen Quellen. In: Marx/Engels: Werke, Bd. 2, Berlin 1959.

Literatur

Elsasser, Robert: Über die politischen Bildungsreisen der Deutschen nach England (vom achtzehnten Jahrhundert bis 1815). (Heidelberger Abhandlungen 51), Heidelberg 1917.
Robson-Scott, W. D.: German Travellers in England 1400–1800. Oxford 1953.

Reiseziel Schweiz

1 Gustav Peyer: Geschichte des Reisens in der Schweiz. Basel 1885, S. 89.
2 J. J. Rousseau: Nouvelle Héloïse, 23. Brief.
3 J. J. Wagner: Mercurius Helvetiae. Zürich 1701. Titelblatt.
4 Johann Gottfried Ebel: Anleitung, auf die nützlichste und genussvollste Art in der Schweitz zu reisen. 4 Teile, Zürich 1793, 3. Teil.
5 Ebd.
6 Ulrich Hegner: Gesammelte Schriften. 5 Bde., Berlin 1828ff., Bd. 2.
7 Peter Faessler: Bodensee und Alpen. Die Entdeckung einer Landschaft in der Literatur. Sigmaringen 1985.

Deutsche Reisende in Dänemark und Schweden

1 Literatur

Arndt, Ernst Moritz: Reise nach Schweden im Jahre 1804. 4 Bde., Berlin 1806.
Kerner, Johann Georg: Reise über den Sund. Tübingen 1803.

Küttner, Carl Gottlob: Reise durch Deutschland, Dänemark, Schweden, Norwegen und einen Theil von Italien in den Jahren 1797, 1798, 1799, 4 Bde. Leipzig 1801.

Lavater, Johann Kaspar: Reise nach Kopenhagen im Sommer 1793. Hamburg 1794.

Lenz, Christian Ludwig: Bemerkungen, auf Reisen in Dänemark, Schweden und Frankreich gemacht. 2 Bde. Gotha 1800–01.

Ramdohr, Friedrich Wilhelm Basilius von: Studien zur Kenntnis der schönen Natur, der schönen Künste, der Sitten und der Staatsverfassung, auf einer Reise nach Dänemark. 1. Teil = alles Erschienene. Hannover 1792.

Seume, Johann Gottfried: Mein Sommer 1805. Leipzig 1806.

Wollstonecraft, Mary: Letters Written During a Short Residence in Sweden, Norway, and Denmark. London 1796.

Robinsonaden und Aventüren

1 Da es unmöglich ist, die gesamte Sekundärliteratur, die hier zu nennen wäre, aufzuführen, seien stellvertretend für viele andere einige jüngere Untersuchungen zur Thematik vorangestellt: Jürgen Fohrmann: Abenteuer und Bürgertum. Zur Geschichte der deutschen Robinsonaden im 18. Jahrhundert. Stuttgart 1981. Elke Liebs: Die pädagogische Insel. Studien zur Rezeption des ‹Robinson Crusoe› in deutschen Jugendbearbeitungen. Stuttgart 1977. Erhard Reckwitz: Die Robinsonade. Themen und Formen einer literarischen Gattung (Bochumer anglistische Studien 4), Amsterdam 1976. Horst Brunner: Die poetische Insel. Inseln und Inselvorstellungen in der deutschen Literatur. Stuttgart 1967. J. Ch. L. Haken: Bibliothek der Robinsone. 5 Bde. (27 Robinsonaden), Berlin 1805–1808.
Im besonderen hier vgl. Fohrmann, S. 37.

2 Henry Neville: ‹The Isle of Pines›. Shorter Novels of the Seventeenth Century, ed. Philip Henderson (London 1930 repr., p. 231). Insgesamt vgl. hierzu und im folgenden: Reckwitz und Liebs (wie Anm. 1).

3 Genauere Definitionen und Abgrenzungen bei Reckwitz (wie Anm. 1).

4 Hendrik Smeeks: Der holländische Robinson oder die seltsame Lebens-Historie Heinrich Texels, eines Holländers, welcher im Jahre 1655 auf dem unbekannten Süd-Lande sich von seinen Schiffs-Cameraden verirret, und daselbst allein in der ungewohnten Wildniß zurückbleiben müssen, allwo er dreyßig Jahre lang in der Einsamkeit auf eine höchst wunderbare Weise sein Leben zugebracht, und viele seltsame Zufälle gehabt [...] (1708). 3. Aufl. der dt. Übersetzung (Delitzsch, 1751), S. 109.

5 Reckwitz (wie Anm. 1), S. 212.

6 Johann Gottfried Schnabel: Die Insel Felsenburg. Hrsg. v. Wilhelm Voßkamp. Texte deutscher Literatur 1500–1800, hrsg. v. Karl Otto Conrady, Bd. 31 (Reinbek 1969), S. 9.

7 Auführliche Analyse der beiden Texte bei Liebs (wie Anm. 1).

Die Reise in der Kinder- und Jugendliteratur

1 Zit. nach Alfred Clemens Baumgärtner / Heinrich Pleticha (Hrsg.): ABC und Abenteuer. Texte und Dokumente zur Geschichte der deutschen Kinder- und Jugendliteratur. München 1985. Bd. 2, S. 129f.

2 Als Friedrich Gerstäcker 1850 nach Tahiti reist, schreibt er seiner Mutter: «Sei übrigens nicht besorgt [...], daß ich auf irgendeiner wüsten Insel einen Robinson Crusoe zu spielen gedenke. Die Zeit, wo ich mir das einmal wünschte, ist lange vorbei.» (Vgl. Thomas Osterwald: Friedrich Gerstäcker. Leben und Werk. Braunschweig 1977, S. 58). Ähnliche Zeugnisse finden sich in der autobiographischen Literatur immer wieder. Von Interesse ist in diesem Zusammenhang auch ein Buch, das sich an die Leser des 1779 erschienenen «Robinson der Jüngere» wendet: Georg Carl Claudius: Ludwig Helmann. Eine Geschichte zur Beherzigung für die Jugend. Bei der Gelegenheit als sich einige Knaben in Leipzig heimlich verschworen hatten nach Amerika zu gehen zur Warnung aufgesetzt. Leipzig 1788.

3 Zit. nach Hans-Heino Ewers (Hrsg.): Kinder- und Jugendliteratur der Aufklärung. Stuttgart 1980, S. 428f. – Hier sind auch die Texte von Campe, Lossius und Papst in Teilabdrucken

zugänglich. Im übrigen vgl. dazu Theodor Brüggemann / Hans-Heino Ewers (Hrsg.): Handbuch zur Kinder- und Jugendliteratur von 1750 bis 1800. Stuttgart 1982.

4 Egon Schmidt: Die deutsche Kinder- und Jugendliteratur von der Mitte des 18. Jahrhunderts bis zum Anfang des 19. Jahrhunderts. Berlin/Ost 1973, S. 67.

5 Claus Roxin; Karl May und die Karl-May-Forschung. In: Kevin Carpenter/Bernd Steinbrink (Hrsg.): Ausbruch und Abenteuer. Deutsche und englische Abenteuerliteratur von Robinson bis Winnetou. Oldenburg 1984, S. 125.

6 Volker Klotz: Abenteuer-Romane. München 1979, S. 216.

7 Ebd., S. 217.

8 Vgl. dazu Luigi Santucci: Das Kind, sein Mythos und seine Märchen. Hannover 1964.

9 Helmut Schmiedt: Der exotische Abenteuerroman des 19. Jahrhunderts in seiner Entwicklung zur Jugendlektüre. In: Carpenter / Steinbrink (wie Anm. 5), S. 111.

10 Ebd., S. 112.

Empfindsame Reisen

1 Vgl. Anonymus: Das in Deutschland so sehr überhand genommene Übel der sogenannten Empfindsamkeit oder Empfindeley, nach seinem Ursprung, Kennzeichen und Wirkungen, wie auch die sicherste Verwahrung dagegen. Eine Preisschrift. (Freiberg 1782), S. 12. Zu den Ursachen der Empfindelei rechnet der Anonymus «die so genannten empfindsamen Reisen und andere dahin gehörigen empfindsamen Schriften, von Yoriks empfindsamen Reisen an, bis auf die neuesten Nachahmer derselben, so gut die Yorikschen Reisen auch immer geschrieben sind. [...] Und beynahe möchte ich behaupten, daß die Epoche der übertriebenen Empfindsamkeit oder Empfindeley mit Yoriks Reisen ihren Anfang genommen habe». (Vgl. den Neudruck dieser Preisschrift in: Gerhard Sauder: Empfindsamkeit. Bd. III. Quellen und Dokumente, Stuttgart 1980, S. 29ff. Zitat: S. 31f.).

2 Zitate nach der Ausgabe: Laurence Sterne: Empfindsame Reise. In der Bodeschen Übersetzung neu hrsg. und mit einem Essay ‹Zum Verständnis des Werkes› und einer Bibliographie versehen v. Wolfgang Clemen, Hamburg 1957. S. 15f. Vorwort und Kommentar der vorzüglichen englischen Ausgabe Stouts wurden herangezogen: Laurence Sterne: A Sentimental Journey through France and Italy By Mr. Yorick. Edited by Gardner D. Stout, Jr., Berkeley/Los Angeles 1967.

3 Ebd., S. 16.

4 Ebd., S. 84.

5 Ebd., S. 83f.

6 Ebd., S. 84.

7 Ebd., S. 31.

8 Ebd., S. 7.

9 Ebd., S. 9.

10 Vgl. Jeffrey R. Smitten: Spatial Form as Narrative Technique in ‹A Sentimental Journey›. In: Journal of Narrative Technique 5 (1975), S. 208–218 und die Diss. dess.: Patterns of Aesthetic Perception in ‹Tristram Shandy› and ‹A Sentimental Journey›. The University of Wisconsin 1972; und John A. Dussinger: A Sentimental Journey: «A Sort of Knowingness». In: ders.: The Discourse of the Mind in Eighteenth-Century Fiction. The Hague/Paris 1974, S. 173–200; William Bowman Piper: Laurence Sterne. New York 1965, S. 96ff.

11 Sterne (wie Anm. 2), S. 36.

12 Ebd., S. 93.

13 Ebd., S. 121.

14 Sterne: A Sentimental Journey ... Ed. Stout, (wie Anm. 2), S. 291. Vgl. James W. Garvey: Translation, Equivocation and Reconciliation in Sterne's ‹Sentimental Journey›. In: Southern Humanities Review 12 (1978), S. 339–349.

15 Sterne: Empfindsame Reise (wie Anm. 2), S. 32.

16 Ebd., S. 114.

17 Ebd., S. 117.

18 Frankfurter Gelehrte Anzeigen vom Jahr 1772. Zweite Hälfte, Heilbronn 1883 (Deutsche Litteraturdenkmale, Nr. 7), S. 632.

19 Johann Friedrich Schink, in: Almanach der deutschen Musen, Leipzig 1775, S. 230. Zit. n. Peter Michelsen: Laurence Sterne und der deutsche Roman des 18. Jahrhunderts. Göttingen ²1972 (Palaestra 232), S. 117.

20 Wittenberg und Zerbst I, 1771; II, 1771; III, 1772. Vgl. I, S. 17 (Vorrede): «Als ich Yoriks Schriften eins, zwei, drei viermal gelesen hatte und zum Glük oder Unglük grade um diese Zeit von meinem Verleger eine Einladung zur Autorschaft empfing, so überfiel mich der Schreibenthusiasmus so heftig und so ungestüm, daß ich ihm allein nicht widerstehen konnte. [...] so ergriff ich ungestüm eine Feder – fing an zu schreiben – schrieb – stand auf zu essen und zu trinken – schrieb wieder – vergaß am Ende Essen und Trinken und – schrieb.»

21 Über Formen der «modernen Buchwerbung» bei jungen empfindsamen Autoren vgl. Reinhard Wittmann: Die frühen Buchhändlerzeitschriften als Spiegel des literarischen Lebens. Frankfurt/M. 1973 (Archiv für Geschichte des Buchwesens Bd. XIII/1973), Sp. 871 ff.

22 Zit. n. Michelsen (wie Anm. 19), S. 89.

23 Johann Georg Jacobi: Die Winterreise. In: Sämtliche Werke. Frankfurt und Leipzig 1779, S. 5.

24 Ebd., S. 12.

25 Heinrich Wilhelm Gerstenberg: Rezensionen in der ‹Hamburgischen Neuen Zeitung› 1767–1771. Berlin 1904 (Deutsche Litteraturdenkmale, Nr. 128), S. 330, S. 327.

26 Vgl. Michelsen (wie Anm. 19), S. 109. Vgl. auch Dieter Kimpel: L. Sterne und der deutsche Reise-Roman. In: Viktor Žmegač (Hrsg.): Geschichte der deutschen Literatur vom 18. Jahrhundert bis zur Gegenwart. Band I/1, Königstein/Ts. 1978, S. 159ff.

27 Vgl. dazu Michelsens Kapitel «Die Reise des Hypochonders. M. A. von Thümmel» In: ders. (wie Anm. 19) S. 225ff. und Gerhard Sauder: Der reisende Epikureer. Studien zu Moritz August von Thümmels Roman ‹Reise in die mittäglichen Provinzen von Frankreich›. Heidelberg 1968, bes. S. 93ff., S. 134f.

28 Jean Paul, Werke in zwölf Bänden. Hrsg. v. Norbert Miller. Nachworte von Walter Höllerer. Bd. 4, München 1975, S. 855.

29 Ebd., S. 871.

30 Ebd., S. 865.

31 Ebd., S. 904f.

32 Vgl. Wolfgang Griep: Reiseliteratur im späten 18. Jahrhundert, in: Hansers Sozialgeschichte der deutschen Literatur vom 16. Jahrhundert bis zur Gegenwart. Bd. 3: Deutsche Aufklärung bis zur Französischen Revolution 1680–1789. Hrsg. v. Rolf Grimminger, München/Wien 1980, S. 748ff.

33 Vgl. z. B. [Andreas Georg Friedrich Rebmann]: Empfindsame Reise nach Schilda, mit Kupfern. Leipzig 1793; [Carl Friedrich Benkowitz]: Empfindsame Reise der Prinzessin Ananas nach Gros-Glogau. Riez bei Beeskow 1798; [Johann Friedrich Ernst Albrecht]: Empfindsame Reise durch den europäischen Olymp. Vom Verfasser der Miranda etc., Deutschland [Erfurt] 1800.

Reisespiele – Reiseziele

1 Im Text wurde auf folgende Original-Spielvorlagen Bezug genommen (SMPK = Staatliche Museen Preußischer Kulturbesitz):

G. A. Lehmann: «Ein Tag in Berlin». Radierung; C. Fr. Amelang, Berlin, 1815; H 47,5, B 59,1; Berlin, Berlin Museum.

G. A. Lehmann: «Ein Tag in Potsdam». Radierung; C. Fr. Amelang, Berlin, 1815; H 47,5, B 59,1; Berlin, Berlin Museum.

«Neues Omnibus Spiel oder Berlins erste Omnibuslinie vom Alexanderplatz bis zum Hofjäger, mit Aufzeichnung der größten Sehenswürdigkeiten der Residenz». Kolorierte Lithographie; C. L. Blumenthal, Berlin, um 1846; H 40, B 58; Berlin, Landesarchiv (Arch. Zug. 230 Nr. 8).

«Extrafahrt nach Berlin». Mit Spielanleitung, kolorierte Lithographie; Hasselberg'sche Verlagsbuchhandlung, Berlin, um 1870; H 36,6, B 42; Berlin, SMPK, Museum für Deutsche Volkskunde (36 A 76).

«Die Reise nach Paris». Kolorierte Lithographie; um 1860; H 48, B 57,5; Nürnberg, Spielzeugmuseum der Stadt Nürnberg.
«Post- und Reisespiel». Farblithographie; Gustav Kühn, Neuruppin, Nr. 8347, um 1885; H 33,6, B 41; Berlin, SMPK, Museum für Deutsche Volkskunde (33 C 168).
«Neuestes Post- und Reise-Spiel». Kolorierte Lithographie; Oehmigke & Riemschneider, Neuruppin, Nr. 7544, um 1885; H 34,3, B 42; Berlin, SMPK, Museum für Deutsche Volkskunde (33C 1662).
«Neues Reisespiel mit Hindernissen». Kolorierte Lithographie; Oehmigke & Riemschneider, Neuruppin, Nr. 9047, um 1890; H 34, B 42; Berlin, SMPK, Museum für Deutsche Volkskunde (33 C1).
«Das Eisenbahn-Spiel». Kolorierte Lithographie; Gustav Kühn, Neuruppin, Nr. 8869, um 1890; H 34, B 42; Berlin, SMPK, Museum für Deutsche Volkskunde (33 C 2642).
«Die Reichsautobahnen. Ein neues Gesellschaftsspiel für jung und alt». Bestehend aus Spielplan, sechs farbig bemalten Zinn-Autos, von Schäfer-Grohe; Offset; um 1940; H 47, B 45 (Spielplan), H 29, B 46 (Karton); Hamburg, Deutsches Spielemuseum e. V.
«Im Fluge um die Erde». Bestehend aus Spielplan, sechs Zinn-Flugzeugen, Karton; Offset; Verlag J. W. Spear & Söhne, Nürnberg-Doos, um 1930; H 29, B 42,5 (Spielplan), H 30,5, B 21,5 (Karton); Hamburg, Deutsches Spielemuseum e. V.
«Weltflug». Bestehend aus Spielplan, fünf Miniatur-Flugzeugen, Karton, von Walter Mackenthun; Offset; 1935/40; H 40, B 59 (Karton); Frankfurt/M., Flughafen Frankfurt Main AG – Luftfahrthistorische Sammlung.
«Quer durch 15 Länder». Bestehend aus Spielplan (Spielgeld, Fahrzeuge, Fahrplan, Kärtchen, Würfel fehlt), Karton; Offset; Spielefabrik L. Kleefeld & Co., Fürth i. B., 1950/60; H 28,5, B 43,5 (Spielplan), H 23, B 34,5 (Karton); Hamburg, Deutsches Spielemuseum e. V.
«Blitz-Flug um die Erde». Bestehend aus Spielplan, Spielanleitung, drei Autos, drei Flugzeugen aus Kunststoff, Würfel, Karton, Start und Ziel ist in Berlin, Offset; Noris, Nürnberg, 1950/60; H 29,5, B 44,5 (Spielplan), H 25, B 35 (Karton); Hamburg, Deutsches Spielemuseum e. V.

Ingenieure auf Reisen

1 Literatur

Eyth, Max:Wanderbuch eines Ingenieurs. In Briefen. 6 Bde., Heidelberg 1871–1884.
Henderson, W. O.: J. C. Fischers Reisen durch die Industriegebiete Englands 1814–1851. In: Tradition. Zeitschrift f. Firmengeschichte u. Unternehmerbiographie 9 (1964) 3, S. 113–132.
Herrmann, Klaus: Technische Notizen eines stellungssuchenden Ingenieurs im Jahre 1861. Max Eyths Reise durch die Industriereviere an Rhein, Ruhr und Maas. In: Kultur & Technik. Zeitschrift des Deutschen Museums München 6 (1982) 3, S. 162–171.
Scholl, Lars Ulrich: Ingenieure in der Frühindustrialisierung. Staatliche und private Techniker im Königreich Hannover und an der Ruhr (1815–1873), Göttingen 1978.
Treue, Wilhelm: Eine preußische «technologische» Reise in die besetzten Gebiete im Jahre 1814. In: Vierteljahrschrift für Sozial- und Wirtschaftsgeschichte, 28. Bd. (1935), S. 15–40.

Bildungsreisen unter Dampf

1 Zit. n. Johannes Mahr: Eisenbahnen in der deutschen Dichtung. Der Wandel eines literarischen Motivs im 19. und beginnenden 20. Jahrhundert. München 1982, S. 29.
2 Rheinisch-Westfälischer Anzeiger, Nr. 59, 25. 7. 1835; zit. n. Mahr (wie Anm. 1).
3 Das große Conversations-Lexicon für die gebildeten Stände, hrsg. v. Meyer, Hildburghausen 1846, Bd. 8, S. 209; zit. n. Mahr (wie Anm. 1).
4 Hans Christian Andersen: Sämtliche Werke. Bd. 1, Eines Dichters Bazar (1. Teil), Braunschweig 1843, S. 21 ff.; zit. n. Mahr (wie Anm. 1).
5 Zit. n. Hans Bauer: Wenn einer eine Reise tat. Eine Kulturgeschichte des Reisens von Homer bis Baedeker. Leipzig 1971, S. 95.
6 Zit. n. ebd. S. 175.
7 Zit. n. Wolfgang Schivelbusch: Geschichte der Eisenbahnreise. Zur Industrialisierung von Raum und Zeit im 19. Jahrhundert. Frankfurt a. M./Berlin/Wien 1981, S. 53.

8 Manfred Riedel: Vom Biedermeier zum Maschinenzeitalter. Zur Kulturgeschichte der ersten Eisenbahnen in Deutschland. In: Archiv für Kulturgeschichte, hrsg. v. Herbert Grundmann, Bd. XLIII, H. 1 (1961), S. 100–123, hier S. 112.
9 Malerische Beschreibung der Eisenbahn zwischen Köln und Aachen und der von ihr durchschnittenen Gegend, deren Sagen und geschichtlichen Erinnerungen, nebst einem Führer durch Aachen und Köln und einer Spezial-Karte des Schienenweges. Köln 1841.
10 Ebd., S. 3.
11 Ebd., S. 5.
12 Ebd., S. 43.
13 Schivelbusch (wie Anm. 7), S. 56.
14 Riedel (wie Anm. 8), S. 105–106.
15 Schivelbusch (wie Anm. 7), S. 38.
16 Ebd., S. 56.
17 Schivelbusch (wie Anm. 7), S. 57.
18 Zit. n. Reiseleben und Reiseliteratur. In: Unsere Zeit, Jahrbuch zum Conversationslexikon, Bd. 1, Leipzig 1857. Wiederabdruck in: Reiseleben, H. 8, Holzminden 1984, S. 29.
19 Ebd., H 9, S. 17.
20 Erdmann: Lustreise und Reiselust, Berlin 1873, S. 19.
21 Ebd., S. 18.

Museumsreisen

1 Julius von Schlosser: Die Kunst- und Wunderkammern der Spätrenaissance. Braunschweig 1978, S. 143.
2 Vgl. Christian Theuerkauff: Anmerkungen zum Begriff der Kunstkammer im 16. und 17. Jahrhundert und zur Berliner Sammlung um 1700. In: Die Brandenburgisch-Preußische Kunstkammer. Eine Auswahl aus alten Beständen. Berlin 1981, S. 9–11, s. S. 10.
3 Peter Sloterdijk: Museum. Schule des Befremdens, in: FAZ-Magazin vom 17. März 1989.
4 Clemens Brentano: Das Märchen von Fanferlieschen Schönefüßchen. In: Werke. Bd. 3, München 1978, S. 941.
5 Krzysztof Pomian: Der Ursprung des Museums. Vom Sammeln. Berlin 1988, S. 57f.
6 Brandenburgisch-Preußische Kunstkammer (wie Anm. 2), S. 13 und S. 36.
7 Detlef Heikamp: Mexico und die Medici-Herzöge. In: Karl-Heinz Kohl (Hrsg.): Mythen der Neuen Welt. Zur Entdeckungsgeschichte Lateinamerikas, Berlin 1982, S. 126–146.
8 Laura Laurencich-Minelli: Bologna und Amerika vom 16. bis zum 18. Jahrhundert. In: Karl-Heinz Kohl (Hrsg.): Mythen der Neuen Welt (wie Anm. 7), S. 147–154.
9 Schlosser (wie Anm. 1), S. 179.
10 Eckhart Berckenhagen: Barock in Deutschland. Residenzen. Berlin 1966, S. 53.
11 Ebd., S. 62–65.
12 Schleswig 1666. Vgl. dazu auch Katalogeintrag 7/2 in: Kohl (wie Anm. 7), S. 323.
13 Theodor Volbehr: Das «Theatrum Quicchebergicum». Ein Museumstraum der Renaissance. In: Museumskunde V (1909), S. 201–208.
14 Kurt Böhner: Altertumssammlungen gestern und heute. In: Jahrbuch des Römisch-Germanischen Zentralmuseums Mainz, 17 (1970), S. 1–34, hier S. 14f.
15 Vgl. dazu nur den Titel von Leonhard Christof Sturm: Die Geöffnete Raritäten- und Naturalienkammer worinnen Der Galanten Jugend, anderen Curieusen und Reisenden [...] Hamburg 1707.
16 Johann Georg Keyssler: Neueste Reise durch Teutschland, Böhmen, Ungarn, die Schweiz, Italien und Lothringen [...]. 2 Bde., Hannover 1740/41.
17 Vgl. dazu auch Peter J. Becker: Bibliotheksreisen in Deutschland im 18. Jahrhundert. In: Archiv für Geschichte des Buchwesens 21 (1980), S. 141f.
18 Johann Georg Meusel: Teutsches Künstlerlexikon. Nebst einigen Anhängen, besonders einem Verzeichnis sehenswürdiger Bibliotheken, Kunst-, Münz- und Naturalien-Kabinette in Teutschland und in der Schweiz. 2. Aufl., Lemgo 1814.
19 Des Herrn Professors Johann David Köhlers Anweisung für Reisende Gelehrte, Bibliothe-

ken, Münz-Cabinette, Antiquitäten-Zimmer, Bilder-Säle, Naturalien- und Kunstkammern [...]. Frankfurt/Leipzig 1762.

20 Georg Forster: Ansichten vom Niederrhein von Brabant, Flandern, Holland, England und Frankreich im April, Mai und Junius 1790. In: Forsters Werke in zwei Bänden, 2 Bd., Berlin/Weimar 1968, S. 40f. und S. 62–116.

21 Vgl. dazu Günter Oesterle: Eingedenken und Erinnern des Überholten und Vergessenen. In: Gerhard Schulz (Hrsg.): Literatur und Geschichte. Bonn/Frankfurt a. M./New York/Paris 1990, S. 81–111.

22 Andrew L. McClellan: The Musée du Louvre as Revolutionary Metaphor During the Terror. In: The Art Bulletin LXX (1988), S. 300–313, hier S. 302f.

23 Gudrun Calov: Museen und Sammler des 19. Jahrhunderts in Deutschland. In: Museumskunde 38 (1969), Heft 1–3.

24 E. Firmenich-Richartz: Sulpitz und Melchior Boisserée. Jena 1916, S. 333.

25 Ebd., S. 334.

26 Wilhelm von Humboldt: Musée des Petits Augustins. In: ders.: Schriften zur Anthropologie und Geschichte. Werke in 5 Bänden, Bd. 1, Darmstadt 1980, S. 519–552, hier S. 519f.

27 Wilhelm von Humboldt: Gegen Änderung des Museumsstatus (14. Juni 1833). In: Gesammelte Schriften. Bd. XII, Berlin 1904, S. 572–581, hier S. 573f. Vgl. dazu auch Hermann Lübbe: Wilhelm von Humboldt und die Berliner Museumsgründung 1830. In: ders.: Die Aufdringlichkeit der Geschichte, Graz/Wien/Köln 1989, S. 187–206.

28 Wolfgang Kemp: Kunst kommt ins Museum. In: Werner Busch (Hrsg.): Funkkolleg Kunst. München/Zürich 1987, S. 205–229, hier S. 205f.

Wege zur Weltausstellung

1 Ludwig Börne: Die Industrieausstellung im Louvre (1823). Sämtliche Schriften. Hrsg. v. Inge und Peter Rippmann. Bd. 2, Düsseldorf 1964, S. 131ff.

2 Der Erfolg der nationalen Ausstellungen gab erst den Mut zur Planung größerer Unternehmungen. In Frankreich fanden seit 1798 nationale Ausstellungen statt, in England organisierte die Polytechnische Gesellschaft seit 1756 lokale und landesweite Ausstellungen. Im dtsch. Zollverein wurden 1842 in Mainz, 1844 in Berlin und 1850 in Leipzig deutsche Gewerbeausstellungen mit beachtlicher Beteiligung (3040 Aussteller/236997 Besucher in Berlin) veranstaltet. Vgl. ausführlich zur Vorgeschichte: Die Industrieausstellung, ihre Geschichte und ihr Einfluß auf die Culturentwicklung. In: Die Gegenwart. 1856, Bd. XII, S. 470ff.

3 Zit. n. d. dt. Übersetzung bei Lothar Bucher: Kulturhistorische Skizzen aus der Industrieausstellung aller Völker. Frankfurt/M. 1851, S. 35.

4 Christian Sartorius: Die Industrieausstellung in London. Darmstadt 1851, S. 78.

5 Hermann Scherer: Londoner Briefe über die Weltausstellung. Leipzig 1851, S. 243.

6 Georg Schirges: Die zweite Welt-Ausstellung mit besonderer Berücksichtigung der Deutschen Industrie. Briefe aus Paris, Frankfurt/M. 1855, S. 310.

7 Archiv für Natur, Kunst, Wissenschaft und Leben, Jg. 19, N. F. Bd. 9, Nr. 2, S. 12.

8 Vgl. Archiv (wie Anm. 7), S. 13f.

9 Scherer (wie Anm. 5), S. 93.

10 Bericht einer Londoner Tageszeitung. Zit. n.: The Great Exhibition of 1851. A Commemorative Album. Compiled by Charles Harvard Gibbs-Smith. London 1950, S. 29.

11 Bucher (wie Anm. 3), S. 8.

12 Ebda., S. 10f.

13 Walter Benjamin: Das Passagen-Werk, Aufzeichnungen und Materialien. Bd. 1, Frankfurt/M. 1983, S. 267 und vgl. ebd. S. 50ff.: Grandville oder die Weltausstellungen.

14 Friedrich Hebbel: Tagebücher, Bd. 2, Berl. 1903, S. 401.

15 Theodor Fontane, in: Königlich privilegirte Berlinische Zeitung von Staats- und gelehrten Sachen. 29. Mai 1856, S. 4.

16 Zit. n. The Great Exhibition (wie Anm. 10), S. 26.

17 Vgl. vor allem Wolfgang Schivelbusch: Geschichte der Eisenbahnreise. Zur Industrialisierung von Raum und Zeit im 19. Jahrhundert. Frankfurt a. M./Berlin/Wien 1979, S. 35ff.
18 Werner Hofmann: Das Irdische Paradies. Kunst im 19. Jahrhundert. München 1960, S. 180.
19 Schirges (wie Anm. 6), S. VII.
20 Zuschrift an die ‹Illustratet London News›. Zit. n. Bucher (wie Anm. 3), S. 176.

Wahrnehmungsumbrüche im Reisebild

1 Zit. n. Ausst.-Kat.: Goethe in Italien, hrsg. v. Goethe Museum Düsseldorf. Bonn 1986, S. 17.
2 Fliegende Blätter, Bd. 27, Nr. 645, S. 146.
3 Vgl. Ausst.-Kat.: Mit dem Auge des Touristen – Zur Geschichte des Reisebildes. Tübingen 1981.
4 Vgl. Ausst.-Kat.: Beauty, Horror and Immensity. Picturesque Landscape in Britain, 1750–1850, Fitzwilliam Museum, Cambridge 1981, S. 94f.
5 Vgl. Elizabeth Wheeler Manwaring: Italian Landscape in Eighteenth Century England – A Study chiefly in the Influence of Claude Lorrain and Salvator Rosa on English Taste 1700–1800. London 1965.
6 Vermittelt war dies über die Anlage der englischen Landschaftsgärten – zu denen auch Alexander Popes Garten in Twickenham gehörte – denen u. a. die Gemälde Claudes das Vorbild lieferten.
7 Vgl. Andrew Wilton: William Turners Reisebilder. Die schönsten Aquarelle aus Deutschland, Frankreich, Italien und der Schweiz, München 1982.
8 Aus: Turner's Annual Tour 1835. Wanderings by the Seine from Rouen to the Source [...], London 1835.
9 Vgl. Monika Wagner: Der flüchtige Blick. Geschwindigkeitsdarstellungen im 19. Jahrhundert. In: Ausst.-Kat. Zug der Zeit – Zeit der Züge. Deutsche Eisenbahn 1835–1985, 2 Bde., Berlin 1985, Bd. 2, S. 528–537. Monika Wagner (Hrsg.): Moderne Kunst. Das Funkkolleg zum Verständnis der Gegenwartskunst. 2 Bde. Reinbek 1991, Bd. 1, S. 115–134.
10 Zum Einfluß Gardnors auf Turner Gustl Früh: Englische Rheinbilder um 1800. Studien zum Verhältnis von Reisebild und touristischer Wahrnehmung. Magisterarbeit Tübingen 1982.

Reisen als Geschäft

1 In: Helmut Schneider (Hrsg.): Der Rhein. Seine poetische Geschichte in Texten und Bildern. Frankfurt 1983.
2 Ludwig Lange: Der Rhein und die Rheinlande. Darmstadt 1855 (Neudruck 1977).
3 John Murray: Rome. London 1869.

Literatur

Biesing, Winfried: Drachenfelschronik. Geschichte eines Berges, seiner Burg und seiner Burggrafen [...]. Köln 1980.
Farrant, Sue: Georgian Brighton 1740–1820. Brighton 1980.
Hinterseer, Sebastian: Bad Hofgastein und die Geschichte Gasteins. 2. verb. Aufl. Salzburg 1977.
Knoll, Gabriele M.: Herausbildung, Dynamik und Persistenz von Standorten und Standortgemeinschaften im Großstadttourismus der Kölner Innenstadt im 19. und 20. Jahrhundert. Köln 1988.
Dies.: Le développement de l'infrastructure touristique de Brighton et Cannes aux XVIIIème et XIXème siècles. Union Géographique Internationale, Colloque de la Commission du Tourisme et des Loisirs. Palma de Mallorca 1986.
Schmitt, Michael: Palast-Hotels. Architektur und Anspruch eines Bautyps 1870–1920. Berlin 1982.
Schweizerische Verkehrszentrale (Hrsg.)/Gaulis, Louis/Creux, René: Schweizer Pioniere der Hotellerie. Paudex 1976.
Spitz, Johann Wilhelm: Rheinreise von Düsseldorf bis Straßburg. Düsseldorf 1841.

Baedeker aus der Vogelperspektive oder Die Lehre vom Reisen. Ein Beitrag zur Philosophie des Reisens. Bonn 1864.
Wiesli, Urs: Die Schweiz (Wissenschaftliche Länderkunden 26). Darmstadt 1986.

Ein Blick auf den modernen Tourismus

1 Meyers Konversationslexikon: 13. Bd., Leipzig 1890, S. 703.
2 Jost Krippendorf: Die Landschaftsfresser. Tourismus und Erholungslandschaft – Verderben oder Segen? Bern 1975, S. 13.
3 Theodor Fontane: Unterwegs und wieder daheim. In: Sämtliche Werke, Bd. 18, München 1972.
4 Franz Walter: Der Leib und sein Recht im Christentum. Donauwörth 1910. Zit. n. der Besprechung: Von Nutz und Gefahr des Reisens (Verfasser: E.). In: Hochland-Echo, 7. Jahrgang, Bd. 2 (1910), S. 495f.
5 Abgedruckt bei Margit Berwing: Wie die Leute reisen lernten. In: dies./Konrad Köstlin (Hrsg.): Reise-Fieber. Regensburg 1984, S. 17–37; hier S. 36f.
6 Ausführliches Zitat bei Hans Magnus Enzensberger: Vergebliche Brandung der Ferne. Eine Theorie des Tourismus. In: Merkur 12 (1958), S. 701–720, hier S. 703.
7 Krippendorf (wie Anm. 2), S. 54.
8 Stanisław Jerzy Lec: Unfrisierte Gedanken. München 1959, S. 52.
9 Daniel J. Boorstin: Das Image oder Was wurde aus dem Amerikanischen Traum? Reinbek 1964, S. 78 und S. 105.
10 Rainer Schönhammer: Jugendliche Europa-Touristen. Eine psychologische Studie über das Reisen im europäischen Netz von Bahn und Jugendherbergen. Starnberg 1987.
11 Dieter Kramer: Massentourismus in gesellschaftspolitischer Kontroverse. Entwicklungen und Probleme in der BRD. In: Tourismus (= Mitteilungen aus der kulturwissenschaftlichen Forschung 24). Berlin 1988, S. 185–198; hier S. 192f.
12 Vgl. Dieter Kramer: Der sanfte Tourismus. Umwelt- und sozialverträglicher Tourismus in den Alpen. Wien 1983, S. 9.
13 Naturfreund 1926. Zitiert bei Jochen Zimmer: Vom Arbeiter- zum Volkstourismus und vom Kampf für das freie Wegerecht zum Kampf für die «freie» Natur. In: Tourismus (wie Anm. 11), S. 130–146; hier S. 132.
14 Vgl. beispielsweise Herbert Hamele: Neue Problemsicht der Umwelt im Tourismus – Konsequenzen für die Kommunen. In: Bayerisches Staatsministerium für Wirtschaft und Verkehr: Umweltschutz, Fremdenverkehr und Denkmalpflege. München 1988, S. 130–143; Hans Joachim Schemel: Tourismus und Landschaftserhaltung. Eine Planungshilfe für Ferienorte mit praktischen Beispielen. München 1988.

Literatur

Akademie für Raumforschung und Landesplanung (Hrsg.): Wissenschaftliche Aspekte des Fremdenverkehrs. Hannover 1969.
Hermann Bausinger: Tourismus und Folklorismus. In: ders.: Volkskunde. Von der Altertumsforschung zur Kulturanalyse. Tübingen [3]1982, S. 159–179.
Helmut Kentler/Thomas Leithäuser/Hellmut Lessing: Jugend im Urlaub. 2 Bde., Weinheim/Berlin 1969.
Reinhard Schmitz-Scherzer (Hrsg.): Reisen und Tourismus. Darmstadt 1975.
Helga Stamm: Der Urlaubstraum ein Urlaubstrauma? Bühren 1984.
Studienkreis für Tourismus e.V.: Tourismus und Umwelt. Starnberg 1987.
Heide Wahrlich: Tourismus – eine Herausforderung für Ethnologen. Problemdimensionen und Handlungsaspekte im touristischen Bezugsfeld. Berlin 1984.
Wissenschaftsbereich Kultur der Sektion Ästhetik und Kunstwissenschaften der Humboldt-Universität zu Berlin: Tourismus. Berlin 1988.

Allgemeine Bibliographie

Adams, Percy G.: Travel Literature and the Evolution of Novel. Lexington 1983.
Ders.: Travelers and Travel Liars. 1660–1800. Berkeley/Los Angeles 1962.
Armanski, Gerhard: Die kostbarsten Tage des Jahres. Massentourismus – Ursachen, Formen, Folgen. Berlin 1978.
Assion, Peter (Hrsg.): Der große Aufbruch. Studien zur Amerikaauswanderung (Hessische Blätter für Volks- und Kulturforschung, NF 17). Marburg 1985.
Ders.: Von Hessen in die Neue Welt. Eine Sozial- und Kulturgeschichte der hessischen Amerikaauswanderung mit Text- und Bilddokumenten. Frankfurt/M. 1987.
Atkinson, Geoffroy: The Extraordinary Voyage in French Literature before 1700 (Columbia University Studies in Romance, Philology and Literature 16). New York 1920.
Bade, Klaus J.: Altes Handwerk, Wanderzwang und Gute Policey: Gesellenwanderung zwischen Zunftökonomie und Gewerbereform. In: Vierteljahrschrift für Sozial- und Wirtschaftsgeschichte 69 (1982), S. 1–37.
Bauer, Hans: Wenn einer eine Reise tat. Eine Kulturgeschichte des Reisens von Homer bis Baedeker. Leipzig 1971.
Bausinger, Hermann: Wer fährt in Urlaub und wer nicht? Urlaubsverhalten im Blick der Tourismusforschung. In: Der Bürger im Staat 24 (1974), S. 174–181.
Beck, Hanno: Geographie und Reisen im 19. Jahrhundert. Prolegomena zu einer allgemeinen Geschichte des Reisens. In: Petermanns Geographische Mitteilungen 101 (1957), S. 1–14.
Ders.: Große Geographen. Pioniere – Außenseiter – Gelehrte. Berlin 1982.
Ders.: Große Reisende. München 1971.
Becker, Carolyn Oglesby: From the Jacobins to the Young Germans. The Travel Literature from 1785 to 1840. Diss. Phil., University of Wisconsin 1974.
Becker, Peter Jörg: Bibliotheksreisen in Deutschland im 18. Jahrhundert. In: Archiv für Geschichte des Buchwesens 21 (1980), Sp. 1361–1534.
Berg, Eberhard: Zwischen den Welten. Über die Anthropologie der Aufklärung und ihr Verhältnis zur Entdeckungs-Reise und Welt-Erfahrung mit besonderem Blick auf das Werk Georg Forsters. Berlin 1982.
Bergmann, Klaus / Solveig Ockenfus (Hrsg.): Neue Horizonte. Eine Reise durch die Reisen. Reinbek 1984.
Berwing, Margit / Konrad Köstlin (Hrsg.): Reise-Fieber. Begleitheft zur Ausstellung des Lehrstuhls für Volkskunde der Universität Regensburg (Regensburger Schriften zur Volkskunde 2). Regensburg 1984.
Beutel, Michael / Ina-Maria Greverus u.a.: Tourismus. Ein kritisches Bilderbuch. Bensheim 1978.
Beyrer, Klaus: Die Postkutschenreise (Untersuchungen des Ludwig-Uhland-Instituts der Universität Tübingen 66). Tübingen 1985.
Bitterli, Urs: Alte Welt – Neue Welt. Formen des europäisch-überseeischen Kulturkontakts vom 15. bis zum 18. Jahrhundert. München 1986.
Ders.: Die «Wilden» und die «Zivilisierten». Grundzüge einer Geistes- und Kulturgeschichte der europäisch-überseeischen Begegnung. München 1982.
Bogosavljevic, Srdan: German Literary Travelogues around the Turn of the Century, 1890–1914. Diss. Phil. University of Illinois at Urbana/Champaign 1983.
Bödeker, Hans-Erich: Reisebeschreibungen im historischen Diskurs der Aufklärung. In: ders. u.a. (Hrsg.): Aufklärung und Geschichte. Studien zur deutschen Geschichtswissenschaft im 18. Jahrhundert (Veröffentlichungen des Max-Planck-Instituts für Geschichte 81). Göttingen 1986, S. 276–298.
Böhme, Max: Die großen Reisesammlungen des 16. Jahrhunderts und ihre Bedeutung. Straßburg 1904.
Brenner, Peter J. (Hrsg.): Der Reisebericht. Die Entwicklung einer Gattung in der deutschen Literatur. Frankfurt/M. 1989.
Ders.: Der Reisebericht in der deutschen Literatur. Ein Forschungsüberblick als Vorstudie zu

einer Gattungsgeschichte (Internationales Archiv für Sozialgeschichte der deutschen Literatur, Sonderheft 2). Tübingen 1990.

Brilli, Attilio: Reisen in Italien. Die Kulturgeschichte der klassischen Italienreise vom 16. bis 19. Jahrhundert. Köln 1989.

Bürgi, Andreas: Weltvermesser. Die Wandlung des Reiseberichts in der Spätaufklärung. Bonn 1989.

Cox, Edward Godfrey: A Reference Guide to the Literature of Travel. 3 Bde., Seattle 1935–1949.

«Der curieuse Passagier». Deutsche Englandreisende des 18. Jahrhunderts als Vermittler kultureller und technologischer Anregungen. Colloquium der Arbeitsstelle 18. Jahrhundert Gesamthochschule Wuppertal/Universität Münster (Beiträge zur Geschichte der Literatur und Kunst des 18. Jahrhunderts 6). Heidelberg 1983.

Dharampal-Frick, Gita: Zwischen Utopie und Empirie. Indien im Spiegel deutscher Reisebeschreibungen der Frühen Neuzeit. In: Zeitschrift für Kulturaustausch 37 (1987), S. 339–417.

Eggebrecht, Harald: Sinnlichkeit und Abenteuer. Die Entstehung des Abenteuerromans im 19. Jahrhundert, Berlin 1987.

Elkar, Rainer S.: Umrisse einer Geschichte der Gesellenwanderung im Übergang von der Frühen Neuzeit zur Neuzeit. In: ders. (Hrsg.): Deutsches Handwerk in Spätmittelalter und Früher Neuzeit. Göttingen 1983, S. 85–116.

Embacher, Friedrich: Lexikon der Reisen und Entdeckungen. Leipzig 1882 (Reprographischer Nachdruck Amsterdam 1961).

Engelhardt, Viktor: Die Kunst zu reisen in alter und neuer Zeit wie sie sich in Reisehandbüchern / Reiseanweisungen / Reisekarten und Postfahrplänen aus allen Jahrhunderten / sowie in Kursbüchern / Autostraßen- und Flugkarten der Gegenwart darstellt. Berlin 1937.

Engelmann, Wilhelm (Hrsg.): Bibliotheca Geographica. Verzeichnis der seit der Mitte des 18. Jahrhunderts bis zu Ende des Jahres 1856 in Deutschland erschienenen Werke über Geographie und Reisen mit Einschluß der Landkarten, Pläne und Ansichten. Leipzig 1857 (Reprographischer Nachdruck Amsterdam 1965).

Enslin, Theodor Friedrich Christian: Bibliotheca historico-geographica oder Verzeichnis aller brauchbaren, in älterer und neuerer Zeit, besonders aber vom Jahre 1750 bis zur Mitte des Jahres 1824 in Deutschland erschienenen Bücher über Geschichte, Geographie und deren Hülfswissenschaften. Berlin/Landsberg 1825.

Enzensberger, Hans Magnus: Eine Theorie des Tourismus. In: ders.: Einzelheiten I. Bewußtseins-Industrie. Frankfurt/M. 1962, S. 147–168.

Exotische Welten – Europäische Phantasien. Ausstellung des Instituts für Auslandsbeziehungen und des Württembergischen Kunstvereins im Kunstgebäude am Schloßplatz. Stuttgart 1987.

Faessler, Peter: Bodensee und Alpen. Die Entdeckung einer Landschaft in der Literatur. Sigmaringen 1985.

Fohrmann, Jürgen: Abenteuer und Bürgertum. Zur Geschichte der deutschen Robinsonaden im 18. Jahrhundert. Stuttgart 1981.

Frederiksen, Elke (unter Mitarbeit von Tamara Archibald): Der Blick in die Ferne. Zur Reiseliteratur von Frauen. In: Frauen Literatur Geschichte. Schreibende Frauen vom Mittelalter bis zur Gegenwart. Hrsg. v. Hiltrud Gnüg und Renate Möhrmann. Stuttgart 1985, S. 104–122, 517–518.

Fuss, Karl: Geschichte der Reisebüros (Schriftenreihe des Deutschen Reisebüro-Verbandes 8). Darmstadt 1960.

Gewecke, Frauke: Wie die Neue Welt in die alte kam. Stuttgart 1986.

Glaser, Hermann / Thomas Werner: Die Post in ihrer Zeit. Eine Kulturgeschichte menschlicher Kommunikation. Heidelberg 1990.

Gove, Philipp Babcock: The Imaginary Voyage in Prose Fiction. A History of Its Criticism and a Guide for Its Studies, with an Annoted Checklist of 215 Imaginary Voyages from 1700 to 1800. New York 1941 (Neuauflage London 1961).

Griep, Wolfgang: Reiseliteratur im späten 18. Jahrhundert. In: Hansers Sozialgeschichte der deutschen Literatur vom 16. Jahrhundert bis zur Gegenwart. Bd. 3: Deutsche Aufklärung bis zur Französischen Revolution. Hrsg. v. Rolf Grimminger. München 1980, S. 739–764, 919–924.

Ders. / Hans-Wolf Jäger (Hrsg.): Reise und soziale Realität am Ende des 18. Jahrhunderts (Neue Bremer Beiträge 1). Heidelberg 1983.
Ders. / Hans-Wolf Jäger (Hrsg.): Reisen im 18. Jahrhundert. Neue Untersuchungen (Neue Bremer Beiträge 3). Heidelberg 1986.
Grosser, Thomas: Reiseziel Frankreich. Deutsche Reiseliteratur vom Barock bis zur Französischen Revolution. Opladen 1989.
Gyr, Ueli: Touristenkultur und Reisealltag. In: Zeitschrift für Volkskunde 84 (1988), S. 224–239.
Hampe, Theodor: Die fahrenden Leute der deutschen Vergangenheit. Leipzig 1902.
Henze, Dietmar: Enzyklopädie der Entdecker und Erforscher der Erde. Bd. 1ff. Graz 1978ff.
Herbers, Klaus: Der Jakobsweg. Mit einem mittelalterlichen Pilgerführer unterwegs nach Santiago de Compostela. Tübingen, 3. Aufl. 1986.
Hoffmann, Moritz: Geschichte des deutschen Hotels. Vom Mittelalter bis zur Gegenwart. Heidelberg 1961.
Höhle, Thomas (Hrsg.): Reiseliteratur im Umfeld der französischen Revolution. Halle/Saale 1987.
Huck, Gerhard / Jürgen Reulecke (Hrsg.): ... und reges Leben ist überall sichtbar! Reisen im Bergischen Land um 1800. (Bergische Forschungen 15). Neustadt a. d. Aisch 1978.
Jaritz, Gerhard / Albert Müller (Hrsg.): Migration in der Feudalgesellschaft. Frankfurt a. M./ New York 1988.
Jedin, Hubert: Die deutsche Romfahrt von Bonifatius bis Winckelmann. Krefeld (1951).
Jeggle, Utz / Gottfried Korff: Zur Entwicklung des Zillertaler Regionalcharakters. In: Zeitschrift für Volkskunde 70 (1974), S. 39–57.
Knebel, Hans-Joachim: Soziologische Strukturwandlungen im modernen Tourismus. Stuttgart 1960.
Kohl, Hans-Heinz: Entzauberter Blick. Das Bild des Guten Wilden und die Erfahrung der Zivilisation. Berlin 1981.
Ders. (Hrsg.): Mythen der Neuen Welt. Zur Entdeckungsgeschichte Lateinamerikas. Berlin 1982.
Korzus, Bernhard (Bearb.): Leichter als Luft. Zur Geschichte der Ballonfahrt. Greven 1978.
Kramer, Dieter: Aspekte der Kulturgeschichte des Tourismus. In: Zeitschrift für Volkskunde 78 (1982), S. 1–13.
Ders.: Der sanfte Tourismus. Umwelt- und sozialverträglicher Tourismus in den Alpen. Wien 1983.
Kramer, Fritz: Verkehrte Welten. Zur imaginären Ethnographie des 19. Jahrhunderts. Frankfurt/M. 1977.
Krasnobaev, Boris I. / Gert Robel / Herbert Zeman (Hrsg.): Reisen und Reisebeschreibungen im 18. und 19. Jahrhundert als Quellen der Kulturbeziehungsforschung (Studien zur Geschichte der Kulturbeziehungen in Mittel- und Osteuropa 6). Berlin 1980.
Krippendorf, Jost: Die Ferienmenschen. Für ein neues Verständnis von Freizeit und Reisen. München 1986.
Kuhn, Dorothea (Bearb.): Auch ich in Italien. Kunstreisen nach Italien 1600–1900 (Sonderausstellung des Schiller-Nationalmuseums, Katalog 66). Marbach 1966.
Kuhnert, Reinhold P.: Urbanität auf dem Lande. Badereisen nach Pyrmont im 18. Jahrhundert (Veröffentlichungen des Max-Planck-Instituts für Geschichte 77). Göttingen 1984.
Küther, Carsten: Menschen auf der Straße. Vagierende Unterschichten in Bayern, Franken und Schwaben in der zweiten Hälfte des 18. Jahrhunderts (Kritische Studien zur Geschichtswissenschaft 56). Göttingen 1983.
Laermann, Klaus: Raumerfahrung und Erfahrungsraum. Einige Überlegungen zu Reiseberichten aus Deutschland vom Ende des 18. Jahrhunderts. In: Hans Joachim Piechotta (Hrsg.): Reise und Utopie. Frankfurt/M. 1976, S. 57–97.
Lang, Rudolf W.: Reisen anno dazumal. München 1971.
Leroi-Gourhan, André / Kurt Kayser (Hrsg.): Die berühmten Entdecker und Erforscher der Erde. Köln 1965.
Liebs, Elke: Die pädagogische Insel. Studien zur Rezeption des «Robinson Crusoe» in deutschen Jugendbearbeitungen. Stuttgart 1977.

Link, Manfred: Der Reisebericht als literarische Kunstform von Goethe bis Heine. Diss. phil. Köln 1963.
Loebenstein, Eva-Marie: Die adelige Kavalierstour im 17. Jahrhundert, ihre Ziele und Voraussetzungen. Phil. Diss. Wien 1966.
Löschburg, Winfried: Von Reiselust und Reiseleid. Eine Kulturgeschichte. Frankfurt/M. 1977.
Mączak, Antoni / Hans Jürgen Teuteberg (Hrsg.): Reiseberichte als Quellen europäischer Kulturgeschichte. Aufgaben und Möglichkeiten der historischen Reiseforschung (Wolfenbütteler Forschungen 21). Wolfenbüttel 1982.
Maler, Anselm (in Zusammenarbeit mit Sabine Schott): Galerie der Welt. Ethnographisches Erzählen im 19. Jahrhundert (Studia Cassellana). Stuttgart 1988.
Mayrhofer, Hermann: Die Reise in der Prosaliteratur in Österreich von 1800–1850. Ein Beitrag zur Erforschung der literarischen Zweckformen. Diss. phil. Wien 1978.
Mälzer, Gottfried (Bearb.): Reisen zur Zeit Napoleons. Eine Dokumentation der Sammlung des unterfränkischen Regierungspräsidenten von Asbeck (1760–1826) in der Universitätsbibliothek Würzburg. Würzburg 1984.
Mead, William Edward: The Grand Tour in Eighteenth Century. Boston/New York 1914.
Mit dem Auge des Touristen. Zur Geschichte des Reisebildes. Eine Ausstellung des Kunsthistorischen Instituts der Universität Tübingen. Tübingen 1981.
Mitrovich, Mirco: Deutsche Reisende und Reiseberichte im 17. Jahrhundert. Ein kulturhistorischer Beitrag. Diss. Phil. University of Illinois at Urbana 1963.
Moltmann, Günter (Hrsg.): Deutsche Amerikaauswanderung im 19. Jahrhundert. Sozialgeschichtliche Beiträge. Stuttgart 1976.
Moraw, Peter (Hrsg.): Unterwegssein im Spätmittelalter (Zeitschrift für Historische Forschung. Beiheft 1). Berlin 1985.
Neutsch, Cornelius: Reisen um 1800. Reiseliteratur über Rheinland und Westfalen als Quelle einer sozial- und wirtschaftsgeschichtlichen Reiseforschung (Sachüberlieferung und Geschichte, 6). St. Katharinen 1990.
North, Gottfried: Die Post. Ihre Geschichte in Wort und Bild. Heidelberg 1988.
Ohler, Norbert: Reisen im Mittelalter. München 1986.
Oppenheim, Roy: Die Entdeckung der Alpen. Frauenfeld 1930 (Neuauflage ebd. 1974).
Oswald, Stefan: Italienbilder. Beiträge zur Wandlung der deutschen Italienauffassung 1770–1840 (Germanisch-Romanische Monatsschrift. Beiheft 6). Heidelberg 1985.
Panzer, Bärbel: Die Reisebeschreibung als Gattung der philanthropischen Jugendliteratur in der zweiten Hälfte des 18. Jahrhunderts (Europäische Hochschulschriften. I/697). Frankfurt a. M./Bern/New York 1983.
Peyer, Gustav: Geschichte des Reisens in der Schweiz. Basel 1885.
Pelz, Annegret: «... von einer Fremde in die andere?» Reiseliteratur von Frauen. In: Gisela Brinker-Gabler (Hrsg.): Deutsche Literatur von Frauen. Bd. 2, München 1988, S. 143–153.
Piechotta, Hans Joachim (Hrsg.): Reise und Utopie. Zur Literatur der Spätaufklärung. Frankfurt/M. 1976.
Prahl, Hans-Werner / Albrecht Steinecke: Der Millionen-Urlaub. Von der Bildungsreise zur totalen Freizeit. Darmstadt/Neuwied 1979.
Rauers, Friedrich: Kulturgeschichte der Gaststätte. 2 Bde. (Schriftenreihe der Hermann Esser Forschungsgemeinschaft für Fremdenverkehr 2). Berlin 1941.
Rehbein, Elfriede: Zu Wasser und zu Lande. Die Geschichte des Verkehrswesens von den Anfängen bis zum Ende des 19. Jahrhunderts. München 1984.
Vom Reisen in der Kutschenzeit. Ausstellung der Eutiner Landesbibliothek. Katalog, hrsg. v. d. Stiftung zur Förderung d. Kultur u. d. Erwachsenenbildung in Ostholstein (Veröffentlichungen der Eutiner Landesbibliothek 1). Heide/Holstein 1989.
Robel, Gert: Die Sibirienexpeditionen und das deutsche Rußlandbild des 18. Jahrhunderts. In: Wissenschaftspolitik in Mittel- und Osteuropa. Berlin 1976, S. 271–294.
Ders.: Berichte über Rußlandreisen. In: Russen und Rußland aus deutscher Sicht. 18. Jahrhundert: Aufklärung. Hrsg. v. Mechthild Keller (West-östliche Spiegelungen A/2). München 1987, S. 216–247.
Röhricht, Reinhold: Deutsche Pilgerreisen nach dem Heiligen Lande. Innsbruck 1900. (Neudruck Aalen 1967).

Scherrer, Christian: Dritte-Welt-Tourismus. Entwicklungsstrategische und kulturelle Zusammenhänge. Berlin 1986.

Schivelbusch, Wolfgang: Geschichte der Eisenbahnreise. Zur Industrialisierung von Raum und Zeit im 19. Jahrhundert. München/Wien 1977.

Schmidt, Steffi: Die Niederlande und die Niederländer im Urteil deutscher Reisender. Eine Untersuchung deutscher Reisebeschreibungen von der Mitte des 17. bis zur Mitte des 19. Jahrhunderts. Siegburg 1963.

Schmithüsen, Josef: Geschichte der geographischen Wissenschaft. Von den ersten Anfängen bis zum Ende des 18. Jahrhunderts. Mannheim/Wien/Zürich 1970.

Schmitz, Siegfried: Große Entdecker und Forschungsreisende. Eine Geschichte der Weltentdekkung von der Antike bis zum 20. Jahrhundert in Biographien und Bildern. (Hermes Handlexikon). Düsseldorf 1983.

Schudt, Ludwig: Italienreisen im 17. und 18. Jahrhundert (Römische Forschungen der Bibliotheca Hertziana 15). Wien/München 1959.

Schumacher, Martin: Auslandsreisen deutscher Unternehmer 1750–1851. Unter besonderer Berücksichtigung von Rheinland und Westfalen (Schriften zur Rheinisch-Westfälischen Wirtschaftsgeschichte 17). Köln 1968.

Segeberg, Harro: Aufklärer unterwegs. Zur «Literatur des Reisens» im späten 18. Jahrhundert. In: Textsorten und literarische Gattungen. Dokumentation des Germanistentages in Hamburg vom 1. bis 4. April 1979. Hrsg. v. Vorstand der deutschen Hochschulgermanisten. Berlin 1983, S. 489–507.

Seitz, Gabriele: Wo Europa den Himmel berührt. Die Entdeckung der Alpen. München 1987.

Stafford, Barbara Maria: Voyage into Substance. Art, Science, Nature, and the Illustrated Travel Account, 1760–1840. Cambridge (Mass.)/London 1984.

Stagl, Justin (unter Mitarbeit von Klaus Orda und Christel Kämpfer): Apodemiken. Eine räsonnierte Bibliographie der reisetheoretischen Literatur des 16., 17. und 18. Jahrhunderts (Quellen und Abhandlungen zur Geschichte der Staatsbeschreibung und Statistik 2). Paderborn/München/Wien/Zürich 1983.

Steinbrink, Bernd: Abenteuerliteratur des 19. Jahrhunderts in Deutschland. Studien zu einer vernachlässigten Gattung (Studien zur deutschen Literatur 72). Tübingen 1983.

Stewart, William E.: Die Reisebeschreibung und ihre Theorie im Deutschland des 18. Jahrhunderts (Literatur und Wirklichkeit 20). Bonn 1978.

Stuck, Gottlieb Heinrich: Verzeichnis von aeltern und neuern Land- und Reisebeschreibungen. Ein Versuch eines Hauptstücks der geographischen Literatur mit einem vollständigen Realregister. 2 Tle. und Nachtrag. Halle 1784/1785/1787.

Tokarski, Walter / Reinhard Schmitz-Scherzer: Freizeit. Stuttgart 1985.

Treue, Wilhelm: Zum Thema der Auslandsreisen im 17. Jahrhundert. In: Archiv für Kulturgeschichte 35 (1953), S. 199–211.

Ders.: Zum Thema der Auslandsreisen im 18. und 19. Jahrhundert. In: Archiv für Kulturgeschichte 35 (1953), S. 328–333.

Ders.: Achse, Rad und Wagen. Fünftausend Jahre Kultur- und Technikgeschichte. München 1965.

Ders. (Hrsg.): Achse, Rad und Wagen. Göttingen 1988.

Volk, Winfried: Die Entdeckung Tahitis und das Wunschbild der seligen Inseln in der deutschen Literatur. Diss. Phil. Heidelberg 1934.

Wagner, Friedrich A.: Die Urlaubswelt von morgen. Erfahrungen und Prognosen. Düsseldorf/Köln 1970.

Watt, Helga Schutte: Deutsche Reisebeschreibungen von Kaempfer bis Stolberg. Vielfalt und Tradition des Genres im 18. Jahrhundert. Diss. Phil., University of Massachusetts 1978.

Weihrauch, Franz-Josef: Geschichte der Rheinreise 1770–1860. Politik, Kultur, Ästhetik und Wahrnehmung im historischen Prozeß. Darmstadt 1989.

Wuthenow, Ralph-Rainer: Die erfahrene Welt. Europäische Reiseliteratur im Zeitalter der Aufklärung. Frankfurt/M. 1980.

Ziehen, Eduard: Die deutsche Schweizerbegeisterung in den Jahren 1750–1815. Frankfurt/M. 1922.

Zrenner, Claudia: Die Berichte der europäischen Jerusalempilger (1475–1500). Ein literarischer Vergleich im historischen Kontext. Frankfurt a. M./Bern 1981.

Ortsregister

Das Register gibt eine Auswahl wichtiger Orte, Regionen und Länder.

Personenregister

Das Register gibt eine Auswahl wichtiger Personen und Autoren.

Fotonachweis

Berlin, Berlin Museum 285, 342 (M. Nissen); Kupferstichkabinett 82, 83; Margret Nissen 288, 289; Sammlung Lipperheide 176 (Paulmann-Jungeblut); Staatliche Museen Preußischer Kulturbesitz 246; Staatliche Museen zu Berlin (Schinkel-Museum) 236; Staatsbibliothek Preußischer Kulturbesitz 94, 96
Bremen, Kunsthalle 169; Staats- und Universitätsbibliothek 150
Dresden, Deutsche Fotothek 185
Düsseldorf, Goethemuseum 203, 204, 205
Eningen, Stadtarchiv 64
Frankfurt/M., Deutsches Postmuseum 45, 59, 68, 106, 140, 147, 296, 305
Freiburg, Augustinermuseum 65
Hamburg, Staatsarchiv 111, 211
Hannover, Niedersächsische Landesgalerie 104
Königswinter, Siebengebirgsmuseum 340
Kopenhagen, Reichsarchiv 73
München, Staatliche Graphische Sammlung 27; Stadtarchiv 197
Nürnberg, Germanisches Nationalmuseum 49, 55; Spielzeugmuseum der Stadt 286
Paris, Bibliothèque National 316
Schaffhausen, Werksarchiv der Georg Fischer AG 58
Stuttgart, Landesbibliothek 125
Tübingen, Universitätsbibliothek 24, 33, 34, 36, 37, 41, 72, 77, 78, 81, 154, 155, 223, 265, 280, 274, 275, 296, 307, 319
Ulm, Stadtmuseum 242, 298
Uppsala, Bildarchiv 73
Wolfenbüttel, Herzog August Bibliothek 93, 97, 161
Zürich, Zentralbibliothek 180, 194

Den folgenden Publikationen wurde entnommen: *27:* B. Picart, Céremonies et coutumes religieuse de tous les peuples du monde, Bd. 2, Amsterdam 1739, S. 168; *101:* Leipziger Illustrierte Zeitung, 1843; *113, 121:* H. v. Freeden/G. Smolka, Auswanderer, Leipzig 1937; *118:* O. Handlin, A. Pictorial History of Immigration, New York 1972; *128, 250:* W. Lindner, Vom Reisen und Wandern, Berlin 1921; *161:* Christian Gotthilf Salzmann, Reisen der Salzmannischen Zöglinge, Bd. 2, 17; *187, 190:* Robert Wood, The Ruins of Palmyra, London 1753; *200:* H. W. Schwab, Konzert, Leipzig 1971; *208:* N. Haron-Romain, Plan für Strafanstalt, Paris 1840; *214, 217, 325:* A. Eckert, Am Himmel ohne Motor, Augsburg 1975; *228:* D. Kuhn, Reisebilder aus Italien, Stuttgart 1968; *231:* F. Rauers, Kulturgeschichte der Gaststätte, Berlin 1941; *245:* Albrecht von Haller, Die Alpen, Bonn 1795; *302:* Max Eyth, Technische Notizen VIII, 1861/62; *307:* Denkschrift zur Entwicklung des Eisenbahnwesens im Königreich Württemberg, Stuttgart 1895; *321:* Weltausstellungen im 19. Jahrhundert (Katalog), München 1973

Alle übrigen Aufnahmen stammen aus den Archiven der Autoren.

Autorenverzeichnis

Leif Ludwig Albertsen Professor für deutsche Literatur an der Universität Aarhus, Dänemark

Peter Assion Professor für Volkskunde an der Universität Freiburg i. Br.

Hermann Bausinger Professor für Empirische Kulturwissenschaft an der Universität Tübingen

Klaus Beyrer Dr. rer. soc., wiss. Mitarbeiter am Deutschen Postmuseum, Frankfurt a. M.

Heiner Boehnke Dr. phil., Redakteur beim Hessischen Rundfunk, Frankfurt a. M.

Thomas Brune M. A., Abteilungsleiter im Württembergischen Landesmuseum, Stuttgart

Rainer S. Elkar Dr. phil., Akad. Oberrat im Fach Wirtschafts- und Sozialgeschichte an der Universität Gesamthochschule Siegen

Peter Faessler Professor an der Appenzell/Rh. Kantonsschule, Dozent an der Hochschule St. Gallen für Wirtschafts-, Rechts- und Solzialwissenschaften sowie an der Pädagogischen Hochschule St. Gallen

Regine Falkenberg Dr. phil., wiss. Mitarbeiterin am Deutschen Historischen Museum, Berlin

Christina Florack-Kröll Dr. phil., stellvertr. Leiterin des Goethe-Museums, Düsseldorf (Anton-und-Maria-Kippenberg-Stiftung)

Christian Glass M. A., nach Tätigkeit im Württembergischen Landesmuseum, Stuttgart, seit 1988 freier Museumswissenschaftler in Esslingen

Helmut Gold Dr. phil., freier Mitarbeiter am Verkehrsmuseum, Nürnberg und am Deutschen Postmuseum, Frankfurt a. M.

Wolfgang Griep Dr. phil., von 1978 bis 1989 Leiter der Forschungsstelle ‹Reiseliteratur des 18. Jahrhunderts› an der Universität Bremen, seither freier Publizist in Achim

Thomas Grosser Dr. phil., wiss. Mitarbeiter am Europa-Institut der Universität Mannheim

Gerhard Haas Professor für Germanistik an der Pädagogischen Hochschule Heidelberg

Michael Harbsmeier Anthropologe am Institut für Anthropologie der Universität Kopenhagen

Andreas Hartmann Dr. phil., Assistent am Volkskundlichen Seminar der Georg-August-Universität Göttingen

Klaus Herbers Dr. phil., wiss. Mitarbeiter der Akademie der Wissenschaften und der Literatur zu Mainz, Arbeitsstelle Tübingen

Klaus Herrmann Dr. oec., Leiter des Deutschen Landwirtschaftsmuseums in Stuttgart-Hohenheim

Freia Hoffmann Dr. phil. habil., Privatdozentin, wiss. Mitarbeiterin am Institut für ästhetische Erziehung und Kulturpädagogik der Hochschule Hildesheim

Wolfgang Kaschuba Dr. rer. soc. habil., Privatdozent am Ludwig-Uhland-Institut für Empirische Kulturwissenschaft der Universität Tübingen

Gabriele M. Knoll Dr. phil., Historische Geographin und Fremdenverkehrshistorikerin in Köln und Xanten

Gottfried Korff Professor für Empirische Kulturwissenschaft an der Universität Tübingen

Ingrid Kuczynski Dr. phil., wiss. Mitarbeiterin an der Martin-Luther-Universität Halle-Wittenberg, Halle/Saale

Uli Kutter Volks- und Völkerkundler in Göttingen

Elke Liebs Dr. phil., wiss. Mitarbeiterin an der Universität Münster/Westf.

Michael Maurer Dr. phil., Historiker, Assistent an der Universität Gesamthochschule Essen

Cornelius Neutsch Dr. phil., Assistent am Lehrstuhl für Wirtschafts- und Sozialgeschichte, Westfälische Landesgeschichte und Didaktik der Geschichte an der Universität Gesamthochschule Siegen

Gottfried North Postdirektor a. D., Schriftleiter des ‹Archiv für deutsche Postgeschichte›

Ernst Osterkamp Dr. phil., Privatdozent am Deutschen Seminar der Universität Regensburg

Bärbel Panzer Dr. paed., Gestalttherapeutin in Köln

Annegret Pelz Literaturwissenschaftlerin, Lehrtätigkeit in Hamburg, Oldenburg, Osnabrück, Klagenfurt

Robert Plötz Dr. phil., Leiter des Niederrheinischen Museums für Volkskunde und Kulturgeschichte, Kevelaer

Dieter Richter Professor für Literatur- und Kulturgeschichte an der Universität Bremen

Karl Riha Professor für Germanistik/Allgemeine Literaturwissenschaft an der Universität Gesamthochschule Siegen

Gert Robel Professor für die Geschichte Ost- und Südosteuropas am Osteuropa-Institut, München

Gerhard Sauder Professor für Germanistik an der Universität des Saarlandes, Saarbrücken

Martin Scharfe Professor am Institut für Europäische Ethnologie und Kulturforschung der Philipps-Universität Marburg

Hans Schimpf-Reinhardt Dr. phil., Archivar und Museumsleiter der Stadt Balingen

Winfried Siebers M. A., Germanist, Lehrbeauftragter an der Universität Osnabrück

Dieter Vorsteher Dr. phil., stellvertr. Leiter am Deutschen Historischen Museum, Berlin

Monika Wagner Professorin für Kunstgeschichte an der Universität Hamburg

Johannes Weber Dr. phil., Literaturwissenschaftler, wiss. Mitarbeiter an der Universität Bremen

Walter Weber Freier Publizist in Bremen

Harald Witthöft Professor für Wirtschafts- und Sozialgeschichte, Westfälische Landesgeschichte und Didaktik der Geschichte an der Universität Gesamthochschule Siegen

Harro Zimmermann Prof. Dr. phil., Redakteur in der Hauptabteilung Kultur bei Radio Bremen